丝路文明的传承与发展

刘进宝　张涌泉　主编

ZHEJIANG UNIVERSITY PRESS
浙江大学出版社

图书在版编目（CIP）数据

丝路文明的传承与发展 / 刘进宝,张涌泉主编. —
杭州:浙江大学出版社,2017.9
ISBN 978-7-308-17389-6

Ⅰ.①丝… Ⅱ.①刘…②张… Ⅲ.①丝绸之路—国
际学术会议—文集 Ⅳ.①K928.6-53

中国版本图书馆 CIP 数据核字（2017）第 221749 号

丝路文明的传承与发展

刘进宝　张涌泉　主编

责任编辑	宋旭华	
责任校对	胡　畔	
封面设计	项梦怡	
出版发行	浙江大学出版社	
	（杭州市天目山路 148 号　邮政编码 310007）	
	（网址:http://www.zjupress.com）	
排　　版	浙江时代出版服务有限公司	
印　　刷	杭州杭新印务有限公司	
开　　本	787mm×1092mm　1/16	
印　　张	35	
字　　数	626 千	
版 印 次	2017 年 9 月第 1 版　2017 年 9 月第 1 次印刷	
书　　号	ISBN 978-7-308-17389-6	
定　　价	128.00 元	

目　录

"一带一路"的国际区域和国内
区域定位及其涵义

邢广程

2013 年 9 月习近平主席在哈萨克斯坦纳扎尔巴耶夫大学演讲时首次提出了"丝绸之路经济带"的设想[1],2013 年 10 月习近平主席在访问印度尼西亚时提出了"21 世纪海上丝绸之路"的构想[2]。这就是"一带一路"倡议的最初源头。"一带一路"倡议在党的十八届四中全会上得到了确认。"一带一路"构想提出以后立即引起了国际社会的广泛关注,越来越多的国家和地区表示愿意参与。2014 年 3 月我国正式发布了《丝绸之路经济带和 21 世纪海上丝绸之路愿景和行动》方案,非常清晰地勾画了中国与其他国家、地区和国际组织共建"一带一路"的路线图、基本构想、构建原则、实施路径、大致线路和基本规划。中国提出现代丝绸之路倡议不是偶然的,以古代长安为东方起点的古丝绸之路曾是欧亚大陆先民相互交流的通道,体现了合作共赢和文明互鉴的精神。"一带一路"构建涉及国内国外两个大局:从国内大局上看,就是要实现中华民族振兴;从国际上看,这是沿线各国互利共赢的共同事业。这是中国政府统筹国内国际两个大局做出的重大决定的结果和体现,是一个非常富有创建性的洲际合作倡议构想,它能够促成国家和地区之间的经济合作,使不同的国家和地区之间建立更加密切的多重联系,共享多种多样的物质商品和精神产品,促进欧、亚、非大陆各种文明之间的密切交流,达到共享和共赢。

一、"一带一路"的国际区域合作定位

从经济全球化的视角看,中国推进"一带一路"倡议构想完全符合经济全球化和

---

[1] 习近平主席在哈萨克斯坦纳扎尔巴耶夫大学的演讲:《弘扬人民友谊,共创美好未来》(2013 年 9 月 7 日),载《人民日报》2013 年 9 月 8 日。

[2] 习近平主席在印度尼西亚国会的演讲:《携手建设中国—东盟命运共同体》(2013 年 10 月 3 日),载《人民日报》2013 年 10 月 4 日。

区域一体化的需要,符合与周边国家建立更加紧密区域经济合作的需求。"一带一路"所寻求的是共同发展、共同繁荣和合作共赢,而合作共赢是其最佳境界。无论是古代丝绸之路的繁荣还是现代丝绸之路的共建,都有一个非常重要的前提,即合作共赢。只要当事方能够在互利合作的轨道上前进,就能够实现合作共赢,而合作共赢是当事方深度合作的基础和进一步合作的起始条件,也是当事方互利合作的最理想状态和境界。这个境界需要通过增进理解信任和全方位交流的方式加以实现。"一带一路"的基本理念,概括地说,就是和平合作、开放包容、互学互鉴、互利共赢,目标就是实现三个"共同体",即利益共同体、命运共同体和责任共同体,这三个共同体浓缩了"一带一路"倡议的基本目标和追求,它们在政治上体现当事方的高度互信,在经济上体现当事方的全面融合,在文化上体现当事方的深度包容,在利益上体现当事方的恰当契合,在空间上体现当事方的最佳组合。

"一带一路"倡议究竟包含哪些空间?其大致范围如何?这是国际社会最为关注的问题之一,欧亚大陆的每一个国家都在判定自己是否在"一带一路"倡议的涵盖范围之内。从我国所公布的正式文件上看,"一带一路"倡议的基本范围,涵盖亚洲、欧洲和非洲三大洲,确切地说,这里涉及非常广阔的洲际空间,该空间的东端是经济发展非常活跃而迅猛的东亚经济圈,该空间的西端是发达而富有的欧洲经济圈,欧亚空间的中端是俄罗斯等一系列重要国家所组成的重要区域,其经济发展潜力巨大,经济发展优势比较突出,支撑经济发展的各种因素比较明显。概括地说,"一带一路"倡议一个非常重要的战略功能就是贯通亚太经济圈和欧洲经济圈,就是将欧亚大陆的东端和西端紧密联系起来;另一个战略功能就是能够使串联起来的欧亚大陆产生经济社会发展的辐射效应,将非洲的北部与东部地区和南太平洋地区联系起来,形成有效的洲际大区域合作格局;"一带一路"的第三个重要战略功能就是将欧亚非大陆与太平洋、印度洋、大西洋和北冰洋联系起来,实现海陆大区域的深度合作和拓展合作。因此,"一带一路"倡议是一个非常开放的合作系统和体系,与其相关联的地区十分广泛。根据"一带一路"愿景和行动规划,丝绸之路经济带有三个战略方向:一是由中国经中亚、俄罗斯至欧洲的波罗的海方向;二是中国经中亚、西亚至波斯湾、地中海方向;三是中国至东南亚、南亚、印度洋方向。21世纪海上丝绸之路有两个基本战略方向:一是从中国沿海港口过南海到印度洋,延伸至欧洲;二是从中国沿海港口过南海到南太平洋。① 在丝绸之路经济带的三个方向上将依托陆上已

---

①　http://www.mofcom.gov.cn/article/h/zongzhi/201504/20150400929559.shtml.

经有效运行的国际大通道,尤其是依托两个亚欧大陆桥,以沿线各国中心城市(蒙古国的乌兰巴托、哈萨克斯坦的阿拉木图、俄罗斯的新西伯利亚、莫斯科、圣彼得堡等)为基本支撑点和辐射源,以重点沿线各国的经贸产业园区和各种区域合作载体为基本合作平台(如中哈霍尔果斯国际边境合作中心等),以互联互通为基本的网络构筑骨架(除了亚欧两座大陆桥之外,还有联通亚欧的一系列公路网络和信息网络),以贸易投资便利化为最基本的合作样式(各沿线国家的海关之间的有效合作),展开沿线国家的多层面合作。

丝绸之路经济带着力开辟新的区域经济合作走廊,如打造新的亚欧大陆桥经济合作走廊、中蒙俄经济合作走廊、中国—中亚—西亚经济合作走廊、中国—中南半岛等国际经济合作走廊,这些经济合作走廊不是单向度的,而是多向度的,其功能也不是单一的,而是复合型的。上述这些经济合作走廊不是建立在空想和一张报纸之上的,而是要充分借助亚欧大陆长期形成的基础设施和既有的联通网络和合作空间,这就使丝绸之路经济带建立在非常坚实的物质基础、技术基础和文化交流基础之上。21世纪海上丝绸之路将把中国、东南亚、南亚、中东、东非、北非和欧洲沿岸重要城市和重点港口作为重要的支撑点,共同构建海上运输的大通道和大动脉。自近代以来,人类社会在构建经济发展繁荣地带时更多地选择了沿海和沿岸地区,这就使海陆交界处成为人类生存和发展的最佳选择之地。人类在陆海两种自然形态的能量切换过程中实现了自身利益的最优化和最大化,因此,构建21世纪海上丝绸之路时不可能违背这个原则和规律。中国越来越凸显对海上运输的依赖,总共拥有超过5000艘远洋商船,上海港在世界五十大集装箱港口中名列第一。[①] 从"一带一路"倡议的总体布局中可以看出,构建丝绸之路经济带与21世纪海上丝绸之路不可能相互割裂,它们之间存在着内在联系和外在的网络沟通。中巴经济走廊和孟中印缅南亚四国经济走廊将丝绸之路经济带与21世纪海上丝绸之路横向关联起来,让陆海丝绸之路形成紧密的复合型联系,进一步推动区域合作。作为世界上重要的运输走廊,印度洋地区对中国有着相当重要的意义。印度洋地区把亚洲与非洲和大洋洲连接在一起。[②] "一带一路"倡议不仅仅是中国一国的倡议,更是亚欧非沿线各国互

① 斯里坎特·孔达帕利:《中国抛出引诱印度的海上丝绸之路》,http://www.indiawrites.org/diplomacy/china-tosses-maritime-silk-route-bait-to-india/,登录时间:2014年10月12日。

② 斯里坎特·孔达帕利:《中国抛出引诱印度的海上丝绸之路》,http://www.indiawrites.org/diplomacy/china-tosses-maritime-silk-route-bait-to-india/,登录时间:2014年10月12日。

利共赢的合作战略,只有上述地区的各国携手共进,相向而行,才能实现互利共赢的目标。

中国从自身的视角给国际社会提供了一个关于"一带一路"的愿景和行动方案,但不能理解为这就是中国强加给国际社会的统一方案和"指令性计划"。事实上,中国准备与"一带一路"沿线国家共同制定路线图和时间表,积极与沿线国家的发展和区域合作规划实施对接。中国政府也会在"一带一路"规划里充分考虑到我国各个地区的布局做一些战略安排和统筹,因为"一带一路"倡议不只是一个国际战略,也不只是国内发展战略,而是国内国际两个大局的结合。从"一带一路"实施区域的端点上看,中国与欧洲具有高度匹配性、利益重合性和契合性。这几乎是丝绸之路经济带东西两端的桥墩。中国是一个非常巨大的市场,而且是一个非常开放的大市场,有与国际社会进行深度经济合作的丰厚经验。"一带一路"倡议——无论是陆地还是海上都与欧洲有不可分割的重要联系。中国所提出的"一带一路"不只是中国与周边国家的互动规划和战略合作,而且是一个有助于欧亚大陆空间整合的方案和公共产品,这是连接欧洲经济圈和东亚经济圈的重要合作样式,建设"一带一路"不仅仅给中国提供了机遇,也必将给泛欧亚大陆国家带来重大发展机遇。中国成为世界第二大经济体,需要在更加广阔的国际空间上释放更多的经济影响,中国的迅猛发展需要推动各种资源要素的有效流动,需要提高各种资源配置的效率;同时,中国的发展也给国际社会带来重要的机遇,正如习近平主席所说,"中国经济发展进入新常态,将继续给包括亚洲国家在内的世界各国提供更多市场、增长、投资、合作机遇。未来5年,中国进口商品将超过10万亿美元,对外投资将超过5000亿美元,出境旅游人数将超过5亿人次"。[①]"一带一路"的构建既需要国际市场——这只看不见的手发挥更积极的作用,又需要沿线各国政府这只看得见的手发挥作用。

自2013年我国提出"一带一路"倡议以来,已经取得了可观的成果,体现了"早期收获"。2013年,中国与"一带一路"沿线上的国家贸易额超过1万亿美元,占中国外贸总额的四分之一。过去10年,中国与沿线国家的贸易额年均增长19%,较同期中国外贸额的年均增速高出4个百分点,今后还有增长的巨大空间,例如中国与

---

① 习近平主席在博鳌亚洲论坛2015年年会上的主旨演讲,2015年3月29日,http://news.xinhua-net.com/politics/2015-03/29/c_127632707.htm。登录时间:2015年4月30日。

东盟国家的贸易额到 2020 年估计能达到 1 万亿美元。① 在 21 世纪海上丝绸之路建设方面,中国成功举办亚太经合组织海洋部长会议,着力推进中老、中越跨境经济合作区、中老铁路、泰国铁路、澜沧江—湄公河国际航道二期整治等项目,着力推进中国—东盟海上合作基金和中国—印尼海上合作基金支持的项目。中国与哈萨克斯坦共同启动连云港物流中转基地,与印尼、柬埔寨、缅甸、斯里兰卡、巴基斯坦、希腊等国就港口建设与运营深化合作,与东盟、海合会、斯里兰卡等积极商谈自贸区或自贸区升级版,与印尼等国签署了产业园区合作协议,中马"两国双园"具有示范意义,与印尼、泰国、马来西亚、印度、斯里兰卡等开展海洋合作。②

二、"一带一路"建设需要整合国内经济发展和经济合作大局

经过 30 多年的改革开放,我国已经形成了全面对外开放的战略格局,首先是沿海开放,随后是沿边全面开放,目前中国呈现出全方位开放的格局。在"一带一路"构建中我国将会更加充分地发挥国内各省区比较优势,实施更加积极、更加主动、更加富有成效的全面开放战略。中国的开放不仅仅是全方位的对外开放,而且也是我国各地区之间的相互全面开放,尤其是要加强我国东中西部地区的互动联动与协作,全面提升我国各地区的全面开放水平。

21 世纪中国发展面临着一些重要问题,需要加以破解,如经济增长与总量过剩的矛盾、消费结构与经济结构的矛盾、高成长与高成本的矛盾、扩大内需与增加外需的矛盾、数量增长与价值增长的矛盾、经济发展与收入差距拉大的矛盾、倾斜式发展与均衡发展的矛盾、技术引进与自主创新的矛盾、引进来与走出去的矛盾、高增长与低就业的矛盾。③ 这些矛盾需要通过全面深化改革和全方位开放加以克服。

我国的西北地区在"一带一路"中将发挥重要的桥梁和纽带作用。古丝绸之路途经的西北 5 省(区)包括陕西、新疆、甘肃、宁夏、青海,上述五个省(区)属于西部欠发达地区。新疆维吾尔自治区具有独特的区位优势,是我国向西开放的重要窗口和

---

① 国务委员杨洁篪在博鳌亚洲论坛 2014 年年会上的演讲。2014 年 4 月 10 日,http://www.china.org.cn/chinese/2014-04/11/content_32067016_2.htm,登录时间:2015 年 4 月 29 日。

② 杨洁篪在博鳌亚洲论坛 2015 年年会上的演讲,2015 年 3 月 29 日,http://world.people.com.cn/n-0329/c1002-26766380.html,登录时间:2015 年 5 月 1 日。

③ 聂华林、李泉、杨建国编著:《发展区域经济学通论》,中国社会科学出版社 2006 年版,第 761—765 页。

前沿地区,新疆与八个国家接壤,与中亚、南亚、西亚、欧亚大陆腹地等国际板块相连,这些独特的地缘政治和地缘经济状态和因素使新疆成为构建丝绸之路经济带的不可复制的重要地区,所以,党中央和国务院将新疆定位为打造丝绸之路经济带的核心区。新疆是丝绸之路经济带的核心区表现为一个枢纽和两个中心,即丝绸之路经济带重要的交通枢纽,丝绸之路经济带商贸物流中心和文化科教中心。新疆在构建丝绸之路经济带进程中采取了积极进取的姿态,努力争取设立中国—中亚自由贸易区。从地理位置上看:新疆深居亚欧大陆腹地,似乎与海洋没有太大关系,但当我们注意到中国—巴基斯坦经济走廊建设时就会发现,这条重要的经济走廊的内陆端点就在新疆南疆的喀什。喀什是中巴经济走廊的新疆起点,来自印度洋的海风将顺着中巴经济走廊吹到新疆。

毋庸讳言,新疆还存在很多不稳定因素,反分裂斗争和反暴恐斗争形势依然十分严峻复杂。有人担心新疆成为我国丝绸之路经济带核心区地位会影响新疆社会稳定和长治久安这个总目标的实现。其实,新疆社会稳定和长治久安总目标与新疆的发展、对外开放和区域合作问题并不矛盾。党中央将治理新疆的总目标由跨越式发展和长治久安调整到社会稳定和长治久安并不是认为经济发展问题在新疆就不重要了,新疆的发展问题依然是新疆总目标下的重要关注方面。2014 年在第二次中央工作座谈会上习近平总书记指出,围绕社会稳定和长治久安这个总目标,以推进新疆治理体系和治理能力现代化为引领,以经济发展和民生改善为基础,以促进民族团结、遏制宗教极端思想蔓延等为重点,坚持依法治疆、团结稳疆、长期建疆,努力建设团结和谐、繁荣富裕、文明进步、安居乐业的社会主义新疆。他还强调要坚定不移推动新疆更好更快发展。李克强总理在这次会议上重点阐述了新疆发展与稳定之间的关系。他表示,做好新疆工作,处理好发展和稳定的关系特别重要。发展和稳定密不可分、相辅相成。社会稳定和长治久安是新疆工作的总目标和主要任务。着眼于长治久安的发展,是社会稳定的重要源泉,是民族团结的强大推力,是改善民生的根本保证。必须围绕稳定谋发展,通过发展促稳定。新疆的发展要体现新要求、开创新局面。要更加重视贴近百姓,更加重视惠及当地,更加重视保护环境,更加重视改革开放,更加重视经济社会全面发展,实现参与式、包容性、融合式发展,确保到 2020 年新疆全面建成小康社会目标基本实现。① 正因为党中央非常关注新疆的发展问题,新疆才被确定为丝绸之路经济带的核心区,这是党中央对新疆战略

---

① http://www.xj.xinhuanet.com/zt/2014-05/30/c_1110932196.htm,登录时间:2015 年 5 月 4 日。

定位的最清晰的表述。所以,新疆上述不稳定因素是不会影响新疆在丝绸之路经济带中的核心区地位。应该看到,新疆在构建丝绸之路经济带进程中肯定会高度关注稳定问题,给丝绸之路经济带的构建创造一个安全稳定的环境。因为新疆的安全、稳定与发展问题需要综合性考虑。

　　除新疆外,我国的陕西、甘肃、宁夏和青海在构建"一带一路"战略中都将起到重要作用。陕西和甘肃两省综合经济文化发展具有比较优势。陕西省西安市是古代丝绸之路的东方起点,为古代丝绸之路的繁荣和发展做出了重要贡献。在丝绸之路经济带建设中西安必然会成为我国内陆型改革开放的新高地,成为我国向西开放的重要节点城市和我国西部发展的重要支撑点,陕西正在积极申请设立丝绸之路经济带(西安)自由贸易区。问题在于陕西省如何利用好自身的比较优势,有效起到对新疆核心区的战略支撑作用,尤其是如何挖掘西安市的历史与现实、东西契合、南北沟通、经济与文化等复合型战略功能。从我国西部战略布局上看,陕西是新疆构建丝绸之路经济带核心区的重要支撑点,缺乏陕西的支撑,新疆丝绸之路经济带的构建就不会特别稳固。甘肃将新疆与内地恰当地联系起来,河西走廊自古就是我国中原王朝和内地通向西域的必经之路和咽喉要道。在古代,河西走廊的战略价值不仅仅表现在贸易往来上,还表现在安全和文化人文交流等多个方面。在构建现代丝绸之路进程中,河西走廊的战略地位不仅没有降低,而且越发重要。如果说,新疆是丝绸之路经济带核心区,陕西是丝绸之路经济带的支撑点,那么,甘肃就是连接这个核心区和支撑点的重要连接线和纽带,所以,在构建丝绸之路经济带西部战略布局中河西走廊绝不可忽视,绝不可将其置于一般性构建的位置上,它是我国向新疆输送战略能量的重要管带,也是中亚等亚欧大陆重要能量从新疆向内地输送的重要管带。而甘肃省兰州市就是这个重要能量输送管带上的重要泵站和节点。宁夏回族自治区首府西宁市是我国西部经济发展和向西开放的重要门户,丝绸之路经济带着眼于宁夏内陆开放型经济试验区的建设。宁夏回族自治区还要发挥与阿拉伯世界密切往来的有益合作模式,更深刻地总结自身所具有的在民族团结方面所积累的重要经验和强大的正能量,在构建丝绸之路经济带的进程中发挥社会稳定器、民族团结大熔炉和文化交融的重要作用。宁夏回族自治区和青海省具有浓郁的民族人文优势,应该进一步发挥这种优势。陕西省、甘肃省、宁夏回族自治区和青海省与新疆维吾尔自治区一道逐步形成面向中亚、南亚、西亚国家的战略通道、商贸物流枢纽、重要产业和人文交流基地。这就是我国西部地区的基本战略定位。

关于北部和东北地区在构建丝绸之路经济带中的作用,内蒙古自治区地理位置十分重要,与蒙古国和俄罗斯为邻,是构建中俄蒙经济走廊的重要地区,应充分发挥内蒙古联通俄蒙的区位优势,形成草原丝绸之路的重要区域,与蒙古国的"草原之路"战略相对接,与俄罗斯的加速发展远东地区战略对接。黑龙江、吉林和辽宁三省与俄罗斯、朝鲜半岛等东北亚地区相连,战略位置十分重要,也是我国重要的工业、农业和能源基地。长期以来,黑龙江省与俄罗斯已经形成了区域铁路网络,但在区域合作不断发展的今天,黑龙江省与俄罗斯远东地区的铁路共建还有很大的合作空间,但比较遗憾的是,黑龙江省与俄罗斯对岸区域的铁路共建进展缓慢,黑河大桥和同江铁路桥需要在丝绸之路经济带的框架下努力推进。黑龙江省提出了东部陆海丝绸之路的计划,将其纳入我国丝绸之路经济带战略中的一个重要组成部分。黑龙江、吉林、辽宁还应加强与俄远东地区陆海联运合作。吉林省多年以来孜孜不倦地推进大图们江合作计划,但尚未取得战略性的突破,尚未转化为实际的重要的经济合作成果,还需要借助海陆丝绸之路战略进行推进。辽宁省与广西壮族自治区地理位置有很大的相似度,都是陆海兼备的省区,这种地缘经济比较优势就决定了辽宁省必然在我国东北地区崛起中起到龙头作用。俄罗斯是我国北部重要的邻国,中俄关系正处于全面战略协作伙伴关系时期,我国东北三省和内蒙古东部地区需要开拓新的合作思路,变与俄罗斯为邻的地缘经济优势为务实和内在的经济合作优势,找到破解"新东北现象"的有效办法和途径,更富有针对性和务实地推进对外开放,千万不能再错过"一带一路"这趟快车。最近两年中俄政府不断透露出联合修建北京—莫斯科欧亚高速运输走廊的信息,目前中俄相关公司正在准备修建莫斯科至喀山的高速铁路,这表明中国与俄罗斯的战略合作正在向纵深方向发展。

关于西南地区,西南地区主要指广西壮族自治区、云南省和西藏自治区。广西地理位置十分重要,具有与东盟国家陆海相邻的独特优势,广西的战略定位是:第一,加快北部湾经济区和珠江—西江经济带的建设;第二,形成面向东盟区域的国际通道;第三,打造西南、中南地区开放发展新的战略支点;第四,成为"一带一路"战略的有机衔接的重要门户。① 云南省区位优势明显,是我国通向东南亚和南亚的重要地区,云南省的战略定位是:第一,推进与周边国家的国际运输通道建设;第二,成为大湄公河次区域经济合作新高地;第三,成为面向南亚、东南亚经济发展的辐射中

---

① 习近平主席在参加广西代表团会议上的讲话,参见:http://www.gxzf.gov.cnzwgkzwyw/201503/t20150309_439217.htm。

心。除广西和云南外,我国西藏也应该在对外开放中占据应有的位置,加强西藏自治区与印度和尼泊尔等国家边境贸易,发展西藏自治区与周边国家的旅游文化合作,加强西藏自治区的国际文化交流。

关于沿海和港澳台地区,沿海地区是我国最早进行改革开放的地区,区位优势特别明显,经济发展迅猛。经过30多年的改革开放,我国沿海地区已经形成了长三角、珠三角、海峡西岸、环渤海湾等经济区,这些经济区开放程度高、经济改革步伐大、经济实力强、经济辐射能力宽广、示范作用好,对周边地区带动作用大。上海的战略地位无论是在计划经济时期还是在市场经济和改革开放时期都是毋庸置疑的。党的十八大以来,我国着力推进中国(上海)自由贸易试验区建设,让上海成为我国全面深化改革和全面开放的先锋队。目前,我国全面深化改革已经进入深水区,扩大开放需要我们进行深层次改革,进一步创新开放型经济体制机制,上海在我国新一轮的改革进程中需要进一步加大改革步伐,加大科技创新力度,积极参与并引领国际合作竞争,并在竞争中形成新优势和新的增长点,成为"一带一路"的主力军和排头兵。

在21世纪海上丝绸之路的战略布局中福建成为核心区,这给福建发展带来了千载难逢的机遇。福建省北靠长三角,西临珠三角,隔岸是台湾,面向东海、南海和太平洋,地理位置独一无二,经济能量和经济发展的聚合力独一无二。建设福建平潭开放合作区和福建海峡蓝色经济试验区非常重要,这是建设福建省核心区的重要保障。发挥好福建省的核心区作用对实现21世纪海上丝绸之路的战略目标甚为重要。

广东省是我国开放的最重要的地区,在构建21世纪海上丝绸之路时应充分发挥深圳前海、广州南沙、珠海横琴开放合作区作用,使之释放出更强大的经济辐射功能。广东省利用地缘优势,充分深化与台港澳的战略合作,着力打造粤港澳大湾区,这是一个非常宏伟的战略构想。深圳在构建"一带一路"中地位重要,责任重大,深圳本身就是我国改革开放的重要成果,在新一轮改革开放的进程中深圳的试验区和创新示范作用需要进一步地发挥。浙江在对外开放中起着重要节点作用,应充分推进浙江海洋经济发展示范区和舟山群岛新区的建设,将浙江的经济活力进一步释放出来,使之成为连接上海和福建21世纪海上丝绸之路核心区的重要地带。海南省是我国除台湾省以外的最重要的海岛之省,这种独特的地理位置决定了海南省必然要在构建21世纪海上丝绸之路中起到十分关键的作用,中央将海南省定位为国际旅游岛,海南省是我国向海洋开放的极其重要的战略支撑点,应充分加以开发,加大开放力度。

我国沿海分布着一连串大大小小的口岸城市,这是我国对外开放的重要节点。我国政府在"一带一路"愿景和行动方案中将上海、天津、宁波—舟山、广州、深圳、湛江、汕头、青岛、烟台、大连、福州、厦门、泉州、海口、三亚等沿海城市视为我国构建21世纪海上丝绸之路的一系列重要的战略支撑点。因此,加强上述这些城市的港口建设尤为必要。除港口外,还要进一步强化上海和广州等国际枢纽机场的功能,释放其作为枢纽的辐射作用。构建21世纪海上丝绸之路离不开台湾、香港和澳门,台港澳在中国的"一带一路"倡议中应发挥独特优势和作用,事实上,台港澳在"一带一路"建设中所扮演的角色不是可有可无的,恰恰相反,台港澳的独特作用和影响是其他地区所无法复制和比拟的。

关于内陆地区,很多人认为"一带一路"与沿海和沿边地区关系密切,而与内地关系不大。其实我国的内陆地区才更应该借助"一带一路"发力,将潜在的优势转化为现实的经济发展和开放优势,内陆地区的优势有三:一是纵深广阔,幅员辽阔;二是人力资源丰富;三是产业基础较好,这三种比较优势决定了内陆地区应该在"一带一路"构建中占据重要地位。"一带一路"愿景和行动方案中明确点出了内陆地区所依托的城市群,即长江中游城市群、成渝城市群、中原城市群、呼包鄂榆城市群、哈长城市群等,这些都是内陆地区的重点区域,它们在区域互动合作和产业集聚发展方面具有非常大的优势和潜力。重庆市作为国家的直辖市在西部开发开放布局中起到了重要支撑作用,虽然重庆市地处我国内陆的中心地带,前不靠海,后不靠边,但重庆市却在改革开放大格局中闯出了新路,富有创新性和原创性,如渝新欧联通模式就是重庆市的创新和创造,汉新欧和郑新欧都是渝新欧模式的复制。此外,成都、郑州、武汉、长沙、南昌、合肥等都是相关省的省会,是我国内陆开放型经济发展的重要的节点式和枢纽式城市。在长期的对外开放进程中,我国与周边国家不断总结经验,形成了很多具有原创性质的区域合作模式。比如我国内陆地区与俄罗斯内陆地区的区域合作就是典型。我国长江中上游地区和俄罗斯伏尔加河沿岸联邦区的合作是中俄区域合作的新的样式。它极大地推进了中俄合作的深度和广度,使两国区域合作具有很强的纵深感。在我国内陆地区的开放进程中,从渝新欧到苏满欧都说明建立中欧通道铁路运输模式势在必行,具有很大的潜力和合作空间,应加大口岸通关协调机制的沟通与构建,着力打造"中欧班列"品牌,使之成为沟通境内外、连接东中西的重要运输通道和洲际运输模式。2013年11月28日,陕西省首班国际货运班列"长安号"正式通往中亚和欧洲国家。陕西省正在谋求打造丝绸之路经济带新起点。除铁路运输外,我国内陆地区还应着力打造航空港,郑州和西安等内陆大城市应该成为内陆航空港和国际陆港,让这些内陆大城市成为内陆口岸与沿海、沿边口岸通关合作支撑点。在我国内陆地区更应该充分地开展跨境贸易电子商务服务试点。着眼于优化海关特殊监管区域布局,不断创新内地加工贸易模式,主动积极地深化与沿线国家的产业合作和产业对接。中国的迅猛发展更需要加强我国地区经济的优势互补。

贵州省在"一带一路"战略构建中地位非常独特,属于我国内地一些省份的一种类型。其独特之处在于,贵州省一不靠"海",二不"沾"边,三不临江倚河,这种地理环境和位置决定了贵州省以及同属一个类型的省份在"一带一路"寻找自身位置时更加需要实事求是和开动脑筋。首先要纠正一种意识,即像贵州这样的省份与"一带一路"战略没有什么关系,似乎"一带一路"只是沿海省区和沿边省区的事情。应该看到,"一带一路"倡议首先是在高起点上充分整合我国国内各地区发展的重要手段和措施,全国各省区都与之有紧密联系。其次,我国实行的是全面开放战略,像贵州这样的省区也需要在全面开放中发展自己、提升自己、走向国际。所以,贵州省不是"一带一路"的弃儿,更应该做"一带一路"的弄潮儿,贵州省已经形成了参与"一带一路"倡议的方案和思路,即着力将扩大开放作为经济发展的战略支撑,着眼于与发达国家和地区的经济合作,加强与瑞士、中东欧国家、韩国和东盟的交流与合作,加强与台湾、香港和澳门的区域交流,积极在"一带一路"建设中寻找自己的位置。目前贵州省正在积极运作开通黔渝新欧货运专列。贵州省还积极推动与长江经济带的经济联系,借助珠江—西江经济带走向海洋。着力加强与成渝、长株潭等内陆经济圈的紧密合作。贵州省正在着力发展五大新兴产业,发展以大数据为核心的电子信息产业、医药养生产业、现代山地高效农业、文化旅游业和新型建筑建材业。

中国国内各省份对"一带一路"倡议具有相当高的渴求度,认定这是本地区发展的重要机遇,都在将自身的发展战略、发展规划和年度任务与"一带一路"倡议相关联,着力深挖自身的发展潜力,提升内在动力,应该说,国内各省区对"一带一路"倡议的认知上是非常准确的,各省区的渴求构成了"一带一路"倡议在中国国内的重要推动力量。

从国内看,实现"一带一路"更迫切的是突破我国行政区的限制,谋求全国各区域的协同发展。沿海多省出现争抢历史上"海上丝绸之路"始发地的现象。一些省区出现了争抢项目的不良趋势,有无序内部竞争之势。就国内大局而言,"一带一路"倡议必然涉及互联互通,要使我国国内各地区实现真正意义上的互联互通,这个互联互通不仅仅是物理上的互联互通,即"硬联通",也是制度和规则上的互联互通,即"软联通",在这方面我们还有很多事情要做,这必然需要国家有一个统一的战略、政策考虑和统一的规划,以明确全国各省区在"一带一路"倡议中的非常明晰的定位和所扮演的角色。

在"一带一路"倡议中,要最大限度地照顾全国各省、区、市的利益关切和利益诉求,体现各省、区、市的独特位置和在全国大局中的责任和角色,还要讲中央和地方的两个积极性,一方面要强调国家利益高于一切,强调国家的整体利益实现的极端重要性,另一方面也要强调地方的积极性,分析、判定和明晰每一个省区在该倡议中的定位、角色和作用。在判定各省区所扮演的角色时还要高度关注各省区之间的相关性和关联性。关注这些问题有助于在科学和有机合作基础上求得功效的最大化,所以,还要关注各省、区、市利益的契合点和汇合点。在寻找这些利益契合点和汇合点时要注意发挥两只手的作用,一是同时坚持市场运作原则,发挥市场配置的决定性作用,让看不见的手起到决定性的作用;同时还要发挥政府的协调作用,只有两只手协调起来,共同发挥作用,我国的"一带一路"倡议的国内大局才能把握好。

(作者单位:中国社会科学院中国边疆研究所)

释道安与襄阳

朱　雷

被后世誉为"印手菩萨"的高僧释道安,毕生致力于弘宣佛法,虽身处乱世,而志不懈,终成为中国早期佛教奠基者之一。纵观其一生之宗教活动,可分为三个时期:一是自他出家,到前燕南侵,投奔襄阳,这时期主要活动在河北、河南地区;二是自至襄阳,到苻坚南侵,身入长安,这时期活动于襄阳,旁及江陵、南郡;三是自入关中,到前秦建元廿一年,终于该处。在此三个时期中,就居住安定、经历时日,以及传授徒众、沟通南北佛典流播、注释经籍、编纂目录诸方面而言,皆以在襄阳时期为最。因此,研究道安法师之在襄阳,不仅在于对其本人思想体系的形成及贡献之探讨,且有利于探讨在南北对峙下佛学的交流。但笔者不悉佛典,且史料缺乏,只能罗列若干,还望识者批评指正。

昔在北,道安及同学竺法汰入飞龙山,与沙门道先、道护等相遇。据记:

乃共言曰:"居靖离俗,每欲匡正大法,岂可独步山门,使法轮辍轸。宜各随力所被,以报佛恩。"众佥曰善,遂各行化。[1]

据此,知道安虽处乱世,然非只知隐居避世,以求独善保身之辈,而实是素怀弘愿之高僧。但石赵末年,战乱频起,道安辗转于诸山中,"木食修学"。道安曾一度避难于濩泽。其所撰《道地经序》云:

予生不辰,值皇纲纽绝。狝狁猾夏,山左荡没。避难濩泽,师殒友折。周爰谘谋,顾靡所询。[2]

---

①　(梁)释慧皎撰,汤用彤校注,汤一玄整理:《高僧传》卷五《义解二·释僧先传附道护传》,北京:中华书局,1992年,第195页。

②　(西晋)释道安:《道地经序第一》,见释僧祐撰《出三藏记集》,北京:中华书局,1995年,第368页。

　　可知由于战乱，道安弘愿终难实现。而前燕之南侵，北方已无法生存。故当前燕军进逼时，遂决定奔东晋。

　　传云石虎死后，冉闵起兵，道安遂率众入王屋，复又"渡河依陆浑，……俄而慕容俊逼陆浑，遂南投襄阳"。①

　　按：此云慕容俊，当即前燕主慕容儁。其于东晋穆帝永和八年（352）称帝，徙都邺。事见《晋书》载记及《资治通鉴》卷九九"永和八年"条。道安之离陆浑，当至迟亦在此年。

　　襄阳时为东晋重镇。当是时，局面安定，人物昌盛，经济发达。其交通不仅可东南通江陵，远至建康，且通过"互市"之道，与西北之凉州、关中之长安保持联系。笔者在《东晋十六国时期姑臧、长安、襄阳的"互市"》一文中已有考释②，此处从略。而道安之在北，即已选定襄阳为其归宿之地，固其宜矣。

　　道安等南行途中，行至新野，即谓其同行云：

　　今遭凶年，不依国主，则法事难立。又教化之体，宜令广布。……乃令法汰诣杨州，……法和入蜀，……（道）安与弟子慧远等四百余人渡河，……达襄阳。③

　　其"分张众徒"既毕，同学法汰谓云：

　　法师仪轨西北，下座弘教东南，江湖道术，此焉相望矣。④

　　由此可见，道安率众南徙，本非单纯之避乱，而是另择良地，以实现其夙愿。

　　道安一行于东晋穆帝永和八年入襄阳，至孝武帝太元四年（379），苻丕陷襄阳，取其入长安，其在襄阳时达二十七年之久。道安传云："安在樊沔十五载，每岁常再讲《放光波若》，未尝废阙"⑤。唯作"十五载"，当有误。

---

　　① 《高僧传》卷五《义解二·释道安传》，第178页。
　　② 此文为1986年"三至九世纪长江中游经济发展史学术讨论会"论文，业已收入会议讨论集《古代长江中游的经济开发》，武汉：武汉出版社，1988年。又见朱雷《敦煌吐鲁番文书研究》，杭州：浙江大学出版社，2016年，第7—18页。
　　③ 《高僧传》卷五《义解二·释道安传》，第178—179页。
　　④ 《高僧传》卷五《义解二·竺法汰传》，第192页。
　　⑤ 《高僧传》卷五《义解二·释道安传》，第181页。

　　道安率徒众四百入襄阳后，先止于白马寺。四方"学士"，纷纷投入门下。道安深知"不依国主，则法事难立"，同时亦知，不依当地官吏、名士，则"法事"亦难立。故凭借桓温所重之名士习凿齿①，即与相见，而有"弥天"与"四海"之名对，传为美谈。在《与释道安书》中，习自称"弟子""稽首和南"于前，复加赞扬。此文见于《弘明集》卷十二所载，与道安传所记比较，则二者文有出入，而前者为详。② 习又致书与谢安，称颂道安"非常道士"，以"不使足下（指谢安）见之"为恨，并言道安亦思见谢安③。由此，道安更为士人所重。

　　东晋高门并为桓温所重用之郗超，因"钦崇释道安德问，饷米千斛，修书累纸，意寄殷勤"④。桓朗子之镇江陵，"要（道）安暂住"，及朱序之镇襄阳，"复请（道安）还襄阳，深相接纳"，并赞其为"道学之津梁，澄治之鑪肆矣"。⑤ 正由于得到士庶之推崇，东晋孝武帝遣使通问，据传云，有诏曰：

　　安法师器识伦通，风韵标朗，居道训俗，徽绩兼著。岂直规济当今，方乃陶津来世。俸给一同王公，物出所在。⑥

　　可见道安得到东晋之皇帝、大臣、名士的器重与支持。

　　鉴于此，"四方学士，竞往师之"。因而所居白马寺已嫌过于狭窄，故另建新寺——檀溪寺。新寺以清河张殷旧宅为基，当亦是善男信女舍宅为寺。此张殷为谁？传无记载。《晋书》载西晋末年，有梁州刺史张殷者⑦，或即其人。

　　在"大富长者"的赞助下，建起规模宏大的檀溪寺。传云："建塔五层，起房四百"，甚至还建有"承露盘"。⑧

---

①《晋书》卷八二《习凿齿传》，北京：中华书局，1974年，第2152页。

②《高僧传》卷五《义解二·释道安传》，第180页。《弘明集校笺》卷十二《与释道安书》，上海：上海古籍出版社2013年，第638页。

③《出三藏记集》卷十五《道安法师传第二》，第562—563页。

④（南朝宋）刘义庆撰，（南朝梁）刘孝标注，龚斌校释：《世说新语校释》卷六《雅量》，上海：上海古籍出版社，2011年，第734页。

⑤《高僧传》卷五《义解二·释道安传》，第179页。道安之去江陵，及返襄阳时间可参见《晋书》卷七四《桓彝传附子豁传》，又见卷八一《朱序传》。

⑥《高僧传》卷五《义解二·释道安传》，第181页。

⑦《晋书》卷五七《张光传》，第1564页；《晋书》卷一二一《李雄载记》，第3036页。

⑧《高僧传》卷五《义解二·释道安传》，第179页。

　　建寺过程中,还得到苻秦的赞助。传云:凉州刺史杨弘忠送铜万斤,后以此铸佛像,所铸"光相丈六,神好明著,每夕放光,彻照殿堂"。按前凉世,凉州刺史例由前凉王自领,或以世子出任,未见有以异姓任者。故此杨弘忠,当时前秦建元十二年(376)灭前凉后所任命之凉州刺史。据此,则檀溪寺的建立,当在东晋太元元、二年(376—377)之际。苻坚闻讯,亦遣使送外国七尺金箔倚像、金坐像及金缕绣像、织成像各一。寺成之后,道安认为"大愿果成","夕死可矣",[①]反映了他在取得成果,实现初衷之后的那种欣慰与自满的心情。

　　道安不仅在襄阳建寺,且远及南郡之上明,隋荆州龙泉寺《释罗云传》记:

　　(罗云)姓邢氏,南郡松滋人,初从上明东寺出家。……昔释道安于上明东寺造堂七间,昙翼后造五间。连甍接栋,横列十二。……传云安公乘赤驴从上明往襄州檀溪,一夕返覆检校。两寺并四层三所。人今重之,名为驴庙,此庙即系驴处也。[②]

　　上明在隋属南郡,在晋即属荆州。北距襄阳,最近之处亦有百八十余公里。道安于上明之东寺增建堂七间。昙翼何人?按:道安檀溪弟子中,有一昙翼,姓姚,可能是羌人。后东晋长沙太守滕含之于江陵舍宅,造长沙寺,求道安荐一僧为"纲领",道安遂谓昙翼云:

　　荆楚士庶,始欲师宗。成其化者,非尔而谁?[③]

　　昙翼之江陵长沙寺,其后复遣人"入巴陵君山伐木",取材建寺。江陵距上明甚近,或昙翼就近,复于东寺内道安所建殿堂侧,增建五间。道安之于上明活动,亦是为了广宣佛法。很可能如前所云,桓豁镇江陵,"要(道)安暂住",而江陵距上明甚近,此时道安遂得以于上明寺内,增建殿堂。故后有云:"安公乘赤驴从上明往襄州檀溪,一夕返覆检校"之语。

　　笔者有关东晋襄阳"互市"一文,曾指出通过"互市",保证了凉州、长安、襄阳的交通,并引《渐备经十住胡名并书序》一文证之,今再引有关佛教经籍东传之例于后:

　　①　《高僧传》卷五《义解二·释道安传》,第179页。
　　②　(唐)道宣撰,郭绍林点校:《续高僧传》卷九《罗云传》,北京:中华书局,2014年,第299—300页。
　　③　《高僧传》卷五《义解二·释昙翼传》,第198页。

　　元康七年十一月二十一日，沙门法护在长安市西寺中出《渐备经》，手执梵本，译为晋言，……大品出来，虽数十年，先出诸公，略不综习，……不知何以遂逸在凉州，不行于世，……或乃护公在长安时，经未流宣，唯持至凉州，未能乃详审。泰元元年，岁在丙子五月二十四日，此经达襄阳。释慧常以酉年因此经寄互市人康儿，展转至长安，长安安法华遣人送至互市，互市人送达襄阳，付沙门释道安。襄阳时齐僧有三百人，使释僧显写送与杨州道人竺法汰。《渐备经》以泰元元年十月三日达襄阳，亦是慧常等所送。与《光赞》俱来，……《首楞严》、《须赖》，并皆与《渐备》俱至，凉州道人释慧常岁在壬申，于内苑寺中写此经，以酉年因寄，至子年四月二十三日达襄阳。①

　　按：此所云，皆前凉张天锡时事。凉州道人释慧常将"敦煌菩萨"竺法护所译于西晋末年，但在数十年中未能"流宣"，因而"遂逸"在凉州的《渐备经》（即《一切渐备智德经》，为《华严经·十地品》）以及凉州新译之《首楞严》、《须赖》、《光赞》诸经，一并通过凉州"互市人"送至长安僧人安法华，又通过安法华复交"互市人"送襄阳释道安。

　　前凉统治下的河西地区，时较中原及关中安定，且经济发达，佛教昌盛。当是时已为译经之中心。《首楞严经后记》云：

　　咸和三年，岁在癸酉，凉州刺史张天锡在州出此《首楞严经》。于时，有月支优婆塞支施嵛手执胡本，……出《首楞严》、《须赖》，……时在凉州，州内正厅堂湛露轩下集。时译者龟兹王世子帛延善晋、胡音，……受者常侍西海赵，……时在坐沙门释慧常、释进行。②

　　按：据吐鲁番出土文书及敦煌老爷庙一号墓出土"五谷瓶"题记，表明张天锡用东晋穆帝升平年号，有升平十一年、十二年、十三年、十四年题款。敦煌出土前凉写经有咸宁三年写本《法句经》。《开元释教录》有关《首楞严经》及《须赖经》后记，亦云张天锡"咸安六年丙子"。由此可知张天锡统治时期，前期用升平，后期用简文帝咸安。

---

　　①　《出三藏记集》卷九《渐备经十住梵名并书叙第三》，第232—233页。按文有误，考见"互市"一文。
　　②　说明：原来使用的《出三藏记集》是《大藏经》本。1995年出版的中华书局点校本已经改正为"咸安"了，见《出三藏记集》卷七《首楞严经后记第十一》，第271页。

由于沙门释慧常参与译经工作,故能将新译诸经及《渐备经》,托"互市人"辗转送至襄阳。道安得此新经,即令人抄写,送给立志于"弘教东南"、身居扬州的竺法汰。

道安居于襄阳廿余载,得襄阳之地利,复与士人交往,又可得西北新译诸经,故能静心研讨佛典,做出贡献。惜史料缺乏,今所存之文献,亦有难于断定必为襄阳时所作,故只能列举一、二。据传云:

> 安穷览经典,钩深致远。其所注《般若》、《道行》、《密迹》、《安般》诸经,并寻文比句,为起尽之义。乃析疑甄解,凡二十二卷。序致渊富,妙尽深旨。条贯既叙,文理会通。经义克明,自安始也。自汉魏迄晋,经来稍多,而传经之人,名字弗说,后人追寻,莫测年代。安乃总集名目,表其时人。诠品新旧,撰为经录,众经有据,实由其功。①

据此,则道安已是撰有"经录",然今已不存。唯散见于《出三藏记集》中,其余现存撰著,亦如前所云,难以判断作于何时何地。今笔者可确断为在襄阳所撰,唯《合放光光赞略解序》,按:此经即《光赞波若波罗蜜经》,亦是凉州沙门释慧常托"互市人"与《渐备》诸经,同期送达襄阳者。

释道安在襄阳的撰述,虽无法详考,但从习凿齿的著述中,亦可窥见道安之成就。其与谢安书称赞释道安:

> 无变化伎术,可以惑常人之耳目;无重威大势,可以整群小之参差。而师徒肃肃,自相尊敬,洋洋济济,乃是吾由来所未见。其人理怀简衷,多所博涉,内外群书,略皆遍睹。阴阳算术,亦皆能通。佛经妙义,故所游刃。作义乃似法兰、法道。②

足见对其评价之高。在《与释道安书》中,习凿齿甚至叹曰:

> 道业之隆,莫盛于今!③

---

① 《高僧传》卷五《义解二·释道安传》,第179页。
② 《高僧传》卷五《义解二·释道安传》,第180—181页。
③ 《弘明集校笺》卷十二《与释道安书》,第640页。

总之，可见道安之成就，主要产生在其居住襄阳的廿余年中。其后，虽入长安，仍有著述，但论其根源，依然还是滋生于襄阳。故苻坚谓其仆射权翼云：

朕以十万之师取襄阳，唯得一人半，……安公一人，习凿齿半人也。①

东晋太元四年（379），苻丕南攻襄阳。《慧远传》云："道安为朱序所拘，不能得去，乃分张徒众，各随所之。"②然道安传未见其为朱序"所拘"而不得脱身。故疑道安既能于围城时，"分张徒众"，而已身不行，非是被拘，而是为实现其"轨仪西北"之初衷。初行新野已令竺法汰等"弘教东南"，此次复令慧远等离襄阳而去东南，则自身入关中，实现其宏愿也。

后记：1986 年春，日本京都大学谷川道雄教授拟来汉，讨论湖北地区历史，就草就《东晋十六国时期姑臧、长安、襄阳的"互市"》一文。惜谷川教授因故未能出席。后谷川教授改在今年五月来汉，并命题讨论湖北之豪族政治与文化。故此就前文之基础，匆匆草就《释道安与襄阳》一文。笔者于佛学素无基础，且多年来从事敦煌吐鲁番文书之研究，于湖北地区历史，反觉生疏。此文既出，谬误必多，尚望识者，不吝指教。

原载谷川道雄主编《地域社会在六朝政治文化上所起的作用》，日本玄文社，1989 年。在提交本书时又根据现代版本核对了资料。

（作者单位：武汉大学中国三至九世纪研究所）

---

① 《高僧传》卷五《义解二·释道安传》，第 181 页。
② 《高僧传》卷六《义解三·释慧远传》，第 212 页。

睹物思人

——简论丝路人物

柴剑虹

　　"睹物思人"是中国汉语里的一个成语,源自唐代裴铏所著传奇《颜濬》篇:"贵妃赠辟尘犀簪一枚,曰:'异日睹物思人。'"①尽管其重点是强调在物是人非之时"物"的精神感念作用,实际上涉及"物"与"人"的内在关系。本文试借以说明丝绸之路文化研究中一个不可或缺的课题——"丝路人物"与"丝路文物"(包括以石窟艺术和文献遗存为主的敦煌文物)的血肉关联。

　　文物作为历史文化的物质遗存,是重要的文化载体。人是文化的创造者,也是文化传播、传承、发展的本体与核心。我们通过丝路文物对丝路文化进行探索,自然离不开对相关人物的研究。

　　笔者将"丝路人物"分为丝路文物的创造者、发现者、传播(包括劫掠)者、研究者四类。而本文的叙述中心则是研究者之中的浙江学人。

　　丝路文物的创造者,我们过去直接关注得最少,这是因为其中大多数人并未留下姓名(例如丝路上所发现的丝织品设计者、制作者,各种古城与窟寺遗迹、器物、塑像、壁画、简牍等的"主人们":建筑者、制造者、创作者等),少数有名有姓的,也往往因相关资料的缺失增加了考究的难度。笔者这里要特别提出的是:这些人物的人文背景,他们本身的文化涵养,他们和整个古老文明的关联,应该是我们研究丝路文物时不应忽视的重要内容。例如我们所知曾经活跃在丝路上的各族高僧,他们各自的文化背景,他们所翻译的佛经,所开展的讲经说法及文化教育活动,究竟对丝路文化的交流起了哪些重要作用,至今论述还相当薄弱。即便是闻名遐迩的法显、鸠摩罗什、玄奘、慧超等,在对他们与丝路文物关系的研究上也并不充分,更不消说数以百千计有名无名、西去东来的一般僧人了。方广锠曾在《敦煌遗书与佛教研究》一文中提及公元 8 世纪初任北庭龙兴寺都维那的汉僧法海,敦煌本 P.3532 号《慧超往五天

---

①　(宋)李昉等编、汪绍楹点校本:《太平广记》卷 350《颜濬》,北京:中华书局,1961 年,第 2772 页。

竺国传》中说他"虽是汉儿,生安西,学识人风,不殊华夏",而国图藏 BD3339 号《金光明最胜王经》卷五末尾题署又标明他在义净译本里担任"转经"角色。① 诸如法海这样在西域生活的汉人高僧,学界的研究尚且不足。又如对我国西北地区丝路沿线所出纺织品的研究,近些年来我国学者(特别是江、浙两地与新疆的学者)有很丰硕的成果,包括对其中丝绸织品产地及技艺特点的研究有了长足的进展②,但是遗憾的是如何通过深入挖掘它们蕴含的人文内涵来研究它们的制造者与使用者,则还明显欠缺。诚然,认定缺乏明确标识的丝织遗物的产地是相对困难之事,而如何判断制造者与使用者的身份,更非易事。另如,举世瞩目的敦煌彩塑、壁画的绘制者,基本上没有留下姓名,也难以知晓他们的籍贯、族别、国别,研究者只能从这些作品的技法、风格来推测、判断和分析;曾经轰动国内外舞台的现代舞剧《丝路花雨》中塑造了一位画师"神笔张"的形象,其之所以感动观众,就在于这个艺术形象具有一定的典型性。但是,如果我们今后能够将这些丝路瑰宝的创造者与文化交流的大背景更紧密地联系起来,与传世艺术史文献资料更充分地结合起来,进行更全面、深入的探究,应该会有更多更好的收获。

　　丝路文物的"发现者",是一个比较复杂、模糊的个体与群体的概念。既有主观因素,也不乏客观原因,且有相当大的偶然性。因这些人往往与文物的流散关联密切,其中也不乏杰出的专家学者,故这里将他们与"传播者"、"研究者"放在一起叙述。对这三类人,现在人们主要将眼光集中在 19 世纪 60 年代以后活跃在我国新疆和甘肃河西地区的外国考察队、探险家身上。对他们毁誉参半的评价已经持续了一个世纪,此类评述恐怕还会继续下去,还有可能仍旧莫衷一是。例如对国外的斯文赫定、克莱门兹、格伦威德尔、勒柯克、斯坦因、伯希和、科兹洛夫、奥登堡、橘瑞超等人的"发掘",对他们的劫掠(或曰"盗运""获取""买走"等),如何将动机、目的、行为、效果、影响结合起来,对他们做社会学、文化学、考古学意义上的综合性评价,目前还是比较欠缺的。又如莫高窟藏经洞的"发现者"王道士王圆箓(或曰发现者另有其人),确实是敦煌写卷外流的一个关键人物,讲敦煌文物的书几乎都要谈他;但是对他究竟如何呈献、搬移、翻动、"出卖"、藏匿藏经洞文献的许多细节其实并无深入探究,而这对真切地还原事实是不可或缺的。金荣华教授曾经出版过《敦煌文物外流

---

① 参见方广锠:《方广锠敦煌遗书散论》,上海:上海古籍出版社,2010 年,第 213—214 页。

② 参见赵丰:《丝绸之路上的纺织品》,载赵丰主编《丝绸之路美术考古概论》,北京:文物出版社,2007 年,第 122—160 页。

关键人物探微》一书①，将王道士与斯坦因、蒋孝琬、潘震、汪宗翰等人联系起来，以
冀探寻其中的细枝末节，虽然还只是初步的尝试，却提供了可供借鉴的思路与不少
线索。近些年来，荣新江、王冀青等教授也从查阅国内外的原始档案入手去深入探
究，将相关研究推进了一大步。② 但是，如何将王道士、蒋孝琬等人的行为置于晚清
河西地区社会政治、文化学术的大背景下，做社会心理学的分析，又怎样从探寻藏经
洞发现、原貌、变动的若干细节入手③，去还原莫高窟文物流散的真实情况，还是有
很大的研究空间的。这里还要特别提及 1927—1932 年间中瑞联合西北科学考察团
成员的研究问题。众所周知，这次与丝路文化密切相关的科学考察称得上是 20 世
纪中外合作科考的典范，成果丰硕，所获文物甚夥，也很珍贵。其后，以黄文弼先生
为代表的中国考古工作者又多次到新疆地区进行考察，有很多收获。但是，大半个
世纪以来，不仅对考察所获文物做全面、系统、深入的研究还多有欠缺，而且对这些
在新疆地区进行考古发掘的中国学者的研究，相比对前述那些外国探险家的评述而
言，可以说更为薄弱。④ 2013 年 10 月新疆师范大学与北京大学中古史研究中心联
合举办"黄文弼与中瑞西北科学考察团国际学术研讨会"，发表了 59 篇论文⑤，创建
了"黄文弼特藏馆"，可以说开了一个很好的头。笔者认为，与西北科考所获文物的
收藏、整理密切相关的中国国家博物馆、北京大学、新疆博物馆、中国地质图书馆等
单位，亦应以此为契机携手合作，加强相关文物与文献资料的研究。笔者 20 世纪六
七十年代在新疆工作期间，结识了一批优秀的考古工作者，可以说他们为丝绸之路
遗址及文物发掘贡献了智慧与精力，他们对所发掘遗址、文物的研究也有不少论著
问世，但如果加强对他们本人考古经历、学术思想、学术成果的研究，那些遗址、文物
就会被注入新的生命，栩栩如生，更加灵动。他们既是发现者，又是传播者、研究者，

　　① 金荣华：《敦煌文物外流关键人物探微》，台北：新文丰出版公司，1993 年。
　　② 参见荣新江：《敦煌学十八讲》（北京：北京大学出版社，2001 年）、王冀青：《国宝流散：藏经洞纪事》
（兰州：甘肃教育出版社，2007 年）等书。
　　③ 例如敦煌藏经洞地面结构，张宗祥撰于 20 世纪 20 年代之《铁如意馆随笔》记曰："敦煌石室，在甘
肃敦煌县。室甚穹，地下铺鹅卵石子，厚一二尺。有友人知县事者游之，为道如此。归装载石子甚富，盖亦
好事者。予丐其一，归予敦煌片羽之匣。"如果真如此，则发现者或盗宝者曾掘地寻宝的可能性即不能排
除。或曰藏经洞地面铺设的系西夏时期的小莲花纹样砖，则又关联该洞窟的营建及封闭时间。
　　④ 2005 年，当年西北科学考察团成员陈宗器（1898—1960，浙江新昌人）之女陈雅丹在昆仑出版社出
版了《走向有水的罗布泊》，引起笔者关注并撰写书评。请参见拙著《品书录》（增订本），兰州：甘肃教育出
版社，2011 年，第 244—248 页。
　　⑤ 参见荣新江、朱玉麒主编：《西域考古·史地·语言研究新视野》，北京：科学出版社，2014 年。

而许多遵循科学手段进行发掘(包括进行抢救性发掘)、保护的人,也是维护文物、传承文化的有功之臣,理所当然都应该列入"丝路人物"名录而加以研究。

近百年来,在人数众多的丝路文物研究者中,浙江籍及长期在浙江工作的非浙籍学者可以说是一个特别值得关注与探究的学术群体。这里暂且冠以"浙江丝路人物"之名。

自20世纪初至今,活跃在中国与世界学术文化舞台上的"浙江丝路人物"似应以罗振玉(1866—1940)、王国维(1877—1927)为丝路文化研究的开创者;后继者则大致按年龄及研究年代、领域至今已经历了三代人。如:

第一代:向达(1900—1966)、姜亮夫(1902—1995)、贺昌群(1903—1986)、常书鸿(1904—1994)、赵万里(1905—1980)、方豪(1910—1980)、夏鼐(1910—1985)、王仲荦(1913—1986)等。他们的研究主要起始于20世纪30年代,大多完成于80年代,有的则一直延续到上世纪末、本世纪初,如潘絜兹(1915—2002)、蒋礼鸿(1916—1995)、王伯敏(1924—2013)。

第二代人数较多,年龄差距也较大,出生于20世纪30年代的,基本上是从五六十年代开始从事这方面的研究工作,如:常沙娜(1931—)、施萍婷(1932—)、陈践(1933—)、黄时鉴(1935—2013)、樊锦诗(1938—)、齐陈骏(1936—)、黄永武(1936—)、朱雷(1937—)、郭在贻(1939—1989)等。出生于40年代的,如张金泉、项楚、徐文堪、卢向前、吴丽娱等(包括笔者),以及五六十年代出生,70年代末、80年代初进入高校学习的,如董志翘、张涌泉、黄征、刘进宝、赵丰、王惠民、许建平、施新荣等,则基本上都是在"文革"十年期间或之后才起步的。恐怕也有人会将后者另列一辈,似不无道理;但考虑到我国学术界50年代后期到"文革"期间的停滞状态,将他们列入第二代似更为合适。

新一代的研究者主要是我们习惯所称的"70后"、"80后"乃至"90后",大多是近十几年高校培养的浙江籍的硕士、博士,或浙江大学培养的非浙籍学人,已经有不少学术成果问世,也是丝绸之路与敦煌文化研究大有希望的后起之秀,有的已经成为学术带头人,分布在全国多所高校或研究机构,如曾良、冯培红、余欣、张小艳、窦怀永等。

近百年来,中外学术界对罗振玉、王国维的研究成果,可谓积案累牍,其中虽不乏对他们在丝路敦煌文物研究上所做贡献的评析,但若将其置于晚清民初浙江学者的政治与学术背景下细究,恐怕还有不少工作可做。例如不可避免地涉及罗、王的政治态度,恐怕不能简单地以"保守"乃至"反动"去论定,也不能轻易地用"民族气节"去度量。众所周知,两人的家庭背景、经济境况有相当大的差异。王出身书香门第的"中人"之家,从来都是"读书人",清朝覆灭12年后方充任溥仪的"南书房行走",得以检阅"大内"藏书,说其殉清并无充足理由;罗一生充满官宦气息,效忠清廷、以"遗老"身份流亡日本、醉心伪满,是其政治品质的真实反映。二人的政治态度,王氏模糊,罗氏清晰,这与他们的治学似乎并无多大关联。但是如果细究起他们的治学视野,尽管都具备深厚的"国学"基础,都擅长于传统的古文字与名物研究,都对19世纪末20世纪初的"四大发现"(殷墟甲骨、流沙简牍、内阁档案、敦煌遗书)有很大的研究志趣,而在借鉴东西方"新学"方面,恐怕有相当大的差异。罗氏早先致力于引进日本的农学与教育改革理念,而后作为一名文物收藏家,通过对大量出土文物的鉴赏、考究、交易促进了近代日本东洋学、中国学的兴起,看不到有多少"西学"对他的影响。王氏则是最早受到资产阶级改良主义影响,自觉将眼光投向西方学术的中国近代学者之一,他以康德、叔本华、尼采哲学为切入点,兼及西方伦理学、心理学、美学、逻辑学、教育学等,又涉猎俄罗斯文豪托尔斯泰《战争与和平》等代表作,并对莎士比亚、但丁、歌德、拜伦等人的文学名著进行介绍和比较研究,自称"三十而立"之前为其"独学"时期,且明确提出"异日发明光大我国之学术者,必在兼通世界学术之人,而不在一孔之陋儒"。[1] 据统计,罗氏自1909年发表《敦煌石室书目及发见之原始》并刊行《敦煌石室遗书》起,至1938年撰写《晋天福十一年残历跋》并于次年影印《贞松堂藏西陲秘籍丛残三集》止,共刊布敦煌写本167种,撰写跋识、校勘文章近百篇[2],其主要贡献在于最早为中国的敦煌学研究提供了经过其审订校勘的新材料。因此,如果说罗振玉对流沙简牍与敦煌遗书的释读、整理、研究,还基本上局束于乾嘉朴学的范畴,那么王国维则已经明显地呈现出新史学与现代考古学的特点,散发出"世界学术新潮流"的耀眼浪花。12年前,笔者曾在《王国维对敦煌写本的早期研究》一文中提出:王氏的敦煌学研究"树立了正确处理新材料、新方法、新问题三者关系及中、西学关系的楷模","王国维对中、西学关系的认识,更体现了他在学术观点上的开放性、兼容性与辩证性"。[3] 王氏的治学方法,正如陈寅恪先生

---

① 参见王国维:《静安文集·三十自序》,《王国维全集》第一卷;《奏定经学科大学文学科大学章程书后》,《王国维全集》第十四卷,杭州:浙江教育出版社,2009年。

② 参见林平和:《罗振玉敦煌学析论》,台北:文史哲出版社,1988年。

③ 请参见拙著《敦煌学与敦煌文化》,上海:上海古籍出版社,2007年,第53—65页。

1934 年在《王静安先生遗书序》中所归纳的："一曰取地下之实物与纸上之遗文互相释证"，"二曰取异族之故书与吾国之旧籍互相补证"，"三曰取外来之观念，与固有之材料互相参证"。① 后面两点，正是罗振玉所不具备的。另外，笔者以为罗、王二人成为中国丝路文物与敦煌遗书研究的开创者，之后浙江又涌现一批"世界学术新潮流"的"预流者"，与浙江新思想、新文化运动的领军人物蔡元培（1868—1940）不无关系。蔡早年曾任绍兴中西学堂监督，在学堂增设日语教学并学习日语、英语，也曾去日本游历，接触日本文化教育的时间几与罗、王相近。1909—1911 年间，罗氏开始关注敦煌遗书时，蔡正在德国莱比锡大学研修哲学、美学、伦理学及思想史、文明史，故恐无法得知或无暇顾及敦煌遗书的相关情况；1907 年冬，王国维翻译斯坦因的《中亚西亚探险记》，其时也正热衷于德国的哲学、美学及西方伦理学等，而 1921 年、1922 年北京大学两次聘王国维任教，以及胡适与王的交往，也应该与时任北大校长的蔡元培有关。还有一件事情颇可注意，即 1931 年 3 月 27 日，蔡被推举为"西陲学术考察团理事会理事长"后，在南京主持了第一次会议，并通过了考察团章程。② 此事当可说明蔡对西北科考及丝绸之路文物考古工作的关注。探究浙江学人与敦煌学、丝路文化的关系，蔡元培是一位值得关注的人物。总之，笔者本文无意亦无能力对罗、王二人的敦煌学、丝绸之路文物研究做全面的评析，只是希望学界能对他们开创这门"显学"的时代背景、社会环境、思想基础、治学方法等做进一步深入的探讨。

关涉罗、王之后第一代研究敦煌学、丝路文化的浙江学人，笔者仅写过评述姜亮夫、常书鸿、蒋礼鸿三位的几篇文章，只是简述了自己学习他们道德文章的一些感受，自觉尚很粗浅。这一代前辈在丝路文物与中西交通、敦煌语言文字、敦煌艺术、考古与西北地理文献等方面都有很大贡献，他们不凡的学术成就举世公认，但是对他们作为同一时代群体的共性与个性差异的探究还比较欠缺，这里包括对他们的治学背景（包括家学渊源、师承关系）与个性特征的剖析，有一些涉及细节的材料还未得到充分的运用。如姜亮夫在《敦煌学概论》的第一讲"我与敦煌学"中开头就强调了"敦煌学之所以吸引了我，与我的兴趣及我的家庭教育和老师教育有关"。谈及他受梁启超、章太炎及自己父亲的影响，并说他从事敦煌学，也同自己的"憨脾气"相关。③ 又如常书鸿在《九十春秋——敦煌五十年》的第一章"人生初途"里述及母校

① 见陈寅恪：《金明馆丛稿二编》，上海：上海古籍出版社，1980 年，第 219 页。
② 参见高平叔编著：《蔡元培年谱》，北京：中华书局，1980 年，第 103 页。
③ 见姜亮夫：《敦煌学概论》，昆明：云南人民出版社，1999 年，第 1—4 页。

"浙江省立甲种工业学校"（浙大前身之一）的教学对他的影响，书中也提及他于1924 年在杭州与同是浙江籍的专家郑振铎的相识以及 1948 年在上海、1950 年在北京与郑氏因敦煌艺术而交往的情景。① 常老生前还曾多次谈到他倔强的"杭铁头"的脾气与守护莫高窟的关系。又如赵万里，一生撰著中敦煌学方面的内容虽然不多，但他的恩师海宁同乡王国维对他的影响巨大而深刻。1927 年 6 月 2 日王国维自沉后，一年间赵万里尽全力编撰了《王静安先生年谱》《王静安先生著述目录》《王观堂先生校本批本书目》《海宁王静安先生遗书》及《王静安先生之考证学》五种著作，还整理出版了王国维的《唐五代二十一家词集》。另外，他所撰写的《唐写本〈文心雕龙〉残卷校记》《魏宗室东阳王荣与敦煌写经》等文章也明显带有王国维的治学风格。赵氏主持北京图书馆善本特藏部工作数十年，馆藏敦煌写本的保管、整理也倾注了他的不少心血。由此笔者还想到另一位海宁籍的大师张宗祥先生，也任职北京图书馆、浙江图书馆多年，同样与中国敦煌学研究密不可分。近现代海宁涌现出一批国学功底深厚又有"新学"造诣的史学、文学、语言学、书画专家，如朱起凤（1874—1948）、陈乃乾（1896—1971）、宋云彬（1897—1979）②、蒋复璁（1898—1990）、吴其昌（1904—1944）、钱君匋（1907—1998）、徐邦达（1911—2012）等，"海宁与敦煌学"乃至"海宁学派"，结合海宁文化在中国近代文化史上的地位来考量，恐怕也是一个颇有特色的研究课题吧。又如王仲荦的夫人郑宜秀女史在《王仲荦著作集》的"前记"里所指出的，王仲荦先生"早年师承章太炎先生"，"他在生活中属于那种为人笑容可掬而又不失头脑的读书人，读书人微笑里含着的睿智与超脱往往是很动人的，尤其是当这种微笑面对着人事的磨难与困苦的时候"；他把启蒙老师任董关于书法"直不挠曲，横不欹斜"的教诲作为自己治史的主要原则。③ 再如笔者曾经在《读〈蒋礼鸿集〉的体会》中指出"蒋先生的人格魅力，并不只在于谦逊，他又同时是一位绝不随俗的学者"，乃至对钱锺书先生劝他"随和"的赠诗，回报以"与失不恭宁守隘，敢持谔谔配恢恢"的诗句直接表明自己的性格。④ 这里，笔者还要提及原籍浙江宁波、曾任浙江大学史地系主任、文学院院长的张其昀（1900—1985）与敦煌学的关系：张是我国人文地理学的开创者，对丝路历史地理早就予以关注；1949 年国民党败退台湾，他也

---

① 参见常书鸿：《九十春秋——敦煌五十年》，杭州：浙江大学出版社，1994 年。

② 著名文史研究大家、曾在中华书局任编辑、开创二十四史点校工程的宋云彬系张宗祥先生姻亲挚友。其曾旧藏黄宾虹 91 岁时题署之"敦煌隋大业高僧智果功德画"，可惜"文革"时遭抄家，后不知下落。

③ 见王仲荦：《王仲荦著作集·敦煌石室地志残卷考释》之"前记"，北京：中华书局，2007 年。

④ 请参见拙著：《敦煌学与敦煌文化》，上海：上海古籍出版社，2007 年，第 205 页。

跟随去了台湾,曾主管台湾地区的教育主管部门,后在阳明山创办中国文化大学。在他的支持下,著名学者潘重规教授在文化大学设立专门的敦煌学课程,培养了台湾地区一批优秀的敦煌学专家与领军人物,也促进了海峡两岸的学术交流。张氏力主"发扬中华民族精神,探索中华文化渊源,培养新生力量"的办学理念,也与在我国港、台地区开展敦煌学研究关系密切。①　又如潘絜兹先生早年曾在敦煌艺术研究所从事壁画临摹、修复工作,作为著名的工笔重彩画家,艺术界对他的绘画创作及古画修复工作多有赞誉,但很少提及他的《敦煌的故事》是最早介绍敦煌艺术的优秀普及读物。该书不仅文字简明生动,配图精要,1956 年由中国青年出版社印行,至 1985年第 5 次印刷时,印数已达 73700 册,和同时期出版的姜亮夫所著《敦煌——伟大的文化宝藏》堪称普及敦煌文化之双璧。笔者之所以举上述例子,是想说明在对这一辈学术大师的研究中,共性与个性的分析的重要性,说明学术渊源与学术品格的至关紧要,同时也想借以强调学者个人性格与生活"细节"的不可忽视,关注文化普及、人才培养与学术提高的内在联系,可以为丝路文化与敦煌学史提供更加有血有肉的内容。

　　几年前以九十高龄去世的王伯敏先生,其实是从第一代向第二代学人过渡具有代表性的敦煌艺术专家。他的《中国绘画史》脱稿于"文革"前夕的 1965 年,正值"四十不惑"的壮年时期;过了 17 年,此书才得以正式出版。这也是新中国成立后的第一部绘画史著作,虽然不可避免地留下了那个时期的痕迹,但书中提出的一些重要观点至今仍对丝路文化史、敦煌艺术史的研究具有启示意义。如"研究历史的出发点应该是特定的具体事实,应当运用详尽的材料,从大量的事实中形成观点。绘画史的编写,要强调对画家的研究与介绍"。而因民间绘画的史料太缺乏,"一部绘画史,正需要从这些匠师们的功绩中寻找他们的典型材料","敦煌莫高窟等处,既是宗教绘画的宝库,也是我国伟大的文化宝藏",在对宗教画做评价时,要弄清"在现实世界中受苦受压迫的民间画工,当他们去塑造这些神的形象并描绘宗教故事时,他们是怎样对待宗教的",等等。②　该书单列"唐代的石窟壁画""唐代的民间绘画"两节,系中国绘画史著作中开创性的论题。王氏早年在上海美专学习油画,曾到北平艺专拜徐悲鸿为师,后又成为黄宾虹的关门弟子,诗、书、画俱佳,在美术史研究中一直遵

---

①　2004 年笔者曾应聘在中国文化大学担任一学期敦煌学课程的专任教授,曾引导学生认真体会校园里其昀先生墓茔后壁上镌刻的反映其教育理念的文字。

②　详见王伯敏:《中国绘画史·序》,上海:上海美术出版社,1982 年。

循黄宾虹"写史要实,论理要明"的教诲,成为学术转型期浙江学者中独树一帜的敦煌艺术专家。笔者感觉敦煌学界对他的学术传承、治学特色和相关学术成就的评价,目前还比较薄弱,应该引起足够的重视。

出生于 20 世纪三四十年代,从事丝绸之路文化与敦煌学研究的浙江学人,因青少年时期正处于新、旧社会交替的年代,他们的家学与师承关系较为复杂,而治学背景却大多以七八十年代思想解放时期为界,相对分为前后两个时期:前期不免受到"以阶级斗争为纲""以论带史"等思想观念及方法论的影响,即便以敦煌文献的整理与释读为主的研究及出土文物介绍也受到浸染①;后期在改革开放的大背景下,成为接收新观念、引进新方法,积极开展对外文化、学术交流的践行者与活跃群体。由于中国大陆的敦煌学、丝路文化研究有近二十年的停滞期,也因为一些外来因素的影响与刺激②,他们普遍有时不我待的紧迫感和奋起直追的精气神。老一代学者身体力行的"传帮带",相关文物、文献资料刊布范围的扩大,与国外学界接触的加强,加上自觉弥补不足的努力,使得这批学者不仅有了比较扎实的文献学、语言文学、传统史学等"国学"基础,而且汲取了考古学、宗教学、社会学、艺术史学等新学科知识,拓展了学术视野,更加适应于投身"世界学术新潮流"的需求。这些学者五六十年代从高校毕业后,大多数分布在北京、兰州、敦煌、武汉、上海、成都等地高校或研究机构工作,少数留在本省。这也成为推进敦煌学与丝路文化研究在全国崛起并逐渐形成一些人才培养基地的重要因素。特别是 1983 年夏中国敦煌吐鲁番学会宣告成立后,正值壮年的这些浙江学人也肩负着依据新的学术平台承上启下的学术重任,除了自身的学术研究外,将大量精力用在培养与带动出生于五六十年代的青年学者上,促进了浙江大学、兰州大学、四川大学相应学科基地的培育,也推动了北京、甘肃、新疆三个敦煌学和吐鲁番学资料中心的建设。曾长期在克孜尔石窟工作的浙籍学者陈世良,则为古龟兹地区文物的保护和研究、为龟兹学的开拓和发展做出了贡献。如今,虽然这些学者大都已从工作单位退休,但依然在勤奋耕耘着自己的学术园地。对他们的研究做总结性的评述,恐怕为时尚早。其中,对常沙娜、樊锦诗、项楚这样在国内外文化学术界有重大影响的浙江学者专家,虽然介绍、评述文章已经

---

① 这种影响在丝路文物研究上以郭沫若撰写的几篇论述新疆"出土文物"的文章为最典型。这里还涉及长期在新疆从事西域历史文化研究的钱伯泉研究员(1936—),这位 60 年代初毕业于北大历史系的优秀的浙籍学者的有关文章亦引起关注与争议。

② 最突出的就是 70 年代末盛传的"敦煌在中国,敦煌学在日本"的断言。

不少,但深入探析其学术传承、治学理念、研究方法及特色,显然还很欠缺,正需要在加强资料搜集、整理、分析的基础上开展相关研究。陈践教授是笔者母校杭州高级中学的大师姐,她从中央民族学院(今中央民族大学)毕业后,多次深入西藏和甘肃、青海藏区,几十年从事敦煌藏文文献的整理、研究,献身于民族文化教育与汉、藏文化交流的伟大事业。最近读到她新出版的著作集《吐蕃卜辞新探》的"自叙·我与古藏文文献研究"①,以平直质朴的语言回顾了她的治学经历与生活道路,六十年艰苦求索的精神令我动容。因她的治学范围,敦煌学界所知有限,其实也应很好研究。上述常、樊、陈几位外,还有从部队转业后再进大学学习、又到敦煌研究院工作半个多世纪的施萍婷,中国社会科学院历史所以扎实、严谨、勤奋著称,研究成果厚重的吴丽娱,她们作为敦煌学界有代表性的女专家,对事业的奉献精神和治学态度,都足为世范,值得褒扬与研究。另外,黄永武教授久居台湾,他对敦煌唐诗的整理研究成绩非凡,他主编的皇皇 140 巨册的《敦煌宝藏》在推进世界敦煌学的发展中功劳卓著,对他的学术成就做深入评析,则寄希望于林聪明、王三庆、郑阿财、朱凤玉等教授及他们的出色弟子们。至于对已经逝世的郭在贻、黄时鉴两位教授学术成就做系统总结的任务,则理应责无旁贷地落到他们培养的浙大学子身上。

前述出生于五六十年代的浙江敦煌学、丝路文化研究学者,以及他们所培养的更年轻的学子(这里包括在浙江大学师从敦煌学家并获得硕士、博士学位,后来到其他省市去工作的浙籍与非浙籍学者),是真正担负着继往开来、开拓创新重任的新一代。赵丰与他的团队对敦煌丝绸文物的整理、刊布以及对丝绸工艺、文物复原等方面的探索,张涌泉对敦煌写本文献语言文字的研究,张涌泉、许建平、关长龙等对敦煌文献的分类整理,黄征对敦煌愿文的整理、俗字工具书的编撰,曾良的敦煌文献字词研究,余欣对敦煌民生社会宗教史及博物学的探索,张小艳的敦煌社会经济文献词语考释,窦怀永的敦煌文献避讳研究,等等,都在世界敦煌学相关分支领域居于领先地位。写到这里,又想起中国敦煌吐鲁番学会老会长季羡林教授生前曾多次对笔者说:"杭州大学姜亮夫、蒋礼鸿等先生开创的敦煌中古语言研究,具有很强的团队整体实力,在世界敦煌学界具有领先优势。我们一定要巩固这个阵地。"培养新生力量使之成为研究丝路文化与敦煌学的主力军,巩固阵地,发扬优势,开创未来,正是老一辈专家对新一代学人寄予的厚望。今天,浙江大学组建"一带一路"合作与发展

---

① 请参见陈践编著:《吐蕃卜辞新探(敦煌 PT1047+ITJ763 号〈羊胛骨卜〉研究)》,上海:上海远东出版社,2015 年,第 11—46 页。

协同创新中心,举办"丝路文明传承与发展国际学术研讨会",浙江大学出版社推出
《浙江学者丝路敦煌学术书系》,都是在新的历史条件下迈出的坚实步伐,是实现老
一辈专家殷切期望的有力措施。

　　从"世界丝绸之源"①浙江湖州钱山漾遗存的4700多年前的家蚕丝绢实物,到敦
煌壁画中千姿百态飞天所着轻通薄透之各色天衣;从新疆尼雅出土的"五星出东方
利中国"锦护膊,到杭州中国丝绸博物馆研制复原的历代丝绸精品②,启示我们睹物
思人,让人奋进。《周易·上经·贲卦》曰:"文明以止,人文也。"物质文明印记着人
类前进的足迹,蕴涵着丰富的人文精神,也必须靠人去升华、结晶为精神文明。精彩
绝伦、内涵丰富的丝路文化,要靠一代代无私奉献的丝路人物去传承弘扬、发展繁
荣,这正是笔者撰写这篇文章的宗旨。

　　　　　　　　　　　　　　　　　　　　　　　　　　　　　　　　(作者单位:中华书局)

---

　　① 据新华网消息:2015年6月25日,时任国务院副秘书长、国务院参事室主任王仲伟向湖州市授予
"世界丝绸之源"纪念牌。当日,中国湖州钱山漾遗址获"世界丝绸之源"命名仪式在北京举行。
　　② 据赵丰馆长告知,有汉代王侯合婚锦、唐代宝花文锦、辽代雁衔绶带锦、清乾隆八达晕锦等。

向达敦煌考察的身份问题研究评议

刘进宝

向达(1900—1966)先生,字觉明,笔名方回,1919 年考入南京高等师范学校。1930 年,任北平图书馆编纂委员会委员,利用馆藏丰富文献,着重于敦煌俗文学和中西文化交流等领域的研究。1935 年秋赴欧洲,在伦敦、巴黎、柏林等地阅读敦煌文献。1938 年回国后,先后任浙江大学、西南联合大学教授。抗战胜利后,任北京大学历史系教授兼掌北大图书馆。1949 年后,任北京大学历史系教授、图书馆馆长,中国科学院哲学社会科学部委员,历史研究所第二所副所长等。《唐代长安与西域文明》是其学术代表作,奠定了其在学术界的地位。另外还有《大唐西域记古本三种》《中西交通史》《敦煌变文集》(合编)等,译有《斯坦因西域考古记》等。

作为著名中西交通史、敦煌学家的向达,其学术贡献是多方面的,其中 20 世纪40 年代向达先生的敦煌考察,不论是在向达的个人经历、学术发展方面,还是在我国敦煌学、中西交通史和丝绸之路研究方面,均有重要的学术价值,非常值得探讨和总结。

向达参加的敦煌考察共有两次,第一次是 1942 年 7 月至 1943 年 7 月,考察团的名称是"西北史地考察团"。第二次是 1944 年 3 月至 1945 年 2 月,考察团的名称是"西北科学考察团",组织单位是中央研究院历史语言研究所、中央博物院筹备处、中国地理研究所和北京大学文科研究所。北京大学文科研究所派向达及阎文儒参加,史语所派夏鼐参加,由向达任组长。

关于向达的敦煌考察,学术界已有了许多研究,但对向达第一次参加西北史地考察团(1942 年 7 月至 1943 年 7 月)的身份问题还有争议,即向达是代表中央研究院还是北京大学,抑或是中央博物院筹备处?

一、代表中央研究院

据向达的学生、参加西北科学考察团历史考古组的阎文儒先生记载:"受中央研究院历史语言研究所之约,先生于 1941 年赴河西入敦煌,考察莫高窟。"①

　　史语所拟从事敦煌考察并约请向达参加,这是实情。据向达先生的自传:"一九
四一年,那时候的中央研究院组织了西北史地考察团,在额济纳河和敦煌一带进行
考古工作,要我参加。我因把家搬到四川南溪县李庄镇的中央研究院历史语言研究
所,我自己从重庆经兰州到敦煌。"②

　　向达先生 1943 年所写《西征小记》记述:"三十一年(1942)春,国立中央研究院
有西北史地考察团之组织。……余应研究院之约,奉校命参加考察。以滇西变起仓
卒,交通艰阻,迟至八月方克入川。九月下旬自渝抵兰,十月初西行,经武威、张掖、
酒泉,出嘉峪关以抵敦煌。"③

　　向达于 1938 年 8 月回国后,由于没有合适的岗位,于 1939 年 3 月任迁至广西
宜山的浙江大学史地系教授。当向达刚到浙大史地系任教不久,北大就决定恢复
"文科研究所",而且"暑假后必设置"。因此蒋梦麟、姚从吾、汤用彤等先生都希望聘
用向达,其条件是:专任导师不教书;以自作研究为主体,并指导与先生治学有关之

---

　　① 阎文儒、阎万钧:《向达先生小传》,阎文儒、陈玉龙编:《向达先生纪念论文集》,乌鲁木齐:新疆人
民出版社,1986 年,第 813 页。又见沙知编:《向达学记》,北京:生活·读书·新知三联书店,2010 年,第 11
页。阎文儒是向达在北大文科研究所指导的第一位学生。"1939 年,设在西南联合大学之内的北大文科研
究所,第一次单独招生。史学组录取了三名学生,阎文儒是其中的一个。向达是西南联大的教授,也是文
科研究所史学组三位导师中的一位。阎文儒就是向达指导的研究生。1942—1944 年,向先生两次参加中
央研究院西北考察团,担任历史考古组长。他赏识阎文儒的诚朴好学,推荐他加入考察团。"(郝斌《"我要
有个三长两短"——记"牛棚"里的向达》,见《向达学记》第 245 页。)在 1950 年 7 月出版的《国立北京大学周
刊》第七卷第一号上有《北京大学文科研(究)所记事(节录)》:文科研究所 1941—1945 年度毕业的研究生
有 21 人,其中 1944 年度 5 人,有"阎文儒《唐代西京考》"。《唐代西京考》是毕业论文题目。(王学珍、郭建
荣主编:《北京大学史料:第三卷(1937—1945)》,北京:北京大学出版社,2000 年,第 341 页。)
　　② 向达:《向达的自传》,沙知编:《向达学记》,第 2 页。《向达的自传》约写于 1955 年至 1956 年之间。
孟彦弘据邓锐龄藏手稿移录。李庄属四川南溪县(今属宜宾市翠屏区)。
　　③ 原载《国学季刊》第七卷第一期,1950 年 7 月出版。此据向达《唐代长安与西域文明》,北京:生
活·读书·新知三联书店,1987 年,第 338 页。据《西征小记》后记:"三十二年一月十六日至二十一日写初
稿于莫高窟,三十三年重来敦煌,九月十七日至三十三(?)日在鸣沙山下重写一过。一九五〇年春以此稿
付《国学季刊》,仍旧稿不加更改,存其真也。向达谨记。"据向达 1943 年 1 月 13 日致曾昭燏信说:"日昨叶
企孙先生来函,为研究院月报征求报告一篇。达思此亦题中应有之义,因拟写《西征识小录》一文,略述西
行见闻,聊当报告。"1 月 22 日的信中说:"《西征小记》一文亦草就,并随函附陈,伏祈教正。"(荣新江编《向
达先生敦煌遗墨》,北京:中华书局,2010 年,第 388—389 页,第 390 页。)这与其后记的记载是一致的。"三
十三日"应为"二十三日"之误。参阅车守同《国立敦煌艺术研究所的时代背景与史事日记》第 54 页,华东
师范大学博士论文,2013 年 4 月。

研究生;月薪二百元;不兼他职。①

　　1939 年 6 月,北大恢复"恢复文科研究所。聘傅斯年为所长,郑天挺为副所长。未几傅斯年辞职,改聘汤用彤为所长"②。当北大文科研究所恢复后,向达先生从浙大史地系"又转就北京大学之聘,于一九三九年秋到了昆明,作了北大文科研究所的专任导师,并兼任西南联合大学历史系的教授"③。

　　1940 年秋冬,史语所迁往四川南溪李庄后,就改由汤用彤先生担任北大文科研究所主任。

　　为了组织西北考察,1941 年初,史语所就颁发聘书给向达,聘其为专任研究员,聘期自"民国三十年一月起至三十年十二月底止","订薪水以国币每月肆伯元,按月致送"。④

　　收到史语所的聘书后,向达即致信傅斯年:

　　史语所聘书已于上月寄到,拟俟左右康复之后,再行报命。敦煌调查事,诸荷擘画,感激无似。自惟来滇两载,百无一成,而诸公曲予优容,不加谴责,每念及此,惭感交集。调查一事,自知学力不足,难期良果,唯冀以勤补拙,或可不至宝山空还。至于史语所与北大研究所,气息相通,有同一体,固可不分彼此,在达个人亦只求能少尽绵薄,庶几不负诸公宽厚见爱之意,为北大抑为史语所,个人毫无成见,区区此忱,想荷赞同。目前达所顾虑者,内人小儿辈俱在此间,乏人照料,如去西北,非将彼等送回湖南不可,而路途辽远,盘川之费,所储万不足以应此需。⑤

　　向达此信写于 1941 年 5 月 10 日,内说"史语所聘书已于上月寄到",即 4 月就已收到聘书,而从聘期自 1941 年 1 月至 12 月可知,聘任工作早就在进行之中。

---

　　①《傅斯年致向达》(1939 年 4 月 20 日),档号:李 14—28—1,王汎森、潘光哲、吴政上主编:《傅斯年遗札》,台北:"中央研究院"历史语言研究所,2001 年,第 965—966 页。
　　②《国立北京大学周刊》第七卷第一号,1950 年 7 月。此据王学珍、郭建荣主编:《北京大学史料:第三卷(1937—1945)》,北京:北京大学出版社,2000 年,第 339 页。
　　③ 向达:《向达的自传》,沙知编:《向达学记》,第 2 页。
　　④ 转引自罗丰《西出阳关——向达与西北史地考察团》,樊锦诗、荣新江、林世田主编:《敦煌文献·考古·艺术综合研究:纪念向达先生诞辰 110 周年国际学术研讨会论文集》,北京:中华书局,2011 年,第 24 页。(以下简称樊锦诗等主编:《敦煌文献·考古·艺术综合研究》。)
　　⑤《向达致傅斯年(1941 年 5 月 10 日)》,"中央研究院"历史语言研究所藏档案,档名:No113—6;李38—2—1。荣新江编:《向达先生敦煌遗墨》,北京:中华书局,2010 年,第 413 页。

　　向达从浙江大学到北大文科研究所任导师刚一年多，又收到了中研院史语所的聘书。收到聘书是 4 月，但聘期从 1 月就开始了。由于是学期中间，并不符合一般的聘任时间，这样北大显然不高兴，也可能对向达还产生了看法。在此背景下，史语所聘任向达，北大并不愿意放人。向达的调动不顺利，而传说考察团可能在八九月间起程，作为中西交通史、敦煌学专家的向达既不想错过这样好的考察机会，又处于北大、史语所关系的矛盾之中，其内心的焦急是可想而知的，便于 8 月初致信傅斯年说明情况：

　　孟真先生侍右：夏初曾上一函，想荷答及。……史语所与中央博物院合组西北考察团，定期八九月之间出发。七月初凌纯声先生来函，转致济之、彦堂两先生盛意，属达加入，当以为期过促，所余时间不到一月，无论安顿眷属，准备阅读西北地志，以及自滇赴川，任何一事，俱难措置就绪，故只有复电辞谢，区区下忱，先生当能谅之也。中英庚款会最近有通知书，以由李庄转递，三日前方始收到，今谨附呈鉴览。①

　　当时考察团还在筹备之中，并没有如向达听说的八九月间出发。到了年底前，向达还在北大与史语所之间犹豫，未能答应史语所的聘任。傅斯年便致信向达，希望其尽快解决此事：

　　觉明先生左右：远承吊问，至感至感。昨接中英庚款会一信，兹奉上。看来此事必须作一段落，即先生自本月或下月份起，不作北大之专任教授，即作敝所之专任研究员。敝所之决定请先生，早此一年已便决定，未知已收到聘书否？但职员录上则已列入矣（此文书处但据发聘记之也）。故驾来敝所，极其欢迎，但北大不肯放，其情真挚。好在所作是同一之事，即是到敦煌去，两者似无所分别，乞先生就近商之于北大诸同仁，并乞示知至幸。

　　夫敦煌事，已与济之先生谈好，决请先生于明年四月前往，同行者有吴虞铭、劳榦、夏鼐诸氏（或不全去），或有徐旭生先生，但他们工作不在敦煌，在敦煌者，只兄一

　　① 《向达致傅斯年(1941 年 8 月 10 日)》，"中央研究院"历史语言研究所藏档案，档名：No113—20；李38—2—17。荣新江编：《向达先生敦煌遗墨》，第 413—414 页。其中的"复电辞谢"罗丰录为"复书辞谢"。樊锦诗等主编：《敦煌文献·考古·艺术综合研究》，第 25 页。

人。此外，济之先生颇思请一位专治佛教艺术者，然亦不得其人也。此行费用足可支持二年，请即放心准备。如有团长，当即济之先生自己。彼亦不研究敦煌也，故此事即是先生一人作之耳。前谈（传闻）请黄君作团长者，叩之多人，无此说也。

　　既准备此行，则不免安排家事，宝眷是否拟送往湖南？果作此计，不免有所费，假如有现成稿子，可卖给史语所（以前此例极少），此时生活之事实如此，不能不达变耳；或以书转让，均无不可。吾辈同行皆落难者，故直陈之，当不怪也。其实家眷往西北亦无不可，但太远耳。①

　　傅斯年给向达的信合情合理，而且还对他的经济情况有所考虑，即"假如有现成稿子，可卖给史语所"，"或以书转让，均无不可"。但其最主要的还是要向达在北大和史语所之间做一明确的选择，即"自本月或下月份起，不作北大之专任教授，即作敝所之专任研究员"。

　　向达经过考虑或者说选择后，于次年（1942）2 月 22 日致信傅斯年，并托天文所的李国鼎先生将聘书退回面缴史语所。② 即未能接受史语所的聘任。

　　另外，开始时向达也确有代表史语所之意，然而由于眷属与交通问题，再加上他在北大与史语所之间犹豫，并未接受史语所的聘书，而以个人身份于 1942 年 8 月到达李庄史语所。这时，向达与北大的上一个聘约尚未到期，北大还是不同意其调入史语所，另外向达可能也不愿放弃北大而改就史语所专任工作。作为变通，尤其是要给向达的考察有一个身份，史语所就于 8 月中旬上报中央研究院总办事处，建议将向达改为通讯研究员："向君学问渊博，著述宏富，此次既参加西北史地考察团，前往敦煌，本院似应予以名义，较为妥当。"③由于目前未见到有关档案资料，不知史语所的建议是否与向达商量？也不知中央研究院总办事处是否讨论并有结果？但从以后的情形看，似乎并没有给向达这个名义（或向达没有接受此名义），如 1942 年 11 月 17 日向达致曾昭燏信说："舍下日前来函谓：萧君纶徽告语，史语所借垫生活费，

　　① 《傅斯年致向达（1941 年 11 月 8 日）》，"中央研究院"历史语言研究所藏档案，档号：李 14—28—2。王汎森、潘光哲、吴政上主编：《傅斯年遗札》，第 1185—1186 页。另参阅荣新江编：《向达先生敦煌遗墨》，第 414—415 页。

　　② 罗丰：《西出阳关——向达与西北史地考察团》，樊锦诗等主编：《敦煌文献・考古・艺术综合研究》，第 25 页，图版见第 26 页。

　　③ 1942 年 8 月 13 日史语所致中央研究院总办事处函，史语所档案。转引自荣新江：《惊沙撼大漠——向达的敦煌考察及其意义》，《敦煌吐鲁番研究》第七卷，北京：中华书局，2004 年，第 105 页；又见荣新江编：《向达先生敦煌遗墨》，第 12 页；沙知编：《向达学记》，第 102 页。

不能太久,希望另筹办法"。同时还说今日寄孟真先生一函,"函中及此,谓如联大汇款稽延,达愿将行前寄存史语所之抄本、照片等等,扫数让予史语所,藉作抵偿一部分垫款之用,作价若干,凭孟真先生估定,达毫不计较。……入川以还,能在史语所寄居,得免流离,已是万幸,岂可复以此等琐事带累友朋"[①]。

由此看来,向达虽然受史语所之邀从昆明到了四川,并准备参加西北史地考察,但并未接受史语所的聘请,从 1939 年 7 月到 1946 年 5 月的工作是"北京大学教授,在昆明西南联大历史系任教"。[②] 因此,向达的第一次敦煌考察,并不是代表中央研究院。

二、代表北京大学

据向达先生 1943 年所写《西征小记》记述:"三十一年(1942)春,国立中央研究院有西北史地考察团之组织。……余应研究院之约,奉校命参加考察。"[③]

从中央研究院组织西北史地考察团"要我参加"和"余应研究院之约,奉校命参加考察"看,首先是中央研究院约请向达参加。而从"奉校命参加考察"看,似乎是代表学校。

在 1948 年编印的《北京大学五十周年纪念:敦煌考古工作展览概要》说明中有:

民国三十一年中央研究院组织西北史地考查团,考查甘肃河西一带的历史和地理;三十三年中央研究院又组织西北科学考察团,其中历史考古组的工作即集中在敦煌;这几次都有北京大学参加和合作。

(民国)三十一至三十三年,北大又曾派向达先生等参加中央研究院中央博物院

---

① 荣新江编:《向达先生敦煌遗墨》,第 384 页。向达在第一次敦煌考察中,从 1942 年 9 月离开四川到 1943 年 5 月期间,给中央博物院筹备处的曾昭燏先生写有多封信,详细述说了考察中的见闻、收获和感受。在曾昭燏先生的遗物中发现了向达的信件 29 封,经家属同意后,以向达《敦煌考古通信(二十九封)》为名,刊于南京师范学院中文系编《文教资料简报》总第 107、108 期(1980 年第 11、12 期合刊)第 1—56 页。后来荣新江先生征得《文教资料简报》编辑部同意,并据曾昭燏先生侄孙曾宁提供的复印件做了校对,以《敦煌考古通信:致曾昭燏信》为名收入《向达先生敦煌遗墨》,第 371—412 页,北京:中华书局,2010 年。本文所引向达致曾昭燏信以荣新江编《向达先生敦煌遗墨》为据。

② 沙知编:《向达学记》,第 326 页。

③ 原载《国学季刊》第七卷第一期,1950 年 7 月出版。此据向达:《唐代长安与西域文明》,第 338 页。

合组的西北史地考察团和西北科学考查团历史考古组,在敦煌工作。①

这里说得很笼统,主要强调的是北大与敦煌的关系,说北大参加了西北史地考察团的敦煌考察,但没有具体的材料。

在 1950 年出版的《国立北京大学周刊》上也有类似的记载:

在这几年间,除室内研究工作以外,还有两种出外调查工作。一种是考察西北史地,一种是调查西南少数民族的语言。考察西北史地是在一九四二年。当前中央研究院组织西北史地考察团的时候,本所也参加合作。八月向达先生由昆明起身,九月到兰州,十月抵达敦煌。在敦煌停留九个月,先后考察阳关、玉门关遗址,敦煌近郊的古城古墓,和千佛洞、莫高窟、榆林窟等地的古迹。又一九四四年五月西北史地考察团开始发掘敦煌、民勤、张掖、武威等处古墓,本所研究生阎文儒前往参加,一直工作到一九四五年十月才停止。这两次所作的考察和发掘,有很多崭新的发现,他们另有专篇记载。②

这条资料出自 1939—1945 年的《北京大学文科研(究)所记事(节录)》,发表在 1950 年 7 月出版的《国立北京大学周刊》第 7 卷第 1 号上。从其内容看,这是根据后人的记忆编写的,并且不大专业,如将"千佛洞、莫高窟"并列,并说"千佛洞、莫高窟、榆林窟等地的古迹",还有第二次考察只提到了研究生阎文儒,而没有说到向达代表北京大学等,因此,本条资料并没有说明力。

郑天挺先生回忆说:

1942 年北大和当时的中央研究院合作往敦煌考察,向先生送家属于四川李庄,与夏鼐先生成立"历史考古组",复西行,又偕同阎文儒先生前往,凡三年复返

---

① 北京大学编:《北京大学五十周年纪念:敦煌考古工作展览概要》,1948 年,说明第 4—5 页;第 14 页。

② 《国立北京大学周刊》第 7 卷第 1 号,1950 年。王学珍、郭建荣主编:《北京大学史料:第三卷(1937—1945)》,北京:北京大学出版社,2000 年,第 340 页。

昆明。①

从向达"与夏鼐先生成立'历史考古组',复西行,又偕同阎文儒先生前往"可知,郑天挺先生是将两次考察放在一起回忆的,或者说在他的概念中就是一次考察。

张广达先生说:

1942年春,在当时开发大西北的呼声中,重庆中央研究院曾组织包括地理等学科的西北史地考察团。考察团的历史考古组由中央研究院、中央博物馆、北京大学联合组成,向先生代表北大,并出任组长,副组长为稍后去西北的夏鼐先生,组员为阎文儒先生。②

张广达先生提出"历史考古组由中央研究院、中央博物馆、北京大学联合组成,向先生代表北大",但从向先生"出任组长,副组长为稍后去西北的夏鼐先生,组员有阎文儒先生"可知,张先生所指实际上是第二次考察,或者说将两次考察放在一起讨论。

台湾学者邢义田先生说:西北史地考察团"原计划中劳(榦)、石(璋如)、向(达)为一组。出发时却只有劳、石二人。这是因为向达代表北京大学参加考察,当时他在西南联大任教。向先生为了安顿家眷,手续和经费上又多周折,遂至迁延"③。

作为向达当时在西南联大的学生,何兆武先生回忆:"1941年我读历史系本科三年级,按规定当需选修一门国别史",遂选修了向先生的"印度通史"一课。当第二学期刚开学不久,"不意此时忽然奉命调向先生参加西北考察团,由向先生负责西北历史考古部分的领导。于是课程只好中断。班上的同学遂举行一个茶会为向先生送行,北大历史系主任姚从吾先生也来参加了"。④"1942年春,他离昆明去西北考

---

① 郑天挺:《向达先生纪念论文集序》,阎文儒、陈玉龙编:《向达先生纪念论文集》,乌鲁木齐:新疆人民出版社,1986年。沙知编:《向达学记》,第121—122页,又据郑克晟先生提供的作者手稿重录,二者内容完全一致。

② 张广达:《向达先生文史研究的贡献》,《唐代文学研究年鉴(1985)》,西安:陕西人民出版社,1987年,第471页。另见《张广达文集》之《史家、史学与现代学术》,桂林:广西师范大学出版社,2008年,第197页;沙知编:《向达学记》,第72页,其中将"中央博物馆"写成"中央博物院"。

③ 邢义田:《行役尚未已,日暮居延城——劳榦先生的汉简因缘》,《古今论衡》8(2002)。此据邢义田:《地不爱宝:汉代的简牍》,北京:中华书局,2011年,第377页。

④ 何兆武:《缅怀向达先生》,沙知编:《向达学记》,第157—158页。

古,临行前姚从吾先生(北大历史系主任)和班上几个同学开了一个为他送行的
茶会。"[1]

从何兆武先生的回忆可知,1942年向达赴西北考察时,由于是学期中间出发,
课程中断,同学们举行茶会为向先生送行,历史系主任姚从吾先生也参加了送行的
茶会。但这无法证明向达的考察就是北大派遣的。

阴法鲁、萧良琼先生说:"1942年,向达受学校委托,参加了北大与中央研究院
组织的西北史地考察团。他们由昆明启程,经由重庆、兰州,进入河西走廊,沿途访
古,到达敦煌后,即居住莫高窟寺内,在极其艰苦的生活条件下,坚持工作九
个月。"[2]

荣新江先生治敦煌学术史成就突出,曾专门整理过向达的《敦煌余录》,又重新
校录了向达的敦煌通信,完成了《向达先生敦煌遗墨》[3]。荣新江指出:"当1942年春
中央研究院组成'西北史地考察团',北大即派向达参加。"[4]认为北京大学与中央研
究院、中央博物院等一起作为第一次考察团开始的组织单位。

郑克晟记述郑天挺先生时说:"1942年后,所中还派向达先生去敦煌参加西北
考察团事宜,这是北大与中央研究院的合作项目,是郑先生特别关心的一桩事。
1942年2月6日郑先生即给傅先生一信,询问向先生行期,信中道:'西北考察事如
何? 向公等何时成行? 甚念。'"[5]

综上所述,1942年北大文科研究所即派向达参加西北史地考察团之说,都是根
据此事前后的有关材料推断的,并没有直接的材料可以证明。即目前还没有直接材
料证明向达是代表北京大学参加第一次考察的。

① 何兆武:《方回是谁?》,《中华读书报》2000年10月25日第8版。
② 阴法鲁、萧良琼:《中国敦煌学的开拓者——向达》,沙知编:《向达学记》,第23页。
③ 荣新江编:《向达先生敦煌遗墨》,北京:中华书局,2010年。
④ 荣新江:《惊沙憾大漠——向达的敦煌考察及其学术意义》,《敦煌吐鲁番研究》第七卷,第100页;
又见荣新江编:《向达先生敦煌遗墨》,第6页;沙知编:《向达学记》,第94页。
⑤ 郑克晟:《郑天挺先生与史语所——兼谈抗战时期中研院史语所与北大文科研究所》,封越健、孙
卫国编:《郑天挺先生学行录》,北京:中华书局,2009年,第206—207页。另参阅郑天挺:《向达先生纪念论
文集序》,阎文儒、陈玉龙编:《向达先生纪念论文集》。沙知编《向达学记》第121—122页又据郑克晟先生
提供的作者手稿重录。《向达学记》增加了1942年2月6日给傅斯年信和10月11日给向达信的内容,基
本与《郑天挺先生学行录》相同。郑克晟:《忆向达师与郑天挺先生》,沙知编:《向达学记》,第286—291页。

三、代表中央博物院筹备处

关于向达代表中央博物院的身份,罗丰先生根据"中研院史语所专刊三十五"石璋如《国立中央研究院历史语言研究所考古年表》和史语所的有关档案,已有了明确的意见:

向达时为西南联大教授,由中央博物院筹备处聘请参加。当时由于史语所所长傅斯年代理中央研究院的总干事,史语所代理所长职务落到中央博物院筹备处主任李济头上,中央博物院筹备处主任则由总干事曾昭燏代行。所以向达给曾昭燏写信汇报,并非出于私谊,而是着实的工作报告。①

南京博物院编《南京博物院八十年院史(1933—2013)》②记载,1933年4月在国立中央研究院院长蔡元培的倡议下,国立中央博物院筹备处在南京成立,隶属教育部。傅斯年为筹备主任。1934年7月,傅斯年因兼职过多辞职,由李济接任筹备处主任,一直到1947年5月。"中央博物院筹建之初,中央研究院与教育部接洽,傅斯年曾提出将中博设定为两属机构:一属中央研究院,研究上得其方便;一属教育部,行教育行政之职能。中博与中研院的隶属关系未经确定,但两处机构在行政、人事设置上多有重叠。尤其是考古工作,与中研院史语所在学术研究及业务发展上关系密切,很难完全划清界限。"③另一原因是"李济同时兼任史语所三组主任和中博院筹备处主任"④。

1938年9月,由于"欧洲形势险恶",曾昭燏离开伦敦,经巴黎、越南等地,于10

---

① 罗丰:《西出阳关——向达与西北史地考察团》,樊锦诗等主编:《敦煌文献·考古·艺术综合研究》,第25—26页。

② 南京博物院编:《南京博物院八十年院史(1933—2013)》,2013年,南京。

③ 南京博物院编:《南京博物院八十年院史(1933—2013)》,第100页。

④ 岱峻:《李济传》,南京:江苏文艺出版社,2009年,第194页。1929年,傅斯年将史语所的工作范围改为三组:历史为第一组,语言为第二组,考古为第三组。1934年,将社会科学研究所的民族组改归史语所,列为第四组,并命名为人类学组。参阅李济:《傅孟真先生领导的历史语言研究所——几个基本观念及几件重要工作的回顾》,原载李济:《感旧录》,台北:传记文学出版社,1967年。此据王为松编:《傅斯年印象》,上海:学林出版社,1997年。

月底到昆明。① 同时"应李济之邀请,担任中博院专门设计委员。李庄时期,她担任中博院总干事,除了1941年外出参加川康古迹考察团,发掘彭山汉墓外,大多数时间都在李庄主持中博院日常工作,襄助李济"②。

中央博物院筹备处成立后,组织了许多调查与考察活动,如1937年"组织川康调查团,由马长寿率领入川进行民族调查"。③ 1938年,吴金鼎、曾昭燏、王介忱往云南苍洱调查,提出"苍洱文化"的命名④。1939年夏,马长寿第二次考察凉山罗夷⑤;1939年12月至1940年2月,进行贵州民间艺术考察⑥;1940年,"与中研院史语所合组川康古迹考察团,团长吴金鼎。夏鼐、曾昭燏、高去寻、王介忱、陈明达、赵青芳等先后参加工作"⑦;1941年至1942年1月"川康民族考察团正式组建,凌纯声为团长"⑧。

在此背景下,"1942年4月至1943年10月中央博物院筹备处与中央研究院历史语言研究所、中国地理研究所等机构组成西北史地考察团"⑨。"西北史地考察团可视为西北科学考察团的前身……中央博物院邀请西南联大向达参加。"⑩

前已述及,首先是史语所提出聘请向达参加西北史地考察团,由于当时史语所与中央博物院筹备处形同一家,所以在傅斯年、李济、曾昭燏等人的记述中,都说是史语所与博物院聘请。但由于作为考察团发起单位的博物院筹备处无人参加考察,就由向达代表博物院了。

关于向达考察代表中央博物院筹备处的材料,主要见于同时参加考察的石璋如先生的记述。

关于西北史地考察团的组织情况,参加考察的石璋如先生说得比较明白:

① 南京博物院编:《曾昭燏文集·日记书信卷》,北京:文物出版社,2013年,第32—36页。其中9月26日在巴黎见到王重民夫妇,并一同聚餐。
② 岱峻:《李济传》,第192页。
③ 南京博物院编:《南京博物院八十年院史(1933—2013)》,第439页。
④ 南京博物院编:《南京博物院八十年院史(1933—2013)》,第441页。
⑤ 南京博物院编:《南京博物院八十年院史(1933—2013)》,第441页。
⑥ 南京博物院编:《南京博物院八十年院史(1933—2013)》,第442页。
⑦ 南京博物院编:《南京博物院八十年院史(1933—2013)》,第442页。
⑧ 南京博物院编:《南京博物院八十年院史(1933—2013)》,第444页。
⑨ 南京博物院编:《南京博物院八十年院史(1933—2013)》,第101页。
⑩ 南京博物院编:《南京博物院八十年院史(1933—2013)》,第151页注26。

　　民国三十一年的春上，李庄的史语所、中央博物院筹备处、重庆中华教育基金会辖下的地理研究所三个机关合组"西北史地考察团"。这时政府跟民间都弥漫一股西北热。民国三十年于右任赴敦煌考察，归后盛赞敦煌景致，另外也有与我们关系不大的艺术考察团去，而更早些时候张大千已经去敦煌了，各界因此纷纷组团去西北。史语所由傅斯年先生派劳榦跟我去，派劳先生是其专精汉简，可以考察当地最主要的汉简，只是他没做过田野工作，我的田野经验正好可以补强，碰到史前遗址即可发掘，像瑞典的安特生曾在甘肃发现史前遗址，所以就由我们二人合作参与。……考察团团长由陕西武功的西北农学院院长辛树帜担任，是资深植物学家，起初是挂名的，不久就离任院长职，因为做院长就不能参与实地考察。总干事是地理研究所所长李承三。团分三组，历史组主任是中央博物院聘请来的西南联大教授向达，组员有石璋如、劳榦；地理组主任为李承三，组员有周廷儒；植物组主任吴静禅原是辛树帜的学生，时任同济大学教授、理学院院长，史语所与同济大学同在李庄，但彼此并不认识，也未同来重庆，植物组没有组员。这些成员都是名人。团内的文书由劳榦先生兼任，会计由石璋如兼任，事务由周廷儒担任。[①]

　　石璋如在这里说得非常清楚，考察团的组织单位只有三个，即"史语所、中央博物院筹备处、重庆中华教育基金会辖下的地理研究所"，而"历史组主任是中央博物院聘请来的西南联大教授向达"。也就是说，考察团的组织单位没有北京大学，作为西南联大教授、北大文科研究所导师的向达是中央博物院筹备处聘请的，其代表的单位也是中央博物院筹备处。

　　石璋如先生在 1995 年 6 月 20 日所写《莫高窟形》[②]一书的自序中也说：

　　民国三十年（1941）初，中央研究院历史语言研究所，由云南昆明龙泉镇，迁至四川南溪李庄板栗坳。田野考古工作的区域和目标，遂转向于四川及大西北。四川方面，已于三十年春，由本所与国立中央博物院筹备处及中国营造学社三学术团体，合组川康古迹考察团，正在彭山、新津等处调查和发掘。西北方面，以甘、青、宁、新等省为目标，由本所与国立中央博物院筹备处及中国地理研究所三学术团体，合组西

---

　　①　陈存恭、陈仲玉、任育德访问，任育德纪录：《石璋如先生口述历史》，北京：九州出版社，2013 年，第 211—212 页。

　　②　石璋如：《莫高窟形》，台北："中央研究院"史语所，1996 年。

北史地考察团,各派人员参加。

三十一年(1942)四月一日,劳榦、石璋如奉史语所派,由李庄出发,经泸县换船,二日抵渝,停留十八日。在此期间,与团友等商订组织,分配工作,并印制全团名单及职衔,以便随时对外交涉,称为团片,其格式:

团长	辛树帜	西北农学院院长
总干事	李承三	中国地理研究所所长兼领队
历史组主任	向　达	西南联大教授由中央博物院聘请
地理组主任	李承三	所长兼
植物组主任	吴静禅	同济大学教授
文书	劳　榦	历史组组员　史语所
会计	石璋如	历史组组员　史语所
事务	周廷儒	地理组组员　地理所①

这一组织机构和名单与《石璋如先生口述历史》是一致的,向达的身份是"西南联大教授由中央博物院聘请"。在《石璋如先生口述历史》中有"我们在重庆印了一张西北史地考察团的名片,就等于是团体名单,以便与地方办事人员交涉"②。这也与上面的团片格式一致。

石璋如的记述与《傅斯年遗札》中保存的资料相符合。1942 年 4 月 8 日下午在中央研究院总办事处,由总干事叶企孙主持召开了决定西北史地考察团有关事宜的谈话会,根据会议纪录,出席谈话会的有叶企孙、石璋如、劳榦、李承三、吴印禅(辛树帜代)、王敬礼、刘次萧。会议决定:考察团的名称为"西北史地考察团";经费"此次为二十一万一千元,计由中央博物院拨十一万元,管理中英庚款董事会拨五万元,中央研究院拨五万一千元"。同时还确定了考察团的组织:"名誉团长:朱家骅,团长:辛树帜,总干事:李承三,总会计:王敬礼,会计:石璋如",参加考察的人员中,"历史考古组:石璋如、劳榦、向达";另外规定"任何标本尚只有一份,应归中央博物院;如有副本,则其副本得归各团员之服务机关";"历史考古方面之研究报告由中央研究

---

① 　石璋如:《莫高窟形》,自序第 1 页。
② 　陈存恭、陈仲玉、任育德访问,任育德纪录:《石璋如先生口述历史》,第 212 页。

院历史语言研究所或中央博物院印行"。①

这一名单与考察团成员的李承三、周廷儒的记载一致。在《甘肃青海地理考察纪要》一文中，李承三、周廷儒说："民国三十年夏，朱家骅先生西北视察党务归来，大声疾呼，开发西北，并进行西北科学考察团之组织；后因经费关系，不能如愿。乃由中央研究院、中央博物院与管理中英庚款董事会合组西北史地考察团。名誉团长朱家骅，团长辛树帜，团员六人：向达，吴印禅，石璋如，劳榦及作者。"②

4月8日的谈话会商定考察经费是二十一万一千元。但后来实际经费只有十五万一千元，即中央博物院筹备处十万、中研院五万一。③

从拨款数额可知，中央博物院承担了三分之二，是考察的主要发起单位之一。"中央博物院虽为发起单位之一，但并没有派员，而是由向达代表参加。"④

向达的工作重点是敦煌，而"博物院之拾万元（并非拾壹万元）系遵理事会议决案，专供敦煌史迹研究，若移作别用即无法报消（销）"⑤。两者完全一致，即向达代表中央博物院，考察重点是敦煌。中央博物院未派其他学者参加，其经费也是"专供敦煌史迹研究"。

向达以西南联大教授的身份，由中央研究院史语所和中央博物院筹备处聘请并代表博物院参加西北史地考察团，应该是考察团成立初期的实情。⑥ 石璋如的记述也应该是准确的。即使他们之间在考察中有过误会和矛盾，五十多年后，当向达已经去世近三十年，石璋如也已年迈时，实在没有必要为此事而说假话。

---

① 《傅斯年、李济致叶企孙、辛树帜》（1942年4月15日）附"西北史地考察团谈话纪录"，"中研院"史语所档案[李38—1—6]，王汎森、潘光哲、吴政上主编：《傅斯年遗札》，第1242—1244页。另参阅罗丰：《西出阳关》，樊锦诗等主编《敦煌文献·考古·艺术综合研究》，第26—27页。

② 载《地理》第四卷第一、二期合刊《西北专号》。该刊由中国地理研究所发行，本期应该"民国三十三年六月一日"出版，但直到"民国三十五年六月初旬出版"。

③ 据1942年4月22日《傅斯年致叶企孙》信："关于西北调查一事，关于款者另由济之陈明……然自济之自渝返后，告弟以总数共十五万一千元（中博院十万，本院五万一）。"王汎森、潘光哲、吴政上主编：《傅斯年遗札》，第1250页。

④ 罗丰：《西出阳关》，樊锦诗等主编《敦煌文献·考古·艺术综合研究》，第27页。

⑤ 《傅斯年李济致叶企孙、辛树帜》（1942年4月15日），"中研院"史语所档案[李38—1—6]。王汎森、潘光哲、吴政上主编：《傅斯年遗札》，第1241页。另参阅罗丰：《西出阳关》，樊锦诗等主编《敦煌文献·考古·艺术综合研究》，第28页。

⑥ 关于向达敦煌考察代表中央博物院筹备处的身份，孟彦弘先生在《一位倔犟的历史学家——向达别传》（载樊锦诗、荣新江、林世田主编《敦煌文献·考古·艺术综合研究：纪念向达先生诞辰110周年国际学术研讨会论文集》，北京：中华书局，2011年，第110—145页）的第五部分已做了比较详细的研究，请读者参阅。

四、向达身份的确认

前已述及,中央博物院筹备处与中央研究院"在行政、人事设置上多有重叠。尤其是考古工作,与中研院史语所在学术研究及业务发展上关系密切,很难完全划清界限"①。

曾昭燏 1938 回国后,"在昆明应中央博物院筹备处主任李济邀请担任该处专门设计委员";1941 年"2 月被任命为中博筹备处代理总干事"。② "从 1941 年起,曾昭燏先后任中央博物院筹备处代理总干事、总干事,成为主持日常工作的负责人。"③

当 1941 年组建西北史地考察团时,朱家骅是中央研究院代院长、叶企孙是总干事、傅斯年是史语所所长,李济是中央博物院筹备处主任、曾昭燏是总干事。④ 而向达作为西南联大的教授,是被中央研究院和中央博物院筹备处聘请并代表中央博物院参加考察,由此我们也就理解为什么向达一直与朱家骅、叶企孙、傅斯年、李济、曾昭燏联系并不断给他们写信汇报考察进展。

从前面的叙述可知,向达开始是由中央研究院邀请参加考察的,但由于考察的组织者主要是中研院和中博院筹备处,而中研院已有劳榦、石璋如参加,中博院无人,再加上向达与曾昭燏的私交很好,就由向达代表中博院。考察结束后,为向达的后续事宜,曾昭燏给李济的信中还说:向达"系研究所博物院因合组西北考察团而打电报将其请来者"。⑤

由此可知,向达参加西北史地考察团代表的是中央博物院,在西南联大是请假,如 1943 年 2 月 10 日向达在莫高窟给曾昭燏的信中说:"刭达联大职务,并未辞去,请假一年,仍支原薪。"⑥

当 1941 年史语所拟聘向达,而北大不同意放人时,傅斯年曾于 11 月 8 日致信

---

① 南京博物院编:《南京博物院八十年院史(1933—2013)》,第 100 页。
② 南京博物院编:《曾昭燏文集》附录《曾昭燏年谱》,北京:文物出版社,1999 年,第 350 页。
③ 南京博物院编:《曾昭燏文集》前言,北京:文物出版社,2009 年,第 2 页。
④ 据朱正编注《傅斯年集》(花城出版社,2010 年)所附《傅斯年简要年表》:1940 年蔡元培去世,傅斯年除主持史语所所务外,又兼代中央研究院总干事,9 月朱家骅代中央研究院院长。1941 年 9 月,傅斯年辞去中央研究院总干事兼职,由叶企孙任总干事。
⑤ 《1945 年 3 月 23 日曾昭燏在李庄致李济信》。此信原件藏南京博物院资料室[标号 17],此据南京博物院编:《曾昭燏文集·日记书信卷》,北京:文物出版社,2013 年,第 529 页。
⑥ 荣新江编:《向达先生敦煌遗墨》,第 390 页。

向达,要其在北大专任教授和史语所专任研究员之间做一选择,从而使向达处于非常为难或尴尬的境地。在此情况下,既是向达的老朋友,又是中央博物院筹备处主任和史语所考古组组长的李济,就抛开了难办的人事调动,直接给向达写信邀请其参加敦煌考察。当向达收到李济的邀请信,向西南联大文学院院长兼北大文科研究所主任汤用彤先生汇报或请假时,汤用彤先生就于1941年11月22日致函李济:

　　顷觉明出示吾兄来书,知西北考察团已着手组织,擘画周详,至为钦佩。敦煌一组约觉明担任,允称得人;北大同人自均赞成,盼其能如期成行,共襄盛举。觉明于考察期间薪水自由北大照拨。惟昆明物价飞涨,近数日来米价涨几三倍,觉明薪水自只敷此间家用。其考察期间个人旅费及日常用度,想均由考察团经费内支出。来书于此未见说明,伏希便中示知为荷。敦煌考察计划及其他事项,觉明当另有书上陈。①

　　汤用彤先生在这里说得很清楚,向达"于考察期间薪水自由北大照拨",但由于向达不是代表西南联大(北京大学),所以"其考察期间个人旅费及日常用度,想均由考察团经费内支出"。由于李济给向达的信中对此没有提及,即"来书于此未见说明",因此要求李济专门来信说明。
　　李济收到汤用彤的信后,立即于1941年12月1日致信汤用彤:②

锡予学长兄惠鉴:
　　昨奉十一月廿二日手示,敬悉一切。觉明先生慨允担任调查敦煌事宜,实为西北考察团之一大幸事,私心至为感悦。出外旅费事自无问题。按历年来田野考察惯例,凡田野工作人员之食、住、行(私事除外),皆由公支,向无问题。此次在重庆谈及此事时,并有人提议在预算中列入置装费若干,有此则个人消耗将更少矣。敬以奉复,并希转达觉明兄,详细计划希早日赐下为盼。

　　从李济与汤用彤的往来信件可知,向达参加考察是由中央博物院筹备处聘请

　　①　李光谟:《从清华园到史语所——李济治学生涯琐记》附录一《李济与友人通信选集》,北京:清华大学出版社,2004年,第311页。
　　②　李光谟:《从清华园到史语所——李济治学生涯琐记》附录一《李济与友人通信选集》,第312页。

的,向达是以个人身份、在北大"请假一年",并不是代表北京大学。正因为如此,双方才约定:向达在请假参加考察期间,其薪水由北大照发,考察期间的一切费用则在考察经费中支付。

向达"请假一年",薪金照发,应该是有章可循的。当时有"大学规定,教授教书七年,可以休假一年",中央博物院筹备处的请假规定有一条:"凡职员服务二年以上,准给休息假二月至三月,薪津照给。"但由于交通及每个人的实际情况不同,常常会有超期的,但薪金仍然是照发的。①

由于事先双方已约定,向达的薪水由北大从昆明寄四川(当时向达的家眷在四川),这从向达1942年11月5日在敦煌千佛洞写给李济、傅斯年的信中也可看出,即向达将新写的《论敦煌千佛洞的管理研究以及其他连带的几个问题》寄上,"拟恳孟真先生代为介绍,送登重庆《大公报》;另觅人重抄一份寄昆明《云南日报》(抄费若干,请从昆明寄达薪水中扣除)"②。从"抄费若干,请从昆明寄达薪水中扣除"可知,在昆明的西南联大是向向达支付薪资的。

虽然在1941年底考察开始前已约定,向达的薪水由北大照发,但似乎并不是很顺利。如1942年11月17日向达在莫高窟给曾昭燏的信中说:"联大薪水,在昆明时本已同汤锡予、郑毅生诸人说好,以后按月汇川,今竟食言,不知何故。在兰州时,曾有函致汤先生提到此事,十一日又有一函致郑先生,并发一电问讯。"③

当时汤用彤(锡予)是西南联大文学院院长兼北大文科研究所主任、郑天挺(毅生)是北京大学秘书长兼史学系教授。所以向达请假参加考察团时,关于薪水等问题就与汤用彤、郑天挺先生商谈、联系。向达在西北考察,其薪水寄四川,主要是供家眷生活。他本人所需要考察、生活费则是在考察费中开支的。

向达原计划于1942年7月1日从昆明赴李庄,但由于交通原因耽搁了几天。正因为向达是在联大"请假一年,仍支原薪"的情况下参加考察的,他的工作计划也是按一年准备的,因此他一直强调要在1943年夏天(6月前)结束考察。如1943年2月28日他在莫高窟给曾昭燏的信中说:"所拟个人工作计划,时间止于今夏。主要工作为河西陇右古代佛教艺术史迹之整个考察,地点西起敦煌,东止天水。"④"承

---

① 《1945年3月23日曾昭燏在李庄致李济信》。此信原件藏南京博物院资料室[标号17],此据南京博物院编:《曾昭燏文集·日记书信卷》,第529页。
② 荣新江编:《向达先生敦煌遗墨》,第383页。
③ 荣新江编:《向达先生敦煌遗墨》,第384页。
④ 荣新江编:《向达先生敦煌遗墨》,第392页。

为转达孟真、济之两先生意,命达在敦煌继续工作,极感殷勤。达所以今夏必须东归之故,已具以前诸函,可不更赘。唯可在此候作民(夏鼐)到后,于地方情形弄熟悉后,然后东去安西,下情当蒙宥谅也。"①1943 年 3 月 1 日在敦煌考察时致傅斯年、李济信中说:"上月中旬达曾上骝先(朱家骅)、企孙(叶企孙)两先生一函,报告今年个人工作计划,并再度声明今夏不能不返校之故。"②"达上骝先、企孙两先生函所拟今年个人工作计划,时间止于今夏";"唯达学校职务亦不能久旷,此不能不恳两先生曲予宥谅耳"。③

西北史地考察团主要是由中央研究院史语所和中央博物院筹备处组织的,经费也由这两个单位承担。不仅向达的考察费由史语所、博物院筹备处负担,而且向达的家庭困难也是由这两个单位解决的。如 1942 年向达出发前夕,就"把家搬到四川南溪县李庄镇的中央研究院历史语言研究所"④。另如 1942 年 9 月,向达从四川李庄赴重庆时,就"从博物院借一千元"。当 1943 年年初经济条件稍好一些后,就让家属将此款给曾昭燏,请其"代交济之先生",并"将达所立借条收回销毁"。⑤ 同时给傅斯年、李济写信报告:"去岁九月自李赴渝,承博物院为假一千元,顷函舍下,命其归还,请昭燏先生们代转。"⑥

或考虑到向达的实际困难,或是为了表彰向达在考察中的成就,或是为了弥补由于考察团内部的问题,在考察经费上向达与劳榦、石璋如之间的矛盾或误会,李济并没有收此一千元借款,而是作为向达从昆明到李庄、再到重庆的路费报销了。对此,向达感到不安,就在给曾昭燏的信中说:"舍下还博物院一千元,济之先生不受,令人惶悚。"因此向达表示绝对不能接受此款,要在 6、7 月间返川后,当面缴还。⑦

向达不想接受这一千元,除了其个人品德外,还有一个原因,即中研院已给了其二千元作为从昆明到重庆的路费补助。据 1942 年 11 月 5 日向达致李济、傅斯年信

---

① 荣新江编:《向达先生敦煌遗墨》,第 394 页。

② 《向达致傅斯年、李济(1943 年 3 月 1 日)》,"中央研究院"历史语言研究所藏档案,档名:No113—8;李 38—2—3。荣新江编:《向达先生敦煌遗墨》,第 420 页。

③ 荣新江编:《向达先生敦煌遗墨》,第 421 页。

④ 向达:《向达的自传》,沙知编:《向达学记》,第 2 页。

⑤ 1943 年 2 月 28 日向达致曾昭燏,荣新江编:《向达先生敦煌遗墨》,第 394 页。

⑥ 《向达致傅斯年、李济(1943 年 3 月 1 日)》,"中央研究院"历史语言研究所档案:No113—8;李 38—2—3,荣新江编:《向达先生敦煌遗墨》,第 421 页。

⑦ 1943 年 4 月 25 日向达致曾昭燏,荣新江编:《向达先生敦煌遗墨》,第 406 页。

说:"重庆寄滇二千元事,亦承昭燏先生转达两先生盛意,极感殷勤。"[1]同日向达在莫高窟给曾昭燏的信中也说:"关于研究院寄滇二千元事,承告济之、孟真两先生盛意,感激之至。"[2]从"极感殷勤"、"感激之至"可知,此二千元并不是法定的,而是有人情,还有对他1942年"七月间举室入川,倾家荡产"[3]窘境的补偿。

由于"研究院汇昆二千元,承足下盛意,代为报销,已不敢当",所以从博物院所借一千元"决不能再报(世间出旅费只有一次,岂有至再至三之理。此例不可自达而开也)。六七月间返川,达只有面缴而已,尚乞谅之"。[4]

从以上所述可知,向达参加西北史地考察团,不论是开始的动议、邀请,还是考察中费用、困难的解决,成绩的汇报,甚至对其家属的安排和家庭困难的补助,都是史语所与博物院筹备处安排的,即向达是以个人身份受中央研究院史语所和中央博物院筹备处的聘请、代表中央博物院参加西北史地考察的。作为北京大学教授的向达,只是"请假一年"。

五、考察中的多方反应与互动

但不可否认,事情往往会发生变化,有时真的会不以个人的意志为转移。在考察过程中,由于形势的发展,北京大学和向达双方也都有了变化。

从北京大学来说,早就有考察敦煌的计划,如1940年底,汤用彤、姚从吾、罗常培、郑天挺四人联名给远在美国的胡适(胡当时任驻美大使)写信说:"在现状之下酌量举办少数之学术事业,如重要典籍之校订,古昔名著之辑佚,敦煌附近文物之复查,南明史料之收集,藏汉系语言之调查等。"[5]即将"敦煌附近文物之复查"作为北大文科研究所的重点工作之一。

虽然1941年底,李济与汤用彤曾就向达参加考察事宜达成了协议,但北大方面仍然还是关心的,毕竟向达是北大的教授,又是著名的中西交通史和敦煌学专家,而北大的汤用彤、郑天挺等先生也都是有远见的学者。如1942年2月6日郑天挺曾

---

[1] 荣新江编:《向达先生敦煌遗墨》,第384页。
[2] 1942年11月5日向达致曾昭燏,荣新江编:《向达先生敦煌遗墨》,第381页。
[3] 1942年11月5日向达致曾昭燏,荣新江编:《向达先生敦煌遗墨》,第381页。
[4] 1943年4月25日向达致曾昭燏,荣新江编:《向达先生敦煌遗墨》,第406页。
[5] 《汤用彤、姚从吾等致胡适(1940年12月17日)》,中国社会科学院近代史研究所中华民国史组编:《胡适来往书信选》中册,北京:中华书局,1979年,第503—544页。

致函傅斯年,询问向达的行期:"西北考察事如何？向公等何时成行？甚念。"①

1942年8月向达从昆明的西南联大到四川的中研院、中博院筹备处后,北大还没有同意放人,史语所8月13日拟将其改为通讯研究员的建议也没有结果,即向达的身份问题还没有解决。此前,郑天挺曾给傅斯年写信询问向达的行期,在这种背景下,傅斯年于8月20日给在昆明的郑天挺回信说:"觉明已到。……至于觉明兄往西北事,……闻系以北大薪而往。如然,则此事应作为北大、中博院(中央博物院筹备处)、敝所(史语所)三处之合作。是即由北大来一信,内云,向教授被邀往西北参加史地科学考察团之史学部分。此项工作,似应即作为之合作。……上写敝所及中博院筹备处寄弟。……即由此上复,便成一案。这也算北大的科学工作吧。"②

由于傅斯年有这样友好的态度,北大方面也就更加关注向达及其敦煌考察。郑天挺先生1943年1月17日的日记曰:"锡予(汤用彤先生)来,示以觉明(向达先生)敦煌来书,随与之长谈(北大)文科研究所发展事,余意,语言调查可在云南,若历史考证,此后唯敦煌一路。其中未广布,未研究之文献甚多。且其地为国际学术界所注意,关涉甚多,影响甚大。此后北大文研(文科研究所)之发展,舍此莫由。今觉明开拓于前,吾辈正宜追踪迈进。"③

此时,西北日益成为国人关注的重点,政府及个人的考察团很多,向达在敦煌的考察又很有成绩,而北大此时在文科方面似无多少骄人的成就,正如汤用彤1943年正月十九日致胡适信中所说:"夫大学之地位,首赖其在学术上之有所树立。北大同人若不及时努力,筹措经费,力谋建树,将来在学术上之地位必见低落。此意三年前毅生、莘田、从吾及弟等为文科研究所募款事已经详说。……现在文科情形较前尤为吃紧,极望我兄之援助。"④因此,汤用彤、郑天挺先生就更加关注敦煌,认为北大文科研究所的发展"舍此莫由"。

由于傅斯年的友好表态,再加上胡适从美国为考察筹措经费,北大方面顺水推舟,就提出向达参加考察的身份问题了。如汤用彤1943年正月十九日致胡适信说:"觉明此次以北大教授名义,参加中央西北考察团,其薪津由北大付,此外稍寄去小款,自不够应用。然觉明于交通阻塞之秋,万里长征,所获已不少。实物例如收得回

---

① 郑天挺:《向达先生纪念论文集序》,阎文儒、陈玉龙编:《向达先生纪念论文集》。
② 转引自郑克晟:《忆向达师与郑天挺关系》,沙知编:《向达学记》,第287—288页。
③ 郑天挺:《向达先生纪念论文集序》,阎文儒、陈玉龙编:《向达先生纪念论文集》。
④ 《汤用彤致胡适》(1943年正月十九日),中国社会科学院近代史研究所中华民国史组编:《胡适来往书信选》中册,第553—554页。

鹘经文一卷,为国内所无。其在敦煌所调查者逾三百余窟,比之伯希和记录多约百余。盖觉明精力过人,而相关学识之富,并为国内首选,西北考察如由彼主持,实最合宜。……以故敦煌文物调查不能再缓,而我公为西北调查所筹款,亦宜委托北大专管,务求用途得当。此虽弟一人之私意,实为学术之公心也。"①

在此背景下,汤用彤、郑天挺诸先生就认为向达是北大的人,并有了北大与中研院、中博院合作考察的愿望。1943 年 2 月 28 日向达在莫高窟给曾昭燏的信中说:"近得汤锡予先生函,谓北大有与中研院、中博院合作,在西北设立历史考古工作站之意云云。"②同年 3 月 1 日向达致傅斯年、李济的信中也说:"日昨得汤锡予先生函,谓北大有与中研院、中博院合作在西北设立历史考古工作站之意。"③

由以上所述可以推测,1943 年初,汤用彤将向达从敦煌的来信给郑天挺看后,两人就以向达参加西北考察为契机,开始酝酿北大与中研院、中博院的合作问题,并给向达写信谈了这一打算。这就有了以上向达给曾昭燏写信询问:"不知北大方面负责人,是否有函来正式接洽此事? 又不知孟真、济之两先生是否赞成此举?"④同时还给傅斯年、李济写信询问:"不知毅生先生是否有信来谈及此事,又不知两先生于北大建议是否愿意予以考虑也。"⑤

在汤用彤、郑天挺积极与中研院、中博院联系合作事宜的同时,为了消除与向达的误会(如前述向达信中关于薪俸寄送问题),修复北大与向达的关系,以便促成合作,北大也开始向向达示好,并提供有关款项。如 1943 年 2 月 28 日向达在莫高窟给曾昭燏的信中说:"最近汤锡予先生函告,谓北大允为协助小款,将来以此为自敦煌至天水、由天水返川费用,大概可以对付,乞告济之先生,以后可不必汇款。"⑥同年 3 月 1 日向达致傅斯年、李济的信中也说:"锡予先生谓北大尚可协助小款,以此

①　《汤用彤致胡适》(1943 年正月十九日),中国社会科学院近代史研究所中华民国史组编:《胡适来往书信选》中册,第 553—554 页。
②　荣新江编:《向达先生敦煌遗墨》,第 392 页。
③　向达致傅斯年、李济(1943 年 3 月 1 日)》,"中央研究院"历史语言研究所档案:No113—8;李 38—2—3,荣新江编:《向达先生敦煌遗墨》,第 420 页。
④　荣新江编:《向达先生敦煌遗墨》,第 392 页。
⑤　向达致傅斯年、李济(1943 年 3 月 1 日)》,"中央研究院"历史语言研究所档案:No113—8;李 38—2—3,荣新江编:《向达先生敦煌遗墨》,第 420 页。
⑥　荣新江编:《向达先生敦煌遗墨》,第 393 页。

数资,逐渐东归之用,当不虞有所短缺也。"①同年3月13日向达致傅斯年、李济的信中又说:"达现存二千七百余元,北大允协助小款,俟作民来后,以此数供东归之用,即有短缺,亦复无几,达可以自筹,敬求督谅。"②

因为向达是"请假一年"参加考察的,他要在1943年6月底前结束考察返回四川,因此从2月开始就考虑后续问题,尤其是经费使用的详细情况,他要给史语所、中博院的傅斯年、李济、曾昭燏一个明确的汇报。同时说明,"北大允协助小款",其东归返川费用可以解决,不需要史语所、中博院再汇款项。

在给曾昭燏的同一封信中,向达还谈了北大的设想及自己的态度:"昆明汤锡予先生来书,谓北大有与研究院、博物院合作在西北设立历史考古工作站之意,嘱达勿遽归去。达于日昨以长函复锡予、毅生两先生,详陈去岁以来经过情形,并谓欲留达在此工作,亦无不可,唯有一先决条件必须解决,即北大与今年西北科学考察团关于历史考古方面之合作,必须商妥,得到正式承认,而以达为正式代表北大参加工作之人,如此方不至于徒使个人成为怨府,而于学术前途,实际无所裨益。如其能办到此一点,则达之负责与否,不足轻重矣。"③

1943年3月9日向达在莫高窟致王重民信说:"北大亦有命弟留此勿归之意。弟俱覆函力荐作民(夏鼐)主持此事;函北大时,并谓留此亦可,唯须将考察团历史考古方面与北大合作,先行议妥,声明在案,而以弟为代表参加工作,如此始可考虑。现北大及川中俱无覆信,究竟如何,不得而知。"④

这才点到了问题的实质,即目前北大正在与中研院、中博院商谈合作考察西北事宜,在还没有结果的情况下,北大方面要向达留下继续从事此项工作,而向达提出的先决条件是:北大必须是正式的合作单位,并要考察团承认向达是代表北大,并非以个人身份参加。即先要有结论,然后再谈归还是留。

北大与中研院、中博院的合作,尤其是提供款项,胡适起了巨大的作用。虽然胡适当时是驻美大使,但作为一个学者,他对学术研究、北京大学的发展乃至敦煌考察

---

① 《向达致傅斯年、李济(1943年3月1日)》,"中央研究院"历史语言研究所档案:No113—8;李38—2—3,荣新江编:《向达先生敦煌遗墨》,第421页。

② 《向达致傅斯年、李济(1943年3月13日)》,"中央研究院"历史语言研究所档案:No113—10;李38—2—5,荣新江编:《向达先生敦煌遗墨》,第422页。

③ 荣新江编:《向达先生敦煌遗墨》,第396页。

④ 《致王重民信》,王重民:《敦煌遗书论文集》,北京:中华书局,1984年,第328—330页。又见荣新江编:《向达先生敦煌遗墨》,第433—434页。

还是很关心的。据汤用彤 1943 年初致胡适信说:"昨日接觉明自敦煌千佛洞来书,谓彼曾得王重民函,转致尊意,谓将筹款为文科研究所基金及西北考察事业费,闻之不胜欣慰,为学校贺。但此间情况必将日劣,伏望早日成事。"同时第一次明确说:"觉明此次以北大教授名义,参加中央西北考察团,其薪津由北大付,此外稍寄去小款,自不够应用。"这里强调向达以北大教授名义参加敦煌考察,是要说明北大也参与了西北史地考察,因此,胡适"为西北调查所筹款,亦宜委托北大专管,务求用途得当"①。这才是问题的实质,即胡适在美国所筹西北考察专款,应该交由北大管理。只有北大掌握了此笔考察经费,再以北大的名义拨付,作为向达敦煌考察的费用,那向达自然就是代表北大了,而北大也就是参加单位了。

这里所说"得王重民函",乃是王重民给向达写信,谈了胡适拟筹款支持西北史地考察,而向达又将此信息传递给了汤用彤。

作为向达的老朋友和曾经的同事,又是一起赴巴黎、伦敦阅读敦煌文献的王重民先生,他们之间一直有书信往来,也自然知道向达敦煌考察的学术价值和意义。同时,王重民与胡适的信件联系颇为频繁,这从《胡适王重民先生往来书信集》和《胡适全集》中所保存的大量信件可以看出。他们在通信中会经常谈到向达的敦煌考察,甚至王重民还将向达的敦煌来信转寄给远在美国的胡适,以便胡适了解实际情况,由此可见王重民之用心良苦。如 1942 年 8 月 7 日王重民致胡适信中说:"适接向觉明兄来信,先为转呈"②;同年 12 月 8 日王重民、刘修业致胡适信说:"又久未得觉明信,再去信时,敬当把先生盛意转达"③;1943 年 2 月 19 日王重民致胡适信中说:"觉明兄自敦煌有长信来,因想保存,送去摄影,不久再送呈一阅";④1943 年 3 月 19 日信说:"觉明来信,叙事极有声色,故不畏琐渎,谨附上一阅"⑤。

---

① 《汤用彤致胡适》(1943 年正月十九日),中国社会科学院近代史研究所中华民国史组编:《胡适来往书信选》中册,第 553—554 页。

② 《王重民致胡适(1942 年 8 月 7 日)》,北京大学信息管理系、台北胡适纪念馆编:《胡适王重民先生往来书信集》,北京:国家图书馆出版社、合肥:安徽教育出版社,2009 年,第 13 页。

③ 《王重民、刘修业致胡适(1942 年 12 月 8 日)》,北京大学信息管理系、台北胡适纪念馆编:《胡适王重民先生往来书信集》,第 19 页。

④ 《王重民致胡适(1943 年 2 月 19 日)》,北京大学信息管理系、台北胡适纪念馆编:《胡适王重民先生往来书信集》,第 30 页。

⑤ 《王重民致胡适》(1943 年 3 月 19 日),杜春和、韩荣芳、耿来金编:《胡适论学往来书信选》(上、下册),石家庄:河北人民出版社,1998 年,第 46 页;北京大学信息管理系、台北胡适纪念馆编:《胡适王重民先生往来书信集》,第 32 页。

　　在此之前,胡适已从中央研究院代院长朱家骅的来信中知道了一些有关西北考察的事宜,也从蒋梦麟的信中知道了北大的近况。当看了向达的敦煌来信后,作为有远见的学术组织者,胡适显然认识到了敦煌考察的学术意义。由于已经从其他渠道知道了西北考察与北大的情况,他便从要害处即经费上着手。1943 年 3 月 30 日胡适致王重民的信中说:"有三兄:觉明兄信附还。他这信,心细如发丝,字小如蝇头,读了使我很兴奋。朱家骅先生也有信来谈西北考察团事,梦麟先生也有信来谈北大的事。我近得两千元,也许即可汇给梦麟,一半作考察团费,一半作文科研究员印刷费。是李国钦送我的,我想他一定赞成如此用法。"①后来胡适又致信王重民说:"四月中我汇五千金与北大,是李国钦先生捐的,我原电说明,一半为国学研究,一半供向达西北考察。今得六月四日罗莘田函云:此款一半已到昆明,一半留渝,作西北考古之用。"②

　　正是有了胡适的全力支持,尤其是解决了困扰大家的考察经费,北大与中研院、中博院的合作谈判有了实质性进展。1943 年 4 月 25 日向达在敦煌给曾昭燏写信说:"北大与博物院、研究院合作事,骝先、企孙、孟真先生日昨来一电,谓无问题。锡予先生亦有一函,谓郑毅生、姚从吾赴渝开史学会,与骝先先生面洽。来电大约即系洽商结果。将来如果合作成为事实,还以请作民主持为宜。"③同时还说"北大已汇五千"④。

　　由此可知,在各方面的努力下,1943 年 4 月,北大与中研院、中博院才正式商谈了合作考察的问题。根据有关资料,1943 年 4 月商谈的合作考察并不是正在进行中的西北史地考察,而是即将组建的西北科学考察团。因为直到 1943 年 5 月 22 日傅斯年致常书鸿的信中还强调说:"敝院去岁派遣向觉明先生前赴千佛洞研究,撰有有关保管之一文,兹邮寄二份,以供尊处参考,至希指正。"即向达正在敦煌进行的考察是中研院和中博院派遣的,并非代表北京大学。向达的《论敦煌千佛洞的管理研

---

① 《胡适致王重民》(1943 年 3 月 30 日),杜春和、韩荣芳、耿来金编:《胡适论学往来书信选》(上、下册),第 46 页。据《胡适王重民先生往来书信集》:李国钦(1892—1961),美籍华人,湖南长沙人,实业家。留学英国习冶金,归国办华昌贸易公司,成功经营采钨业。抗战时,在美通过华昌贸易公司经办美援业务,贡献颇大。

② 《胡适致王重民》(1943 年 8 月 1 日),杜春和、韩荣芳、耿来金编:《胡适论学往来书信选》(上、下册),第 80 页。

③ 荣新江编:《向达先生敦煌遗墨》,第 405 页。据《郑天挺先生学行录》第 535 页:1943 年春,郑天挺"与西南联大教授姚从吾、雷海宗、邵循正等人至重庆,参加全国历史大会"。

④ 荣新江编:《向达先生敦煌遗墨》,第 406 页。

究以及其他连带的几个问题》一文,也是代表中研院和中博院,即是其职务作品,故才有"至希指正"一说。信中同时还写道:"向觉明先生仍拟在敦煌赓续研究,甚愿与贵院合作,期共发扬国光,稍尽学术界之责,还祈不吝赐教为祷。"①这也是代表中研院在考虑下一步的敦煌考察。

从向达方面来说,他是受史语所和博物院的聘请,在联大"请假一年"的情况下,代表中央博物院筹备处参加西北史地考察的。由于是客人身份,并因安排家眷未能与劳榦、石璋如一同赴河西敦煌,再加上交通的限制,计划中的考察时间和行程往往会改变,使作为历史组组长的向达从昆明起程到考察结束,都没有与组员劳榦、石璋如二位见面,相关的考察未能同时进行,更不要说商谈、合作了。而考察经费又由劳、石二位掌管,再加上向达倔犟的性格,与劳、石二位产生了误会或矛盾。

1943年2月28日向达致曾昭燏的信中说:"劳君月初自渝来函,谓去岁在酒泉曾存一万元,专供达支用云云。此事以前从未谈到。十二月十四日石君璋如自兰来函,谓酒泉存一万元,供明年工作之需,未言专供达支用,仅云达如需用,不妨提取若干云云。顾二君所存之款,俱未示达以如何取法,岂非滑天下之大稽?"②同年3月1日向达致傅斯年、李济的信中也说:"至于劳、石二先生去岁存酒泉一万元,达既不知如何提取,并亦无所用之,还请告劳、石二先生即将酒泉存款提回为荷。"③

由于向达致信傅、李、曾诸位,谈到了经费使用及对劳、石的不满,李济便给劳、石二位写信询问,劳、石专门给傅斯年写信做了解释说明:"在向先生未动身之前,榦及章如(璋如)共领购置费、工作费等为六万五千元(博物院代购用品费一万元除外),故全部工作费中大半存渝,以便向先生自领。又因酒泉为飞机站,故存测候所胡振锋处一万元,以备同人随时取用。"在酒泉赴居延时,石璋如曾给向先生写信说:"此间尚余款一万元,明年仍须来此工作,拟存此间,先生款若不够用时,请动用"。在离兰州之前 ,"共存(兰州)科学教育馆两万余元,以备向先生之用"。但"向先生始终未寄信提及款事,亦不在兰州用款,故不知向先生在敦甚窘"。而石璋如原留的通信地址是汉中西北大学,但由于工作较多未能及时到达,因此"一切消息皆甚隔膜",直到"四月间由西安接李济之先生信,始知向先生因款关系对章如不满,即快函

①　《傅斯年致常书鸿》(1943年5月22日),档号:I:73。王汎森、潘光哲、吴政上主编:《傅斯年遗札》,第1402页。

②　荣新江编:《向达先生敦煌遗墨》,第394页。

③　《向达致傅斯年、李济(1943年3月1日)》,"中央研究院"历史语言研究所档案:No113—8;李38—2—3,荣新江编:《向达先生敦煌遗墨》,第421页。

分询兰州袁馆长、酒泉张主任,均覆以款仍未动,无人领取。"①

正是由于在考察经费上的误会或矛盾,使向达的考察、生活非常窘迫,其心情也很不爽。因此,当北大允诺资助小款时,向达的兴奋之情溢于言表,并不断给傅斯年、李济、曾昭燏写信说明。

向达与石、劳二人的误会或矛盾不仅仅是经费问题,应该还有考察团的仓促组织、向达的代表单位和领导权问题。当考察开始不久,这些问题就都暴露出来了,如作为考察团团长的辛树帜"未到西北,而去湖南,又闻其去福建,此真可谓南辕北辙矣"。团长未能参与其中,在整个组织机构中也"无人总管此事"。作为史语所所长的傅斯年又没有领导权力,"若干情形弟(傅斯年)亦不知道,亦未有人明将此事派我去做";而作为中央研究院会计处、总务处主任的王敬礼(毅侯)仅仅是上传下达,但由于其事务很多,也常常是顾此失彼。这样既耽误了事,又无意中闹出了矛盾。如石、劳在酒泉(或武威)曾有一电,"自然无人回他一电,于是石璋如即自动往甘南、陕西,并请院发护照,院亦发之矣";"又如总处给石、劳信,托向转,向不知彼踪迹,只好退还,向之名为组长如此"。面对考察团如此混乱的情形,傅斯年向中央研究院院长朱家骅提出,应该在李庄有人负责,并提出李济是合适的人选,如李济太忙无法承担时,"或托曾昭燏君为此组秘书亦可。曾女士乃中央博物院之专员,与觉明及考古组诸人均好,又为济之所识任也"。同时还建议将考察团"改为中央研究院西北工作站"。② 在另一封信中还附上了《中央研究院西北工作站计划》。③

在刚开始组织考察团并邀请向达参加时,他并不在意个人身份即代表单位,"为北大抑为史语所,个人毫无成见"。④ 就是北京大学也是如此,1941 年 11 月汤用彤致函李济时,对于向达参加考察"北大同人自均赞成,盼其能如期成行,共襄盛举",并未提出北大的地位和向达的身份,只是强调考察期间向达的旅费及日常用度应该

① 史语所档案之李 38—3—22,《石璋如劳榦致函傅斯年(1943 年 4 月 1 日后)》,转引自胡素馨:《从历史语言研究所藏向达手稿论其对敦煌学的影响》,樊锦诗等主编:《敦煌文献·考古·艺术综合研究》,第 53 页。

② 《傅斯年致朱家骅》(1943 年 1 月 15 日),王汎森、潘光哲、吴政上主编:《傅斯年遗札》,第 1383—1386 页。

③ 《傅斯年致朱家骅》(1943 年 1 月 15 日),王汎森、潘光哲、吴政上主编:《傅斯年遗札》,第 1382—1383 页。

④ 《向达致傅斯年(1941 年 5 月 10 日)》,荣新江编:《向达先生敦煌遗墨》,第 413 页。

在考察费中支付。① 但在考察过程中,向达的模糊身份却带来了麻烦,如 1942 年 12 月 4 日向达在莫高窟给曾昭燏的信中说:"至于个人,不惟修养不够,难望有何成就,即人事方面,亦非不才所能应付。达来西北固无与人争名之意,而此意总难见谅于人。"②1943 年 3 月 5 日向达致曾昭燏的信就表达了无法忍受的心情:"一日曾草一长函,于三日清晨托人带进城付邮,想不久即可登记室矣。内附致劳君贞一一函,左右当可过目。其中小注一则,如以为过于露骨,代为抹去,以存忠厚,固感盛意,如不抹去,却亦无妨。青年人初开始从事学术工作,便走上邪路,卖弄智巧,以不合作与经济封锁拒人于千里之外,如不稍予点破,将以为天下皆是笨虫矣。"③

　　就在考察团内部闹矛盾时,北大与中研院、中博院的合作谈判已基本就绪,北大方面也对向达的工作给予了充分肯定,并一再强调向达是北大的教授。其话外之意,显然要将向达参加的此次考察作为代表北大,即北大也应该是考察的合作单位。同时还提供经费,拟由向达代表北大担当下次考察团的历史考古组的负责人。而向达本人也认为是由于自己的身份问题而受到了不公正的待遇,也就开始强调自己北大教授的身份,即自己是代表北大参加考察了。就在 1943 年 3 月 5 日致曾昭燏的信中表达了明确的意见:"前年达在滇向北大方面及孟真、济之先生自告奋勇,愿作西北之行,始意不过欲以个人之经历,促研究院、博物院及北大通力合作,在西北为历史考古之学另辟一工作地方……区区之意,既为北大及孟真、济之先生所采纳。……所不幸者,西北史地考察团之组织,虽出自研究院与博物院,而历史组则为两者与北大合作之事业。而达之来,亦为代表学校,并非以个人资格参加,此种情形,最少北大方面,有此谅解。惜乎考察团自组织以至出发,于此点未尝正式声明;历史、考古两组中人,于此中经过,尤其未能明瞭。总以为研究院与博物院所组织之考察团,乃横来一野汉,撞入上苑,并荣膺组长,而腼然不辞,此而可忍孰不可忍。"④

　　在这里,向达第一次提到西北史地考察团历史组乃北大与中研院、中博院合作事业,他是代表学校,并非以个人身份参加考察。此前向达一直坚持说自己是在联大"请假一年",考察方面的所有事宜也都与北大没有联系,而是不断向中研院、中博院的傅斯年、李济、曾昭燏汇报,中研院、中博院的负责人也从未谈过西北史地考察

　　① 《汤用彤致李济(1941 年 11 月 22 日)》,转引自李光谟:《从清华园到史语所——李济治学生涯琐记》,第 311 页。
　　② 荣新江编:《向达先生敦煌遗墨》,第 386 页。
　　③ 荣新江编:《向达先生敦煌遗墨》,第 395 页。
　　④ 荣新江编:《向达先生敦煌遗墨》,第 395—396 页。

团与北大的合作。如果北大是合作单位之一,为什么北大未承担考察经费? 向达的所有费用,包括从昆明到重庆的路费都是中研院负担,并向中博院借款,甚至其家属也要安排到史语所!

　　向达态度的变化,一方面是他认为在考古组受气,即受劳、石的排挤;另一方面是当时北大正在与中研院、中博院商谈合作,而傅斯年也表示同意。正是在这种背景下,向达没有了后顾之忧,他的心情也发生了变化,其不满情绪也就毫无保留地宣泄出来了。

　　向达参加西北史地考察团赴敦煌考察,北大从开始的无所谓到积极参与的态度,向达从开始的以个人身份"请假一年"到强调代表北大,中间的变化已如上述。虽然此次考察北大不是合作单位,但北大文科研究所由于向达的参加已开始介入,"实在是借了些向达的光吧"①,并为下次合组西北科学考察团奠定了基础。

(作者单位:浙江大学历史系)

---

　　①　孟彦弘:《一位倔强的历史学家》,樊锦诗等主编:《敦煌文献·考古·艺术综合研究》,第 124 页。

罽宾僧人与佛经的早期传译

尚永琪

　　根据佛教经典的记载,释迦牟尼佛涅槃后,共有四次佛经结集的盛事,其中第四次佛经结集就是在罽宾国进行的。[①] 而说一切有部之阿毗达摩,也正是在罽宾地区集结形成:

　　佛灭度后五百年中有阿罗汉,名迦旃延子。母姓迦旃延,从母为名。先于萨婆多部出家,本是天竺人,后往罽宾国,罽宾在天竺之西北。与五百阿罗汉及五百菩萨,共撰集《萨婆多部阿毗达磨》,制为八伽兰他,即此间云八乾度。伽兰他译为结,亦曰节,谓义类各相结属,故云结。又摄义令不散,故云结。义类各有分限,故云节。亦称此文为《发慧论》,以神通力及愿力广宣告远近。若先闻说阿毗达磨,随所得多少可悉送来。于是若天诸龙夜叉乃至阿迦尼师吒,诸天有先闻佛说阿毗达磨,若略若广,乃至一句一偈悉送与之。迦旃延子共诸阿罗汉及诸菩萨简择其义,若与修多罗毗那耶不相违背,即便撰铭;若相违背,即便弃舍。是所取文句,随义类相关。若明慧义,则安置慧中;若明定义,则安置定结中。余类悉尔,八结,合有五万偈。[②]

　　据《婆薮槃豆法师传》(*Biography of Vasubandhu*)记载,释迦牟尼佛涅槃后500年,说一切有部僧迦旃延子(Katyayaniputra)往印度西北罽宾国,召集500罗汉和500菩萨,撰说一切有部《阿毗达磨毗婆沙》(*Abhidharma-madavibhasha shastra*)百万颂。[③] 罽宾(Kubha)由此而成为说一切有部的理论中心,中国早期佛教史上著名的西域胡僧如佛陀耶舍、佛图澄、鸠摩罗什等人,全都是罽宾说一切有部僧团的学生。

---

　　① 关于佛经的结集问题,佛经中的记载并不能完全当作信史来看待,佛经之结集成型,是经过了一个漫长的过程,参阅刘震:《禅定与苦修》,上海:上海古籍出版社,2010年,第9—12页。
　　② 《婆薮槃豆法师传》,《大正新修大藏经》第50册《史传部二》。
　　③ 《婆薮槃豆法师传》,《大正新修大藏经》第50册《史传部二》。

在佛教文献中，罽宾就是迦湿弥罗（Kashmira）。迦湿弥罗位于印度东北境，喜马拉雅山的西麓，即今天的克什米尔地区，此处四面环山，交通方面比较闭塞，所以迦湿弥罗的佛教传统较少受别国的影响，有其特殊的发展历程。在佛教发展史上，罽宾具有非常重要的地位。据《莲华面经》①《阿育王传》等记载，释迦牟尼涅槃前曾预言罽宾国将会成为佛教大兴的一个地方，如《莲华面经》云：

佛告阿难："我昔于彼阿波罗龙王处记罽宾国，我涅槃后，其国炽盛安隐丰乐如郁怛罗越，佛法炽盛，多有罗汉而住彼国，亦有无量如来弟子。此阎浮提所有罗汉皆往彼国，犹如兜率天处。如来所有名身、句身，谓修多罗、祇夜、鞞迦曷罗那、伽他、优陀那、尼陀那、阿波陀那、伊帝鼻利多剑伽阇多迦裴富略、阿浮陀达摩、优波提舍彼诸罗汉，结集如来十二部经广造诸论。彼罽宾国，犹如帝释欢喜之园，亦如阿耨清凉之池。②

而《阿育王传》卷4即有释迦牟尼的弟子阿难陀转述老师的嘱托说："尊者阿难语言，世尊以法付嘱于我而入涅槃，我今付嘱汝之佛法而入涅槃，尔等当于罽宾国中树立佛法。佛记：我涅槃后，当有摩田提比丘，当持佛法在罽宾国。"③当然，佛经中这些说法，显然并非佛陀在世时的所谓预言，但是这种说法的产生，正好从一个方面说明了罽宾在佛教经典集结史和佛教理论系统化方面的重要作用。

佛教最早传入罽宾的时间大约在公元前259年前后，阿育王派遣摩田提比丘前去传教，据说当时信奉者8万人，剃度为僧者10万人。④此后在历代王族的提倡下，罽宾佛教有盛有衰。到4世纪，罽宾同东方各国在政治、商业方面交往频繁，佛教也日渐兴盛，尤其是说一切有部的学说，在罽宾非常兴盛，很多外国的僧人都到这里学习有部知识。以佛图舌弥、佛图澄、鸠摩罗什为中心的大批印度和中亚地区的僧人，都有在罽宾求学的经历。

魏晋南北朝时期，来自罽宾地区的译经高僧，活跃在洛阳、长安、建康、寿春、江陵、广州等地，他们先后在释道安、竺佛念、鸠摩罗什、释慧远等译经僧团中担任重要

---

① 《莲花面经》卷下，《大正新修大藏经》第12册《宝积部下、涅槃部全》。
② 《莲花面经》卷下，《大正新修大藏经》第12册《宝积部下、涅槃部全》。
③ 《阿育王传》卷4，《大正新修大藏经》第50册《史传部二》。
④ 《阿育王传》卷4，《大正新修大藏经》第50册《史传部二》。

角色,是晋唐之际佛经翻译的主要力量。这一时期来自罽宾地区著名的佛经翻译家有昙摩耶舍、昙摩蜜多、僧伽提婆、僧伽跋澄、佛驮什、佛陀耶舍、弗若多罗、卑摩罗叉、僧伽罗叉、求那跋摩等人。

一、僧伽跋澄、僧伽提婆与经论的系统初译

僧伽跋澄与僧伽提婆都是东晋名僧释道安僧团中的佛经翻译僧,是佛教东传过程中佛经翻译的开拓者,《高僧传》云:

> 僧伽跋澄,此云众现,罽宾人,毅然有渊懿之量。历寻名师,备习三藏。博览众典,特善数经。闇诵《阿毗昙毗婆沙》,贯其妙旨。常浪志游方,观风弘化。符(苻)坚建元十七年来入关中。①

僧伽跋澄是罽宾人,他的汉语法号叫"众现",在西域历寻名师,精通三藏,曾诵记《阿毗昙毗婆沙》,对其经义有深刻体会。前秦苻坚建元十七年(381)来到关中地区。

僧伽跋澄来到关中地区的时代,大乘佛典在中原还没有广泛地流传,从东汉安世高译经以来,小乘的禅数学非常盛行。安世高的小乘禅数之学,主要为流行于古印度西北部从上座部分出的说一切有部之学。代表安世高禅系思想的主要有《阴持入经》和《安般守意经》,它们的内容都是提倡通过戒、定、慧来对治各种"惑业",通过禅定的修习而获得人生无常与苦的认识,从而离生死,得解脱。如《阴持入经》偏重于对名相概念的分析与推演,它通过对四谛、五蕴、十二因缘、三十七道品等佛教基本概念的分析来表达禅法的理论基础。《安般守意经》则比较注重对人的意识活动的控制,并指导人们按照佛教的要求而从事实际的禅修。早期的这种偏重名相概念的佛经翻译法,我们可以从《阴持入经》的行文结构得到一个很直观的印象:

> 何等为五根? 信根,精进根,念根,定根,慧根,是名为五根。彼根应何义根为根义? 属为根义,可喜为根义,不为同事为根义,是名为根义。何等为五力? 信力,精进力,念力,定力,慧力,是名为五力。彼力应何义? 无有能得坏为力义,有所益为力

---

① 慧皎:《高僧传》卷1《僧伽跋澄》。

义,有胆为力义,能得依为力义,是名为力义。有七觉意,何等为七觉意? 一念觉意,二法分别观觉意,三精进觉意,四爱可觉意,五猗觉意,六定觉意,七护觉意,是名为七觉意。①

此种环环相套的概念名相解释法,已经无法满足十六国时期的佛教发展状态了。此时的以长安为中心的中原佛教,在佛教思想上已经有了长足、深入的发展,这种固守概念解释与意识引导的简单经籍,已经无法解决僧俗信徒在思想发展方面提出的新问题。因而,对于完整的佛教经典和饱含新思想的大乘经典的翻译就成为此时的迫切需求。

在此种佛教学术背景下抵达长安的僧伽跋澄,被长安僧界称之为"法匠"。

供养支持僧伽跋澄翻译佛经的主要人物是前秦朝廷的秘书郎赵正,此人是凉州姑臧人,曾做过凉州的地方长官,史籍中说他是个白面无须的人,大概有点女性化倾向。他非常崇信佛教,是凉州、长安很多次佛经翻译的实际支持者和组织者。在十六国时期崇信佛教并协助翻译佛经的汉族官僚、文士中,赵正是比较有名的,《法苑珠林》载:

> 秦符坚臣、武威太守赵正,立志忠政,大弘佛法。符坚初败,群锋互起,戎妖纵暴,民流四出,而得传译大部,盖由赵正之力矣。又有正字文业,洛阳长水人,或曰济阴人,年至十八为伪秦著作郎,后迁至黄门郎、武威太守。为人无须而瘦,有妻妾而无儿,时谓阉人。然而性度敏达,学兼内外。性好讥谏,无所回避。符坚末年,宠惑鲜卑惰于治政,因歌谏曰:"昔闻孟津河,千里作一曲。此水本自清,是谁搅令浊?"坚动容曰:"是朕也。"又歌曰:"北园有一枣,布叶垂重荫。外虽饶棘刺,内实有赤心。"坚笑曰:"将非赵文业耶?"其调戏机捷,皆此类也。后因关中佛法之盛,愿欲出家,坚惜而未许。及坚死后,方遂其志,更名道整。因作颂曰:"佛生何以晚,泥洹一何早。归命释迦文,今来投大道。"后遁迹商洛山,专精经律。晋雍州刺史郗恢,钦其风尚,逼共同游。终于襄阳,春秋六十余矣。②

文献中记载他不但做过武威太守,还是前秦的著作郎。赵正曾听说西域佛教僧

---

① 《阴持入经》卷上,载《大正新修大藏经》第 15 册《经集部二》。
② 道宣:《法苑珠林》卷 53《秦太守赵正》,载《大正新修大藏经》第 55 册《事汇部上》。

俗都以学习《阿毗昙毗婆沙》为理解佛经的根本,而僧伽跋澄正好对此经论记诵熟悉,于是乃请他将之翻译出来:

> 先是,大乘之典未广,禅数之学甚盛。既至长安,咸称法匠焉。符坚秘书郎赵正崇仰大法,尝闻外国宗习《阿毗昙毗婆沙》,而跋澄讽诵,乃四事礼供,请译梵文。遂共名德法师释道安等集僧宣译,跋澄口诵经本,外国沙门昙摩难提笔受为梵文,佛图罗刹宣译,秦沙门敏智笔受为晋本。以伪秦建元十九年译出,自孟夏至仲秋方讫。①

在赵正的倡议、组织与支持下,一代高僧释道安与僧伽跋澄合作宣译。僧伽跋澄口诵经本原文,西域僧人昙摩难提将之用梵文记录下来,然后由西域僧人佛图罗刹再将梵文经本翻译成汉语,长安僧人敏智再将佛图罗刹的翻译记录成汉文文本。从建元十九年(383)初夏一直这样翻译到中秋,才将《阿毗昙毗婆沙》翻译完毕。

《阿毗昙毗婆沙》是僧伽跋澄背诵下来的,所以翻译的时候首先就要先背诵出来,记录为梵文,然后再译成汉文。在那个时代,要在万里之遥携带文字的经书不是一件简单的事情,以树皮、贝叶等材料抄写的佛经不但沉重,而且也易于损坏,所以东来传法的僧人往往就需要有超好的记忆力。

僧伽跋澄东来的时候,还随身带了一部《婆须蜜》的梵文原本,建元二十年(384),赵正又请他将这部经典译出:

> 初,跋澄又赍《婆须蜜》梵本自随,明年赵正复请出之,跋澄乃与昙摩难提及僧伽提婆三人共执梵本,秦沙门佛念宣译,慧嵩笔受,安公法和对共校定,故二经流布,传学迄今。跋澄戒德整峻,虚靖离俗,关中僧众则而象之,后不知所终。佛图罗刹,不知何国人,德业纯粹,该览经典。久游中土,善闲汉言,其宣译梵文,见重符世。②

此次翻译,僧伽跋澄与昙摩难提、僧伽提婆三人共同手执梵本逐句讨论,然后由长安僧人佛念翻译成汉文,慧嵩再将之记录下来,释道安和弟子法和二人再对翻译出来的汉文译本做校定。

为僧伽跋澄译经事业做宣译人的一是竺佛念,二是佛图罗刹。竺佛念出生在河

---

① 慧皎:《高僧传》卷1《僧伽跋澄》,北京:中华书局,1992年。
② 慧皎:《高僧传》卷1《僧伽跋澄》,北京:中华书局,1992年。

西走廊的华戎交汇之地,所以对西域诸种语言及汉语都很精通;而佛图罗刹则不知是何国人,但是他长期在中原活动,精通汉语,所以能担当翻译梵文为汉文的工作。①

与僧伽跋澄同时期来到前秦国都长安的罽宾僧人还有僧伽提婆,他也是释道安译经僧团中的重要成员:

> 僧伽提婆,此言众天,或云提和,音讹故也。本姓瞿昙氏,罽宾人。入道修学,远求明师。学通三藏,尤善阿毗昙心,洞其纤旨。常诵三法度论,昼夜嗟味,以为入道之府也。为人俊朗有深鉴而仪止温恭,务在诲人,恂恂不怠。符氏建元中来入长安,宣流法化。②

僧伽提婆,汉语法号称"众天"或"提和"。本姓瞿昙氏,罽宾人,尤善《阿毗昙心》,于前秦苻坚建元中(365—385)到达长安,他最早翻译出来的经典是《婆须蜜》:

> 初,僧伽跋澄出《婆须蜜》,及昙摩难提所出《二阿含》《毗昙广说》《三法度》等凡百余万言。属慕容之难,戎敌纷扰,兼译人造次,未善详悉,义旨句味,往往不尽。俄而安公弃世,未及改正。③

从严格的标准来看,僧伽跋澄等翻译出的《婆须蜜》、昙摩难提等翻译出的《二阿含》《毗昙广说》《三法度》等有百余万言的佛教经论,由于受翻译者语言能力、文化修养的局限和东晋十六国混乱时代的干扰,翻译水平非常有限。释道安曾有修正译本的想法,但他去世之后,就再也没有人可以做这项工作了。僧伽提婆来到长安后,就有心做这样的工作:

> 后山东清平,提婆乃与冀州沙门法和俱适洛阳,四五年间研讲前经,居华稍积,博明汉语,方知先所出经,多有乖失。法和慨叹未定,乃更令提婆出《阿毗昙》及《广

---

①　慧皎:《高僧传》卷1《僧伽跋澄》,北京:中华书局,1992年。
②　慧皎:《高僧传》卷1《僧伽提婆》,北京:中华书局,1992年。
③　慧皎:《高僧传》卷1《僧伽提婆》,北京:中华书局,1992年。

说》众经。①

　　顷之,姚兴王秦,法事甚盛,于是法和入关,而提婆渡江。先是,庐山慧远法师,翘勤妙典,广集经藏,虚心侧席,延望远宾,闻其至止,即请入庐岳,以晋太元中请出《阿毗昙心》及《三法度》等。提婆乃于般若台,手执梵文,口宣晋语。去华存实,务尽义本,今之所传盖其文也。

　　僧伽提婆与法和从长安共同东奔洛阳,用了近5年的时间对僧伽跋澄、昙摩难提译出的这些经论反复研读、讨论,对其中翻译不当的地方做了总结,然后又决定在适当的时候重新翻译《阿毗昙》《毗昙广说》等这些经论。

　　385年,淝水之战后失利的前秦王苻坚被羌族酋长姚苌擒杀,后秦灭亡;386年,姚苌称帝,在长安建立后秦,北方佛教的发展又走上了一个新的阶段。394年,姚苌长子姚兴继位,延请西域名僧鸠摩罗什,广开译场,翻译大乘经典。法和前往长安,而僧伽提婆则应庐山慧远之邀渡江南下,来到庐山,于东晋太元年间——大约是395年,重新译出《阿毗昙心》及《三法度》等经论。

　　在庐山的译经完成后,僧伽提婆于东晋隆安元年(397)离开庐山,来到建康(今江苏南京),晋朝王公及风流名士莫不造席致敬,跟他交往密切的王公贵族有王珣、王弥等人:

　　至隆安元年来游京师,晋朝王公及风流名士莫不造席致敬。时卫军东亭侯琅琊王珣渊懿有深信,荷持正法,建立精舍,广招学众。提婆既至,珣即延请,仍于其舍讲《阿毗昙》。名僧毕集,提婆宗致既精,词旨明析。振发义理,众咸悦悟。时王弥亦在座听,后于别屋自讲。珣问法纲道人:"阿弥所得云何?"答曰:"大略全是,小未精核耳。"其敷析之明,易启人心如此。②

　　建康乃当时的政治文化中心,僧伽提婆同达官贵人、义学僧人的交往,使其声望日隆。王珣延请僧伽提婆在他的府邸开讲《阿毗昙》,江南名僧毕集。397年冬天,王珣召集在建康的义学僧人释慧持等40余人,请僧伽提婆重译《中阿含》等经论:

---

① 慧皎:《高僧传》卷1《僧伽提婆》,北京:中华书局,1992年。
② 慧皎:《高僧传》卷1《僧伽提婆》,北京:中华书局,1992年。

（隆安元年）冬，珣集京都义学沙门释慧持等四十余人，更请提婆重译《中阿含》等。罽宾沙门僧伽罗又执梵本，提婆翻为晋言，至来夏方讫。其在江洛左右所出众经百余万言，历游华戎，备悉风俗。从容机警，善于谈笑。其道化声誉，莫不闻焉。后不知所终。①

这次翻译，由罽宾僧人僧伽罗又执梵本，而僧伽提婆本人则负责将梵文译为汉文，他在关中停留多年，又在庐山翻译佛经，所以对汉语已经相当熟练，完全可以胜任翻梵为汉的工作了。其后，僧伽提婆在江洛翻译出的佛教经论达百余万言，他还善于谈笑，后不知所终。②

二、佛陀耶舍与《四分律》《长阿含》之翻译

罽宾高僧佛陀耶舍是鸠摩罗什的老师，他是受鸠摩罗什的邀请而来到长安的。按《高僧传》中佛陀耶舍本传中的事件发生顺序来推断，大约在402年佛陀耶舍先到了凉州的姑臧，在那里待了一阵子。至于佛陀耶舍到达长安的时间，按本传记载是在鸠摩罗什准备翻译《十住经》之前，也就是410年之前，竺佛念所作的《四分律序》说佛陀耶舍"岁在戊申，始达秦国"，那就是说在408年才由姚兴遣人把他请到了长安，协助鸠摩罗什翻译佛经。

佛陀耶舍是婆罗门种姓，《高僧传》云：

佛陀耶舍，此云觉明，罽宾人也。婆罗门种，世事外道。③

印度的种姓制度将人分为四个不同等级：婆罗门、刹帝利、吠舍和首陀罗。婆罗门即僧侣，为第一种姓，地位最高，从事文化教育和祭祀；刹帝利即武士、王公、贵族等，为第二种姓，从事行政管理和打仗；吠舍即商人，为第三种姓，从事商业贸易；首陀罗即农民，为第四种姓，地位最低，从事农业和各种体力及手工业劳动等。后来随着生产的发展，各种姓又派生出许多等级。佛陀耶舍家世代都信仰外道而不信仰佛

---

① 慧皎：《高僧传》卷1《僧伽提婆》，北京：中华书局，1992年。
② 慧皎：《高僧传》卷1《僧伽提婆》，北京：中华书局，1992年。
③ 慧皎：《高僧传》卷2《佛陀耶舍》，北京：中华书局，1992年。

教,一次偶然的机会,使得婆罗门种姓出身的佛陀耶舍放弃了家族世代信奉的外道,而改信佛教:

> 有一沙门从其家乞,其父怒使人打之,父遂手脚挛癖,不能行止。乃问于巫师,对曰:"坐犯贤人鬼神使然也。"即请此沙门竭诚忏悔,数日便瘳。因令耶舍出家为其弟子,时年十三。①

经过这次事件,佛陀耶舍的家人对于佛教才有了敬畏之心,于是让刚刚 13 岁的佛陀耶舍皈依了佛教。

皈依后的佛陀耶舍,小小年纪就很有见地。僧传中记载了他的一些灵异事项,当然这些事项并不一定完全是历史事实,但是这些传说或僧人传记家赋予传主的"形象构建"材料,还是有助于我们今天认识这些僧人的传道特征的。

其一,关于佛陀耶舍的第一个神异事项,是其准确观察野兽的能力:

> 耶舍出家为其弟子,时年十三,常随师远行,于旷野逢虎,师欲走避,耶舍曰:"此虎已饱,必不侵人。"俄而虎去,前行果见余残,师密异之。②

作为僧人,当然免不了四处传道、化缘,东奔西跑,所以他经常同自己的老师经过无人的旷野。而对旷野中的老虎之状态判断把握得如此精准,可见佛陀耶舍的观察力非凡。这件事情,使得佛陀耶舍的老师对自己这个少年学生刮目相看,心中暗暗认定佛陀耶舍是个出类拔萃的非凡之人。

其二,佛陀耶舍非凡的记忆力和理解能力:

> 至年十五,诵经日得二三万言。所住寺常于外分卫,废于诵习。有一罗汉重其聪敏,恒乞食供之。至年十九,诵大小乘经数百万言。③

佛陀耶舍超于常人的记忆和理解能力,使得同修的僧众们非常敬佩,其中的一

---

① 慧皎:《高僧传》卷 2《佛陀耶舍》,北京:中华书局,1992 年。
② 慧皎:《高僧传》卷 2《佛陀耶舍》,北京:中华书局,1992 年。
③ 慧皎:《高僧传》卷 2《佛陀耶舍》,北京:中华书局,1992 年。

个大罗汉特别敬重这个少年的聪明机警,对他照顾有加,经常自己去化缘来供养佛陀耶舍。等到佛陀耶舍19岁的时候,据说他已经记诵了大小乘经典数百万言。

佛陀耶舍直到27岁的时候,才受了具足戒,成为一名正式的僧人。他不但是一个外表举止都很唯美的人,还是一个非常善于谈笑的人,有他的地方就总会有欢喜无比的场景。正是因为这一点随喜因缘,他在僧团中虽然不受重视,但也不招人忌恨。

佛陀耶舍是个嗜书之人,在读书的过程中常常陷入沉思。慧皎在《高僧传》中描写他"恒以读诵为务,手不释牒。每端坐思义,尚云不觉虚过于时,其专精如此"。就是说,他在读书思考问题的过程中才觉得时光没有虚度。

大概是在355年之前,佛陀耶舍离开罽宾来到了疏勒国:

后至沙勒国,国王不忿请三千僧,会耶舍预其一焉。时太子达摩弗多,此言法子,见耶舍容服端雅,问所从来,耶舍酬对清辩。太子悦之,仍请留宫内供养,待遇隆厚。罗什后至,复从舍受学,甚相尊敬。什既随母还龟兹,耶舍留止。①

当时正值疏勒国王大兴佛法,供养着3000多僧人。疏勒国的太子达摩弗多被佛陀耶舍清雅的谈吐和渊博的知识所征服,便把佛陀耶舍留在了王宫中,给他极丰厚的待遇。356年,13岁的鸠摩罗什也随母亲来到了疏勒王宫,见到了佛陀耶舍,并且拜佛陀耶舍为师学习佛法,对他极为恭敬。357年,鸠摩罗什告别佛陀耶舍返回了龟兹。

据说当龟兹王城在384年遭到吕光攻打的时候,龟兹国王帛纯派使者向疏勒国求救,疏勒王接报后即安排佛陀耶舍在国内辅助太子处理政事,自己亲自带兵前往救援。可是刚刚走到半途,就听到了龟兹王城已经被攻破的消息,只好无功而返。

罽宾佛学大师佛陀耶舍是个仪表风姿俱美的男人,红色的短髭更是引人注目:

舍为人赤髭,善解《毗婆沙》,时人号曰"赤髭毗婆沙"。既为罗什之师,亦称大毗婆沙。②

---

① 慧皎:《高僧传》卷2《佛陀耶舍》,北京:中华书局,1992年。
② 慧皎:《高僧传》卷2《佛陀耶舍》,北京:中华书局,1992年。

　　在僧众弟子的眼里，他是个喜笑颜开的红胡子老头。由于他善于解说《毗婆沙》，僧众们就送给他一个很形象的绰号——"赤髭毗婆沙"①——当然，这是他后来到长安后，那些听他讲经和译经的中原僧人对他的亲切称呼。

　　在鸠摩罗什被吕光带到凉州姑臧的这十多年里，佛陀耶舍一直在疏勒国讲经传道。后来，他又到了龟兹，据说这时候远在姑臧的鸠摩罗什托人捎信要佛陀耶舍到凉州去，但是由于龟兹国王的挽留，佛陀耶舍没有成行。又在龟兹国待了一年多后，佛陀耶舍决心要出发东行去寻找鸠摩罗什。

　　鸠摩罗什捎信邀请佛陀耶舍的时候，鸠摩罗什还在姑臧，一年以后，佛陀耶舍才得以从龟兹国东行，可是他到达姑臧后，才知道鸠摩罗什已经于 401 年 12 月去了长安。从这个时间顺序来判断，鸠摩罗什是在 400 年前后给佛陀耶舍捎信的，而佛陀耶舍可能就是 402 年到姑臧的。

　　佛陀耶舍的到来，无论在心理安慰还是学理探讨方面，都给了鸠摩罗什一份温暖。鸠摩罗什听到老师来到姑臧的消息后，就建议姚兴派人邀请佛陀耶舍来长安，可是姚兴对此毫无兴趣，没有接受鸠摩罗什的建议。

　　后来，当姚兴一再敦请鸠摩罗什继续翻译佛经时，鸠摩罗什说："夫弘宣法教，宜令文义圆通。贫道虽诵其文，未善其理。唯佛陀耶舍深达幽致。今在姑臧，愿下诏征之。"②鸠摩罗什的这番话确实道出了实际情况，鸠摩罗什虽然背诵了很多佛经，但是在佛理探讨方面可能需要博学的佛陀耶舍来帮他。不过，鸠摩罗什的这番话有更多托词的成分，并不是佛陀耶舍不来他就译不好佛经，鸠摩罗什这么说，就是想以译经需要为借口，要挟姚兴出面邀请自己的老师来到身边。

　　姚兴最终答应了鸠摩罗什的要求，马上派使者带了丰厚的礼物，去姑臧邀请佛陀耶舍。在姚兴的多次邀请敦促下，佛陀耶舍于后秦弘始十年之前（408）来到了长安。按这个时间来推算，佛陀耶舍在凉州姑臧停留了将近 6 年。

　　佛陀耶舍到达后，姚兴亲自出来迎接他，并为他在逍遥园中单独安置了讲经说法、生活起居的院落。佛陀耶舍对于姚兴给他的丰厚完备的供养一概不受，每天只是吃一顿饭。

　　这时候鸠摩罗什正在酝酿翻译《十住经》，因为很多义理他也没完全闹明白，虽然已经研读斟酌了一个多月，但觉得无从下笔翻译。佛陀耶舍的到来正好解决了这

　　①　慧皎：《高僧传》卷 2《佛陀耶舍》，北京：中华书局，1992 年。
　　②　慧皎：《高僧传》卷 2《佛陀耶舍》，北京：中华书局，1992 年。

个难题,鸠摩罗什同他的老师合作,一起研读讨论、疏通文义,一鼓作气将《十住经》翻译了出来。那些过去觉得费解的概念和经文,经过佛陀耶舍的阐发,顿时变得文气流畅、字义通达。佛陀耶舍初来乍到就为罗什解决了疑难问题,使得当时共同参加佛经翻译的那3000多僧人都对他佩服有加。

佛陀耶舍既然是鸠摩罗什的老师,又在翻译《十住经》时表现出了他渊博的知识和对佛理的精通,所以无论是后秦国王、大臣还是信徒们,都对他尊重异常,所奉献的供养物品、衣服器具都放满了三间屋子。这么多东西,对于习惯了粗衣麻服、一天只吃一顿饭的佛陀耶舍是太奢侈了,他哪里用得了。于是,姚兴就命人把佛陀耶舍得到的这些供养物品都拿出去卖了,然后在长安城南为佛陀耶舍造了一座寺院。

姚兴虽然对佛陀耶舍非常照顾,但是他心底对佛陀耶舍的佛学修养还是不信任的。当时后秦司隶校尉姚爽想请佛陀耶舍翻译《昙无德律》(就是《四分律》),姚兴怀疑佛陀耶舍记诵的这个《昙无德律》不是真经,于是就想考考佛陀耶舍的背诵记忆能力,他拿了5万多字的西羌药方,要佛陀耶舍背诵,两日后,再要求他把这个5万多字的药方默写出来,结果佛陀耶舍默写出的药方同原本一字不差,姚兴这才相信《昙无德律》是佛陀耶舍背诵下的真经。

弘始十二年(410),佛陀耶舍在姚兴的支持下,在长安译出了《四分律》《长阿含》等经典。

在佛陀耶舍翻译《四分律》和《长阿含》的译场中,是同竺佛念合作的,佛陀耶舍一句一颂地将牢记在大脑中的经文背诵出来,竺佛念将它译成汉语,然后再由僧人道含一句一句记录下来。在这个译场中,有约500僧人协助完成这项工作,花了整整3年时间,直到后秦弘始十五年(413)才翻译完成。

佛陀耶舍完成译事的413年,也是鸠摩罗什生命走到尽头的那年。可能就是在鸠摩罗什谢世后,佛陀耶舍又长途跋涉返回了罽宾国,凉州僧团的僧人们曾收到了他从罽宾捎来的一卷《虚空藏经》,此后,就再也不知道他的消息了。

三、卑摩罗叉对《十诵律》的续译与解说

卑摩罗叉是罽宾人,他曾在龟兹国宣扬佛教的律部经典,是名扬中亚地区的佛教律学大师:

卑摩罗叉,此云无垢眼,罽宾人。沉靖有志力,出家履道,苦节成务。先在龟兹弘阐律藏,四方学者竞往师之,鸠摩罗什时亦预焉。及龟兹陷没,乃避地焉。①

卑摩罗叉大师,他的名字翻译成汉语就是"无垢眼",②从这个名字的含义就可以看出他澄明清净的修道追求。据说他是一个非常有毅力的人,坚守佛家的一切戒律,在修炼方面吃了不少苦。不知道是因为胎记还是其他原因,卑摩罗叉的眼部有青色印记,所以他又被僧众们亲切地称为"青眼律师"。当时西域诸国的佛教学者和僧人们都到龟兹去,跟"青眼律师"卑摩罗叉学习戒律。

363年,鸠摩罗什回到龟兹后领受了"具足戒",并且跟卑摩罗叉大师学习了《十诵律》。到了384年龟兹国被前秦吕光攻破,鸠摩罗什被俘虏,卑摩罗叉就离开了龟兹国的王城,至于他到哪里去了,文献没有记载。401年之后,远在西域的卑摩罗叉辗转听到了自己的学生鸠摩罗什在东土长安译经传道的确切消息,就冒着危险,不远万里地穿过流沙、戈壁,于406年到达长安。

作为佛教的律学大师,"青眼律师"东行长安一方面自然是因为有学生鸠摩罗什在这里,他来之后有个照应,更主要的是,他来长安就是要把佛教律部典籍传扬到东土来,完成自己护持佛教僧团和佛法庄严的使命。对于鸠摩罗什来讲,老师的到来肯定让他感到既兴奋又尴尬,如果是传授别的学问的老师,鸠摩罗什可能还稍微安心一点,恰恰"青眼律师"是护持佛法的戒律法师,是佛门的执法者、立法者和戒律解说者,屡屡破"四重性戒"中淫戒的鸠摩罗什,面临着怎样向老师解释的尴尬局面。

据说卑摩罗叉到达长安后,鸠摩罗什很恭敬地以弟子礼节接待自己当年的老师。相隔40多年的这次师生见面,其场景自然是非常令人唏嘘的,当年20岁的青年僧人鸠摩罗什,已经变成了60多岁的老头子。卑摩罗叉比鸠摩罗什大不了几岁,按他们的去世年龄来推断,413年鸠摩罗什去世时71岁,此后不到几年,卑摩罗叉去世77岁,可能鸠摩罗什就比他的老师小五六岁而已。

刚见面的时候,卑摩罗叉自然不知道鸠摩罗什破戒娶夫人的事情,就问自己的学生:"汝后汉地大有重缘,受法弟子可有几人?"卑摩罗叉认为鸠摩罗什跟中原政权非常有缘分,地位如此显赫,声名如此远扬,一定传授了不少弟子。这正好捅到了鸠摩罗什心中最为隐痛的地方,所以他的回答也十分有趣,简直可以用支支吾吾来形

---

① 慧皎:《高僧传》卷2《卑摩罗叉》,北京:中华书局,1992年。
② 慧皎:《高僧传》卷2《卑摩罗叉》,北京:中华书局,1992年。

容了，他说："汉境经律未备，新经及诸论等，多是什所传出。三千徒众皆从什受法，但什累业障深，故不受师教耳。"①这个回答很巧妙，鸠摩罗什先说中原地区的佛教经书包括律部典籍都很不完善，言下之意是既然律部典籍都不完善，所以破戒也就是可以原谅的事情了；随后又说现在在中原尤其在长安僧界研习的佛经和大乘的诸种经论都是自己翻译出来的，这就把自己这些年来在长安所作的具体工作给老师做了一个交代；最后才含含糊糊地说，3000多僧人都跟着自己学习佛教典籍，但是由于自己是个造孽太多的人，所以不敢以老师的身份而自居。

我们不知道卑摩罗叉听完鸠摩罗什的这番话是什么感受，但是在406—413年的整整8年中，身在长安的卑摩罗叉没有翻译任何典籍，也许这段时间他是在学习汉语，也许因为鸠摩罗什的原因，他继续让这种"经律未备"的状态维持了下来。总之是，到了413年罗什去世后，卑摩罗叉才离开长安，先到了寿春的石涧寺，在这里开始了他传授律部典籍的讲坛生涯。

其实远在404年，鸠摩罗什就在西域僧人弗若多罗的协助下，翻译《十诵律》，将近译成三分之二的时候，因为弗若多罗度的去世而停止了。到了405年秋天，鸠摩罗什同来到长安的西域僧人昙摩流支共续译《十诵律》，成58卷。也可能是晚年的鸠摩罗什在精力等方面顾不过来，卑摩罗叉来到后，他们师生没有合作完成这项工作。因而，等鸠摩罗什去世后，卑摩罗叉把这个鸠摩罗什等人未完成的《十诵律》58卷带到了寿春石涧寺。关于鸠摩罗什去世后卑摩罗叉的行迹，《高僧传》云：

及罗什弃世，叉乃出游关左，逗于寿春止石涧寺。律众云聚，盛阐毗尼。罗什所译《十诵》本五十八卷，最后一诵谓明受戒法及诸成善法事，逐其义要名为《善诵》。叉后赍往石涧，开为六十一卷，最后一诵改为《毗尼诵》，故犹二名存焉。顷之南适江陵，于辛寺夏坐，开讲《十诵》。既通汉言，善相领纳。无作妙本，大阐当时。析文求理者其聚如林，明条知禁者数亦殷矣。律藏大弘，叉之力也。道场慧观深括宗旨，记其所制内禁轻重，撰为二卷，送还京师，僧尼披习，竞相传写，时闻者谚曰："卑罗鄙语，慧观才录。都人缮写，纸贵如玉。"今犹行于世，为后生法矣。②

在石涧寺，卑摩罗叉续译《十诵律》，在罗什译本的基础上续成61卷，他的这个

---

① 慧皎：《高僧传》卷2《卑摩罗叉》，北京：中华书局，1992年。
② 慧皎：《高僧传》卷2《卑摩罗叉》，北京：中华书局，1992年。

译本同鸠摩罗什译本比较而言,除了卷数增加、内容完善外,还将鸠摩罗什译本的最后一诵由"善诵"改为"毗尼诵"。

卑摩罗叉可能是在413年秋冬时节在石涧寺完成《十诵律》的翻译工作的,414年夏天他又来到了江陵的辛寺,在这里"夏坐开讲《十诵》"。卑摩罗叉的这次讲《十诵律》,是中国佛教史上律部典籍宣扬的一个关键性讲座。当时的僧人慧观将卑摩罗叉所讲的内容要旨记录整理了出来,分作两卷行世。当时把这两卷讲稿送到京师长安后,据说长安的高僧大德、尼姑居士等佛教信徒竞相传写。从这种近乎洛阳纸贵的轰动效应可以看出来在卑摩罗叉之前,中原地区律部经典的翻译与研习确实是非常薄弱的,那么鸠摩罗什所说的"汉境经律未备"也确实不仅仅是为自己找借口的托词,而是实际情况。

对卑摩罗叉讲说《十诵律》与慧观和尚记录讲稿这件事情,当时的僧界流传着一个很有趣的歌谣:"卑罗鄙语,慧观才录,都人缮写,纸贵如玉。"这个歌谣中的"鄙语"是说卑摩罗叉的讲经通俗易懂,而慧观的记录也很有才气和匠心,这样一个人人都能读懂的文本是很受欢迎的,所以传到都城长安去,自然就抄录研习者纷纭而至了。

据僧传记载,卑摩罗叉是个非常喜欢清静的人,可是当时的江陵辛寺也是一个大寺,来来往往的四方僧众很多,并且江陵达官贵人云集,所以他在414年夏秋讲完《十诵律》后,就返回到了寿春石涧寺,这一年的冬天,卑摩罗叉在石涧寺去世,终年77岁。

四、鸠摩罗什长安僧团中的罽宾译经僧

鸠摩罗什到达长安后,在后秦姚兴的支持下开场译经,以其为中心的长安僧团随之形成。在这个僧团和译场中,不但有鸠摩罗什的老师佛陀耶舍、卑摩罗叉等参与其中,以弗若多罗、昙摩流支、昙摩耶舍、昙摩掘多等为代表的一批罽宾僧人也纷纷抵达长安。

1. 弗若多罗和昙摩流支

十六国时期的长安僧团中,弗若多罗和昙摩流支是在译经方面同鸠摩罗什合作比较默契的两位高僧。

弗若多罗是罽宾高僧,他也是很年轻的时候就出家为僧了,他的特长是在戒律方面坚守很严,自然对戒律经典也很有研究,尤其非常精通《十诵律》,在罽宾的时候

也是一代律学宗师:

> 弗若多罗,此云功德华,罽宾人也。少出家,以戒节见称。备通三藏而专精《十诵》律部,为外国师宗,时人咸谓己阶圣果。以伪秦弘始中振锡入关,秦上姚兴待以上宾之礼。罗什亦挹其戒范,厚相宗敬。
>
> 先是,经法虽传,律藏未阐。闻多罗既善斯部,咸共思慕。以伪秦弘始六年十月十七日,集义学僧数百余人于长安中寺,延请多罗诵出《十诵》梵本,罗什译为晋文,三分获二,多罗构疾,庵然弃世。众以大业未就而匠人阻往,悲恨之深有踰常痛。①

后秦弘始五年(403)前后,弗若多罗来到长安,后秦国王姚兴待以上宾之礼。当时,鸠摩罗什的律部老师卑摩罗叉尚没有来到中原,律部典籍非常缺乏。鸠摩罗什听说弗若多罗精研律部经典,就请他参与译场,共同翻译律部典籍。

弘始六年(404)十月十七日,鸠摩罗什同弗若多罗合作,在长安大寺开译《十诵律》。参与此次翻译的有义学僧人数百人,由弗若多罗背诵念出《十诵律》的梵本经文,再由鸠摩罗什翻译成汉文,可是在将近翻译出《十诵律》全本经文的三分之二时,弗若多罗因病不治谢世而去,这样,翻译工作不得不停顿了下来。

远在庐山的慧远大师听说了这件事情,也感到很是可惜。当时由于律部典籍的缺乏,这对寺院的管理和僧人的戒行方面影响很大,无论南北僧界自然都希望能尽快译出一部完整的律部经典来。

到了弘始七年(405)秋天,精通律部经典的罽宾名僧昙摩流支来到了关中地区,带来了梵文本的《十诵律》:

> 昙摩流支,此云法乐,西域人也。弃家入道,偏以律藏驰名。以弘始七年秋达自关中。初,弗若多罗诵出《十诵》,未竟而亡。庐山释慧远闻支既善《毗尼》,希得究竟律部,乃遣书通好曰:"佛教之兴,先行上国。自分流以来四百余年,至于沙门,德式所阙尤多。顷西域道士弗若多罗,是罽宾人,甚讽《十诵》梵本。有罗什法师,通才博见,为之传译,《十诵》之中,文始过半。多罗早丧,中途而寝,不得究竟大业,慨恨良深。传闻仁者赍此经自随,甚欣所遇。冥运之来,岂人事而已耶!想弘道为物,感时而动。叩之有人,必情无所吝。若能为律学之徒毕此经本,开示梵行,洗其耳目,使

---

① 慧皎:《高僧传》卷 2《弗若多罗》,北京:中华书局,1992 年。

始涉之流不失无上之津,参怀胜业者日月弥朗。此则慧深德厚,人神同感矣。幸愿垂怀,不乖往意一二,悉诸道人所具。"①

　　慧远大师听说昙摩流支随身就带有《十诵律》的梵文本,欣喜异常,赶忙修书一封,敦请昙摩流支能为中原僧界译出《十诵律》,慧远的这封信写得很有感情,希望能早日译出《十诵律》的心情非常迫切,他认为,译出《十诵律》,可以使得那些刚刚进入佛门的人避免走错修道修身的门径,使得那些已经学佛有成的人更加风清月明、明心见性。

　　在慧远大师的这种迫切请求下,后秦国王姚兴也向昙摩流支提出了邀请,于是昙摩流支与鸠摩罗什合作,很快就在弗若多罗翻译的基础上,全本译出了《十诵律》。这次翻译显然是非常成功的,但是由于时间仓促,鸠摩罗什对整个译文的简练程度还不是十分满意。

　　可惜的是,由于鸠摩罗什还在同时做其他翻译工作,直到他去世前也没有腾出充足的时间来对《十诵律》译本做进一步的删繁就简的工作,这个工作后来由鸠摩罗什的老师卑摩罗叉完成了。

　　《十诵律》是说一切有部的根本戒律,昙摩流支与鸠摩罗什合作,将之译为58卷,此后,鸠摩罗什的老师卑摩罗叉又来到中原后,又接续他们的工作,将之整理补充成了61卷。昙摩流支虽然是坚守戒律的大律师,但是对于鸠摩罗什的破戒没有提出任何异议,可见在他心中佛学义理与寺院主义之间还是有分别的。

　　昙摩流支当时住在长安的大寺,关中名僧慧观想请他到洛阳去,他推辞说:"彼土有人有法,足以利世。吾当更行无律教处。"②后来他就离开长安四处游历,最后不知道去哪里了,也有人说他最终是在丝绸之路上的凉州谢世的。

　　2. 昙摩耶舍与昙摩掘多

　　来到长安的那些罽宾僧人,他们之间也有各种密切的关系,譬如弗若多罗同昙摩耶舍认识就很早,据说昙摩耶舍14岁的时候,弗若多罗就认识他:

　　昙摩耶舍,此云法明,罽宾人。少而好学,年十四为弗若多罗所知。③

---

①　慧皎:《高僧传》卷2《昙摩流支》,北京:中华书局,1992年。
②　慧皎:《高僧传》卷2《昙摩流支》,北京:中华书局,1992年。
③　慧皎:《高僧传》卷1《昙摩耶舍》,北京:中华书局,1992年。

昙摩耶舍在律藏方面修为较高,是一个非常好学的人,并且可能性格孤僻,不太合群,这在一定程度上影响到了他在西域的声望:

长而气干高爽,雅有神慧,该览经律,明悟出群。陶思八禅,游心七觉,时人方之浮头婆驮。孤行山泽,不避豺虎;独处思念,动移宵日。尝于树下每自克责:"年将三十尚未得果,何其懈哉!"于是累日不寝不食,专精苦到,以悔先罪,乃梦见博叉天王,语之曰:"沙门当观方弘化,旷济为怀,何守小节独善而已。道假众缘,复须时熟。非分强求,死而无证。"觉自思惟欲游方授道,既而踰历名邦,履践郡国,以晋隆安中初达广州,住白沙寺。①

僧传记载中关于他勤勉修道而竟不能证悟的记载非常有意思,梦见博叉天王,点化他应该不拘苦修小节,要以传播佛教为己任的说辞,也可能来自昙摩耶舍自己的讲述,这在东来传法僧人的传法动机的传说中是颇有特色的。这个传说也可能表明,昙摩耶舍本人并没有像佛陀耶舍、鸠摩罗什这些僧人一样在西域僧界获得修道方面的认可。

昙摩耶舍大概是在东晋隆安年间到达广州,住在白沙寺,当时的昙摩耶舍已经85岁高龄:

耶舍善诵《毗婆沙律》,人咸号为大毗婆沙。时年已八十五,徒众八十五人。时有清信女张普明咨受佛法,耶舍为说佛生缘起,并为译出《差摩经》一卷。②

《毗婆沙律》是小乘律部五论之一,卷帙繁重,而以勤学独思而见长的昙摩耶舍则善于念诵《毗婆沙律》,这一点赢得信众僧人们的无比尊敬,都称呼他为"大毗婆沙"。他听说在长安建立政权的后秦国王姚兴大兴佛法,于是在后秦弘始九年(407)初从广州来到了长安:

至义熙中来入长安,时姚兴僭号,甚崇佛法。耶舍既至,深加礼异。会有天竺沙门昙摩掘多来入关中,同气相求,宛然若旧,因共耶舍译《舍利弗阿毗昙》,以伪秦弘

① 慧皎:《高僧传》卷1《昙摩耶舍》,北京:中华书局,1992年。
② 慧皎:《高僧传》卷1《昙摩耶舍》,北京:中华书局,1992年。

始九年初书梵书文,至十六年翻译方竟,凡二十二卷。伪太子姚泓亲管理味,沙门道标为之作序。①

昙摩耶舍到长安后,另一个著名的戒律僧人昙摩掘多也到了长安。在后秦太子姚泓的组织和支持下,昙摩耶舍、昙摩掘多与长安僧团的僧人道标等人共同合作,翻译《舍利弗阿毗昙》。弘始九年(407),昙摩耶舍同昙摩掘多把《舍利弗阿毗昙》的梵文原本书写了出来,翻译工作一直持续到弘始十六年(404)方告完成,共译成 22 卷。② 这场持续 8 年的翻译工作,是在鸠摩罗什僧团的支持下完成的,鸠摩罗什本人虽然没有参与翻译工作,但是他同这两位罽宾僧人的关系应当是比较融洽的。

《舍利弗阿毗昙》的翻译工作结束后,昙摩耶舍又到江南传教:

耶舍后南游江陵,止于辛寺,大弘禅法。其有味靖之宾,披榛而至者三百余人。凡士庶造者,虽先无信心,见皆敬悦。自说有一师一弟子,修业并得罗汉,传者失其名。又尝于外门闭户坐禅,忽有五六沙门来入其室。又时见沙门飞来树端者,往往非一。常交接神明而俯同蒙俗。虽道迹未彰,时人咸谓已阶圣果。

至宋元嘉中辞还西域,不知所终。③

昙摩耶舍南下先是到了江陵的辛寺,有 300 多僧人跟随他学习佛法。据说昙摩耶舍最终还是又返回西域去了,按僧传的记载来推算,他回到西域的时候已经是 90 多岁的高龄老人了。④

昙摩耶舍的弟子中,有个比较有名的弟子法度:

耶舍有弟子法度。善梵汉之言,常为译语。度本竺婆勒子,勒久停广州往来求利,中途于南康生男,仍名南康,长名金迦,入道名法度。度初为耶舍弟子,承受经法,耶舍既还外国,度便独执矫异,规以摄物,乃言:"专学小乘,禁读方等。唯礼释迦,无十方佛。食用铜钵,无别应器。"又令诸尼相捉而行,悔罪之日但伏地相向。唯

① 慧皎:《高僧传》卷 1《昙摩耶舍》,北京:中华书局,1992 年。
② 慧皎:《高僧传》卷 1《昙摩耶舍》,北京:中华书局,1992 年。
③ 慧皎:《高僧传》卷 1《昙摩耶舍》,北京:中华书局,1992 年。
④ 慧皎:《高僧传》卷 1《昙摩耶舍》,北京:中华书局,1992 年。

宋故丹阳尹颜瑗女法弘尼、交州刺史张牧女普明尼,初受其法。今都下宣业弘光诸尼习其遗风,东土尼众,亦时传其法。①

　　法度此人擅梵汉两种语言,经常在译场担任译语人。他的父亲竺婆勒原本是天竺人,因为经常往来于天竺、南海诸国与广州间经商,所以这个法度是在中国出生的,自然精通梵汉两种语言文字。

　　昙摩耶舍返回罽宾后,文献中说法度"独执矫异,规以摄物"②,可能就是指其在一定程度上违反或背离了昙摩耶舍的佛学方向,而走入一个比较偏狭的佛学路径,用法度自己所声称坚持的原则就是:"专学小乘,禁读方等。唯礼释迦,无十方佛。食用铜钵,无别应器。"③这完全就是一种很偏狭的小乘修炼法,但是他又对江南的尼寺教育有所影响。

六、活跃在江南的罽宾僧人

　　昙摩密多与求那跋摩主要是活跃在南朝时期江南地区的译经、传道僧人。

　　1. 昙摩密多

　　昙摩密多是来自罽宾地区的精于禅法的僧人:

　　昙摩密多,此云法秀,罽宾人也。年至七岁,神明澄正。每见法事,辄自然欣跃。其亲爱而异之,遂令出家。罽宾多出圣达,屡值明师,博贯群经,特深禅法。所得门户,极甚微奥。为人沉邃有慧解,仪轨详正。生而连眉,故世号连眉禅师。④

　　这位"连眉禅师"少年出家,其所有佛学根基完全是在罽宾地区养成。

　　关于他东来传教的动机,文献记载与一连串的梦有关:

　　少好游方,誓志宣化,周历诸国,遂适龟兹。未至一日,王梦神告王曰:"有大福

---

① 慧皎:《高僧传》卷1《昙摩耶舍》,北京:中华书局,1992年。
② 慧皎:《高僧传》卷1《昙摩耶舍》,北京:中华书局,1992年。
③ 慧皎:《高僧传》卷1《昙摩耶舍》,北京:中华书局,1992年。
④ 慧皎:《高僧传》卷3《昙摩密多》,北京:中华书局,1992年。

德人，明当入国，汝应供养。"明旦，即敕外司："若有异人入境，必驰奏闻。"俄而蜜
（密）多果至，王自出郊迎，延请入宫，遂从禀戒，尽四事之礼。①

　　龟兹王之梦是昙摩密多走出罽宾，在龟兹得到王室供养的机缘。这当然只能姑
妄听之，而龟兹王的第二个梦则是昙摩密多继续东行的铺垫：

　　蜜多安而能迁，不拘利养。居数载，密有去心，神又降梦曰："福德人舍王去矣!"
王惕然惊觉，既而君臣固留，莫之能止。遂度流沙，进到燉煌，于闲旷之地建立精舍，
植桃千株，开园百亩。房阁池沼，极为严净。②

　　昙摩密多的行事风格是"安而能迁，不拘利养"，那就是说没有什么富贵荣华之
类的东西能引诱得了他。他在龟兹王宫居住了几年，就产生了离开的念头。据说这
时候神又降梦给龟兹王说："福德人舍王去矣!"王惕然惊觉，再三挽留，但昙摩密多
去意已决，于是过流沙之地，来到敦煌，在闲旷之地建立精舍，植桃树千株，开园百
亩，房阁池沼，极为严净。
　　在敦煌停留不久，昙摩密多又东到凉州，并且将凉州官府荒废了的房屋修修补
补，权作佛寺，弘传禅业：

　　顷之，复适凉州，仍于公府旧事更葺堂宇，学徒济济禅业甚盛。③

　　宋元嘉元年（424），昙摩密多辗转入蜀，然后沿江而下到荆州，在长沙寺造立禅
阁，祈请舍利，诚恳祈祷，到第 12 天获得一枚舍利，放光满室：

　　常以江左王畿，志欲传法，以宋元嘉元年展转至蜀。俄而出峡止荆州，于长沙寺
造立禅阁，翘诚恳恻，祈请舍利，旬有余日，遂感一枚。冲器出声，放光满室。门徒道
俗，莫不更增勇猛，人百其心。④

---

① 慧皎：《高僧传》卷 3《昙摩密多》，北京：中华书局，1992 年。
② 慧皎：《高僧传》卷 3《昙摩密多》，北京：中华书局，1992 年。
③ 慧皎：《高僧传》卷 3《昙摩密多》，北京：中华书局，1992 年。
④ 慧皎：《高僧传》卷 3《昙摩密多》，北京：中华书局，1992 年。

祈求感应舍利而获得成功这样的传教技艺，似乎并没有使得昙摩密多在蜀地获得更多的机遇，于是他东下建康：

> 顷之沿流东下，至于京师，初止中兴寺，晚憩祇洹。密多道声素著，化洽连邦。至京甫尔，倾都礼讯。自宋文哀皇后及皇太子公主，莫不设斋桂宫，请戒椒掖。参候之使，旬日相望。即于祇洹寺译出《禅经》《禅法要》《普贤观虚空藏观》等，常以禅道教授，或千里咨受四辈，远近皆号大禅师焉。[①]

昙摩密多到达建康（今江苏南京）后，先后在中兴寺、祇洹寺驻锡。由于昙摩密多道声素著，宋文帝皇后及皇太子与公主，都纷纷设斋宫中，请他讲经说法。昙摩密多在祇洹寺译出《禅经》《禅法要》《普贤观虚空藏观》等佛经，常以禅道教授，所以获得"大禅师"的称号。

昙摩密多在江南最重要的成果是营建了定林寺下寺：

> 元嘉十年还都，止钟山定林下寺。密多天性凝靖，雅爱山水，以为钟山镇岳，埒美嵩华，常叹下寺基构，临涧低侧。于是乘高相地，揆卜山势，以元嘉十二年斩石刊木，营建上寺。士庶钦风，献奉稠叠。禅房殿宇，郁尔层构。于是息心之众，万里来集。讽诵肃邕，望风成化。定林达禅师即神足弟子，弘其风教，声震道俗，故能净化久而莫渝，胜业崇而弗替，盖密多之遗烈也。
>
> 爰自西域至于南土，凡所游履，靡不兴造檀会，敷陈教法。[②]

元嘉十年（433），昙摩密多驻锡钟山定林下寺，并于元嘉十二年（435）斩石刊木，营建了定林上寺。关于昙摩密多本人，有一些神奇的传说：

> 初，密多之发罽宾也，有迦毗罗神王卫送，遂至龟兹。于中路欲反，乃现形告辞密多曰："汝神力通变，自在游处。将不相随，共往南方。"语毕，即收影不现，遂远从至都，即于上寺图像著壁，迄至于今，犹有声影之验。洁诚祈福，莫不享愿。以元嘉

---

① 慧皎：《高僧传》卷3《昙摩密多》，北京：中华书局，1992年。

② 慧皎：《高僧传》卷3《昙摩密多》，北京：中华书局，1992年。

十九年七月六日卒于上寺,春秋八十有七。道俗四众,行哭相趋,仍葬于钟山宋熙寺前。[1]

说他当初从罽宾出发东来的时候,有迦毗罗神王护送他到了龟兹,并且身影相随,同他一起来到南方,所以昙摩密多在定林上寺的墙壁上绘制了这尊天王像,据说经常能听到天王的声音。元嘉十九年(442),昙摩密多卒于定林上寺,享年87岁。[2]

2. 求那跋摩

在南朝宋都城建康活动的另一个著名的罽宾僧人求那跋摩,是从海上乘船来到江南的。此人不是一般僧侣,据说是罽宾国王之后:

求那跋摩,此云功德铠,本刹利种,累世为王,治在罽宾国。祖父呵梨跋陀,此言师子贤,以刚直被徙。父僧伽阿难,此言众喜,因潜隐山泽。跋摩年十四便机见俊达,深有远度。仁爱泛博,崇德务善。其母尝须野肉,令跋摩办之。跋摩启曰:"有命之类,莫不贪生。夭彼之命,非仁人矣。"母怒曰:"设令得罪,吾当代汝。"跋摩他日煮油,误浇其指,因谓母曰:"代儿忍痛。"母曰:"痛在汝身,吾何能代?"跋摩曰:"眼前之苦尚不能代,况三途耶?"母乃悔悟,终身断杀。至年十八,相公见而谓曰:"君年三十当抚临大国,南面称尊。若不乐世荣,当获圣果。"至年二十,出家受戒。洞明九部,博晓四含,诵经百余万言,深达律品,妙入禅要。时号曰三藏法师。[3]

求那跋摩因为出身刹帝利,据说他家世代在罽宾国为王。他18岁出家为僧,30岁的时候,罽宾王去世,没有儿子继承王位,大臣们恳劝求那跋摩还俗继承王位,然他不为所动,遁迹山林多年。

后来他先后到师(狮)子国、阇婆国游方传教。就是在阇婆国,求那跋摩才声名鹊起,其原因跟其他罽宾僧人在异国得到王室尊崇的说法完全一致,就是王室人物做梦梦见神异,而阇婆国国王的母亲梦见"一道士飞舶入国",从而开启了求那跋摩的异国声望:

---

① 慧皎:《高僧传》卷3《昙摩密多》,北京:中华书局,1992年。
② 慧皎:《高僧传》卷3《昙摩密多》,北京:中华书局,1992年。
③ 慧皎:《高僧传》卷3《求那跋摩》,北京:中华书局,1992年。

后至阇婆国，初未至一日，阇婆王母夜梦见一道士飞舶入国，明旦果是跋摩来至。王母敬以圣礼，从受五戒。母因劝王曰："宿世因缘，得为母子。我已受戒而汝不信，恐后生之因永绝今果。"王迫以母敕，即奉命受戒，渐染既久，专精稍笃。顷之，邻兵犯境，王谓跋摩曰："外贼恃力欲见侵侮，若与斗战，伤杀必多。如其不拒，危亡将至。今唯归命师尊，不知何计？"跋摩曰："暴寇相攻，宜须御捍。但当起慈悲心，勿兴害念耳。"王自领兵拟之，旗鼓始交，贼便退散。王遇流矢伤脚，跋摩为咒水洗之，信宿平复。王恭信稍殷，乃欲出家修道，因告群臣曰："吾欲躬栖法门，卿等可更择明主。"群臣皆拜伏劝请曰："王若舍国，则子民无依。且敌国凶强，恃险相对，如失恩覆，则黔首奚处。大王天慈，宁不愍念？敢以死请，申其悃愊。"王不忍固违，乃就群臣请三愿，若许者当留治国。一愿凡所王境同奉和上，二愿尽所治内一切断杀，三愿所有储财赈给贫病。群臣欢喜，佥然敬诺，于是一国皆从受戒。

王后为跋摩立精舍，躬自引材，伤王脚指。跋摩又为咒治，有顷平复。导化之声播于遐迩，邻国闻风，皆遣使要请。[1]

这个神奇的故事是求那跋摩被请到中国来的前奏。南朝宋京城建邺（今江苏南京）的慧观、慧聪听说了求那跋摩在阇婆国，就于元嘉元年（424）九月面启宋文帝，求迎请求那跋摩到江南来。于是宋文帝即敕令交州刺史发船前去迎请，并且派遣高僧法长、道冲、道俊等随船出海祈请。这是一次官方组织的大的外事行动，所以宋文帝还专门致书于求那跋摩及阇婆国国王婆多加等，希望求那跋摩一定到华夏江南来。

但是还没等祈请的船只出发，求那跋摩就乘商人竺难提的船来到了广州。原来，求那跋摩乘坐的船只本来是要到南海的另一个小国去传教，不料遇上了顺风，船只就一路被吹达广州。

宋文帝得知求那跋摩已至南海（今广东广州），于是又颁下敕命，令州郡筹办资费盘缠，送求那跋摩到建邺去。

元嘉八年（431）正月，求那跋摩到达建邺。宋文帝劳问殷勤，并向求那跋摩求教作为帝王如何获得果报，求那跋摩于是告诉他："夫道在心不在事，法由己非由人。且帝王与匹夫所修各异，匹夫身贱名劣，言令不威，若不克己苦躬，将何为用？帝王以四海为家，万民为子，出一嘉言则士女咸悦，布一善政则人神以和。刑不夭命，役

① 慧皎：《高僧传》卷3《求那跋摩》，北京：中华书局，1992年。

无劳力,则使风雨适时,寒暖应节;百谷滋繁,桑麻郁茂。如此持斋,斋亦大矣;如此不杀,德亦众矣。宁在阙半日之餐全一禽之命,然后方为弘济耶?"①求那跋摩的这番话,讲帝王与匹夫的身份不同,敬佛或报的方式也应该不同。敦促宋文帝从国计民生的大视角去考虑问题,而不要局限于一点点小善而忽略了帝王"以四海为家,万民为子"的责任。

对于求那跋摩的这番话,宋文帝也深表认同,认为是"开悟明达"的妙言。于是,奉请求那跋摩住祇洹寺,供给隆厚,王公贵族都纷纷供养宗奉。求那跋摩于是在祇洹寺开讲《法华》及《十地》,讲法之日,冠盖相拥,达官贵人、僧徒信众,摩肩接踵前来听经。求那跋摩还译出了《菩萨善戒》《四分羯磨》《优婆塞五戒略论》《优婆塞二十二戒》等经论共 26 卷。

宋元嘉十一年(434)九月二十八日中,食未毕,求那跋摩在祇洹寺谢世,享年65 岁。②

3.佛驮什

南朝宋时期,译经传教的罽宾僧人还有佛驮什:

> 佛驮什,此云觉寿,罽宾人。少受业于弥沙塞部僧,专精律品,兼达禅要。以宋景平元年七月届于扬州。先沙门法显,于师子国得《弥沙塞律》梵本,未被翻译而法显迁化。京邑诸僧闻什既善此学,于是请令出焉。以其年冬十一月集于龙光寺,译为三十四卷,称为《五分律》。什执梵文,于阗沙门智胜为译,龙光道生、东安慧严共执笔参正,宋侍中琅琊王练为檀越。至明年四月方竟,仍于大部抄出戒心及羯磨文等,并行于世。什后不知所终。③

佛驮什,汉语法号是"觉寿",少年时期受业于弥沙塞部僧,精于戒律,对禅法也很有心得。他是在宋景平元年(423)七月到达江南的,在该年冬天的十一月,就开始着手翻译《弥沙塞律》。《弥沙塞律》的梵本是东晋高僧法显取经,得之于师子国。法显于义熙八年(412)回国后就一直没能将之翻译出来。而佛驮什受业于弥沙塞部僧,自然善于此律学,于是就请他来翻译,在龙光寺将之译成 34 卷,称为《五分律》。

---

① 慧皎:《高僧传》卷 3《求那跋摩》,北京:中华书局,1992 年。
② 慧皎:《高僧传》卷 3《求那跋摩》,北京:中华书局,1992 年。
③ 慧皎:《高僧传》卷 3《佛驮什》,北京:中华书局,1992 年。

此次翻译,佛驮什执梵文,于阗沙门智胜翻译,龙光寺高僧道生、东安寺高僧慧严共同执笔参正,到宋景平二年(424)四月方才完成。佛驮什后不知所终。[1]

（作者单位：吉林省社会科学院）

---

① 慧皎：《高僧传》卷 3《佛驮什》,北京：中华书局,1992 年。

宋代海商群体与中日关系

陈国灿

在中国古代对外关系史上,宋代是一个引人注目的转折期。一方面,随着全国经济和文化重心的南移,对外交往由陆路全面走向海洋,进而形成了以海洋为依托的开放格局;另一方面,由于宋政府统治思想和有关政策的调整,民间取代官方,成为中外交流的主导力量。特别是日益壮大的海商群体,不仅是海外贸易的主力军,而且在中外政治关系和文化交流领域扮演了重要角色。有关宋代对外关系的基本格局与特点,以及海外贸易的空前兴盛,学术界已有不少讨论。[①] 本文试在此基础上,就海商群体的发展壮大及其在宋日关系中所起的作用做一番具体考察与分析,以进一步认识此时期中国社会向海洋发展所引发的中外关系变动。

一、宋代海商群体的壮大

历史上,海商是伴随海上贸易的兴起而出现的。在中国古代前期,对外贸易的重心是西北内陆,主要通过"丝绸之路"展开,海上贸易受到政府的严格控制,属于小规模的零散现象。中唐以降,由于西北陆上贸易通道受阻,海上丝绸之路快速发展,海洋贸易日趋活跃,民间海商势力逐渐兴起。有学者统计,从唐武宗会昌二年(842)到唐昭宗天复三年(903),唐代海商赴日贸易的次数仅见于史载的就有36次。[②]他们大多结队而行,具有一定规模。据日本文献记载,仁明天皇承和十四年(唐宣宗大中

① 中外学界围绕宋代对外关系和海外贸易的讨论,较系统的研究成果有:冒志祥:《宋朝的对外交往格局》,扬州:广陵书社,2012 年;赵成国主编:《中国海洋文化史(宋元卷)》,青岛:中国海洋大学出版社,2013 年;杨渭生:《宋丽关系史》,杭州:杭州大学出版社,1997 年;陈高华、吴泰:《宋元海外贸易史》,天津:天津人民出版社,1981 年;黄纯艳:《宋代海外贸易》,北京:社会科学文献出版社,2003 年;[日]桑原骘藏:《唐宋贸易港研究》(中译本),上海:商务印书馆,1935 年;[日]藤田丰八:《宋代之市舶司与市舶条例》,魏重庆译,上海:商务印书馆,1936 年,等等。

② 武安隆:《遣唐使》,哈尔滨:黑龙江人民出版社,1985 年,第 172—175 页。

元年,847),以张友信为首的唐商团队有 47 人;①清和天皇贞观四年(唐懿宗咸通三年,862)、八年(唐懿宗咸通七年,866)、十六年(唐僖宗乾符元年,874)、十八年(唐僖宗乾符三年,876),先后抵日的唐商团队有李延孝等 43 人、张言等 41 人、崔发等 36 人、杨清等 31 人;②阳成天皇元庆元年(唐僖宗乾符四年,877),以崔铎为首的唐商团队有 63 人。③

宋王朝建立后,认识到民间海外贸易可以带来可观的市舶收入,有助于缓解财政困难的局面,故采取大力支持和鼓励的政策。宋高宗曾公开对臣下说:"市舶之利最厚,若措置合宜,所得动以万计,岂不胜取之于民。"④另一方面,东部沿海尤其是东南地区历来有着注重商贸的历史传统,随着区域社会经济在长期开发和持续发展的基础上走向繁荣,特别是商品生产和流通的活跃,经商逐利风气日盛。时人感叹地说:"今世积居润屋者,所不足非财也,而方命其子若孙倚市门,坐贾区,颊取仰给,争锥刀之利,以滋贮储。"⑤海外贸易利润丰厚,"每十贯之数可以易番货百贯之物,百贯之数可以易番货千贯之物"⑥,由是吸引人们纷纷参与其中,出海逐利蔚然成风。这些因素的结合,加上造船和航海技术的进步,促成了海上丝绸之路和海洋贸易的空前兴盛。有学者估计,"北宋中期每年的进出口总额为 1666.6 万缗,北宋后期每年进出口总额为 2333.4 万缗,南宋绍兴晚期每年的进出口总额为 3777.8 万缗"。⑦

随着海上丝绸之路和海外贸易的迅猛发展,海商群体不断壮大。"贩海之商……江、淮、闽、浙处处有之。"⑧据朝鲜文献《高丽史》记载,从高丽显宗三年(宋真宗大中祥符五年,1012)到高丽忠烈王四年(宋帝赵昺祥兴元年,1278),先后赴高丽

---

① 〔日〕藤原良房等:《续日本后纪》卷 17"承和十四年(847)七月"条,日本新订增补国史大系本,吉川弘文馆,1979 年。

② 〔日〕源能有等:《日本三代实录》卷 6"贞观四年(862)七月"条、卷 13"贞观八年(866)十月"条、卷 26"贞观十六年(874)七月"条;卷 29"贞观十八年(876)八月"条,日本醍醐天皇延喜元年(901)本。

③ 〔日〕《日本三代实录》卷 31"元庆元年(877)八月"条。

④ (宋)李心传:《建炎以来系年要录》卷 116"绍兴七年(1137)闰十月辛酉"条,北京:中华书局,1988 年,第 1686 页。

⑤ (宋)范浚:《香溪集》卷 22《张府君墓志铭》,《四部丛刊续编》景明本。

⑥ (宋)包恢:《敝帚稿略》卷 1《禁铜钱申省状》,民国宋人集本。

⑦ 熊燕军:《宋代东南沿海地区外向型经济成份增长的程度估测及其历史命运》,《韩山师范学院学报》2007 年第 1 期。

⑧ 《敝帚稿略》卷 1《禁铜钱申省状》。

的宋商舰队有 130 批次,其中确知人数的 87 批次,合计达 4955 人。①这为数众多的海商,就社会构成而言,涉及诸多阶层。他们有的是豪商富室。南宋时,都城临安的富室有不少系"外郡寄寓之人",其中"多为江商海贾,穹桅巨舶,安行于烟涛渺莽之中,四方百货,不趾而集"②。时人洪迈《夷坚志》提到,温州巨商张愿,"世为海贾,往来数十年,未尝失时";建康巨商杨二郎,"本以牙侩起家,数贩南海,往来十有余年,累赀千万";临安人王彦太,"家甚富,有华室,颐指如意。忽议航南海,营舶货"③。从事海外贸易人员当中,还有的是官僚贵族。虽然宋政府明令禁止在任官员经营贸易,规定官吏不得"苟徇货财,潜通交易,阑出徼外",也不准"遣亲信于化外贩鬻"。④但在商品经济大潮的冲击下,官员经商风气愈禁愈盛。从达官显贵到一般胥吏,不"以营利为耻","专为商旅之业","懋迁往来,日取富足"。⑤海外贸易的收益远超一般商业活动,自然吸引不少官僚贵族置禁令于不顾,积极参与其中。如北宋时,名臣苏轼曾"贩数船苏木入川"⑥。南宋时,雷州知州郑公明"三次搬运铜钱,下海博易蕃货"⑦;大将张俊遣手下老卒出海贸易,"逾岁而归,珠犀香药之外且得骏马,获利几十倍"⑧;理宗朝宰相郑清之的儿子"盗用朝廷钱帛以易货外国"⑨。皇室宗亲也不例外。宋高宗绍兴(1131—1162)末年,鉴于当时泉州南外宗正司的不少宗族人员参与海外贸易,凭借特权横行不法,宋廷不得不下令禁止:"两宗司今后兴贩蕃舶,并有断罪论。"⑩有的是沿海农户和渔民。福建路人多地少的矛盾突出,沿海居民转而从事海上贸易的现象颇为常见。"漳、泉、福、兴化滨海之民……乃自备财力,兴贩牟利。"⑪广西沿海诸郡的居民,"或舍农而为工匠,或泛海而逐商贩"⑫;浙东台州仙居

---

①　杨渭生:《宋丽关系史研究》,杭州:杭州大学出版社,1997 年,第 269—279 页。

②　(宋)吴自牧:《梦粱录》卷 18《恤贫济老》,北京:中国商业出版社,1982 年,第 162 页。

③　(宋)洪迈:《夷坚志》支丁卷 3《海山异竹》,志补卷 21《鬼国母》,支乙卷 1《王彦太家》,北京:中华书局,1981 年,第 1741、986、796 页。

④　(清)徐松辑:《宋会要辑稿》职官,44 之 3,北京:中华书局,1997 年影印本。

⑤　(宋)蔡襄:《蔡忠惠集》卷 15《废贪赃》,清文渊阁《四库全书》本。

⑥　黄以周等辑注:《续资治通鉴长编拾遗》卷 6"熙宁二年(1069)十一月己巳"条,北京:中华书局,2004 年,第 256 页。

⑦　《宋会要辑稿》职官,20 之 30。

⑧　(宋)罗大经:《鹤林玉露》卷 2《老卒回易》,明刻本。

⑨　(元)脱脱等:《宋史》卷 407《杜范传》,北京:中华书局,1977 年,第 12282 页。

⑩　《宋会要辑稿》职官,74 之 43。

⑪　《宋会要辑稿》刑法,2 之 137。

⑫　《宋会要辑稿》食货,66 之 16。

人郑四客原是个佃户,"后稍有储羡,或出入贩贸纱帛、海货"①。也有部分僧道人员加入海商的行列。如杭州僧人净源,"旧居海滨,与舶客交通牟利"②;《夷坚志》三志己卷六提到,泉州人王元懋"少时祗投僧寺",后从事舶货贸易,"其富不赀"。从经营规模和方式来看,有的海商资本厚实,经营规模庞大。如泉州杨客"为海贾十余年,致赀二万万"③;另一海商王仲圭拥有众多海舶,一次出海贸易就能"差拨海船百艘"④。有的海商资本有限,无力独自出海,只能采取合伙经营的方式,"转相结托,以买番货而归"⑤;或者依附大海商出海贸易,租赁海船仓位,"分占贮货,人得数尺许,下以贮物,夜卧其上"⑥。

在不断壮大的宋代海商群体中,有相当部分主要经营对日贸易。据有关学者考证,北宋时期,先后赴日本的宋代海商船队可以判明的就有 70 多次,实际次数显然较此要多得多。⑦到南宋时期,由于日本放松对海外贸易的限制,宋商赴日更为活跃。为数众多的海商不仅频繁往来于宋日之间,不少人还长期寓居日本,有的甚至加入日本籍。日本博多的"宋人百堂",便是 11 世纪末以降在宋商汇聚的基础上逐渐形成的华侨居留区。南宋时,长期从事宋朝与日本、高丽贸易活动的临安人谢国明,在定居博多后,成为当地商界的领袖人物。因此,海商群体在推动宋日经济交往的同时,对于打破两国间的外交僵局,促进彼此的文化交流,也起了积极的作用。

二、海商群体与宋日政治关系

两宋时期,中日之间一直没有建立起正式的外交关系。这一方面是由于宋王朝建立后,一直面临周边民族政权的威胁和内部统治问题的困扰,无暇也或无力像汉唐两代那样大力追求四夷宾服、万国宗主的地位,因而采取"守内虚外"的政策,收缩对外政治关系。另一方面,日本在宽平六年(唐昭宗乾宁元年,894)以"大唐凋敝之具",赴唐使团"或有渡海而丧生者,或有道贼遂亡身者"为由,终止了持续两个世纪

---

① 《夷坚志》支景卷 1《郑四客》,第 918 页。

② (宋)李焘:《续资治通鉴长编》卷 435"元祐四年(1089)十一月"条,北京:中华书局,2004 年,第 10493 页。

③ 《夷坚志》丁志卷 6《泉州杨客》,第 588 页。

④ 《宋会要辑稿》食货,50 之 23。

⑤ 《敝帚稿略》卷 1《禁铜钱申省状》。

⑥ (宋)朱彧:《萍洲可谈》卷 2,《全宋笔记》第二编第六册,郑州:大象出版社,2006 年,第 149 页。

⑦ 王勇、郭方平等:《南宋临安对外交流》,杭州:杭州出版社,2008 年,第 108 页。

的遣唐使。①延喜年间（901—923），又颁布一系列的海禁令。唐保四年（宋太祖乾德五年，967），藤原氏掌控朝政后，进一步强化了自我封闭的"锁国"政策。不过，宋朝在收缩外交关系的同时，又开放国门，鼓励民间对外交往，而日本政府的海禁政策主要是针对本国商民，并不禁止宋商赴日活动，只是加强管理。在这种背景下，宋商便承担起沟通宋日政治交流的角色。

北宋初期，中日之间的政府交往完全中断。对于海商来说，这种局面显然不利于贸易活动的正常进行。为此，他们采取多种方式，积极推动两国政治交往的恢复。太平兴国八年（983），日本东大寺僧商然及其弟子五人随宋商陈仁爽等来中国，受到宋太宗的接见。宋真宗时，在日本留居七年的福建建州商人周世昌回国，一同前来的有日人藤吉木等。真宗召见了藤吉木，并赐予礼物。海商不断地带日本人前来朝见，逐渐激发了宋政府与日本交往的兴趣。大中祥符六年（1013），宋朝主动派使者携带牒文和礼物赴日，日本天皇令式部大辅高阶积善作牒文回复，又于万寿三年（宋仁宗天圣四年，1026）令大宰府派使者赴宋都汴京进献礼品，由是打破了两国官方互不往来的僵局。到宋神宗时期，宋政府更是连续四次以海商为使者，赴日递交国书，掀起了中日官方交往的一个小高潮。

熙宁六年（日白河天皇延久五年，1073），宋廷派海商孙忠与日僧成寻（一作诚寻）携带神宗御笔文书和礼物赴日。日本政府反应冷淡，拖延了很久才召开公卿会议进行讨论。由于对宋代国书中"回赐日本国"等字句不满，决定不予理睬。"诸卿定申大宋皇帝付孙忠献锦绮事，不可遣答信物。"②直到承保四年（宋神宗熙宁十年，1077），才以主管贸易的大宰府名义回复。次年初，孙忠与日通事僧仲回一起回到明州。当地官员报请朝廷："得其国大宰府牒，因使人孙忠还，遣仲回等贡绢二百匹、水银五千两，以孙忠乃海商，而贡礼与诸国异，请自移牒报，而答其物直，付仲回东归。"③日本政府想竭力回避对宋的朝贡关系，故拖延多年才回复宋方；宋政府则力图确立对日宗主国的地位，不满意日方移牒己方贸易机构市舶司的做法，故此次两国以海商为信使的交往没有结果。

宋神宗元丰元年（日承历二年，1078）十月，孙忠再次携带宋廷官牒和礼物赴日，

---

① ［日］《管家文草》卷9《奏状·请令诸公卿议议定遣唐使禁止》，《太宰府天满宫史料》卷3，日本东京都档案会，1964年，第75页。

② ［日］《百练抄》，《太宰府天满宫史料》卷5，日本东京都档案会，1964年，第340页。

③ 《宋史》卷491《日本传》，第14137页。

结果进一步引发日本政府的疑虑,认为两国"和亲久绝,不贡朝物,今日频有此事,人以成狐疑"[1]。就在日本政府对是否接受宋朝牒书犹豫不决的时候,元丰三年(日承历四年,1080),宋廷让另一海商黄逢带第三份牒书赴日,表面上是询问孙忠何以迟迟不归,实则是催促日方尽快回应宋廷的要求。次年,宋廷再次派海商黄政(王瑞垂)赴日递交第四份牒书,要求日方将孙忠等人"请疾发遣,回归本州,不请留滞"[2]。面对宋廷接二连三地送来牒书,日本政府仍坚持对宋代敬而远之的立场,决定给予礼节性回信,并由宋商捎带回去。

北宋后期,宋廷虽继续通过海商向日本传递国书,却仍然没有达到目的。及宋室南渡,面对北方金王朝的进逼,南宋政府一度无暇顾及与日关系。直到宋孝宗时期,南北对峙的局面趋于稳定,而日本在经历"平治之乱"后,平氏家族掌控了朝政,开始调整"锁国"政策,对宋日贸易由控制转为鼓励,宋廷才重新委托海商向日本传递国书。乾道八年(1173),宋代以明州市舶司的名义,由海商带去牒状和礼物,其目的不再是建立中日之间的主属关系,而是希望扩大两国间的贸易规模。这正合平氏家族的想法。因此,虽然宋代牒状中仍有"赐日本国"之类的字句,但日本政府最终还是接受了,并很快于次年给予答复和回赠礼品。淳熙二年(1175),日商在明州殴人致死,宋政府将其罪状送交日本政府,让日方加以惩治。[3]绍熙二年(1191),又有日商在明州不法,宋廷移牒日本大宰府,仍交由日方处置。[4]淳熙三年(1176),有日本商船遭风漂至明州,因财物全失,船上百余人上岸行乞。明州官员将此事奏报朝廷,宋孝宗令地方官府进行救助,待有日本商船来遣送他们回国。[5]这些举动显示,宋日之间已初步形成了相对平等和稳定的关系。

除了充当国使传递国书,直接推动中日两国的政治交往,宋代海商的对日贸易活动,本身就使得宋日之间始终维持一定程度上的官方关系。尤其是在北宋时期日本处于"锁国"状态下,宋商对日贸易的政治意义更为明显。按照宋代的市舶法,商人出海贸易,须事先向所在官府提出申请,报市舶司批准,领取相关"公凭"或"公据"之后,方可成行。因此,赴日贸易的宋商一般都携带有官方发放的文书。而且,统率

---

①　[日]《百练抄》,《太宰府天满宫史料》卷5,第323页。

②　[日]《水左记》,《太宰府天满宫史料》卷5,第356页。

③　[日]藤田元春:《上代日中交通史研究》,东京富山房,1938年,第344页。

④　[日]木宫泰彦:《日中文化交流史》,胡锡年译,北京:商务印书馆,1980年,第294页。

⑤　《宋史》卷491《日本传》,第14137页。

商队的"纲首"等人由"市舶司给朱记,许用笞治其徒"①,即拥有代表官府行使对商队的管理权。就日本方面而言,宋商入关则要经历大宰府"存问"(审查有关文书和人、船、货情况)、报请天皇、"阵定"(朝廷公卿讨论议定)、"宣旨"(下达是否同意入关决定)等环节。如日本文献《小右记》载,万寿四年(宋仁宗天圣五年,1027)八月,宋代福州海商陈文祐率领的商队抵达日肥前国松浦郡柏岛,携有始发港明州(今浙江宁波市)奉国军市舶司所发"公凭"和相关文书,大宰府"存问"后,将大宰府解文连同肥前国解文和宋官方解文上报朝廷,经诸公卿合议"阵定",下达旨意,准予陈文祐一行入境"和市"。这当中,宋代以有关机构的名义出具公文,日方则以官方的形式予以认可,虽然不是两国政府间的直接交往,但意味着彼此在政治上的相互承认和间接联系。诚如一位日本大臣所说:"商客至,通书,谁谓宋远?"②

三、海商群体与宋日贸易和文化交流

相对于政治领域,宋代海商在促进中日经济联系和推动两国文化交流方面,显然发挥了更大的作用,使两国关系实现了由官方主导向民间主导的转变。

从经济关系方面来看,北宋时期,因日本厉行海禁锁国政策,严禁本国商民出海贸易,中日经济贸易活动几乎完全由宋代海商承担。事实上,对于宋商的贸易活动,日本政府也有一系列的限制。如实行"年纪制",即规定宋商赴日的最低年限,定期贸易,以减少贸易频率。一般情况下,同一宋代商舶和商队,只能三年赴日一次。③颁布"禁购令",禁止宋商在日本政府采购前私自与民交易,违者日方人员以盗窃罪论处。但日本上流社会对宋朝的高档消费品需求巨大。每当有宋代商船到岸,"诸院诸宫诸王臣家等,官使未到之前,遣使争买,又郭内富豪之辈,心爱远物,忠勇直贸易"④。另一方面,赴日贸易的利润十分丰厚。如宋英宗时,宋商在日本博多以每颗70贯的价格收购"阿久也玉",回国后每颗售价高达5万贯,是收购价的700多倍!⑤如此高额的收益,自然吸引众多宋代海商参与对日贸易,并想方设法绕开日本政府的限制。据日本文献《百练抄》记载,长历元年(宋仁宗景祐四年,1037)、宽德元年

①　朱彧:《萍洲可谈》卷 2,《全宋笔记》第二编第六册,第 149 页。

②　(宋)江少虞:《宋朝事实类苑》卷 43《日本僧》,上海:上海古籍出版社,1981 年,第 570 页。

③　[日]森克已等:《对外关系史》,日本国书刊行会,1975 年,第 59 页。

④　[日]《类聚三代格》,《太宰府天满宫史料》卷 5,日本东京都档案会,1964 年,第 396 页。

⑤　[日]藤田元春:《上代日中交通史研究》,东京富山房,1938 年,第 317 页。

（宋仁宗庆历四年，1044）、永承三年（宋仁宗庆历八年，1048）和康平三年（宋仁宗嘉祐五年，160），都有宋朝商船漂流至日本。这些宋商显然是以"遭风漂流"为借口，规避"年纪制"的年限禁令。因此，宋商赴日次数越来越频繁。宋初大体上为一年一船次，后来逐渐增加到一年二船次、三船次，乃至四船次以上。[①]商队的规模也越来越大，一般都在五六十人以上。如日本文献《小右记》载，万寿四年（宋仁宗天圣五年，1027），以陈文祐为首的宋商团队有 64 人；《朝野群载》载，长冶二年（宋徽宗崇宁四年，1105）以李充为纲首的宋商团队有 65 人。

宋室南渡后，市舶收入已成为宋廷弥补财政亏空的一个重要手段。其市舶抽解和博买所得，绍兴十年（1140）为"百十万缗"，绍兴二十九年（1159），"约可得二百万缗"。[②] 因此，南宋政府对海外贸易更为重视。为了适应海商的要求，将建立正常的经济关系视为对外关系的重点。在对日交往中，不再像北宋时期那样力图建立主属关系，而是努力推动两国民间贸易的发展。与此同时，宋商赴日贸易的日趋活跃，也促使日本统治集团的部分成员改变原来的封闭意识，调整既有的锁国政策。日崇德天皇长承二年（宋高宗绍兴三年，1133），宋商周新的商船驶抵博多湾，泊于天皇领地神崎庄园，平氏家族的平忠盛借天皇之令，阻止大宰府查验，并亲自主持与周新商队的贸易。[③]平忠盛之子平清盛掌权后，开放海禁，并于嘉应二年（宋孝宗乾道六年，1170）劝后白河法皇接见当时在日宋朝海商。宋商回国后，立即向有关部门报告日本政府的政策变化。宋代抓住机会，通过海商向日本政府发送牒文，两国由此建立起正常的贸易关系。平清盛倒台后，继平氏家族而起的镰仓幕府继续实行对宋贸易的开放政策，两国的贸易关系进一步获得发展。到南宋后期，由于对日贸易导致宋朝铜钱大量外流，一些沿海地区甚至出现了"一日之间，忽绝无一文小钱在市行用"的情况。[④]为此，南宋政府在一再下令禁止海商赴日携带铜钱的同时，又致书日本政府要求对两国商船的往来次数给予一定限制。日本幕府遂于建长六年（宋理宗宝祐二年，1254）下令大宰府限制日商出海船次，规定每年日商赴宋海船 不得超过 5 只。[⑤]对于宋商赴日船次，则未加限制 。

---

① ［日］木宫泰彦：《日中文化交流史》，中译本，第 238—243 页。

② 《建炎以来朝野杂记》卷 135"绍兴十年（1140）四月丁卯"条，第 2163 页；卷 183"绍兴二十九年（1159）九月壬午"条，第 3053 页。

③ ［日］《史料大成》第 7 册，日本应庆义塾大学，2009 年，第 166 页。

④ 《敝帚稿略》卷 1《禁铜钱申省状》。

⑤ ［日］《国史资料集》卷 3，日本龙吟社，1939 年，第 579 页。

从文化方面来看,宋代海商群体的壮大和赴日贸易的活跃,在很大程度上改变了隋唐时期主要由使节和官派留学生承担的中日文化交流格局,推动民间主导、多领域、多层次交流新局面的形成。

宋代文化在当时世界范围处于领先地位,中国书籍深受海外各国和各地区的欢迎。特别是长期接受中国文化影响的日本等东亚国家和地区,对宋代书籍有着特殊的爱好。由于宋廷对官方的对外书籍交流有着较为严格的限制,宋哲宗时还一度规定以"文字禁物与外国使人交易,罪轻者徒二年"①,故对日书籍输出主要通过海商的贸易活动。如宋商郑仁德、孙忠先后将《大藏经》《法华经》等佛学经书带到日本。日僧奝然说,日本有《五经》书、佛经及《白居易集》等,"并得自中国"②。另一方面,海商又将在日的中国稀有古籍和部分日本书籍带到宋朝。如原本在中国已失佚的《孝经》一卷和越王《孝经新义》十五卷等古籍,后由宋商自日本带回。日僧信源曾将自己所著的《往生要集》等书,托宋周文德带到宋朝传播。正如有学者所指出的:"进入宋代,中日之间虽无外交关系,但僧侣与商客的往来频繁,日本汉籍的西传逐渐形成一个高潮。"③

宋代海商为中日僧人推动中日文化交流提供了不可缺少的条件。中日两国僧人的往来,在唐代主要借助遣唐使等官方使节船队,入宋后则大多通过海商船舶。据不完全统计,有宋一代,仅有名可考的来华日本僧人就有181人,实际人数显然较此要多得多。④宋僧赴日弘法者也为数不少。如南宋时较著名的赴日宋僧有寄寓庆元府天童山的兰溪道隆(普觉禅师)、南禅福生寺的兀庵普宁、杭州径山寺石溪心月的法嗣大休正念(佛源禅师)、天童寺石矶惟衍法嗣西涧士昙、天童山景德禅寺首座无学祖元等。这些以海商船舶为桥梁往来中日之间的僧人,不仅是两国宗教交流的主体,而且在教育、哲学、文学、音乐、舞蹈、书画、科技等方面的交流中发挥了重要作用。如北宋时,日僧奝然将《十六罗汉图》一套带回国,现藏日本京都嵯峨的清凉寺。南宋时,日僧圆尔辨圆随宋商海船返国,携带了数千卷中国典籍,包括佛教内典262部,儒经、朱子学、老庄、兵家、小学、文选、文集、医学、本草等外典102部。日僧心地觉心曾在杭州护国仁王禅寺学习吹奏尺八,回国后大力普及,成为尺八这一中国传

---

① 《续资治通鉴长编》卷481"元祐八年(1093)二月辛亥",第11440页。
② 《宋史》卷491《日本传》,第14131页。
③ 王勇:《中日关系史考》,北京:中央编译出版社,1995年,第109页。
④ 王勇、郭方平等:《南宋临安对外交流》,杭州:杭州出版社,2008年,第126—127页。

统乐器在日本普化的祖师;另一位日僧弥三在庆元等地求法时掌握了造缎技术,回国后在博多等地传播,推动了日本纺织技术的发展。

宋代海商对日贸易的活跃,还推动了华人侨居日本的热潮。日本接待宋商的贸易口岸,有九州的博多、越前的敦贺港、濑户港、大轮田港等。宋商到达这些口岸后,营造住宅,修建寺社,以此为据点开展中日贸易活动,由此逐渐形成规模不等的华人侨居区,日人称之为"唐房"。如博多是宋日贸易最重要的口岸,由此汇聚了大量宋朝海商。据日本文献《石清水文书》卷五《宫事缘事抄筥崎事》载,仁平三年(宋高宗绍兴二十三年,1153),太宰府官员率人劫掠博多一带宋商王升等一千六百户资财,说明当时居住博多地区的宋商为数不少,已具有相当的规模。[1]事实上,大约在11世纪末,博多便逐渐形成了华侨聚居区"宋人百堂"。[2]居住"宋人百堂"的宋代侨民,既有从事中日贸易的海商,也有随商船渡海谋生的手艺人,还包括部分失意士人和畏罪潜逃者。《宋会要辑稿·刑法二》提到,宋哲宗元祐年间以降,"时有附带曾赴试士人及过犯停替胥吏过海入蕃,名为住冬,留彼数年不回。"这些侨居日本的宋商和其他人员,既传播了中国文化,又接受日本文化的影响,推动中日文化由简单的交流走向彼此的融合。不少人组成跨国婚姻,在当地娶妻养子。日本史料便记载了不少在日宋商与当地人结婚的事例。如《左经记》载,宋商周良史其父为宋人,其母为日本贵族之女,他随父往来于宋日之间,"从父往复,虽是随阳之鸟,或思母愁绪"[3]。另据《玉叶》载,南宋时,日本大宰府接到宋朝官方文书,谓日商杨荣等人在宋犯法,要求给予惩处。其实,杨荣系宋商与日本女子结婚所生,属于跨国联姻的混血儿。有的居日宋商还加入了日本籍,积极从事两国文化交流活动。如南宋时,临安人谢国明长期从事宋朝与日本、高丽之间的贸易活动,后来便定居博多,并加入日本籍,成为当地商界的领袖人物。日本嘉祯元年(宋理宗端平二年,1235),在谢国明的资助下,日本临济宗僧人圆尔辨圆入宋求法。圆尔回国后,又在谢氏支持下创立承天寺。该寺至今仍藏有谢国明像,当地民众每年都要定期举办纪念活动。宋理宗淳祐三年(日本宽元元年,1243),临安径山万寿寺遭遇严重火灾,殿宇尽毁。在日的谢国明闻讯后,捐助千枚松板运往临安,以助万寿寺重建。

---

① [日]冈崎敬:《福冈市(博多)圣福寺发现的遗物——中国大陆舶来的陶瓷和银锭》,《海交史研究》1989年第1期。

② 芪岚:《7—14世纪中日文化交流的考古学研究》,北京:中国社会科学出版社,2001年,第289页。

③ [日]《太宰府天满宫史料》卷5,日本东京都档案会,1964年,第47页。

四、几点思考

宋代海商群体的发展壮大及其在中日关系中扮演重要的角色,固然是因为宋王朝无力追求"万国宗主"的地位,只能借助民间的力量开展对外交往,但更深层次的原因在于此期的社会变革和文明意识的调整。

晚唐以降,尤其是入宋以后东南地区社会经济的日益兴盛,在引发全国经济发展地域格局重大变化的同时,也打破了由北方中原地区发展起来的传统农耕经济模式的主导地位。在具有重商倾向的东南地区的推动下,商品经济呈现出前所未有的活跃状态,进而在某些方面呈现出朝外向型经济演进的发展趋向。正如有学者所指出的:"我国古代经济重心在 11 世纪后半叶完成其南移过程,此点意义十分重大。因为这从根本上改变了战国秦汉以来我国经济一直以黄河流域为重心的经济格局;同时经济重心区域由于向东南方向移动,而更加靠近拥有优良海港的沿海地区,为封闭型的自然经济向开放型的商品经济过渡提供了某种历史机遇。"[1]很大程度上讲,海外贸易的空前兴盛,正是经济领域这种变革的反映。它不仅直接推动海商群体的兴起和壮大,而且促使宋政府更多地从追求经济利益的角度来处理对外关系,由此为海商群体在中外关系中发挥重要作用提供了广阔的空间。

另一方面,中原文化属于典型的内陆文明,东南地区则是文化史上的"亚洲东南海洋地带"[2],深受海洋文明的影响。因此,两宋时期全国经济和文化重心的南移,意味着中国文明海洋特性的增强。"海外贸易的繁荣渐渐改变了中国人对外部世界的看法,原先偏远无名的东部和南部沿海地区渐渐成为中外贸易和文化交流的重要地区","这样,中国人的内陆民族性格就渐渐获得某些海洋民族的特征"[3]。与自我为主、讲求等级与有序的内陆文化观念不同,海洋文明有着平等、开放、务实的意识,注重不同文化之间的交流与合作。正是基于务实开放的海洋意识,海商群体在中日没有建立正常外交关系的情况下,维系了两国之间基本的政治交往和正常的经贸关系与文化交流,两国关系的重心也由官方转向民间。

更进一步来看,不断壮大的海商群体在推动中外关系转型的同时,对东南地区

---

① 葛金芳:《中国经济通史》第五卷,长沙:湖南人民出版社,2003 年,第 838—839 页。
② 林惠祥:《福建武平县新石器时代遗址》,《厦门大学学报》1956 年第 4 期。
③ 费正清:《中国:传统与变迁》,北京:世界知识出版社,2000 年,第 153—154 页。

经济和社会领域的变革也产生了不可忽视的影响。就经济领域而言,海商群体所经营的商品种类繁多,规模庞大。其中,输出的除了丝织品、瓷器等传统手工业产品,还包括金银饰品、铜铁器具、钱币之类的金属制品,漆器、草席之类的日用品,纸、墨、笔之类的文化用品,玩具、伞、扇之类的工艺品,粮食、盐、茶叶、酒之类的食用和饮用品等,由此促进了东南各地手工业和农业生产商品化、市场化水平的提高;输入的由原来主要局限于香料、珍珠、象牙等高档消费品,扩大到药材、矿产、手工制品、加工食品等诸多普通物品,从而引发东南社会的消费活动与海外市场发生越来越多的联系。这两者的结合,使东南经济在一定程度上呈现出朝外向型方向发展的趋势。就社会领域而言,海商群体的贸易和文化交流活动,有助于冲破传统华夷观和自大心态的束缚,促成多层次对外开放格局的形成。在这方面,海商群体最为活跃的江南地区表现得尤为突出。对此,笔者在另文已有专门讨论,兹不赘述。[1]

（作者单位:浙江师范大学环东海与边疆研究院）

---

[1] 有关宋代江南地区对外开放新格局的形成以及海商群体在其中所起的作用与影响,参见拙作:《走向海洋:宋代江南地区的对外开放》,《学术月刊》2011年第12期。

怛逻斯城与唐代丝绸之路

林梅村

2015 年 6 月,应塔拉斯国立大学校长萨里柏科夫(M. N. Sarybekov)教授邀请,笔者有幸到哈萨克斯坦塔拉兹市出席国际学术讨论会,纪念哈萨克汗国建国 550 周年。与会者有哈萨克斯坦科学院考古研究所前所长白巴科夫(Karl M. Baipakov)、哈萨克斯坦共和国教育与科学部东方学研究所所长阿布塞托娃(M. Kh. Abuseitova)女士、波恩大学汉学系洪保基金会学者努尔兰·肯加合买提(Nurlan Kenzheakhmet)博士等国际知名学者。会议期间,我们与哈萨克斯坦历史学家、考古学家共聚一堂,讨论共同关心的问题,会后还实地考察了怛逻斯城及南哈萨克斯坦丝绸之路沿线古迹和当地博物馆。百闻不如一见,这次中亚考察收获巨大,遂草拟此文,探讨怛逻斯城遗址及其文化遗物。

一、西突厥统治下的怛逻斯

公元 568 年,蔡马库斯率拜占庭使团访问中亚草原的西突厥汗国。据拜占庭史家弥南德(Menander)《希腊史残卷》记载:"驱魔仪式完毕,使团随奉命前来迎接的人员前往可汗的住处。可汗居于一座名为艾克塔(Ektag)的山上,希腊语意为'金山'。蔡马库斯一行发现,室点密当时的庭帐坐落在'金山'河谷中。"①②《资治通鉴》记载:显庆二年(657)十一月,"伊丽道行军大总管苏定方大破贺鲁于金牙山,尽收其所据之地,西域悉平"③。金牙山为西突厥可汗庭帐所在地,希腊人称之为"金山",

---

① 本文引用时对个别词汇进行了规范化处理,下同。
② 弥南德:《希腊史残卷》,H. 裕尔撰、H. 考迪埃修订:《东域纪程录丛》,张绪山译,昆明:云南人民出版社,2002 年,第 176 页。
③ 司马光:《资治通鉴》,北京:中华书局,1956 年,第 6301 页。

在今哈萨克斯坦南境的昆格·阿拉套山（Kungey-Alatau）①。《希腊史残卷》又载：
"蔡马库斯在突厥留居时，室点密决定让蔡马库斯率二十人随他出征波斯……室点
密率军队向前进发，宿营于怛逻斯（Talas），逢波斯使者前来求见。"②在西方史料中，
弥南德《希腊史残卷》是最早提到怛逻斯的。

突厥人擅长冶铁术。《周书·异域传下》记载："突厥者，盖匈奴之别种，姓阿史
那氏……臣于茹茹（柔然之别称）。居金山之阳（今阿尔泰山南麓），为茹茹铁工……
时铁勒将伐茹茹，土门率所部邀击，破之，尽降其众五万余落。恃其强盛，乃求婚于
茹茹。茹茹主阿那瑰大怒，使人骂辱之曰：'尔是我锻奴，何敢发是言也？'土门亦怒，
杀其使者。遂与之绝，而求婚于我。"③突厥人的冶铁术与中原采用的铸造技术不
同，他们采用锻造技术。吐鲁番阿斯塔纳第307号墓出土隋开皇三年（583）《高昌国
供食账》提到"阿博□（珂）寒铁师"，当即西突厥阿波可汗御用铁匠④。568年，拜占
庭使团回访西突厥汗国，"抵康居（今锡尔河北岸），有若干突厥人向其售铁，弥南以
为其在向使臣示其国饶有铁矿"⑤。尽管怛逻斯城没留下什么西突厥文物，不过，哈
萨克斯坦西部草原发现过8字形铁马镫（图1），现藏阿拉木图市哈萨克斯坦中央博
物馆⑥。这对铁马镫采用锻造技术打造，必为西突厥遗物无疑⑦。

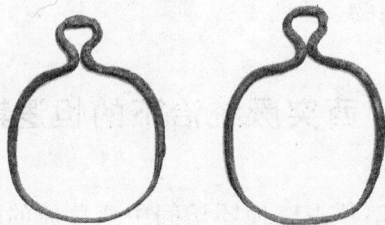

图1　哈萨克草原出土西突厥8字形铁马镫（约6—7世纪）

① 努尔兰·肯加合买提：《不剌、双河两域考辨》，《西域研究》2002年第4期。任宝磊：《多逻斯川·
双河及金雅山——原半苏定方西征路线考辨》，《中国历史地理论丛》2012年第3期。
② 弥南德：《希腊史残卷》，H.裕尔撰，H.考迪埃修订《东城纪程录丛》，张绪山译，第176页。
③ 令狐德棻：《周书》，北京：中华书局，1971年，第907—908页。
④ 吴玉贵：《高昌供食文书中的突厥》，《西北民族研究》1991年第1期。
⑤ 沙畹：《西突厥史料》，冯承钧译，北京：商务印书馆，2004年。
⑥ Sören Stark, K. S. Rubinson & Z. Samashev et al. (eds.), *Nomads and Networks：The Ancient Art and Culture of Kazakhstan*, Princeton：Princeton University Press, 2012.
⑦ 参见艾海提·马丽亚：《突厥人的兴起及其对丝绸之路的贡献》，北京大学考古文博学院硕士学位论文，2015年。

贞观三年（629），玄奘西行印度，取道沙漠之路，途经七河流域碎叶、恒逻斯等粟特城镇。《大唐西域记》记载：

素叶已西数十孤城，城皆立长，虽不相禀命，然皆役属突厥。自素叶水城至羯霜那国，地名窣利，人亦谓焉。文字语言，即随称矣。字源简略，本二十余言，转而相生，其流浸广。粗有书记，竖读其文，递相传授，师资无替……素叶水城西行四百余里至千泉。千泉者，地方二百余里，南面雪山，三垂平陆。水土沃润，林树扶疏，暮春之月，杂花若绮，泉池千所，故以名焉……千泉西行百四五十里，至呾逻私城，城周八九里，诸国商胡杂居也。土宜气序，大同素叶。[1]

正如英国突厥学家克劳森（G. Clauson）和张广达先生指出的，素叶水城在吉尔吉斯斯坦阿克贝希姆（Ak-Beshim）古城[2]。关于碎叶与恒逻斯之间的丝绸古路，《新唐书·地理志》记载："又西二十里至碎叶城，城北有碎叶水，水北四十里有羯丹山，十姓可汗每立君长于此。自碎叶西十里至米国城，又三十里至新城，又六十里至顿建城，又五十里至阿史不来城，又七十里至俱兰城，又十里至税建城，又五十里至恒逻斯城。"[3]

千泉之名，源于突厥语 Ming-bulaq（千泉）。10 世纪末波斯文地理志《世界境域志》提到俱兰城（Kulan）附近有个村镇，名叫"美尔克"（Mirki）[4]。日本学者松田寿男认为，千泉在哈萨克斯坦梅尔克附近[5]。不过，玄奘说"千泉者，地方二百余里"，那么梅尔克只是千泉南境。千泉北境应该在西突厥可汗王庭所在地"羯丹山"。此山当即弥南德所记"艾克塔"（Ektag），希腊人称"金山"，《资治通鉴》称"金牙山"。《大唐西域记》说"千泉西行百四五十里至呾逻私城"，恐有误。据许序雅教授调查，两地之间相距 150 公里，实际里程至少"三百四五十里"[6]。

显庆四年（659）十一月，"思结俟斤都曼帅疏勒、朱俱波、谒般陀三国反，击破于

---

① 季羡林：《大唐西域记校注》，北京：中华书局，1985 年，第 72—77 页。

② G. Clauson, "Ak Beshim-Suyab," *Journal of the Royal Asiatic Society*, Vol. 93, No. 1(1961), pp. 1 - 13. 张广达：《碎叶城今地考》，《北京大学学报（哲学社会科学版）》1979 年第 5 期。

③ 欧阳修等：《新唐书》，北京：中华书局，1975 年，第 1149—1150 页。

④ 佚名：《世界境域志》，王治来译注，上海：上海古籍出版社，2010 年，第 77 页。

⑤ 松田寿男：《古代天山历史地理学研究》，陈俊谋译，北京：中央民族学院出版社，1987 年，第 344 页。

⑥ 许序雅：《千泉、白水城和恭御城考辨》，《中国历史地理论丛》2010 年第 2 期。

阗。癸亥,以左骁卫大将军苏定方为安抚大使以讨之……苏定方军至业叶水(碎叶川之别称),思结保马头川(At-Bashi,今纳林河)。定方选精兵万人、骑三千匹驰往袭之,一日一夜行三百里,诘旦,至城下,都曼大惊。战于城外,都曼败,退保其城。及暮,诸军继至,遂围之,都曼惧而出降。"① 于是唐高宗派光禄卿卢承庆前往西突厥五弩失毕部及周边地区设羁縻都护府州,并于显庆四年十一月为他加官晋爵,"以卢承庆同中书门下三品"②。乾陵蕃臣石像左碑第三人衔名:"故右领军兼千泉都督尼孰俟斤阿悉吉度悉波。"③这个千泉都督府就是卢承庆所设羁縻都督府。西突厥是游牧民族,逐水草而居,无城郭宫室。千泉草原现存西突厥古迹只有几百座突厥石人墓(图2)。

图2 千泉草原的突厥石人墓

千泉西行下一站是俱兰城。正如王治来先生指出的,俱兰在今哈萨克斯坦南境卢戈沃依④。这里是天山脚下塔拉斯河谷游牧与农耕文明的交汇之地。现存古迹有"宫殿、瞭望塔、防御工事、市场等体现城市文化的遗迹,以及驿站、萨满教、伊斯兰教遗迹"。2014年,俱兰城与"丝绸之路:长安—天山廊道路网"33处遗址一起,入选联合国教科文组织世界文化遗产名录⑤。乾陵蕃臣石像左二碑第九人衔名:"故右金吾卫将军兼俱兰都督阙俟斤阿悉吉那勒。"⑥这个俱兰都督府当即卢承庆所设羁縻都督府。

由于突骑施可汗不断擅自扩充地盘,唐玄宗派十姓可汗阿史那昕前往七河流域维持西域纲纪。天宝元年(742)四月,"上发兵纳十姓可汗阿史那昕于突骑施,至俱兰城,为莫贺达干所杀"⑦。怛逻斯之役停战不久,阿拉伯军队便从中亚撤军,七河流域被葛逻禄人占据。《世界境域志》记载:"俱兰是一个小地区,与穆斯林世界相

① 司马光:《资治通鉴》,第6319页。
② 司马光:《资治通鉴》,第6319页。
③ 陈国灿:《唐乾陵石人像及其衔名的研究》,见林幹编:《突厥与回纥历史论文选集》,北京:中华书局,1987年,第390页。
④ 佚名:《世界境域志》,王治来译注,上海:上海古籍出版社,2010年,第77页。
⑤ 陈同滨:《融合 交流 对话:全球视野中的"丝绸之路:长安—天山廊道的路网"》,《世界遗产》2015年第5期。
⑥ 陈国灿:《唐乾陵石人像及其衔名的研究》,《文物集刊》1980年第2期。
⑦ 司马光:《资治通鉴》,第6854页。

接。其地有农业。"①可知俱兰城一度成为伊斯兰与非伊斯兰世界之分界。

俱兰城西行下一站是税建城,《资治通鉴》称作"曳建城",在哈萨克斯坦江布尔州科斯托比(Kostobe)古城(图3)。2014年,该古城与"丝绸之路:长安—天山廊道的路网"33处遗址一起,入选联合国教科文组织世界文化遗产名录。如果税建城即科斯托比古城,那么,该古城与恒逻斯城相距106公里,而非《新唐书·地理志》所说只有"十里"之程。

图3　税建城(科斯托比古城)

1970年,在长安城兴化坊(今西安南郊何家村)发现一处唐代金银器窖藏,在两个高65厘米、腹径60厘米的巨瓮和一件高30厘米、腹径25厘米的大银罐中,贮藏了金银器、玉器、宝石、金石饰物、银铤、银饼和药材等千余件。其中金银器达265件,今称"何家村唐代金银器窖藏"。这个窖藏出土了东罗马金币、萨珊波斯银币、高昌吉利以及日本古钱和同开珎,可谓尽收天下宝物。据郭沫若考证,这批窖藏文物原为兴化坊邠王守礼府中财物。"安史之乱"时仓促埋下,后来未能挖出而保留到现代②。《旧唐书·突厥传》记载:西突厥"统叶护可汗,勇而有谋……其西域诸国王悉授颉利发,并遣吐屯一人监统之,督其征赋。西戎之盛,未之有也"③。在西安何家村唐代金银器窖藏中,有两件文物和西突厥密切相关。一件是高昌国发行的钱币"高昌吉利"(见图4右)。吐鲁番出土粟特买婢契曰:"时唯秦城延寿年间,天神、伟大的希利发、国王陛下嗣位之十六年,汉语称五月,粟特语称十二月,己亥岁(贞观十三年/639年),二十七日。兹于秦城(指高昌城)市场,当众人之面,沙门乘军,也即石族人乌塔之子从康国人突德迦之子六获处得到一奴婢。此婢为曹族人,生于突厥斯坦,名曰优婆遮。他为此支付高纯度的卑路斯钱120德拉克麦。"④正如王永生指出的,希利发就是高昌吉利钱所谓"吉利",实乃西突厥给高昌王的封号。其名来自突厥语 iltäbar(或译"颉利发")⑤。

---

① 佚名:《世界境域志》,王治来译注,第77页。

② 郭沫若:《出土文物二三事》,《文物》1972年第3期。

③ 刘昫:《旧唐书》,北京:中华书局,1975年,第5181页。

④ 林梅村:《粟特文买婢契与丝绸之路上的女奴贸易》,《文物》1992年第9期。

⑤ 王永生:《"高昌吉利"钱币考》,见吐鲁番学研究院、吐鲁番博物馆编:《古代钱币与丝绸高峰论坛暨第四届吐鲁番学国际学术研讨会》,上海:上海古籍出版社,2015年,第25—27页。

图 4　何家村唐代金银器窖藏出土突厥折肩单耳罐和高昌国钱币

　　另一件和西突厥相关的文物是突厥式银壶,据中国国家博物馆孙机考证,何家村唐代金银器窖藏出土折肩单耳罐应为突厥银器(图 4 左)[1]。阿斯塔纳第 307 号墓出土《高昌国供食账》提到"贪旱珂寒金师"。所谓"贪旱",指高昌国北山"贪汗山"(今天山博格达峰)。这位突厥金师当即游牧于贪汗山的西突厥沙陀部可汗御用金匠[2],而何家村金银器窖藏出土突厥银壶为我们了解西突厥金银器工艺提供了重要标本。

二、唐朝、突骑施、东突厥对中亚之争夺

　　显庆二年(657)十一月,苏定方讨平西突厥可汗阿史那贺鲁之乱后,唐高宗诏令在西突厥故地设羁縻都督府州。由于真珠叶护、思结俟斤都曼的阻挠,迟至显庆四年(659)十一月,光禄卿卢承庆才得以在碎叶川及其以西地区设羁縻都督府州。《新唐书·地理志下》记载了由安西(今新疆库车)至怛逻斯城的路线:

　　安西西出柘厥关,渡白马河,百八十里西入俱毗罗碛。经苦井,百二十里至俱毗罗城。又六十里至阿悉言城。又六十里至拨换城,一曰威戎城,曰姑墨州,南临思浑河。乃西北渡拨换河、中河,距思浑河百二十里,至小石城。又二十里至于祝(原文误作"于阗")境之胡芦河。又六十里至大石城,一曰于祝,曰温肃州。又西北三十里至粟楼烽。又四十里度拨达岭。又五十里至顿多城,乌孙所治赤山城也。又三十里

---

　　① 孙机:《近年内蒙古出土的突厥与突厥式金银器》,见孙机:《中国圣火》,沈阳:辽宁教育出版社,1996 年,第 260—264 页。

　　② 吴玉贵:《突厥汗国与隋唐关系史研究》,北京:中国社会科学出版社,1998 年,第 14 页。

渡真珠河,又西北度乏驿岭,五十里渡雪海,又三十里至碎卜戍,傍碎卜水五十里至热海。又四十里至冻城,又百一十里至贺猎城,又三十里至叶支城,出谷至碎叶川口,八十里至裴罗将军城(今吉尔吉斯斯坦布拉纳古城)。又西二十里至碎叶城(今吉尔吉斯斯坦阿克贝希姆古城),城北有碎叶水,水北四十里有羯丹山,十姓可汗每立君长于此。自碎叶西十里至米国城,又三十里至新城,又六十里至顿建城,又五十里至阿史不来城,又七十里至俱兰城,又十里至税建城,又五十里至恒逻斯城。[①]

恒逻斯城,《大唐西域记》称作"呾罗私城",其名始见于《希腊史残卷》,阿拉伯人称之为 Talas,突厥人称作 Taraz。故址在今哈萨克斯坦江布尔州首府塔拉兹市以西18 公里的塔拉斯河畔。据纳尔沙希(Narshakhī)《布哈拉史》记载,塔拉斯河畔的札木卡特城是 5—6 世纪昭武九姓安国(布哈拉)流亡者建造的。其文曰:"过了一段时间,阿布鲁依的势力增大,于是就对这个地区实行专制,人民苦不堪言。迪赫干和富(商)逃离这个地方,前往突厥斯坦和塔拉斯,并在那里建造了一座城市。他们把它叫作'哈穆卡特'(Hamūkat),因为逃亡集团的领导人是大迪赫干,他就叫作哈穆克。"[②]法国学者魏义天认为,弗莱翻译的"哈穆卡特"应该更正为"札木卡特"[③]。

有记载表明,唐朝在七河流域所设最远的羁縻州并非楚河流域的碎叶城,而是塔拉斯河流域的恒逻斯城。清道光年间俞浩撰《西域考古录》引耶律楚材《西游录》佚文曰:

又西三百里塔拉斯,数百里皆平川冈岭,回互甚得形势,川北头有钜丽大城,城外皆平原可田。唐时凿道南山,夹为石闸以行水。闸脊跨坚岸,有《唐节度使参谋检校刑部外郎假绯鱼袋太原王济之碑》。西契丹盛时,富庶甲他处。兵后民逃城圮。[④]

刘统早就注意到这条材料,但他误以为是清光绪年间李光庭《汉西域图考》所引[⑤]。塔拉斯河发源于天山,自东向西流,在吉尔吉斯斯坦西境改变流向,西北方向

①　欧阳修等:《新唐书》,第 1149—1150 页。

②　Narshakhī, *Tarikh-i Bukhara*: *History of Bukhara*, trans. by R. N. Frye, Cambridge: The Medieval Academy of America, 1954, pp. 7.

③　魏义天:《粟特商人史》,王睿译,桂林:广西师范大学出版社,2012 年,第 72 页。

④　俞浩:《西域考古录》,《四库未收书辑刊》第 9 辑第 7 册,北京:北京出版社,1997 年,第 674 页。

⑤　刘统:《唐代羁縻府州研究》,西安:西北大学出版社,1998 年,第 128 页。

流入哈萨克斯坦境内,改为自南向北流,全长 661 公里。显庆四年苏定方平定都曼之乱后,光禄卿卢承庆无疑在怛逻斯城设过羁縻州,否则,唐朝节度使参谋王济不可能前往这座粟特城邦兴修水利。

长安二年(702),武后于庭州(今新疆吉木萨尔北庭古城)置北庭都护府,取代金山都护府,以管理西突厥故地。《新唐书·方镇表》记载:开元十九年(731),"合伊西、北庭二节度为安西四镇北庭经略、节度使"。开元二十九年(741),"复分置安西四镇节度使,置安西都护府;北庭伊西节度使,治北庭都护府"①。据薛宗正考证,首任北庭节度使是王正见,直至天宝十载(751),王正见调任安西四镇节度使②。吐鲁番出土《安西副都护高耀墓志》记载:"天宝七载(748),拥旄使太原王公,气禀河岳……"可知王正见是太原人③。《西游录》佚文所载"唐节度使参谋、检校刑部外郎、假绯鱼袋、太原王济"当即北庭节度使王正见麾下的戍边官吏,那么,《唐节度使参谋王济碑》可能立于731—751年之间。

唐高宗永淳元年(682),突厥吐屯啜骨咄禄纠众七百反抗唐朝,定都漠北乌德鞬山(今蒙古国鄂尔浑河杭爱山),复兴东突厥汗国,史称"第二突厥汗国"。唐睿宗景云年间(711—712),第二突厥汗国向七河流域的突骑施汗国发动战争。景云二年(711),突厥老臣暾欲谷首次远征中亚。《暾欲谷碑》记载:"(西Ⅱ-9)我们也进发了,跟随在他们之后。渡过珍珠河(今吉尔吉斯斯坦的纳林河),翻过称之为'天子'的圣阿克套(或称'金牙山',今哈萨克斯坦南境贡嘎·阿拉套山),(南Ⅱ-1)我们远抵铁门(今乌兹别克斯坦东南境阿姆河古渡口铁尔梅茨)。在此,我们下令部队班师。(由于害怕……)大食人、吐火罗人……(南Ⅱ-2)以及属于他们那一方的以阿苏克为首的粟特人,全都前来,归顺移涅可汗。突厥人此前从未到达过铁门,(南Ⅱ-3)以及被称为'天子'的山脉……如今,由于我引导(突厥军队)远抵这些地区,(南Ⅱ-4)他们将大量的黄金、白银、女子、骆驼、珍宝带回家中。"④

景云三年(712),阙特勤再次远征中亚,向七河流域的突骑施发动战争。《阙特勤碑》记载:"(南 3-4)向西方/,我曾征伐到珍珠河(今吉尔吉斯斯坦纳林河)外的铁门(今乌兹别克斯坦东南境阿姆河古渡口铁尔梅茨)……(东 21)……向西远至康

---

① 欧阳修等:《新唐书》,第 1865—1867 页。
② 薛宗正:《北庭历史文化研究》,上海:上海古籍出版社,2010 年,第 300—322 页。
③ 吴震:《唐〈高耀墓志〉补考》,《新疆社会科学》1988 年第 4 期。
④ 芮传明:《古突厥碑铭研究》,上海:上海古籍出版社,1998 年,第 283 页。

居塔漫（玄奘称'恭御城'，今讹答剌），我们居住下来，并组织突厥民众……（东36）……当年，我们进军突骑施，越过金山（今阿尔泰山），（东37）并渡过曳咥河（今额尔齐斯河）。我们袭击尚在睡梦之中的突骑施人。突骑施可汗犹如烈火狂风般地从博勒济（今新疆塔城博勒济河）赶来，我们交战了。阙特勤骑白头灰马进击。白头灰马……（东38）他自己俘获了两人。又冲入敌阵，亲手抓获了阿热人的都督，是为突骑施可汗的梅录。我们在那里杀死了他们的可汗，夺取了他们的国土。黑姓突骑施人全部臣服于我们，我们将这些人安置在塔巴尔（今新疆塔城）。（东39）为了治理粟特人，我们渡过珍珠河，率军远至铁门。在此之后，黑姓突骑施发生反叛，前往投奔康曷里。"①

突骑施大可汗为黄姓突骑施可汗娑葛，天授元年（690）驱逐西突厥可汗，定都碎叶城。黑姓突骑施可汗为突骑施大可汗的梅录，占据怛逻斯城。《新唐书·突厥传下》载突骑施"种人自谓娑葛后者为'黄姓'，苏禄部为'黑姓'，更相猜雠"②。如上所述，阙特勤杀死黑姓突骑施可汗后，"夺取了他们的国土"，占领怛逻斯城。

贞观六年（632）秋，肆叶护可汗遭设卑达官与弩失毕部攻击，"（肆）叶护轻骑走康居，忧死"③。肆叶护可汗流亡之地康居，《阙特勤碑》称之为"康曷里"，据俄罗斯突厥学家克利亚什托尔内（Sergey G. Klyashtorny）考证，突厥鲁尼文碑铭提到的Käŋü-darban（康居达坂），意为"康居关"。10世纪末阿拉伯地理学家称为"铁门"（Bāb al-Hadid）。故址在今哈萨克斯坦阿雷斯河与锡尔河交汇处的讹答剌城，由法拉比（波斯语Farab）和沙弗加尔两地组成。西突厥汗国时代，这里是石国所立行政长官"吐屯"的官邸④。

据突厥学家耿世民介绍，"1896—1897年，卡拉乌尔（V. Kallaur）和海开勒（H. Heikel）在原苏联吉尔吉斯共和国的塔拉斯河流域发现了属于西突厥汗国的《塔拉斯碑》……在中亚七河流域发现的突厥文碑铭有十几个，应该属于西突厥汗国"⑤。在塔拉兹地区博物馆参观时，我们见到一个四面刻写有突厥鲁尼文的木椟复制品，

① 芮传明：《古突厥碑铭研究》，第217—225页。

② 欧阳修等：《新唐书》，第6068页。

③ 欧阳修等：《新唐书》，第6058页。

④ 克利亚什托尔内：《古代突厥鲁尼文碑铭》，李佩娟译，哈尔滨：黑龙江教育出版社，1991年，第173—175页。

⑤ 耿世民：《古代突厥文主要碑铭及其解读研究》，见《新疆文史论集》，北京：中央民族大学出版社，2001年，第34—36页。

原件藏圣彼得堡埃米塔什博物馆(编号 SK-890)。发现时已断为三节,中间一节遗失(图 5)。这个突厥鲁尼文木椟出自塔拉兹市附近阿奇克塔什一个古矿坑,今称"阿奇克塔什铭文"(Achiktash Inscription)或"塔拉斯木椟"(Talas Plank),年代约在 8 世纪初①。

图 5　阿奇克塔什古矿坑出土突厥鲁尼文木椟(约 8 世纪初)

考古发现表明,突厥汗国官方文字采用粟特文,第二突厥汗国才发明突厥鲁尼文,那么,塔拉斯碑当为第二突厥汗国碑铭。景云二年至三年(711−712),突厥老臣暾欲谷和阙特勤先后两次向突骑施发动战争,并占领了黑姓突骑施可汗盘踞的怛逻斯城。因此,塔拉斯碑和塔拉斯木椟皆为第二突厥汗国攻打七河流域突骑施人时留下的遗物。

三、怛逻斯之役古战场及其相关问题

705 年,屈底波被任命为大食哈里发朝的呼罗珊总督。他首先重新征服了吐火罗国(今阿富汗西北),并在随后的任职十年间,运用计谋和武力将大食在东方的扩张推到了顶峰②。8 世纪中叶,新罗僧人慧超从中国泛海至印度,然后取道沙漠之路,经西域返回中国。唐高宗开元十五年(727),至安西(今新疆库车)。《慧超往五天竺国传》(P. 3532 号)记载:

又从此犯引国(今阿富汗巴米扬)北行廿日至吐火罗王住城,名为缚底那。见今大寔(即黑衣大食)兵马在彼镇押,其王被逼,走向东一月程,在蒲特山住,见属大寔所管……又从吐火罗国西行一月至波斯国。此王先管大寔,大寔是波斯王放驼户,于后叛,

---

① I. L. Kyzlasov, *Runic Scripts of Eurasian Steppes*, Moscow: Eastern Literature, 1994.

② 王小甫:《唐、吐蕃、大食政治关系史》,北京:北京大学出版社,1992 年,第 140 页。

便杀彼王,自立为主。然今此国却被大寔所吞……又从大寔国已东,并是胡国,即是安国、曹国、史国、石骡国、米国、康国等。虽各有王,并属大寔所管……其吐火罗国,乃至罽宾国。犯引国,此国及谢飓国等,兄弟十人五人三人两人,共娶一妻,不许各娶一妇恐破家计。又从康国已东,即跋贺那国。有两王,缚又(葯)大河,当中西流。河南一王属大寔,河北一王属突厥所管……又跋贺那国东有一国,名骨咄国。此王元是突厥种族,当土百姓半胡半突厥。土地出驼、骡、羊、马、牛、驴、蒲桃、氎布、毛毯之类。衣著氎布、皮裘。言音半吐火罗、半突厥、半当土。王及首领、百姓等,敬信三宝,有寺有僧,行小乘法。此国属大寔所管。外国虽云道国,共汉地一个大州相似。①

凡此表明,8 世纪中叶中亚尚未伊斯兰化,但半壁江山已在黑衣大食掌控之下。中亚当时唯一没有沦陷的是七河流域。唐玄宗开元六年(718),突骑施可汗苏禄南下楚河、伊犁河流域,建立突骑施汗国;以碎叶城(今吉尔吉斯斯坦北境阿克贝希姆古城)为大牙,以弓月城(今新疆霍城县阿力麻里古城)为小牙②。唐高宗起初对突骑施的崛起并不十分在意。《新唐书·突厥传》记载:开元十年(722)冬十月,唐玄宗册封阿史那怀道之女为交河公主(或称"金河公主"),下嫁突骑施苏禄可汗③。近年西安新发现一方突骑施王子墓志,披露了交河公主之孙被送到长安当质子,不幸客死长安④。

突骑施的兴起在客观上为唐朝在西方建立了一道军事屏障,从而避免了唐军与大食军队直接对抗,对遏止大食东侵起到了至关重要的作用⑤。然而,唐高宗却不断自毁长城,多次向突骑施汗国发动战争。开元二十七年(739)秋八月,北庭大都护兼碛西节度使"盖嘉运攻碎叶城,吐火仙出战,败走,擒之于贺逻岭。分遣疏勒镇守使夫蒙灵詧与拔汗那王阿悉烂达干潜引兵突入怛逻斯城,擒黑姓可汗尔微,遂入曳建城,取交河公主(即唐朝和亲公主、阿史那怀道之女),悉收散发之民数万以与拔汗那王,威震西陲"⑥。

①　桑山正进编:《慧超往五天竺国传研究》,京都:京都大学人文科学研究所,1992 年,第 23—24 页。
②　欧阳修等:《新唐书》,第 6066 页。
③　欧阳修等:《新唐书》,第 6007 页。
④　葛承雍:《新出土〈唐故突骑施王子志铭〉考释》,《文物》2013 年第 8 期。周伟洲:《唐故突骑施王子志铭补考》,《中国历史地理论丛》2014 年第 1 期。
⑤　姜伯勤:《敦煌吐鲁番文书与丝绸之路》,北京:文物出版社,1994 年,第 123—129 页。
⑥　弥南德:《希腊史残卷》,见 H. 裕尔撰、H. 考迪埃修订:《东域纪程录丛》,张绪山译,第 6838 页。

更有甚者,天宝七年(748),北庭节度使王正见再次对突骑施发动战争,彻底摧毁了突骑施汗庭所在地碎叶城。《新唐书·西域传》记载:"西有碎叶城,天宝七载,北庭节度使王正见伐安西,毁之。"①杜环随高仙芝远征中亚,途经碎叶城。他在《经行记》中写道:"又有碎叶城,天宝七年(748),北庭节度使王正见薄伐,城壁摧毁,邑居零落。昔交河公主所居止之处,建大云寺犹存。"②此后,唐朝安西四镇不得不直接面对来自黑衣大食的军事威胁,而怛逻斯城首当其冲。

怛逻斯城得名于塔拉斯河,在今哈萨克斯坦塔拉兹市西约18公里。在以往的考古发掘中,塔拉斯河流域一直未见唐代遗存。2014年,哈萨克斯坦国家科学院历史学院祖蒙·斯马伊洛夫(Dzumen Smailov)院士发现一处唐代石构宫殿遗址(图6)。该遗址出土了唐代开元通宝、突骑施钱、粟特铜币(图7),必为唐代遗存无疑③。据《新唐书·突厥传》记载,黑姓突骑施可汗居怛逻斯城,那么,这处唐代石构建筑或为黑姓突骑施可汗的宫殿。

图6　唐代怛逻斯城石构宫殿遗址

图7　怛逻斯城石构宫殿遗出土唐代钱币

无独有偶,在塔拉兹城东北45公里荒野中也有一座红色石头垒砌的古城,今称"阿克亚塔斯(Akyrtas)遗址"。1222年,长春真人丘处机赴中亚觐见成吉思汗。《长春真人西游记》记载:丘处机从西辽首都大石林牙(吉尔吉斯斯坦国布拉纳古城)出发,"十有八日,沿山而西。七八日,山忽南去,一石城当路,石色尽赤。有驻军古迹,西有大冢,若斗星相联"④。丘处机所见"石色尽赤"的石城,当即阿克亚塔斯古

① 欧阳修等:《新唐书》,第6246页。
② 转引自杨建新主编《古西行记选注》,银川:宁夏人民出版社,1984年,第132—135页。
③ 这个重要发现的相关报道参见尚永琪《中亚读城》,http://club.kdnet.net/dispbbs.asp? boardid=1&id=10568002,登录时间:2015年10月1日。
④ 李志常:《长春真人西游记》,见杨建新主编《古西行记选注》,银川:宁夏人民出版社,1987年,第204页。

城(图8)。

2015 年,我们实地考察了这座中世纪城堡。
8 世纪中叶,葛逻禄人占据恒逻斯时建造了这座
石头城堡,毁于 14 世纪。2014 年,该城堡与"丝
绸之路:长安－天山廊道的路网"33 处古代遗址
一起,入选联合国教科文组织世界文化遗产名
录。有研究者认为,阿克亚塔斯考古建筑群是建
筑风格远距离传播的例子,建造时有阿拉伯建筑
师的参与,带有中东建筑传统和典型风格。

图8　阿克亚塔斯古城

殊不知,粟特古城往往采用石构建筑。敦煌写本《沙州图经》记载:"石城镇,东
去沙州一千五百八十里……贞观中,康国大首领康艳典东来居此城,胡人随之,因成
聚落,亦曰典合城。四面皆是沙碛。上元二年(761)改为石城镇,隶沙州。"[①]石城镇
是粟特人在塔里木盆地东南缘所建石头城。据黄文弼考察,石城镇即若羌县且尔乞
都克古城,外城用石头构筑[②]。因此,阿克亚塔斯古城实乃粟特工匠所建。

杜环随高仙芝远征中亚,到过恒逻斯城。他在《经行记》中写道:"其川(指碎叶
川)西头有城名曰恒逻斯,石国大镇,即天宝十年(751)高仙芝兵败之地。"[③]10 世纪
末阿拉伯作家穆塔海尔·麦克迪西(al-Mutahhar al-Maqdisī)的《肇始与历史》也记
载了恒逻斯之役,与中文史料不尽相同。葛铁鹰译文于下:

艾布·阿拔斯掌权 3 年后(应是 751 年),布哈拉(Bukhārā)爆发起义,为首的是
舒莱克·本·谢赫·菲赫利(Shurayk Ben Shaykh al-Fihrī)。他率 3 万名阿拉伯人
和其他人对艾布·穆斯林展开报复行动,反抗他的血腥手段和滥杀无辜的行为。艾
布·穆斯林前去镇压,派齐亚德·本·萨利赫和艾布·达乌德·哈立德·本·伊卜
拉欣·祖赫利为先锋。双方交锋,舒莱克被杀。他再次征服布哈拉和粟特,并下令
构筑撒马尔罕墙,以期在敌人进攻时成为一道防御屏障。他派齐亚德继续挺进,后
者征服了河外地区的城镇乡村,一直打到恒逻斯(Tarāz)和伊特莱赫('Itlakh)。于

① 池田温:《沙州图经略考》,《榎博士还历记念 东洋史论丛》,东京:山川出版社,1974 年,第 91—
97 页。

② 黄文弼:《新疆考古发掘报告(1957—1958)》,北京:文物出版社,1983 年,第 48 页。

③ 转引自杨建新主编:《古西行记选注》,银川:宁夏人民出版社,1984 年,第 132 页。

是中国人出动了,发兵10万余人。赛义德·本·侯梅德在怛逻斯城加固城防,艾布·穆斯林则在撒马尔罕的军营中镇守。大批将领和招募来的兵士聚集在赛义德那里。他们分几次将他们(中国人)各个击败,共杀死4万5千人,俘获2万5千人,其余纷纷败逃。穆斯林们占领了他们的军事要地,进军布哈拉,降服河外地区的国王和首领们,将他们斩首,并掳走他们的子孙,抢去他们的全部财产。他们不止一次将俘虏5万人、5万人地渡过河去。①

塔拉斯河流经哈萨克斯坦和吉尔吉斯斯坦两国,在哈萨克斯坦自北向南流,至吉尔吉斯斯坦境内自西向东流(图9)。2015年6月,在塔拉斯大学出席国际学术研讨会期间,哈萨克斯坦科学院考古研究所前所长白巴科夫(Karl M. Baipakov)教授告诉我们,高仙芝兵败之地不在怛逻斯城,而在塔罗斯河西岸伊特莱赫(阿拉伯语 'Itlakh),突厥人称"阿特拉赫"(Artlakh),在今吉尔吉斯斯坦西境普科罗

图9　唐军兵败大食之地——塔拉斯河

夫卡(Pokrovka)。故怛逻斯之役又称"阿特拉赫之役"。对古代中国来说,怛逻斯河简直是一道不可逾越的鸿沟,可谓汉唐王朝国力向西发展的极点。

关于怛逻斯之役,伊本·阿西尔(Ibn al-Athīr)的《历史大全》记载:"回历134年(751/752)大事记言:在这一年,艾卜·达乌德·本·易卜拉欣攻打了渴石(乌兹别克斯坦卡尔希东北沙赫里夏勃兹),杀了其国主艾赫利德(al-Akird)及其部众,并从其手中夺得大量的、人们见所未见的嵌金的中国瓷器和装有中国丝绸的行李及各种财宝。他将这些物品送到阿卜·穆斯林手中。他(指阿卜·穆斯林)当时在撒马尔罕。在杀了粟特和布哈拉的人之后,他从这里返回到末禄(土库曼斯坦马雷)。他下令,为撒马尔罕修建了城墙,并留下齐亚德·本·萨利赫统治撒马尔罕和布哈拉。而艾卜·达乌德也撤回到巴尔赫(今阿富汗西北)。"②

---

① 葛铁鹰:《阿拉伯古籍中的中国(十四)》,《阿拉伯世界》2005年第1期。

② 转引自宋岘:《杜环游历大食国之路线考》,见中国中外关系史学会编:《明清之际中国和西方国家的文化交流——中国中外关系史学会第六次学术讨论会论文集》,兰州:大象出版社1997年,第233—234页。

伊朗内沙普尔遗址发现过一件邢窑白地绿彩龙纹葵口盘残片(图 10 左),与印尼勿里洞海域黑石号沉船出水邢窑白地绿彩龙纹葵口盘相似[1]。美国芝加哥大学东方研究所博物馆藏有一件巩县窑白瓷罐残片(图 10 右),出自伊朗设拉子附近伊斯塔卡尔(Istakhar)遗址,该遗址年代约在 6—10 世纪。从器型看,这个巩县窑白瓷罐当为 8 世纪中叶之物。与内沙普尔出土邢窑龙纹葵口盘一样,有可能是大食军队在恒逻斯之役缴获的战利品。

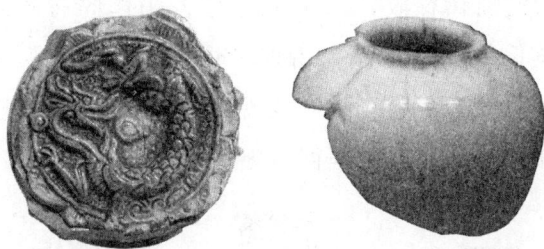

图 10　伊朗内沙普尔出土邢窑龙纹葵口盘和伊斯塔卡尔出土巩县窑白瓷罐

恒逻斯之役对唐朝的打击,不像西方学者说得那么严重。真正给唐朝致命一击的是安史之乱。天宝十四载(755),唐朝粟特将领安禄山、史思明率东北边疆叛军长驱南下,攻陷两京。唐玄宗仓皇逃出长安,南下四川盆地。玄宗之子肃宗在灵武继位后,调集西北边军勤王平叛,至德元年(756),有三支西域唐军被调回内地,参加收复长安城之战。

除了西域边兵外,唐朝还征发西域各国军队平叛,如于阗国、拔汗那国,甚至大食军队,法门寺地宫发现许多伊斯兰玻璃器,有些可能是大食军队协助平定安史之乱时带到长安的。西域边兵大批内调对平定安史之乱起到了重要作用,却大大削弱了唐朝在西域的势力[2]。正如陈寅恪指出的,"当玄宗文治武功极盛之世,渔阳鼙鼓一鸣,而两京不守。安禄山之霸业虽不成,然其部将始终割据河朔,与中央政府抗衡,唐室亦从此不振,以至覆亡"[3]。

①　R. Krahl, J. Guy & J. K. Wilson et al. ,"Shipwreck: Tang Treasure and Monsoon Winds," *International Journal of Nautical Archaeology*, Vol. 40, No. 2(2011), pp. 449 - 452.

②　白寿彝:《从恒逻斯战役说到恒逻斯伊斯兰教之最早的中文记录》,见余太山、李锦绣编:《20 世纪内陆欧亚历史文化研究论文选粹》第 1 辑,兰州:兰州大学出版社,2014 年,第 210—240 页。

③　陈寅恪:《唐代政治史述论稿》,上海:上海古籍出版社,1982 年,第 28 页。

四、中亚的伊斯兰化

高仙芝兵败怛逻斯后,阿拉伯人很快撤军,并将大批俘虏带回中东。据《泰伯里史》卷七记载,怛逻斯之役阿拉伯军队指挥官齐亚德·本·萨赫利,在回历135年(752/753)发生的一场内乱中被大食军队追杀身亡。他的上司呼罗珊总督阿卜·穆斯林(Abu Muslim)为波斯籍释奴,755年被哈里发当作倭马亚王朝余党处决。鹬蚌相争,渔翁得利。临阵倒戈的葛逻禄人占据了怛逻斯城①。葛逻禄人传承了突厥金银器工艺传统。19世纪晚期在七河流域发现了一组9—10世纪突厥艺术风格的银器(图11),当即葛逻禄艺术品,现藏圣彼得堡埃米塔什博物馆。

图11　七河流域出土9—10世纪突厥银器,圣彼得堡埃米塔什博物馆藏品

2015年,在塔拉兹地区博物馆参观时,见到一组11—12世纪头戴王冠的突厥石人,当即葛逻禄石人(图12左)。唐开成五年(840),在北方黠戛斯打击下,回鹘人被迫西迁。庞特勤率领回鹘主力西迁中亚,投奔在天山西部游牧的葛逻禄人②。

图12　塔拉兹地区博物馆藏葛逻禄石人与阿拉木图市中央博物馆藏突厥鲁尼文石刻

---

① 参见宋岘:《杜环游历大食国之路线考》,见中国中外关系史学会编:《明清之际中国和西方国家的文化交流——中国中外关系史学会第六次学术讨论会论文集》,1997年,第234页。

② 华涛:《回鹘西迁前后西部天山地区的突厥语诸部》,《民族研究》1991年第5期。

　　9 世纪末,原本信仰佛教、基督教的葛逻禄、样磨、回鹘等突厥部落皈依伊斯兰教,创建"喀喇汗王朝"(Karakhanids)。大汗称"阿尔斯兰汗"(狮子汗),驻八刺沙衮(今吉尔吉斯斯坦布拉纳古城),副汗称"布格拉汗"(公驼汗),驻悒逻斯城(893 年东迁喀什绿洲),史称"黑韩王朝"①。喀喇汗王朝仍流行突厥鲁尼文,如阿拉木图市哈萨克斯坦中央博物馆藏 11－12 世纪突厥鲁尼文石刻(图 12)。

　　苏联考古学家伯恩斯坦(A. N. Bernshtam)曾经在悒逻斯新城(今塔拉兹市中心)进行大型考古发掘,从中发现宫殿浴室、经学院、城墙、地下供水系统等喀喇汗王朝遗存。2001 年以来,哈萨克斯坦有 3 支考古队在悒逻斯新城进行考古挖掘。由于古城规模庞大,2014 年哈萨克斯坦考古学家叶列沃夫率领第 4 支团队加入发掘,主要负责城墙及周围水系的考证与挖掘。目前发掘部分可见 11 米厚的古城墙基址,当为 10 世纪建筑。若以当时 3 米厚城墙高 9 米的比例计算,11 米厚的城墙高达 33 米。历史上,塔拉斯河多次暴涨,因而河坝有二次垫高的痕迹。古城墙附近发现了两条排水渠②。

　　近年伦敦大学学院(UCL)考古队在悒逻斯新城发掘了古代街道遗址。2014 年夏,该考古队在塔拉兹市中心一个百年历史的大巴扎下发现 9 世纪街道遗址和储水系统。这条古街道用鹅卵石铺砌,附近还发现一些 9 世纪的输水管道,采用前大后小的排列,一个个相互套着,从一头流向另一头,再流入城内各个家庭(图 13)③。凡此表明,悒逻斯新城建于 9 世纪。

　　综合全文的讨论,我们似乎可以得出以下结论:

　　第一,悒逻斯城本为粟特古城,6－7 世纪成为西突厥汗国的殖民地,位于哈萨克斯坦江布尔州首府塔拉兹市西约 18 公里的塔拉斯河畔。唐代安西四镇最远的羁縻州不是碎叶城而是悒逻斯城,北庭节度使王正见曾派官员前往兴修水利,后为黑姓突骑施可汗占据。

　　第二,悒逻斯之役的古战场不在悒逻斯城,而在塔拉斯河中上游阿特拉赫城(今属吉尔吉斯斯坦)。对古代中国来说,悒逻斯河简直是一道不可逾越的鸿沟,可谓汉

　　①　O. Prisak,"Von den Karluk zu den Karachaniden," *Zeitschrift der Deutschen Morgenländischen Gesellschaft*,Vol. 101(1951),pp. 270－300.

　　②　章斐然、黑沙:《哈萨克斯坦功勋考古学家:丝绸之路有利无弊》,2014 年 9 月 21 日,http://finance. people. com. cn/n/2014/0921/c387602－25702632. html,2015 年 1 月 22 日。

　　③　G. Dawkes,"Excavating a Silk Road City: The Medieval Citadel of Taraz, Kazakhstan," *Archaeology International*,No. 16(2012－2013),pp. 110－119.

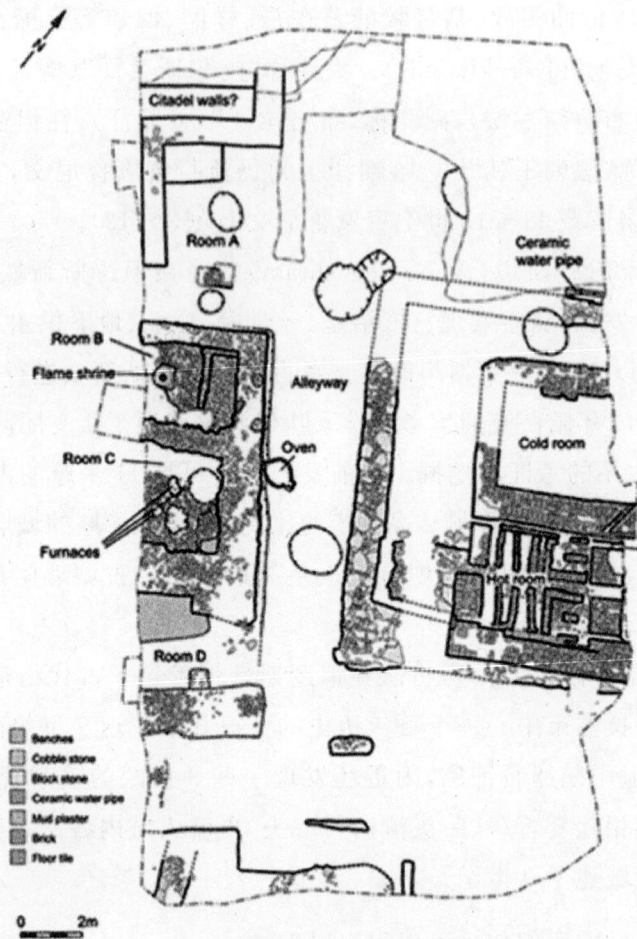

图 13　怛逻斯新城古城墙遗迹和 1 号房址平面图

唐王朝国力向西发展的极点。

　　第三,怛逻斯之役后,葛逻禄人占据怛逻斯城,并在旧城之东 18 公里建新城,苏联考古学家伯恩斯坦、哈萨克斯坦考古学家以及近年伦敦大学学院考古队在塔拉兹市中心区域发掘的古遗址即怛逻斯新城遗址。

（作者单位:北京大学考古文博学院）

丝绸之路与中国人的餐桌

邓文宽

自从 1877 年德国地质地理学家李希霍芬使用了"丝绸之路"这个概念之后,中古时代,由中国经由中亚通向欧洲的这条东西交通路线,便有了一个响亮的名字,以致后世让天下人耳熟能详。应该说,这个名称十分简洁,也很形象,容易记忆,用得不错。但是,任何概念都会存在一定的局限性,尤其是在描述大事物时使用的概念更是如此,"丝绸之路"亦难例外。如果循名责实,这个概念的直接意义只是"买卖丝绸的道路",而实际上,丝绸仅是中国流向中亚和欧洲的一种名贵织物或衣料。那么,在同一条文化和商业大道上,中亚和欧洲以及北非还有哪些物资流向了中国和东亚地区呢?"丝绸之路"这个概念便不能直接显现。其实,在这条东西通道上,不仅是丝绸,而且中国"四大发明"之一的造纸技术、作为近代化学先导的炼丹术也传了过去;从中亚和欧洲传到中国的,不仅有乐器、多种金属、香料、金银器的打制技术如捶叠技法等,更有甚者,大量植物物种也传到了中国,为国人此前见所未见,闻所未闻,从而大大丰富了中国人的餐桌。本文仅在食物方面做些摭拾,为丝绸之路的研究助兴添彩。

1. 菠菜。明·李时珍《本草纲目·菜部》云:"波斯草,赤根菜。菠薐种出自西国,有僧将其子来,云本是(自?)颇陵国之中。"另有一说,认为是从尼泊尔间接传至中国的,时间在唐代,未知所据。

2. 胡萝卜。《本草纲目》云:"元时始自胡地来,气味微似萝卜,故名。"《简明不列颠百科全书》则说:"原产阿富汗及邻近国家","地中海地区早在公元前就已栽培胡萝卜,在中国和西北欧不迟于 13 世纪"。[1] 可知,胡萝卜传入我国也有七八百年的历史了。

3. 茄子。《本草纲目》云:"落苏,昆仑瓜,草鳖甲……陈藏器《本草》云:茄,一名落苏。"由其名"昆仑瓜",知其原本出自西域。《简明不列颠百科全书》则说:"原产

① 《简明不列颠百科全书》第三册,北京:中国大百科全书出版社,1985 年,第 828 页。

于东南亚,自远古就有栽培。"①《辞海》干脆说:"原产印度,我国普遍栽培。"②茄子原产于印度或者无误而可信。

4.芫荽。《本草纲目》云:"香荽,胡菜。张骞使西域始得种归,故名胡荽。"今天北京人叫香菜,山西、四川人依旧称作"芫荽"。这种菜称作"香菜"至少在千年以上了。去年我从敦煌文献中看到它被称作"香菜",手懒了一下,没记下来,现在一时想不起出处,十分遗憾。

5.大蒜。《本草纲目》云:"大蒜,荤菜……按,孙愐《唐韵》云:张骞使西域,始得大蒜、胡荽。则小蒜乃中土旧有,而大蒜出胡地,故有胡名。"《简明不列颠百科全书》说:"原产亚洲,在意大利和法国也广泛种植","在美国,蒜的广泛使用是受欧洲移民影响的结果"。③

6.黄瓜。《本草纲目》以"胡瓜"立目,云:"黄瓜。北人避石勒讳,改呼黄瓜,至今用之。张骞使西域得种,故名胡瓜。"《简明不列颠百科全书》说:"可能起源于印度北部,现广泛栽培食用其果。"④

7.胡葱。《本草纲目》云:"蒜葱。按,孙真人(即孙思邈)'食忌'作胡葱,因其根似胡蒜故也。俗称蒜葱,正合此义。"此葱个小,不同于中国自产大葱,现在市场亦有售卖的。

8.莴苣。《本草纲目》云:"莴菜,千金菜。按,彭乘《墨客挥犀》云:莴菜自呙国来,故名。"这呙国今在何处,请知者有以教之。

9.胡椒。《本草纲目·果部》云:"昧履之,胡椒。因其辛辣似椒,故得椒名,实非椒也。"唐人段成式《酉阳杂俎》卷十八"木篇"曰:"胡椒,出摩伽陀国,呼为昧履之。"⑤说明李时珍在编写这个条目时,或许参考过《酉阳杂俎》,亦未可知。

10.苜蓿。《本草纲目》云:"木粟,光风草。苜蓿,郭璞作牧蓿,谓其宿根自生,可饲牧牛马也。"现如今,苜蓿种植已经不多,而且主要是用于牲口的饲草。当然,如果它仅仅能作饲草,那就只能归入牲口食槽而非国人的餐桌了。其实,它也可用于做菜,将其嫩芽焯一下凉拌即可食用。李时珍将之归入"菜部",体现的正是其原始用途,无疑是正确的认识。《史记·大宛列传》载:"(大宛)俗嗜酒,马嗜苜蓿。汉使取

---

① 《简明不列颠百科全书》第六册,第 649 页。
② 《辞海》,上海:上海辞书出版社,1980 年,第 575 页。
③ 《简明不列颠百科全书》第七册,第 550 页。
④ 《简明不列颠百科全书》第四册,第 59 页。
⑤ (唐)段成式:《酉阳杂俎》卷 18"木篇",北京:中华书局,1981 年,第 179 页。

其实来，于是天子始种苜蓿、蒲陶肥饶地。"①

11. 豌豆。《本草纲目·谷部》云："胡豆、戎菽、回鹘豆。《饮膳正要》作回回豆。胡豆，豌豆也……种出胡戎……"《简明不列颠百科全书》则说："豌豆的起源尚未确定，但知豌豆是最古老的作物之一。瑞士的湖村中曾发现豌豆化石，中世纪的不列颠尚有野豌豆。"②从中国人称其为"胡豆""戎菽""回鹘豆"或"回回豆"，知其亦是西来物种也。

12. 豇豆。《简明不列颠百科全书》曰："豆科一年生植物……有的国家称之为中国豆或黑眼豆。据信原产于印度和中东，但很早就栽培于中国。"③

13. 蚕豆。《本草纲目》云："胡豆。豆荚状如老蚕，故名。"《简明不列颠百科全书》未列目，却有"蚕豆病"一目，认为主要发生在地中海地区，有人从蚕豆田中走过，便发生过敏。可知，此物原产地当在地中海一带。

14. 葡萄。《本草纲目·果部》云："蒲桃，草龙珠。葡萄《汉书》作蒲桃，可以造酒，人醄饮之，则然而醉，故有是名。"上引《史记·大宛列传》又云："［大］宛左右以蒲陶为酒，富人藏酒至万余石，久者数十年不败。"④由是可知，不仅葡萄，而且葡萄酒也由西域传来。此前，国人所饮酒水均为米酒（粮食自然发酵而成），汉代以后，国人餐桌上才多了葡萄酒，否则，"葡萄美酒夜光杯"所据为何？

15. 石榴。《本草纲目》以"安石榴"立目，云："汉张骞出使西域，得涂林安国石榴种以归，故名安石榴。"安国为昭武九姓之一，唐叛将安禄山即其国人，知石榴出自安国也。今新疆喀什（古疏勒）盛产石榴，出"石榴汁"饮料。陕西临潼亦为内地一重要石榴产地。有人说张骞所带回的石榴种起初就种在临潼，不知果真如此，还是商业炒作？无论如何，石榴出自西域当无疑问。

16. 西瓜。《本草纲目》云："寒瓜。……峤征回纥，得此种归，名曰西瓜。则西瓜自五代时始入中国。"《简明不列颠百科全书》说："原产热带非洲，各大陆均有栽培。"⑤若此，回纥仅是原产非洲的西瓜传往中国的中转站了。但无论如何，这也是非洲人民给世界人民包括中国人民的一项贡献。

17. 蓖麻。《简明不列颠百科全书》云："大戟科植物，栽培用以提取医药及工业

① （汉）司马迁：《史记》卷123《大宛列传》，北京：中华书局，2014年，第3824页。
② 《简明不列颠百科全书》第八册，第107页。
③ 《简明不列颠百科全书》第四册，第331页。
④ 《史记》卷123《大宛列传》，第3824页。
⑤ 《简明不列颠百科全书》第八册，第411页。

用油,用作风景树……可能原产非洲,已在全世界热带归化,印度是主要种植国。"①
由上可知,西方人是不用蓖麻油作食用的。中国却不然,民间用蓖麻油或照明(用煤
油前),或炒菜。但这种油"有小毒",不宜多用,儿时我曾吃用过。

18.胡麻(芝麻、香油)。《本草纲目》云:"汉使张骞始自大宛得油麻种来,故名胡
麻,以别中国大麻也。"又云:"胡麻油即香油。"如果它味道不香,民国后的清朝没落
贵族那五在吃早饭时,为何还要求在咸菜上滴几滴香油呢? 今日仍是食材之一。

19.胡桃(核桃)。《本草纲目》云:"羌桃、核桃。此果本出羌胡,汉时张骞使西域
始得种还,植之秦中,渐及东土,故名之。"这就是现在市场上常见的干果核桃。餐厅
里也有"核桃香椿苗"上桌,知其亦用于食材也。

以上我胪列了十九种原产于西域、欧洲或非洲地区的植物物种,在两千多年的
岁月里,它们陆陆续续地通过丝绸之路这条交通大动脉,传到了我国,并且登上了国
人的餐桌。其中,茄子、菠菜、胡萝卜、芫荽、黄瓜、大蒜、苜蓿、豌豆、蚕豆、豇豆、莴
苣、胡葱是食材,胡椒是调料,西瓜、葡萄、石榴、核桃是水果,蓖麻、芝麻是油料。
1492年哥伦布发现美洲后,食材内容更为丰富,由美洲传来的植物物种也不在少
数,计有:玉米、甘薯(原产地有争议)、土豆、辣椒、西红柿、西葫芦、花生、南瓜、草莓、
菠萝、木瓜、向日葵和烟叶等十三种(是否还有我不知道而未包含进去的)。近世以
来,又有荷兰豆、葱头(洋葱)、苦瓜(出自印尼)、丝瓜、洋姜(鬼子姜)、圆白菜(卷心
菜)等植物传到中国,同样上了国人的餐桌。虽然这些东西并非全经丝绸之路传来,
但均是外来物种,则无可讳言。如果不是它们传到我国,我们今天餐桌上会有那么
丰富吗?

或许有人会问:由世界其他地区传入我国的物种那么多,我们有什么传出去的
呢? 当然有。单就食物来说,据考古学家孙机先生研究,从我国传出去的就有桃、
杏、梨、枇杷、荔枝。② 当然,这些全是水果了。但不要忘记,水稻原产地就在中国
(河姆渡遗址已有7000年前的水稻碳化物遗存),茶叶也出自中国;更有甚者,丝绸
及养蚕缲丝技术不也是中国人的贡献吗? 如果它不重要,那条中古时代的东西大通
道为何被称作"丝绸之路"呢?

这里我还想多说几句。丝绸为衣,水稻为食,茶叶为饮,瓷器为用,仅此四项,中
国人对世界物质文明的贡献就已经不小,何况我们还有那个闻名遐迩的"四大发明"

---

① 《简明不列颠百科全书》第一册,第725页。
② 见孙机:《中国古代物质文化》,北京:中华书局,2014年,第18—21页。

呢。我们感谢世界各民族在食物方面的贡献,但没有理由妄自菲薄。由于地理和历史原因,不同民族的贡献体现在不同的侧面。正是有了全世界各地人民不同贡献的荟萃,才有今天地球村的丰富生活,也才有让我们大快朵颐的餐桌。不是吗?

2015 年 5 月 24—26 日于半亩园居

(作者单位:中国文化遗产研究院)

敦煌写本学与中国古代写本学

郝春文

一、敦煌写本学

在人类发展的历史上,知识和信息的传播经历了以口耳相传为主到以文字相传为主的历程。而今,虽然电视和广播也已成为传播知识和信息的重要媒介,但文字仍是传播知识和信息的主要载体。就文字传播的方法和载体而言,似可分为铭刻、手写、印刷和电子文本四个阶段[①]。大致从春秋战国至宋以前是手写文本为主体的时代,宋以后至今是印刷文本为主体的时代。最近二十年,电子文本异军突起,但能否取代印刷文本的地位仍待观察。敦煌遗书虽包含少量印本和拓本,但绝大多数是手写文本,是以写本为主体时代的产物。

毫无疑问,手写文本、印刷文本和电子文本是有差异的。因为印刷文本和电子文本的交替发生在当代,所以我们对二者的差异比较容易了解。手写文本和印刷文本时代的交替发生在一千多年前,而人们现在拥有的知识背景均属印本时代。虽然手写文本在当代生活中仍有留存(如记笔记等),但印本早已成为人们阅读的主体,所以我们对手写文本和印刷文本的差异已不完全清楚。

20 世纪初叶以来,包括敦煌写本在内的大量不同材质的古代手写文本陆续出土,为我们研究中国古代的历史与社会提供了珍贵的资料。一百多年来,学术界不仅在对古代写本整理和研究方面取得了巨大的成就,对写本特点的认识也在逐步深化。

比较而言,敦煌学界探讨写本特点的成果相对较多,也比较深入。早在 1978

---

① 张涌泉在《敦煌写本文献学》(甘肃教育出版社,2013 年)一书中,分为铭刻、抄写和印刷三个阶段,并对各自特点、内容有所解说,笔者基本同意,仅在其说基础上增加了电子文本阶段。可看该书第 5—7 页。

年,台北石门图书公司就出版了潘重规先生主编的《敦煌俗字谱》,这是第一部从字
形差异角度展示写本特点的工具书。以后,又有金荣华所编之《敦煌俗字索引》(台
北石门图书公司,1980 年)、张涌泉之《汉语俗字研究》(岳麓书社,1995 年,增订本,
商务印书馆,2010 年)和《敦煌俗字研究》(上海教育出版社,1996 年)、黄征之《敦煌
俗字典》(上海教育出版社,2005 年)等论著先后推出,这些成果都对揭示敦煌写本
的文字特征做出了贡献。但这些成果都仅限于探讨敦煌写本的一个方面的特征,似
不能称之为"学"。

　　1991 年,林聪明教授出版了《敦煌文书学》①,这是第一部系统探讨敦煌写本特
点的专著。2013 年,张涌泉出版了《敦煌写本文献学》②,是探索敦煌写本文献特点
的集大成之作。这两部专著虽然侧重点不同,但都是系统探讨敦煌写本特点的著
作,应可称之为"学"了。正如上列书名所示,二者的核心词是不同的,一为"文书
学",一为"写本文献学"。需要说明的是,两部核心词不同的专著,其研究对象却是
基本重合的。林聪明教授定义的"敦煌文书",是包括写本、印本、拓本在内的所有敦
煌遗书。他在《敦煌文书学》第一章"绪论"中,单设第一节"敦煌文书总名的商榷",
专门论证了"敦煌文书"一词应为敦煌遗书的总名。张涌泉的"敦煌写本文献"虽然
不能包括印本和拓本,但在六万多件敦煌遗书中,印本和拓本仅有几十件,可以忽略
不计。张涌泉虽然没有正面回应林聪明的"敦煌文书学",但却另外使用了"敦煌写
本文献学"。这应该是考虑到敦煌遗书的主体部分是佛经,此外还包括大量的道教
经典和儒家经典,这些典籍很难用"文书"名之。"敦煌写本文献学"这一名称应该受
到了以刻本文献为研究对象的"版本学"的影响,其意图是从"版本学"中分化出一门
独立的"写本文献学"③。此外,荣新江在《敦煌学十八讲》中则提出了"敦煌写本学"
的概念④。以上三个名称可以说是各有其依据。哪一个更好一点呢? 以下试作
分析。

　　林聪明教授的"敦煌文书学",对"文书"一词有自己的界定,并依据这一界定展
开讨论,可以自成一说。但"文书"一词,无论是现代还是唐宋时期的定义,都很难包
括全部敦煌遗书。所以,用"敦煌文书学"来概括以敦煌写本为主要研究对象的学

---

①　台北新文丰出版公司,1991 年。
②　甘肃教育出版社,2013 年。
③　参看《敦煌写本文献学》,第 22 页。
④　见荣新江:《敦煌学十八讲》,北京:北京大学出版社 2001 年,第 340—352 页。

问,不免会让人产生以偏概全的印象。而且,林聪明教授的"敦煌文书学"还会和下文将要讨论的"中国古代文书学"中之"敦煌文书学"混淆,造成概念混乱。"敦煌写本文献学"一词,当然比"敦煌文书学"更加准确,但给人的感觉是偏重写本书写内容特点的研究。而该书的内容也确实是围绕敦煌写本内容之特点展开的。但关于写本的研究,内容或文字之特点固然是重要的方面,但其材料和形式等也应该是重要的方面。其中包括写本的物质形态(质料等)和装帧形态等,这些都不是写本文献学所能容纳的。比较而言,荣新江提出的"敦煌写本学"似乎更恰当一些,可以涵括有关写本研究各个方面的内容。

二、中国古代写本学与中国古文书学

敦煌写本学既是敦煌学的组成部分①,也是中国古代写本学的组成部分。

上文已提及,除了敦煌写本,在我国其他地区还发现了很多不同材质、不同时代的古代写本。如先秦至汉晋简牍与绢帛上的手写文本、吐鲁番文书、黑水城文书等。所以,由敦煌写本学还可扩展为"中国古代写本学"。荣新江、郑阿财、方广锠等都曾提出建立"写本学"②,荣、方二位主要着眼于敦煌写本,郑阿财则明确指出"写本学"的研究对象为3—10世纪以纸张卷轴为主的写本③,其视野已不限于敦煌写本。这里的"写本学",准确地说应该就是"中国古代写本学"。

说到中国古代写本学,不能不提到与其有所交集的"中国古代文书学"。2012年7月,黄正建研究员发表《"中国古文书学":超越断代文书研究》一文,提出了建立"中国古文书学"的设想④。同年10月29日,《文汇报》"思想·人文"版发表了《中国古文书学的创立——中国社会科学院历史研究所笔谈》,分别介绍了可以纳入"中国古文书学"的先秦文书、敦煌吐鲁番文书、黑水城文书和明清时代公私文书。其中黄正建和陈丽萍合撰的《敦煌吐鲁番文书与中国古文书学》,界定了可以纳入"中国古文书学"的敦煌吐鲁番文书。与上述林聪明界定的"敦煌文书"不同,黄正建和陈丽

---

① 关于敦煌学,可参看笔者之《论敦煌学》,《光明日报》,2011年2月17日第11版——理论·史学。

② 见荣新江:《敦煌学十八讲》,北京:北京大学出版社,2001年,第340页;郑阿财:《论敦煌俗字与写本学之关系》,《敦煌研究》2006年第6期;方广锠:《随缘做去直道行之——方广锠序跋杂文集》,北京:国家图书馆出版社,2011年,第145—146页。

③ 见郑阿财:《论敦煌俗字与写本学之关系》,《敦煌研究》2006年第6期。

④ 《中国社会科学报》2012年7月25日A—05版。

萍的"敦煌吐鲁番文书"是把写本典籍排除在外的。其他各时段的笔谈也只是把狭义的文书作为研究对象。众所周知,以敦煌吐鲁番和黑水城写本为代表的古代写本大致可以分为狭义的文书和古代典籍两个部分。这样,中国古文书学的研究对象和中国古代写本学的研究对象既有重合,也有差异,即中国古代文书学所研究的仅仅是中国古代写本中被界定为"文书"的部分。

"中国古文书学"受到了日本古文书学的启发,而日本的古文书学又源自欧洲的古文书学①。但欧洲对"古文书学"的定义并不统一,在有些论著中,其研究对象也不限于狭义的"古文书"。这一点从相关英文单词的理解和解释可见一斑。如常被翻译为"古文书学"的 Diplomatic 一词,在《新英汉词典》有一个义项是"古文书学",但《远东英汉大词典》的相关义项却作"考证古代文献的一门学问"。而 *LONGMAN DICTIONARY OF CONTEMPORARY ENGLISH* 的相关解释则是:of or related to the study of the form of ancient writing,可译为研究古代手写文本的学问。更加权威的 *Webster's Third New International Dictionary* 的相关义项则为 paleographic,既可译为古文书学,也可译为古文字学。日本的古文书学虽受到欧洲古文书学的影响,但其定义仅限于狭义的"文书"。起初,规定必须具备发件人、收件人和事项三个要素才能称为古文书。后来,有研究者主张把虽无明确发件方和收件方的信息,但若一方推动或限制另一方行动而形成的文字亦应归类为"文书"。还有学者主张把古代的账簿亦应列入古文书的研究范围②。但即使如此,与欧洲相比,日本的古文书学仍为狭义的"文书"。中国的古文书学,依据黄正建的界定,其研究范围又较日本学界的界定有所扩大,即包括行政文书、法律文书,户口帐(账)、田亩帐、差科簿、名籍等各种帐簿,以及遣策衣物疏等③。按照这样的界定,作为一个研究方向或学问当然是可以的,也是具有内在学理依据的。

但是,中国古文书学界定的"文书"的写本部分④,既具有文书属性,同时又具有写本特征。与古代写本文书相比,古代写本的数量更大,大约有几十万件,其时代则

---

① 见上文所引黄正建文。

② 参看大津透《日本古代古文书学研究的进展及课题》,见《2014 年中国社会科学院国学研究论坛中国古文书学国际学术研讨会资料汇编》,第 285 至 289 页。

③ 见上文所引黄正建文。

④ 依据上列《"中国古文书学":超越断代文书研究》、《中国古文书学的创立——中国社会科学院历史研究所笔谈》两文对"古文书"的界定,中国古代文书学所研究的绝大部分文书是写本,只有少量典籍和印本中的文书和甲骨、金文文书不属于写本。

从春秋战国直至明清,几乎跨越了整个中国古代。所以,作为一门学问,中国古代写本学具有更大的研究价值,中国古代文书学应该是中国古代写本学的组成部分。有些文书写本特征的认识和解读,必须依据其他类型写本才能得以解决。这应该是欧洲古文书学定义和研究范围模糊、日本古文书学研究范围逐渐扩大的内在原因。当然,中国古代文书学的研究成果也会促进中国古代写本学的发展。

三、中国古代写本学的定义、研究对象、分期及研究内容

中国古代写本学是研究历代手写文本的学问,其研究对象包括自先秦至明清的手写文本,即先秦至汉晋的简牍、绢帛写本,敦煌写本、吐鲁番写本、黑水城写本、宋代的徐谓礼文书和宋元以来的契约文书、明清档案,以及其他古代写本。当然,写本学对写本的研究应与各学科研究者把写本当作资料研究历史、社会、法律等方面的问题有所区别,写本学主要关注的是写本的材料、书写工具、书写者,以及写本的形态和文本内容方面具有的一般性问题和方法问题。

将简牍和绢帛写本列入中国古代写本学的范围,恐需略作解释。郑阿财在《论敦煌俗字与写本学之关系》一文中指出,"在汉文化圈,凡以手写的书,都称之为'写本'或'抄本'"①。按照这样的界定,简牍和绢帛写本当然应该属于中国古代写本学的研究范围。但作者同时又提出了"以纸张卷轴为主的'写本时期'的概念②,似乎又将简牍和绢帛写本排除在了写本学研究之外。以往讨论写本的学者,大多亦未将简牍和绢帛写本列入考察范围。所谓"写本",顾名思义,指的是用笔书写的文本,或称手写文本。以与此前的甲骨、金文等铭刻文字和此后的印刷文本相区分。简牍和绢帛文本都是用笔书写的,也是手写的,当然应该被列入写本范畴。其与纸质写本的区别只是书写材料的不同,但用笔和手写两个基本要素是完全相同的。如果把简牍和绢帛文本排除在写本之外,放在铭刻一类就更不合适了。所以,恰当的办法是将简牍和绢帛写本放在写本之内,可以根据写本的质料划分为简牍写本和纸质写本两个时期。依据这样的认识,似乎可以把中国古代写本划分为三个时期,即自春秋战国至东汉为简牍、绢帛写本时期,这是写本时代的第一个时期,此前是铭刻时代。自东汉至宋为纸本写本时期,这是写本时代的第二个时期,也是其全盛期。第三个

---

① 郑阿财:《论敦煌俗字与写本学之关系》,《敦煌研究》2006 年第 6 期。
② 同上。

时期是宋至清，这一时期印本已逐渐占据主导地位，但写本仍然存在，可以称为印本时代的写本，或写本后时代的写本。

关于中国古代写本学的研究内容，因为敦煌写本学的研究成果相对比较丰富，以下主要依这些成果对中国古代写本学的研究内容试作说明。

第一，关于写本学理论的探讨，包括写本学定义、研究对象、研究方法等。第二，关于写本的种类、来源、数量等问题的综合探讨。

第三，关于书写材料的探讨。如简和牍的制作，材料的来源和加工过程，造纸的原料，纸的产地，纸的质地，纸的装潢以及装潢者的情况，纸的规格，不同时代书写材料的差异，现存简牍、绢帛、纸质写本的物理化学分析，等等。这些问题的研究，不仅有助于写本年代的判定，也会对写本的辨伪提供重要的参考依据。

第四，对书写工具和材料的探讨。包括对毛笔、硬笔和墨的探讨。各时期毛笔的特点、产地以及时代差异的考察，现存各时期毛笔实物的收集、鉴定等，硬笔的质料、制作与流行情况，墨的来源、使用、种类及其变化等。

第五，对写本抄写者考察。写本的抄写者是写本完成人，对了解写本的性质、用途具有重要意义，当然应成为写本学关注的问题。

第六，对写本来源的探讨。所谓写本来源，指的是写本抄于何地，使用或发出者属于何地、何人或何机构。由于现存写本多为出土，而很多写本的来源并不限于出土地点。所以，考察写本的来源对于判定写本的性质具有重要意义。

第七，对写本形态的考察。这里是指写本的物质形态，如是简策写本、绢帛写本或纸质写本等。对纸质写本而言，则指其装帧形态，即卷轴装、梵夹装、经折装、旋风装、蝴蝶装、包背装、线装册子等。

第八，对写本文本形态及抄写格式、抄写体例与各种标识符号的探讨。文本的形态指的是写本的书写格式。很多正式官私写本文书都有固定的书写格式，有的写本在抄写前还要在纸上画好界栏，而抄本或副本的这些格式则可能会有变化或变通。抄写者在抄写过程中因失误造成的文字和内容的错误，可以按当时约定俗成的抄写体例进行改正，这些改正一些是靠添加某种特定的符号实现的。此外，古代写本中还保存了当时流行的省代符号、重文符号、句读号、层次号、勘验符号等标识符号。写本的文本形态是当时制度和习惯的反映，对其进行研究不仅对理解文书的内容具有重要意义，也会为判断其是否正式文本提供依据。对抄写体例和各种标识符号的研究，对于正确理解和校录写本的内容，亦具有重要意义。

第九，对写本字体及其演变的考察。从现存写本来看，写本的字体大致有篆书、隶书、行书、楷书、草书等字体。这些字体，都有其特定的历史背景。所以，对写本字体及其演变的探讨，不仅是书法史关注的重要课题，对判定写本时代也有重要参考意义。

除了写本的字体，古代不少写本还存在形近字可以写作同形的现象，写本中同音字互借也比一般的假借要宽泛很多，这些问题的探讨都对正确理解文本具有积极意义。

第十，对写本俗语词的探讨。在古代写本特别是民间写本中，保存了大量不见于印刷文本的俗语词，对这些记录口语的俗语词进行研究，不仅对正确理解这类写本具有积极意义，也为古代语言的研究提供了新的语料。

第十一，对写本俗字的探讨。俗字是指汉字史上各个时期与正字相对而言的主要流行于民间的通俗字体。因古代写本多流行于民间，故保存了大量流行于各时代的俗字。这些俗字与我们现知的正字都有差异，是阅读和利用古代写本的障碍。对这些俗字进行搜集和研究，不仅有助于正确辨认古代写本上的文字，对于了解汉字的变迁也具有重要意义。

第十二，对写本异文的探讨。所谓异文，对古代写本而言，是指相同内容的文本由不同抄写者之抄写造成的文字歧异。在印本时代，相同内容的书籍之不同版次也会造成异文。古代写本由于抄写者水平参差不齐，故异文很多。对这些异文进行研究，亦有助于正确理解写本的内容，有时还可以纠正传世文本的错误。

古代写本中的异文，还和古代口耳相传文本的再次文本化有关。古代由于不识字的人很多，一些文本是靠口耳相传的方式传承的。同一文本的内容，在经过若干年的口耳相传以后，如果再形成新的文本，就会和初传文本有很多文字的歧异。如敦煌写本《坛经》，有的写本和其他写本、传世本文字差异较大，恐怕就是经过若干年口耳相传后再度形成的文本。

第十三，关于写本的印记、签押和款缝的研究。一些写本，特别是实用的公私文书，往往钤有公私印记或相关责任人的签押，有的既有印记，又有签押。一些写本特别是卷轴装写本是在多纸黏接而成的长卷上书写的，在两纸相连的骑缝处署名或盖印，被称为"款缝"。"款缝"多见于官府牒状籍帐私人契约等写本，目的是为了防止他人对写本物质形态和内容进行改动。对写本中的这些印记、签押和款缝进行研究，对于正确理解写本的内容、性质，以及年代的判定，都有助益。

第十四,关于写本题记的研究。古代写本题记指抄写者、委托人或后人在文本正文之外添加的附言,当时人写的题记往往会说明写本的抄写者或委托人、抄写时间、地点、目的等内容,后人写的题记则往往会说明写本的来源、价值等。从以上介绍的内容可知写本题记对了解写本的情况具有极其重要的价值,故应列入写本学的研究范围。

第十五,对写本的二次加工及多次加工情况的研究。所谓"二次加工及多次加工"是指在书写好的写本上做修改或添加内容。现存写本中二次加工和多次加工的情况十分复杂,有的是抄写者对写本文字的修改,有的是读者或使用者的修改,有的是写本所有者改变后新的主人对文字的修改或利用写本的空白处添加新的内容。修改一般是使用朱笔,但也有用墨笔、蓝笔修改者。考察写本的二次加工及多次加工,对了解写本的使用情况、性质、所有者的变换及流传情况都有重要意义。

第十六,对写本内容的校勘以及名称、年代和性质的考证。有些写本文献相同内容的保存了多个写本,有些写本文献亦有传世本流传,这就有写本内容的校勘问题。由于现在写本多为出土,所以残缺者很多,一些已经失去标题、年代,性质不明。在整理这些写本时需要确定这些写本的名称、年代和性质。

第十七,关于写本正背关系研究。古代的写本,特别是卷轴装的纸本,最初抄写时一般只利用纸的正面。由于古代纸张稀缺,后人往往会利用前人废弃的写本的背面抄写其他文字。从敦煌写本来看,古代写本的正背关系十分复杂。写本正面和背面的文字的内容、性质、语言都有可能完全不同。一般而言,正面的文字应该是书写较早,时间在前,背面的文字抄写时间在后;正面的文字内容连贯,背面的内容则往往比较杂乱。但有的写本是利用数件废弃写本重新粘接为长卷,利用其背面书写统一的内容,在这样的情况下,内容连贯的一面就容易被误判为正面,其抄写时间也很容易被确定为早于另一面。对以上问题进行研究,不仅有助于正确理解写本的内容和性质,也有助于正确判定写本的时代。

第十八,关于写本的断裂与缀合的研究。古代写本由于年代久远,且多为出土,残缺者很多,有的断裂为两截或数截,有的已分藏各地。这些断裂为两截或数截的写本,有的可以天衣无缝地直接缀合,有的则虽能确定原为一件,但不能直接缀合。对以上情况的调查和研究,有助于了解写本的性质及其全貌。

第十九,关于写本的辨伪。由于古代写本在具有研究价值的同时还是重要的文物,所以自近代以来,不断有仿制的古代写本流入市场,鱼目混珠。伪本的存在,不仅会给古代写本的市场带来混乱,还会给研究者造成严重困扰。所以,辨别伪本,将其剔除,也应是写本学的重要研究内容。

以上所列写本学的研究内容,不少研究写本内容的研究者也会涉及,总体说来,写本学对以上问题的关注重点不在某件具体写本,而是众多写本存在的一般问题和解决以上问题的方法。

四、中国古代写本学和敦煌写本学研究展望

首先,应该提倡宏观或综合性问题的探讨,以往的研究多是以某一时代或某一出土地点的写本为研究对象,不同地区出土的写本的比较研究相对比较薄弱,不同时代写本的比较研究就更少。如对写本的来源、数量的考察,分时代或出土地的探讨已有不少,但从整体上考察这一问题的工作尚待展开。所以未来应提倡打破时代和地区的界限,对不同时代、不同地区出土的写本进行综合考察,以揭示古代写本的共性问题。在深入研究的基础上撰写《中国古代写本学概论》。

其次,有些问题尚需进一步深入。以上所列写本学的研究内容,多数问题敦煌写本研究者都已涉及,但不少问题不够深入,而其他时代、地区的写本的相关研究则处于空白状态。如对写本抄写者的研究,林聪明在《敦煌文书学》中,已对敦煌写本的抄写者做过初步探讨,其他地区和类型写本的抄写者的考察,尚有待展开。关于写本质料的研究,也是仅日本和法国学者对敦煌写本的纸进行过初步研究。全面开展对简牍、绢帛和包括敦煌写本在内的古代纸质写本的质料进行物理化学分析,应该说是一项系统工程,会为写本排年提供重要依据,但这项工作目前尚未展开。关于笔和墨的研究,也只有日本学者对抄写敦煌写本的毛笔和硬笔做过一些研究,至于从写本角度研究墨和其他书写材料的成果,更为少见。

再次,要加强对敦煌写本以外的写本进行写本学考察。有的方面,敦煌吐鲁番写本研究者已经做过深入的研究,其他时代、地区的写本学研究可参考敦煌吐鲁番写本研究的经验开展相关研究。如俗语词和俗字的研究,敦煌写本研究者进行了比较深入的探讨,但对其他时代和地区写本俗语词和俗字还缺乏深入系统的研究。此外,还应像"敦煌写本学"那样,撰写如"简帛写本学""明清契约文书写本学""明清档案写本学"等按时代或按类别的专门写本学著作。

最后,应该不断开拓新的课题。由于写本学尚在创建过程中,所以即使研究相

对比较充分的敦煌写本学,也尚有进一步开拓研究领域的空间。

　　如形近字手书同形问题,就经常对正确辨认敦煌写本的文字造成困扰。在敦煌写本中,一些字形相近的文字有时其字形可以相混。如"策""荣";"收""牧";"牧""枚";"先""光";"灵""虚";"北""比";"茎""莛""筵"("巠""巫""至"与"诬""诳");"今""令""合";"免""兔";"免"和"兑";"弟"和"第"等。以上各组字形相近的文字,在不少写本中其字形是很难区分的。关于这个问题,至少有三个方面值得研究,第一应该在全面调查的基础上把敦煌写本中容易写混的字全部找出来,作为研究的基础。第二是对这类字性质的研究,确定这类字是属于错字还是俗字,或者另作定性。第三是如何处理这类问题。目前我们的做法是把它当作写本中的一种特殊的现象来处理,即遇到以上这类文字,主要依据上下文义来判定其归属。

　　再如一些敦煌写本中存在的大量同音或音近字可互相替代的问题。就现象而言,这类写本错别字满篇,同音字互借范围大大超越了古籍假借字的范围。以往一般认为这类现象是由于民间写手水平低下造成的。其实更深层次的原因是这类写本大多是口耳相传的文本,在传播时受众的主体都不识字,所以这类写本只要字音大体相近即可,并不要求每个字都准确。对这个问题也需要更加深入的研究。

　　总之,写本学关注的是写本的特点。写本的特点说到底是由其用途的个体性和制作的个体性决定的。印本和写本的差异是很明显的,即一为印刷,一为手写。就功用而言,写本或手稿主要有两方面用途,一是满足个体需求,一是满足社会需求。就满足个体需求而言,写本明显优于印本,它完全可以根据个人需要抄写自己感兴趣的内容。印本制作复杂,成本也高,虽然可以反映印刷者或出资者的诉求,却无法满足大众五花八门的个体需求。所谓社会需求包括大众需求、某个特殊群体的需求等,都是批量的需要。因而,印本的基本定位是满足社会需要。由此可知,写本的个体需求功用是写本与印本的基本区别之一,也应该是写本学重点关注和重点研究的问题之一。就满足社会需求而言,印本明显优于写本。满足批量需求的写本虽然内容是相同的,但写本的制作过程是个体的,出错的概率远高于印本。即使同一个人重抄相同的文本,也很难保证不出差错。所以,唐代官府和寺院都有专门的抄书手和校对人员,重要的文本都要经过反复的校对。对于大批量需求的文本,一件一件地抄写和校对,不仅要耗费大量的人力,浪费很多纸张(正式的文本发现一个错误就得重抄),其质量还是难以做到百分之百。至于抄写者个人书法风格和俗体字异体字的差异,在相同内容的文本中就更加难以避免了。印本就不同了,只要仔细校对了底版,就可保证不出错误,可以完全避免写本因制作过程的个体性造成的阅读障碍。由此看来,社会需求特别是大批量需求应是印本流行的主要动因。

在印本时代,写本的社会(批量)需求的功能被印本取代,后者逐渐成为阅读物的主体(传播知识的主体)。但写本也没有完全消失。因为印本无法全部满足人们的个体需求。虽然写本从来没有从我们的生活中消失,但在印本已成为人们阅读的主体和主流以后,人们对文本的知识都深深地打上了印本知识的烙印。带着这样的知识烙印来阅读和研究古代写本,就容易出现认识的误区。

写本学的任务就是把写本的特点揭示出来,为人们准确地理解古代写本,正确地利用古代写本提供方便。

(作者单位:首都师范大学历史学院)

中国古代佛教三宝供养与"经像瘗埋"

——兼谈敦煌莫高窟藏经洞的封闭原因

张先堂

一、问题的提出

敦煌莫高窟藏经洞封闭的原因可谓千古之谜。自从 100 多年前藏经洞被发现后,世界各国的敦煌学学者一直在执着地探求解开这个谜底,为此提出了"避难说"[①]"书库改造说"[②]"废弃说"[③]"末法说"[④]"供养说"[⑤]等种种假说。

近些年来,笔者也一直关注这一问题的探索。经过多年考察思考,笔者成为"供养说"的赞同者。2010 年笔者曾撰文指出:敦煌莫高窟藏经洞藏经的来源、结构及其封闭都与佛教法供养活动密切相关,是法供养的产物。[⑥] 之后,笔者仍然在持续地关注和思考这一问题。本文旨在考察中国古代各地曾经普遍出现的"经像瘗埋"现象,并进一步申论莫高窟藏经洞的封闭与佛教三宝供养的内在关系。

[①] 见伯希和:《敦煌石室访书记》,法国《远东学院院刊》,1908 年,安南出版(陆翔汉译文载《北平图书馆馆刊》1935 年 9 卷 5 期);罗振玉:《敦煌石室书目及发见之原始》,《东方杂志》1909 年 6 卷 10 期;荣新江:《敦煌藏经洞的性质及其封闭原因》,《敦煌吐鲁番研究》第 2 辑,北京:北京大学出版社,1979 年;阎文儒:《莫高窟的创建与藏经洞的开凿及其封闭》,《文物》1980 年第 6 期。

[②] 见藤枝晃:《敦煌"藏经洞"的一次复原》,载《1990 年敦煌学国际研讨会文集·石窟考古编》,沈阳:辽宁美术出版社,1995 年。

[③] 见方广锠:《敦煌遗书中的佛教著作》,《文史知识》1988 年第 10 期;《敦煌藏经洞封闭原因之我见》,《中国社会科学》1991 年第 5 期。

[④] 见梅林:《敦煌藏经洞研究的两个问题》,敦煌研究院编《2000 年敦煌学国际学术讨论会论文集提要》,2000 年;沙武田:《敦煌藏经洞封闭原因再探》,《中国史研究》2004 年第 4 期。

[⑤] 见文正义:《敦煌藏经洞封闭原因新探》,戒幢佛学研究所编《戒幢佛学》第二卷,长沙:岳麓书社,2002 年。

[⑥] 见拙文:《古代佛教法供养与敦煌莫高窟藏经》,《敦煌研究》2010 年第 5 期。

二、古代中国各地"经像瘗埋"现象及其相关问题探讨

1900 年敦煌莫高窟藏经洞发现后,长期以来学者们都是把莫高窟藏经洞作为一个孤例来探讨的。但自 20 世纪 50 年代以来,在中国广大地区持续不断地发现了一批又一批古代佛教信徒在地下土坑、窖穴、塔室、地宫等处人为埋藏的古代佛教造像、经卷等文物。随着此类考古材料的不断积累,学者们逐渐认识到,在中国古代各地曾经相当普遍地存在过将佛教造像、经卷等予以埋藏的现象。笔者认为,这种现象可以称之为"经像瘗埋"。

对于中国古代"经像瘗埋",特别是佛像瘗埋的现象,除了对各地出土佛像具体案例的考古报告和研究外,近年来已经有学者开始注意从宏观的角度考察这些不同地区具体案例之间的联系。崔峰先生曾梳理、罗列了山东、河北、河南、山西、陕西、四川等省不同时期的 20 例重要佛像出土事件。[①] 笔者梳理、考察了近几十年来中国的有关考古报告,发现"经像瘗埋"的案例至少可以增加到 56 例,并可将其分为佛像瘗埋、佛教经像混合瘗埋二类。

笔者认为,总结古代中国"经像瘗埋"现象,我们可以得出两点基本认识:

其一,"经像瘗埋"是中国古代广大地区相当普遍的现象,也可以说是中国佛教史上具有一定规律性的现象。但由于埋藏经像的案例散见于中国各地、出现于不同历史时期,以往的考古材料丰富而零散,人们往往将注意力集中于各个地区不同时期经像埋藏具体案例的考察。尚未顾及对"经像瘗埋"现象从宏观的角度展开全面的归纳和深入的分析。随着一百多年来在中国各地窖穴、土坑、佛塔、洞窟等处发现的古代埋藏的佛教经典、造像材料的大量积累,以及人们对于这些考古材料的认识逐渐全面和深化,我们不应当再将它们作为一个个孤立的个案来研究,而应该将它们联系起来,置于中国古代佛教历史文化的整体背景下来考察,深入揭示它们之间内在的规律和联系。

其二,佛像瘗埋与经像混合瘗埋两种现象虽然在起因、表现形式上有所区别,但它们又具有内在的联系,在本质上具有一致性。因而有必要从宏观的层面将它们联系起来,对相关的问题予以深入探讨。

---

① 崔峰:《佛像出土与北宋窖藏佛像行为》,《宗教学研究》2010 年第 3 期。

(一)经像瘗埋的原因

为什么要瘗埋佛教经像？这是人们首先关注的问题。对此,学者们也曾提出多种不同的假说予以解释。笔者认为,经像瘗埋出现于中国广大地区的不同时期,瘗埋的具体形式也有不同类型,并非单一原因所致,而是多种因素作用的结果,对此要结合具体案例与当时的佛教历史背景。对以往学术界不同的观点我们也有必要予以重新审视和辨析。

1. 与战争的关系

20世纪初学者们最初发现古代人为埋藏的佛教经像时,探究其缘由,首先想到的是为避战争之难。伯希和最早论及莫高窟藏经洞封闭时间和原因时说:"是洞之封闭,必在十一世纪之前半期,盖无可疑。以意度之,殆即1035年西夏侵占西陲是也。"理由是"卷本所题年号,其最后者为宋初太平兴国(976—983)及至道(995—997),且全洞卷本,无一作西夏字者。……洞中藏弃,至为凌乱,藏文卷本、汉文卷本、绢本画幅、缯画壁衣、铜制佛像及唐大中之丰碑,均杂沓堆置,由是可见藏置时必畏外寇侵掠而仓皇出此。"[①]克兹洛夫发现黑水城河边大塔中的大量西夏文物后,俄国学者起初"一般认为,'辉煌'舍利塔于1226—1227年,在此城落入成吉思汗不久前,被密封起来"。[②] 后来"避难说"成为人们解释佛教经像埋藏原因的一种习惯性思路。当发现山东青州龙兴寺大型佛教造像窖藏后,"有人认为,龙兴寺在金兵入侵时,因青州城池不保,而把这批佛造像埋藏起来"[③]。甚至连山东茌平县发现12件窖藏佛教铜像,也有人推测其根源"可能是因战乱关系埋藏在地下"。[④]

笔者认为,"战争避难说"很难解释中国广大地区很长时期曾经普遍存在的经像埋藏原因。此说既不符合逻辑,也缺乏史实证据的支持。某一时期某一地区的兵燹战火有可能祸延寺院,造成经像的损毁,但不可能造成经像不同时期内在许多不同地区大面积的残损。无论莫高窟藏经洞封闭为避西夏进攻说,黑水城河边大塔埋藏大量文物为避元朝成吉思汗进攻说,还是青州龙兴寺大型佛像窖藏为避宋金战争之乱说,都面临一个无法回避的尴尬:无论是西夏党项人,还是元朝蒙古人、金代女真

---

① 伯希和:《敦煌石室访书记》。
② Kila Fyodorovna Samosyuk:《黑水城的发现》,《丝路上消失的王国——西夏黑水城的佛教艺术》,台湾历史博物馆,1996年6月中文第一版,第45页。
③ 王华庆、庄明军:《青州龙兴寺考略》,《中国文物报》1998年10月28日。
④ 聊城地区博物馆:《山东茌平县发现一处元代窖藏》,《考古》1985年第9期。

人都信仰佛教,他们不可能有意地大规模地破坏佛教经像,敦煌、黑水城、青州地区的人们没有必要为躲避战乱毁坏而埋藏经像,更不可能为躲避他们的侵扰而将大量残损破碎的佛教经像予以埋藏。据俄国学者研究,黑水城河边大塔出土文物,既有西夏时期的,也有元代的,克平教授认为塔内文物经过了不同时期的"两次填装"①。这其实也就动摇了此塔为西夏躲避元朝进攻而封闭之说的根基。可能正是由于意识到"避难说"的这种尴尬,于是又有许多学者另辟蹊径,力图为"避难说"寻找新的突破,比如有多位学者提出了莫高窟藏经洞的封闭是为了躲避"黑韩王朝东侵说"②,但这种观点更多的是出于推测,尚无具体史实证据的支持。

2. 与灭佛运动的关系

大多数学者都认为佛像瘗埋与灭佛运动有关。的确,中国历史上曾有过三武一宗的大规模的灭佛运动,这是造成佛像残毁、瘗埋的主要原因之一。

归纳上述瘗埋佛像出土案例,有五个具有普遍性的特征值得注意:

其一,窖藏佛像出土地区相对比较集中,此类案例最多的地区是山东(14 例)、山西(8 例)、河北(6 例)、陕西(8 例)、四川(5 例),它们恰好是历史上佛教发达、造像繁盛,而毁佛现象也比较严重的地区。

其二,窖藏的北朝、隋唐时代的铜造像大多保存比较完整,可能因其体型较小而易于藏匿掩埋,铜质鎏金的佛像又比较被人宝贵而有意保藏。建德三年(574),北周武帝下诏"断佛、道二教,经像悉毁,罢沙门、道士,并令还俗。并禁诸淫祀,非祀典所载者,尽除之"。③ 唐武宗会昌五年(845)毁佛时,下令"天下废寺,铜像、钟磬委盐铁使铸钱,其铁像委本州铸为农器,金、银、鍮石等像销付度支。衣冠士庶之家所有金、银、铜、铁之像,敕出后限一月纳官,如违,委盐铁使依禁铜法处分"。④ 据此推断,多处北朝、隋唐时代的窖藏铜质(铜质鎏金)佛像很可能是为了躲避北周武帝、唐武宗毁佛的破坏而埋藏的遗留物。

其三,窖藏的北朝、隋唐时代的石造像多有残损,有的残损严重,躯体不全,身首异处;山东多处发现的东魏、北齐时代的石造像在头面部、鼻部有用坚硬器物敲砸毁

---

① 转引自萨玛秀克:《俄藏黑水城艺术品·序言》,上海古籍出版社,2008 年,第 11 页。
② 殷晴:《敦煌藏经洞为什么要封闭》,《文物》1979 年第 9 期;谭真:《从一份资料谈藏经洞的封闭》,《敦煌研究》1988 年第 4 期;荣新江:《敦煌藏经洞的性质及其封闭原因》,《敦煌吐鲁番研究》第 2 卷(1996),北京大学出版社,1997 年。
③ 《北史》卷 10《周本纪下》第 10。
④ 《旧唐书》卷 18 上《本纪》第 18 上。

损痕迹,显系人为的有意的侮辱性的毁坏,因此人们多推断此类残损佛像窖藏现象与历史上三武一宗的灭佛运动有关,是确凿有据的。

其四,很多案例显示,窖藏佛像杂乱摆放,距地面较浅,随意堆埋;山东昌邑市塔尔堡镇高阳村保垓寺故址发现在古井中埋藏佛教残石造像,表明它们当为毁佛运动时仓促掩埋。河北临漳邺城遗址东部北吴庄北漳河滩沙地内发现的巨大的佛教造像埋藏坑中发掘出土编号佛造像 2895 件(块),造像碎片 78 个自封袋,达数千件,是中华人民共和国成立以来出土遗物数量最多的佛教造像埋藏坑。根据造像特征、题记年代等初步确认,这批佛造像时代主要是东魏北齐时期,另有个别北魏时期青石造像,亦见到个别唐代风格造像。这些佛造像摆放杂乱,因而杨泓先生"推测这批佛像可能源于唐代灭佛运动"。①

其五,窖藏佛像的出土地多为古代寺院遗址及其附近,表明这些造像很可能是由寺院僧人或由僧人组织佛教信徒就近埋藏的。

上述特征表明,许多窖藏残损佛像的案例与历史上的灭佛运动有着密切的关系,是在灭佛运动时仓促掩埋的。

3.与佛教供养的关系

除了上述灭佛运动中随意掩埋佛像的现象外,笔者认为下列五种恭敬的、有计划的、礼仪性的瘗埋现象,当属于佛教徒对佛像的供养行为,应该予以特别注意。

其一,有些案例显示,佛像埋藏时特别慎重,如山东诸城林家村镇青云村发现铜造像 6 件、四川邛崃东安乡蜚虹村发现的 12 尊鎏金铜造像都是埋藏在陶罐中;山东茌平肖庄王菜瓜村发现 12 件文物、博兴崇德村发现佛教铜造像 101 件都盛放在陶瓮中,这显示了埋藏者对佛像的尊崇与恭敬。

其二,许多案例显示,佛像瘗埋并非灭佛运动时的仓促掩埋行为,而是在灭佛运动之后有目的地将残损佛像集中起来予以规整地埋藏。如山东博兴张官大队发现的数十件石造像、博兴河东村发现的 5 件铜佛造像、无棣水湾公社于何庵大队发现的残损石造像 7 件都是在窖藏坑内整齐地排列着;临朐大关镇上寺院村原明道寺舍利塔基下的地宫内发现的石造像、诸城市城南郊小山丘上修建体育中心时发现窖藏坑内造像残躯都是分上下两层整齐排列;济南市县西巷唐宋开元寺地宫遗址发现残损的石刻像佛和泥塑近 50 尊被有规律地排列在地宫中央"坛"的四周;河南宝丰前

① 见 http://www.taiwan.cnxwzxdlzl/201203/t20120321_2396666.htm,大河网 2012 年 3 月 21 日报道《邺城发现巨大佛教造像埋藏坑级别史无前例》。

营乡大吴庄村发现的窖藏坑内造像排列成整齐的圆周状。这种瘗埋形式更明显地反映了埋藏者对佛像的尊崇与恭敬。

其三,有些窖藏案例显示,埋藏者是把许多属于不同时期,甚至不同寺院的多种材质、多种形式的大量残损造像有意识地、有计划地集中起来予以礼仪性的瘗埋。如甘肃泾川宋代龙兴寺遗址佛教造像窖藏坑中造像分三层整齐地排列,体量较大的造像均仰身或面西侧身而葬,体量较小或残破者放置于空档及四周;这些造像从质地分有石、陶、泥等,从类型上又可划分为造像碑、造像塔(龛)、背屏式造像、单体圆雕造像等;它们的年代历经北魏、西魏、北周、隋、唐、宋等时期。青州龙兴寺遗址发现的大型窖藏坑内造像虽然大多数已遭到严重毁坏,但是造像却并非被胡乱丢弃堆放于坑中,而是有规律的大致按上、中、下三层排列摆放,坐像都立式摆放,比较完整的身躯置于窖藏中部,各种头像则沿坑壁边缘排放,残破的造像上部用较大的背屏式造像残块覆盖,陶、铁、泥、木质造像被放置于坑底,窖藏坑最上层的造像上留有席纹,表明造像掩埋前曾用苇席覆盖;造像的年代从北魏历经东魏、北齐、隋唐以迄于宋。据学者研究,青州龙兴寺发现的 400 余尊佛像并非全为龙兴寺一座寺院的造像,其中还包括青州其他寺院的佛像在内,其中有造像题记的东魏天平三年(536)张河间寺尼智明造像即为确证。[①]　与北周武帝对佛教比较彻底的毁灭相比,唐武宗、五代周世宗的灭佛举措比较缓和,即二人的灭佛政策都不是要一举摧毁佛教,而是明确规定对于"上州"和"敕额"寺院予以保留,并分别明令"其上州望各留寺一所,有列圣尊容,便令移于寺内"[②],"所有功德佛像及僧尼,并腾并于合留寺院内安置"[③]。因此,我们判断像青州龙兴寺、泾川大云寺这样历史悠久、作为某一地区佛教文化中心的大寺很可能集中并埋藏了本地区许多寺院不同历史时期雕造的不同材质、不同形式的造像,当是信而有征的。这样大规模的佛像瘗埋表明它们很可能是地方佛教教团有计划、有组织的活动。

其四,还有一些佛像瘗埋案例显示,它们是因为在长期礼佛使用过程中自然损毁不堪使用,因而予以瘗埋保存。青州龙兴寺、泾川龙兴寺等大规模窖藏中集中了不同时期不同寺院的大量佛像,推测其中除了灭佛造成的残损外,当还包括有一些

---

①　夏名采:《青州龙兴寺佛教造像窖藏》,北京:生活·读书·新知三联书店,2004 年,第 167 页;李森:《也谈青州龙兴寺佛像并非全为该寺造像》,《敦煌研究》2007 年第 6 期。

②　《旧唐书》卷 18 上《本纪》第 18 上。

③　《旧五代史》卷 115《周书》6。

自然损毁的佛像。当然此类现象最典型的例证莫过于道士王圆箓在莫高窟建造的千像塔。此塔建成后,王道士请时任安肃观察使兼嘉峪关监督的廷栋撰《敦煌千佛洞千相塔记》,其中记载建塔的缘由:"宝相多残,或舍身而空向化城,或赤足而徒存屦迹,或露维摩半面,或皱菩萨双眉,乃叹委弃缁尘,几同天花之散落,何若虔修净土,合成法塔,于名山收卅万亿化身,瘗归圆明世界,所以浮图创造,因取千相为名。"①20世纪40年代曾亲临莫高窟考察的卫聚贤记载:"按王道士以唐人写经换到元宝后,将洞中古佛加以修补,原塑的神,头有断掉的,堆成土阜,因建一塔。"②莫高窟的泥塑历经千百年,至清末时已有大量残损,王道士在敦煌化缘建造千像塔,予以瘗埋。

其五,有些佛像瘗埋案例表明,它们是由于造像形式陈旧过时不宜流行而有意识地予以埋藏。笔者认为,对此类现象以往人们尚未发现并予以关注。如山西省沁县南涅水发现的窖藏石刻造像总计1100余件,分为造像塔、单体造像、造像碑三大类型,据造像题记可知,雕刻年代为北魏太和年间至北宋天圣九年(477—1031),历经北魏、东魏、北齐、隋、唐、宋六个朝代约500余年。其中以造像塔最具代表性,约400件,这是中国发现的数量最多的造像塔,为他处所罕见。造像塔主要流行于北朝时期,是当时在开窟造像、雕造金铜和石刻造像之外,在民间兴起的一种造像形式。曾在中国北方的山西、河北、陕西、甘肃等省出土,其中尤以山西南涅水出土的最为丰富。但遗憾的是,对于这些珍贵的造像塔迄今未见有比较完整详细的考古报告,仅见有一些简要的介绍文章。笔者几年前曾亲赴南涅水石刻馆考察,在7个展室中第一、三、五、七展室陈列有60余尊单体造像,有许多尊头部缺失,明显可见人为损毁的痕迹;在第二、四、六展室陈列有造像塔40余幢310余件,除个别有自然原因造成的塔身破裂、边缘损坏外,大部分基本保存完好,未见有人为损毁的痕迹,它们被埋藏的原因可以排除毁佛运动的因素。笔者推测,南涅水窖藏很可能集中了沁县周围多处寺院或民间的造像塔。这些流行于北朝的造像,历经佛教文化艺术数百年的发展演变,至北宋时期已显得陈旧过时不合时尚,因而将其予以瘗埋。

(二)佛像瘗埋的性质

由上述可见,佛像瘗埋主要分为两类:一类是散乱埋藏,属于毁佛时对残破佛像

---

① 廷栋:《敦煌千佛洞千相塔记》,原碑现存敦煌研究院陈列中心。完整录文收入卫聚贤:《敦煌石室》,《说文月刊》第3卷第10期,1943年5月,附录8,第35页。

② 卫聚贤:《敦煌石室》,《说文月刊》第3卷第10期,1943年5月,附录8,第35页。

的随意处置；一类是对佛像恭敬的、有计划的、礼仪性的瘗埋。后一类瘗埋现象最值得关注。对于它们的性质，学者们曾有过不同的判断。

李森先生认为青州龙兴寺窖藏佛教造像的性质是在北宋时期山东地区流行的安葬佛像行为[①]；杜斗城先生认为山东出土的几批造像皆为对废弃的佛教造像的"舍利安葬"[②]；崔峰先生认为遍及山东、河南、河北、陕西、四川等省份的佛像埋藏行为不是"三武灭佛"时所为，而是一种护法之举，残损不齐的佛像被等同为舍利集中埋葬。[③] 杨泓先生则指出，北宋时期，青州地区寺院盛行一种隆重的法会，寺院僧人将早年灭佛活动中损坏佛像或经年累月破旧的佛像集中起来，然后举行隆重的仪式，将它们埋葬起来，以积累功德。[④]

上述观点虽容有不够周密之处，但他们都摆脱了着重从外部社会历史背景寻找原因的"避难说"的窠臼，注重从佛教历史文化本身寻找根源，各有其合理之处，启发我们以新的思路来探讨经像瘗埋现象。

笔者认为，"安葬佛像行为说"仅仅说明了表象，尚未揭示出其内在本质。"佛像等同舍利安葬说"似难以自圆其说。虽然舍利与佛像都与佛相关，但二者又各有所指。"舍利"专指佛以及高僧的遗骨，将佛像等同于舍利，既无典据支持，又有混淆名相之弊。其实从佛教史来看，舍利瘗埋与佛像瘗埋是互相相关而又各自不同的佛教历史文化现象。上述诸说中，以杨泓先生的说法最为接近史实并能深入揭示其本质，青州窖藏佛像是北宋时的僧人将以往灭佛损坏的佛像或长年累月自然破旧的佛像集中埋藏，作为功德。在笔者看来，这其实属于佛教的三宝供养行为。

供养又称供施、供给，或略称供，本为供给资养之意，起初指以饮食、衣服等生养之资供给佛法僧三宝以及父母、师长、亡者，后来也指崇敬、赞叹、礼拜等精神性的供养。供养既是佛教的一个基本概念，又是佛教倡导的一种重要修行活动。在佛教经论中有大量关于供养的论述，不同时代、不同宗派的经典对供养的对象、方法，供养物的种类，供养的功德、意义等方面有多种不同的表述，提出了两种供养、三种供养、三业供养、四种供养、四事供养、五种供养、十种供养等不同的概念，都是根据供养的

① 李森：《山东青州龙兴寺窖藏造像性质考》，《广西社会科学》2005年第12期。
② 杜斗城：《山东龙兴寺等佛教造像"窖藏"皆为"葬舍利"说》，刘凤君、李洪波主编《四门塔阿閦佛与山东佛像艺术研究》，北京：中国文史出版社，2005年，第153页。
③ 崔峰：《佛像出土与北宋窖藏佛像行为》，《宗教学研究》2010年第3期。
④ 杨泓：《梵音净土之青州佛像之谜》，《探索发现》栏目《考古中国》第五部，中央电视台10频道，2004年6月9日。

对象、供养物的种类、供养方法的不同而做出的种种分别。① 其实从根本上来说,佛教供养的核心对象是佛、法、僧三宝,种种名目繁多的供养最终都可以归结到三宝。对佛(佛舍利、佛像)的供养为佛宝供养,对法(佛经)的供养为法宝供养②,对僧的供养为僧宝供养。因此,上述中国古代各地长期普遍存在的佛像瘗埋,特别是对佛像恭敬的、有计划的、礼仪性的瘗埋现象,其实如同佛舍利瘗埋一样,都是佛教徒的佛宝供养行为。从义理来说,佛教要"藉像表真",从佛教信徒来说,见像如见佛。雕造佛像自然是对佛宝的供养,对破损、陈旧的佛像进行妆銮、修补,庄严法相,也是对佛宝的供养。对残损、陈旧以致法相不够庄严、不堪使用的佛像,根据中国人入土为安的传统文化心理,予以精心地收集瘗埋,同样是佛宝供养行为。其目的是避免其再遭破坏,从而达到长久保存住持。这正如廷栋赞誉王道士建成莫高窟千像塔的功用时所说:"凡剥蚀之佛光,枕藉于幽邃者,胥免暴露,而藏寿域矣。"

(三)经像混合瘗埋的性质

与佛像瘗埋大多与灭佛运动相关,是在灭佛时和灭佛后被动地埋藏佛像不同,经像混合瘗埋显然完全是佛教信徒一种自主的、有计划的佛宝、法宝供养行为。

有一个现象值得关注:从前述经像混合瘗埋的案例来看,凡出现经像混合瘗埋之处,均与塔相关,都是在塔身中塔刹、塔室、塔基下地宫等处。塔在印度原本是为埋藏、供奉佛舍利而建。塔流传至中国后,其功能被逐渐扩展,除了供奉佛舍利外,也被用来埋藏、供奉高僧舍利。此外还被用来埋藏、供奉佛像、佛经,因为佛像代表佛身,佛经代表佛的教法,其目的是将佛教三宝共同埋藏、供养。塔中埋藏、供养的佛像、佛经不排除完整无缺者,但鉴于佛塔原本属于瘗埋佛舍利的性质,故塔中埋藏的大部分是残缺、陈旧、退出流通使用的佛像、佛经。

由于塔的空间容量有限,因而大部分塔中埋藏的佛像、佛经数量较少。但由于特殊的缘由,某些塔中也会埋藏大量的佛像、佛经,如陕西耀州神德寺塔、宁夏贺兰县宏佛塔、黑水城河边大塔即为此类典型代表。

(四)经像瘗埋的历史演变

经像瘗埋现象经过了长期的发展演变,其中以佛像瘗埋出现较早。它最早出现

---

① 参见《中华佛教百科全书》《佛光大词典》中"供养"条目的解释。
② 参见拙作:《古代佛教法供养与敦煌莫高窟藏经》,《敦煌研究》2010年第5期。

于北朝末期,是伴随着北魏武帝、北周武帝的灭佛运动之后而出现的,特别是北周武帝的灭佛运动强度高,持续时间久,造成北方广大地区北魏、东魏和北齐时代雕造佛像的大面积损毁。之后在北朝末年、隋代、唐初,开始出现较大范围的佛像瘗埋。山东、河北、山西、宁夏等地的佛像瘗埋案例大多属于这一时期。

唐武宗、后周武帝的大规模灭佛运动又造成大面积的佛像损毁。在北宋时代佛像瘗埋达到高潮,因为在以往历次灭佛运动之后各地已经积累大量残毁佛像,同时也积累了大量自然破损和陈旧过时的佛像。从全国多地同时出现佛像大规模瘗埋的现象推测,很可能此时全国和各地佛教教团有计划地组织了残破、陈旧佛像的大规模清理,于是在北宋时代兴起了佛像瘗埋的高潮。中国几次大规模的集中瘗埋佛像的案例都出现在这一时期,如山西南涅水、山东青州龙兴寺、河北曲阳修德寺、甘肃泾川龙兴寺大规模佛像窖藏,均为这一时期佛像瘗埋现象的代表性案例。

经像瘗埋在西夏、元代、明代时虽然已趋于低潮,但仍然流行。宁夏宏佛塔、黑水城河边大塔堪称这一时期的代表。在清代时仍有其余绪。如莫高窟王道士造“千像塔”即为典型案例。王道士虽为道士,但清代时儒释道三教高度融合,道士而行僧人之举不足为怪。千像塔虽由王道士发起组织修建,但并非其个人行为。据《敦煌千佛山皇庆寺缘簿》可知,参与捐款修建千像塔瘗埋莫高窟残损佛像的有数十人,其中大多为地方官员、绅商[1],由此可知,千像塔的修建实为敦煌地方佛教教团与佛教信徒的集体行为,是承袭前代传统而进行的瘗埋佛像供养佛宝活动。经像瘗埋现象从北朝开始,直至清代末年,延续一千三四百余年,可谓历史悠久。

四、莫高窟藏经洞与古代佛教三宝供养关系再论

五年前,拙文《古代佛教法供养与敦煌莫高窟藏经》探讨了莫高窟藏经与佛教法供养的关系。笔者认为敦煌莫高窟藏经洞藏经的来源、结构及其封闭都与佛教法供养活动密切相关,是法供养的产物。五年后,在对中国古代的经像瘗埋现象做了一番比较全面的梳理和考察之后,接着再来探讨莫高窟藏经洞封闭的原因问题,笔者觉得视野似乎变得开阔许多,思考似乎有了更多的参照物,思路也有了进一步的深化与拓展。

---

[1] 参见王慧慧、梁旭澍、萧薇、张海博:《〈敦煌千佛洞千相塔记〉〈敦煌千佛山皇庆寺缘簿〉录文及相关问题》,《敦煌研究》2014 年第 5 期。

（一）莫高窟藏经洞属于经像瘗埋现象

笔者认为,过去学者们将莫高窟藏经洞视为孤例、特例是不符合历史事实的。其实莫高窟藏经洞并非天外来客,它是中国古代佛教历史文化的产物,与其他地区的经像瘗埋现象有着密切的内在关系。

正如"废弃说"者所论证的那样,在莫高窟藏经洞中收藏的多达几万件的佛经写卷却不能构成一部完整的大藏经,大部分经卷都缺头少尾,还有很多经卷是从北朝开始至北宋初年四五百年间累积的陈旧经卷,它们当属于退出当时寺院流通使用的经卷。当然,与"废弃说"不同的是,笔者认为,"废弃"是现代人的观念,对于古代佛教信徒来说,他们仍将这些因残破、陈旧而退出流通使用的经像视作宝物,并予以集中埋藏供养,使之永久保存。

藏经洞中保存的近千件绢画,虽然大部分保存完整,但它们可能是属于北宋时已经过时不再流通使用的艺术品。至于藏经洞中保存的四部书,原当属于"寺学"中使用的教材①,也因其过时无用而与退出使用的经像裹挟在一起予以埋藏。

莫高窟藏经洞瘗埋经像的情形其实与黑水城河边大塔瘗埋西夏、元代佛教经典、唐卡等艺术品的情况十分类似。俄国学者萨玛秀克认为"在'著名的塔'中放置丰富多样的藏品并不是罕见的情况,也不是对蒙古入侵的畏惧,而是出于遵照丧葬仪式、礼节和对死者的尊重,便在里面放满了书籍、画和雕塑"②。束锡红女士认为河边大塔中的埋藏物"很可能是元代扩建城池、拆除旧城西墙的时候,迫使这些寺庙迁移旧藏的文献文物资料乃至瘗藏的皇族遗骸③到新建的'河边大塔'中去。移藏的目的和原因也许和藏经洞有类似之处。但是,没有理由认为是'废弃',而应当是'供养'"。④ 对此观点笔者深表赞同。

---

① 关于"寺学"问题,请参见柴剑虹:《敦煌文献与西部开发》,载《敦煌学与敦煌文化》,上海:上海古籍出版社,2007年,第32—35页;《敦煌文化遗产的人文环境和文化特性》,载《专家讲敦煌》,南京:江苏凤凰美术出版社,2014年,第45—48页。

② 萨玛秀克:《俄藏黑水城艺术品·序言》,上海:上海古籍出版社,2008年,第11页。

③ 克兹洛夫在黑水城河边大塔中发现了一具骸骨并将其头骨带回国,经俄罗斯学者鉴定为一位50多岁女性的头骨。孟列夫曾推测这可能是西夏罗皇后的遗骸。但在笔者看来,推测佛塔中出现皇族遗骸,若无确凿证据,实属匪夷所思。如果按照佛塔瘗埋高僧遗骨与舍利的传统,推测其为一位具有较高地位的比丘尼的遗骸,似乎更可能接近真实一些。

④ 束锡红:《黑水城"河边大塔"的性质及断代——以考察队的地图和照片为中心》,《西夏学》第四辑,银川:宁夏人民出版社,2009年。

　　莫高窟藏经洞封闭于北宋初年,这恰好是中原内地许多地方大规模瘗埋佛像之时,这也似乎暗示着它对内地当时佛教文化风潮的呼应关系。

(二)莫高窟藏经洞属于佛塔经像瘗埋现象

　　初闻此说,大家很可能会诧异莫名。但笔者此说其实自有其依据:

　　其一,中国石窟自北朝时代即已出现塔形窟。它是融佛教石窟、印度古塔(窣堵婆)及中国传统的木结构建筑于一体的建筑形式。已有学者指出,响堂山北齐石窟中已出现一批覆钵式和楼阁式两种塔形窟,并影响到安阳灵泉寺隋代开凿的大住圣窟、安阳宝山万佛沟、岚峰山及炳灵寺石窟雕凿的大批塔形龛。[①]

　　其二,敦煌石窟自吐蕃时期以后,直至晚唐出现了一批窟塔垂直组合关系的石窟,藏经洞所在的洞窟实际上具有塔的地宫的性质和意义。

　　已有多位敦煌石窟研究的学者指出,吐蕃统治时期及稍后的晚唐时期,莫高窟开凿的洞窟出现了一种特殊的组合形式,即在崖面上的同一条垂直线上,上下两个洞窟与崖顶上的土塔形成一组整体性建筑,可称为"塔窟垂直组合形式",其典型代表有3组,即234窟顶沙坡上的土塔—234窟—237窟、161窟顶塔—161窟—156窟、366窟窟顶塔(已残毁)—366窟—365窟—16窟。[②]赵晓星博士进一步指出莫高窟这种塔、窟垂直组合的新形式,应是受吐蕃本土的影响,其建筑涵义来源于密教中的"宝楼阁",建筑形式最初可能来源于印度,并带有吐蕃桑耶寺的"三样式"特征,或可定名为宝楼阁式石窟建筑。[③]

　　上述研究成果启示笔者进一步思考,莫高窟塔窟组合其实在一定意义上具有塔的形式与功能。其中,著名吐蕃僧人洪辩法师主持营建的三层楼,即"吴和尚窟"第16窟、"七佛堂"第365窟、第366窟和其顶上的"法华无垢之塔"这一组塔窟组合形式尤其引起笔者的重视。因为位于第16窟甬道北壁的第17窟正是藏经洞。于是笔者产生一个大胆的推测:在三层楼建成的晚唐直至北宋时代,敦煌人们是把它视作楼阁型塔形建筑的,因此在洪辩示寂后将其塑像安置于第17窟,其实具有将其安

　　① 赵立春:《响堂山北齐塔形窟龛》,《中原文物》1991年第4期;《响堂山北齐塔形窟述论》,《敦煌研究》1993年第2期。

　　② 马德:《从敦煌史料看唐代陇右地区的后吐蕃时代》,载《丝绸之路民族古文字与文化学术讨论会文集》,西安:三秦出版社,2007年;沙武田:《敦煌吐蕃译经三藏法师法成功德窟考》,《中国藏学》2008年第3期,另载敦煌研究院编:《敦煌吐蕃文化学术研讨会论文集》,兰州:甘肃民族出版社,2009年。

　　③ 赵晓星:《莫高窟吐蕃时期塔、窟垂直组合形式探析》,《中国藏学》2012年第3期。

葬于地宫的象征意义。而后来又将总数 6 万余件的佛教经典和相关文书、近千件绢画有计划地、规整地安放其中,并予以封藏,其实也具有将其瘗埋于塔的地宫的象征意义。这恰与前述古代经像混合瘗埋均出现于佛塔的现象如合符契,似乎并不是偶然的巧合。

　　总之,将佛教的义理、仪轨和历史结合起来考察,经像瘗埋现象其实与佛教的供养有密切的关系,它是在佛教三宝供养,特别是法宝供养、佛宝供养思想指导下,在长期的历史过程中形成的佛教信徒对于残破的、过时的佛教经典、造像予以有计划地、礼仪性地收集瘗埋,从而达到长久住持供养的一种特殊的佛教仪轨制度和佛教历史文化现象。深入揭示经像瘗埋现象的根源和演变,有助于深化我们对于中国古代佛教的思想、文化和艺术发展演变历史的认识,也有助于深化我们对于莫高窟藏经洞内涵及其封闭原因的认识。

(作者单位:敦煌研究院)

再论唐宋时期敦煌大众文化的意义

杨秀清

2013 年 8 月,在北京举办的"中国敦煌吐鲁番学会成立三十周年国际学术研讨会"上,我向大会提交了《论唐宋时期敦煌文化的大众化特征》一文①,就唐宋时期的敦煌文化的大众化特征及其意义进行了论述,其中对于唐宋时期敦煌大众文化的意义,仅做了简单叙述,并未做进一步探讨。会议之后,我对于这个问题的思考并未停滞,今借"丝路文明传承与发展"国际学术研讨会之际,将自己的思考做进一步申论,敬希各位方家指正。

一、敦煌文化及其大众化特质

一个众所周知的事实是,如果没有藏经洞文献的出土,我们就很难了解唐宋时期的敦煌历史,特别是中唐以后的敦煌历史,这正好也从另一个角度证明了唐宋敦煌时期敦煌历史的特殊性。敦煌历史的发展自有其特殊的历程②,在此特殊历史背景下产生的敦煌文化,自然就有其特殊的本质。我们强调唐宋时期敦煌大众文化的意义,首先要了解敦煌文化及其特质。关于敦煌文化及其特质,依个人浅见,可简要概括为以下几个方面。

(一)关于敦煌文化的定义

古往今来,关于什么是文化,定义可谓千差万别,目前尚无确切而统一的定义。现代人类学之父爱得华·泰勒认为:"文化,或文明,就其广泛的民族学意义来说,是包括全部的知识、信仰、艺术、道德、法律、风俗以及作为社会成员的人所掌握和接受

---

① 该文后发表于《敦煌吐鲁番研究》(第十五卷),上海:上海古籍出版社,2015 年,第 369—394 页。
② 李正宇:《敦煌古代历史发展的特殊历程》,《敦煌学辑刊》1997 年第 1 期。

的任何其它的才能和习惯的复合体。"①以此为依据,我个人认为,敦煌文化是指 4
至 11 世纪存在于敦煌地区且反映该区域知识、信仰、道德、教育、艺术、风俗等文化
的复合体。对于敦煌文化的定义,学者们也有不同的看法,但对敦煌文化的存在,已
得到人们的认可。

(二)关于敦煌文化区的概念

我个人认为,按照文化社会学的概念,根据敦煌地区历史文化发展的特点,可以
把唐宋时期的敦煌地区作为一个特定的文化区来考察。提出这一概念的主要依据
有三:一是敦煌地区独特的生态环境、地理环境及其在历史时期的不同地位;一是敦
煌地区历史发展的特点(经济、政治、军事等发展的独特性);一是上述背景下所表现
出的多文化交汇的文化特点及其内容所表达的世界意义。由此,我提出将古代敦煌
地区作为一个特定的文化区,敦煌文化就是敦煌特殊历史发展过程中形成的地域
文化。

(三)敦煌文化的特质

我们知道,任何一种文化的形成,都是有一个过程的;只有经过一定时期的积
淀,文化的特征才能显现出来。同时,在不同的历史时期、不同的地域环境、不同的
民族分布、不同的精神创造等因素的影响下,逐渐形成了不同的文化形态;即是在同
一文化区内,也会在一定时期内形成不同的区域文化。就中国古代文化而言,也是
如此。在统一的中国文化背景下,不同历史时期出现了如楚文化、齐鲁文化、巴蜀文
化等不同形态的地域文化,敦煌文化也是如此。之所以称之为敦煌文化,是因为这
种文化的特质是在这一地域范围内表现出来的。更何况诸如齐鲁文化、巴楚文化之
类的地域文化,也是后来者根据这一地区的文化特质而命名的,是社会学所谓的"贴
标签"的方法,而并非当时人们的共识。文化之所以不同,在于其本身存在着与其他
文化不同的独立特质。

我们认为最能代表敦煌文化特质的历史时期有两个:一是十六国北朝时期;一
是唐宋时期,而这两个时期的敦煌都处于相对独立的时期。其主流文化形态在十六
国北朝时期表现为精英文化特征,在唐宋时期则表现为大众文化特征。

十六国北朝时期,正是统一的中原王朝分裂时期,包括敦煌在内的河西地区相

---

① ［英］爱得华·泰勒著,连树声译:《原始文化》,桂林:广西师范大学出版社,2005 年,第 1 页。

对独立,并先后在几个地方政权的统治之下。敦煌地区先后处在前凉、前秦、后凉、西凉和北凉政权的统治之下。在相对稳定的环境下,敦煌地区出现了与众不同的文化现象,而这种文化的主流则是由敦煌本土精英与外来精英共同创造的精英文化。持此说的理由是:(1)世代相传的家族之学是这一地域文化主要传承者。以经学文艺著称的河西世族,其代表人物都是当时的文化精英。(2)这些文化精英自己著书立说外,还通过学校教育传播、传承思想与学术。(3)他们的思想学说影响了当时及以后的文化发展的方向。得出这一结论,陈寅恪先生关于隋唐制度渊源的论述,对笔者的启示很大。

唐代前期,敦煌地区处在唐中央政权的统一管理之下,不仅再度成为唐政权经营西域的战略基地,同时也成为中西经济文化交流的重要通道,汇聚不同系统之文化,遂为唐前期敦煌社会发展之独特条件。如果从吐蕃统治敦煌算起,到11世纪50年代西夏统治的最后稳固,近300年敦煌社会实处于相对独立的发展状态,这是敦煌历史上又一特殊历史时期。对此,荣新江先生即指出:"归义军前期(晚唐)只是唐朝的一个军镇,但独立性十分强;而归义军后期(五代、宋初),实际已是一个地方王国,《宋史》入《外国传》,表明其在中国历史上的特殊性。"[①]正是这一历史的特殊性,形成敦煌历史上又一独特文化形态,而这一文化形态的表现形式则是大众文化。

之所以认为唐宋时期敦煌地区的主流文化为大众文化,一个明显的特点是十六国北朝时期以"家世之学"为代表的文化精英在唐宋时期并未出现,而这与隋唐门阀世族的衰落有直接的关系。与此历史趋势相适应,十六国北朝时期以"家世之学"为代表的文化精英在唐宋时期并未出现。从敦煌文献中的有关氏族谱牒资料,我们看到,以经学世家著称的敦煌张、李、氾、宋、索、阴等大族,在叙述家族历史时,所举代表人物皆为唐以前的知识精英,如 P. 2625《敦煌名族志残卷》所记敦煌索氏,S. 1889《敦煌氾氏家传》所记敦煌氾氏。在唐宋时期,像张湛、索敞、宋繇、宋纤、阴兴等这样的大儒,在敦煌大族中并未出现,像郭瑀、刘昞、阚骃这样以自己的思想学说影响社会的知识精英更是凤毛麟角。学者曾对吐蕃统治敦煌及归义军政权统治敦煌时期的敦煌本地文学作者进行钩稽,从其作品分析,他们的创作主要有以下几个方面:(1)文学创作以诗歌为主;(2)文类文学作品中以碑铭、书启、邈真赞、愿文居多;(3)学术著述属于地方性历史、地理、历日之类所占比重很大。因此,我们注意到,一方面,代表精英文学且从中原内地传入敦煌的文学作品,影响着敦煌本土士人,敦煌作

---

① 荣新江:《敦煌学十八讲》,北京:北京大学出版社,2001年,第27页。

者队伍水平的一般化,作品内容的实用化,并未影响中原甚至整个中国文学;另一方面,则是俗文学(讲经文、变文、因缘、话本、俗赋、故事赋、词文、曲子词、通俗诗)在敦煌大放异彩,并对敦煌大众的社会生活产生重大影响,这一点已为敦煌文学研究的丰硕成果所证实。敦煌文化的大众化特征于此可见一斑。即以佛教而论,除吐蕃统治敦煌及归义军初期的昙旷、乘恩、摩诃衍、法成等少数精英以自己的著述和思想影响敦煌佛教外①,以自己的佛教思想影响敦煌佛教生活的佛教精英并不多见,从归义军初期的佛教领袖洪辩、悟真,法成的弟子法镜、法海到五代时期的道真,大抵如此。如归义军初期的僧界领袖唐悟真,敦煌藏经洞保存的其个人著述主要有以下几类:邈真赞、碑记、诗文、功德记、牒状手批等,但不见其关于佛教思想的著作。五代时期,敦煌三界寺高僧道真董理众经②,其所收集整理的典籍,成为藏经洞文献的重要来源之一。但究其所学,则有《大般若波罗蜜多经》(BD02318,BD01362)、《金光明最胜王经》(BD08230 背)、《大乘五方便北宗》《五更转颂》(P. 2270)、《诸经要抄》(P. 2836)、《佛名经》(BD05788)、《四分律略颂》(S.4160)、《佛说无量寿宗要经》(S. 3452v)、《佛说护身命经》(P.2340v)、《佛说阎罗王授记经》(S.3147)、《释门文范》(P.2930)、《大目犍连缘起》(P.2193)等③,看不到道真自己的佛学著作。因此,就唐宋时期敦煌佛教的思想水平来看,主要是对内地精英思想的接受、转述和传播,与中原内地佛教精英思想水平仍然有着很大的距离,即便像昙旷、乘恩、摩诃衍等精英人物,我们也不能忽视他们在长安唯识学中心西明寺求学的背景。

　　一方面,唐宋时期,精英文化在敦煌地区被简约化、通俗化、生活化,成为一种为普通大众所接受的大众文化。另一方面,在日常生活中对民众产生影响的知识、技术与思想,则上升为与主流价值判断和道德标准相一致的大众文化,担负起传播知识和教育大众的职能。敦煌文献《杂抄》(又名《珠玉抄》《益知宝》)就被认为是"庶民常识的百科全书,它所包括的开地开辟以来的传说、日月星辰的知识、人民种族、四时八节的历数、山川形势、王朝更替、饮食器用的起源、忠臣孝子的轶事、阴德阳报的

---

　　① 有关的研究见上山大峻:《敦煌佛教研究》,京都:法藏馆,1990 年;戴密微著、耿升译:《吐蕃僧诤记》,兰州:甘肃人民出版社,1984 年;姜伯勤:《敦煌本乘恩贴考证》,载氏著《敦煌艺术宗教与礼乐文明》,北京:中国社会科学出版社,1996 年,第 380—394 页。如昙旷著:《大乘入道次第开决》《大乘百法明门论开宗义记》《大乘百法明门论开宗义决》《大乘二十一问》,乘恩著:《百法论疏》及《百法论疏钞》,摩诃衍著:《顿悟大乘正理决》,法成著:《瑜伽师地论讲义录》等,都对敦煌及吐蕃佛教产和过重大影响。
　　② 敦煌研究院藏 0345《三界寺比丘道真藏经目录题记》。
　　③ 池田温:《中国古代写本识语集录》,东京大学东洋文化研究所,1990 年,第 521—523 页。

实话、社交心得、道德实践方法等"。① 我们能够非常清楚地感受到日常生活的规则和社会生活的经验在大众的日常社会生活所起的作用。比如前引 P. 2721《杂抄》最后一节"辩金藏论法"中，就讲到"兄弟如手足，妻子如衣服，衣服破而再新，手足断而难续"，显而易见，这一思想不是来自制度和法律，而是来自社会生活的常识，②比如"孝"的观念，比如"父子"高于"夫妇"的观念，正是这些常识作为社会生活的规则，影响着当时人们的价值取向。再如《太公家教》中随处可见的如"近朱者赤，近墨者黑"，"人不可貌相，海水不可斗量"等俗谚与孔子"三人同行，必有我师焉"大师教诲一样，成为大众生活的常识，再一次向我们展示了社会生活的规则是如何上升为与主流价值判断和道德标准相一致的大众文化。如果我们注意到晚唐五代时期在敦煌大众社会生活中流行的"障车""下婿""去扇诗"等婚姻礼俗，是如何被写入当地士大夫家族亦行用的《今时礼书本》和《下女夫词》中③，我们就更不难发现这一事实。

此外，唐宋时期的敦煌佛教文化、道教文化及以阴阳五行为核心的数术文化，无一不表现出其所具有的大众文化特色。④

我认为，判断一个地区的文化主流，主要依据是在这一地区社会生活中影响人们行为的思想、信仰、价值观念，以及在文化传播与文明传承中影响文化发展方向的文化现象。我们对唐宋时期敦煌文化特质的判断，就是基于这一理由做出的。

二、大众、大众文化及其传播方式

我个人认为，大众是一个文化概念，而不是一个阶级划分，因此，大众的构成，并

---

①　[日]那波利贞:《唐钞本〈杂抄〉考——唐代庶民教育史研究の资料》，载氏著《唐代社会文化史研究》，东京:创文社，1977 年，第 225 页。

②　《左传》桓公十五年:"祭仲专，郑伯患之，使其婿雍纠杀之。将享诸郊。雍姬知之，谓其母曰:'父与夫孰亲?'其母曰:'人尽夫也，父一而已，胡可比也?'"(杨伯峻编著《春秋左传注》第一册，北京:中华书局，1981 年，第 143 页)可见"父子"高于"夫妇"的观念由来已久，到唐代已成常识。

③　姜伯勤:《敦煌社会文书导论》，台北:新文丰出版公司，1992 年，第 17—20 页。

④　有关的论述见拙著:《社会生活的常识、经验与规则及其思想史意义——以唐宋时期敦煌地区为中心》，《敦煌研究》2006 年第 4 期;《再论佛教的大众化与唐宋时期敦煌大众的佛教知识与思想》(一)，中国文化遗产研究院编《出土文献研究》(第十辑)，北京:中华书局，2011 年;《再论佛教的大众化与唐宋时期敦煌大众的佛教知识与思想》(二)，中国文化遗产研究院编《出土文献研究》(第十一辑)，上海:中西书局，2012 年;《数术在唐宋敦煌大众生活中的意义》，《南京师大学报》2012 年第 2 期;《唐宋时期敦煌道教大众化的特征》，《敦煌研究》2015 年第 2 期;《唐宋时期敦煌大众的道教知识与思想》，《敦煌研究》2015 年第 3 期。

不仅仅是我们传统意识中的普通民众和下层百姓,也包括社会上层和普通知识分子,涵盖了除少数社会精英之外的各阶层。顾名思义,大众文化就是由大众创造并传播的文化。在实际生活中,他们占全社会人口的大多数,因此,大众文化是一个民族文化的深厚基础,尤其是在特定的区域内,大众文化往往会成为社会生活中影响人们行为的思想、信仰、价值观念的主流文化。当然,我们在这里强调大众文化,并不否认它与精英文化的相互影响、相互整合和相互转化。

　　学术界认为"大众文化"这一概念最早出现在美国哲学家奥尔特加《大众的反叛》[①]一书中,主要指的是一地区、一社团、一个国家中新近涌现的,被大众所信奉、接受的文化。大众文化的概念和内涵,社会各界众说不一,目前尚无统一的标准,但比较一致的看法是,大众文化是一种产生于 20 世纪城市工业社会、消费社会的,以大众传播媒介为载体并且以城市大众为对象的文化形态。商品性、通俗性、流行性、娱乐性、开放性是其基本的特征。那么,具体到以农业经济为主的中国古代社会,是否存在大众文化呢? 答案是肯定的。笔者认为,敦煌藏经洞出土文献及敦煌石窟艺术为我们理解唐宋时期敦煌地区大众文化提供了最好的文本资料和图像资料,通过对这些资料分析研究,我们就会得出如上结论。

　　大众文化的发展,与大众文化的传播方式有很大的关系。就唐宋时期的敦煌地区而言,大众文化的传播方式主要有:

(一)唐宋时期敦煌文学的传播

　　对于敦煌文学的传播途径,李正宇先生曾指出,敦煌文学的传播方式,大体上有口头传播、抄写传播、刻刊传播和题写传播四种。口头传播主要以讲唱文学为主,这种传播方式极具开放性,"普及易懂、雅俗共赏。不论识字与否,不论眼亮目盲,不论男女老少,都可以接受、可以欣赏"。[②] 事实上,敦煌文学中的讲唱文学如变文、小说、讲经文、缘起、俗赋、词文等,确实面向的整个社会,其大众性的性质显而易见的。由此,我们特别注意到敦煌文学与社会生活中的各种集会、全民性节庆活动、各种仪式的关系。如我们熟知的变文、讲经文、下女夫词、儿郎伟、曲子词、愿文等就与社会

---

　　①　[西班牙]奥尔特加·加塞特,刘训练、佟德志译:《大众的反叛》(The Revolt of the Masses),长春:吉林人民出版社,2004 年。

　　②　颜廷亮主编:《敦煌文学概论》第三章(本章为李正宇先生撰写),兰州:甘肃人民出版社,1993 年,第 106—122 页。

生活中的俗讲、斋会、婚仪、丧礼、驱傩、岁时、祭神祭祖等有直接的关系①,而这些活动往往具有明显的仪式性质。而在这些仪式场合,由于仪式的开放性和全民性,影响到敦煌文学的受众不仅仅局限于某一个特定的阶层,而是社会各个阶层。从这个意义上说,敦煌文学受众的大众化是显而易见的。

(二)敦煌石窟艺术的传播

敦煌石窟艺术,是以视觉传导方式传播佛教的重要手段。唐宋时期经变画的出现,更是佛教大众化的视觉传播方式。②

(三)岁时节庆的传播

唐宋时期,敦煌的岁时节庆,既有传统的世俗节日活动,如岁末驱傩、春节、元宵、清明、端午、中秋、冬至、腊日等,也有与宗教有关的节庆活动。敦煌地区与佛教有关的节日,学者们已做过不少探讨③,而谭蝉雪先生的有关研究,最为全面和系统。④ 根据谭先生的研究成果,唐宋敦煌地区的佛教岁时活动主要是每年正月的安伞及十五的上元燃灯,二月八日的行像,四月初八的浴佛,七月十五的盂兰盆会,腊月初八的莫高窟遍窟燃灯等,此外,在一些传统的节俗中,敦煌地区僧俗也举行有关

---

① 关于敦煌文学与仪式的关系,学者还通过敦煌写卷的杂抄性质加以说明。如伏俊琏先生就指出:"一些写卷中不同体裁的作品杂乱地抄在一起,表明他们是在某些仪式中共同传诵使用的底本。比如 P. 2633 正面抄写《龃龉新妇文》、尺牍、《酒赋》、《崔氏夫人要(训)女文》、《杨满山咏孝经十八章》。除了尺牍为抄手随意抄写的之外,其他 4 篇作品都是唱诵作品。而且有着共同的唱诵仪式:《崔氏夫人训女文》当然是母亲在女儿出嫁前的训导词,《咏孝经十八章》是婚仪上证婚人对新人唱诵的词章,要求新人孝敬父母,这两首是庄重之词;《龃龉新妇文》则是闹新房时对新娘的戏谑调侃之词,《酒赋》也是婚宴上酒酣之时的噱头,由类似于俳儒俳优者表演唱诵。"此论或可为我们提供一新视角。(伏俊琏:《敦煌文学总论》,兰州:甘肃教育出版社,2013 年,第 13 页。)

② 对此问题的论述,见拙著:《佛教的大众化与敦煌石窟——以经变画为中心》,载《2005 年云冈国际学术学术研讨会论文集·研究卷》,北京:文物出版社,2006 年 8 月,第 591—606 页。

③ 如谢和耐在讨论敦煌寺院的供物情况时,述及敦煌地区佛教节日,见谢和耐著、耿昇译:《中国五——十世纪的寺院经济》,兰州:甘肃人民出版社,1987 年,第 246—249 页;张弓:《敦煌春月节俗探讨》,《中国史研究》1989 年第 3 期;张弓:《敦煌秋冬节俗初探》,载于《1990 年敦煌学国际研讨会文集·史地语文编》,沈阳:辽宁美术出版社,1995 年,第 586—600 页;郝春文:《唐后期五代宋初敦煌僧尼的社会生活》,北京:中国社会科学出版社,1998 年,第 229—235 页;童丕《从寺院帐簿看敦煌二月八日节》、王微:《春祭——二月八日节的佛教仪式》,两文载《法国汉学》第五辑《敦煌学专号》,北京:中华书局,2000 年,第 58—106 页、第 107—126 页。

④ 谭蝉雪:《敦煌岁时文化导论》,台北:新文丰出版公司,1998 年。

佛事活动。这些活动的最大特点是它的仪式性和对大众的开放。学者指出："岁时节日是民众精神的聚焦，节日是民众愿望的表达，对传统的尊重与认同是古代民众一般共有的心理，岁时节日仪式的反复举行成为人们沿续文化传统的特定方式。"①

(四)以宗教信仰为内容的各类宗教活动

1. 佛教传入中国后，经过魏晋南北朝时期的大众化过程，到隋唐时期，已完成大众化的进程。至少晚唐五代时期，大众化的佛教信仰已经成为敦煌地区主流的佛教信仰。大众佛教的传播方式，也就成为大众文化传播的内容之一。如唐宋时期，敦煌地区每年岁末年初的道场(四门结坛)，每年十二月结坛转经，三长斋月的斋戒、水则道场以及为自然灾害，生老病死，战乱之灾等举办各种法事，都是传播大众佛教的手段和场所。敦煌文献中有名目繁多的"患文"，如《为宰相病患开道场文》《僧患文》《尼患文》《丈夫患文》《父患文》等都是当时僧俗群众为不同身份、不同地位的患者在生病期间进行佛事活动所用的发愿文②，希冀"药王、药上，授与神方；观音、妙音，施其妙药。醍醐灌顶，法雨润身；万福云臻，千灾雾倦(卷)。身病心病，即日消除，卧安觉安，身心轻利"。③ 如金山国时期，敦煌既恐"霜风早降，致伤西作之苗"，又恐"螟蝗更飞，中殒东成之实"，每遇水旱霜蝗之事，则"置坛场于野次，列金象于田畴。延僧开般若之真诠，慕法师声扬于大教"，以致"钟磬之声遍野，经声梵赞连天"，目的即在于"息霜蝗之难"。④ 至如写经造像、印沙、脱佛、脱塔等佛事活动，更具大众传播方式。

2. 至于土生土长的道教，唐宋时期同样完成了其大众化的过程。写经供养，道教俗讲，道教仪式、技术在大众中的传播，道教知识精英对道教大众化的推动，都成为大众化道教传播的主要方式。⑤

(五)学校教育的传播

就大众文化的传播而言，唐宋时期敦煌流传的童蒙读物当为首选。童蒙读物中

---

① 萧放：《岁时——传统中国民众的时间生活》，北京：中华书局，2002年，第105页。

② 见黄征、吴伟编校：《敦煌愿文集·患文类》，长沙：岳麓书社，1995年。

③ S.5561《尼患文》。

④ P.3405。拙著：《〈金山国诸杂斋文范〉11篇札记》有录文，见《敦煌佛教文化研究》，《社科纵横》1996年增刊，第45页；P.4640《己未—辛酉年(899—901)归义军军资库布纸破用历》，庚申年六月二日"壤(穰)送蝗虫，钱财粗纸壹帖"。

⑤ 详细的论述见拙著：《唐宋时期敦煌道教大众化的特征》，《敦煌研究》2015年第2期。

的大众文化内容,已为人们所共识。如敦煌文献《杂抄》(又名《珠玉抄》《益知宝》)就被认为是"庶民常识的百科全书,它所包括的开地开辟以来的传说、日月星辰的知识、人民种族、四时八节的历数、山川形势、王朝更替、饮食器用的起源、忠臣孝子的轶事、阴德阳报的实话、社交心得、道德实践方法等"①。而敦煌藏经洞出土文献中诸多学郎题记表明,经典教育之外,许多反映大众知识与思想的作品也成为学生读本。② 特别是中唐以来,敦煌地区寺学的兴起与发展,更是助长了大众文化的传播。

三、敦煌大众文化的意义

我们认为,唐宋时期敦煌大众文化至少有以下几方面的意义:

(一)唐宋敦煌大众文化的价值取向直指民生,这成为唐宋时期敦煌地区长期相对稳定的文化原因

《辞海》对民生的解释为"人民的生计"③,可见民生问题关注的首先就是人民的生活问题。而从现代社会层面的角度来看,所谓民生,主要是指民众的基本生存和生活状态,以及民众的基本发展机会、基本发展能力和基本权益保护的状况,等等。从古到今,民众的生存与生活状态,一直是民生问题的主要内容。而唐宋时期,敦煌大众文化的价值取向,恰恰指向民生。我们首先来探讨唐宋时期敦煌大众的生活观念与普遍想法。《敦煌变文集》收录句道兴《搜神记》一卷,其中一条孔子与一位老人的对话,曰:"昔孔子游行,见一老人在路,吟歌而行,孔子问曰:'脸有饥色,有何乐哉?'老人答曰:'吾众事已毕,何不乐乎?'孔子曰:'何名众事毕也?'老人报曰:'黄金已藏,五马与绊,滞货已尽,是以毕也。'孔子曰:'请解其语。'老人报曰:'父母生时得供养,死得葬埋,此名黄金已藏。男已娶妇,此名五马与绊。女并嫁尽,此名滞货已尽。'孔子叹曰:'善哉善哉,此皆是也。'"④在这段对话中,老人感到最欣慰的事就是

---

① 〔日〕那波利贞:《唐钞本〈杂抄〉考——唐代庶民教育史研究の资料》,载氏著《唐代社会文化史研究》,东京:创文社,1977年,第225页。更深入的研究,可参考郑阿财、朱凤玉:《敦煌蒙书研究》,兰州:甘肃教育出版社,2002年。

② 参李正宇:《敦煌学郎题记辑注》,《敦煌学辑刊》1987年第1期;拙著:《浅谈唐宋时期敦煌地区的学生生活》,《敦煌研究》1999年第4期。

③ 《辞海》(下),上海:上海辞书出版社,1979年,

④ 王重民等:《敦煌变文集》(下),北京:人民文学出版社,1957年,第888页。

在他家庭里,老有所养,老有所终,子女们都已成家立业,有了各自的生活,这样的家庭,对一个普通民众来说,还有什么不能让他感到欣慰和幸福呢? 所以,尽管"脸有饥色",但这位老人却"吟歌而行",快乐与幸福溢于言表。这段对话尽管不是历史的真实,但却反映了唐宋时期敦煌大众的生活观念与普遍想法。对普通大众来说,他们追求的不是终极性的精神超越,而是现实生活的利益,"黄金已藏,五马与绊,滞货已尽"正是一个普通百姓所追求的人生目标所在。对于唐宋时期的敦煌大众来说,家族的兴旺,子孙的繁衍,五谷的丰登,个人命运的改变,正是他们的人生目标,也是敦煌大众的生活观念与普遍想法,这也是敦煌大众基本的民生问题。这种观念和想法,在敦煌文献中比比皆是,此仅举两例以证之。

其一,《唐六典》卷十四"太常寺"条记载:"凡阴阳杂占,吉凶悔吝,其类有九,决万民之犹豫:一曰嫁娶,二曰生产,三曰历注,四曰屋宅,五曰禄命,六曰拜官,七曰祠祭,八曰发病,九曰殡葬。"[1]《唐六典》里提到的决万民之犹豫的九个方面,是唐政府允许普通大众使用的占卜术,它所涵盖的内容,正是大众日常生活中最为关心的问题。敦煌文献中的具注历,是唐宋时期敦煌地区使用的历日,特别是9—10世纪的敦煌历日,多为敦煌地区自编的历书,如果对其中的吉凶注加以考察的话,我们不难发现它和《唐六典》的记载有许多相同之处。根据邓文宽先生整理的《敦煌天文历法辑校》[2],我们将其中的吉凶注分为以下几类:第一,日常生活类,如嫁娶、结婚、殡葬、加官(拜官)、拜谒、入学(学问)、剃头(洗头)、沐浴、坏屋、修宅、上梁、安床、扫舍、裁衣、治病、服药、移徙、出行、升坛等;第二,农牧业生产类,如种莳、斩草、伐木、通渠、渔猎、起土、塞穴、修造、作井、修井、造车、修堤、修城郭、修仓库、修碉等;第三,商业贸易类,如入财、市买、纳财、买六畜等;第四,祭祀、禁忌与解禳类,如祭祀、祀灶、祀宅神,血忌、归忌,镇压、解除、符镇、符解等[3],以上统计与分类虽不十分准确,但我们不难看出,这些内容基本涵盖了敦煌大众日常生活的方方面面。

其二,是笔者2013年访学巴黎时对照原卷过录的P.2837V《辰年支刚等施入疏

---

① (唐)李林甫等撰,陈仲夫点校:《唐六典》卷14,北京:中华书局,1992年,第412—413页。

② 邓文宽:《敦煌天文历法辑校》,南京:江苏古籍出版社,1996年。

③ 关于吉凶注的分类,刘永明《敦煌道教的世俗化之路》(《敦煌学辑刊》2005年第2期)将其分为5类。法国学者华澜则将敦煌历日中的选择活动分为15类,更为细致,但所述内容则与我们的分类大同小异。见华澜著,李国强译:《敦煌历日探研》,载于中国文物研究所编《出土文献研究》(第七辑),上海:上海古籍出版社,2005年。至于具注历中的神煞考释,邓文宽先生有详细的考论,见氏著《敦煌具注历日选择神煞释证》,载于《敦煌吐鲁番研究》(第八卷),北京:中华书局,2005年,第167—206页。

十四件》①，因是亲眼所见，颇有意义，故特迻录如下，文献的时代学者一般认为是吐蕃统治敦煌时期。

（前缺）

粟壹硕，施入修造。

右弟子所施意者，为慈母染患，未能痊减。今投道场，请为念诵。

辰年正月卅日弟子支刚疏。

白布裙壹（腰?），施入修造。

右弟子所施意者，为己身染患，未能痊损。今投道场，请为念诵。

辰年正月卅日女弟子无名疏。

布壹丈，施入修造。

右弟子所施意者，己身染患，圣力加持，似得减损。今投道场，请为念诵。

辰年正月卅日女弟子王氏疏。

前壹拾柒道疏。卅日，荣照。

胡粉半两，施入修造。镜一面，施入行像。（荣照）

右所施意者，为慈母舍化以来，不知神识，今頭（投）道场，请为忏念。

二月八日女弟子十二娘疏

白杨树壹根，施入修造。

右弟子所施意者，为亡母愿神生净土，今頭（投）道场，请为念诵。

二月八日弟子康为谨疏。

（中空）

---

① 本卷录文，笔者所知，最早当为20世纪70年代末池田温先生《中国古代籍帐研究》一书中的录文，中国学者录文较早者当为唐耕耦、陆宏基二位先生，文见《敦煌社会经济文献真迹释录》（三），北京：全国图书馆文献缩微复制中心，1990年，第59—63页。笔者2013年巴黎访学时，在国家图书馆对照原卷过录一遍。

杷豆三颗，龙骨少多，并诸杂药，施入修造。（荣照）

右弟子所施意者，愿报平安，今頭（投）道场，请为念诵。

二月八日，弟子杜善和疏。

布八尺，施入修造。

右所施意者，愿合家平安，请为念诵，今頭（投）道场，乞垂家护。

八日弟子无名疏。

米壹榠，施入修造。

右所施意者，合家愿报平安。今頭（投）道场，请为念诵。

二月八日弟子无名疏。

发五箭，施入修造。（荣照）

右女弟子所施意者，为弟西行，愿无灾难，早得回还。今投道场，请为念诵。

二月八日女弟子无名谨疏。

绯绢五尺，施入修造。

右弟子所施意者，为慈母昨因励疾，今得痊平，报佛慈恩，希沾福利。今投道场请为念诵。

二月八日弟子李小胡谨疏。

白绫头肃（绣）袜一量，草禄绢衫子一，已上施入修造。（荣照）

右女弟子所施意者，为过慈父没化已来，不知神识，落在何道。今投道场，请为忏念。

二月八日女弟子宋氏谨疏。

芘籭五扇，施入修造。　　　　　　　　　（荣照）

右弟子所施者，为见存慈母，卒染时疾，药食虽投，未蒙痊（损），虑恐多生垢感，见世尤。今对慈尊发露忏悔，请为忏念。

二月八日弟子张意子谨疏。

麦壹石、粟壹石,施入修造。

右弟子所施意者,一为亡过慈母,愿得神生净土;二为见存慈父、今患两目,寝餐不安,日夜酸痛,无计医疗。今投道场,请为念诵。

二月八日弟子无名谨疏。

椽五根,施入修造。(荣照)

右弟子所[施]意者,为慈母染疾已来,已经旬日,渐似注(赢?),未蒙瘳减。今投道场,请为念诵。

二月八日弟子男雷志德谨疏。

(以下空白)

如果我们将 P.2837V《辰年支刚等施入疏十四件》列表如下,我们即可看到布施者的身份及布施的主要原因。

将 P.2837V《辰年支刚等施入疏十四件》列表

施主姓名	施舍时间	施舍地点	施舍原因	施舍内容、数量	施舍去向
弟子支刚	辰年正月卅日	今投道场,请为念诵	为慈母染患,未能痊减	粟壹硕	施入修造
女弟子无名	同上	同上	为己身染患,未能痊损	白布裙壹(腰?)	同上
女弟子王氏	同上	同上	己身染患,圣力加持,似得减损	布壹丈	同上
女弟子十二娘	二月八日	今投道场请为忏念	慈母舍化以来,不知神识	胡粉半两镜一面	施入修造施入行像
弟子康为	同上	今投道场请为念诵	为亡母,原神生净土	白杨树一根	施入修造
弟子杜善和	同上	同上	愿报平安	杷豆三颗,龙骨少多,并诸杂药	施入修造
弟子无名	同上	今投道场乞垂家护	愿合家平安	布八尺	施入修造
弟子无名	同上	今投道场,请为念诵	合家愿报平安	米壹槃	施入修造
女弟子无名	同上	同上	为弟西行,愿无灾难,早得回还	发五箭	同上
弟子李小胡	同上	同上	慈母昨因励疾,今得痊平报佛慈恩,希沾福利	绯绢五尺	同上

续表

施主姓名	施舍时间	施舍地点	施舍原因	施舍内容、数量	施舍去向
女弟子宋氏	同上	今投道场请为忏念	为过慈父没化以来，不知神识，落在何道	白绫头肃（绣）袜一量，草禄绢衫子一	同上
女弟子张意子	同上	请为忏念	为见存慈母，卒染时疾，药食虽投，未蒙痊（损），恐虑恐多生垢感，见世尤，今对慈尊发露忏悔	芘籬五扇	同上
弟子无名	同上	今投道场，请为念诵	一为亡过慈母，愿得神生净土；二为见存慈父、今患两目，寝馔不安，日夜酸痛，无计医疗	麦壹石、粟壹石	同上
弟子男雷志德	同上	同上	慈母染疾已来，已经旬日，渐似注（羸？），未蒙瘳减	橡五根	同上

　　从列表中我们可以看出，向寺院布施的各位施主，基本都是普通民众，布施的原因，就是以此为功德，求得家人及自身消灾免难，平安幸福。

　　我们在百度搜索引擎上查到，百度百科对民生问题意义的解释是："从人权角度看，就是人的全部生存权和普遍发展权。从需求角度看，民生是指与实现人的生存权利有关的全部需求和与实现人的发展权利有关的普遍需求。前者强调的是生存条件，后者追求的是生活质量，即保证生存条件的全部需求和改善生活质量的普遍需求。"如果我们从这角度去理解唐宋时期的大众文化，我们就可以发现，唐宋时期敦煌大众的生活观念与普遍想法，至少在思想上反映了敦煌大众"保证生存条件的全部需求和改善生活质量的普遍需求"，体现着一种人文本质和人文精神。敦煌大众文化的价值取向，正是满足了敦煌大众的精神期待和心理需求，关注着敦煌大众的民生问题，因而成为唐宋时期敦煌地区长期相对稳定的文化原因。

（二）唐宋时期敦煌大众文化的开放性、兼容性特征，使敦煌文化超越地域限制而具有世界意义，这正是敦煌文化的独特之处

　　大众文化的开放性，就是强调世人平等享受文化的权利；大众文化的兼容性，则在于不断吸收外来文化与自身文化相融合。在这种开放的文化背景下，唐宋时期，敦煌地区居住着不同的民族，接纳了来往于丝绸之路上的商贾、僧侣、使节，敦煌地区汇聚了各种不同的文化，因而使敦煌地区成为丝绸之路上的一个国际文化都会，从这个意义上来说，敦煌文化就不是一般意义上的地域文化，而是成为超越时空、具有世界意义的文化。

在此,我们特别注意到外来文化的大众化问题。对此,我们想以林悟殊先生对唐代三夷教社会走向的研究来略加申说。林悟殊先生指出,进入唐代中国的摩尼教,正是属于带有深厚佛教色彩的中亚摩尼教团。"敦煌发见的唐代摩尼教写本《下部赞》,显然是专为一般平(民?)信徒(即'听者')编译的,也即面向一般百姓。""在唐代,摩尼教不为朝廷认同(武后例外);但其经典显然是在民间,尤其是下层流行。"结合敦煌发现的汉文景教文献《志玄安乐经》及其史料,林悟殊先生做出了景教在中国"方伎化"的猜想。① 林先生的研究成果提示我们,唐宋时期存在于敦煌的外来文化,更具有大众文化的色彩。在开放的背景下,外来文化与本土文化在敦煌和平地交流,没有发生冲突,从而产生了多种文化交相辉映的敦煌文化。

百余年来,由于敦煌藏经洞文献的出土,学者们对不同文化在敦煌地区汇流的研究成果累累,不能一一指出,但学者的研究成果很少指出促成多元文化在敦煌交流的大众文化背景,唯其如此,我们才能真正认识敦煌文化的意义所在。

(三)唐宋时期敦煌大众文化映衬出唐宋时期中国文化的辉煌

常书鸿先生曾如此评价敦煌石窟艺术,他认为:"敦煌是一个大画廊,陈列着从两晋到元代 1000 多年间的艺术代表作,它们的作者主要是画工、画匠,没有社会地位,住的是邻近和野人洞差不多的山洞,靠着对宗教的虔诚,一代代毕生从事于壁画和彩塑的创作。他们并不留恋什么残山剩水,也不主张什么胸中丘壑,而是切切实实地描绘社会生活和理想中的佛家世界,使人们喜闻乐见。他们的笔触刚劲有力,线条流畅完美,美轮美奂。画工所形成的淳朴而浑厚的画风与后来中国文人画的绘画风格,是两种不同的风格和路子,我认为这是中国艺术的正宗和主流。"②对常先生的评价,依个人理解,在于说明敦煌石窟艺术是以普通大众为主体创作的大众石窟艺术。这恰恰从艺术层面上证明了敦煌文化的大众化特征。而《历代名画记》里所记长安城西北角的千福寺,被认为是"唐代的博物馆",其中壁画就是当时著名画家杨廷光、吴道子、卢棱伽、韩干等所绘,可惜现在已荡然无存了。

我们知道,唐宋中国文化的中心在长安,但由于历史的原因,大多优秀文化都没

---

① 林悟殊:《唐代三夷教的社会走向》,载荣新江主编《唐代宗教信仰与社会》,上海:上海辞书出版社,2003 年,第 359—384 页。

② 常书鸿:《九十春秋》,杭州:浙江大学出版社,1994 年,第 74 页。

有保存下来,但幸存下来的敦煌石窟艺术及敦煌藏经洞文献所表现出的敦煌大众文化却表明,唐宋时期远离文化中心的敦煌文化都是如此绚丽,而以文化中心长安为代表的中国文化不知该有多么伟大辉煌啊!

(四)敦煌文化见证了丝绸之路阻断情况下的中西文化交流

我们以吐蕃统治敦煌时期为例。安史之乱后,吐蕃乘唐大军东调,西北兵力空虚之际,攻占河西。贞元二年(786),吐蕃军队占领敦煌,敦煌从此进入吐蕃统治时代(786－848)。

《新唐书》卷二一六下《吐蕃传》载:

始,沙州刺史周鼎为唐固守,赞普徙帐南山,使尚绮心儿攻之。鼎请救回鹘,逾年不至,议焚城郭,引众东奔,皆以为不可。鼎遣都知兵马使阎朝领壮士行视水草,晨入谒辞行,与鼎亲吏周沙奴共射,彀弓揖让,射沙奴即死,执鼎而缢杀之,自领州事。城守者八年,出缯一端募麦一斗,应者甚众。朝喜曰:"民且有食,可以死守也。"又二岁,粮械皆竭,登城而谯曰:"苟毋徙佗境,请以城降。"绮心儿许诺,于是出降。自攻城至是凡十一年。赞普以绮心儿代守。后疑朝谋变,置毒韠中而死。州人皆胡服臣虏,每岁时祀父祖,衣中国之服,号恸而藏之。①

这段为学者所熟习的记载中,人们强调敦煌军民在"勿徙他境"的条件下,与吐蕃结盟而降,意在指出吐蕃对敦煌文化的保存。这一点在敦煌文献中也得到证实。

《张淮深变文》记载,唐中央政府派人至敦煌时所见的情况是:

尚书授敕已讫,即引天使入开元寺,亲拜我玄宗圣容。天使睹往年御座,俨若生前。叹念燉煌虽百年阻汉,没落西戎,尚敬本朝,余留帝像。其於(余)四郡,悉莫能存。又见甘凉瓜肃,雉堞彫(凋)残,居人与蕃丑齐肩,衣著岂忘于左衽。独有沙洲一郡,人物风华,一同内地。天使两两相看,一时垂泪,左右骖从,无不惨怆。②

对于敦煌在吐蕃统治下的情况,日本学者前田正名指出:"沙州在汉人聚居地的

---

① (宋)欧阳修等:《新唐书》卷 216 下《吐蕃传》,北京:中华书局,1975 年,第 6101 页。
② 黄征、张涌泉校注:《敦煌变文校注》卷 1《张淮深变文》,北京:中华书局,1997 年,第 192 页。

河西具有独特的重要意义,虽然为诸胡杂居的环境所包围却仍维持了传统的农耕生活,生活习俗也与陷蕃前大致相同。"①所以吐蕃统治敦煌及对敦煌文化的保存,凸显了敦煌作为"中原文化的西陲屏障"②的作用。

荣新江先生在关注吐蕃对敦煌文化保存的同时,更强调吐蕃统治时期丝绸之路上的文化交流。传统观点认为,吐蕃占领河西及西域后,阻断了中西往来的交通路线。荣新江先生指出,斯坦因所获藏文写本 Ch83.xi 号,背面抄有五封藏文信札,主要内容是介绍一位汉地和尚前往印度取经,发信者一些吐蕃官人,请求和尚所经之地关照这位僧人。五封信连写在同一卷上,看来是保存在和尚手边的副本。文中提到和尚已经经行的最后一站是沙州,这些信的副本至此已无用途,故留在了敦煌。由此可知,吐蕃对河陇的占领,并未中断中印之间佛教徒的往来。③

不仅吐蕃统治时期,而且在归义军统治时期,中原王朝统一形式下的丝绸之路,也处于阻断状态。事实上,自吐蕃统治到归义军统治的 250 余年间,丝绸之路上的文化交流一直没有中断。敦煌文化的意义,就在于它保存了中原王朝分裂、丝绸之路阻断状态下,中西文化交流仍然继续的事实。

(五)理性认识敦煌文化的地位

当然,我们也要理性地认识敦煌文化的地位,敦煌文化虽有自己独特的文化属性,但毕竟只是中国文化的一部分,过分夸大敦煌文化的地位,就会产生以敦煌文化代替中国文化的错觉。丝绸之路在不同的历史时期有不同的走向,丝绸之路上一些地域、城镇,在不同时期历史时期都对丝绸之路文化交流做出了贡献,敦煌只是其中的一个点。

(作者单位:敦煌研究院)

①　[日]前田正名著,陈俊谋译:《河西历史地理学研究》,北京:中国藏学出版社,1993年,第268页。
②　此观点的提出,参见颜廷亮:《敦煌文化》,北京:光明日报出版社,2000年,第495-509页。
③　此据荣新江先生2015年8月在敦煌参加"2015敦煌与中外关系国际学术研讨会"所提交的论文《吐蕃统治时期的中西交通》(未完稿)。

"海上丝绸之路"略谈

马建春

　　"海上丝绸之路"是由古代东西方人民开通,连接亚、非、欧三洲的海上交通大动脉,是古代中国与南海、印度洋沿岸国家及非洲、欧洲诸国物质和精神文明双向交流的通道。通过这条航道,古代东西方国家不断输入新鲜血液,促进了其肌体的新陈代谢和营卫调和;同时沿线国家通过海上交通干道所系连的分支网络,交流往来,取长补短,促进了各自的发展。就此意义来讲,"海上丝绸之路"是古代亚、非、欧各国走出封闭,打破孤立,开启门户,放眼世界的助推剂。

　　古代"海上丝绸之路"不仅是商贸之路,也是和平友好之路,更是文明互动之路。"21世纪海上丝绸之路"的倡议构想和规划建设,为这一传统的交通平台提供了新的机遇和广阔的空间。故挖掘"海上丝绸之路"历史资源,梳理其文化遗产,为"一带一路"提供可资汲取的营养,发挥文化引领的作用,以此赢取"海上丝绸之路"沿线国家人们的认同、信任和尊重,进而助推中国与沿线国家多层次、多渠道的互动与交往,是十分必要的。

一、"海上丝绸之路"获益于东西方之共同开拓

　　众所周知,"丝绸之路"一名由德国地质学家李希霍芬于晚清对中国多次考察后,首先在其《中国》一书中提出,原仅指中西陆上通道。此名出现于学界后,一些学者以为古代丝绸不仅经由陆道运往西方,也通过海上航路。法国汉学家沙畹(1865—1918)因此在其所著《西突厥史料》中提出,"丝路有海陆两道"。之后日本学者三杉隆敏以此为名,于1967年出版了《探索海上的丝绸之路》一书,香港学者饶宗颐先生乃亦以"海上丝绸之路"之名进行相关学术研究,学界遂相沿成习,乃有此称。

　　古代"海上丝绸之路"航道的开辟与拓展,非由一朝一代完成,亦非由一地一方所主导。其航道的开辟及海上网络的不断扩展,获益于古代东西方人民的共同开拓。

　　大约在战国时期,岭南地区与南海诸地已有海上间的往来。秦一统中国,于岭南设番禺、桂林、象郡三郡,辖地直达南海沿岸。汉代岭南或已通过越南中北部港口与东南亚、印度次大陆建立了海上联系。广州南越王墓出土实物中的波斯银盒、中东玻璃器,表明其时岭南与中东间经印度为中转地的海上贸易航道已经开通。《汉书·地理志》即载录这时由雷州半岛或汉朝控制下的日南,经由马六甲海峡到印度东海岸黄支(今马德拉斯一带)的航路,并指出其时船舶往返一次需 20 余月。此时马来人在东南亚地区的航运中亦颇为活跃,他们的船舶向北驶达汉朝辖属诸港口,向西或已进至印度洋西岸。而印度人亦于这时向东航行至马来半岛和中南半岛,其西向的船舶则已达红海港口和东非海岸。此前及与此同时,西方的埃及人、叙利亚人、希腊人、波斯人在地中海、红海及印度洋水域已有规模性的航海活动。

　　西汉末,陆上丝绸贸易的开展,使得位于伊朗高原的帕提亚(安息)商人基本操纵了这一商业活动。为了能与中国直接进行丝绸交易,地处西方的罗马帝国寻求绕过帕提亚的海上通道。《后汉书·西域传》就此载道:"其王常欲通使于汉,而安息欲以汉缯绿与之交市,故遮阂不得自达。"约在 1 世纪中期,罗马人希帕罗斯于阿拉伯人处掌握了利用印度洋季风航行的方法。于是,经红海东航印度的罗马船只开始逐渐增多,他们"与安息、天竺交市于海中"。成书于 1 世纪 80 年代的《爱利脱利亚海周航记》遂已谈到秦尼城出产的丝及丝织品经由陆路运至印度南部,再被海运至西方的史实。至 2 世纪中叶,托勒密《地理志》又讲到自中国都城秦尼,有一西南行的道路可通海港喀底格拉,李希霍芬以为该港即汉属的交趾。后罗马船只还曾直接驶往交趾与中国通好,史载"桓帝延熹九年(166)大秦王安敦遣使自日南徼外献象牙、犀角、毒瑁,始乃一通焉"。

　　两晋南北朝时,佛教于中国获得广泛传播,中、印两国僧侣往来频繁,当时来广州和建康(南京)的国外高僧,似乎都由海道入华。东晋时,高僧法显前往印度取经,后由海上回国。据其《佛国记》载,时印度恒河口的师子国(斯里兰卡)到耶婆提(印尼爪哇),再至广州均有商人大舶。这些船舶除运输货物外,尚可载客 200 多人,乘客多为商人。商船一般"赍五十日粮",因"常行时正五十日便到广州"。

　　这时由波斯湾及红海诸港口出发的船舶,其东航停泊之地主要在南印度的泰帕洛班等港口。印度人仍在东西方航道上发挥着中介作用,他们于东南亚建立商业据点,航程通达交趾与广州。而自 6 世纪起,地处南海的室利佛逝,亦已建有颇具规模的海上军事力量,控扼了马六甲海峡与巽他海峡。他们改进港口,征收船舶过境税,一度控制着东南亚地区的航运。至唐初,印度人虽依然是东西方海上贸易的重要参与者,但这一时期由海上来华通好的国家,较之以前增加不少。除南海诸国及印度外,尚有西亚、东非海岸地区的商旅。《通志》(卷198)即载:"旧时所未通者,重译而至,又多于梁隋焉"。

唐代中期,地处欧洲与东方之间的阿拉伯(大食)帝国兴起。其时西域交通自"安史之乱"后,渐趋萧条,甚或衰败。故这一时期东西海上交通日益进步,西方商旅在与东方的交往中,多舍陆路而取海道。大食帝国所属波斯湾、红海沿岸港口遂成为航海活动的中心,且由中东地区至中国的海上交通较之以往大为扩展,自红海、波斯湾直接航行到中国的路线亦已彻底开通。由巴格达,经波斯湾东出霍尔木兹海峡,穿过印度洋,经斯里兰卡、尼科巴群岛,绕马来半岛,由南海而至交州,或广州、福州、泉州,或北上扬州的航线已成为海上繁忙的贸易路线。且随着大食帝国国势鼎盛,阿拉伯人将罗马人、希腊人、印度人排斥在东来的航运之外,而与波斯人共同垄断,并控制了东西方之间的这一海上通道。阿拉伯地理学家伊本·胡尔达兹比赫(约825—912)所著《道里邦国志》,详细记载了自波斯湾的巴士拉航行到中国广州、泉州等地的航线、里程与时间。而《新唐书·地理志》则载录了唐代地理学家贾耽"广州通海夷道"之路线、停泊港及日程,亦即由广州往南海,经中南半岛至印度洋,到波斯湾的西向航路。唐代以前,中国船舶虽多有驶往印度者,但进一步向西航行者,较为少见。自唐中叶后,中国船舶驶往波斯湾及红海沿岸的日渐增多,直至宋元不衰。

宋朝承袭唐朝与五代时吴越、闽、南汉、南唐等政权的海上活动,与东南亚、南亚以及中东地区往来甚密。宋船与唐舶一样,远航至波斯湾港口,或已抵达红海。元朝也高度重视对海外的经略,并极力开拓东西海上交通。这时西向航行的中国船只多直接驶往波斯湾诸港口,并进入红海水域及东非诸港。可以说,元人基本控制了中国与印度洋沿岸各国间的海上交通。大德四年(1300),东非印度洋海岸的蘸八(今蒙巴萨桑给巴尔)和北非刁吉儿(今摩洛哥丹吉尔)使者泛舟远航来朝。据《经世大典》载,次年,元朝命答术丁由海道出使马合答束(今索马里摩加迪沙)等地,征取狮、豹等物。同时又遣爱祖丁等为使,由印度洋入红海,继而前往刁吉儿购取豹子等稀奇之物。

明代郑和下西洋,是世界航海史上的壮举。从永乐三年(1405)首次率庞大船队通使西洋,至宣德八年(1433)的28年间,七下西洋,历经30余国。经南海,穿越马六甲海峡至印度洋,沿印度南部海岸西行入阿拉伯海,进而到波斯湾、红海和非洲东岸;或由斯里兰卡南端,经马尔代夫群岛,直航于东非沿岸。郑和船队大规模的远航,虽使明朝与亚、非两洲许多国家和地区建立了联系,对中国的海上交往产生了深远影响,但其航行未能超越前人船舶所至。

由于穆斯林数百年间长期控制着自印度洋西端至东方的航路,致使欧洲诸国难以顺利通过传统的海道获取与东方的贸易,亦迫使其开始寻求新的通往东方的航路。1498 年,葡萄牙人达·伽马开辟了经加那利群岛,绕非洲南端好望角,由莫桑比克等地进入印度洋的海上通道。1511 年葡萄牙人进占马六甲,乃对南海地区的海上活动产生影响,东西方海上贸易关系遂出现变局。1553 年,葡萄牙人"借地"澳门。此后,西班牙、荷兰和英国人相继来华,中国与西方间的海上通道乃逐步由印度洋延伸至大西洋沿岸的欧洲诸国。

不难看出,在"海上丝绸之路"的形成中,无论地处东方的中国人、马来人、印度人,还是位于西方的埃及人、希腊人、波斯人、罗马人、阿拉伯人和欧洲人,均对这一海上交通的开辟,诸水域网络的连接与拓展做出了贡献。我们应正视这一历史事实,并以此加强沿线国家、人民之间的互动与交流,调动其参与"21 世纪海上丝绸之路"的主动性。而此前已有沿线国家通过相关的航海活动,展现了"海上丝绸之路"的风貌,增强了人们对这一海上贸易通道的认识。1981 年 7 月 1 日,来自阿曼马斯喀特的仿古船舶"苏哈尔号",历时 216 天,航行约 9500 公里,重走先辈之航路,顺利抵达广州。2005 年 10 月,新建的"哥德堡号",沿着 270 年前"海上丝绸之路"的航线,由瑞典哥德堡驶往中国。沿途于欧、非、亚诸港口开展经贸关系,推动国际交流,产生了广泛的影响。总之,古代"海上丝绸之路"是由东西方商旅主动开拓,并逐步建构起来的海上贸易网络。就其历史表述,不应忽略海外沿线国家人民对此的贡献。

二、"海上丝绸之路"与古代物质文明传播

正是由于海上交通的逐步拓展,古代中国得以与海外诸国在商品经济中,相互交流,互为补充,从而促进了东西方贸易的繁盛。唐朝政府首先在广州、福州、扬州等港口设立市舶司,专职于海外贸易的管理及关税的收取。宋代因处于特殊的政治格局,乃大力开拓海外市场,招徕蕃商入华贸易,故于东南沿海遍设市舶。元承宋

制,除在重要港口置市舶外,还首次制订和实施了完整的市舶法则,完善了海外贸易的规则。明初因袭前朝,则仍有市舶司之设。

中国古代海上输出物品,以丝绸、陶瓷为大宗。《汉书·地理志》所载海舶载运出境的"杂缯",即各种丝绸。后因陶瓷易碎,陆路运输颇多困难,故其在海上输出物品中占据主要位置。自唐代始,陶瓷已是外来蕃商采购的重要物品,从长沙窑、龙泉青瓷窑、德化窑,到景德镇青花窑、漳州窑、潮州窑等,都有外销瓷生产。宋代中国制瓷技术业已成熟,精美的瓷器成为与丝绸并驾齐驱的代表性商品,亦成为中国的文化象征之一。近数十年来,发现于东南亚苏门答腊海域的唐代大食"黑石号"沉船,中国闽粤一带的泉州宋代法石古船、阳江南海1号、潮汕南澳1号,其装载货物无不以瓷器为主。明初郑和七下西洋与沿线所在国家交易的主要物品也是瓷器,故"海上丝绸之路"亦称之为"陶瓷之路"。

中国陶瓷源源不断输往海外,也促进了沿线各地陶瓷制造业的发展。古代东南亚、埃及、波斯、土耳其等地就因中国瓷器的大量引入促进了本国制瓷业的进步。同样,元明时期来自波斯、阿拉伯等地区的青花色料、掐丝珐琅技术,也成就了青花瓷的辉煌及景泰蓝工艺的产生。而17世纪的欧洲亦因受到中国影响,陶瓷业获得了长足的进步,其技术回流又影响了"广彩"新瓷器种类的产生。

古代海上输入中国的物品,则以香料为主。香料是热带芬芳类植物和动物分泌的香胶,有止痒杀菌、祛腥除臭、清洁环境的作用。入于药用,则功效更多。其产地主要在东南亚、东非及阿拉伯地区。唐宋时期蕃商输入中国的香料,又称"南路货"。其中主要有乳香、没药、安息香、芦荟、龙脑香、丁香、血碣、阿魏、没石子等,它们多被纳入中国的本草、方剂中。熙宁十年(1077),仅广州、杭州、明州三地市舶司所收乳香计有354,449斤。绍兴六年(1136),大食蕃客罗辛更是一次就于泉州市舶输入价值30万缗的乳香。由于香料在海外输入商品中位列大宗,学者遂亦将"海上丝绸之路"名曰"香料之路"。1974年泉州后渚港发掘之宋代沉船,所载商品即香料、药物和胡椒等。

丝绸、陶瓷、香料之外,珠宝、茶叶、纸张、白银、炉甘石、石硫黄、绿盐、水银、白铜、生银、硼砂、金钱矾、白矾、珊瑚、琥珀、芦荟、波斯枣、胡薄荷、齐暾(橄榄)、指甲花、象牙、牛黄、犀角、狗宝、蔷薇水、玻璃制品,以及各种动植物、经济作物等,均成为中外商贾航运买卖的物品。大帆船航运是16世纪末和17世纪欧洲崛起后国际贸易的重要特点,丝绸、瓷器、茶叶、工艺品、金属制品等,经由新开辟的海上通道运向欧洲、美洲,同时美洲的重要作物如番薯、玉米、烟草、马铃薯、花生及白银等经由欧洲人输入到东南亚和中国,大大丰富并改变了东方的社会物质生活。显然,在古代东西方"海上丝绸之路"贸易中,商品的互补性始终是这一通道活跃的重要动力与支点,而且这一贸易往来也始终处于互利、和平的氛围中。

需要指出的是,海外诸国与古代中国的贸易关系,是建立在对宗主国朝贡体制认同基础上的。但奉贡"天朝"名义下的商业往来,使入华贸易的"贡使"常处于从属、不对等的地位。尽管这一贸易形式多表现为和平与友好,然仍具有政治不平等的性质。此外,在这一体制下开展的经济交往,表面看似乎属"厚往薄来"。实际"以商为末"的传统理念,往往不把船舶制造的投入,商人旅途耗费时间、人力、物力及身体劳顿,计入成本。况且海上航运尚存在遭遇风暴、海盗、政治动乱等风险。故在"21世纪海上丝绸之路"建设中,需摒弃传统的"朝贡"理念,在国家间相互尊重的前提下,架构起新型的互利互惠、共同发展的经贸关系。中央政府以"海上丝绸之路"这一"具有广泛亲和力和深刻感召力的文化符号",倡议与海外国家的经贸合作,其用意即于此。

三、"海上丝绸之路"促进了沿线不同文明的交往

"海上丝绸之路"虽以贸易为主导,但其文化影响深远。如果说东西方文明的传承和文化的交融,促进、推动了人类社会的进步,那这一切均应是通过陆、海"丝绸之路"交通网络来完成的。"海上丝绸之路"把埃及、巴比伦、印度、希腊、波斯、罗马、阿拉伯和中国等古代世界文明地区网罗于一起,形成了一条连接亚、非、欧的海上交通大动脉。经这一海上通道,东西方古老文明相互激荡,彼此交流,从而对世界文明的演进产生了巨大的影响。人类所创造的种种物质文明,以及精神文明中的社会制度、宗教信仰、艺术、文学、哲学等内容,均经此通道而获得了充分的交流。

仅就宗教文明来看,"海上丝绸之路"是古代宗教传播的重要通道。伊斯兰教、天主教、基督教皆由"海上丝绸之路"陆续传入中国,而佛教、祆教、犹太教等亦在东南沿海历史上留下了重要的遗迹,从而见证了"海上丝绸之路"诸港埠的开放包容。佛教禅宗始祖达摩即由海上东航而来,并于广州建草庵传法。至唐代六祖惠能创立南派禅宗,对海内外佛教产生了深远影响。伊斯兰教亦自唐代由海路首先传入,中国穆斯林广为流传的阿拉伯教士宛葛素所创建的怀圣寺,成为伊斯兰教传入中国的

重要标志，亦被视为"海上丝绸之路"重要的文化遗产。明万历年间，耶稣会教士利玛窦由广东上岸，北上京城，推动了中西文化交流，成为"西学东渐第一人"。清嘉庆年间，英国伦敦传道会马礼逊进入广州传教，成为第一个来到中国传教的基督教传教士。他把《圣经》译为中文，编纂《华英字典》，开办"英华书院"，培养本土教士，创造了中西文化交流的许多个第一。而中国本土的南海神、妈祖神、关帝、北帝等传统民间信仰亦随着历史上华人在海外的足迹，传播到东南亚及世界各地。

　　宗教是文化认同中能够得以持久的基质。作为"海上丝绸之路"中外文化交流的重要内容，宗教不仅有其深厚的底蕴，亦已成为沿线人民文化互动的重要纽带。中南半岛、南亚各国是传统上的佛教国家，马来半岛、印度洋西岸和中东地区则是穆斯林人口居多数的区域，而中、南非洲及欧洲则以天主教、基督教国家为主。若要使不同文化背景、不同宗教信仰的沿线国家和人民增进理解，加强沟通，相互尊重，产生认同，就须以文化包容的姿态承继宗教传统的宝贵遗产，推动同质文化间的深入交流，从而使"21世纪海上丝绸之路"具有恒远的、可持续发展的前景。

四、"海上丝绸之路"推动了人类航海文明的互动

　　"海上丝绸之路"的发展，离不开船舶制造水平的提高、航海技术的运用及航行经验的积累，而航海文明的交流，是海上交通始终充满活力的保障。

　　岭南地区秦汉时期所造船舶已具有近海航行的能力，或已由越南中北部港口驶往东南亚。其时，印度、罗马船只亦曾远航至交趾。至唐代，来自波斯湾诸港口的"波斯舶"，在当时印度洋、太平洋水域具有广泛的影响，僧人慧超《往五天竺传》即载："波斯常于四海泛舶，亦泛舶汉地，直至广州"。时许多中国僧侣到海外求法，即乘坐波斯舶。僧人义净由广州赴室利佛逝（印尼苏门答腊），金刚智从狮子国（锡兰）经苏门答腊回国，均搭乘波斯海舶。至宋代，大食船舶"木兰皮"又为国人所认识。北宋周去非《岭外代答》称其为"大食巨舰"，"一舟容数千人，舟中有酒食肆机杼之属"。南宋赵汝适《诸蕃志》亦有相同之记载。"容数千人"虽不免夸张，但"木兰皮"应属船体庞大的海舶，在当时实属罕见。《宋史·食货志》云："胡人谓三百斤为一婆兰，凡舶舟最大者曰独樯，载一千婆兰。"若加以折算，亦即当时最大的蕃商海舶可载运150吨，这一数字远超陆上"丝绸之路"大型骆驼队的载运量。

　　唐代后期，中国造船技术有了显著的提高，所制海船以船身大、载货量多、结构

坚固、设备完善、抗风力强而著称于世，并多往来于中国和印度洋以西的水域。阿拉伯文献《中国印度见闻录》云，远航印度洋和波斯湾的中国海船，都是铁钉铆牢，船板非常坚厚的巨舶。由于其载量大、吃水深，驶近阿拉伯地区时不能直接进入波斯湾内水域较浅的巴士拉等港口，只能停泊于尸罗夫。至明代郑和下西洋时，中国远航船队的规模更加庞大，其最大"宝船"可载千人，载重量则约达 1500 吨。

唐宋时波斯、大食海舶中多畜养有信鸽，船舶每泊一地，或遇到风险，常以放飞信鸽相告。而至迟在 11 世纪末中国罗盘亦已用于航海，从而推进了东西方航海的发展，对中世纪海洋文明产生了巨大影响。

此外，古代埃及人、波斯人、罗马人、阿拉伯人在掌握与应用海洋气象学和航海地理学方面所取得的成就，促进了东西方航海文明的发展。中东人早就掌握了利用印度洋季风航行的方法。9 世纪时，阿拉伯人已把海洋划分为 7 个气候带，阿拉伯文献《绪论》中，则讲述了由埃及前往中国，及至新罗的航路针经，其内运用了气候区概念以描述沿途海域与地理状况。这些知识对中国航海地理产生了一定的影响。《元秘书监志》载，元政府曾下令在福建擅长航海的回回人中寻找"海道回回文字剌那麻"，即"航海指南"。至马可·波罗由泉州乘中国船舶回国时，船上已经使用了表示航向的针经。明代郑和下西洋时，中国的航海图经已很完备。明人茅元仪《武备志》附载《郑和航海图》，是中国现存最早的航海图。全图 24 面，其中有《牵星过洋图》4 幅，收录外国地名 300 有余。海内外学者研究以为，这一航海图经与元代的回回文"剌那麻"有关。

郑和七下西洋后，明代出现不少关于航海的书籍，如《渡海方程》《海道针经》《四海指南》《海航秘诀》《航海全书》等，其虽均已亡佚，但内容散见于明人著述中。记载了航海定向方法、里程计算、水深测量、海外航线和航行之山形水势，实即"航海指南"。成书于明代中后期的《顺风相送》和清康熙末年的《指南正法》，则得以存留下来，并成为古代航海文明的珍贵文献。

"海上丝绸之路"沿线人民于海洋气象、航海地理及船舶制造等方面互动交流，相得益彰，提升了古代航海水平，亦使海上各国的联系日益紧密。"21 世纪海上丝绸之路"建设，不应仅限于对"符号"或"概念"的借用，政府与民间均需注重航海文明的交流，提升自身航海技术，使中国真正迈入海洋世界。

五、"海上丝绸之路"与古代科技文明交流

"海上丝绸之路"远非仅为向外输出丝绸、陶瓷,向内引入香料、珠宝的贸易航道。通过这一航线,为国人所乐道的古代发明指南针、火药、活字印刷,以及中医药、炼丹术、养蚕术和陶瓷技术等被传播到西方国家。同时,西方的诸多科技与文化也被输入中国。从而推动了人类历史的向前发展和东西方社会的共同进步。隋唐时期,印度的天文、历算、医学、制糖法以及与本草有关的许多植物输入中华,大大影响了唐朝的科技与文化建设。宋元时期,阿拉伯伊斯兰文化亦对中国产生了深远的影响。东来的穆斯林商旅、学者、教士、工匠等,将伊斯兰文明中的天文学、数学、医学、地理学及许多技艺传入中华大地,丰富了中国文化的内容。16世纪中期以来,随着西方人在东方贸易活动的开展,欧洲的传教士也渐次进入中国。利玛窦、南怀仁、汤若望等传教之余,广播西方文明,致使欧洲许多近代科学技术与文化传入国内,西学东渐初显规模。

这一互通有无,彼此提高的科技文化交流现象,贯穿于古代"海上丝绸之路"的交往中。它不仅开阔了不同地域人们的视野,也促进了各自文明与技术的进步。目前海内外对这一海上通道的认识,仍多停留在一般的贸易概念。因此,应真切反映其科技文化交流史,以获取沿线国家和人民的共识。"21世纪海上丝绸之路"建设,更应强调国家间的科技交流与合作,而非仅以经贸为主导。

六、"海上丝绸之路"造就了大量中外史籍文献

"海上丝绸之路"始于秦汉,盛于唐宋元,至明初郑和下西洋而至高峰。沿线人民的多重互动,不仅丰富了东西方社会的物质与文化生活,亦造就了大量中外史籍文献的产生。这些史籍文献成为今天人们反观古代这一海上航道及沿线国家社会、风俗、物产的重要资料,对不同国家人们的彼此认知产生了深远影响,亦是"海上丝绸之路"遗留给世界的宝贵财富。

早在东汉时,番禺人杨孚就著有《南裔异物志》,书中所载物产,涉及周边地区和海外国家,从其辑佚条目中,可寻得汉代岭南与扶南(在今柬埔寨)、金邻、斯调等海外诸国交往的蛛丝马迹。三国时东吴所派出使扶南的朱应、康泰分别撰有《扶南异

物志》《吴时外国传》,记述了中南半岛诸国的风土人情。东晋高僧法显凭信风而泛舶,求法东归,所著《佛国记》(亦名《历游天竺记传》),成为研究这时海上航路的重要资料。唐高僧义净《大唐西域求法高僧传》及慧超《往五天竺传》,就海上航路及沿线国家与风物的记载,在亚洲产生了深远影响。

成书于 8 世纪的阿拉伯人伊本·胡尔达兹比赫的《道里邦国志》以及由商旅撰就的《中国印度见闻录》,是记述唐朝穆斯林鼓舶东航,于海上往来所见所闻的重要文献,两书提供了这时大食商人由波斯湾海岸诸港口至中国广州详尽的海上行驶航程。宋代周去非《岭外代答》、赵汝适《诸蕃志》,则迄今被海内外学者视为研究海上中外交通的重要著述。元人汪大渊乘舟泛海,可谓古代杰出的海上旅行家,其《岛夷志略》实为中国最早的航海游记,对元代海外诸国阐述颇详。其时周达观随使出访,著有《真腊风土记》,翔实而生动地载录了这时柬埔寨的社会风貌。同一时期,来华意大利人马可·波罗自泉州搭海船回国,其成书的《马可·波罗游记》记述了这时海上航道的状况;而稍晚来华的另一意大利人鄂多立克由波斯湾泛海东来,著有《鄂多立克东游录》一书,两书对欧洲社会了解"海上丝绸之路"沿线国家产生了巨大影响。元代来自摩洛哥的旅行家伊本·白图泰,在其《伊本·白图泰游记》中记述了由阿拉伯乘船一路东行至中国的见闻,其载记在西方社会有广泛的影响。至明初,跟随郑和下西洋的马欢著有《瀛涯胜览》,费信著有《星槎胜览》,巩珍则撰成《西洋番国志》,加之《武备志》载录《郑和航海图》等,展现了当时规模宏大的中国船队航行西洋的壮举,同时亦成为记述南海、印度洋沿岸国家十分珍贵的文献。成书于明末张燮的《东西洋考》,则取材于历代史籍和当朝邸报,参以故老、海商和舟师的诵述与见闻,详细记载了东西洋诸国和地区的历史沿革、形势、物产和贸易状况。

自 16 世纪下半叶,随着葡萄牙人、西班牙人、荷兰人相继东航,在欧洲陆续出现记述中国的著述。早期有伯来拉的《中国报道》和克路士的《中国志》,西班牙人门多萨于 1585 年撰成的《大中国史》,是欧洲全面介绍中国的首部作品。荷兰人威廉·伊斯布兰茨·邦特库的《东印度航海记》,则是一部记述 17 世纪初荷兰船只在印尼及中国沿海航行情况的重要文献。此后利玛窦的《中国札记》在欧洲产生了重要影响。17—18 世纪,自海上来华的传教士们更是编译了许多中国著述,内容涉及天文、地理、语文、历史、宗教、哲学、动植物、农业、中医药、建筑、制瓷、园林、音乐等。其中影响较大的有卫匡国的《中国新地图集》和《中国上古史》,柏应理的《中国哲学家孔子》,卜弥格的《中国植物》和《中医津要》,白晋的《康熙帝传》和《中国现状论》,

李明的《中国现势新志》和《中国礼仪论》,马若瑟的《汉语札记》,宋君荣的《中国天文史》,冯秉正的《中国通史》,以及钱德明的《中国兵法志》和《中国古今音乐记》,等等。这些著述传入欧洲后,在其文学界、思想界产生影响,为欧洲"汉学"的兴起打下了基础,亦促成欧洲社会"中国热"风潮的出现。

由上述史籍文献可以发现,古代东西方商人、旅行家、航海家、使节、僧侣、教士等,均在"海上丝绸之路"中发挥了重要作用。从文化史视角,以中外文字重新系统整理、编辑、出版这些文献,不仅可使沿线国家民众对"海上丝绸之路"有直观、清晰的认识,也将为"海上丝绸之路"这一人类共同文化遗产提供有力证据。

结　语

"海上丝绸之路"与绿洲、草原"丝绸之路"相比,开辟时间晚,但其辐射范围广,社会影响大,持续时间则更为恒久。由于沿线国家和人民的精心维护,这一海上通道在长达 2000 多年的时间内,充满活力,生生不息,充分展现了在古代中外经济贸易及文化交流中的重要地位。当前需把握"海上丝绸之路"在东西方文明互动中的诸元素及其特征,承继历史遗产,汲取有益经验,赋予这一古代交往通道以新的时代意义,使之在与沿线国家和人民的沟通中产生共鸣,以更好地推动"21 世纪海上丝绸之路"建设。

(作者单位:暨南大学中外关系研究所)

丝绸之路西段北线史的研究内容与价值[*]

张来仪

丝绸之路是一条古老而漫长的人类交往通道,是连接亚、欧、非三大洲的交通大动脉。它是从中国长安(今西安)出发,横贯亚洲,到达非、欧的古代陆路通道的总称;因为中国丝绸是这条通道上最重要的商品,故名"丝绸之路"。它大体上可分为东、中、西三段。一般来说东段在中国境内,中段则在中亚,西段是中亚到欧洲和非洲的路线。西段有南北两条平行的路线,南线通向阿拉伯半岛与非洲,北线则通向欧亚交界地区与东南欧地带。丝绸之路不仅是一条商业要道,而且也是东西方之间政治、经济、文化交流的纽带与桥梁。这是一条具有世界历史意义的通道,从政治、经济、文化乃至军事各个方面,影响和推动了世界上很大一部分人口最稠密地区的社会历史发展。在世界历史的形成中,丝绸之路的重要性丝毫不亚于新的航路的开辟。

在国内,有许多学者对丝绸之路的东、中两段进行了实地考察与深入研究,取得了丰硕成果,可谓汗牛充栋;唯独对西段的研究还显得相对薄弱。有鉴于此,笔者不揣浅陋,建议加强对丝绸之路薄弱环节的研究,并欲抛砖引玉。

丝绸之路西段雄踞于亚欧大陆的中腹地带,战略地位十分重要,历来就是东西方交通的要冲,在东西、南北的经济、文化交流方面起有非常重要的作用。举世闻名的"草原丝绸之路""皮毛之路"就在这里交汇,并向四面八方延伸,直达东欧与南欧。克里米亚半岛的刻赤附近,有中国丝绸出土,从同时出土的其他器物上的铭文看,应是公元前 3 世纪的物品。^①

这里还是世界多种文化的荟萃之地,是波斯、阿拉伯、东欧、中亚各种文明体系进行文化交流的重要平台。许多历史名人在这里留下了足迹。这里是一个对人类文明发展和东西方文化交流做出过巨大贡献的地区。这里是古代文明交往的十字

* 本文为国家社会科学基金项目"俄国伊斯兰教史研究"(批准号:12BZJ024)的阶段性成果。

① 戴禾、张英利:《中国丝绸的输出与西方的"野蚕丝"》,《西北史地》1986 年第 1 期。

路口,居于各强大邻国和民族争夺的前沿地区;在古代世界史上是游牧文明、波斯文明、希腊文明、罗马文明以及原始宗教、祆教、希腊宗教、犹太教、基督教、伊斯兰教等宗教辐射传播的交汇地区;不同文明的交往留下了丰厚的文化遗产。这里的历史内容丰富多彩,既有游牧民(如斯基泰人、匈奴人)的迁徙史和定居民的农耕史,又有商人(如希腊人、罗马人)的殖民商贸史。《黑海史》的作者查尔斯·金认为,从公元前500年左右开始,希腊贸易殖民地的发展不仅整合了海岸地区,还把它们带入了一个更大的、同地中海的交换体系中。这些古老的联系在拜占庭早期,随着君士坦丁堡和北方森林—草原区域居民的皮毛和其他产品的跨海贸易而有所恢复;直到13、14世纪,黑海才重新成为世界体系的经济与社会中心,黑海同意大利城邦国家的庞大贸易帝国联系在了一起。在奥斯曼帝国攻陷君士坦丁堡之后,这种联系依然保留着。[1] 丝绸之路西段北线的历史内容十分丰富,因限于篇幅,本文仅涉及中世纪的可萨汗国史、布加利亚史、金帐汗国史和奥斯曼帝国史。

一、可萨汗国:丝绸之路的中继站

在中世纪早期,可萨人生活在东欧大平原和北高加索的广大地区。他们原来居住在"里海大草原上,并一般认为是同突厥族有血缘关系。"[2]可萨人是欧洲突厥语部落中文明程度较高的群体。他们建立的可萨汗国在公元7—11世纪是东南欧最大的政治实体;在这300多年的时间里,"黑海东面和北面的哈扎尔人国家是黑海地区国际政治和经济角逐中最重要的选手之一"。[3] 正如法国学者格鲁塞所言:"在7世纪初期,俄罗斯草原西南部和达吉斯坦目睹了可萨帝国的崛起。"[4]

公元7世纪中叶,西突厥汗国崩溃后,作为西突厥部落之一的可萨人在伏尔加河下游和北高加索东部建立了可萨汗国(亦称哈扎尔汗国或可萨里亚)。公元8世纪初,可萨人占据北高加索、亚速海附近及克里米亚半岛的大部分地区以及直至第聂伯河的东欧大草原,并与阿拉伯帝国争夺南高加索地区。公元8—10世纪,可萨汗国向北征服了一些斯拉夫部落,向南扩展到高加索地区,可萨汗国步入强盛时期,

---

①　查尔斯·金:《黑海史》,苏圣捷译,上海:中国出版集团东方出版中心,2011年,第9页。
②　汤普逊:《中世纪经济社会史》(上册),耿淡如译,北京:商务印书馆,1997年,第425页。
③　查尔斯·金:《黑海史》,第75页。
④　勒内·格鲁塞:《草原帝国》,蓝琪译,项英杰校,北京:商务印书馆,2002年,第232页。

其疆域东至花剌子模和西哈萨克斯坦,西至多瑙河与西乌克兰,南至格鲁吉亚、车臣、克里米亚、小亚细亚东北部。可萨汗国的核心在达吉斯坦。"中央欧亚东西连结的草原之道与南北连结的伏尔加河与里海的水路,可萨汗国占据两者的交叉点,与地中海世界和伊斯兰世界的贸易非常发达。"[①]

可萨汗国与老牌的拜占庭帝国和新兴的阿拉伯帝国在政治和经济上保持密切的关系。可萨汗国顽强地抵抗阿拉伯人的入侵,是阻止他们入侵东欧的一道"钢铁长城"。公元 8 世纪,有两位拜占庭皇帝娶可萨公主为妻,其中的一位是君士坦丁五世,他"曾娶喀扎儿族(可萨人)的一位公主,就是著名的皇后爱里尼。那时,喀扎儿人已经放弃游牧生活而成为定居的部族;他们经营鱼类、毛皮、奴隶、羊毛、蜂蜜、蜡、脂肪等相当数量的贸易"[②]。正是依靠可萨汗国的支持,拜占庭的东北边境抵挡住了阿拉伯人的如虹攻势。与拜占庭和阿拉伯世界的广泛接触和交往使可萨汗国的经济文化发展水平站上了一个新台阶。可萨汗国利用其作为丝绸之路北道必经之地的有利地理位置,致力于维护东西方世界的经济贸易往来,从而使汗国的过境贸易日益繁荣,逐渐成为东西方世界重要的贸易中转站。尽管可萨人不大喜欢定居或农耕的生活方式,他们已经建立起一个有秩序的国家,因贸易而致富。可萨国家最初以北高加索的捷列克草原地区为中心。它的第一个都城是巴伦加尔(在捷列克河南部支流苏拉克河河源处),但在 722—723 年被阿拉伯军队摧毁;第二座都城是萨曼达尔,在今天的马哈奇卡拉附近。"但当该城在伊斯兰教初期被赛勒曼·本·赖比尔叶·巴希利征服时,其国王迁至阿提勒(伊提勒)。"[③]由此可见,可萨的第三座都城是阿提勒(Идель,亦译伊铁尔,在阿斯特拉罕以北,位于伏尔加河口),这里是丝绸之路"北道"上的重要中转站。"当地的居民由伊斯兰教徒、基督徒、犹太人和异教徒组成。"[④]从其迁都可以看出,可萨汗国长期遭受阿拉伯大军的威胁,汗国的政治中心不断向东北方向移动,最后迁至伏尔加河下游地区。[⑤] 可萨人本来是"马背上的民族",以驯养骆驼和良马著称,在迁移到伏尔加河下游后,开始转向定居生活,种植了水稻,以米和鱼为主食。

---

① 冈田英弘:《世界史的诞生——蒙古帝国的文明意义》,陈心慧译,北京:北京出版社,2016 年,第143 页。

② 汤普逊:《中世纪经济社会史》(上册),第 425 页。

③ 马苏第:《黄金草原》,耿昇译,西宁:青海人民出版社,1998 年,第 233 页。

④ 马苏第:《黄金草原》,第 234 页。

⑤ 勒内·格鲁塞:《草原帝国》,第 233 页。

　　可萨人通过做东西南北的贸易中间人而发财。公元 8 世纪时,可萨帝国就已经开始使用货币,大多是阿拉伯的第尔赫姆或者仿制品。后期可萨汗国统治的中心地区是伏尔加河下游和顿河盆地,位于东西、南北两条世界性贸易路线的十字路口,不仅是东西贸易的重要中转地,还是南北贸易的要冲。东西路线是指丝绸之路西段的北部支线,即草原丝绸之路:从锡尔河和花剌子模开始,绕过里海,穿过伏尔加河三角洲,到达黑海沿岸城市。南北路线是指穿越高加索的贩卖奴隶之路①和毛皮之路,北通波罗的海和北欧,南接富饶的波斯高原与和美索不达米亚平原。北欧人、斯拉夫人与阿拉伯人统治下的美索不达米亚地区的贸易是通过伏尔加河上的航线来实现的。由于可萨居地是这两条商贸大道的交汇点,因此可萨汗国从游牧经济为主转变为以商立国的商业汗国。在可萨商路与市场上的商品琳琅满目,既有来自斯拉夫地区的皮草、蜂蜡和鱼胶,也有波斯的手工艺品、碟子、剑、铝制品,还有埃及的精美工艺品与中国的丝绸等。可萨人也参与商业活动,把北方的货物运到高加索、花剌子模、呼罗珊和君士坦丁堡的市场,再把丝织品、奢侈品和伊斯兰世界的货币运到北方。在 8—9 世纪,这两条商队川流不息、络绎不绝的商业路线造就了可萨汗国的繁荣富庶。随着越来越多的商队来往于可萨居地,可萨首都伊铁尔成为十分繁荣的国际商业城市;商业税收成为可萨汗国最重要的财政收入。10 世纪时,可萨帝国的财富主要来自对通过其辖地的陆路和海路的货物征收的关税,向过境货物征收什一税。

　　公元 9 世纪初,可萨汗国内讧加剧,政局不稳,商业贸易日渐萎缩,国势衰微。9世纪末,其所属的黑海北部和顿河地区遭遇到了佩彻涅格人(又译佩切涅格人、贝琴涅格人)的侵袭。在 889—893 年间,佩切涅格人占据了位于顿河河口和摩尔达维亚之间的东欧草原地带。可萨人只保留了顿河下游、伏尔加河下游和高加索山脉之间的地区。

　　公元 9 世纪后半期,在东欧出现了基辅罗斯国家。罗斯大公斯维亚托斯拉夫·伊戈列维奇(Святослав　Игоревич,约 945—972 在位)于 965 年进攻可萨人,占领了顿河河曲上的沙克尔城。拜占庭皇帝巴西尔一世于 1016 年派出舰队,在罗斯军队的支持下,攻击可萨人。拜占庭军队夺取了萨曼半岛和可萨人在克里米亚的属地。公元 1030 年左右,可萨汗国作为一个政治实体在历史上消失了。当可萨帝国被基

---

　　①　奴隶是这条商路上最主要的商品,伊铁尔与克里木是中世纪重要的国际性奴隶市场,大量的斯拉夫奴隶经由这里运往西亚和北非。

辅罗斯和东罗马帝国打败后,其故地被钦察人占领。一部分信仰伊斯兰教的可萨人成为伏尔加地区的突厥语穆斯林,另一部分没有改变犹太教信仰的可萨突厥人,则在俄罗斯的多次驱逐、排斥犹太人的浪潮中不断向西北方向——中欧地区迁移,成为阿什肯纳兹犹太人。此外,有学者甚至推测,中国开封的犹太人很可能来自于可萨汗国。①

在宗教信仰上,可萨汗国有犹太教、基督教和伊斯兰教。公元 740 年,可萨的布兰(Bulan)可汗从萨满教皈依犹太教的卡拉派。可萨人在正式确定国教之前,曾举行了一场神学辩论,由伊斯兰教、基督教和犹太教三方代表人士参加辩论。可萨领导人的态度是在听凭他们辩论后,皈依胜利者的信仰。"关于他们如何成为犹太教徒,哈扎尔人有个浅显率真的故事。在遥远的过去,布兰大汗希望接受正式的宗教训练。他从拜占庭人、阿拉伯人和犹太人中间招来饱学之士,让他们比较各自信仰的优劣。结果这场辩论变成了毫无实质内容的大嗓门比赛——这也是意料之中的事。最后,恼怒的布兰大汗质问基督教和伊斯兰教的学者,他们认为除本信仰外的另两种宗教哪种更好。在必须要择其一的情况下,两人都宁愿选择犹太教。在大汗看来,事情就这么解决了。布兰宣布哈扎尔人(起码是他们的首领)立即成为犹太教徒,他本人也接受了割礼。"②可萨汗王之所以采用这种方式,可能的原因是可萨领导人力图在各大强国的压力面前寻找平衡。汤普逊在《中世纪经济社会史》中写道:"喀扎尔人(可萨人)采用犹太教作为他们的宗教这一个特殊的事实,比一个鞑靼部族的迅速吸收文明,更觉奇怪。但这是一项聪明的措施。因为喀扎里亚位于巴格达的伊斯兰教哈里发国家和基督教拜占庭之间,它遭受双方根据利害关系发出的巨大压力;它就用这种妥协方法规避它们;同时,还有另一种利益,即吸引犹太商人到阿斯托(特)拉罕市场来,以便特别促进喀扎尔人的商业。"③可萨统治者皈依辩论优胜者的犹太教后,一部分居民跟进,但多数居民仍然是穆斯林与基督徒。"哈扎尔人皈依的消息吸引了全拜占庭和阿拉伯地区的犹太人。来自君士坦丁堡和巴格达的学者都前来就信仰上的事务指导哈扎尔贵族。"④尽管犹太教成为国教,可萨汗国仍实行宽容的宗教政策,吸引着世界各地的商人前来从事经商贸易。伊铁尔城分成两部

---

① 林英:《试论唐代西域的可萨汗国——兼论其与犹太人入华的联系》,《中山大学学报》2000 年第 1 期。
② 查尔斯·金:《黑海史》,第 76—77 页。
③ 汤普逊:《中世纪经济社会史》(上册),第 426 页。
④ 查尔斯·金:《黑海史》,第 77 页。

分,居西者为国君及其战士,居东者为伊斯兰教徒及偶像教徒。

　　由于可萨帝国占据十分重要的战略地位及其繁荣的贸易经济,阿拉伯帝国早就觊觎这块"肥肉"。在公元 642—730 年不到 100 年的时间里向可萨人发起了五次军事进攻。虽然军事成效不大,但伊斯兰教却开始传入可萨帝国。"以大批阿拉伯居民为代表的伊斯兰教从 690 年起也有许多皈依者,从 868 年起,特别是在 965 年以后,伊斯兰教成为该地区的一大宗教。"①

　　公元 737 年,阿拉伯倭马亚王朝的将军摩尔万(Мерван)率军侵入位于伏尔加河下游的可萨中心地区,阿拉伯军队攻破了可萨帝国的防御体系,占领了其首都萨曼达尔。② 阿拉伯人击败可萨军队,俘虏可萨可汗,并强迫他接受了伊斯兰教。此后,达吉斯坦地区就成为双方的对峙前沿。一俟战事平息,更多的穆斯林商人就开始活跃于交界地区。在经过长达一个世纪的拉锯战之后,尤其是 737 年阿拉伯人取得达吉斯坦战役的决定性胜利后,阿拉伯人占领了达吉斯坦更多的地方,以武力在可萨人中推行伊斯兰教。在阿拉伯人的占领区,有很多可萨人改信了伊斯兰教。然而,这次在武力强迫下的皈依并没有取得长久的效果,因为此时阿拉伯帝国的倭马亚王朝已经是"山雨欲来风满楼",无暇顾及边远地区的宗教信仰问题。在倭马亚王朝与阿巴斯王朝改朝换代之际,阿拉伯军队撤出了可萨帝国,一些可萨居民也随之放弃了阿拉伯人用武力强加在自己头上的伊斯兰教信仰。与此同时,可萨汗国也会利用一切机会向西向南扩张。公元 764 年侵入高加索伊斯兰各省的可萨军队的首领是一位花剌子模人。可萨帝国西南边境在达吉斯坦,是和伊斯兰哈里发国家接壤的,这里也常常发生军事冲突。③

　　可萨帝国实行宗教宽容的政策。萨曼达尔的可汗、总督、王公和其他高级官员都信奉犹太教④。但是出于经济方面(商业利益)的考虑,并没有禁止伊斯兰教、基督教及其他宗教的传播。"在 8 世纪下半叶,伊斯兰教作为在近东和中亚最具有影响力的宗教已经渗透到了伏尔加河下游地区。在可萨汗国的首都伊铁尔有 1 万多名穆斯林,建立了一座附设高耸宣礼塔的聚礼清真寺和 30 座普通清真寺。"⑤在 10 世纪时,伊铁尔有负责不同宗教事务的法官,负责基督教、伊斯兰教、犹太教的法官

①　勒内·格鲁塞:《草原帝国》,第 234 页。
②　Д. В. Васильев. *Ислам в Золотой Орде*. ИД. Астраханский университет. 2007. C. 7.
③　巴尔托里德:《中亚突厥史十二讲》,罗致平译,北京:中国社会科学出版社,1984 年,第 63 页。
④　勒内·格鲁塞:《草原帝国》,第 235 页。
⑤　Д. В. Васильев. *Ислам в Золотой Орде*. C. 8.

各有两名,负责偶像崇拜的法官有 1 名,在城市的东部有穆斯林的清真寺和光塔。可萨帝国甚至曾经有可汗信仰伊斯兰教,大约在 965 年有一位可汗由于政治上的原因信奉伊斯兰教。[①] 可萨帝国的宗教宽容政策为伊斯兰教的生存与发展提供了有利条件。南来北往、东行西进的商业贸易支撑起可萨帝国的商业繁荣。可萨人占据着南北交通和东西交通的要道,他们利用便利的交通在顿河、多瑙河、伏尔加河和波罗的海都建立了贸易网,吸引了众多的商人来此经商。拜占庭、阿拉伯和犹太商人们成群结队地到伊铁尔和沙克尔收购来自于北方的毛皮。随着商人们的到来,基督教、伊斯兰教和犹太教在可萨国内找到了落脚处。伊斯兰教的载体从阿拉伯居民、商人扩大到了当地的皈依者,所以,伊斯兰教成为可萨帝国的主要宗教之一。公元922 年,可萨可汗听说阿拉伯统治区的犹太教堂被毁,就破坏了伊铁尔的一座清真寺的尖塔以示报复,并且表示,如果不是担心阿拉伯人会迫害治下的犹太人,他肯定会对伊铁尔的清真寺和穆斯林采取进一步的行动。显然,报复伊斯兰教徒至少说明可萨汗国存在伊斯兰教的历史事实。犹太教是可萨政府的宗教,而不是可萨人民的宗教。在可萨人民中间,穆斯林和基督教徒似乎超过了犹太教徒,人民信仰伊斯兰教和基督教的要比信仰犹太教的多。[②]

中亚的花剌子模(Хорез)早在 7 世纪末为阿拉伯哈里发阿卜杜勒·马利克所征服。阿拉伯统治者认为,他们力量的源泉在于伊斯兰教,被征服的民族只有信仰伊斯兰教才不会反对阿拉伯统治。于是,阿拉伯征服者强令被他们占领的中亚人民改变原来的宗教信仰,强迫其接受伊斯兰教,改变当地的民族文化和风俗习惯。阿拉伯人在拜火教神庙和佛教寺院的废墟上建立了清真寺,许多中亚土著民族为了减轻税负而皈依伊斯兰教,一些把持权力的当地贵族也因担忧既得利益受损而投靠了阿拉伯统治者,甚至改信伊斯兰教。

可萨汗国与花剌子模也有密切交往。花剌子模的主要商业活动是面向西方和西南方的,也就是面向伏尔加河流域的布加尔人和可萨人。"公元 764 年由一个花剌子模人指挥的哈扎尔军入侵外高加索的伊斯兰领地。"[③]此后有更多为可萨人效劳的花剌子模穆斯林。而当可萨汗国在发生反对伊斯兰教国家战争的场合下,则允许花剌子模人有保持中立的权利。此外,有大量的伊斯兰教商人在可萨帝国和它的

---

① 勒内·格鲁塞:《草原帝国》,第 235 页。
② 巴尔托里德:《中亚突厥史十二讲》,第 67 页。
③ 巴尔托里德:《中亚简史》,耿世民译,北京:中华书局,2005 年,第 20 页。

首都。①

　　10 世纪初,可萨正规军中有 12000 名士兵是从花剌子模的穆斯林商人中招募而来的,穆斯林也由此获得了在可萨事务中的发言权。在 940 年左右,来自花剌子模的穆斯林组成了国王的近卫军,宰相库雅(Ahmadb. Kūya)也出生于这支军队。当国王同反叛者作战时,有 7000 名花剌子模的穆斯林士兵伴随国王。但是,他们有权不参加国王同穆斯林的战争。俄国学者托尔斯托夫考证,在 751 年前不久,花剌子模可能和可萨联合起来,建立了阿弗里帝国,其疆域自克里米亚、亚速海直达花剌子模。②

　　正是在可萨汗国的土地上,罗斯人与穆斯林发生了联系。汤普逊说:"穆罕默德教商人甚至侵入了罗斯,而阿斯脱(特)拉罕、萨里、基辅以及黑海港口,都是他们所熟悉的地点。阿斯脱(特)拉罕的商业来自河流和海上,就是,伏尔加河广阔流域的进进出出的贸易;此外,它还和更远的地区,有着贸易联系。罗斯南部的产品——水果、酒、香料、细布、香粉、奢侈品——交换罗斯北部地区的产品——主要是,奴隶、皮毛、皮、蜜、蜂蜡、脂肪、大麻、绳索和木材。在鄂图大帝时代(936—973)至少有一个野心的穆斯林旅行家塔西佗到过日耳曼;他在那里因见到在马因斯所出售的东方香料和丝绸而感到惊异;还有人曾拿撒马尔罕的货币给他看过。"③穆斯林商人不但深入东欧,而且还到了北欧。

　　在 8—10 世纪,罗斯人经常和可萨人发生战争。前者不时向后者支付贡物或礼品。罗斯人与第一批可萨穆斯林遭遇之日,也就是和事实上与全世界进行贸易的阿拉伯人接触之时。中世纪第一位阿拉伯语的地理学家、波斯人伊本·霍尔达特别赫(820—890)写道:"斯拉夫商人阿尔·罗斯是从遥远的故乡来到黑海和里海地区向可萨汗国的统治者缴纳什一税的人。"④"古罗斯国家和高加索国家政治关系的源头追溯到两个方面的因素,一是罗斯人参加了高加索地区的对付阿拉伯哈里发国家占领的战争,二是罗斯人担当了从事与拜占庭通商的国际贸易的商业活动。"⑤由于通向拜占庭的商路必须经过可萨汗国,这就意味着高加索地区是罗斯人与穆斯林交往

　　①　巴尔托里德:《中亚突厥史十二讲》,第 63 页。

　　②　林英:《试论唐代西域的可萨汗国——兼论其与犹太人入华的联系》。

　　③　汤普逊:《中世纪经济社会史》(上册),第 470—471 页。

　　④　Ибн Хордбех. *Книга путей и стран.* Баку: Элм. 1986. С. 124.

　　⑤　О. И. Куликова. Отношения Древней Руси со странами Кавказа в письменных источниках IX — X вв. //*Вопросы истории.* 2014. №1.

的一个重要平台。

二、金帐汗国与丝绸之路的复兴

在 1237—1240 年蒙古远征之后,成吉思汗的后代建立起空前绝后的大帝国,统一了欧亚大陆的三分之二。蒙古帝国把远东和中东、近东的文明国家置于一个民族、一个王朝的统治之下,这就不能不促进欧亚之间的商业贸易和经济文化交流,"横越欧亚大陆的道路由一个政权所控制,旅行变得安全了"。[①] 东欧、西亚、中亚和中国之间的贸易得到了空前的发展;蒙古帝国时期政治上大一统的局面是丝绸之路复兴的前提条件。[②]《泰晤士世界历史地图集》指出,当 13 世纪蒙古人扩张并为从中国到黑海广大地区的旅行者建立了秩序和相对的安全时,欧洲人对亚洲的兴趣更有了相应的发展,亚洲突然开放给欧洲的传教士和商人。[③] 穿过中亚的陆上贸易在蒙古人统治下复兴。蒙古帝国虽在世界历史上没有创造出一种持久性的新文明,但对东西方的文化交流起了非常重要的作用。[④] 日本学者冈田英弘在《世界史的诞生——蒙古帝国的文明意义》中认为,"蒙古大征服的结果是,欧亚大陆各个角落的交通都变得很方便,相同的文明与系统得以普及,连结各地的经济活动十分发达。"[⑤]以中国为代表的东方和以希腊为代表的西方两种历史文化都是从自身所处的区域来看世界,两大文明各自认为自己的区域才值得被称为世界,且这两种不同的历史模式也无法兼容。然而 13 世纪横跨欧亚的蒙古帝国出现,使得这两大历史文化透过"草原之道"结合在一起,为世界史的出现搭设了舞台。由于蒙古帝国统合了欧亚大陆,并重新划分其政治边界,因此可以说后来的中国、俄国与土耳其等民族国家的出现也是蒙古帝国统治下的遗产。他更进一步认为资本主义经济其实首先诞生于华北,在蒙古帝国统治下经由欧亚草原传入地中海世界与西欧,加上海上贸易发达,因而揭开了现代的序幕。而且蒙古帝国独占了欧亚的陆路贸易,以至于处在外围的日本与西欧被迫转向海路贸易,遂开启了海洋帝国的时代。

---

① 杰弗里·巴勒克拉夫主编:《泰晤士世界历史地图集》,邓蜀生编译,北京:生活·读书·新知三联书店,1982 年,第 128 页。

② 张来仪:《蒙古帝国与丝绸之路的复兴》,《甘肃社会科学》1991 年第 6 期。

③ 杰弗里·巴勒克拉夫主编:《泰晤士世界历史地图集》,第 146 页。

④ 张来仪:《蒙古帝国与东西方文化交流》,《西北大学学报》1991 年第 2 期。

⑤ 冈田英弘:《世界史的诞生——蒙古帝国的文明意义》,第 179 页。

　　蒙古统治者为了便于军事行动,进行统治和运输货物,在其征服地区广泛修建道路和桥梁,设立驿站,保护商路。因而东西方交通畅行无阻,商业贸易繁荣发展,使欧亚辽阔地域内的国际商队长途贩运活动再度兴盛起来。蒙元时期中外关系史的一些名著,如《马可·波罗游记》《通商指南》《柏朗嘉宾蒙古行记》《卢布鲁克东行记》《大可汗国记》《马黎诺里游记》《鄂多立克东游录》等都大量记载了丝绸之路上商队贸易的情况。根据这些史料记载,当时在漫长的东西方陆路商道上从事商队贩运贸易的,计有欧洲拜占庭帝国的君士坦丁堡、波兰、奥地利、捷克、俄国、意大利威尼斯、热那亚以及早期北欧汉撒同盟等地商人,有由西域蒙古诸汗国及其后裔统治的西亚、中亚地区的商人以及中国色目商人等。欧洲和中、西亚商人一般都携带大量金银、珠宝、药物、奇禽异兽、香料、竹布等商品来中国或在沿途出售,他们所购买的主要是中国的缎匹、绣彩、金锦、丝绸、茶叶、瓷器、药材等商品。

　　蒙古帝国后来分裂为四大汗国;其中地处丝绸之路西段是金帐汗国(Золотая орда),金帐汗国又称钦察汗国或术赤兀鲁思 (УлусДжучи),是在 1225 年成吉思汗划分给长子术赤的封地的基础上形成的。1227 年术赤去世,其次子拔都受兄弟们推戴,继承父位,统领术赤兀鲁思。1242 年,拔都在萨莱(今伏尔加河下游阿斯特拉罕附近)定都,正式建立金帐汗国。① 金帐汗国可分为九个区域:花剌子模、克里米亚、钦察、阿速夫、切尔卡西亚、伏加尔布加利亚、瓦拉齐亚、阿兰、罗斯各公国。

　　金帐汗国幅员辽阔,各地社会发展水平不一。国内既有挥鞭游牧的牧民,也有以耕种土地为生的农民;还有靠手工业与商业过活的城市居民。南俄和北高加索大草原是土库曼人(Туркме́ны)、康里人(Канлы́)、钦察人(По́ловцы, половчане)和蒙古人放牧的地方,伏尔加河和卡马河地区是生产粮食的地区。金帐汗国境内的著名城市乌尔根奇、萨莱、阿速、卡法、速答黑等在历史上一直是东西方进行贸易的中心。

　　金帐汗国是一个多民族的政治共同体;统治者是蒙古人,而军政官员主要由各族突厥人所构成。"成吉思汗遗嘱分给拔都的真正蒙古人不会超过四千户人,拔都军队的其余成员是由那些加入蒙古事业的突厥人,即钦察人、保加尔人、乌古思人等等组成,这一点可以解释为什么术赤的汗国如此迅速地具有突厥特征。"②虽然金帐

---

　　①　拔都的弟弟昔班(术赤的第五个儿子)西征立有军功,拔都将乌拉尔山以东的鄂毕河与额尔齐斯河之间分给了他作为领地,昔班建立了他自己的营帐,称蓝帐汗国。拔都将东方锡尔河一带分给兄长鄂尔达,鄂尔达及其后裔建立了白帐汗国。由于拔都的兄弟分别建立蓝帐汗国、白帐汗国;因而钦察汗国又被称为金帐汗国。

　　②　勒内·格鲁塞:《草原帝国》,第 495 页。

汗国在逐渐突厥化的过程中,丧失了蒙古民族文化的特性,然而拔都率领的蒙古战士后裔,始终是社会的上层阶级。

政治上,钦察汗国是蒙古帝国的一部分,法律基础是成吉思汗法典——《扎撒》(sacar)。自 1259 年蒙哥大汗去世后,钦察汗国基本上处于完全独立的状态。汗国的统治者由库里尔台(Хуралдай,负责推举领导人的军政议会)自拔都的后裔中推举产生。可汗以下有宗王;宗王以下有大臣以及一种名为答剌罕(意思是自由的人,蒙古官号,是行政和军事长官)的人,享有免税的地位。行政文书使用回鹘文、察合台文和阿拉伯文,外交文书用蒙古文,语言使用钦察语。

蒙古文化是在游牧生活中逐渐形成的;金帐汗国时期的蒙古文化当时正处于由蒙古语向突厥语转化的过程中,尚未定型的文化缺乏对其他文化强有力的辐射力。到 14—15 世纪时,金帐汗国盛行突厥语言,甚至公文、敕令都使用突厥文字,蒙古人本身因失去自己的语言文字而"突厥化"了。

金帐汗国的绝大部分臣民生活在汗国的西北部,人数最多的是罗斯族,其次是钦察草原上的突厥族(多为穆斯林)。政治地位最高的是蒙古人和突厥人,地位较低是阿兰人①、罗斯人、北高加索人以及住在克里米亚的希腊人与意大利人。

在金帐汗国的组成部分中,里海北岸的钦察草原、花剌子模与伏尔加布加利亚等欧亚交界地区则作为蒙古王公的封地,属于金帐汗国的直辖之地。金帐汗国的伊斯兰化主要是指发生在这些地方的伊斯兰教传播历程。巴托尔德认为,"伊斯兰商业与现代欧洲商业最主要的区别在于:它的成果没有与国家政治相联系,在哈里发帝国解体后,……居民没有依赖这些变化建立自己的文化与经济生活。商业团体——乌尔达克(уртаки)一直存在,相互之间进行联系,尽管缺乏大型信用机构,但根据一个城市提供的文件就能在另外一个城市提取现款,尽管这两个城市分别属于不同的国家政府管辖。"②城市(尤其是中心城市)像磁石一样吸引着持不同信仰的商人,其中包括穆斯林商人。

共同的伊斯兰信仰成为埃及与金帐汗国建立政治联盟的思想基础。在埃及统治者看来,伊斯兰教不只是一些教义礼仪,而且包括反对异教的圣战。圣战是伊斯

---

① 阿兰人(алан)是古代的奄蔡,他们被匈人打败后分为二支,一支去了欧洲,另一支留在高加索。后者先后成为可萨人与阿拉伯人的臣民,后来建立西至黑海的阿兰王国,他们外交上重视与拜占庭、基辅罗斯结盟对抗钦察人。阿兰王国时代农业发达,堡垒密集,但在 1239 年被蒙古人消灭。

② Д. В. Васильев. *Ислам в Золотой Орде*. С. 18.

兰教的主要后盾之一。马木路克朝的外交政策用意在于加剧金帐汗国与伊利汗国的敌对状态。半年后，别儿哥派遣两名使者至埃及，在写给埃及苏丹的书信中说，他们兄弟四人均已信仰伊斯兰教，愿与苏丹同盟，夹攻旭烈兀。金帐汗国的使者在埃及受到优厚礼遇。归国之时，贝巴儿思让使者带着贵重礼物回赠别儿哥汗。礼物有毛织地毯、服装、礼器、宝刀、弓、矢、甲、胄、鞍、橙、葡萄脯、黑奴、珍稀骆驼、名花以及无比珍贵的旧版《古兰经》、哈里发祈祷文与缠首巾。埃及苏丹与别儿哥频繁互遣使者，并相互赠送十分丰厚的礼物。这种通过物质输入方式以传递伊斯兰文明的方式取得了良好的效果；伊斯兰文明的魅力大大加强了金帐汗国统治者对伊斯兰教的好感。别儿哥汗还与埃及苏丹贝巴儿思结成了姻亲关系。"别儿哥将女儿嫁给贝巴儿思（1260—1277）；从这一婚姻中产生了贝巴儿思的第一代继承者即赛义德汗摹诃末，人们称他为纳速剌丁（摹诃末）别儿哥汗。显然，除了伊斯兰教名字外，还有一个蒙古名字。"①。而他们之间的联姻，又进一步巩固了这个政治基础。埃及与金帐汗国建立联盟后，两国间的贸易活动也活跃起来，贸易活动中包括奴隶贸易，马木路克王朝的很多奴隶来自金帐汗国。通过这一系列活动，埃及马木路克王朝达到了联合金帐汗国来孤立和夹击伊利汗国的外交目的。

继别儿哥后，金帐汗国的大汗脱脱蒙哥（Туда́—Менгу́，1280—1287 在位）也在即位后皈依了伊斯兰教。脱脱蒙哥汗在即位前还是多神教徒（信仰萨满教），即位后才信奉了伊斯兰教。到了 1287 年，脱脱蒙哥对伊斯兰教已表现出狂热情绪。脱脱蒙哥继续保持与埃及马木鲁克王朝的密切来往。埃及一如既往地将许多贵重的礼物送到金帐汗国，分别赠送给大汗和汗室，以及权臣显贵。在埃及赠送的礼物中，不仅包括各类日用品，还有建造清真寺的材料。例如，1287 年金帐汗国的克里米亚城（Крым，即速勒哈惕 Солхат）建造清真寺，埃及苏丹灭里·满速儿派人送来建寺所用的各种材料，价值两千第纳尔，还让使者带来了油漆。在寺内先题了灭里·满速儿的尊号，后又派出石刻匠在寺内刻了苏丹的尊号。在此类交往中，埃及苏丹对金帐汗国伊斯兰事业的大力支持，这无疑有助于金帐汗国的伊斯兰教化。

金帐汗国于 14 世纪末遭受中亚帖木儿帝国的侵袭，首都萨莱残破，国势衰落。到 15 世纪时，汗国地方封建主座大，分裂出喀山汗国、诺盖汗国、克里米亚汗国、阿斯特拉汗国和西伯利亚等小汗国。蒙古势力的衰落为俄罗斯强大创造了客观条件。

---

① 巴托尔德:《中亚突厥史十二讲》,第 179 页。

公元 1430 年金帐汗国分裂成大汗国和诺盖汗国①,后又出现了一系列互不隶属的伊斯兰汗国:伏尔加河中游的喀山汗国、伏尔加河下游的阿斯特拉罕汗国、位于亚洲的西伯利亚汗国以及位于黑海北岸的克里米亚汗国。"这些继承着金帐汗国衣钵的国家之间的艰苦的两败俱伤的斗争表明在 15 世纪后半期和 16 世纪前半期莫斯科正在形成的力量能轻而易举地推翻它从前的领主的原因。"②14 世纪的帖木儿入侵导致了金帐汗国城市的毁坏;立陶宛和莫斯科的兴起加速了金帐汗国衰落的过程。但王权旁落、地方首领们和军事贵族的分裂割据则是金帐汗国分崩离析的更为重要的内因。"被其氏族首领们和军事贵族指导的不负责任的封臣们在无力的傀儡汗的名义下促成的汗国的分裂和俄罗斯的统治远远超过了其外部的压力。约在 15 世纪中期,拔都最初的封地已完全消失了。"③

喀山汗国(Казанское ханство,1441—1552)是金帐汗国分裂后出现的伊斯兰汗国,建立者为拔都兄弟秃花帖木儿的后人兀鲁·穆罕默德和马赫第提克父子。喀山汗国位于卡马河和伏尔加河交汇的地方,居民为鞑靼—蒙古人、马里人、楚瓦什人、乌德穆尔特人、巴什基尔人和摩尔多瓦人等,大都信奉伊斯兰教,主要从事农业、畜牧业,兼营渔猎、园艺。喀山汗国西邻莫斯科公国,双方不时发生边界冲突。1445年喀山汗国击败莫斯科公国军队,俘获大公瓦西里二世。后因统治集团争权夺利,国势衰微。1552 年伊凡四世亲率 15 万大军,攻灭喀山汗国,并进行大屠杀,摧毁清真寺,兼并领土,将喀山变成了俄国的一个省。

阿斯特拉罕汗国(Астраханское ханство,1466—1556),是由钦察汗库楚克·马哈麻的孙子卡西姆创建,定都于阿斯特拉罕城,疆域包括伏尔加河下游及南高加索草原地带,北邻喀山汗国,西接克里米亚汗国,东与诺盖汗国为界。汗国居民大都信奉伊斯兰教,主要从事牧业、渔业、农业与手工业(毛皮、制革最为著名)。阿斯特拉罕汗国地处交通枢纽,通过陆路和水路可连接高加索、黑海与里海,内外贸易颇为发达,商业繁盛。但统治集团的内讧削弱了国家的实力。汗国先后依附于诺盖汗国和克里米亚汗国。在喀山汗国覆灭之后,沙皇俄国马不停蹄地南下征服阿斯特拉罕

---

① 诺盖汗国(НогайскаяОрда,1440—1634)是一个位于里海北岸钦察草原上的突厥语族游牧汗国。诺盖部落在里海、乌拉尔河与伏尔加河流域游牧,首都萨莱楚克,居民信仰伊斯兰教。1556 年,统治集团两大势力内讧分裂,大诺盖汗国又称伊马尔公国,小诺盖汗国位于库班河流域,后归并于克里米亚汗国。1569 年诺盖汗国主体为哈萨克汗国兼并。自 19 世纪初,大多数的诺盖人落户在北高加索。

② 韩百里主编:《中亚史》,张文德、兰琪译,《中亚史丛刊》《贵州师范大学学报增刊》)第 6 期,第 64 页。

③ 韩百里主编:《中亚史》,张文德、兰琪译,《中亚史丛刊》《贵州师范大学学报增刊》)第 6 期,第 64 页。

汗国。1551 年沙皇俄国趁汗国内部混乱之机,强迫其向沙皇俄国纳贡称臣。1554
年俄罗斯伊凡四世派 3 万俄军进攻阿斯特拉罕汗国,推翻了雅姆古尔切伊汗,扶持
捷尔维什·阿里上台;汗国变为沙皇俄国的藩属。1556 年伊凡四世派兵驱逐阿里
汗,正式吞并阿斯特拉罕汗国。

　　西伯利亚汗国(Сибирское ханство,1460—1598),又称失必儿汗国,位于乌拉
尔山以东的鄂毕河中游的西伯利亚草原上,由蒙古—鞑靼人及突厥人所建立,是属
于从钦察汗国分裂出来的一个游牧性质的封建国家,首府成吉—图拉(今秋明城附
近)。16 世纪初移驻卡什雷克城(又称伊斯凯尔城,或西伯利亚城,位于托博尔斯克
附近)。汗国占有托博尔河、额尔齐斯河与鄂毕河之间的广大地区,地处欧、亚陆路
贸易的必经之路;西部与俄罗斯的大封建主斯特罗加诺夫家族的领地相连。汗国总
人口为 18 万—20 万。主要民族为鞑靼人及奥斯加克人、沃古尔人、巴什基尔人等,
以牧业和农业为主,北部地区大多数人从事狩猎、驯鹿和养蜂业。居民掌握金属冶
炼技术,能制造各种金属器具。汗国内部保留了不少奴隶制残余和原始公社制残
余。封建诸侯、酋长彼此内讧,纷争不已,削弱了国家的实力。

　　西伯利亚汗国的灭亡是俄罗斯“向东推进”不可避免的结果,16 世纪中叶,俄国
吞并喀山汗国和阿斯特拉罕汗国之后,进而入侵西伯利亚汗国,以夺取该汗国的毛
皮产地并打开与东方进行贸易的通道。“16 世纪后期以越过乌拉尔山脉而开始的
向东扩张是一个复杂的运动。在这一活动中,莫斯科需要确保这一地区边境的稳
定,这也是在它的统治者中间一种新的帝国意识的明确表达,在火器和大炮方面优
于鞑靼人和西伯利亚居民的俄罗斯人觉得利用鞑靼人自身的长期不和的时机已经
成熟。早期哥萨克海盗的先驱者斯托罗加诺夫家族(白尔姆的半独立的商业王公)
的野心,以及黑貂这个诱惑物驱使着人们到西伯利亚去,正如后来黄金驱使人们到
加利福尼亚或钻石驱使人们到南非一样。当恐怖伊凡命令斯托罗加诺夫招募军队
打败西西伯利亚的昔班系的统治者库程时,俄罗斯征服西伯利亚便开始了。”①

　　叶吉格尔汗屈服于俄国的压力,于 1555 年被迫宣布臣服俄国。伊凡雷帝自封
为“全西伯利亚的君主”。1556 年,沙皇召见了与西伯利亚汗国毗连的斯特罗甘诺
夫家族,令他们在西伯利亚汗国近处构筑工事堡垒,招募军队,添置武器,伺机侵占
西伯利亚汗国。1563 年库楚姆起兵,推翻了叶吉格尔汗,登上了汗位,中断了同俄
国的君臣关系。1574 年,沙皇再次下令,准许斯特罗甘诺夫家族在乌拉尔山东侧建

---

①　韩百里主编:《中亚史》,张文德、兰琪译,《中亚史丛刊》(《贵州师范大学学报增刊》)第 6 期,第 65 页。

城募兵。1579 年俄国封建主斯特罗加诺夫家族受沙皇之命,招募了一支以叶尔马克·季莫费耶维奇为首领的哥萨克队伍。1581 年 9 月 10 日,叶尔马克率 840 人,向西伯利亚汗国进军。1582 年 11 月 4 日俄军战胜库楚姆汗,开进汗国首府。库楚姆汗逃往南方,组织力量,继续抗俄。1598 年,库楚姆汗被害,汗国被俄国灭亡。

克里米亚汗国(Крымское　ханство,亦译克里木汗国,1430—1783)是金帐汗国分裂后在克里米亚半岛上出现的一个独立的伊斯兰汗国,其疆域东以顿河下游为界,西至第聂伯河下游地区,向北一直延伸到耶列兹城和坦波夫,首都是巴赫奇萨莱。它是由成吉思汗之孙秃花·帖木儿的后裔哈吉·格来建立的国家。格来家族是虔诚的穆斯林,这就使克里米亚汗国有着浓郁的伊斯兰教特征。在 17—18 世纪,克里米亚汗国是东南欧最强大的政治实体之一。克里米亚鞑靼穆斯林对拓展伊斯兰教势力范围做出了卓越贡献,特别是在对抗信奉东正教的俄罗斯人与信奉天主教的波兰人方面。他们定期出兵阻止斯拉夫人定居草原的路径,为保卫东欧的伊斯兰教阵地做出了巨大贡献。

13 世纪 30 年代,蒙古人征服了克里米亚半岛和黑海北岸草原地带的阿兰人(亚速人)、钦察人、亚美尼亚人、希腊人、意大利人等等当地与外来居民。13、14 世纪之交,金帐汗国在索尔哈特(即旧克里米亚)设置总督管辖区。

克里米亚汗国军队经常前往东欧捕捉斯拉夫(乌克兰人)与罗马尼亚人奴隶,称为"草原民族的收成"。直到 18 世纪晚期以前,汗国还保持着与奥斯曼帝国(1299—1922)及中东庞大的奴隶贸易。卡法是其中最著名也最重要的奴隶市场,把奴隶从这里运输到地中海各地贩卖是汗国重要的收入来源。在克里米亚汗立国之初的 14 世纪直至 16 世纪末的 200 余年中,克里米亚鞑靼人贩卖了 300 万名奴隶。

在 1558 年到 1596 年期间,克里米亚汗国约有 30 次对沙皇俄国的领土大规模进犯的纪录。最大的一次战事是在 1572 年德夫来特·格来汗围攻莫斯科,捉拿了 15 万人,尸骸塞满莫斯科河。

汗国主体民族是鞑靼人,也有希腊人、犹太人、热那亚人等。这些非穆斯林族群也使用鞑靼语,汗国对他们实行具有宗教团体自治的特点的米利特(Millet)制度,非穆斯林只交人头税,不用服军役。

从 1478 年到 1777 年,克里米亚汗国是奥斯曼帝国(1299—1922)的一个附属国。蒙哥吉雷汗实际上成为奥斯曼帝国在克里米亚半岛地区的代理人。自 1584 年伊斯兰·格来二世开始,在星期五聚礼上,以奥斯曼帝国苏丹的名称颂"胡特巴"。

自 1501 年起,克里米亚汗以金帐汗国的继承者自居,竭力保护各个伊斯兰小汗国;在奥斯曼帝国苏丹的支持下,力图在伏尔加河沿岸重建伊斯兰国家,为此同俄国进行了长期的战争。奥斯曼帝国被俄罗斯战败后,1774 年俄罗斯帝国和奥斯曼帝国两国缔结《楚库克-凯那尔吉和约》,克里米亚汗国脱离奥斯曼帝国而独立。从1777 年起,克里米亚汗国附属于俄罗斯。1783 年俄罗斯正式将整个克里米亚半岛纳入版图。克里米亚汗国的灭亡标志着欧洲的最后一个成吉思汗汗国在世界历史舞台上消失了。

三、奥斯曼土耳其帝国:掌控东西贸易的咽喉

奥斯曼土耳其帝国是一个地跨亚非欧三大洲的大帝国,扼丝绸之路西段交通的咽喉,曾是世界上最强大、最繁荣的帝国之一。

土耳其民族起源于伊斯兰文化氛围浓郁的中亚。7 世纪中期至 8 世纪,阿拉伯人征服中亚后,一部分突厥人归信了伊斯兰教。13 世纪初,蒙古人大举西侵。居住在中亚阿姆河一带的乌古斯突厥人的卡伊部落,12 世纪已信奉伊斯兰教。“伊斯兰教在突厥人中兴旺盛起,使他们最终皈依伊斯兰教,主要是通过与穆斯林的广泛接触而造成的。一是在南边边界上常有小规模冲突中遇到的偷袭者,以及双方的俘虏;二是在他们统治地区到处漫游的穆斯林圣徒;三是往返于两地通商贸易的商人。特别是在突厥人皈依伊斯兰教的过程中,商业贸易的互动往来是最有影响力的。”[1]1299 年,首领奥斯曼一世蚕食拜占庭帝国领土,定都耶尼谢希尔,宣告独立,奠定了奥斯曼帝国的雏形。在定居小亚细亚之后,大量的突厥人完全按照伊斯兰教规范社会生活,揭开了小亚细亚伊斯兰化与突厥化的漫长历史进程。伊斯兰教在小亚细亚广泛传播之时,当地原信奉基督教的部分希腊人和亚美尼亚人改宗了伊斯兰教,并同突厥人开始融合。奥斯曼帝国的真正缔造者奥尔汗统治时期(1324—1360),迁都布尔萨,开疆拓土,创建国家各项制度,信奉逊尼派教义,修建清真寺和宗教学校,支持苏菲派毛拉维教团和拜克塔什教团的传教活动,促进了该地区伊斯兰文化的传播和发展。“当他征服尼克米底亚城之后,立即在那里兴办了奥斯曼人的第一所设备完好的清真寺学校。”[2]在素丹穆拉德一世(1360—1389 在位)和巴耶兹德一世

---

① 黄维民:《中东国家通史·土耳其卷》,北京:商务印书馆,2002 年,第 36 页。
② 黄维民:《中东国家通史·土耳其卷》,北京:商务印书馆,2002 年,第 36 页。

（1389—1402在位）统治时,定都埃迪尔内,先进军东南欧,伊斯兰教开始传入巴尔干的基督教地区。在穆罕默德二世统治时,于1453年攻占君士坦丁堡（后改称伊斯坦布尔）设为新都,灭拜占庭帝国。他将圣索菲亚大教堂改为清真寺,制定伊斯兰法典,完善国家管理制度,对非穆斯林居民实行宗教团体自治的"米勒特制",巩固了帝国统治。赛利姆一世（1512—1520在位）和苏莱曼一世（1520—1566在位）统治时,为帝国的强盛时期,先后占领埃及、叙利亚、巴勒斯坦、伊拉克、希贾兹、也门等地区,并控制了马格里布地区,从此形成地跨亚、非、欧的奥斯曼帝国。帝国以伊斯兰教逊尼派为国教,实行政教合一制,推崇伊斯兰教逊尼派哈乃斐学派教法,制定法典,设置各级伊斯兰法庭,组建伊斯兰长老委员会,大力发展伊斯兰教育和文化,倡导泛伊斯兰主义。奥斯曼帝国是一个具有伊斯兰性质、政教合一的神权国家;在国家政权机构中,伊斯兰宗教机构与行政机构相平行,前者负责帝国的宗教、教育和法律,后者负责其他世俗事务。帝国的最高领导人素丹以伊斯兰世界的"哈里发"自诩,促进了伊斯兰教在世界的第三次大传播。素丹在国内的乌里玛（伊斯兰教的高级神职人员）中挑选出一位教长,其地位与大维齐（宰相）相等。在处理重大社会问题时,素丹和大维齐都要首先征求大教长的意见。在特殊情况下,伊斯兰大教长可以发布罢免素丹的教令。

　　奥斯曼帝国的素丹视自己为天下之主,且以东罗马帝国的继承人自居。奥斯曼帝国在继承东罗马文化与伊斯兰文化的基础上兴旺发达。因其处在欧亚交汇处,并掌握西段丝绸之路的陆上交通线达六个世纪之久,故对东西方文明的传播和融合做出了巨大贡献。奥斯曼帝国掌控东西贸易之咽喉,堵塞了欧洲向东的陆路交通,迫使西班牙及葡萄牙的航海家循海路前往东方。

四、研究价值

　　中国人开辟出一条横贯东西、连接欧亚的丝绸之路,打开了同亚非欧各国友好交往的大门,但在丝绸之路上往来穿梭的不仅是中国人,还有世界各地的人。丝绸之路沿途的国家或部落之间均有使者、商人、僧人等都开始行走在这条通道上,由沿线国家主导的军事力量也不遗余力地管理和维护丝绸之路的畅通,都在极力保护和经营着丝绸之路。这种情况一直延续到新航路开辟之后。

　　丝绸之路的开辟是人类文明史上的一个伟大创举,也是古代中世纪东西方最长的国际交通路线,它是丝路沿线众多民族、众多国家的共同创造,所以又称之为友谊之路。在丝路上起居间和转运作用的西段沿线国家对中国丝绸的西运做出了重大贡献,西方的玻璃制品、金银器等也经由这里传入到中国。但是,这里也因为争夺丝路贸易控制权而发生多次的争斗,甚至是武装冲突。

从文化传播的角度上看,丝绸之路的文化传播面是全方位的。丝绸之路西段北线所经过的地区是人类流动的通道地区,文化的冲击力与波及面较大。"长久以来,草原一直是欧洲和中亚之间的高速公路。几乎在整个拜占庭文明的一千年中,这条公路的交通始终繁忙。大多数的移民群体——萨尔马特人、匈奴人、阿瓦尔人、马扎尔人、佩彻涅格人、库曼人是从遥远的东方——蒙古和中国西部起源的一系列人口迁移运动的西部前锋。"①而作为游牧民族活动通道的丝绸之路西段北线地区十分有利于文化传播;游牧民四时迁徙的特点使得文化的传播速度较快,持续性长久。西段丝绸之路具有多样性与复杂性的特点,其东端连接中亚地区,中亚发达的灌溉农耕文化势必对草原地带的游牧文化产生巨大的影响。丝绸之路从本意上看是指一条连接东西方贸易的交通要道,但商品交换的附加效应势必是文化之间的交流与碰撞,而西段丝绸之路恰恰是连接欧亚两种文化的纽带与桥梁。游牧民族的经济受自然环境的制约极不稳定,遇到天灾人祸都会形成大的波动,也会产生为谋求生存而与他族争夺自然与社会资源的战争,所以,在西段丝绸之路的发展历史上,除了商品交换以外,还出现了不同民族间的和平与战争等复杂的历史现象。对这些与丝绸之路相关的历史现象进行研究,总结经验教训,古为今用,是中国学术界的应有之义。

西段丝绸之路上的行走者,既有忙碌的逐利商人、自由自在的旅行者,还有受命于当权者出使远方的使者和怀抱宗教使命的虔诚教徒。从公元前2世纪到公元13、14世纪前后,丝路是连接世界古代文明发祥地中国、中亚、西亚、埃及以及希腊、罗马的重要纽带。人类社会发展史从横向角度看可以理解为相互联系、相互来往、互惠互利、互通有无的交往史。商队贸易对于商路所经过的地区来说是重要的经济因素,客观上有助于生产力的发展,有助于手工业生产的发展,为人们由一地到另一地的迁徙和文化的相互影响创造了条件,逐步影响了旧的经济关系的破坏和新的经济关系的建立。季羡林先生说,丝绸之路"对沿途各个国家在几千年的历史上起了促进作用,促进了经济、文化各方面的发展。如果没有这一条丝绸之路的话,人们简直

---

①　查尔斯·金:《黑海史》,第69页。

无法想象,这个地区的国家会是什么样子"。[1]

　　丝绸之路西段史的内涵极为丰富,为完整、系统了解丝绸之路及东西文化交流提供了极为丰富的重要资料。丝绸之路西段沿线地区遗留下来的城墙、驿道、神殿、教堂、清真寺等宏伟建筑,以及数不胜数的废墟和随处可见的残墙断垣。其一砖一石都承载着久远的文明,凝聚着丰富的历史信息。置身其间,人们会感受到历史的延续和时代的变迁。这些具有不同历史风貌的"历史遗迹",成功地使"传统"与"现代"在全球化的滚滚红尘中和谐共存,为人类文明的延续和发展做出了不可磨灭的贡献。

　　西段丝绸之路承担着东西方政治、经济、文化交流的重要使命,是历史悠久、辐射面广泛、影响深远的文明交往线路。它是青铜时代以来沟通欧亚大陆主要的商贸大动脉之一,集系统性、综合性、群组性于一身,是具有突出普遍价值的世界文化遗产,这里有一系列的古代城市遗址,这些古代城市遗址是西段丝绸之路重要的实物载体,以此为中心,多民族文化产生、发展、碰撞、融合、升华,从而形成了博大精深的综合文化。西段丝绸之路不仅是农耕文化向外传播的纽带与桥梁,也是草原文化的结晶,是世界文化的精粹。

　　　　　　　　　　　　　　　　　　　　（作者单位：华南师范大学历史文化学院）

---

① 王小甫:《唐·吐蕃·大食政治关系史》,北京:北京大学出版社,1992年,第1页。

甘肃粟特资料概述[*]

冯培红

粟特人是中古时期活跃在丝绸之路上的民族。汉文史书中除了"粟特"之外,更多地是以昭武九姓为名。从东汉时起,这些中亚地区的粟特人逐渐东来入华,尤其在北朝、隋唐时期形成了高潮。作为丝绸之路上的交通孔道,今甘肃省境内狭长的河西走廊与渭河、泾河谷地,是粟特人在东来中原的漫漫旅途中休憩停歇的重要场所,甚至有很多人在此长期停驻,定居下来,与当地人互相融合,成为今天中国多民族中不可分割的组成部分。尤其是这些粟特人的后裔在中国形成的郡望,大多位于甘肃境内,表明了甘肃之于粟特人的特殊重要性,这里称得上是他们的第二故乡。

对于东迁粟特人在丝绸之路上的聚落分布,荣新江运用各种资料进行详细考证,其中就展现了粟特人在甘肃境内各个据点的移住与生活状况。[①]陈国灿《魏晋至隋唐河西胡人的聚居与火祆教》一文考察了河西走廊上的月氏人、粟特人及其信奉的祆教。[②]此外,其他学者也对甘肃各地的粟特人做了各种各样的探究,特别是利用敦煌文献与石窟资料对敦煌地区的粟特人研究得最为集中,[③]其中以池田温《八世

* 本文得到兰州大学中央高校基本科研业务费专项资金"一带一路"重点项目(15LZUJBWZX011)的资助。文中关于河西部分,曾以"ソグド人と河西回廊—資料と問題—(粟特人与河西走廊——资料与问题)"为题在日本东洋文库做过讲演,感谢土肥义和、气贺泽保规、石见清裕、山下将司诸教授的批评指教,以及岩本笃志、速水大先生为讲演所做的联络工作!

① 荣新江:《北朝隋唐粟特人之迁徙及其聚落》,《国学研究》第 6 卷,北京:北京大学出版社,1999 年,第 27—60 页;收入《中古中国与外来文明》,北京:生活·读书·新知三联书店,2001 年,第 54—74 页。《北朝隋唐粟特人之迁徙及其聚落补考》,《欧亚学刊》第 6 辑,北京:中华书局,2007 年,第 165—168 页;修订稿收入《中古中国与粟特文明》,北京:生活·读书·新知三联书店,2014 年,第 22—41 页。
② 原载《西北民族研究》1988 年第 1 期(题目中脱一"胡"字);修订稿收入《敦煌学史事新证》,兰州:甘肃教育出版社,2002 年,第 73—97 页。
③ 20 世纪的相关研究成果,参陈海涛:《敦煌粟特研究历史回顾》,《敦煌研究》2000 年第 2 期。

纪中叶敦煌的粟特人聚落》为代表。①然而到目前为止,尚无学者对甘肃境内的粟特资料进行全面搜集,并在研究各个聚落据点的基础上去探讨甘肃全境的粟特人及其后裔的生活面貌与整体特点。笔者因承担中央高校基本科研业务费专项资金"一带一路"重点项目"丝绸之路商业民族——粟特人在甘肃的基础数据调查与研究",拟对甘肃境内的粟特资料做一系统盘点,希望能为下一步甘肃粟特人及相关问题的研究提供完整的基础性资料。

一、中亚粟特人与甘肃的关系

粟特位于中亚阿姆河和锡尔河之间的泽拉夫珊河流域,其范围包括今乌兹别克斯坦和塔吉克斯坦、吉尔吉斯斯坦的一部分。中古时期的粟特人经常四处经商,具有很强的流动性,②特别是东来入华者与甘肃有着极为密切的关系。这不仅是因为粟特人的东来大多要经过甘肃这一长长的走廊地带,而且至晚从隋及唐初以来,人们已经形成了一种观念,即粟特人与甘肃境内的昭武城及早先活动在河西的月氏人有着某种关联。《隋书》卷83《康国传》云:

> 康国者,康居之后也。……其王本姓温,月氏人也。旧居祁连山北昭武城,因被匈奴所破,西逾葱岭,遂有其国。支庶各分王,故康国左右诸国并以昭武为姓,示不忘本也。……米国、史国、曹国、何国、安国、小安国、那色波国、乌那曷国、穆国界归附之。③

这些以昭武为姓的粟特城邦诸国,除康国外还有"曰安,曰曹,曰石,曰米,曰何,曰火寻,曰戊地,曰史,世谓'九姓',皆氏昭武"。④陈国灿根据隋唐史书的记载将月

---

① 池田温:《8世紀中葉における敦煌のソグド人聚落》,《ユーラシア文化研究》第1号,1965年,第49—92页。另参赤木崇敏:《ソグド人と敦煌》,森部豊编《ソグド人と東ユーラシアの文化交渉》,东京:勉诚出版,2014年,第119—139页。

② É. de la Vaissière, *Histoire des Marchands Sogdiens*, Paris: Institut des Hautes Études Chinoises, Collège de France, 2002.

③ 魏征、令狐德棻:《隋书》卷83《西域·康国传》,北京:中华书局,1973年,第1848页。《魏书》卷102《西域传》最后也有"康国"条,所记全同。《魏书》的《西域传》早已亡佚,现存本是据《北史》所补,时代晚于《隋书》。

④ 欧阳修、宋祁:《新唐书》卷221下《西域下·康国传》,北京:中华书局,1975年,第6243页。

氏人与粟特人联系起来,称"东汉末仍在此聚居的数百户月氏胡,与西迁康国枝庶分王的九姓胡人实属同一民族";"因为康居属大月氏的一部分,大月氏为种族,粟特是国名,康居是其立国的大月氏族中的最大部落,来中国后或称姓支(即大月支),或称姓康"。①这种把两者融为一体的说法,虽然现在已经不被中外学界所认可,但隋唐时人的这种观念却从另一个角度告诉我们,无论是月氏人还是粟特人,这些来自中亚的民族都和甘肃有着密不可分的关系。

中亚粟特人与甘肃的关系,最重要的是表现在入华汉化的粟特后裔形成了中国式的郡望,而这些郡望大多位于甘肃河西走廊。翻阅唐人林宝的《元和姓纂》、宋人邓名世的《古今姓氏书辩证》等姓氏书,可以发现有武威安氏、建康史氏、会稽康氏等全国知名的粟特郡望。②就武威郡而言,莫高窟藏经洞出土的唐代敦煌文献 S.2052《新集天下姓望氏族谱一卷并序》记载:

　　凉州武威郡出六姓:索、石、贾、安、廖(康)、阴。③

其中"廖"字当为"康"之讹,属形近致误。宋代《太平寰宇记》卷 152"凉州"条则云:

　　姓氏:……武陵(威)郡六姓:贾、阴、索、安、曹、石。④

综合上引两条资料可知,武威郡所出郡望中的石、安、康、曹四姓,应当属于入华粟特人所取的汉式姓氏。⑤于此可见,仅在凉州武威郡中,粟特人就占据了半数以上的比

①　陈国灿:《敦煌学史事新证》之《魏晋至隋唐河西胡人的聚居与火祆教》,第 74、78 页。
②　武威安氏、建康史氏见林宝:《元和姓纂(附四校记)》卷 4、卷 6,北京:中华书局,1994 年,第 500—502、822 页,是典型的粟特人。康姓见邓名世:《古今姓氏书辩证》卷 15,南昌:江西人民出版社,2006 年,第 221 页。关于会稽康氏的粟特性格,参荣新江:《北朝隋唐粟特人之迁徙及其聚落》,《国学研究》第 6 卷,北京大学出版社,第 41—42 页;冯培红:《河西走廊上的会稽与建康》,冻国栋、李天石主编:《"唐代江南社会"国际学术研讨会暨中国唐史学会第十一届年会第二次会议论文集》,南京:江苏人民出版社,2015 年,第 264—279 页。
③　沙知主编:《英藏敦煌文献(汉文佛经以外部份)》第 3 卷,成都:四川人民出版社,1990 年,第 210 页。
④　乐史:《太平寰宇记》卷 152《陇右道三》,北京:中华书局,2007 年,第 7 册,第 2936、2949 页校勘记。
⑤　关于粟特姓氏的形成,参斉藤達也:《北朝・隋唐史料に見えるソグド姓の成立について》,《史学雜誌》第 118 編第 12 号,2009 年,第 38—63 页;《中國におけるソグドの姓の歷史》,森部豊編:《ソグド人と東ユーラシアの文化交涉》,第 30—45 页。

重。河西其他诸郡的情况当亦类似。这表明,中古时期甘肃境内的粟特人不仅数量极多,而且形成了为全国所认可的郡望,已经高度融进了中国社会。笔者曾根据姓氏书、敦煌文献、墓志及史籍,列出一张入华粟特人的郡望表,[①]兹略作补充列之于下(表1):

表1　入华粟特人郡望表

郡名＼姓	敦煌	常乐	会稽(河西)	酒泉	建康	张掖	武威	西平	陇西	高平	安定	京兆	上党	会稽(江南)
安		●		●			●				●			
曹	●						●	●						
石							●						●	
史					●				●			●		
康	●		●	●		●						●		●
米									●	●		●		

中亚粟特人入华以后,从西域到辽东分布极广,但在郡望的择取上却主要是在甘肃境内的河西诸郡。在中原内地只形成了京兆(米、康、史)、会稽(康)、上党(石)等个别郡望。京兆是国都所在地,聚集了大量西域人,甚至形成了郡望,[②]自可理解;但后两者或有附会成分,或是昙花一现,不足多论。河西走廊东连中原、西通西域,距离粟特本土在地理位置上较为适中,便于他们往来于中原内地与中亚本土之间。自汉代以来,河西既受到汉文化的影响,同时也是个胡汉民族交融之地,粟特人在这里形成郡望,较易得到汉族社会的认可。也正因此,粟特人与甘肃的关系极为密切,分布在丝绸之路黄金段上的甘肃粟特人是个值得深入探究的课题。

甘肃既然是粟特人及其后裔的聚居区,是他们的重要活动舞台,因此也留存下了一些相关资料,只是这些资料较为零碎,需要细心搜集,逐一拣出,然后再加以汇总分析,才能勾勒出甘肃粟特人的整体面貌。总的来说,甘肃粟特资料主要包括三大部分:第一,甘肃境内出土的碑志、敦煌文献、石窟壁画及题记、墓葬壁画、画像砖、石棺床、胡人俑、钱币及其他文物;第二,甘肃以外地区出土的甘籍粟特后裔之碑志;第三,传世文献中对活动在甘肃的粟特人及其后裔的记录。为了整理和介绍的方

---

① 冯培红:《归去来兮:昭武九姓与河西郡望》,《读者欣赏(理论)》2012年1月下。

② 关于京兆粟特人的研究,参向达:《唐代长安与西域文明》,石家庄:河北教育出版社,2001年,第3—121页;韩香:《隋唐长安与中亚文明》,北京:中国社会科学出版社,2006年;毕波:《中古中国的粟特胡人——以长安为中心》,北京:中国人民大学出版社,2011年。

便,我们按照碑志、敦煌文献、文物、传世文献等四类逐一叙介,以使对甘肃粟特资料有个全面的概观。

二、甘肃籍粟特人碑志资料

甘肃籍粟特人碑志包括两类:一类是甘肃本地的粟特人之碑志,数量虽少,但价值十分珍贵;另二类是外省出土、但祖籍是在甘肃的粟特后裔之碑志,数量较多,也有裨于甘籍粟特人的研究。

1. 甘肃本地的粟特人之碑志

这些碑志既有出土的石质墓志,也有传世的碑文抄本。前者仅武威一地出土了三种,[①]后者有两种。因其数量少、价值高,兹逐一介绍于下。

第一例是《大唐上仪同故康莫鼻息阿达墓志铭》,云:

公讳阿达,西域康国人也。其先盖出自造化之初,藤苗大唐之始,公即皇帝之冑胤也。盘根万顷,王叶千寻。宗 继 皇 基,枝连帝业。祖拔达,梁使持节、骠骑大 将 军、开府仪同三司、凉甘瓜三州诸军事、凉州萨保。当官处任,水镜元以近其 怀;处断公途,石席不之方其志。诏赠武 威 太守。父莫鼻,同葬安乐里。……[②]

康拔达被南梁任命为凉甘瓜三州诸军事、凉州萨保,卒后诏赠武威太守,与其子康莫鼻同葬于安乐里,又据张维说康阿达“此铭新出于武威城外”,[③]可证康阿达一家为凉州武威人无疑。墓志说他是西域康国人,东迁来到凉州武威,形成了粟特聚落。康拔达拥有一定的军事力量,甚至与当时统治河西的北魏政府相敌对,所以投

---

① 陆庆夫:《甘肃所出隋唐墓志概说》(载吕建中、胡戟主编:《大唐西市博物馆藏墓志研究:续一》,西安:陕西师范大学出版社,2013 年,下册,第 180—186 页)提到了武威出土的粟特人《康阿达墓志》和西域胡人《翟舍集墓志》,另外也列出了《隋曹庆珍墓志》,但未言及其族属。

② 图版、录文见王其英主编:《武威金石录》,兰州大学出版社,2001 年,第 62—63 页。该书图版较小,原石有些漫漶不清,有些字难以识读。此处录文是笔者在武威市博物馆亲睹原石的基础上,又参据张维:《陇右金石录》卷 2(兰州:甘肃省文献征集委员会校印,1943 年,第 15985 页)、周绍良主编:《唐代墓志汇编》贞观一八二(上海古籍出版社,1992 年,上册,第 124 页)、陈国灿:《敦煌学史事新证》之《魏晋至隋唐河西胡人的聚居与火祆教》(第 86 页)等诸家录文。

③ 张维:《陇右金石录》卷 2,第 15985 页。

靠南梁朝廷,被任命为凉州萨宝。据其他资料记载,北朝后期武威地区还有安、史二姓萨保,[①]亦见不同姓氏的粟特人都来到这里,形成了多个聚落。

第二例是《隋故燕山府鹰击郎将曹庆珍墓志铭》,云:

君讳庆珍,字元场,沛国谯人。自陶丘启姓,播美春秋;沛国 开 都,传芳魏史。植则离经万卷,丹乃连骑八千。文武纷纶,光 辉 载籍。十四世祖晃,汉太中大夫、镇西大将军、凉州刺史,遭吕 禄 之乱,因居凉州姑臧县焉,君其后也。……以大唐贞观四年十一月十日奄归长夜,春秋七十有三,以五年二月六日迁窆于武威郡城之南。[②]

所言"沛国谯人",只不过是曹庆珍家族附会了中原谯郡曹氏的郡望。" 禄 "字右下角残缺,从左半边及右上部笔迹看应为"禄",但吕禄是汉高祖刘邦吕后之侄,[③]他生活的时代,西汉尚未攻取河西,自然谈不上凉州刺史的设置。曹晃是曹庆珍的十四世祖,按 1 世 30 年计算,曹晃大约在东汉末迁居到了凉州武威郡姑臧县,故颇疑"吕禄"为"吕布"之讹。祖父曹达、父亲曹浑皆仕于北周,曹庆珍一直在燕山府中任职,官至鹰击郎将。据笔者考证,志主曹庆珍就是隋末拥推李轨在武威割据自立、建立河西大凉国的首要谋主曹珍,是一位粟特人。[④]

第三例是《大唐上柱国翟舍集墓志铭并序》提到了志主夫人安氏,她去世后夫妇二人合葬在武威城南 7 里的志公乡:

公讳舍集,姑臧人也。代禀粹气,人包灵精。西平膏壤,右地名族。曾祖呼末,周历内散都督,隋赠甘州刺史。祖文殊、父沙,并上柱国。……夫人安氏,凉国公之孙也。出自名家,宜于贵室。……因授姑臧县太君。开元十四年(726)八月廿八日

---

① 分别见林宝:《元和姓纂(附四校记)》卷 4"安"条,第 1 册,第 500 页;杨军凯:《北周史君墓》,北京:文物出版社,2014 年,第 196—199 页。

② 图版、录文见王其英主编:《武威金石录》,第 24 页,但该书录文错误颇多,笔者据墓志原石作了订正。

③ 班固:《汉书》卷 3《高后纪》、卷 97 上《外戚上·高祖吕皇后传》,北京:中华书局,1962 年,第 100—103、3939—3940 页。

④ 冯培红:《〈隋燕山府鹰击郎将曹庆珍墓志铭〉考释》,《"2015 敦煌论坛":敦煌与中外关系史国际学术研讨会论文集》,敦煌莫高窟,2015 年 8 月 13—16 日,下编,第 707—718 页。

卒,年七十六。其岁景寅子月十一日,合葬凉东南七里志公乡原茔,礼也。①

　　据《武威金石录》记载,该墓志是"1997 年 5 月 1 日武威高坝镇高坝村 2 组出土",这一带应该是武威胡人的集中墓葬区。从翟舍集的祖上名讳观之,武威姑臧翟氏显然是一个胡姓家族,荣新江倾向于认为也属于粟特人。②据考,翟舍集的夫人安氏是凉国公即安兴贵的孙女,③被授予姑臧县太君,是个典型的武威粟特人。

　　第四例是《文馆词林》卷 455《碑三五》收录的阙题碑文,云:

　　(上阙)苗裔也。夫其构峰外区,方葱岭之西跱;导流中土,侔德水之东注。……祖讳,魏雍州萨保。父讳,隋开府仪同三司、贵乡县开国公,赠石州刺史。或望重河右,……是以金城之右,犹颍川之仰叔度;玉关之外,若卫人之宗端木。④

　　据山下将司考证,碑主为武威粟特人安修仁,⑤是望重河右的粟特著姓,在隋末背叛并擒捉了李轨,与其兄安兴贵一起归附李渊。安修仁的祖父,即为其侄《安元寿墓志铭并序》所载之"曾祖弼",⑥亦即其侄孙《安忠敬神道碑并序》所载之"高祖何藏器",⑦担任西魏的雍州萨保,势力颇显。

　　第五例是《河西节度副大使鄯州都督安忠敬神道碑》,云:

　　公讳忠敬,字某,武威人也。轩辕帝孙,降居弱水,安息王子,以国为姓。世高之违汉季,自河南而适辽东;高阳之受魏封,由阴山而宅凉土。……开元十四年(726)十一月二十八日,寝疾终于位,知与不知,莫不陨涕。十五年某月,葬于乌城之南志

　　①　图版、录文见黎大祥:《武威文物研究文集》之《武威大唐上柱国翟公墓清理简报》,兰州:甘肃文化出版社,2002 年,第 176—182 页;王其英主编:《武威金石录》,第 46—47 页。
　　②　荣新江:《中古中国与粟特文明》之《北朝隋唐粟特人之迁徙及其聚落补考》,第 23、25 页。
　　③　黎大祥:《武威文物研究文集》之《武威大唐上柱国翟公墓清理简报》,第 183 页。
　　④　许敬宗编、罗国威整理:《日藏弘仁本文馆词林校证》,北京:中华书局,2001 年,第 173 页。
　　⑤　山下将司:《隋・唐初の河西ソグド人軍団—天理図書館藏〈文館詞林〉〈安修仁墓碑銘〉残卷をめぐって—》,《東方学》第 110 辑,2005 年,第 65—78 页。又参苏航:《北朝末期至隋末唐初粟特聚落乡团武装述论》,《文史》2005 年第 4 辑。
　　⑥　王仁波主编:《隋唐五代墓志汇编・陕西卷》,天津:天津古籍出版社,1994 年,第 3 册,第 98 页。
　　⑦　李昉等:《文苑英华》卷 917 张说《河西节度副大使鄯州都督安公神道碑》,北京:中华书局,1966 年,第 6 册,第 4828 页。

公乡,祔先茔也。

安忠敬是安兴贵之孙,其祖上从中亚东迁来华,在北魏时定居于河西武威。安忠敬曾任河西节度副大使、鄯州都督,地位显赫,他去世后葬在武威乌城之南志公乡的祖先坟茔中,与上述翟舍集与安氏夫妇同葬在一个乡。

2. 外省出土、但祖籍在甘肃的粟特后裔之碑志

甘肃是很多粟特人东来入华的经行之地,他们在这里居停之后再继续东行,到了中原内地以后,便把甘肃当作第二故乡,仍称他们是甘肃某地人,表明这里是其祖籍,甚至形成了郡望。这样的例子颇多,兹按河西诸郡从西到东的顺序列表于下:

姓名	居住地	出　处	备　注
康哲	敦煌→邺	《康哲墓志铭并序》	
曹惠琳	敦煌	《曹惠琳墓版文》	本望康氏;舅氏赠绵州刺史曹元裕。
曹谅	敦煌①→济阴定陶	《曹谅及安氏墓志并序》	晋西平太守曹袪之后也
安禄山	常乐	《大唐博陵郡北岳恒山安天王之铭》	
康希铣	会稽	《康希铣神道碑铭》	
康氏	会稽	《安久光夫人康氏墓志》	
康志达	会稽	《康志达墓志》	
安氏	酒泉	《何德墓志》	赠酒泉县太君
曹明照	酒泉②	《曹明照墓志铭并序》	父兄归化
康氏③	酒泉	《康武通墓志铭并序》	酒泉单王之胤;蒲昌贵族,酒泉华裔。
史索岩	建康飞桥→原州	《史索岩墓志铭并序》	
史道德	建康飞桥→平高	《史道德墓志并序》	原夫金方列界,控绝地之长城;玉外分墟,抗垂天之大昂。
安怀	张掖→洛阳	《安怀夫人史氏合葬墓志铭并序》	曾祖朝前,周任甘州司马。
康敬本	张掖	《康敬本墓志铭》	康居人也,元封内迁家张掖郡;曾祖默,周甘州大中正。
康氏	张掖	《史诃耽墓志之铭》	丈夫为史诃耽;父康阿孩为隋右御卫合黎府鹰扬郎将。

① 李昉等:《太平御览》卷 366《人事部七·耳》引王隐《晋书》中提到"敦煌曹袪",北京:中华书局,1960 年,第 3 册,第 1683—1684 页。

② 墓志铭中说"曾祖继代,金河贵族",金河指酒泉北大河。

③ 墓志铭作"唐氏","唐"字应为"康"之讹。

续表

姓名	居住地	出　处	备　注
石崇俊	张掖	《石崇俊墓志铭并序》	祖讳宁芬,本国大首领、散将军;夫人洛阳罗氏。
安元寿	凉州姑臧	《安元寿墓志铭并序》	父兴贵
曹礼	凉州东平郡寿张县①	《曹礼墓志》	
史君	凉州长安	《大周凉州萨保史君墓志》	史国人也,本居西域;祖阿史盘陀为本国萨保;父阿奴伽;史君为凉州萨保;妻康氏。
康续	凉州→河南	《康续墓志铭并序》	康国跨全凉之地;屯万骑于金城;举葱岩而入款。
安令节	武威姑臧→豳州宜禄	《安令节墓志铭并序》	出自安息国王子,入侍于汉,因而家焉。
安延	武威	《安延墓志铭并序》	祖真健;父比失。
安玄朗	武威	《安玄朗墓志铭》	
安忠敬	武威	《安忠敬神道碑铭并序》	轩辕帝孙,降居弱水,安息王子,以国为姓。
史思礼	武威	《史思礼墓志铭并序》	
石氏	武威	《曹弘立武威石氏夫人合祔墓》	
石延煦	武威	《石延煦墓志铭并序》	
何摩诃	姑臧太平乡②	《何摩诃墓志铭并序》	
安伽	姑臧昌松	《安伽墓志铭》	父突建;母杜氏为昌松县君;安伽为同州萨保。
安神俨	姑臧→河南新安	《安神俨墓志铭并序》	原夫吹律命系,肇迹姑臧,因土分枝,建旗强魏;夫人史氏。
史氏	陇西成纪	《安怀夫人史氏合葬墓志铭并序》	祖盘陀;丈夫安怀。

上述墓志均发现于长安、洛阳等地,然志主都自称为甘肃某地人,西起敦煌郡、东至成纪县,范围较广,但主要分布在河西走廊上,这跟他们在河西诸郡形成郡望是

---

①　赵超:《汉魏南北朝墓志汇编》,天津:天津古籍出版社,1992年,第506页。这属于侨置郡县。墓志中经常记载到北齐凉州刺史或都督,如《范粹墓志》、《虞弘墓志》皆记其为北齐凉州刺史(见河南省博物馆:《河南安阳北齐范粹墓发掘简报》,《文物》1972年第1期;山西省考古研究所等:《太原隋虞弘墓》,北京:文物出版社,2005年,第91页),《康续墓志铭并序》载其“曾祖,齐任凉州都督”(见陈长安主编:《隋唐五代墓志汇编·洛阳卷》,天津:天津古籍出版社,1991年,第6册,第43页),尤其是《杨华墓志铭》载其“曾祖颖,齐任凉州刺史……光临凉部”(见周绍良主编:《唐代墓志汇编》贞观一一三,上册,第118页)及《曹礼墓志》,证明这个凉州是北齐境内的侨置州,很可能是用来安置从河西凉州东迁过来的民众,尤其是粟特人。

②　墓志铭中说“其先东海郯人也”,当系伪托。

相符合的。有些粟特人在甘肃担任官职,如北周甘州司马安朝前、甘州大中正康默、凉州萨保史君与隋右御卫合黎府鹰扬郎将康阿孩等,显示了粟特家族在河西走廊的实力。

三、敦煌文献中的粟特资料

敦煌从汉代起就是"华戎所交一都会也",① 来到敦煌或经由此地东去中原的粟特人络绎不绝,敦煌出土的粟特资料极为丰富,包括粟特文、汉文及其他少数民族文字文献,是开展敦煌粟特个案研究的绝佳资料,也正因此,学界对敦煌粟特人的研究开展得较为充分。

1. 敦煌出土的粟特文文献

敦煌文献中的粟特资料,最重要的莫过于粟特文文献,包括敦煌西北长城烽燧 T. XII. a 遗址出土的八封粟特文信札和莫高窟藏经洞出土的粟特文文献。

粟特文信札共有八封,其中有五封相对完整,学术价值极高。特别是第 2 号信札所涉及的人名、地名、商品及事件等内容极为详细,通过亨宁(W. B. Henning)、葛乐耐(F. Grenet)、辛姆斯·威廉姆斯(N. Sims-Williams)等学者的辛勤解读,已经考证出具体的年代为 312—313,② 并得到了学术界的广泛认可。后两人还和魏义天(É. de la Vaissière)一道合作解读了第 5 号信札的内容。③ 2003 年,辛姆斯·威廉姆斯报告了对第 1、2、3、5 号信札的最新进展。④

经过学者们的不断解读,这批粟特文信札的内容渐趋明了,它们展现了西晋末、前凉初粟特人在以武威为中心的河西走廊乃至更广地域的商业贸易网络。⑤ 第 1、3

---

① 司马彪:《续汉书·郡国志五》李贤等注引《耆旧记》,收入范晔:《后汉书》,北京:中华书局,1965年,第 3521 页。

② W. B. Henning, "The Date of the Sogdian Ancient Letters", *Bulletin of the School of Oriental and African Studies*, *University of London*, vol. XII-3 and 4, 1948, pp. 601-615; F. Grenet & N. Sims-Williams, "The Historical Context of the Sogdian Ancient Letters", *Transition Periods in Iranian History*, Leuven, 1987, pp. 101-122.

③ F. Grenet, N. Sims-Williams & É. de la Vaissière, "The Sogdian Ancient Letter V", *Bulletin of the Asia Institute*, XII, 1998, pp. 91-104.

④ 辛姆斯·威廉姆斯著、Emma WU 译:《粟特文古信札新刊本的进展》,荣新江、华澜、张志清主编:《粟特人在中国——历史、考古、语言的新探索》,北京:中华书局,2005 年,第 72—87 页。

⑤ 参毕波:《粟特文古信札汉译与注释》,载《文史》2004 年第 2 辑,第 73—97 页;É. de la Vaissière, *Histoire des Marchands Sogdiens*, pp. 48-76.

号信札的发出地是敦煌,发信人均为粟特妇女米薇(Miwnay),她在第 3 号信札中提到长官们说:"在这个敦煌(城里),没有比阿迪文(Artivan)关系更近的其他亲戚了",以及"我遵从你的命令来到敦煌"。① 如果说这两封信札只是居住在敦煌的米薇写给母亲与丈夫的私信,尚少涉及商业话题,那么第 2、5 号信札则是居住在姑臧的代理商向撒马尔罕的主人(第 5 号言明是队商首领)详细报告了永嘉之乱前后粟特人、印度人在中国的贸易情况。第 2 号信札的发信人那你槃陀(Nanai-vandak)说:"自从我送索勒(Saghrak)和芬阿喝(Farn-āghat)到'内地'已经八年了",表明早在张轨统治凉州(301—314 年)初年,这些粟特人就已来华从事贸易。该信提到"当商队离开姑臧",②特别是第 5 号信札的发信人发黎呼到(Fri-khwatāw)说"我如今呆在姑臧这儿""因为我还在姑臧效劳",以及末署"寄自您的仆人发黎呼到。此信于第 3 个月的第 30 日写于姑臧",③证实了这两封信札的发出地是前凉国都所在地凉州姑臧。这里成了粟特商人从事丝绸之路中转贸易的大本营。

　　莫高窟藏经洞出土的粟特文文献,大多与佛教有关,也有少量的摩尼教、景教及其他文献。吉田丰曾对斯坦因、伯希和所获敦煌粟特文文献逐一作过介绍,如藏在法国的有 P. s. 1—29 及 P. 3134、P. 2782、P. t. 1859、P. t. 1689 等号,藏在英国的有 Or. 8212/80、81、83、84、85、86、88、89、111、158、159、160、175、176、177、182、191、194、S. 1084、S. 1360、S. 4083 等号,以及藏在俄国的 SI, KrIV/873, SI, O/106 号。④ 荣新江在《海外敦煌吐鲁番文献知见录》一书中介绍了各国学者对敦煌粟特文文献的研究成果。⑤

---

　　① 辛姆斯·威廉姆斯著、Emma WU 译:《粟特文古信札新刊本的进展》,荣新江、华澜、张志清主编:《粟特人在中国》,第 72—87 页。该书附有第 1 号信札正背两面的黑白图版。第 1、3 号信札的正面彩色图版见 S. Whitfield & U. Sims-Williams ed., *The Silk Road: Trade, Travel, War and Faith*, London: The British Library, 2004, pp. 248-249.

　　② N. Sims-Williams, "The Sogdian Ancient Letter II", *Philologica et Linguistica: Historia, Pluralitas, Universitas: Festschrift für Helmut Humbach zum* 80. *Geburtstag am* 4. *Dezember* 2001 (Herausgegeben von Maria Gabriela Schmidt und Walter Bisang unter Mitarbeit von Marion Grein und Bernhard Hiegl), Wissenschaftlicher Verlag Trier, 2001, p. 271. 汉译文参毕波:《粟特文古信札汉译与注释》,《文史》2004 年第 2 辑。

　　③ F. Grenet, N. Sims-Williams & É. de la Vaissière, "The Sogdian Ancient Letter V", *Bulletin of the Asia Institute*, XII, 1998, p. 93. 汉译文参毕波:《粟特文古信札汉译与注释》,《文史》2004 年第 2 辑。

　　④ 山口瑞凤责任编集:《讲座敦煌》第 6 卷《敦煌胡语文献》III《ソグド语文献》(吉田丰撰),东京:大东出版社,1985 年,第 189—200、204 页。

　　⑤ 南昌:江西人民出版社,1996 年,第 23—24、48—49、127—128 页。

2. 敦煌汉文文献中的粟特资料

敦煌汉文文献中的粟特资料数量众多,内容丰富,但是比较零碎,尤其是大多带有昭武九姓的人名,仅凭姓氏是不能判断为粟特人或其后裔的,所以对于这些资料只能结合其他史料批判性地谨慎使用。

在吐蕃及归义军时期的敦煌文献中曾出现"九姓胡军"一词,如 P.2765v《大蕃敕尚书令赐大瑟瑟告身尚起律心儿圣光寺功德颂》云:"西高太白,破九姓胡军",[①]台北中央研究院傅斯年图书馆藏敦煌文献《河西节度使道场文》也同样提到了这句话。[②]九姓胡是指昭武九姓粟特人,他们在此一时期专门组织了九姓胡军队,这些粟特士兵都易于判定其族属。[③]此外,敦煌地区的粟特士兵也与其他民族相混编,如 P.3249 背《军籍残卷》中有安、曹、石、康、史、米、和、何等昭武九姓者 37 人,再加上出自丁零的翟姓 1 人,占总人数的 1/5 强,像"僧石胡胡"等人无疑应为粟特僧兵。

P.2995《姓氏书》是一位沙弥抄写的姓氏文字,其中有"安、康、石、平、罗、白、米、□、曹、何",[④]这里除了"平"姓外,其他都是胡姓,很可能沙弥因此将之集中抄在了一起。

最引人注目的是关于唐前期敦煌县从化乡和安城的资料。著名的《唐天宝十年(751)敦煌县差科簿》由 P.3559、P.2657、P.3018、P.2803v 等号组成,其中 P.3559登录了"贰佰伍拾柒人从化乡"。[⑤]据池田温统计,共有 22 个姓,实际登录 236 人,具体如下表:

姓	康	安	石	曹	罗	何	米	贺	史	裴	辛
人数	48	39	31	30	23	20	10	7	6	4	3
姓	唐	张	李	王	郭	雷	范	黄	翟	索	夫蒙
人数	2	2	2	2	1	1	1	1	1	1	1

---

① 上海古籍出版社、法国国家图书馆编:《法藏敦煌西域文献》第 18 册,上海:上海古籍出版社,2001年,第 132 页。

② 见徐晓丽、郑炳林:《读台湾"中央研究院"傅斯年图书馆藏两件敦煌文书札记》,《兰州大学学报》2003 年第 2 期。不过,他们录作"西音太白,昭九姓胡军"。

③ 冯培红:《P.3249 背〈军籍残卷〉与归义军初期的僧兵武装》,《敦煌研究》1998 年第 2 期,第 143页。

④ 《法藏敦煌西域文献》第 20 册,上海:上海古籍出版社,2002 年,第 366 页。

⑤ 《法藏敦煌西域文献》第 25 册,上海:上海古籍出版社,2002 年,第 291—309 页。

　　石田干之助指出，康、安、石、曹、罗、何、米、史等 8 个姓为胡姓；[①]池田温认为贺亦是胡姓，出自于中亚贺国；康、安、石、曹前 4 个姓占了总人数的 6 成以上，再加上罗、何、米、贺、史等 5 个姓，合在一起 9 个姓共占 9 成以上；另外他说，夫蒙为羌姓，辛也可能是胡姓，而其他人则是汉姓。[②]不过在其他姓氏中，裴也可能出自疏勒，翟则是丁零著姓。由此可见，从化乡是以粟特为主的西域胡人聚居区，该乡中的昭武九姓人应该都是粟特人。即使是一些取了汉式名字的人，根据其家庭成员也可判断是粟特人，如曹大庆之弟引吐迦宁、安边庭之弟伏帝延、康伏帝番之弟太岳、曹磨色多之子大宾、康伏吐忿之侄令宾、安如山之弟乌悉多、康□支之弟思计延。由于从化乡的民族属性极为明显，具有丰富的研究旨趣，所以学者们倍加关注。但同时也应注意到，在悬泉、慈惠及其他乡中也有不少昭武九姓及其他西域胡人，兹列表于下：

姓名	年龄	身份或役职	姓名	年龄	身份或役职	姓名	年龄	身份或役职
曹敬			安玄俊	48	翊卫	翟英奇	57	上柱国子（郡录事）
曹英峻	49	卫士	安玄靖	40	翊卫	翟日晟	25	上柱国子（充傔）
曹加琬	35	品子（捉钱）	安业			翟日升	32	上柱国子（郡史）
曹贞济			安玄忠	40	翊卫	翟英秀	48	翊卫（军典）
曹大方	34	上柱国（终服）	安周			翟迁零	44	卫士
曹加礼	51	队副	安待忠	40	上柱国子	翟仵郎		
曹成金	19	侍丁	安大忠	22	中男	翟思谏	41	翊卫（终服）
曹福			安大方			翟思祚	35	上柱国子
曹崇宾	57	上柱国（县史）	安慈力	49	卫士	翟思德	20	中男（侍丁）
曹崇璟			安罗汉	20	中男	翟阿昌	59	卫士

　　① 石田幹之助：《天宝十載の丁籍に見ゆる敦煌地方の西域系住民に就いて》，和田清编：《加藤博士還暦記念東洋史集説》，东京：富山房，1941 年，第 83—91 页。
　　② 池田温：《8 世紀中葉における敦煌のソグド人聚落》，《ユーラシア文化研究》第 1 号，1965 年，第 60、68、76—77 页。

续表

姓名	年龄	身份或役职	姓名	年龄	身份或役职	姓名	年龄	身份或役职
曹希光	27	品子（土镇）	安罗仙	20	侍丁	翟钦钦	24	白丁（土镇）
曹希盛	23	品子（土镇）	安忠信	59	翊卫（渠头）	翟思会		
曹希光	25	品子	安忠敬	57	翊卫	翟惠言	24	白丁（土镇）
曹大信			安仕德	20	中男（村正）	翟思奉		
曹景崇	20	中男（侍丁）	安渐远			贺元节	42	上柱国子
曹庭陵	25	上柱国子	康惠林			贺罗汉	20	中男
曹思廉			康义忠	38	白丁（土镇）	贺胡鼻	50	上柱国（纳资）
曹庭仁	29	废疾	康嗣庆	35	白丁（郡典狱）	贺守谅	47	卫士
曹大方	41	轻车都尉（郡上）	康伏帝忿	21	中男	贺胡子	22	中男（侍丁）
曹真瑾			康胡子	48	轻车（没落）	贺怀真	47	卫士
曹玉儿	18	中男（终服）	康伏命			贺崇钦	19	中男（司马执衣）
曹承恩			康庭玉	26	品子（土镇）	贺元立		
曹光庭	20	中男（县令执衣）	康思太			石承玉	33	白丁（终服）
史君德			史怀协	38	白丁	毕令爱		
史怀信	49	上轻车都尉（终服）	史神力	56	上柱国（堡主）	史神通	52	上柱国（渠头）

表中共有 8 个姓、75 人，其中属于昭武九姓的有曹（23 人）、①安（15 人）、康（8 人）、史（5 人）、石（1 人）、毕（1 人），②其次翟（14 人）、贺（8 人）亦为西域胡姓。此外，

---

① 曹姓的族属比较复杂，既有汉族，也有粟特，甚至还有匈奴。参池田温：《8 世紀中葉における敦煌のソグド人聚落》，《ユーラシア文化研究》第 1 号，1965 年，第 81 页；《中国古代籍帐研究——概観・録文——》，东京大学东洋文化研究所，1979 年，第 37—56 页。

② 关于毕姓，参蔡鸿生：《唐代突厥文化与九姓胡》上编《唐代九姓胡》四《毕国史钩沉》，北京：中华书局，1998 年，第 74—80 页。

这件差科簿中还有郑蕃客、索阿蕃等人名，或许也与蕃胡有关。尽管这些乡中的粟特等西域胡人在人数上不能与从化乡相比，而且分散在各个乡，但也显示了当时敦煌县粟特人既有聚居、又有散居的分布状态，后者在民族融合方面的步伐显然更快。到吐蕃管辖敦煌以后，从化乡被撤销，粟特后裔全都分散居住在各个乡里，相应的汉化等社会变迁也应更大。

与粟特人相关的安城虽然其遗迹今已无存，但在敦煌文献中却留下了一些记载。P. 2748v《沙州敦煌二十咏并序》之十二篇《安城祆咏》云："板筑安城日，神祠与此兴。一州祈景祚，万类仰休征。萍藻来无乏，精灵若有凭。更看零祭处，朝夕酒如绳"。①在修筑安城的同时建造了祆教神祠。关于祆教与酒的关系，前人已经做过研究，②此不赘论。这个安城固然有可能像池田温所说的有安定、平安之意，③但安城与祆教有关，是信奉祆教的粟特人之聚居地，这也可证于 P. 2569v《儿郎伟》中提到的"今夜驱傩队仗，部领安城大祆"。④ S. 8516A《后周广顺三年（953）十二月十九日归义军节度使曹元忠榜》云："伏自大王治世，方便再置安城"。⑤考虑到"置"是动词，有设置之意，以及曹元忠家族可能是粟特曹氏之后裔，⑥则曹元忠为了增强和凝聚粟特人的势力，再次设置了安城。P. 2555P3《赛神会帖》说到常侍、大夫要赛 360 种神，其中排在最前面的是"安城将军"；⑦ P. 2814v《后唐天成三年（928）都头知悬泉镇遏使安进通状》载其修缮神庙，彩绘诸神，他所供奉的众神中有"祆祠□□"，⑧如此看来，都头知悬泉镇遏使安进通应为粟特后裔。

关于安城的地理位置，应该从《安城祆咏》所说安城中的祆教神祠去寻找。P. 2005《沙州都督府图经卷第三》"四所杂神"条中有：

---

① 《法藏敦煌西域文献》第 18 册，第 68 页。

② 姜伯勤：《天水隋石屏风胡人"酒如绳"祆祭画像石图像研究》，《敦煌研究》2003 年第 1 期。

③ 池田温：《8 世纪中叶における敦煌のソグド人聚落》，《ユーラシア文化研究》第 1 号，1965 年，第 51 页。

④ 《法藏敦煌西域文献》第 16 册，上海：上海古籍出版社，2001 年，第 31 页。

⑤ 宁可主编：《英藏敦煌文献（汉文佛经以外部份）》第 12 卷，成都：四川人民出版社，1995 年，第 146 页。

⑥ 荣新江：《敦煌归义军曹氏统治者为粟特后裔说》，冯培红：《敦煌曹氏族属与曹氏归义军政权》，《历史研究》2001 年第 1 期；沙武田：《敦煌石窟归义军曹氏供养人画像与其族属之判别》，中央文史研究馆、敦煌研究院、香港大学饶宗颐学术馆编：《庆贺饶宗颐先生九十五华诞敦煌学国际学术研讨会论文集》，北京：中华书局，2012 年，第 142—167 页。

⑦ 《法藏敦煌西域文献》第 15 册，上海：上海古籍出版社，2001 年，第 347 页。

⑧ 《法藏敦煌西域文献》第 18 册，第 354 页。

祆神。

右在州东一里，立舍，画神主，总有廿龛，其院周回一百步。①

沙州城东 1 里有祆神的祭祀场所，归义军时期经常在这里举行祆教赛神活动。②敦研 1＋敦研 369＋P. 2629《年代不明[964?]归义军衙内酒破历》记载，三月"廿日，城东祆神酒壹瓮"，七月"十日，城东祆赛神酒两瓮"；S. 2474《庚辰至壬午年（980—982）归义军衙内面油破历》记"城东祆灯油二升"；S. 1366《年代不明[980—982]归义军衙内面油破用历》亦云："十七日，准旧，城东祆赛神用神[食]五十七分、灯油一升、䴵面二斗、灌肠[面]九升"，③可知祆祠确实位于敦煌城东 1 里处，从化乡就是以安城祆祠为中心的粟特聚落。④S. 2241《某年十月十九日公主君者者上北宅夫人状》记其离开敦煌后，到达常乐，写状给北宅夫人说："切嘱夫人，与君者者沿路作福，祆寺燃灯"，⑤说明这所祆寺位于从敦煌东去常乐的途中，实即安城祆祠。P. 2005《沙州都督府图经卷第三》记载"一所兴胡泊：东西十九里，南北九里，深五尺。右在州西北一百一十里。其水咸苦，唯泉堪食。商胡从玉门关道往还居止，因以为号"。⑥这里的"商胡"显然也是以粟特人为主的西域胡商，从事商业贸易，这也是兴胡泊得名的原因。

敦煌地区的粟特人，唐前期因聚居在从化乡及信奉祆教而易于辨明，但是粟特人的信仰颇具开放性，佛教、摩尼教等其他宗教也皆有信奉者，尤其是带有昭武九姓者仅凭姓氏难以遽断其族属，必须下一番仔细严格的考辨功夫乃可。土肥义和积数十年之功，对敦煌文献中的姓名编制了索引，最近终于出版了皇皇巨著，⑦是一件功

---

① 《法藏敦煌西域文献》第 1 册，上海古籍出版社，1995 年，第 54 页。
② 姜伯勤：《论高昌胡天与敦煌祆寺——兼论与王朝祭礼的关系》，《世界宗教研究》1993 年第 1 期。
③ 唐耕耦、陆宏基：《敦煌社会经济文献真迹释录》第 3 辑，北京：全国图书馆文献缩微复制中心，1990 年，第 271、274、278、281 页。
④ 池田温：《8 世纪中葉における敦煌のソグド人聚落》，《ユーラシア文化研究》第 1 号，1965 年，第 78 页。
⑤ 沙知主编：《英藏敦煌文献（汉文佛经以外部份）》第 4 卷，成都：四川人民出版社，1991 年，第 53 页。
⑥ 《法藏敦煌西域文献》第 1 册，第 49 页。
⑦ 土肥义和：《八世紀末期～十一世紀初期敦煌氏族人名集成：氏族人名篇　人名篇》，东京：汲古书院，2015 年。

德无量的事情。该书中涉及昭武九姓者颇多,虽然根据姓氏来判断族属是太过于武断的做法,但这些带有昭武九姓的人物为研究粟特人提供了一种可能与极大的方便。

有些敦煌社会经济文献篇幅极长,内容丰富,出现了大量人名,其中带有昭武九姓者也颇为不少。以 P.2049v《后唐同光三年(925)正月沙州净土寺直岁保让手下诸色入破历算会牒》为例,出现了安(18 人)、石(11 人)、曹(8 人)、康(3 人)、米(3 人)、何(3 人)、史(2 人)等昭武九姓,以及罗、翟、穆、白等西域其他胡姓。在这些人名中,只有安他悉禄、石竹罗单、康阿竹子、康钵略四人可以明确判断为粟特人,曹胡儿也有粟特之嫌疑,而其他人名仅凭姓氏是难以做出判断的。[①]

要想判断粟特人、特别是已经汉化了的粟特后裔之族属,必须参考其他方面的特征。例如,P.4990《某年十二月十六日沙州归义军讨击使武文进状》提到石兵马使及"先寄卖碧眼胡人",[②]放到这样的胡奴买卖的情境下,我们才可以略微放心地将石兵马使视作为粟特人。Дх.2149《欠物历》中有"于阗曹庆达",[③]在姓名之前冠有"于阗"二字,他很可能是从中亚迁至于阗的粟特曹氏,后来又东徙到了敦煌。S.542v《吐蕃戌年(818)六月沙州诸寺丁口车牛役簿》记载大乘寺有"安萨保守囚五日,营田夫五日",[④]尽管有学者提出这里的"萨保"可能有"菩萨保佑"之意,或者与萨宝有所区别,[⑤]但把安姓与"萨保"之名合在一起,其粟特人和祆教的色彩还是很重的。大乘寺下面共有 13 人,其中何、安、石、曹等昭武九姓占了 10 人,比重之大使人不得不认为他们都是粟特人。P.2912v《某年四月八日弟子康秀华施写〈大般若经〉一部疏》云:"写《大般若经》一部,施银盘子叁枚共卅五两、麦壹伯硕、粟伍拾硕、粉肆斤。右施上件物写经,谨请炫和上(尚)收掌货卖,充写经直,纸墨笔自供足,谨

---

① 文书中提到一位"白君达"。白为龟兹王姓,参冯承钧:《西域南海史地考证论著汇辑》之《再说龟兹白姓》,北京:中华书局,1957 年,第 164—175 页。另据余欣:《中古时代的菜蔬与外来文明:诸军达的伊朗渊源》(载《复旦学报》2013 年第 6 期)对"诸军达"的考证,认为"君达"作为一种菜蔬,又写作"军达""莙荙""荤陀",由波斯传入。白君达为胡姓胡名,或许也是流寓到敦煌的西域裔民。

② 《法藏敦煌西域文献》第 33 册,上海:上海古籍出版社,2005 年,第 340 页。

③ 俄罗斯科学院东方研究所圣彼得堡分所、俄罗斯科学出版社东方文学部、上海古籍出版社编:《俄藏敦煌文献》第 9 册,上海:上海古籍出版社,1998 年,第 49 页。

④ 周绍良主编:《英藏敦煌文献(汉文佛经以外部份)》第 2 卷,成都:四川人民出版社,1990 年,第 33 页。

⑤ 荣新江:《中古中国与粟特文明》之《北朝隋唐胡人聚落的宗教信仰与祆祠的社会功能》,第 245 页。

疏。四月八日弟子康秀华"。[①]这里布施给炫和尚的银盘子、粉（即胡粉）价格高昂，麦、硕数量甚大,陆庆夫推测,康秀华"可能是一个经营胡粉生意的粟特裔民",[②]郑炳林则径云:"康秀华是因经商而发迹起来的粟特人,富贵起来后舍施大量财物给寺院写经修功德,银盘、胡粉当是他从西域进口商品,不然一般民众不会收藏这么多贵重的化妆品"。[③]粟特人善于经商并也信仰佛教,[④]康秀华应当是一位粟特人。只有通过各种相关信息进行综合考察,才能对一些带昭武九姓者是否为粟特人做出准确的判断。

　　P. 2762v《吐蕃文汉文对译词汇》中有"Sog",对应的是"胡"字,亦可佐证粟特常被称作为胡。[⑤]不过在敦煌汉文文献中,与"胡"相关的用语较为普遍,含义宽泛,在具体对待时仍需谨慎。

四、甘肃出土的粟特文物资料

　　甘肃境内的粟特文物主要出自石窟与墓葬,内容丰富,种类多元,具体包括石窟壁画及题记、墓葬壁画、画像砖、石棺床、胡人俑、金银币及其他文物,它们大多保存在今日甘肃境内,有些则流失在国外。

　　1. 甘肃石窟壁画中的粟特资料

　　甘肃省境内的佛教石窟数量不少,沿着丝绸之路随着佛教向东传播而呈带状分布。从最西边的敦煌石窟,到黄河岸边的炳灵寺石窟,再往东到陇东石窟,无论是壁画图像或是文字题记,都有粟特等西域胡人留下的踪迹。粟特人虽然最初信仰袄教,但后来也接受了摩尼教、佛教、景教,特别是入华以后受到佛教的影响极深。S. 2729《太史杂占历》中有"将佛似袄"一语,[⑥]也证实了这一点。

---

① 《法藏敦煌西域文献》第 20 册,第 37 页。
② 陆庆夫:《唐宋间敦煌粟特人之汉化》,《历史研究》1996 年第 6 期。
③ 郑炳林:《唐五代敦煌的粟特人与佛教》,《敦煌研究》1997 年第 2 期。又参荣新江:《丝绸之路与东西文化交流》第四编《外来物质文明的贡献》之《于阗花毡与粟特银盘——九、十世纪敦煌寺院的外来供养》,北京:北京大学出版社,2015 年,第 273 页。
④ 《新唐书》卷 221 下《西域传下》记载康国"尚浮图法,祠袄神",第 6244 页。敦煌地区粟特人信仰佛教者极多,参见上引郑炳林文。
⑤ 《法藏敦煌西域文献》第 18 册,第 121 页。
⑥ 沙知主编:《英藏敦煌文献(汉文佛经以外部份)》第 4 卷,成都:四川人民出版社,1991 年,第 230 页。

　　已有学者关注到敦煌石窟壁画中的胡商形象、粟特供养人及祆教图像，考证出了一些相关的粟特图像资料。荣新江曾以龟兹石窟、敦煌石窟为例，对佛教石窟中的萨薄及其商人做过系统梳理，他举出了莫高窟第 45、103、217、296、420 窟中的胡商及其所牵的骆驼、驴、马等形象，并根据第 45 窟《观音经变》中的榜题"有一商主，将诸商人赍持重宝，径过险路"，认为商主就是萨薄，即队商首领。①第 45 窟胡商遇盗图所绘的商人形象都是高鼻深目、卷发浓须，头戴尖顶帽，身穿胡服，是典型的中亚胡人的样貌。②这种胡商形象在其他洞窟中也同样存在。驮载货物的牲口除了毛驴之外，第 296、420 窟还绘出了具有沙漠特征与西域意象的骆驼，第 103、217 窟则绘有印度习见的大象，背负着装满货物的巨囊。

　　敦煌石窟中的胡人形象，不仅存在于上述佛教经变画的商队图中，而且在其他壁画中也有存在。莫高窟第 290 窟中心柱西向龛下绘有一幅胡人驯马图，马夫头戴白毡帽，鼻梁高耸，眼睛圆睁，注视着桀骜不驯的枣红色烈马，他一手牵着缰绳，一手举起马鞭，试图驯服这匹烈马。③榆林窟第 3 窟西壁南侧普贤变中绘有唐僧取经图，在他身后站立着一位昂首膜拜的胡人，高鼻深目，须发浓密，④应当就是依据《大慈恩寺三藏法师传》所记玄奘在瓜州遇到的年少胡人石槃陀所绘制，从其姓名来看是一位典型的粟特人。翌日，石槃陀带来一位胡老翁，"此翁极谙西路，来去伊吾三十余返"，⑤可见这些居住在河西瓜州的粟特胡人经常往返于丝绸之路，所以在榆林窟的玄奘取经图中出现粟特人弟子是不足为怪的。此外，姜伯勤通过对莫高窟第303、304、389、390 窟隋代供养人所穿的三角翻领胡服，与中亚乌兹别克斯坦巴拉雷克捷佩壁画相比较，论证了隋代胡服与中亚粟特地区胡服样饰的联系。⑥

---

　　①　荣新江：《萨保与萨薄：佛教石窟壁画中的粟特商队首领》，荣新江、华澜、张志清主编：《粟特人在中国》，第 58—60、70—71 页黑白图 9—12。该文收入《中古中国与粟特文明》（第 206—213 页）时改为彩图。

　　②　敦煌文物研究所编：《中国石窟　敦煌莫高窟》第 3 卷，北京：文物出版社、东京：株式会社平凡社，1987 年，图 133。

　　③　敦煌文物研究所编：《中国石窟　敦煌莫高窟》第 1 卷，北京：文物出版社、东京：株式会社平凡社，1982 年，图 180。

　　④　敦煌研究院编：《中国石窟　安西榆林窟》，北京：文物出版社、东京：株式会社平凡社，1997 年，图 160。

　　⑤　慧立、彦悰：《大慈恩寺三藏法师传》卷 1《起载诞于缑氏　终西届于高昌》，北京：中华书局，2000 年，第 13—14 页。

　　⑥　姜伯勤：《敦煌莫高窟隋供养人胡服服饰研究》，郝春文主编《敦煌文献论集——纪念敦煌藏经洞发现一百周年国际学术研讨会论文集》，沈阳：辽宁人民出版社，2001 年，第 354—368 页。

莫高窟第 158 窟涅槃图中的举哀王子形象引起了学者们的关注,该窟中围绕着佛陀的既有吐蕃赞普、中原皇帝,而且各国王子大多高鼻深目,体现出明显的胡人样貌特征。雷闻通过分析举哀者割耳劈面、刺心剖腹等场面,特别是后者与来华粟特人所传之袄教法术有关,进而认为"敦煌 158 窟涅槃壁画中出现刺心剖腹图像,则是吐蕃占领时期敦煌粟特人改信佛教的真实反映"。[①]刘永增认为,两名弟子手中所捧的箱形物是粟特传统的纳骨器。[②]尽管割耳劈面、刺心剖腹等行为并非粟特所独有,但这些图像启发了沙武田从整体上考察该洞窟的民族性格,他不仅注意到了佛陀的枕头上画有雁衔联珠纹图案所体现的中亚波斯风格,而且从洞窟建筑形制、涅槃经变与金光明经变、供养人服饰等多个方面,判断该窟具有粟特属性,并进一步推测可能是后来担任归义军节度副使的安景旻为代表的粟特安氏家族营建的功德窟。[③]沙氏在同属吐蕃时期的第 359 窟中新发现了一些供养人题记,均出自石氏家族。虽然仅凭石郎□同、石衣……、石万十、石□、石神主等人名,还不好遽断其族属,但是东壁门上有一对夫妇画像,其中男子的形象为"小眼睛,高额头,高鼻梁,一圈络腮胡须,显得较为浓密,修剪整齐,人物相貌特征极具中亚西域胡人气息",为该窟的粟特属性添加了证据。他从该窟中的石姓粟特人大多身穿吐蕃装、但窟主及大量女性穿着唐装进行分析,认为粟特人汉化较深,而反对吐蕃统治。[④]

敦煌石窟中有大量带有昭武九姓的供养人画像,可惜的是绝大多数没有绘出胡族样貌,甚至连供养人的名字也全都是汉式风格,因此要想确切地判断出他们的族属也同样存在着很大困难。莫高窟第 294 窟北壁西向供养人像中有两身题记为:

清信商胡竹□□居□供养;

① 雷闻:《割耳劈面与刺心剖腹——从敦煌 158 窟北壁涅槃变王子举哀图说起》,《中国典籍与文化》2003 年第 4 期;《割耳劈面与刺心剖腹——粟特对唐代社会风俗的影响》,荣新江、张志清主编:《从撒马尔干到长安——粟特人在中国的文化遗迹》,北京:北京图书馆出版社,2004 年,第 41—48 页。

② 刘永增:《莫高窟第 158 窟的纳骨器与粟特人的丧葬习俗》,《敦煌研究》2004 年第 2 期。他还发现第 196 窟有"民州弟子甘州萨保到此朝谒"之题记,认为是民州即岷州,这位出身岷州的甘州萨保到敦煌莫高窟来巡礼朝拜。又参邵明杰:《莫高窟第 196 窟"甘州萨保"题记考述——兼论唐宋之际粟特民族的伊斯兰化》,《山西师大学报》2009 年第 5 期;《莫高窟第 196 窟"甘州萨保"题记新考》,《民族研究》2009 年第 6 期。关于"甘州萨保"等字,墨迹难辨,从刘氏所附图 3 看,似为"菩萨保",故此存疑。

③ 沙武田:《吐蕃统治时期敦煌石窟研究》中篇《石窟营建研究》第二章《莫高窟第 158 窟与粟特人关系试考》,北京:中国社会科学出版社,2013 年,第 206—247 页。

④ 沙武田:《吐蕃统治时期敦煌石窟研究》中篇《石窟营建研究》第三章《莫高窟吐蕃期洞窟第 359 窟供养人画像研究——兼谈粟特九姓胡人对吐蕃统治敦煌的态度》,第 248—280 页。

清信商胡竹……供养佛时。①

竹姓商胡一般认为是来自于天竺,像这种表明其身份为"商胡"且姓竹的,是非常难得的资料,但是带昭武九姓者却无一例标明其族属。第129窟为安家窟,第171窟为石家窟,第196窟为何家窟,第387窟为康家窟,②以及众多的曹家窟,均属昭武九姓,只是所有供养人的名字都是汉式风格,全无胡风特征,因而难以遽断其族属。

敦煌石窟受到印度、中亚和中原多种艺术风格的影响,其中来自中亚粟特地区的祆教因素也被融合进敦煌佛教石窟中。姜伯勤除了发表《敦煌壁画与粟特壁画的比较研究》一文外,③还对莫高窟壁画中带有中亚祆教特征的图像及藏经洞出土P.4518粟特女神纸本画进行考证,指出了第285窟窟顶四披图像中的九名人首兽身的有翼神兽,西壁南龛日轮中的祆教密拉特神,左右上角各有一戴尖帽的天使,左右小角各有一有头光的人头鸟身体、戴粟特帽的神鸟;④第322窟龛顶画二身有羽毛的异兽,北侧一身手托绵羊,南侧一身似托山羊;⑤第244窟中的龙王、象王及大量洞窟中出现了联珠纹图案,⑥都认为是与祆教及粟特画派有关。⑦

---

①　敦煌研究院编《敦煌莫高窟供养人题记》,北京:文物出版社,1986年,第123页。

②　敦煌研究院编:《敦煌莫高窟供养人题记》,第59—62、79、146—149页。

③　载段文杰主编:《1987敦煌石窟研究国际讨论会文集(石窟艺术编)》,沈阳:辽宁美术出版社,1990年;此据姜伯勤:《敦煌艺术宗教与礼乐文明》之《艺术篇》下编《艺术史与交流》之《敦煌壁画与粟特壁画的比较研究》,北京:中国社会科学出版社,1996年,第157—178页。

④　姜伯勤:《中国祆教艺术史研究》第十三章《敦煌285窟所见嚈哒人的密拉特神崇拜》,北京:生活·读书·新知三联书店,2004年,第203—216页。关于莫高窟第285窟与粟特之关系,张元林:《粟特人与莫高窟第285窟的营建——粟特人及其艺术对敦煌艺术贡献》(载云冈石窟研究院编《2005云冈国际学术研讨会论文集·研究卷》,北京:文物出版社,2006年,第394—406页)有更详细的阐述。

⑤　姜伯勤:《中国祆教艺术史研究》第十四章《莫高窟322窟持动物位兽图像》,第217—224页。对于该窟,王惠民:《敦煌佛教与石窟营建》(兰州:甘肃教育出版社,2003年,第269页)也指出:"此窟西壁北侧天王下部后面的壁画上有3处文字,字迹清楚,但难以释读,可以推测的有'安'等字,似乎是粟特人模仿的汉字,此类模仿汉字而又难以读通的文字在初唐333窟也可见到";同时他提到了手托绵羊和山羊的异兽及粟特地区流行的葡萄纹样。

⑥　姜伯勤:《莫高窟隋说法图中龙王与象王的图像学研究——兼论有联珠纹边饰的一组说法图中晚期犍陀罗派及粟特画派的影响》,《敦煌吐鲁番研究》第1卷,北京:北京大学出版社,1996年,第139—159页。

⑦　关于P.4518粟特女神纸本画,参姜伯勤:《敦煌白画中的粟特神祇》,中国敦煌吐鲁番学会编《敦煌吐鲁番学研究论文集》,上海:汉语大辞典出版社,1990年,第296—309页;《敦煌白画中粟特神祇图像的再考察》,《艺术史研究》第2辑,广州:中山大学出版社,2000年,第263—291页。张广达:《唐代祆教图像再考——敦煌汉文写卷伯希和编号P.4518之附件24表现的形象是否祆教神祇妲厄那(Daêna)和妲厄娲(Daêva)?》,《唐研究》第3卷,北京:北京大学出版社,1997年,第1—17页。

永靖炳灵寺石窟供养人画像中,也有一些康、安、曹、石、史、何、毕等昭武九姓及翟、罗、支、昙摩等胡姓,除了昙摩毗外,其他都是汉式人名,难断族属。在石窟壁画中也有胡人形象,如炳灵寺第169窟第12号龛西秦时代的壁画,绘有一佛二菩萨,"佛右侧尚有一身着右袒袈裟,高鼻、髭须,火焰项光,举手合十,胡跪于覆莲上的西域人物形象"。①

庆阳北石窟寺第165窟南壁与东壁交接处的第三层浮雕中有"两个对跪的西域人,皆高发髻,上身袒露,下着短裙,斜坡巾带。其中,东侧的西域人作跪状,双目凝视着左手高举的矩形物;西侧的西域人作半跪状,双目审视着右手所持筒状物"。②第257窟窟门北壁西侧上方阴刻题记云:"惟大周证圣元年乙未(695)二月乙巳酉□□□□□□□县朝散大夫□□丰义县令安钧",③尽管仅凭姓氏难以判断是否为粟特人或其后裔,但包括粟特人在内的西域胡人在炳灵寺、北石窟寺等地巡礼拜佛,举行造像活动,则是无疑的。

2. 甘肃墓葬出土的粟特文物

除了佛教石窟以外,墓葬也是以大宗文物的出土地,出土有壁画、画像砖、石棺床、胡人俑、金银币等物,种类较为丰富,可以作为甘肃粟特研究的实物佐证。

高台县罗城乡地埂坡4号墓前室北壁绘有两位头戴尖顶帽、须发浓密的胡人形象的壁画,郭永利认为时代在魏晋时期。④该地在十六国至隋初属于建康郡,始置于前凉张骏时期,⑤逐渐成为粟特史氏的聚居地,并形成了建康史氏之郡望。在这里的墓葬中出土胡人壁画,是再也正常不过了,我们也有理由认为这两位胡人就是粟特人。在邻近的酒泉魏晋壁画中,也发现了一些画像砖人物戴着尖顶帽和三角帽,园田俊介判定他们是西域胡人。⑥酒泉与建康邻近,这些人应该是包括粟特在内的

---

① 甘肃省文物工作队、炳灵寺文物保管所编著:《中国石窟 永靖炳灵寺》,北京:文物出版社、东京:株式会社平凡社,1989年,第205页,图36。该书第256页亦云:"西侧菩萨上方画二飞天,一西域人作胡跪于佛座西侧双手合十向佛"。

② 甘肃省文物工作队、庆阳北石窟寺文管所:《庆阳北石窟寺》,北京:文物出版社,1985年,第10页、图版一八之1。

③ 甘肃省文物工作队、庆阳北石窟寺文管所:《庆阳北石窟寺》,第142页。

④ 徐光冀主编:《中国出土壁画全集》第9册《甘肃 宁夏 新疆》"36.宴饮图(局部一)",北京:科学出版社,2012年,第36页。

⑤ 白須淨真:《前涼·張駿の行政區畫改編と涼州·建康郡の設置——改編年次に係わる司馬光の見解と考古資料による新見解》,《敦煌寫本研究年報》第8号,2014年。

⑥ 園田俊介:《河西画像磚墓にみえる胡人図像—魏晉期の酒泉を中心として—》,《西北出土文献研究》第5号,2007年。

西域胡人。

敦煌市佛爷庙湾 M123 墓葬出土了两种类型的胡商牵驼砖,A 型驼夫头戴高高的尖顶帽,高鼻深目,身穿窄袖紧身束带胡服与短裙,骆驼背上有驼囊及猴子,显示其胡商的身份;B 型的行进方向恰好相反,驼夫的大翻领 V 型口刻画清晰,束带长裙,骆驼背上是椭圆形的驼囊及猴子,造型精美,形象生动。关于胡商所穿的胡服,戴春阳认为源自波斯"卡弗坦",并说"卡弗坦由粟特人经西域东传影响中原地区。……这一现象显然是粟特人服饰文化影响的结果"。①靖远县北城滩除了出土一些胡人木俑外,还有一块驼夫牵驼画像砖,今藏于靖远县博物馆,编号为"LS0224、其它18"。骆驼背上没有驮载货物,但驼夫头戴尖顶帽,②显示出了他的胡人身份,刘文锁认为驼夫是最常见的胡人图像之一,表现出典型的胡人特征。③

天水市石马坪出土了一套由 17 方画像石与 8 方素面石条组成的石棺床,这种带有围屏的石棺床墓葬中已经发现多处,是北朝后期至隋代典型的粟特墓葬棺椁。在"屏风 7"中,"前一匹马上乘坐一人,身着圆领紧袖长袍。随后马上乘坐同样服饰的人,高鼻深目";"屏风 9"中,"上首三人坐在台上,右侧一人头发卷曲披肩齐,突眼高鼻,大腹便便,仰靠坐在高台上。中间一束发人仍为高鼻深目。左边一人微矮,似为贵族阶级在察看酒坊作业"。④姜伯勤将后者称为酿酒图,指出图中的椭圆形平底盛酒器即为粟特地区祭祀祆教"得悉神"所用的叵罗,并把它与敦煌文献《安城祆咏》"朝夕酒如绳"做了结合论证;他还讨论了"屏风 10"中的红日与满月图像,认为是祆教崇拜日月的习俗,并且阐述了太阳神密拉特与"屏风 1"中的来通,强调了粟特及祆教的因素。⑤

胡人俑在丝绸之路上广泛出现,甘肃各地也不例外。莫高窟北区 B86 窟出土了两身木雕彩绘拱手男胡人俑,一身为"高鼻深目,大嘴,下颌突出,头戴尖帽",另一身仅存头部,"高鼻大嘴,小眼,额狭长"。⑥山丹县除了出土胡人陶俑外,还有一件鎏金

---

① 戴春阳:《敦煌佛爷庙湾唐代模印塑像砖墓(一)——墓葬举要与年代》,《敦煌研究》2015 年第 5 期。

② 定西地区文化局编:《定西文物概况》,1976 年,第 12、67 页。

③ 刘文锁:《唐代"胡人"图像初探》,《欧亚学刊》第 6 辑,2007 年。

④ 天水市博物馆:《天水发现隋唐屏风石棺床墓》,《考古》1992 年第 1 期。彩色图版见李宁民主编《历史的记忆——天水市博物馆历史文物基本陈列》,北京:中国艺术出版社,2011 年,第 106—107 页。

⑤ 姜伯勤:《天水隋石屏风胡人"酒如绳"祆祭画像石图像研究》,《敦煌研究》2003 年第 1 期。

⑥ 彭金章、王建军:《敦煌莫高窟北区石窟》第 1 卷,北京:文物出版社,2000 年,第 310 页。前一身见该书所附彩版三一之 2,后一身见黑白图版一二三之 2。

铜胡腾舞俑,头戴卷檐尖顶帽,鹰钩鼻,手、脚尖细带有弯钩,站在半圆球上作跳舞状,裙摆飞扬。[①]粟特人擅长舞蹈,安禄山"作胡旋舞,其疾如风",[②]正可互相印证。天水石马坪在石棺床前左、右两脚附近,摆放着五个石雕坐部乐伎胡人俑,"深目浓眉,高鼻鼓腮",分别吹奏着横笛、贝蠡、排箫、笙及弹奏琵琶。[③]秦安县叶堡乡杨家沟村石家坬山 1 号唐墓出土有胡人牵马、牵驼俑和骑马俑。其中,牵马、牵驼俑"头上有戴幞头或胡帽者,也有不戴帽者。发式分卷发、披肩长发与光头只在前信蓄流海者三种。深目,高鼻,短发,多为少数民族的形象,表情神态非常生动";三彩骑马男俑有 4 件,"内有一少数民族形象",高鼻深目,连鬓胡须。[④]庆城县城关镇封家洞赵子沟开发区发掘的穆泰墓出土陶俑极多,其中 M2:5 为袒胸胡人俑,"疏发谢顶,浓眉紧蹙,瞋目。鼻头尖而且上翘,牙咬下唇。络腮胡须,胡子尖儿上卷,接近鼻头。……袒胸露腹,乳头扁而下垂,圆鼓腹,胸、腹部墨绘疏毛";M2:21、23 为胡人参军戏俑,M2:24—30 为胡人牵夫俑,姿态各异,"标本 M2:21、M2:23、M2:25、M2:29等陶俑,无论在形象、服饰等方面,都与其他陶俑有明显的差异,为典型的外来胡人"。[⑤]宁县城关东北侧秋树沟畔唐墓也出土了一些彩绘胡人牵马、牵骆驼俑,"有戴帽幞头或胡帽者,也有不戴者,将发梳笼,前额贴一饼饰。有的深目高鼻,凹眼短须,为胡俑"。[⑥]除了敦煌、宁县两地,林健《甘肃出土的隋唐胡人俑》对其他各地出土的胡人俑逐一做了介绍,探讨了尖顶帽、立领窄袖缺胯袍、小口裤、长靿靴等胡人服饰的源流,认为可以追溯到波斯、粟特、龟兹、高昌、柔然等国。[⑦]

粟特人来到甘肃,一个主要的目的是从事经济贸易,获取商业利润。当时除了使用中国的铜钱外,在西域及河西走廊等地还使用金、银币,得到了中原王朝的批准。《隋书》卷 24《食货志》记载北周时,"河西诸郡,或用西域金、银之钱,而官不

---

① 《丝绸之路——大西北遗珍》编辑委员会编:《丝绸之路——大西北遗珍》,北京:文物出版社,2014年,第 178 页,图 135。

② 姚汝能:《安禄山事迹》卷上,上海:上海古籍出版社,1983 年,第 6 页。

③ 天水市博物馆:《天水发现隋唐屏风石棺床墓》,《考古》1992 年第 1 期。

④ 甘肃省博物馆文物队:《甘肃秦安县唐墓清理简报》,《文物》1975 年第 4 期。个别彩色图版见《丝绸之路——大西北遗珍》编辑委员会编:《丝绸之路——大西北遗珍》,第 163 页,图 124。

⑤ 庆阳市博物馆、庆城县博物馆:《甘肃庆城唐代游击将军穆泰墓》,《文物》2008 年第 3 期;乾陵博物馆编《丝路胡人外来风——唐代胡俑展》,北京:文物出版社,2008 年,第 103—108 页。

⑥ 许俊臣:《甘肃宁县出土唐代彩绘俑》,《考古与文物》1982 年第 4 期。

⑦ 林健:《甘肃出土的隋唐胡人俑》,《文物》2009 年第 1 期。

禁"。①这是一种颇具区域自治特点的多元货币制度。其实,河西流通这些西域金、银钱币可以追溯到北魏末年,如 S. 4528《仁王般若经》末题:"大代建明二年(531)四月十五日,佛弟子元荣⋯⋯以银钱千文赎,钱一千文赎身及妻子,一千文赎奴婢,一千文赎六畜"。②北周武帝给瓜州刺史李贤及其弟李穆的赐物中就有两万银钱,③显然是要在河西、陇右等地流通使用。在河西走廊的敦煌、张掖、武威等地,确实也出土了金、银币实物。莫高窟北区 B222 窟出土一枚银币,"正面磨损严重,边缘围绕一圈联珠纹,中间为半身王者像,脸向右,王冠虽残,但尚可辨其后部为一对翼翅,冠顶为一新月抱圆球。在王者像面前有一条由肩上飘起的带状物,与髻后的一条对称。围绕王者像有模糊难辨的钵罗婆文字。背面边缘也有一圈联珠纹,中央为柱状祭坛,祭坛上的火焰正熊熊燃烧,火焰左侧为一五角星,右侧为新月,彼此对称,祭坛两侧各站立一个头戴尖顶高冠、足踏高筒靴的祭司,祭司外侧均有铭文,固(因)磨损过甚无法辨认,经研究这枚银币属波斯萨珊朝第五代王卑路斯时期(PEROZ,459~484 年)铸造"。④此外,张掖大佛寺金塔殿基下舍利石函内出土了 6 枚波斯萨珊银币,⑤据说武威康阿达墓曾经出土过一枚金币。⑥除了河西之外,在甘肃东部的陇右地区也有西域金、银币的出土。陇西县人大常委会牟世雄从当地农民手中搜集到一枚金币,直径 1.8cm,厚 0.5cm,重 2.306g,剪边并有磨损。金币的正面是戴盔插翎的王者像,身穿铠甲,外披战袍,右手持枪扛于肩上,上围有铭文;背面为胜利女神像,右手持长柄十字架,身背双翅,周围有铭文。经甘肃省钱币学会康柳硕鉴定,初步确定是东罗马拜占庭帝国狄奥多西斯二世时期(408—450)的金币。⑦天水市四中刘大有收藏有东罗马拜占庭金币与波斯萨珊银币,前者出土于清水县,正面为头戴王冠的福卡斯皇帝(602—610 在位)半身像,两鬓胡须,冠顶有小十字架,右手托一球体,上有十字架,上围多半圈有铭文,夏鼐考释其意为"我们的主上福卡斯,长生不

①　《隋书》卷 24《食货志》,第 691 页。

②　黄永武主编:《敦煌宝藏》第 36 册,台北:新文丰出版股份有限公司,1982 年,第 472 页。

③　令狐德棻:《周书》卷 25《李贤传》云:"于是令中侍上士尉迟恺往瓜州,降玺书劳贤,赐衣一袭及被褥,并御所服十三环金带一要、中厩马一匹、金装鞍勒、杂彩五百段、银钱一万。赐贤弟申国公穆亦如之"。北京:中华书局,1971 年,第 417 页。

④　彭金章、沙武田:《试论莫高窟北区洞窟出土波斯银币和西夏钱币》,《文物》1998 年第 10 期;彭金章、王建军:《敦煌莫高窟北区石窟》第 3 卷,北京:文物出版社,2004 年,第 323—324 页。

⑤　张掖市文物管理局编:《张掖文物》,兰州:甘肃人民出版社,2009 年,第 185 页。

⑥　夏鼐:《咸阳底张湾隋墓出土的东罗马金币》,《考古学报》1959 年第 3 期。

⑦　牟世雄:《甘肃陇西发现一枚拜占庭帝国金币》,《考古》2001 年第 12 期。

老的至尊";背面为一带翅的胜利女神像,两手皆执有十字架,脚底座下有铭文,意为"印铸于君士坦丁堡";后者收购于天水城壕旧货市场,正面是头戴王冠的卑路斯半身像,冠顶有新月并托一圆球,卑路斯脸前到肩部有一行钵罗婆文,意为"主上卑路斯";背面饰以袄教祭坛火焰,两侧为新月与星星及相对而立的祭祀各一人,亦有铭文。[①]以上这些实物钱币的出土,为甘肃河西、陇右地区使用拜占庭金币、萨珊银币从事贸易提供了证据。荣新江研究认为,"在北方丝路沿线发现的大量波斯银币和少量罗马金币,应当是粟特人贸易的印证,而不是钱币源出国的波斯人和拜占庭人"。[②]流动或定居在甘肃的粟特人,通过中转贸易的方式,把相当数量的拜占庭金币、波斯萨珊银币或其仿织品流通到中国境内。

至于甘肃出土的其他与粟特相关的文物,也有不少,如靖远县北滩乡出土的刻有大夏铭文与罗马神祇巴卡斯及花豹的鎏金银盘,[③]这与前凉"张轨时,西胡致金胡瓶,皆拂菻作,奇状,并人高,二枚"是相一致的,[④]应当就是"西胡"即粟特人从西方沿着丝绸之路流传到这里的。[⑤]前揭天水粟特石棺床墓葬中有一件鸡首瓶,绿黄色釉陶,甘谷县也出土了三彩凤首壶,[⑥]这些都是沿着丝绸之路从西方传来的胡瓶之一种,许多带有粟特风格。[⑦]

---

① 刘大有:《丝路骑车访古觅币录》之《浅谈波斯萨珊朝银币》、《甘肃天水新发现一枚东罗马福卡斯金币》,中国泉友丛书编委会自印本,1992 年,第 25、40—44 页。

② 荣新江:《从撒马尔干到长安——中古时期粟特人的迁徙与入居》,荣新江、张志清主编:《从撒马尔干到长安——粟特人在中国的文化遗迹》,第 5—6 页。详细的论述参其《丝绸之路与东西文化交流》第四编《外来物质文明的贡献》之《丝路钱币与粟特商人》,第 240—248 页。

③ 《丝绸之路——大西北遗珍》编辑委员会编:《丝绸之路——大西北遗珍》,第 105 页,图 75。研究参初仕宾:《甘肃靖远新出土东罗马鎏金银盘略考》,《文物》1990 年第 5 期;石渡美江:《甘肃省靖远出土鎏金银器的图像と年代》,《古代オリエント博物館紀要》vol. XIII,1992 年,第 147—165 页;林梅村:《中国境内出土带铭文的波斯和中亚银器》,《文物》1997 年第 9 期;罗丰:《北周李贤墓出土的中亚风格鎏金银瓶——以巴克特里亚金属制品为中心》,《考古学报》2000 年第 3 期。

④ 李昉等:《太平御览》卷 758《器物部三·瓶》引《前凉录》,第 4 册,第 3365 页。

⑤ 宁夏固原李贤墓出土了北周鎏金银胡瓶,罗丰认为"'西胡'大约是指中亚粟特人,作为礼品将金胡瓶献给张轨,以求安全通过这一地区以进行贸易",见其《北周李贤墓出土的中亚风格鎏金银瓶——以巴克特里亚金属制品为中心》,《考古学报》2000 年第 3 期。

⑥ 《丝绸之路——大西北遗珍》编辑委员会编:《丝绸之路——大西北遗珍》,第 221 页,图 181。

⑦ 杨瑾:《说唐墓壁画中的胡瓶》,陕西历史博物馆编:《唐墓壁画国际学术研讨会论文集》,西安:三秦出版社,2006 年,第 251—266 页。

五、传世文献记载的甘肃粟特资料

粟特人作为域外移民的一支，在中国社会中毕竟不占主流，因此在传世文献中没有被重点记录下来，只是在史籍、文集、诗歌、笔记小说、姓氏书、地理书、僧传等资料中有零星记载，这些资料过于零碎，需要逐一拣出，并与出土文物相印证，才能揭示出入华粟特人的发展轨迹。

1. 史籍对甘肃粟特人或其后裔的记录

在以正史及《资治通鉴》为代表的传统史籍中，有些直接标明了粟特人的族属。例如，《梁书》卷 18《康绚传》称"其先出自康居。初，汉置都护，尽臣西域，康居亦遣侍子，待诏于河西，因留为黔首，其后即以康为姓。晋时陇右乱，康氏迁于蓝田"，[①]是粟特康氏居住在河陇地区的例证。到了十六国时期，《晋书》卷 122《吕纂载记》云："即序胡安据盗发张骏墓，见骏貌如生，得真珠簏、琉璃榼、白玉樽、赤玉箫、紫玉笛、珊瑚鞭、马脑钟，水陆奇珍不可胜纪。纂诛安据党五十余家，遣使吊祭骏，并缮修其墓"。[②]根据《尚书·禹贡》所记"织皮、昆仑、析支、渠搜，西戎即叙"，[③]可知"即序"就是"即叙"，即序胡是指西戎诸国的胡人，从安据的姓氏看显然就是粟特安国人的后裔。安据一党有 50 余家，达数百人之规模，已经在后凉国都武威姑臧形成了聚落。从其所盗珍宝观之，主要产自于西域，应当就是以粟特为主的西戎胡人贩运到河西来的。[④]进入北朝，《北史》卷 92《恩幸·安吐根传》记其为"安息胡人，曾祖入魏，家于酒泉"，同卷《和士开传》提到安吐根自称"臣本商胡"，可见是个典型的中亚商胡，因为流动经商而来到了河西酒泉。西魏"大统十一年（545），太祖遣酒泉胡安诺槃陀"出使突厥，[⑤]在姓名之前冠有"胡"字，显然也是从中亚迁居到酒泉的粟特胡人。隋唐时代，除了前面提到的武威粟特人安兴贵、修仁兄弟外，《资治通鉴》卷 219 记载至德二载（757），"河西兵马使盖庭伦与武威九姓胡安门物等杀节度使周泌，聚

①　姚思廉：《梁书》卷 18《康绚传》，北京：中华书局，1973 年，第 290 页。

②　房玄龄等：《晋书》卷 122《吕纂载记》，北京：中华书局，1974 年，第 3067 页。

③　阮元校刻：《十三经注疏（附校勘记）》之《尚书正义》卷 6《夏书·禹贡第一》，北京：中华书局，1980 年，上册，第 150 页。

④　E. H. Schafer, *The Golden Peaches of Samarkand: A Study of T'ang Exotics*(Berkeley and Los Angeles: University of California, 1963, pp. 222-247)列有 Jade(玉)、Glass(玻璃)、Pearls(真珠)、Coral(珊瑚)，在 Lapis Lazuli(天青石)条提到了 Carnelian(玛瑙)。

⑤　《周书》卷 50《异域上·突厥传》，第 908 页。

众六万。武威大城之中，小城有七，胡据其五，二城坚守"。①安门物的姓名前面冠有"九姓胡"三字，是地地道道的武威粟特安氏，势力极大。

类似这样的例子还有一些，但是越到后来，随着粟特后裔汉化加深，就越加难以看出他们的真实出身，同时粟特人也有意无意地对其身世加以掩盖，所以我们只能依靠间接的考证才能推断出他们的族属。据房玄龄等《晋书》卷 86《张轨传》记载，曹祛为西晋尚书侍郎、西平太守，308 年与敦煌张镇、张越兄弟及西平麹、田等氏大族，联合起来反对凉州刺史张轨。《曹谅及安氏夫妇墓志并序》记其为"晋西平太守曹祛之后也"，②从曹、安二氏联姻基本可以判断，志主夫妇是入华粟特人之后裔，③由此推断，曹祛是一位粟特人，其时代约与敦煌粟特文信札相同。又据王隐《晋书》记载，"张轨为凉州刺史，敦煌曹祛上言轨老病，更请刺史"，④可知曹祛为敦煌人，是敦煌粟特人的势力代表，所以才会和敦煌张氏兄弟联手反对张轨。

《周书》卷 28《史宁传》记其为"建康表氏人也"，在西魏时两度出任凉州刺史。⑤《元和姓纂》卷 6"史"条六望中的首望为"建康史氏"，其可信的世系即从史宁叙起。⑥寇克红把史宁视作汉人，⑦但大多数学者则认为或倾向于是粟特人。⑧后凉末，建康"郡人高迸、史惠"劝说并拥立太守段业建立北凉，⑨建康史氏的势力已经崭露头角。前述高台县罗城乡地埂坡 4 号墓胡人壁画，也补强了建康史氏为粟特人的观点。固原出土了一些唐代粟特史氏墓志，如《史索岩墓志铭并序》记其为"建康飞桥人也。其先从宦，因家原州"；《史道德墓志并序》亦载"其先建康飞桥人事（氏）……远祖因宦来徙平高，其后子孙家焉，故今为县人也"。⑩参照固原史氏家族其他成员的墓志，可知都是入华粟特人之后裔，他们在河西建康居停之后继续东迁到了原州，故建康史氏当为粟特人。正因为史宁是原籍河西建康郡表氏县的粟特人，所以当他去凉州

---

① 司马光：《资治通鉴》卷 219 唐肃宗至德二载（757）条，北京：中华书局，1956 年，第 7015 页。

② 周绍良主编：《唐代墓志汇编》永徽〇〇八，上册，第 135—136 页。

③ 参荣新江：《中古中国与粟特文明》之《北朝隋唐粟特人之迁徙及其聚落补考》，第 29 页。

④ 李昉等：《太平御览》卷 366《人事部七·耳》，第 3 册，第 1683—1684 页。

⑤ 《周书》卷 28《史宁传》，第 465—467 页。

⑥ 林宝：《元和姓纂（附四校记）》卷 6"史"条，第 2 册，第 822 页。

⑦ 寇克红：《建康史氏考略》，《社科纵横》2008 年第 10 期。

⑧ 吴玉贵：《凉州粟特胡人安氏家族研究》，《唐研究》第 3 卷，1997 年，第 307 页；罗丰：《胡汉之间——"丝绸之路"与西北历史考古》，北京：文物出版社，2004 年，第 231—232 页；毕波：《中古中国的粟特胡人——以长安为中心》，第 64 页。

⑨ 《晋书》卷 122《吕隆载记》，第 3061 页。

⑩ 罗丰：《胡汉之间——"丝绸之路"与西北历史考古》，第 439—451、467—468 页。

进行一番劝说后，"城中吏民皆相率降附"，这让人联想起唐初武威粟特人安兴贵主动提出去凉州招慰李轨而对李渊说的那段话，二者是极相类似的。史宁在刺凉期间，"戎夷服其威惠"，①这里没有提到汉族，只强调了包括粟特在内的戎夷，也应当表明了这一点。

《隋书》卷 53《史万岁传》记其曾被"配敦煌为戍卒"。②据考，他与隋末唐初被称为"京师大侠"的史万宝为兄弟。③其侄《史怀训墓志铭并序》记其为"济北人也"，④而《史善法墓志铭并序》亦载其为"济北郡人也"，与史怀训的籍贯相同，尤其是提到"夫人康氏"，⑤史、康二氏为粟特后裔内部通婚，由此可以推断史万岁为粟特人。

至于只出现带有昭武九姓的汉式人名，在史籍中较为多见，但仅凭姓氏难以判断其族属，这里就不多说了。

2. 文集、诗歌、笔记小说对甘肃粟特人形象的描绘

文集中最早提到粟特人的当属《诸葛亮集》，载录了蜀汉后主刘禅所下之诏，中云："凉州诸国王各遣月支、康居胡侯支富、康植等二十余人诣受节度，大军北出，便欲率将兵马，奋戈先驱"。⑥康居胡侯康植当即粟特人，他们在凉州境内拥有聚落，组成军事武装，势力不可小觑。

唐代诗歌中经常描绘凉州胡人的歌舞。岑参《凉州馆中与诸判官夜集》云："凉州七城十万家，胡人半解弹琵琶"。⑦白居易《西凉伎》亦云："西凉伎，假面胡人假狮子。……紫髯深目两胡儿，鼓舞跳梁前致辞。应似凉州未陷日，安西都护进来时"。⑧这些紫髯深目的凉州胡人是西域胡人的后裔，定居在河西凉州，擅长音乐、舞蹈。迟乃鹏考辨《西凉伎》狮子舞与《五方狮子舞》之不同，并根据《教坊记》所记曲名中有《西河狮子》，认为"白居易诗云之《西凉伎》，实际上是指《西河狮子》。此伎之所以命名为《西河狮子》，其因则是此伎生于河西，即西凉"。⑨李端《胡腾儿》云："胡腾身是凉州儿，肌肤如玉鼻如锥。桐布轻衫前后卷，葡萄长带一边垂。帐前跪作本音

---

① 《周书》卷 28《史宁传》，第 465—468 页。
② 《隋书》卷 53《史万岁传》，第 1354 页。
③ 刘昫等：《旧唐书》卷 60《宗室·淮安王神通传》，北京：中华书局，1975 年，第 2340 页。
④ 吴钢主编：《全唐文补遗》第 6 辑，西安：三秦出版社，1999 年，第 356 页。
⑤ 周绍良主编：《唐代墓志汇编》长安〇三五，上册，第 1016 页。
⑥ 陈寿：《三国志》卷 33《蜀书·后主传》裴松之注，北京：中华书局，1959 年，第 895 页。
⑦ 彭定求等编：《全唐诗》卷 199，北京：中华书局，1960 年，第 6 册，第 2055 页。
⑧ 《全唐诗》卷 427，第 13 册，第 4701 页。
⑨ 迟乃鹏：《白居易〈西凉伎〉之狮子舞非〈五方狮子舞〉》，《文史》2003 年第 4 辑。

语,拾襟搅袖为君舞。安西旧牧收泪看,洛下词人抄典与。……胡腾儿,胡腾儿,故乡路断知不知";他的另一首诗《赠康洽》云:"黄须康兄酒泉客,平生出入王侯宅。今朝醉卧又明朝,忽忆故乡头已白"。①《唐才子传》卷4《康洽传》记其为"酒泉人,黄须美丈夫也。盛时携琴剑来长安,谒当道,气度豪爽"。②陈寅恪认为,"以洽之姓氏容貌生地年代及事迹观之,盖为西胡族类之深于汉化者"。③像酒泉康洽之类的河西胡人,即为粟特后裔。

笔记小说对粟特人信奉的祆教神异法术颇有记载,其中涉及甘肃河西的,如《朝野佥载》卷3云:"凉州祆神祠,至祈祷日,祆主以铁钉从额上钉之,直洞腋下,即出门,身轻若飞,须臾数百里。至西祆神前舞一曲即却,至旧祆所乃拔钉,无所损。卧十余日,平复如故。莫知其所以然也"。④西祆神距离凉州祆神祠有数百里,当为甘州祆祠,它们与沙州祆祠一起,构成了河西走廊带状分布的祆教据点,⑤成为粟特聚落与精神归宿地。

3. 其他传世文献中的甘肃粟特资料

除了史籍、文集之外,其他传世文献中有关甘肃粟特的资料同样显得零碎,本文第一部分已经言及姓氏书、地理书中的相关记载,另外,僧传资料对粟特佛僧也有记录,这是因为很多粟特人入华以后信仰了佛教。《高僧传》卷11《释道法传》记其俗"姓曹,敦煌人",约生于五凉后期,很可能是一位粟特人。⑥《续高僧传》卷28《释智嶷传》称其"姓康,本康居王胤也。国难东归,魏封于襄阳,因累居之,十余世矣。……仁寿(601—604)置塔,敕召送舍利于瓜州崇教寺。初达定基,黄龙出现于州侧大池,牙、角、身、尾,合境通瞩,具表上闻"。⑦智嶷的祖先是粟特康国人,在北魏时东迁入华。他自己在隋仁寿时,奉诏送舍利来到了瓜州(即敦煌)崇教寺。

---

①　《全唐诗》卷284,第9册,第3238页。

②　傅璇琮主编:《唐才子传校笺》卷4《康洽传》,北京:中华书局,1987年,第2册,第88页。

③　陈寅恪:《陈寅恪集·金明馆丛稿初编》之《书唐才子传康洽传后》,北京:生活·读书·新知三联书店,2001年,第315页。

④　张鷟《朝野佥载》,北京:中华书局,1979年,第65页。

⑤　陈凌考察了中国境内的祆教遗存地点,甘肃部分列有敦煌、常乐、酒泉、张掖、凉州五地,具体论述了敦煌、凉州。见其《中国境内祆教相关遗存考略(之一)》,《欧亚学刊》新2辑,北京:商务印书馆,2015年,第126—157页。

⑥　释慧皎《高僧传》卷11《习禅·宋成都释道法传》,北京:中华书局,1992年,第420页。

⑦　道宣《续高僧传》卷28《感通篇下·隋京师静法寺释智嶷传》,北京:中华书局,2014年,下册,第1128—1129页。

《洛阳伽蓝记》卷 3《城西》"龙华寺"条云："自葱岭已西，至于大秦，百国千城，莫不款附。商胡贩客，日奔塞下。所谓尽天下之区已。乐中国土风，因而宅者，不可胜数"，掀起了包括粟特在内的西域胡人的来华高潮。卷 4《城西》"开善寺"条记载元琛为秦州刺史："琛在秦州，多无政绩，遣使向西域求名马，远至波斯国。……琛常会宗室，陈诸宝器。金瓶、银瓮百余口，瓯、檠、盘、盒称是。自余酒器，有水晶钵、玛瑙杯、琉璃碗、赤玉卮数十枚。作工奇妙，中土所无，皆从西域而来"。[①]北魏后期，元琛利用出刺秦州的便利机会，派遣使者前往西域，求取名马，大肆搜罗珍宝。在向宗室陈列展览的宝器中，包括金瓶、银瓮、瓯、檠、盘、盒及水晶钵、玛瑙杯、琉璃碗、赤玉卮等酒器，都是来自西域的珍奇宝物，极可能是粟特人从事中转贸易，将它们从遥远的西亚、中亚贩运到秦州的。

六、结　语

以上对甘肃境内的粟特资料做了大致的概述，总的来说，资料颇为丰富，传世文献、出土文献与考古文物皆有之，类型也较为多元。尽管这些资料显得比较分散，大多人物的族属难以确切考证，但是数量不少的粟特人或其后裔的墓志、敦煌粟特文文献与汉文文献的丰富记载、甘肃各地出土的各种文物，以及传世文献的零星记录，已足资呈现甘肃粟特人及其后裔的基本风貌。

对于丝绸之路沿线的入华粟特人，中外学者对新疆、甘肃、宁夏、陕西、内蒙古、山西、河北等地的粟特资料及其研究已经做了很多研究工作，[②]勾勒出了传统史籍

---

① 杨衒之著、周祖谟校释：《洛阳伽蓝记》卷 3、4，上海：上海书店出版社，2000 年，第 132、164—165 页。

② 除了甘肃之外，对新疆粟特人的研究可参荣新江：《西域粟特移民考》、《西域粟特移民聚落补考》，分载马大正、王嵘、杨镰主编：《西域考察与研究》，乌鲁木齐：新疆人民出版社，1994 年，第 157—172 页；《西域研究》2005 年第 2 期。对宁夏粟特人的研究可参张广达：《唐代六胡州等地的昭武九姓》，《北京大学学报》1986 年第 2 期；罗丰：《胡汉之间——"丝绸之路"与西北历史考古》伍之十九《隋史氏墓志》，第 423—491 页。对陕西粟特人的研究可参向达：《唐代长安与西域文明》，第 3—121 页及韩香：《隋唐长安与中亚文明》、毕波：《中古中国的粟特胡人——以长安为中心》二书。对内蒙古粟特人的研究可参 Ediwin G. Pulleyblank，"A Sogdian Colony in Inner Monglia", *Essays on Tang and pre-Tang China*, Ashgate Publishing Company, 2001, pp. 317-356. 对山西粟特人的研究参葛承雍：《崔莺莺与唐蒲州粟特移民踪迹》，《中国历史文物》2002 年第 5 期；贾发义：《中古时期粟特人移入河东的原因及分布初探》，《中华文史论丛》2015 年第 1 期。对河北粟特人的研究可参森部丰：《ソグド人の東方活動と東ユーラシア世界の歴史的展開》，大阪：关西大学出版部，2010 年。

记载极少的入华粟特人及其后裔的历史脉络。甘肃作为丝绸之路的黄金段,是粟特人从西域进入中原的休整地和中转站,他们在这里聚居、生活并与当地社会不断融合,最终在河西诸郡形成了武威安、石、曹、康氏,张掖康氏,建康史氏,会稽康氏,敦煌曹、康氏等郡望,并为全国社会所承认和接受,这一点是其他地区无法比拟的。然而,学术界对甘肃粟特人的整体研究还显得不足,只是在资料较多的敦煌等个别区域相对深入。因此,综合运用传世与出土资料,从整个甘肃地区,乃至将甘肃置于丝绸之路东西交流的大环境下,去探究粟特人在甘肃的带状聚落分布、粟特人的商业贸易网络、粟特人与河陇地方政治、粟特人的多元宗教信仰、粟特乐舞、粟特人的河陇郡望等问题,已经成为甘肃粟特人研究迫在眉睫的重要课题。

(作者单位:浙江大学历史系)

敦煌佛经残卷缀合释例

张涌泉　　罗慕君

　　敦煌莫高窟藏经洞发现的近七万号古代写卷以残卷或残片为主,其中不乏本为同一写卷而撕裂为数号者,从而给写卷的定名、断代乃至进一步的整理研究都带来了极大的困难。所以残卷的缀合是敦煌文献整理研究的基础工作之一。关于残卷缀合的方法,我们曾提出以下程序:首先,在充分利用现有各种索引的基础上,对敦煌文献进行全面普查,把内容相关的写本汇聚在一起;其次,把内容直接相连或相邻的写本汇聚在一起,因为内容相连或相邻的残卷为同一写本割裂的可能性通常比较大;最后,再比较行款、书迹、纸张、正背面内容,以确定那些内容相连或相邻的残卷是否为同一写本之割裂。[①] 但在具体残卷的缀合过程中,必须注意把握那些对残卷缀合起关键性或决定性作用的因素。下面我们就以敦煌佛经写卷为中心,把这些有助于残卷缀合的关键因素列举出来,并辅以具体例子,试作阐释[②]。

　　文中《法藏》指《法藏敦煌西域文献》(上海古籍出版社 1995—2005 年版),《国图》指《国家图书馆藏敦煌遗书》(北京图书馆出版社 2005—2013 年版),《俄藏》指《俄藏敦煌文献》(上海古籍出版社 1992—2001 年版),《宝藏》指《敦煌宝藏》(新文丰出版公司 1981—1986 年版),《浙藏》指《浙藏敦煌文献》(浙江教育出版社 2000 年版),《孟录》指孟列夫主编《俄藏敦煌汉文写卷叙录》(袁席箴和陈华平译,上海古籍出版社 1999 年版),IDP 指国际敦煌项目网站。

　　残卷缀合有 12 个关键因素,包括内容相连、碴口相合、字体相同、书风近似、抄手同一、持诵者同一、藏家同一、行款近同、校注相涉、污损类同、版本相同、形制相同

---

　　① 参见张涌泉、张新朋:《敦煌残卷缀合研究》,《文史》2012 年第 3 期;张涌泉:《敦煌写本文献学》,兰州:甘肃教育出版社,2013 年,第 547 页;张涌泉、罗慕君:《敦煌本〈八阳经〉残卷缀合研究》,《中华文史论丛》2014 年第 2 期。

　　② 限于条件,本文列举的对残卷缀合起关键性或决定性作用的因素所依据的主要是敦煌文献的影印图版,而较少考虑敦煌文献原件实物的因素。事实上,原件纸质、墨迹、界栏线等因素对残卷的缀合有着重要的参考价值,容日后比对原件后另文讨论。

等。以下分述之。

（一）内容相连

如上所述，内容相连或相邻的残卷为同一写本割裂的可能性通常比较大。所以确定两个残卷内容是否相连或相邻，是判定其能否缀合的关键要素之一。如：

例一，伯5587(11)号，残片，如图1上部所示，仅存5行，每行存上部4—5字；原卷缺题，《法藏》拟题"天地八阳神咒经"。又北敦11242号，残片，如图1下部所示，存9行，每行存底部2—3字；原卷缺题，《国图》拟题"天地八阳神咒经"。

按：上揭两号皆为《天地八阳神咒经》残片，虽残损严重，但比对完整文本，推知原卷每行皆约17字，残片多处内容前后衔接，极有可能可以缀合。如图1所示，北敦11242号前行末字与伯5587(11)号次行首字均前后相接，依次为"一/(种)信邪""□(为)决众疑/佛言善男□(子)""天阴地/阳""□(天)⊠(地)气合/⊠⊠⊠⊠(一切草木)"[2]。又两

伯5587（11）号

间缺9—10字

北敦11242号

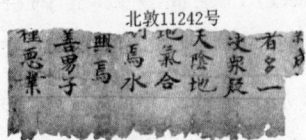

图1 伯5587(11)号···北敦11242号
缀合示意图[1]

者抄写行款格式相同(皆有乌丝栏，行距相等，行约17字，字体大小相近，字距相近)，书风相似(字体端正规范，书写秀丽，字距疏朗)，书迹类同(比较两号皆有的"善""男""阴"诸字)，可资参证。据此判定，两者当为同一写卷撕裂之残片，但不可直接拼合，每行间缺9—10字。两号缀合后，所存内容参见《大正藏》T85/1424A8—1424A17。

（二）碴口相合

李家浩《回忆整理银雀山汉墓竹简》一文中说："我们根据竹简照片完成残简拼接和简文释写后，还要核对原简，看残简拼接的碴口是否相合，不甚清楚的简文释写

---

① 卷号间用"···"连接表示两号难以直接缀合，用"+"连接表示两号可以直接缀合。

② 本文引文以"/"表示两号边缘，"⊠"表示残字，"□"表示缺字，"⊠""□"后跟"( )"表示补入文字。

是否正确，照片上不能辨别的字原简是否能辨别等。"①这里讲的"碴口是否相合"，
是古器物修复和简帛拼接的重要方法，也是敦煌残卷缀接的不二法门。而且不少残
卷的碴口留有残字，如果碴口有两个或多个残字可以拼接，那自然更是相关残卷可
以缀合的铁证。如下面的例子。

例二，北敦 9174 号，4 纸，局部如图 2 右上部所示，首尾皆残，存 86 行，行约 18
字，前 10 行、第 18—30 行、后 17 行中下残；原卷无题，《国图》拟题"天地八阳神咒
经"；《国图》条记目录称此卷为 8—9 世纪吐蕃统治时期写本。又北敦 11957 号，残
片，如图 2 中下部所示，存 17 行，每行存下部 9—10 字（首行仅存左侧残笔）；原卷无
题，《国图》拟题"天地八阳神咒经"；《国图》条记目录称此为 9—10 世纪归义军时期
写本。又北敦 9178 号，1 纸，局部如图 2 左侧所示，首缺尾全，存 28 行，行约 18 字；
尾题"佛说八阳神咒经"；《国图》条记目录称此卷为 8 世纪唐写本。

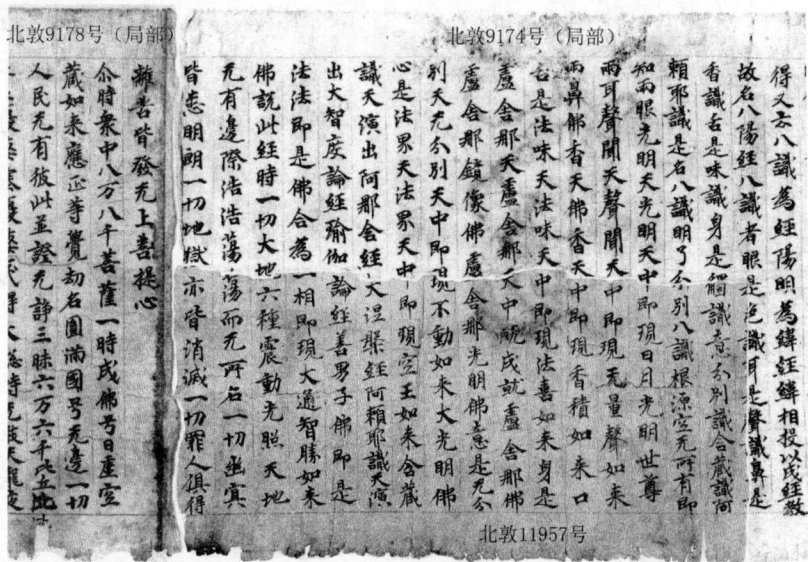

图 2　北敦 9174 号（局部）＋北敦 11957 号＋北敦 9178 号（局部）缀合图

按：如图 2 所示，上揭三号内容上下相接，前后相承，极有可能可以缀合。而且
更关键的证据是，北敦 9174 号尾部与北敦 11957 号衔接处碴口裂痕左右、上下嵌
合，严丝合缝，中间栏线及下部界栏亦接合无间，原本分属两号的纵向碴口衔接处
"是色识耳是声识鼻是"九字、横向碴口衔接处"觸""分""中""天""现""中""大""地"

① 李家浩：《回忆整理银雀山汉墓竹简》，见清华大学出土文献研究与保护中心编：《出土文献（第一辑）》，上海：中西书局，2010 年，第 269 页。

"蕩""獄"十字皆得复合为一;北敦 9174 号＋北敦 11957 号尾部左侧与北敦 9178 号
首部右侧碴口凹凸嵌合,吻合无间,北敦 9178 号首行右侧还依稀保留着北敦 11957
号末行下部"切"字的左侧残笔,可证此三号确可缀合无疑。又三号行款格式相同
(天头、地脚等高,有乌丝栏,行约 18 字,行距、字距、字体相近),书风字迹类同(比较
三号共有的"一""切""佛""无"等字),可资参证。三号缀合后,所存内容参见《大正
藏》T85/1423B28—1425B3。

上揭三号既属同卷,而《国图》条记目录却分别断作 8—9 世纪吐蕃统治时期写
本、9—10 世纪归义军时期写本、8 世纪唐写本,断代不一,宜再斟酌。

(三)字体相同

敦煌写本文献抄写时间上起魏晋六朝,下讫北宋初年,前后跨越六百多年。这
一时期,小篆已然退出日常的使用行列,隶书亦日渐衰微,而楷书、草书、行书则方兴
未艾,六万多号敦煌写本正是这一消长的真切反映。敦煌文献中,篆书字体仅见于
一些特殊的场合;隶书的痕迹在早期的写本中则还比较明显,不少写卷的字体介于
隶书、楷书之间,可称之为"隶楷";楷书写卷数量最多,反映了其发展、定型和成熟的
过程;行书、草书也不少见,多见于佛经疏释一类的写卷中。一般而言,出于同一时
期同一抄手写卷的字体往往是一致的,所以字体是否相同也就成了判定残卷能否缀
合的重要条件。试看下例。

例三,俄敦 100 号,残片,如图 3 右部所示,存 24 行,每行存下部 6—8 字;原卷
缺题,《孟录》定作"合部金光明经卷第七流水长者子品第二十一",《俄藏》改题"金光
明经卷第七流水长者子品第二十一";《孟录》称该卷为 5—6 世纪隶书写本。又北敦
5935 号,2 纸,前部如图 3 左部所示,首缺尾全,存 39 行,行约 15 字;尾题"金光明经
卷第四",《国图》定作"金光明经(异卷)卷四";《国图》条记目录称"与《大正藏》本经
对照,分卷不同。本件相当于《大正藏》之流水长者子品第十六。分卷与历代大藏经
本均不同";条记目录又称该卷为 5 世纪南北朝时期隶楷写本,有古字。

按:《金光明经》是印度大乘佛教的重要经典,汉文本前后有五种译本,其中北凉
玄始年间(412—427)昙无谶译《金光明经》、隋开皇十七年(597)宝贵合《合部金光明
经》、唐武周长安三年(703)义净译《金光明最胜王经》是现今传世的三种译本。上揭
两号的文字同时见于昙无谶本《金光明经》及宝贵本《合部金光明经》,然此两号隶书
意味浓厚,应出于隋朝之前,故宝贵本的可能性应可排除。敦煌《金光明经》写本昙

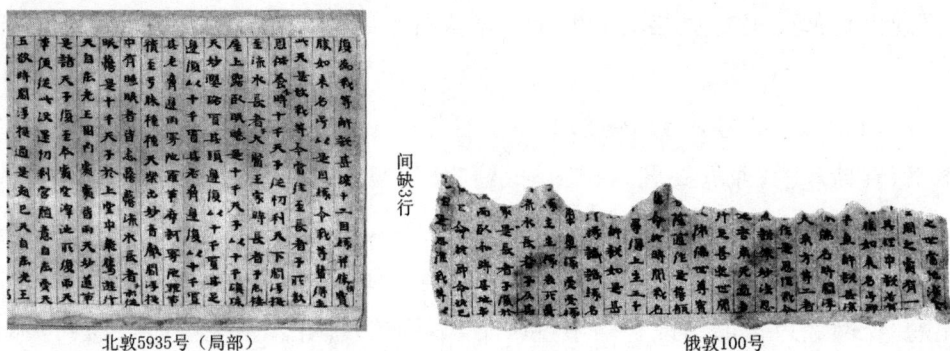

北敦5935号（局部）　　　　　　　　　　　俄敦100号

间缺3行

图 3　俄敦 100 号与北敦 5935 号（局部）对比图

无谶本大多为四卷十九品本（昙无谶译四卷十八品，加隋阇那崛多补译的《嘱累品》）；但亦有五卷十八品本，五卷本的卷四止于流水长者子品第十六，如北敦 7763 号、斯 616 号、斯 3764 号等号皆是，上揭两号亦正是该本的残片，应拟题作“金光明经（五卷十八品本）卷四”。又《孟录》称俄敦 100 号为 5—6 世纪隶书写本，《国图》条记目录称北敦 5935 号为 5 世纪南北朝时期隶楷写本，有古字。考此两号字体完全相同，总体而言，似应定作隶楷（处于隶书向楷书转变的早期，所以隶书的意味还很浓，但竖画、竖钩、撇画以及部分折笔都已初步体现出楷书笔法），两号极有可能出于同一人之手，且内容前后相承，应为同一写卷之撕裂。另外两号行款格式相同（皆有乌丝栏，行约 15 字，行距、字距相近），笔迹类同（比较表 1 所列例字），可以比勘。不过两号难以直接相接，比勘完整文本，其间约缺 3 行 46 字[1]。

表 1　俄敦 100 号与北敦 5935 号用字比较表

卷号	是	處	解	号	甚	受	说
俄敦 100 号							
北敦 5935 号							

（四）书风近似

　　字体关乎小篆、隶书、楷书等形体类别；书风则侧重具体写卷呈现的书写风格，包括作者用笔及结体的特点，具体字形的写法等。同一抄手在同一时期抄写的卷子

---

[1]　张涌泉、朱若溪：《俄藏〈金光明经〉敦煌残卷缀合研究》,《复旦学报（社会科学版）》2015 年第 6 期。

往往呈现出相似的书写风格,所以书风的异同也是判定敦煌残卷能否缀合的重要标尺。

例四,北敦3153号,6纸,局部如图4右部所示,首残尾缺,存159行,行17字左右;楷书,有乌丝栏;原卷缺题,《国图》拟题"梵网经卢舍那佛说菩萨心地戒品第一○卷下";《国图》条记目录称该经抄写于9—10世纪,为归义军时期写本。又北敦2852号1,7纸,局部如图4左部所示,首缺尾全,存180行,行17字左右;楷书,有乌丝栏;尾题"梵网经卢舍那佛说菩萨十重四十八轻戒",《国图》拟题"梵网经卢舍那佛说菩萨心地戒品第一○卷下";《国图》条记目录称该经抄写于8—9世纪,为吐蕃统治时期写本。

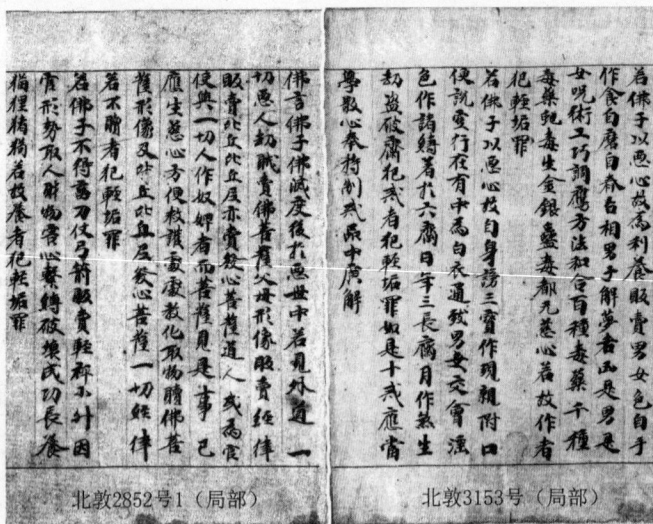

北敦2852号1（局部）　　　　北敦3153号（局部）

图4　北敦3153号（局部）＋北敦2852号1（局部）缀合图

按:上揭两号皆为《梵网经》下卷的内容,且内容前后相承,北敦3153号末句"《制戒品》中广解"与北敦2852号1首句"佛言:佛子,佛灭度后"前后相承,中无缺字,可见两号有缀合的可能。再就书风而言,两号用笔横细竖粗,笔意相连,笔迹相似,如"受"字中间的三点皆作顿笔,"物"字左旁的前两笔、后两笔皆作连笔,"輕"字左旁下部的横画皆作提笔(比较表2所列例字),等等。据此判断,两号确为同一写卷之撕裂,可缀合为一。缀合后如图4所示,上下的栏线适相对接,断痕吻合无间;又两号行款格式相同(天头地脚高度等同,有乌丝栏,行距相等,行17字左右,字体大小相近,字距相近),可资参证。

表 2　北敦 3153 号与北敦 2852 号 1 用字比较表

卷号	安	受	解	開	形	於	物	此	越	淫	輕
北敦 3153 号	安	受	觧	開	形	扵	物	此	越	淫	輕
北敦 2852 号	安	受	解	開	形	扵	物	此	越	涇	輕

又两号既为一卷之撕裂,而《国图》条记目录称北敦 3153 号抄写于 9—10 世纪,为归义军时期写本;北敦 2852 号 1 抄写于 8—9 世纪,为吐蕃统治时期写本。时间有出入,显然有误。[①]

(五) 抄手同一

不少敦煌写本留有抄手题署,如果内容前后相承的不同残卷有同一抄手题署,则往往有缀合的可能。如下例。

例五,北敦 3482 号,局部如图 5-1 右部所示,首全尾缺,存 375 行,行 28 字左右;原卷内容始首题"瑜伽论第廿一卷随听手记",讫"如食者,生不堪吃用,熟已方名离生也,此亦如是。见道已";行书,有乌丝栏;《国图》条记目录称其为 9 世纪归义军时期写本。又斯 6440 号,局部如图 5-1 左部所示,首缺尾全,存 2066 行,行 28 字左右;所存内容始"前,行未淳熟皆名为生",卷中依次题"瑜伽论卷第廿一卷竟""瑜伽论卷手记第二卷""瑜伽论卷第廿二手记""瑜伽论第廿三卷记""瑜伽师地论卷第廿三手抄记""瑜伽论第廿四卷手记""第廿四卷手记说竟""瑜伽论第廿五卷手记""瑜伽论第廿五卷种姓地说竟""瑜伽论第廿六手记卷初",尾题"瑜伽论上五卷手▢▢(卷足)";行书,有乌丝栏。

按:上揭两号均系比丘洪真听法成讲《瑜伽师地论》所做的笔记,行款格式相同,内容前后相承。北敦 3482 号最后部分解说《瑜伽师地论》卷二一初瑜伽处趣入地品第二,此处讲至"第廿明未成熟人分三",最后一行解释"离生",言"如食者,生不堪吃用,熟已方名离生也,此亦如是。见道已",末三字正与斯 6440 号首行"前行未淳熟皆名为生"组成完整一句:"见道已前,行未淳熟皆名为生",解说"生"之义。故两号有直接缀合的可能。再如图 5-2、5-3 所示,北敦 3482 号卷背骑缝处有"沙门洪真"题名 3 处,斯 6440 号卷中、卷背均有"沙门洪真"题名,题署字形近同,且与笔记文字一

---

①　张涌泉、孟雪:《国图藏〈梵网经〉敦煌残卷缀合研究》,见复旦大学出土文献与古文字研究中心编:《出土文献与古文字研究(第六辑)》,上海:上海古籍出版社,2015 年,第 809—810 页。

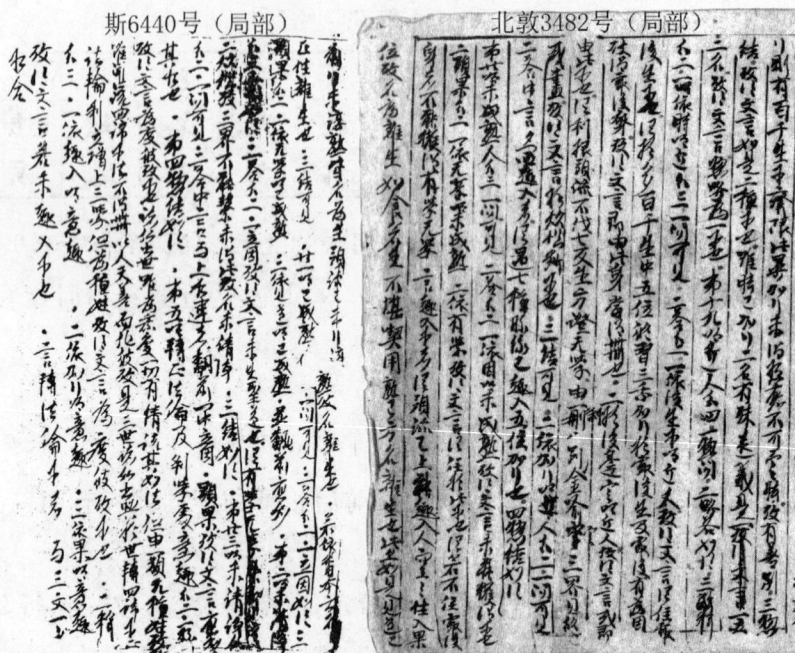

图 5-1　北敦 3482 号（局部）＋斯 6440 号（局部）缀合图

致，应均属于洪真"手记"。由此可见，上揭两号必为同一写卷之撕裂，可以缀合。缀合后局部如图 5-1 所示，卷二一至卷二六"手记"完整无缺①。

图 5-2　北敦 3482 号背　　　　图 5-3　斯 6440 号

（六）持诵者同一

抄写佛经是一种功德，抄好的佛经会分发给僧徒或信众持诵，持诵者有时会在经本卷首、卷尾或其他位置署上自己的名字。有时我们就可以依靠持诵者留下的信息对残卷加以缀合。如下例所示。

---

① 张涌泉、徐键：《〈瑜伽师地论〉系列敦煌残卷缀合研究》，《安徽大学学报（哲学社会科学版）》2014年第 3 期。

　　例六，斯 3526 号，局部如图 6-1 右部所示，首全尾缺，存 342 行，行约 17 字；楷书，有朱笔标识符号，有乌丝栏；所存内容始首题"瑜伽师地论卷第廿八　弥勒菩萨说　沙门玄奘奉诏译"，讫"修彼二品胜光明想，是名想修"，相应文字参见《大正藏》T30/435C21—439C18；首题之前另行下端有"一真"字样，当是抄写者题名。又北敦 14031 号，局部如图 6-1 左部所示，首缺尾全，存 199 行，行约 17 字；楷书，有朱笔标识符号，有乌丝栏；所存内容始"云何菩提分修"，讫尾题"瑜伽师地论卷第廿八"，相应文字参见《大正藏》T30/439C18—442A18；尾题后有"净土寺藏经"长方形墨印，方印后有"一真本"三字；《国图》条记目录定为 9 世纪归义军时期写本①。

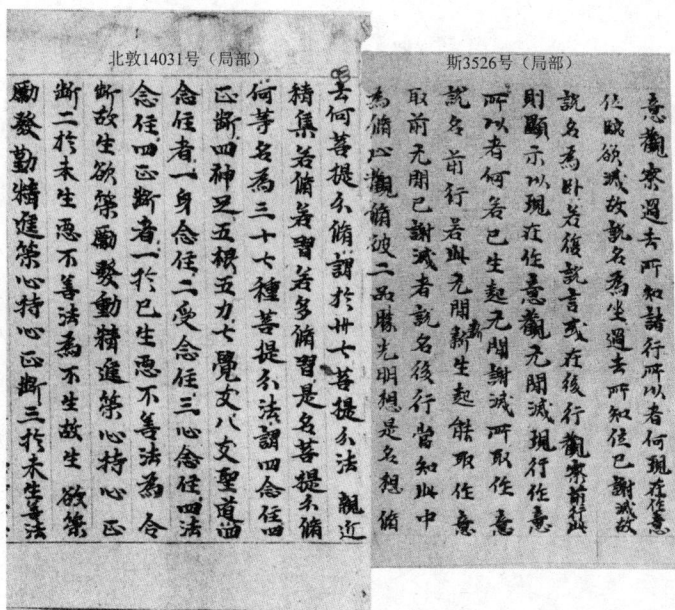

图 6-1　斯 3526 号（局部）＋北敦 14031 号（局部）缀合图

　　按：上揭两号皆为《瑜伽师地论》卷二八残卷，且行款格式相同（卷心等高，行间皆有乌丝栏，字体大小相似，字距行距皆相近，皆有朱笔标识符号，段首皆有"卍"形标记，行约 17 字），字迹类同，内容前后相承，斯 3526 号末行的"修彼二品胜光明想，是名想修"与北敦 14031 号首行的"云何菩提分修"前后衔接，很可能可以缀合②。再

_____

　　① 北敦 14032 号《瑜伽师地论》卷三一尾题后有"丁丑年七月十日说毕，沙弥一真随听本"，其中的丁丑年当为 857 年，这个"一真"与斯 3526 号、北敦 14031 号首尾题的"一真"应是同一个人。据此推断，《国图》条记目录称北敦 14031 号为 9 世纪归义军时期写本，庶几近是。
　　② 北敦 14031 号首行之前另隐约可见一行字的左侧残画，系两纸粘连时另一纸末行文字墨汁渗透所致，经仔细辨认，其上部七字残画正是斯 3526 号末行行端"为修正观修彼二"左侧墨汁渗透使然。

核斯 3526 号卷首与北敦 14031 号卷末的"一真"题名,如图 6-2、6-3 所示,书风字迹类同,系同一人笔迹;斯 6788 号《瑜伽师地论分门记》卷二五至二八系一真听法成讲《瑜伽师地论》的听课笔记,卷中、卷背亦有"一真"题署,如图 6-4 所示,字迹与斯 3526 号、北敦 14031 号的"一真"同,亦出于同一人手笔。斯 6788 号正文书风字迹与"一真"题署一致,也应出于一真之手。但前两号正文文字与"一真"题名书风明显不同,说明"一真"只是此两号的持诵者,而非抄写者。根据斯 3526 号与北敦 14031 号本属同一人持有的事实,进一步证明此两号确为同一卷之撕裂。两号缀合后,如图 6-1 所示,该卷首尾俱全,得成完璧。[①]

图 6-2　斯 3526 号 　　　　图 6-3　北敦 14031 号 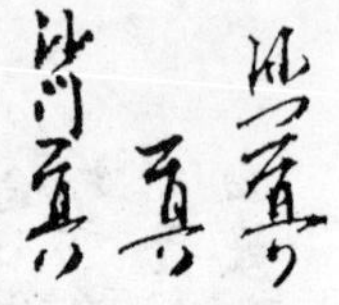　　　　图 6-4　斯 6788 号

(七) 藏家同一

罗振玉《抱朴子残卷校记序》云:"敦煌石室本《抱朴子》残卷,存《畅玄》第一、《论仙》第二、《对俗》第三,凡三篇。《论仙》《对俗》二篇均完善,《畅玄》篇则前佚十余行。书迹至精,不避唐讳,乃六朝写本也。卷藏皖江孔氏,乃割第一篇以赠定州王氏,余二篇又以售于海东。"[②]由此可见,散藏的敦煌文献存在把一件写卷人为割裂成数件的现象。这些割裂后的残卷往往还残留着原收藏者的某些信息,这些信息也有助于残卷的缀合。如:

例七,浙敦 170 号(浙博 145),1 纸,如图 7 右部所示,纸高 25 厘米,框高 19.7 厘米,栏宽1.5—1.7厘米,天头 3.1 厘米,地脚 2.2 厘米;首缺尾残,存 16 行,行约 17 字,后三行下部略有残泐;楷书,有乌丝栏;原卷缺题,《浙藏》定作"佛经残片";《浙藏》叙录称此件为唐写本。又浙敦 171 号(浙博 146),1 纸,如图 7 左部所示,纸高

---

①　张涌泉、徐键:《〈瑜伽师地论〉系列敦煌残卷缀合研究》,《安徽大学学报(哲学社会科学版)》2014年第 3 期。

②　罗氏所称《抱朴子·畅玄》残卷后为日本中村不折购藏,2005 年日本印行的《台东区立书道博物馆所藏中村不折旧藏禹域墨书集成》有该卷图版(编号 139);《论仙》《对俗》两篇后归日本书贾田中庆太郎,最终竟毁于 1923 年 9 月 1 日的关东大地震,惜哉!参看友生秦桦林:《敦煌〈抱朴子〉残卷的抄写年代及文献价值》,《敦煌研究》2013 年第 6 期。罗振玉:《松翁近稿》,见萧文立、张本义编:《罗雪堂合集》第 3 函,杭州:西泠印社出版社,2005 年,第 2 页。

24.8厘米,框高19.7厘米,栏宽1.5—1.7厘米,天头3厘米,地脚2.1厘米;首尾皆残,存16行,行约17字,后三行下部略有残泐;楷书,有乌丝栏;原卷缺题,《浙藏》定作"佛经残片";《浙藏》叙录称此件为唐写本。

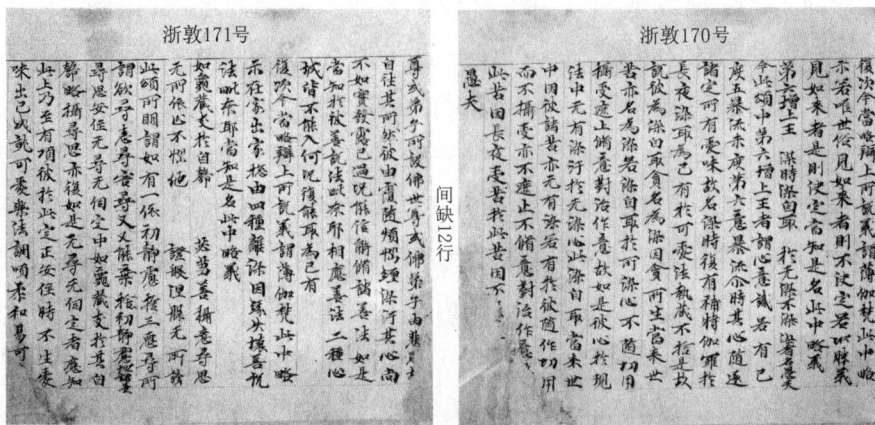

图7 浙敦170号···浙敦171号缀合示意图

按:黄征、张崇依《浙藏敦煌文献校录整理》称上揭两号皆为《瑜伽师地论》卷一九残片,且两号纸高、框高、栏宽、天头、地脚等基本要素相同,笔迹一致,应本为同一写卷,惜中部残缺无法直接缀合,[1]甚是。《浙藏》叙录称此两号均为张宗祥原藏,浙博原藏品号均为23280·21,则其不但来源同一,而且编号同一,说明原收藏者本视其为同一写卷之断片,可《浙藏》分而为二,殊属不妥。两号缀合后如图7所示,据完整经本,两号间约缺12行,所存内容始"复次今当略辨上所说义"句,讫"调顺柔和易可共住"句前六字,相应文字参见《大正藏》T30/382C26—383B16。[2]

(八) 行款近同

写卷的行款往往因时因内容而异。如敦煌佛教写经用纸以26厘米×48厘米最为常见,官府文书用纸则一般是30厘米×45厘米;每纸上下画界栏,栏高18—19厘米;一纸分作20至31行不等,南北朝时期标准的写经是25行,隋唐时期则为28行;每行抄12字至34字不等,标准的佛教写经一般17字,但也有多至34字的细字

① 黄征、张崇依:《浙藏敦煌文献校录整理》,上海:上海古籍出版社,2012年,第574页。
② 又此两号与北敦2149号、北敦9596号行款、字体、书风书迹完全相同,亦可缀合。详参张涌泉、徐键:《〈瑜伽师地论〉系列敦煌残卷缀合研究》,《安徽大学学报(哲学社会科学版)》2014年第3期。

写经,儒家和道教文献正文一行写 12 至 16 字,注文则用小字双行①。这些形制行款方面的特征也可作为敦煌写本缀合的参考。如:

例八,北敦 9187 号,袖珍本,2 纸,《国图》条记目录称纸高 14.7 厘米;首尾皆残,存 38 行,行约 12 字;原卷缺题,《国图》拟题"天地八阳神咒经";《国图》条记目录称此卷为 9—10 世纪归义军时期写本。又北敦 9188A 号,袖珍本,2 纸,《国图》条记目录称纸高 14.2 厘米;首尾皆残,存 21 行,行约 12 字;原卷缺题,《国图》拟题"天地八阳神咒经";《国图》条记目录称此卷为 9—10 世纪归义军时期写本。又北敦 7925 号,袖珍本,8 纸,《国图》条记目录称纸高 14.5 厘米;首残尾全,存 205 行,行约 12 字;尾题"佛说八阳神咒经";《国图》条记目录称此卷为 9—10 世纪归义军时期写本。

按:上揭三号皆为《八阳经》残卷,且内容前后相承,为一卷撕裂的可能性极大(《国图》条记目录已指出前两号可以缀合)。再从行款格式上看,三者皆为袖珍本,纸高及天头、地脚高度近似,行抄约 12 字,与行 17 字的标准写经不同,在总数近四百件之多的《八阳经》敦煌写卷中,同样行款的仅此三件,显得格外特别。又此三号书风相似(字体疏拙,笔墨浓重),书迹类同(比较北敦 9188A 号与北敦 9187 号皆有的"身""真""为"等字,北敦 9187 号与北敦 7925 号皆有的"人""子""男"等字)。据此判断,此三号确应为同一写卷之撕裂,可以缀合。三号缀合后,如图 8-1、8-2 所示,

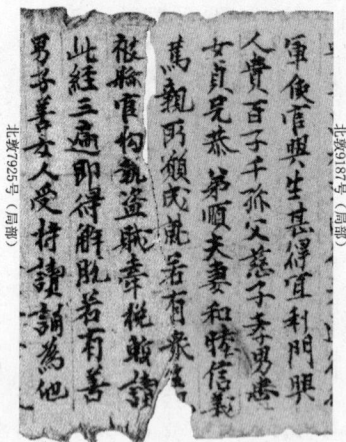

图 8-1　北敦 9187 号(局部)
+北敦 7925 号(局部)缀合图

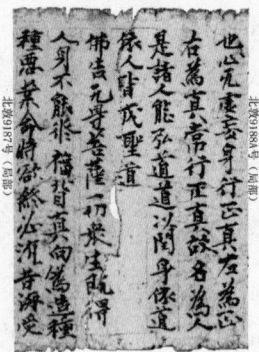

图 8-2　北敦 9188A 号(局部)
+北敦 9187 号(局部)缀合图

---

①　参见藤枝晃:《敦煌写本概述》,徐庆全、李树青译,荣新江校,《敦煌研究》1996 年第 2 期;荣新江:《敦煌学十八讲》,北京:北京大学出版社,2001 年,第 342—345 页;李际宁:《佛经版本·写本时代的佛典》,南京:江苏古籍出版社,2002 年,第 14 页。

北敦 9188A 号与北敦 9187 号衔接处原本分属两号的"依""皆成聖道"五字可复合为一，北敦 9187 号与北敦 7925 号衔接处原本分属两号的"若有衆生"四字可复合为一，接缝处亦皆左右密合。

（九）校注相涉

写本抄写完成后，往往会进行二次加工。如为确保准确性，作者或校者会对文本进行校对，不少卷面因而留有刮改、加字、删字、乙改等标识；又如为便于识读和理解，会在文本上加上一些标注，部分写本因此有科分、断句、注音、批注等注释文字或符号。这些文字符号也是残卷缀合的重要线索。

例九，敦研 374 号，白麻纸 1 纸，前部如图 9 左部所示，首尾皆缺，存 28 行，行 17 字；隶楷，有乌丝栏；原卷缺题，《甘藏》拟题"大般涅槃经卷第三十八迦叶菩萨品第十二之六"；《甘藏》叙录称原件为"青山庆示捐赠"。又敦博 6 号，白麻纸 2 纸，后部如图 9 右部所示，首全尾缺，存 31 行，行 17 字；隶楷，有乌丝栏；首题"大般涅槃经卷第卅八"，《甘藏》拟题"大般涅槃经卷第三十八迦叶菩萨品第十二之六"；《甘藏》叙录称"此卷前后为两人书写，但经文相连。此件下接青山赠品敦研 374 号，完全可以缀合"。

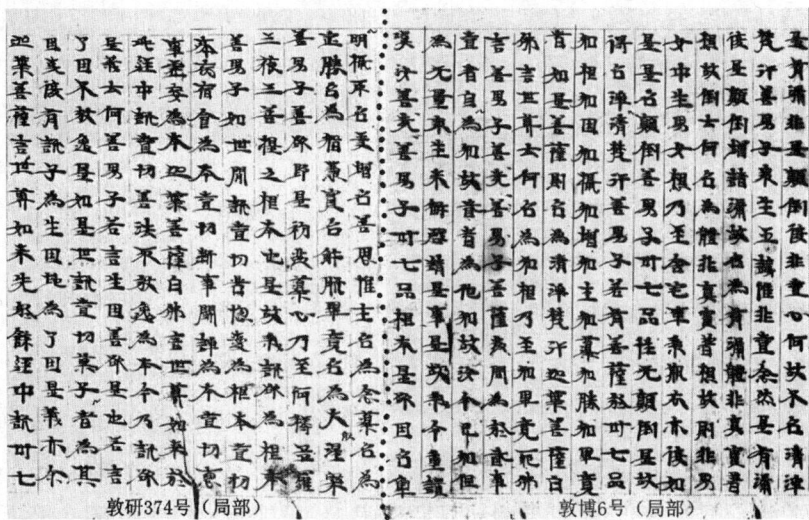

图 9　敦博 6 号（局部）＋敦研 374 号（局部）缀合图

按：《甘藏》叙录称敦博 6 号下接敦研 374 号，可以缀合，甚是。缀合后如图 9 所示，敦博 6 号后一部分与敦研 374 号字体相同，书风书迹近似，当出于同一人手笔。敦博 6 号末行下部"卅七品根本是欲因名皁（触）"与敦研 374 号首行"明摄取名受增名善思主名为念"前后衔接,应校读作"卅七品根本是欲,因名明犨(触),摄取名受,增名善思,主名为念"云云,系承经文上文"若有菩萨于三十七品,知根、知因、知摄、知增、知主、知导、知胜、知实、知毕竟者"等句而言。其中敦研374号首行首字"明"右上侧有一"〜"形符号,当为钩乙号,指此"明"字当与敦博6号末字"犨(触)"互乙,读作"因名明犨(触)",北敦14632号《大般涅槃经》卷三八正作"因名明触"。此两号的钩乙号皆写作"〜"形,如敦博6号"清净梵行,发心续相",原卷"续相"二字右侧有一"〜"形钩乙号;又敦研374号"壹切菓子者为其因",原卷"子者"二字右侧有一"〜"形钩乙号,是其比。据此,《甘藏》叙录称敦博6号与敦研374号完全可以缀合,就有了进一步的证据。[①]

(十) 污损类同

写本在成卷或成册放置时若沾染污渍或破损,往往会在卷轴装的多层或册页装的多页纸张上留下形状相似、重复出现的污渍或残痕。写本撕裂散佚后,这些规律性的污损就有可能为残卷缀合提供重要线索。如:

例十,北敦2556号,卷轴装,2纸,每纸28行,纸高26厘米;后部如图10右部所示,首残尾缺,存56行,行约17字;楷书,有乌丝栏;原卷无题,《国图》拟题"金刚般若波罗蜜经";《国图》条记目录称原卷为经黄纸,首纸有一个残洞,为7—8世纪唐写本。又北敦2438号,卷轴装,5纸,每纸28行,纸高26厘米;前部如图10左部所示,首尾均缺,存140行,行约17字;楷书,有乌丝栏;原卷无题,《国图》拟题"金刚般若波罗蜜经";《国图》条记目录称原卷为经黄纸,卷面有残洞,为7—8世纪唐写本。

按:上揭两号皆为鸠摩罗什译本《金刚般若波罗蜜经》(以下简称鸠译《金刚经》)残卷,且内容前后相承,如图10所示,衔接处"须菩/提"相连成词,中无缺字,缀合的可能性较大。再观察卷面,两号天头、卷心上部及地脚皆有渍痕,这些渍痕形状类似,循环往复,自右向左颜色逐渐变淡,轮廓逐渐缩小。由此推测两号原属同卷,成卷放置时,北敦2438号在内层,北敦2556号在外层,外层沾染水渍,并逐渐向内层渗透,从而在每一层纸上形成形状相似的渍痕,因纸张吸收,渍痕颜色逐层变淡,又因内层纸张半径小于外层,渍痕轮廓逐层缩小。由此证明,此两号确应为同一写卷之撕裂,可以缀合。又两号用纸相同(皆为经黄纸,纸高26厘米),行款格式相同(天

---

①　景盛轩:《公元五世纪敦煌本〈大般涅槃经〉写卷缀合研究》,《浙江师范大学学报(社会科学版)》2014年第6期。

头地脚等高,有乌丝栏,每纸 28 行,行约 17 字,行距、字距、字体大小相近),书风字迹类同,可资参证。

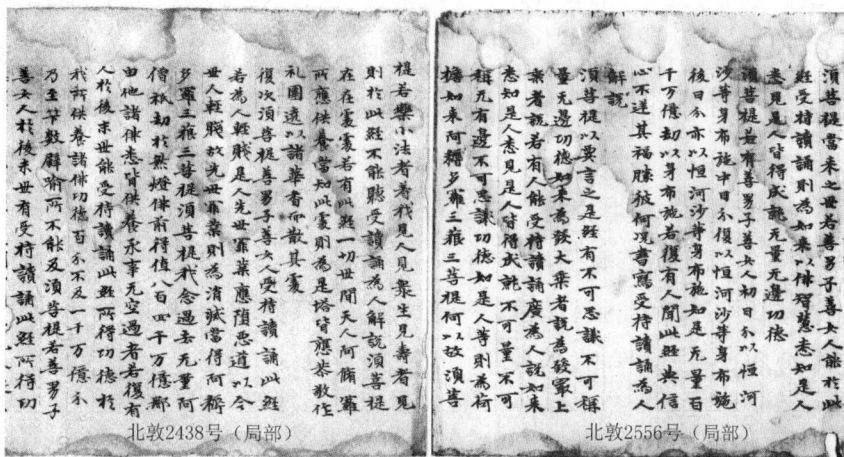

北敦2438号(局部)　　　北敦2556号(局部)

图 10　北敦 2556 号(局部)＋北敦 2438 号(局部)缀合图

(十一) 版本相同

同一作品常有不同的版本,如《金刚经》有 6 个译本,同是鸠摩罗什译本又有三十二分本、十二分本、加冥司偈本、加真言本等多个版本,不同版本的内容大同小异,确定残卷的具体版本亦有助于判定能否缀合。如:

例十一,北敦 1404 号,卷轴装,6 纸,纸高 25 厘米;后部如图 11 右部所示,首全尾残,存 121 行,经文行约 17 字,首纸为护首,次纸抄"诵金刚经前仪"20 行(另有约 8 行空白),3—6 纸抄经文,分别为 27 行(首题前空一行)、28 行、28 行、18 行;楷书,有乌丝栏;首题"金刚般若波罗蜜经",下署"后秦立时罗什法师翻译本",《国图》定作"金刚般若波罗蜜经(三十二分本)";《国图》条记目录称"通卷上部有火灼残缺",原卷为 9—10 世纪归义军时期写本。又津艺 213 号,卷轴装,9 纸,首纸 8 行,第 8 纸 29 行,末纸 23 行,其余各纸 28 行,纸高 25.2 厘米;前部如图 11 左部所示,首缺尾全,存 228 行,行约 17 字;楷书,有乌丝栏;尾题"(金)刚般若波罗蜜经一卷",后有"大身真言""随心真言""心中心真言",《津艺》题"金刚般若波罗蜜经一卷";《津艺》叙录称原卷"卷起时上边沿烧残,故缺口定距间隔",为"唐朝写卷"。

按:如图 11 所示,不同于通行的《大正藏》本鸠译《金刚经》,上揭两号文中有"庄严净土分第十""无为福胜分第十一""离相寂灭分第十四"等科分标题,比对完整的鸠译《金刚经》三十二分本北敦 3461 号,上揭两号所存科分及经文与之全同,可确定上揭两号亦为鸠译三十二分本,且一存前部,一存后部,内容前后相承,可以缀合。但两号难以直接缀合,其间约缺 30 行(经文 28 行,加分题"尊重正教分第十二""如法受持分第十三"2 行)。①北敦 1404 号末纸存 18 行,津艺 213 号首纸存 8 行,原卷每纸大抵 28 行,据此推算,北敦 1404 号末纸应缺 10 行,津艺 213 号首纸应缺 20 行,正好合于两号间缺 30 行之数。另外,两号上边沿皆有循环出现的半圆形烧损残痕,行款格式相同(纸高皆约 25 厘米,天头地脚等高,有乌丝栏,每纸约 28 行,行约 17 字,行距、字距、字体大小相近),书风字迹类同(比较两号共有的"菩提""佛""世尊""有""人"等字),可资参证。

上揭两号既原属同卷,而《国图》条记目录与《津艺》叙录将两号分别断作 9—10 世纪归义军时期写本、唐写本,断代不一,宜再斟酌。

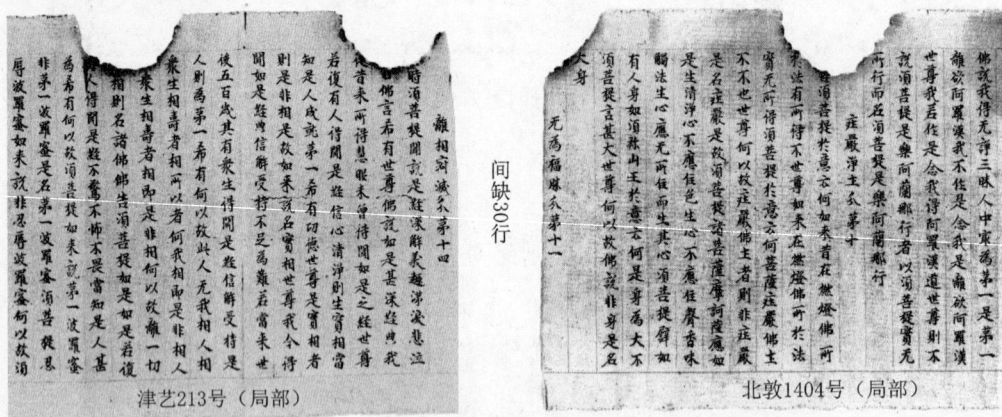

图 11　北敦 1404 号(局部)···津艺 213 号(局部)缀合示意图

(十二)形制相同

敦煌写本以卷轴装为主,另有少量梵夹装、经折装、粘页装、缝缬装、册页装等装帧形式,这些少量形制迥异的装帧形式显得很特别,其内容相同的残本散页亦多有可缀合者。如:

例十二,斯 5443 号,册页装,首全尾缺,前有奉请八大金刚文,经文首题"金刚般若波罗蜜经",有科分标题,从"法会因由分第一"至"无为福胜分第十一";尾页如图 12 右部所示,纸高 11 厘米,宽 16 厘米,每半页 11 行,经文部分每行约 12 字。又斯 5534 号,

①　北敦 3461 号相应部分共 29 行,少一行,乃因该卷"如法受持分第十三"部分多处出现了一行 18 字、19 字、20 字不符标准的情况,从而压缩掉了一行。

册页装,首缺尾全,有科分标题,从"尊重正教分第十二"至"应化非真分第三十二";尾题"金刚般若波罗蜜经",另行署"西川过家印真本",又附"大身真言""随心真言""心中心真言",后题"时天复五年岁次乙丑三月一日写竟信心受持老人八十有二";首页如图12左部所示,纸高 11 厘米,宽 16 厘米,每半页 11 行,经文部分每行约 12 字。

按:上揭两号皆为鸠译《金刚经》三十二分本,且内容前后相连,有可缀合的可能。又如图 12 所示,两号形制相同,皆为特殊的册页装,既不同于卷轴装,也不同于普通的册页装。敦煌册页装以高 15 厘米、宽 10 厘米为常见,高长于宽,而此两件纸高 11 厘米,宽 16 厘米,甚为特殊。另外两号行款格式相近(每半页 11 行,经文部分行约 12 字,分标题皆比正文低约 3 字,天头、地脚、书口处留白相近,行距、字距、字体大小相近),书风字迹类同(比较两者共有的"第十""人""须菩提""善男子善女人"等字)。由此判定两者当可缀合,缀合后全卷完整无缺。

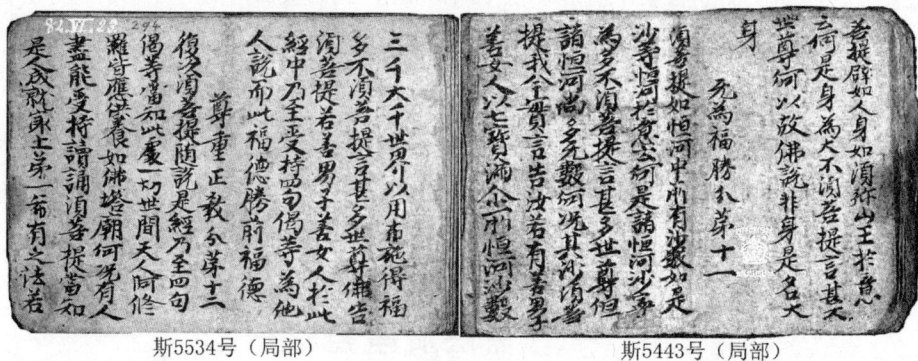

斯5534号(局部)　　　　斯5443号(局部)

图 12　斯 5443 号(局部)＋斯 5534 号(局部)缀合图

上面我们从内容、碴口、字体、书风、抄手、持诵者等 12 个方面讨论了判断敦煌残卷能否缀合的重要依据。应该说,敦煌残卷的缀合是多种依据或多种方法综合运用的结果。但在具体残卷的缀合过程中,往往其中的某一依据或某一种方法可能是主要的,对残卷的缀合起着关键性、决定性的作用。所以在具体的缀合实践中,既要紧紧把握制约残卷缀合的关键点,又要综合分析各方面的线索,以点带面,点面结合,这样才能使残卷的缀合建立在可靠的基础之上。

(作者单位:浙江大学古籍研究所)

敦煌疑伪经三种残卷缀合研究

张小艳

佛教疑伪经因其非佛亲口所说而为正统佛教所禁绝，大批疑伪经也因此被历代大藏经所摒弃，除少数保存至今外，绝大多数皆已亡佚。20 世纪初发现的敦煌文献中存有一百多种疑伪经①，为人们的研究提供了丰富的第一手资料，弥足珍贵。但敦煌文献中所存疑伪经写本首尾完整者较少，多数都是残篇断简，其中不乏本为同一写卷而被撕裂为数号者，给整理研究工作带来了严重影响。"所以敦煌残卷的缀合是敦煌文献整理研究'成败利钝之所关'的基础工作之一"。②《斋法清净经》《法王经》《十王经》是隋唐五代宋初时较为流行的三种疑伪经。本文通过考察这三部疑伪经在敦煌文献中的现存面貌，厘清其所存卷号以及完整或残缺的情况，并从内容接续、残字拼合、行款相同、字迹书风相近等角度进行比较分析，将这三经中的 32 号残卷（片）缀合为 10 组。

一、《斋法清净经》

《斋法清净经》最早著录于隋法经的《众经目录》卷四"众经伪妄六"，被判作伪经。此后，隋唐经录皆承其说，将其归入伪经录。该经不载于清以前的藏经，《大正藏》卷八五据龙谷大学藏敦煌本录文收载。

据曹凌《中国佛教疑伪经综录》（下文简称《综录》）介绍③，敦煌文献中现存该经 12 号，分属甲、乙两个不同的传本系统。甲种写本有斯 4548-1、伯 4500、伯 3295、羽

---

① 方广锠先生经多年调查，发现敦煌遗书中保留有一百多种疑伪经，参其为曹凌《中国佛教疑伪经综录》所撰序言，上海：上海古籍出版社，2011 年，第 1 页。本文所参考的《中国佛教疑伪经综录》均为此版本，不再一一注明。

② 张涌泉、罗慕君：《敦煌本〈八阳经〉残卷缀合研究》，《中华文史论丛》2014 年第 2 期。

③ 曹凌：《中国佛教疑伪经综录》，上海：上海古籍出版社，2011 年，第 230—231 页。

216、龙谷大学藏敦煌本等五号；乙种写本有斯 5646-5、斯 8549、斯 6269-2①、北敦 14804-2 等四号；不能区别其传本系统者有斯 11577A、俄敦 10304、俄敦 10418 等三号②。其中仅斯 5646-5、伯 4500、北敦 14804-2、龙谷大学藏敦煌本、羽 216 等 5 号首尾完整，其余均为残卷或残片。在残缺的写本中，俄敦 10418 号与俄敦 10304 号可缀合为一卷。

　　（1）俄敦 10418 号，见《俄藏》14/284B③。残片。如图 1 上部所示，首全尾残，存 9 行，前 8 行每行存上部 10—11 字，末行仅存 1 字右侧残笔（似为右侧旁注字）。楷书。首行题"佛说斋法清净经"。

图 1　俄敦 10418 号＋
俄敦 10304 号缀合图

　　（2）俄敦 10304 号，见《俄藏》14/267A。残片。如图 1 下部所示，存 10 行，每行存下部 4—6 字（第 1 行、第 9 行空白）。楷书。原卷无题，《俄藏》未定名，《综录》第 231 页定为《斋法清净经》残片。

　　按：上揭两号内容先后相承，可以缀合。缀合后如图 1 所示，两号上下相接，俄敦 10418 号第 2 行"一时佛在竹林"与俄敦 10304 号首行的"精舍"相连成句，其余各行文字亦上下衔接，中无缺字；断痕吻合无间，原本分属两号的"优婆夷"之"婆"和"一时集会"之"集"字复合为一（此二字上部大半在俄敦 10418 号，"婆"字"女"旁底部的锋笔、"集"下部的木旁在俄敦 10304 号）。又两号行款相同（字体大小及字距皆相近），字迹相同（比较两号共有之"我""世""尊"等字），可资参证。两号缀合后，所存内容始首题，讫"先世时为造斋食"句前五

　　①　《综录》谓斯 6269-2 号首全尾残，不能区别其传本系统（第 231 页）。按：此卷中用语"长食"，与乙类写本相合，该词在甲类写本中皆作"余食"，据此可将其归属乙类写本。

　　②　"斯"指英国国家图书馆所藏敦煌文献斯坦因编号，据缩微胶卷、《敦煌宝藏》（台北：新文丰出版公司，1981—1986 年，简称《宝藏》）及 IDP 网站公布的彩色照片；"伯"指法国国家图书馆所藏敦煌文献伯希和编号（据《法藏敦煌西域文献》，上海：上海古籍出版社，1995—2005 年）；"北敦"指《国家图书馆藏敦煌遗书》（北京：北京图书馆出版社，2005—2012 年，简称《国图》）敦煌写卷编号；"俄弗""俄敦"指《俄藏敦煌文献》（上海：上海古籍出版社，1992—2001 年，简称《俄藏》）敦煌写卷编号；"上博"指《上海博物馆藏敦煌吐鲁番文献》（上海：上海古籍出版社，1993 年）敦煌写卷编号；"中村"指《台东区立书道博物馆所藏中村不折旧藏禹域墨书集成》（东京：株式会社二玄社，2005 年）敦煌写卷编号；"羽"指《敦煌秘笈》（大阪：武田科学振兴财团，2009—2013 年）敦煌卷子编号。

　　③　"《俄藏》14/284B"指《俄藏敦煌文献》第 14 册第 284 页下栏。下仿此。

字。相应文字参见《大正藏》T85/1431 C3—1431C13①。

二、《法王经》

　　《法王经》,全称为《蹬刀梯解脱道甘露药流渌泉如来智心造服者除烦恼法王经》,又名《涅槃般若波罗蜜经》,最早见录于武周时期明佺的《大周刊定众经目录》卷一五"伪经目录",被判作伪经。其后,智昇《开元释教录》卷一八、元照《贞元新定释教目录》卷二八皆承之,将它归在伪经录。此经不载于清以前的藏经,《大正藏》卷八五据斯 2692 号录文收载。

　　经调查,敦煌文献中共存《法王经》写本 24 号,即斯 2692、7269、8438、9791、9896、11321、12368 号、北敦 630(北 8278,日 30)、北敦 6326(北 8279,咸 26)、北敦6536(北 8662,淡 36)、北敦 10938(临 1067)、北敦 14700(新 900)、北敦 15098(新1298)号、俄敦 1109、3968、3989、5080、5387、5513、6080、6140、6546、7105、9438 号②。其中仅北敦 14700、15098 号等两件首尾完整,其余均为残卷或残片。残缺的写本中,不乏本为一卷而被撕裂为数号者,如以下 15 号可以缀合为 5 组:

(一) 北敦 630 号十斯 9791 号

　　(1)北敦 630 号(北 8278,日 30),见《国图》9/126A—135B。19 纸。前部如图 2上部所示,首残尾全,存 474 行,行约 17 字。首行仅存下部 3 字左侧残笔,第 2—11行下端残去 2—4 字。尾题"法王经一卷"。楷书。有乌丝栏。《国图》叙录称该本为9—10 世纪归义军时期写本。

　　(2)斯 9791 号,见 IDP(指"国际敦煌项目"网站)彩版。残片。如图 2 下部所示,存 10 行,每行存下部 2—4 字。楷书。有乌丝栏。原卷无题,《综录》第 334 页谓此号属《法王经》,情况不详。

　　按:上揭两号内容连续,可上下缀接。缀合后如图 2 所示,斯 9791 号所存 10 残

---

　　① "《大正藏》T85/1431C3—1431C13"指《大正新修大藏经》第 85 册第 1431 页下栏第 3 行至第 1431页下栏第 13 行。下仿此。

　　② 此处卷号统计主要参考了《综录》有关《法王经》的介绍(第 333—334 页),该书共收 23 号敦煌写本,然其中斯 14083、14084 号情况不详,减去这两号便为 21 号。本文新增斯 11321 号(仅存经题)和俄敦1109、5080 号等 3 件。

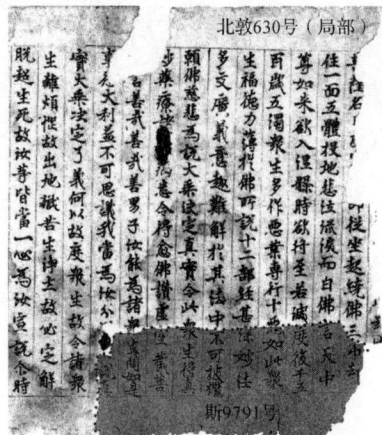

图 2　北敦 630 号（局部）＋斯 9791 号缀合图

行正是北敦 630 号卷首下端残去的部分，两号拼合，断痕吻合无间，原本分属两号的残字从右向左、自上而下复合为"三""言""恶""深""衆""空""衆""说""真"等字；两号内容上下相接，中无缺字，如北敦 630 号次行底端的"绕佛三"与斯 9791 号首行首字"帀"连成佛经习语"绕佛三帀"。又两号行款相同（皆有乌丝栏，天头地脚等高，字体大小及字距皆相近），字迹相同（比较两号共有的"衆""生""可""说""如""真"等字），书风相似。由此判断，此两号确为同一写卷之撕裂，可缀合为一。缀合后所存内容次行始"尔时众中有一菩萨"句后二字，讫尾题"法王经一卷"。相应文字参见《大正藏》T85/1384C5－1390A18。

（二）俄敦 3968 号＋俄敦 5387 号＋俄敦 3989 号

（1）俄敦 3968 号，见《俄藏》11/111B。小残片。如图 3 右下部所示，存 3 行，每行存下部 6—9 字。楷书。原卷无题，《俄藏》未定名，《综录》第 333 页列出此号属《法王经》。

（2）俄敦 5387 号，见《俄藏》12/115A。残片。如图 3 上部所示，存 15 行，每行存上部 5—10 字。楷书。原卷无题，《俄藏》未定名，《综录》第 333 页列出此号属《法王经》。

（3）俄敦 3989 号，见《俄藏》11/111B。小残片。如图 3 中下部所示，存 4 行，每行存下部 4—11 字。楷书。原卷无题，《俄藏》未定名，《综录》第 333 页列出此号属《法王经》。

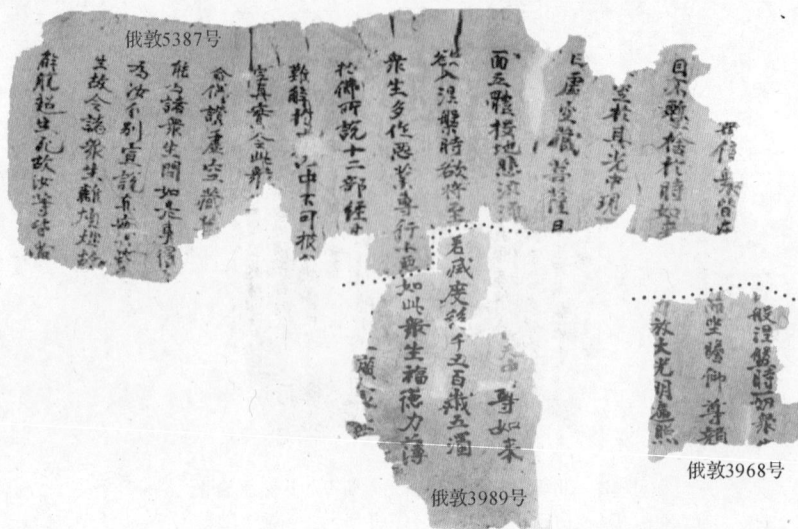

图 3 俄敦 3968 号＋俄敦 5387 号＋俄敦 3989 号缀合图

按：俄敦 3968 号与俄敦 3989 号①，《俄藏》整理者将它们并置一处，中空一行，盖谓其原为一卷，但不能直接缀合。其实，上揭三号内容上下连续，可以缀接。缀合后如图 3 所示，比照完整的写本北敦 15098 号，可知俄敦 5387 号首 2 行下接俄敦 3968 号后 2 行，其间残缺"树下绕佛""以神通"等字，补充完整即为"[百千]万亿众皆在[树下绕佛]而坐瞻仰尊颜/目不暂舍于时如来[以神通]力放大光明遍照"；俄敦 5387 号第 5—8 行下接俄敦 3989 号的第 1—4 行，中间两行缀接完满，前后两行则各缺损数字，补充完整即为"面五体投地悲泣流[涕而白佛言]天中尊如来/欲入涅盘时欲将至若灭度后千五百岁五浊/众生多作恶业专行十恶如此众生福德力薄/于佛所说十二部经[甚深妙法多文]广义意[趣]"②。又三号行款相同（字体大小及字间距皆相近），字迹相同（比较三号共有的"众"字），书风相似。由此判断，此三号确为同一写卷之撕裂，可缀合为一。缀合后所存内容始"佛在娑罗双树间临般涅盘时"句后

---

① 《俄藏》整理者发现某几号残片原属同卷但不能直接缀合时，往往将其图版并置一处，而将其卷号按由小到大的次序排列，如此条论及的俄敦 3968 号与俄敦 3989 号两件残片，其图版并列于第 11 册 111 页下栏，中留 1 行空隙，而将其卷号以"俄 Дx03968　Дx03989"的排序置于图版左下角。因残片本身并未标明卷号，仅据《俄藏》这样的编排处理，读者根本无法弄清并列的两残片中究竟哪片是"3968"号，哪片是"3989"号。这里，为了称说方便，笔者姑且按其卷号和图版对应的先后位置来指称这两件残片，即用俄敦 3968 号指图版的左部残片，以俄敦 3989 号称其右部残片（这只是权宜之计，可能与实际情形有违）。下文论及《十王经》的 8 件残片中，其图版与卷号的对应指称与此相同。谨此说明。

② 此所录两段经文中，未加下划线者见于俄敦 5387 号；加下划线者见于俄敦 3968、3989 号；中间残缺之文则据北敦 15098 号补足，用[]标示。

五字（"临"残存左侧极小部分字画），讫"汝等皆当一心"句前四字，前三行文字不见于《大正藏》（其书据以录文的斯 2692 号写本中相应内容残缺），此后相应的文字参见《大正藏》T85/1384C5－1384C18。

（三）俄敦 6546 号＋俄敦 6140 号＋俄敦 1109 号＋俄敦 5080 号＋俄敦 6080 号

（1）俄敦 6546 号，见《俄藏》13/130A。残片。如图 4 右侧上部所示，存 12 行，每行存上部 2—10 字，首末两行仅存若干残笔。楷书。有乌丝栏。原卷无题，《俄藏》未定名，《综录》第 334 页列出此号属《法王经》。

（2）俄敦 6140 号，见《俄藏》13/18B。残片。如图 4 右侧下部所示，存 10 行，每行存下部 2—9 字，首行残存 3 字，末行存底端 2 字右侧残笔。楷书。有乌丝栏。原卷无题，《俄藏》未定名，《综录》第 334 页列出此号属《法王经》。

（3）俄敦 1109 号，见《俄藏》7/318A。残片。如图 4 中右部所示，存 15 行，每行存下部 2—11 字，首行仅存底端 2 字左侧残形。楷书。有乌丝栏。原卷无题，《俄藏》题作"佛说法王经"。

（4）俄敦 5080 号，见《俄藏》12/14B。残片。如图 4 中左部所示，存 10 残行，首行存 2 字左侧残笔，末行存上部 6 字右侧残笔。楷书。有乌丝栏。原卷无题，《俄藏》未定名，罗慕君等考出其内容为《法王经》[①]。

（5）俄敦 6080 号，见《俄藏》12/351B。残片。如图 4 左侧所示，存 10 残行，每行行端略有残泐，首行残存底端 3 字（首字仅存下部残笔），次行上部有 6 字、第 3 行中部有 4 字右侧残泐，末行仅存 2 字右侧残笔。楷书。有乌丝栏。原卷无题，《俄藏》未定名，《综录》第 334 页列出此号属《法王经》。

按：上揭五号确皆为《法王经》残片，且其内容上下、左右彼此连接，可以缀合。缀合后如图 4 所示，断痕大抵吻合，不少原本分属各号的残笔复合成完好的整字。如俄敦 6546 号后 8 行与俄敦 6140 号首 8 行依次上下相接，断裂处的残笔拼合成"无"（3 次）"真""萨"（因残纸变形，该字末笔"一"与其上部构件拼接未能到位）等字，其中有 3 行拼成完满的整行，行约 17 字；俄敦 6140 号末行所存 2 字右侧残笔与俄敦 1109 号首行所存 2 字左侧残笔复合成"萨白"2 字（前字仍有残损）；俄敦 1109

---

① 《俄藏》第 11—17 册中的残片，整理者皆未定名，罗慕君等对其内容进行考订并定名（未刊稿），俄敦 5080 号的定名即蒙其惠示考订成果，谨此致谢！

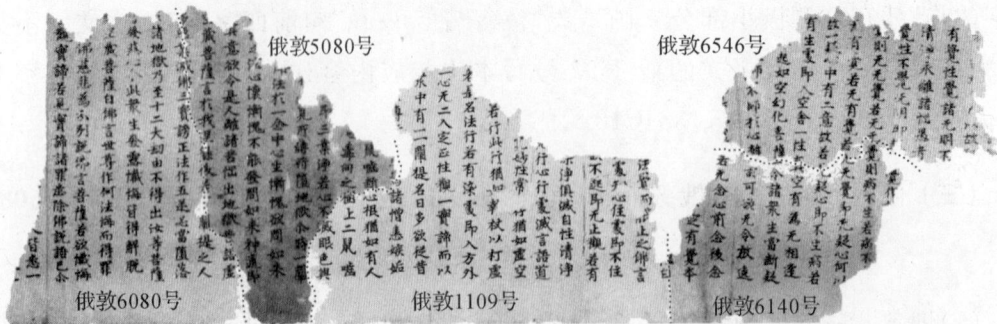

图 4　俄敦 6546 号＋俄敦 6140 号＋俄敦 1109 号＋俄敦 5080 号＋俄敦 6080 号缀合图

号后 4 行与俄敦 5080 号首 4 行上下相连,断裂处的残笔从右向左依次复合成"爲""断""樹""滅"4 字(前字仍有残损);俄敦 5080 号后 3 行与俄敦 6080 号首 3 行左右、上下连接,断裂处残笔从右向左、自上而下拼合成"苦""語""涅""槃""後""若""闡""惡""業""滅""佛""三"等字,若合符节。此五号内容亦先后衔接,如俄敦 6546 号第 8 行末字"若"与俄敦 6140 号第 4 行上部的"无疑心即不生病"相连成句;俄敦 6140 号末行与俄敦 1109 号首行底端残笔合成"薩白"二字,俄敦 1109 号次行下部存"法觉而能止之佛言"8 字,比照首尾完整的北敦 15098 号,该行上缺"言世尊念前若起作何"9 字,正合于行 17 字之数;俄敦 5080 号第 2 行底端的"嗜断"与俄敦 1109 号倒数第 3 行顶端的"心根"合成动宾词组,语意连贯;俄敦 6080 号首行末二字"语虚"与俄敦 5080 号倒数第 2 行上部的"空藏菩萨言"相连成句,文意贯通。又此五号行款相同(皆有乌丝栏,字体大小及字距皆相近),字迹相同(比较五号共有的"心"字),书风相似。由此判断,此五号确为同一写卷之撕裂,可缀合为一。缀合后所存可辨识的内容始"何以故",讫"皆悉一心观一实谛"句前三字,相应文字参见《大正藏》T85/1386C16－1387A25。

(四) 斯 8438 号＋斯 12368 号＋斯 7269 号

(1)斯 8438 号,见 IDP 彩版。后部如图 5 右上部所示,首尾皆残,存 30 行,每行存上部 4—14 字,首行仅存 2—3 字左侧残笔。楷书。有乌丝栏。原卷无题,《综录》第 334 页列出此号属《法王经》,谓情况不详。

(2)斯 12368 号,见 IDP 彩版。小残片。如图 5 右下部所示,存 6 行,首行仅存 1 字左侧残笔,其余各行存下部 3—6 字。楷书。有乌丝栏。原卷无题,《综录》第 334 页列出此号属《法王经》,谓情况不详。

(3)斯 7269 号,见《宝藏》54/596A－597A。前部如图 5 左部所示,首尾均残,存

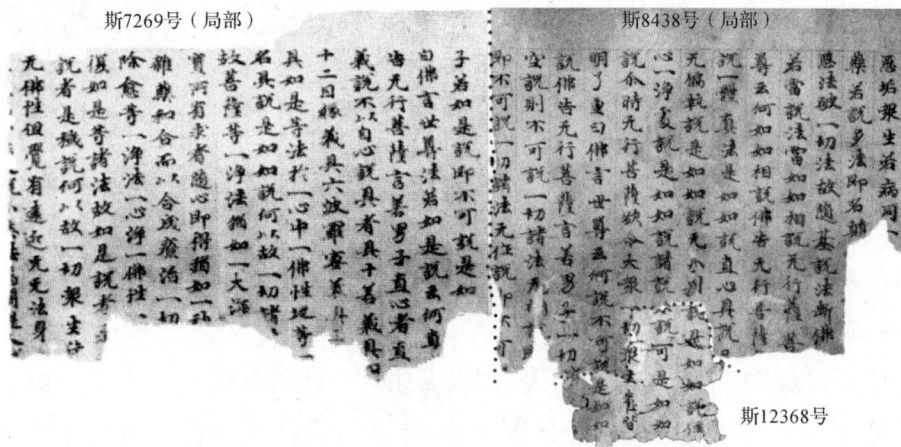

图 5　斯 8438 号（局部）＋斯 12368 号＋斯 7269 号（局部）缀合图

34 行，首行仅存上部 2 字左侧残笔，末行存 4—5 字右侧残笔，其余各行存上部 11—15 字，楷书。有乌丝栏。原卷无题，《宝藏》拟题作"佛说法王经"。

　　按：上揭三号内容前后连续，可以缀接。缀合后如图 5 所示，斯 12638 号残片正是斯 8438 号倒数第 3—7 行下端撕裂的部分，两号拼合，形成了 4 个整行（17 字），衔接处密合无间，原本分属两号的残笔从右到左、自上而下拼成"是""说"（2 次）"不""一""切""众""生""诸"等字，除"是"字仍有残缺外，其余诸字皆得成完璧；斯 8438 号末行与斯 7269 号首行的残笔复合成"一""切"2 字。三号内容上下相接、左右衔接，如斯 8438 号倒数第 4 行下端的"云何说不可说"与斯 12368 号倒数第 2 行的"是如如"及斯 8438 号倒数第 3 行的首字"说"连成一个语意完整的小句；斯 8438 号末行下端残字"即不可说"与斯 7269 号次行首字"子"之间残去"善男"两字，连下而读恰好合成佛经习语"善男子"，语意连贯。又三号行款相同（皆有乌丝栏，字体大小及字间距皆相近），字迹相同（比较三号共有的"说""如""是"等字），书风相似。据此判断，此三号确为同一写卷之撕裂，可缀合为一。缀合后所存可以辨识的内容始于"可为众生如如说法"句后五字，讫"充满一切世界"句前五字，相应文字参见《大正藏》T85/1387C10—1388B12。

（五）俄敦 9438 号＋俄敦 5513 号

　　（1）俄敦 9438 号，见《俄藏》14/162B。残片。如图 6 右上所示，残存 2 行中部 5—7 字。楷书。原卷无题，《俄藏》未定名，《综录》第 334 页列出此号属《法王经》。

　　（2）俄敦 5513 号，见《俄藏》12/168A。如图 6 左部所示，首尾皆残，存 24 行中部

3—8字,首行仅存顶端2字左侧残笔。楷书。原卷无题,《综录》第334页列出此号属《法王经》。

　　按:上揭两号内容前后相续,应可缀接。缀合后如图6所示,断痕吻合无间,原本分属两号的残字复合成完好的整字,俄敦9438号后行首字残存的"口"旁与俄敦5513号首行第2字残存的"夕"旁上下拼接成"名"字,若合符节,使残断的内容变得前后连贯,补充完整即"▨(三)名无行解□(脱)"①;两号内容相续,中有残缺,比照完整的北敦15098号写本,可知俄敦9438号第2行末字"(三名无行)解"与俄敦5513号第2行"一切众生皆一乘故"之间残去"脱无住著故此三解脱皆一心生一切众生无二心故"等21字。又两号行款相同(残存轮廓近似,字体大小及字间距皆相近),字迹相同(比较两号共有的"一""法"等字)。据此判断,此两号确为同一写卷之撕裂,可缀合为一。缀合后所存内容始"菩萨此一心法"句后五字,讫"内禅真实清净金刚"句的"实清净",相应文字参见《大正藏》T85/1389C7—1390A10。

俄敦5513号

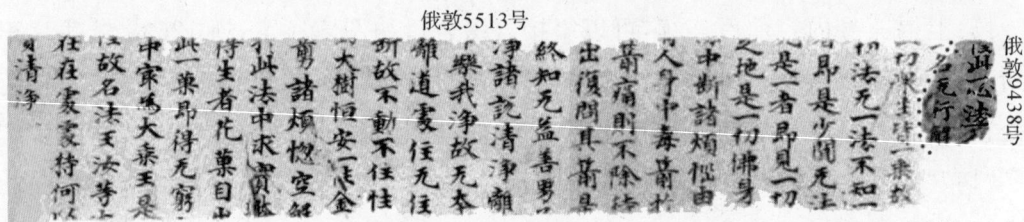

图6　俄敦9438号＋俄敦5513号缀合图

三、《十王经》

　　《十王经》,又名《佛说阎罗王授记令四众逆修生七斋功德往生净土经》《佛说阎罗王授记四众逆修生七斋往生净土经》《佛说阎罗王受记劝修生七斋功德经》《佛说阎罗王授记经》《阎罗王授记经》《佛说十王经》等,乃中国人假托佛说所撰伪经。该经主要流行于五代宋初,不载于历代经录,亦未为历代大藏经收载。其经文在流传过程中出现了甲、乙、丙三种不同系统的异本:甲本为纯粹的经文,无插图、偈赞,其内部各写本间字句也互有歧异,但结构、内容大致相同;乙本既有经文,又有偈赞、插图;丙本则仅有经文、偈赞,没有插图。此经不载于《大正藏》,杜斗城所撰《敦煌本

---

　　①　录文时原卷缺字用□表示,残缺不全或模糊难辨者用▨表示。

〈佛说十王经〉校录研究》（下文简称《校录》）①是迄今学界对该经所做的最早也较详尽的录文与研究，书中据 19 号敦煌写本对该经的甲、乙、丙三种传本进行了精细的校录②。后来，张总、党燕妮、赵鑫晔、张晓刚、郭俊叶等又对该经某些残卷做了缀补和研考③，推进了学界对其经本的深入研究。

据调查，敦煌文献中现存《十王经》写本 50 号，兹参照杜斗城的录文，按甲本、乙本、丙本之别罗列如下：甲本有 44 号，即斯 2489、2815、3147、4530、4805、4890、5450、5531、5544、5585、6230、7598、10154、11989 号，伯 5580 号，北敦 1226（北 8258，列 26）、4544（北 8259，冈 44）、6375（北 8254，咸 75）、8045（北 8257，字 45）、8066（北 8256，字 66）、8237（北 8255，服 37）、9248（唐 69）、10370（临 499）、10371（临 500）、15337（新 1537）号，俄敦 143、501、803、931、3609、3862、3906、4560、5269＋5277、6099、6611＋6612R-V、7909＋7919＋7960＋8062、11034 号，羽 73、408、723、742 号，上博 48 号，中村 115 号；乙本有 5 号，即斯 3961 号、Ch. 404、Ch. 212 号，伯 2003、2870 号；丙本仅 1 号，即伯 3761 号。

这 50 号写本中，仅 10 号（加下划线者）写本首尾完整，其余皆有不同程度的残损。残缺的写本中，不乏本为一卷而被撕裂为数卷者，如《俄藏》整理者不仅将俄敦 5269＋俄敦 5277 号、俄敦 6611＋俄敦 6612R-V 号缀接为一，还把俄敦 7909、俄敦 7919、俄敦 7960、俄敦 8062 等四号并置一处，表示其原属同卷；张晓刚、郭俊叶在此基础上进一步指出其排列顺序应为俄敦 7919、俄敦 7960、俄敦 7909、俄敦 8062 号，但只有俄敦 7919 与俄敦 7960 的内容可以相接，其余残片之间内容有缺失，无法衔接，并做了缀合示意图④。此外，还有《国图》叙录指出的北敦 10370＋北敦 10371 号，张总指出的斯 7598 号＋北敦 9248 号＋斯 2815 号、Ch. 404＋Ch. 212 号＋斯

---

①　杜斗城：《敦煌本〈佛说十王经〉校录研究》，兰州：甘肃教育出版社，1989 年。

②　有关《十王经》流传系统的区别及相应的录文，参见杜斗城：《敦煌本〈佛说十王经〉校录研究》，兰州：甘肃教育出版社，1989 年，第 3—136，145 页。

③　参看张总：《〈阎罗王授记经〉缀补研考》，见《敦煌吐鲁番研究》第 5 卷，北京：北京大学出版社，2000 年，第 81—112 页；党燕妮：《俄藏敦煌文献中〈阎罗王授记经〉缀合研究》，载《敦煌研究》2007 年第 2 期；赵鑫晔：《〈俄藏敦煌文献〉第 11 册佛经残片初步缀合研究》，见《出土文献综合研究集刊》第 1 辑，成都：巴蜀书社，2014 年，第 315—332 页；张小刚、郭俊叶：《敦煌"地藏十王"经像拾遗》，见《敦煌吐鲁番研究》第 15 卷，上海：上海古籍出版社，2015 年，第 95—109 页。

④　张小刚、郭俊叶：《敦煌"地藏十王"经像拾遗》，见《敦煌吐鲁番研究》第 15 卷，上海：上海古籍出版社，2015 年，第 96—97 页。

3961 号①,党燕妮缀接的俄敦 4560＋俄敦 5269＋俄敦 5277 号、俄敦 6099＋俄敦 143
号②,赵鑫晔缀合的俄敦 3906＋俄敦 3862 号③。彻查敦煌本《十王经》的过程中,笔
者发现《俄藏》整理者并置一处的残片有的并不能直接缀合,其间还可补入其他残
片;一些前贤已经连缀的残卷也还可与其他残片缀接;未曾缀接的残片,经过多方比
较分析,其实仍有可以彼此缀接的,如以下 15 号即可缀合为 4 组:

(一) 斯 2489 号＋斯 10154 号

(1)斯 2489 号,见英国国家图书馆藏敦煌文献缩微胶卷。前部如图 7 左上部所
示,首残尾全,存 66 行,行约 18 字,首 4 行下部残去 8 字左右。首题"佛说阎罗王授
记四众逆修生☒"(残字仅存上部笔画),尾题"阎罗王经一卷"。卷末题记:"安国寺
患尼弟子妙福发心敬写此经一七卷尽心供养。"楷书。有乌丝栏。

(2)斯 10154 号,见 IDP 彩版。残片,如图 7 右下部所示,存 4 行,每行存下部
6—8 字。原文残存首题"☒往生净土经",友生王建拟作"佛说阎罗王授记预修生七
往生净土经"。楷书。有乌丝栏。

按:上揭两号内容上下连续,可以缀接。缀合后如图 7 所示,两号断痕吻合无
间,斯 10154 号所存 4 行残文正是斯 2489 号开端 4 行下部残去的部分,拼合后天衣
无缝,原本分属两号的残字从右至左、自上而下复合成"七""集""阎""罗""天""子"
"太"等 7 字,皆得成完璧;两号内容上下承接,斯 2489 号首行的"佛说阎罗王授记四
众逆修生七"与斯 10154 号首行的"往生净土经"连成完整的首题,其余三行的内容
也各自相续,语意连贯。又两号行款相同(皆有乌丝栏,字体大小及字距皆相同),字
迹相同(比较两号共有的"衆""生""菩""薩""大""王""經"等字),书风近似。据此判
断,两号确为同一写卷之撕裂,可缀合为一。两号缀接后,全卷首尾完整(相应文字
参见《校录》第 55 页第 1 行至第 59 页第 7 行),校录时可作为一个重要的参校本。

(二) 北敦 8066 号＋斯 4530 号

(1)北敦 8066 号(北 8256,字 66),见《国图》100/215－217。后部如图 8 右部所

①　张总:《〈阎罗王授记经〉缀补研考》,见《敦煌吐鲁番研究》第 5 卷,北京:北京大学出版社,2000
年,第 81—112 页。
②　党燕妮:《俄藏敦煌文献中〈阎罗王授记经〉缀合研究》,《敦煌研究》2007 年第 2 期。
③　赵鑫晔:《〈俄藏敦煌文献〉第 11 册佛经残片初步缀合研究》,见《出土文献综合研究集刊》第 1 辑,
成都:巴蜀书社,2014 年,第 322—323 页。

斯2489号（局部）

图7　斯2489号（局部）＋斯10154号缀合图

示，首全尾残，存43行，行17字左右，末3行有残缺，末行仅存2字右侧残笔。首题
"佛说阎罗王受记令四众逆修生七斋功德经"。楷书。有乌丝栏。

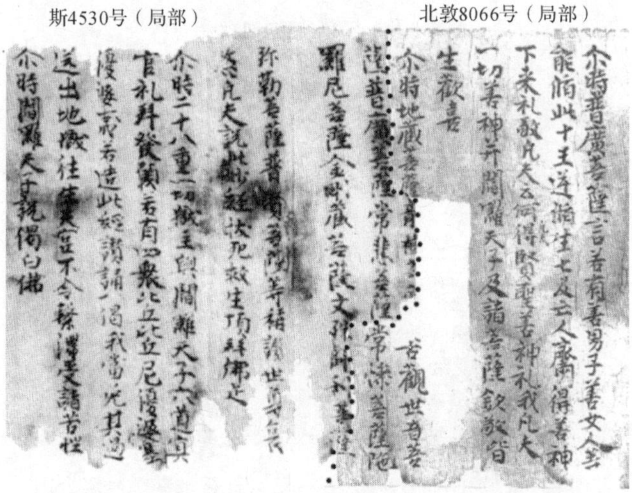

斯4530号（局部）　　　　　　　北敦8066号（局部）

图8　北敦8066号（局部）＋斯4530号（局部）缀合图

（2）斯4530号，见《宝藏》36/474B－475B。前部如图8左部所示，首残尾全，存
47行，行17字左右，首3行有残缺，首行仅存中间4字左侧残笔，第3行末字仅存左
上残笔。尾题"阎罗王授记经"，卷末题记"戊□（辰？）年十二月十四日八十五（后
缺）"。楷书。有乌丝栏。

　　按：上揭两号内容上下连续、左右衔接，可以缀合。缀接后如图8所示，断痕大
致吻合，北敦8066号末行残笔与斯4530号第3行断裂处的残字自上而下拼成"殊"
"萨"两个完好的字；两号内容上下相连、左右接续，北敦8066号倒数第3行上端的

"地藏菩萨"、下端的"□☒(救苦)观世音菩"分别与斯4530号首行的"龙树菩萨"4残字及次行顶端的"萨"彼此连成"地藏菩萨、龙树菩萨、救苦观世音菩萨",文意连贯。又两号行款相同(皆有乌丝栏,行17字左右,字体大小及字间距皆相同),字迹相同(比较两号共有的"常""菩""萨""閻""羅""天""子"等字),书风近似。据此判断,两号确为同一写卷之撕裂,可缀合为一。缀合后所存内容始首题,讫尾题,形成了一个首尾完整的全本(相应文字参见《校录》第46页第1行至第50页第22行),可作为一个重要的参校本。

(三)俄敦3906号＋俄敦3862号＋俄敦501号

(1)俄敦3906号,见《俄藏》11/90A。残片。如图9上部所示,存15行,每行存上部6—11字。首行题"佛说閻罗王受☒",楷书。《俄藏》未定名,曾良考定为《佛说閻罗王受记四众逆修生七往生净土经》[1]。

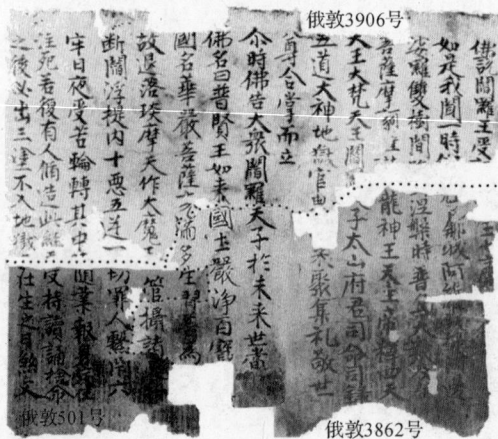

图9　俄敦3906号＋俄敦3862号＋俄敦501号缀合图

(2)俄敦3862号,见《俄藏》11/74B。残片。如图9右下部所示,存11行,每行存下部2—10字(第7行空白无文)。首行题"生七斋☒☒☒",楷书。《俄藏》未定名,曾良定为"愿文范本"[2]。

(3)俄敦501号,见《俄藏》6/332A。残片。如图9左下部所示,存6行,每行存下部3—6字。楷书。原卷无题,《俄藏》泛题为"佛经"。

---

① 曾良:《敦煌佛经字词与校勘研究》,厦门:厦门大学出版社,2010年,第212页。
② 曾良:《敦煌佛经字词与校勘研究》,厦门:厦门大学出版社,2010年,第212页。

按：上揭三号皆属《十王经》残片，且其内容上下连续、左右衔接，可以缀合①。三号缀合后如图9所示，断痕大致吻合，撕裂处的残字部分能拼成整字（俄敦3906号第9—10行与俄敦3862号第9—10行的残笔可复合成"國""充""满"3字，俄敦3862号第10行与俄敦501号第1行的残笔可复合成"生""習"2字），多数残笔间仍有空隙（俄敦3906号与俄敦501号末3行的残笔虽可合成"随""受""在"3字，但仍有间隙）或残缺（俄敦3906号与俄敦3862号首6行的残笔间多有残缺，如第6行断裂处的"典"与"来"之间缺一"悉"字，而"来"又略有残损）；三号内容连续，如俄敦3906号第11行底端的"作大魔▨（王）"、俄敦3862号第11行的"摄诸"分别与俄敦501号第2行的"管""鬼"连成"作大魔王管摄诸鬼"，该行末字"科"又与俄敦3906号第12行首字"断"组成并列复词"科断"，作下文"阎浮提内十恶五逆一切罪人"（前9字在俄敦3906号上，后3字在俄敦501号上）的谓语，文意贯通。又三号行款相同（字体大小及字距皆相近），书风近似，据此判断，此三号确为同一写卷之撕裂，可缀合为一。缀合后首行俄敦3906号题"佛说阎罗王受▨"，"受"下的残字左上部作"宀"形，原字可判定为"记"，其下与俄敦3862号首行残存的"生七斋"间约缺2字，可拟补"劝修"2字；俄敦3862号"生七斋"之下有3残字的左侧残笔，据残形可判定为"功德经"3字，综此，原题应为"佛说阎罗王受（授）记劝修生七斋功德经"，与北敦6375号（北8254，咸75）该经首题正合。曾良考定俄敦3906号为《佛说阎罗王受记四众逆修生七往生净土经》，近是；又谓俄敦3862号为"愿文范本"，则非是。《俄藏》泛题俄敦501号为"佛经"，亦不确。三号缀合后，原本断裂的3残片拼合成大体完整的15行经文，虽仍有残缺，但由此可推知其内容为《十王经》卷首的经文，所存内容始首题，讫"煞父害母"句前两字，相应文字参见《校录》第46页第1—14行。

---

① 赵鑫晔已将俄敦3906号与俄敦3862号缀接，但未及俄敦501号。参看赵鑫晔《〈俄藏敦煌文献〉第11册佛经残片初步缀合研究》，见《出土文献综合研究集刊》第1辑，成都：巴蜀书社，2014年，第315—332页。

（四）俄敦 6612 号 B···俄敦 7919 号十俄敦 7960 号十俄敦 6612 号 A十俄敦 6611 号 B十俄敦 7909 号···俄敦 8062 号十俄敦 6611 号 A

（1）俄敦 6612 号 B，见《俄藏》13/155B。残片。如图 10 右部所示，存 5 行上部，末行仅存 9 字右部残笔。楷书。原卷无题，《俄藏》未定名，党燕妮考出其属《十王经》残片。

（2）俄敦 7919 号，见《俄藏》14/2A。残片。如图 10 中右部右下所示，存 2 行下部。楷书。原卷无题，《俄藏》未定名。

（3）俄敦 7960 号，见《俄藏》14/2A。残片。如图 10 中右部右上所示，存 4 行上部。楷书。原卷无题，《俄藏》未定名。

（4）俄敦 6612 号 A，见《俄藏》13/155A。残片。如图 10 中上部所示，存 5 行上部。楷书。原卷无题，《俄藏》未定名，党燕妮考出其属《十王经》残片。

（5）俄敦 6611 号 B，见《俄藏》13/155B。残片。如图 10 中下部所示，存 8 行中部。楷书。原卷无题，《俄藏》未定名，党燕妮考出其属《十王经》残片。

（6）俄敦 7909 号，见《俄藏》14/2A。残片。如图 10 中左部所示，存 5 行上部，首行仅存 4 字左侧残笔。楷书。原卷无题，《俄藏》未定名。

（7）俄敦 8062 号，见《俄藏》14/2A。残片。如图 10 左部左上所示，存 5 行上部。楷书。原卷无题，《俄藏》未定名。

（8）俄敦 6611 号 A，见《俄藏》13/155A。残片。如图 10 左部左下所示，存 7 行中部，首行仅存 1 字左侧残笔。楷书。原卷无题，《俄藏》未定名，党燕妮考出其属《十王经》残片。

按：上揭（8）（4）（5）（1）号，《俄藏》将其并置一处，且将后两片标注"V（背面）"，意谓其原属一卷，但不能直接缀合，前两号为正面、后两号为背面；（2）（6）（7）（3）号，《俄藏》也将其并置一处，表示它们原属一卷，但中间有残缺。其实，以上八号的内容大多可直接连缀，少数残片间相隔数行，但它们原属同卷当无疑义。现按其先后次序作缀合示意图如下：

如图 10 所示，俄敦 6612 号 B 第 3 行存"尔时"等 10 字，其末一残字"萨"与第 4 行残去的首字"普"之间缺"救苦观世音菩萨"等 7 字，由是可知此残片行 17 字左右。依此行款推算，可知此号末行可拟补作"［金］刚藏菩萨文殊师利菩［萨弥勒菩萨普贤］"，俄敦 7919 号首行可拟补作"［尔时二十八重一切狱主与］阎罗天子六道冥［官］"（此行抄有 18 字），此两号间缺 2 行，即"菩萨等称赞世尊哀愍凡夫说此妙法拔

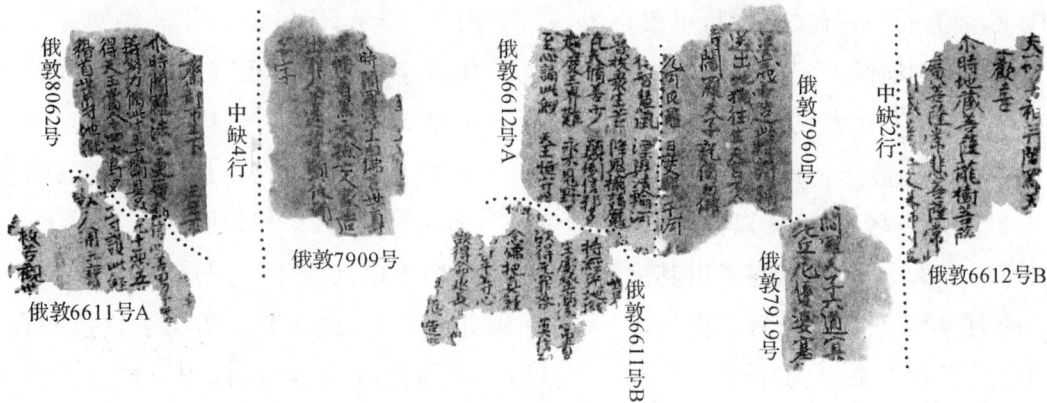

图 10　俄敦 6612 号 B…俄敦 7919 号＋俄敦 7960 号＋俄敦 6612 号 A＋俄敦 6611 号 B＋
俄敦 7909 号…俄敦 8062 号＋俄敦 6611 号 A 缀合示意图

死/救生顶礼佛足"。后行处于段末，大约只抄了 6 字，其下空白未书，这正是俄敦 7919 号首行右侧留有较多空白的原因。俄敦 7919 号末行末一残字"优"（存"亻"旁上部撇笔）与俄敦 7960 号首行顶端的"婆夷"合成"優婆夷"①，文意连贯；俄敦 7960 号末行"日度数千河"下残缺的偈语"众生无定相犹如水上波"，与俄敦 6612 号 A 首行顶端的偈语"□□（愿得）智慧风"前后接续；俄敦 6612 号 A 第 3 行下端的偈语"颠倒信邪多"与俄敦 6611 号 B 第 2 行的偈语"持经免地狱"上下相连，其后的两行也彼此衔接，文意贯通。

俄敦 6611 号 B 末行残存的偈语"□□□□（善神恒守）护，造□□□（经读诵人）"与俄敦 7909 号首行残存的偈语"□□□□□（忽尔无常至），□□□□（善使自来迎）"前后连接，文意贯通。俄敦 7909 号末行所存"名字"，与俄敦 8062 号首行上端的"□□（一年）斋都市王下"之间残缺 4 行，即："弟一七斋秦广王下　弟二七斋宋帝王下/第三七斋初江王下　弟四七斋五官王下/第五七斋阎罗王下　弟六七斋变成王下/弟七七斋太山王下　百日斋平正王下"。俄敦 8062 号首行下端的"三年□（斋）"与俄敦 6611 号 A 首行残字"□（轮）"之间缺"五道转"3 字，两号次行断裂处的残笔恰好拼接成"勘"字，上下相关的文字可连成"更广劝信心善男子"句，文意贯通。俄敦 6611 号 A 末第 2 行的"救苦观世"诸字与经文不谐，疑本为俄敦 6612 号 B 第 3 行"龙树菩萨"下残去的内容，或被整理者误接于此。

上揭八号残片内容接续，行款近似（字体大小及字间距皆相近），书风接近，据此

① 张晓刚、郭俊叶已将俄敦 7960 号与俄敦 7919 号缀接，可参见张小刚、郭俊叶：《敦煌"地藏十王"经像拾遗》，见《敦煌吐鲁番研究》第 15 卷，上海：上海古籍出版社，2015 年，第 97 页。

判断,确为同一写卷之撕裂,可缀合为一。如图 10 所示,原本断裂的 8 块残片拼成了内容相对连续、完整的经文,始"礼我凡夫"句末字,讫"多是用三宝财物"句的"用三宝",相应文字参见《校录》第 47 页第 16 行至第 50 页第 15 行,可知其内容为《十王经》卷中至卷末的经文。前述(2)(6)(7)(3)号残片,原卷无题,《俄藏》仅将其并置一处,但未定名,兹可据以拟其名为"十王经";而(8)(4)(5)(1)号残片,原卷亦无题,《俄藏》皆未定名,党燕妮考出其属《十王经》,并指出俄敦 6611 号与俄敦 6612 号各存两面写经,《俄藏》已将其缀合,但只是简单并置一处,此二残片需上下错位缀合,缀合后仍有残缺①。党燕妮所言有一定道理,但从所抄内容看,这两号抄写的经文并不像《俄藏》所标注的正、背面关系,而是同一面的上、下位关系(参图 10 中俄敦 6612 号 A 与俄敦 6611 号 B 的缀合,故本文以 A、B 别之),且它们还可与俄敦 7919、7960、7909、8062 号等残片直接或间接缀合。

我们通过对敦煌文献中《斋法清净经》《法王经》《十王经》三种疑伪经的彻查,弄清了其存残情况和抄写形态,并从残字拼合、内容接续、行款相同、字迹书风相近等角度进行分析,将三经中的 32 号残卷(片)缀合为 10 组。通过缀合,一些原本身首异处的残卷(片)最终得以重聚,有的甚至可以接成首尾完整的全卷,如斯 2489 号+斯 10154 号、北敦 8066 号+斯 4530 号等。借助缀合后写本提供的较为完整的信息,既可为残卷(片)做出准确的定名,如俄敦 3862 与俄敦 501 两残片,前者或拟作"愿文范本",后者或泛题为"佛经",今将其与俄敦 3906 号残卷彼此缀接后,即可据其上残存的首题拟作"佛说阎罗王受(授)记劝修生七斋功德经";又可纠正原整理者对写本的误接或对其正、背面的误判,如最后一组即将《俄藏》误接、误判的俄敦7909+俄敦 7919+俄敦 7960+俄敦 8062 号、俄敦 6611+俄敦 6612R-V 号两组残卷,根据其内容的先后次序重新进行了缀接,并认为俄敦 6611、6612 两号上抄写的经文并不是正、背面关系,而是同一面的上、下位关系。总之,敦煌文献残片的缀合,有助于我们更深入、细致地认识这些写本,从而对它们的形制、内容与性质做出更为客观、可靠的判断。

本文初稿承蒙业师张涌泉教授审阅并提出具体的修改意见,谨致谢忱!
(作者单位:复旦大学出土文献与古文字研究中心)

---

① 党燕妮:《俄藏敦煌文献中〈阎罗王授记经〉缀合研究》,《敦煌研究》2007 年第 2 期。

敦煌本《大方等大集经》残卷缀合研究

张 磊 周小旭

　　《大方等大集经》（以下简称《大集经》）是大乘佛教大集部经典的汇编，以阐释大乘六波罗蜜法和诸法性空为主要内容，同时富有浓厚的密教色彩。该经由北凉昙无谶、北齐那连提耶舍、隋那连耶舍等数代经师接续翻译而成，历代藏经皆有收录，《大正新修大藏经》①（以下简称《大正藏》）本为 60 卷，分 17 品，各品大多有异译本传世②。

　　根据我们的普查，在现已刊布的敦煌文献中，共有《大集经》写卷 205 号，包括中国国家图书馆藏 45 号，法国国家图书馆藏 10 号，英国国家图书馆藏 59 号，俄罗斯科学院东方文献研究所藏 73 号③，甘肃藏 5 号（其中甘肃省博物馆藏 2 号，敦煌研究院藏 3 号），天津市艺术博物馆藏 2 号，杏雨书屋藏 3 号，中村不折藏 2 号，三井文库别馆藏 1 号，中国书店藏 1 号，台湾"中央图书馆"藏 1 号，傅斯年图书馆藏 1 号、启功旧藏 1 号、石谷风旧藏 1 号。这些写本中，除津艺 141 号（卷四）、台图 13 号（卷一二）、北敦 14925 号（卷二六，此卷对应《大正藏》卷三二）、津艺 76 号（卷二七，此卷对应《大正藏》本卷四七）、三井 25 号（卷二九，此卷对应《大正藏》本卷四八）这五号某一卷首尾完整外，其余 200 号均为残卷或残片，其中不乏原属同一写卷而被撕裂为数号者。本文依据内容相承、残字相契、行款相同、书风相近以及背面内容相合等因素加以综合考察，将 38 号《大集经》残卷或残片缀合为 13 组，以期还原敦煌藏经洞所存早期写本的面貌，为进一步研究创造条件。以下按各组所存经文先后顺序，分别缀合如下。需说明的是，文中敦煌文献编号"北敦"指《国家图书馆藏敦煌遗书》

---

　　① 日本大藏经刊行会：《大正新修大藏经》，台北：新文丰出版公司，1996 年。
　　② 其中《开宝藏》《赵城金藏》《高丽藏》《卍正藏》《佛教大藏经》《大正藏》所录为六十卷本，而《房山石经》《碛砂藏》等则为三十卷本。据历代藏经目录，该经注疏本主要有佚名《大集经疏》十六卷、新罗顺憬《大集经疏》五卷、隋信行《月藏分依义立名》一卷等，惜皆已失传。
　　③ 《俄藏敦煌文献》第 11 册至 17 册中未定名《大集经》残片共 67 号，系由张涌泉教授领衔的课题组考定。

（北京图书馆出版社 2005—2011 年出版，简称《国图》）编号，"斯"指《英国国家图书馆藏敦煌遗书》（广西师范大学出版社 2011—2013 年出版）斯坦因编号，"俄敦"指《俄藏敦煌文献》（上海古籍出版社 1992—2001 年出版，简称《俄藏》）编号，《孟上》为孟列夫主编《俄藏敦煌汉文写卷叙录》（上海古籍出版社 1999 年出版）上册的简称。录文时原卷缺字用"□"表示，残缺不全或模糊难辨者用"▨"表示。可直接缀合的卷号之间用"＋"相接，不能直接缀合的卷号之间用"…"表示。为凸显缀合效果，图版缀合处加点或保持一定缝隙以示意。

一、北敦 9617 号…北敦 10846 号…北敦 6812 号＋北敦 14825 号 CF＋北敦 14825 号 BH

（1）北敦 9617 号（汤 38），见《国图》106/133B。残片。如图 1-1 右部所示，存 10 行，行 17 字，首行上部残泐，末行仅存首字右侧残形。原卷无题，《国图》拟题"大方等大集经卷三"。《国图》条记目录称此为 5 世纪南北朝时期隶书写本。

（2）北敦 10846 号（L975），见《国图》108/182A。2 纸。首尾皆残，如图 1-1 中部所示，存 11 行（前纸 6 行，后纸 5 行），行 17 字，首行下部右侧略残，后 3 行下部有残泐。原卷无题，《国图》拟题"大方等大集经卷三"。《国图》条记目录称此为 5—6 世纪南北朝时期隶书写本。

（3）北敦 6812 号（北 8504；羽 12），见《国图》93/253A—253B。3 纸。首尾皆残，局部如图 1-1 左部、图 1-2 右部所示，存 32 行（前纸 3 行，中纸 23 行，后纸 6 行），行 17 字，首行上下部、次 2 行下部、倒数第 2—8 行上部有残泐，末行仅存下部一字右侧残笔。原卷无题，《国图》拟题"大方等大集经卷三"。《国图》条记目录称此为 5—6 世纪南北朝时期隶楷写本。

（4）北敦 14825 号 CF（新 1025），见《国图》134/133B。残片。如图 1-2 中部所示，存 7 行，行 17 字，首行仅存中上部 5 残字，次 3 行下部残缺，第 5 行倒数第 3 字右侧略有残泐。原卷无题，《国图》拟题"大方等大集经卷三"。《国图》条记目录称此为 6 世纪南北朝时期隶书写本，后部可与北敦 14825 号 BH 缀合。

（5）北敦 14825 号 BH（新 1025），见《国图》134/126B—127A。3 残片，内容先后衔接，凡 16 行（前 2 片皆 7 行，后 1 片 2 行），行 17 字，后 3 行下部有残泐。第 1 片如图 1-2 左部所示。原卷无题，《国图》拟题"大方等大集经（圣本）卷三"。其中第 4—5

行"尔时世尊举身顾眄观诸大众"以下《大正藏》本归属卷四,但正仓院圣语藏本与底卷同,故《国图》在拟题后括注"圣本"二字。《国图》条记目录称此为 5—6 世纪南北朝时期隶楷写本,前部可与北敦 14825 号 CF 缀合。

按:据残存文字推断,上揭五号应皆为《大集经》卷三之残片,且其内容相近或相接,行款格式相同(字体大小相似,字间距及行间距皆相近,行 17 字),书风相似(皆楷书,字体娟秀,笔墨粗重),字迹近同(比较它们共有的"十""余""菩""时"等字),当为同一写卷之撕裂,可以缀合。缀合后如图 1-1、1-2 所示。据北敦 6812 号及各号每行完整字数,可知原卷每纸 23 行,每行 17 字,据此推算并参考《大正藏》本经文,北敦 9617 号与北敦 10846 号、北敦 10846 号与北敦 6812 号均不能直接缀合,其间应分别缺 6 行、15 行经文(北敦 10846 号后纸 5 行,北敦 6812 号前纸 3 行,加上缺失的 15 行正好合于原卷每纸 23 行之数);北敦 6812 号与北敦 14825 号 CF、北敦 14825 号 CF 与北敦 14825 号 BH 皆左右相接,可以直接缀合,衔接处断痕吻合,原本分属北敦 6812 号与北敦 14825 号 CF 的"花"(两处)、"利""種""幡""坊"诸字复合为一,北敦 14825 号 CF 末行行末"尔时"2 字与北敦 14825 号 BH 首行行首"十方一切诸佛"6 字相连为句,中无缺字。后一号 3 残片的前 15 行系同一纸之撕裂(后一片两行间有接缝线,可知末行属于下一纸),加上北敦 6812 号后纸与北敦 14825 号 CF 缀合的 8 行,亦正合于原卷每纸 23 行之数。五号缀合后,所存内容始"□□☑(凡所演)说先不作念"句,至"□□(置何)器中☑☑ □□□□□□(而守护之令不毁坏)"句止,相应文字参见《大正藏》T13/20A23—22B17。

又上揭五号既可缀合为一,而《国图》条记目录称北敦 9617 号为 5 世纪南北朝时期隶书写本,北敦 10846 号为 5—6 世纪南北朝时期隶书写本,北敦 14825 号 CF 为 6 世纪南北朝时期隶书写本,北敦 6812 号、北敦 14825 号 BH 为 5—6 世纪南北朝时期隶楷写本,字体、抄写年代皆歧互不一,显然不妥。就总体风格而言,原卷字体可判定为楷书或隶楷,全卷以楷书为主,仅少数字仍带有隶意。另外,很多佛经的分卷在写本时代往往还不固定,上揭《大集经》写卷与《大正藏》本分卷不同,正反映了写本时代佛经的特点①。《国图》据此把其中的北敦 14825 号 BH 判定为"圣本"之属,亦自不妥。

---

① 参见张涌泉:《敦煌写本文献学》第 3 章第 1 节,兰州:甘肃教育出版社,2013 年,第 57—60 页。

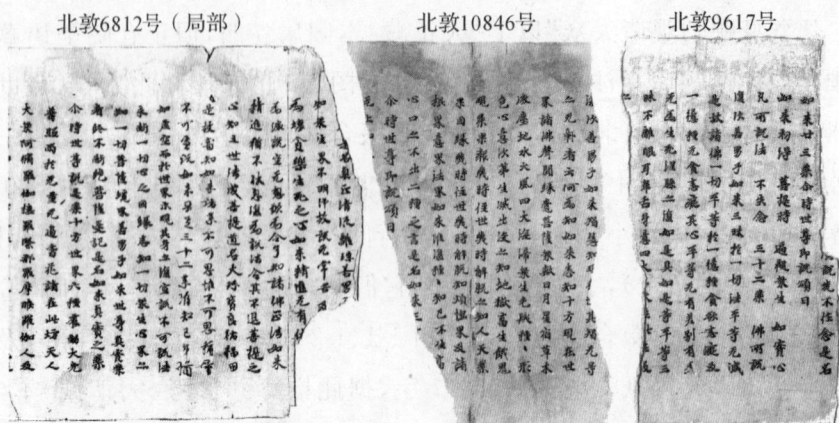

图 1-1　北敦 9617 号…北敦 10846 号…北敦 6812 号（局部）缀合示意图

二、北敦 7653 号…北敦 10843 号＋北敦 11437 号…北敦 14825 号 BA＋北敦 10540 号＋北敦 9856 号

（1）北敦 7653 号（北 8505；皇 53），见《国图》98/82A—82B。2 纸。首尾皆残，后部如图 2-1 右部所示，存 27 行（前纸 23 行，后纸 4 行），行 17 字，末 5 行上部残泐。原卷无题，《国图》拟题"大方等大集经卷四"。《国图》条记目录称此为 5—6 世纪南北朝时期隶楷写本[①]。

（2）北敦 10843 号（L972），见《国图》108/180B。残片。如图 2-1 中右部所示，存 4 行，行 17 字，首行中下部残泐，末行仅存中部一字右侧残点。原卷无题，《国图》拟题"大方等大集经卷四"。《国图》条记目录称此为 5—6 世纪南北朝时期隶书写本。

（3）北敦 11437 号（L1566），见《国图》109/203A。残片。如图 2-1 中左部所示，存 13 行，行 17 字，首行仅存下部一二字左侧残点，次行右侧、末行左侧稍有残泐。原卷无题，《国图》拟题"大方等大集经卷四"。《国图》条记目录称此为 5—6 世纪南北朝时期隶书写本。

（4）北敦 14825 号 BA（新 1025），见《国图》134/117A—117B。3 残片。首尾皆残，前一残片如图 2-1 左部所示，后一残片如图 2-2 右部所示，存 20 行，行 17 字，前 2 行中上部残泐，末行仅存下部一字右侧残笔。原卷无题，《国图》拟题"大方等大集经

[①]　《国图》条记目录称此卷有乌丝栏，查核图版原卷，似并没有乌丝栏。本组所论北敦 14825 号 BA 情况同此。

北敦14825号BH（局部）　　　　北敦14825号CF　　北敦6812号（局部）

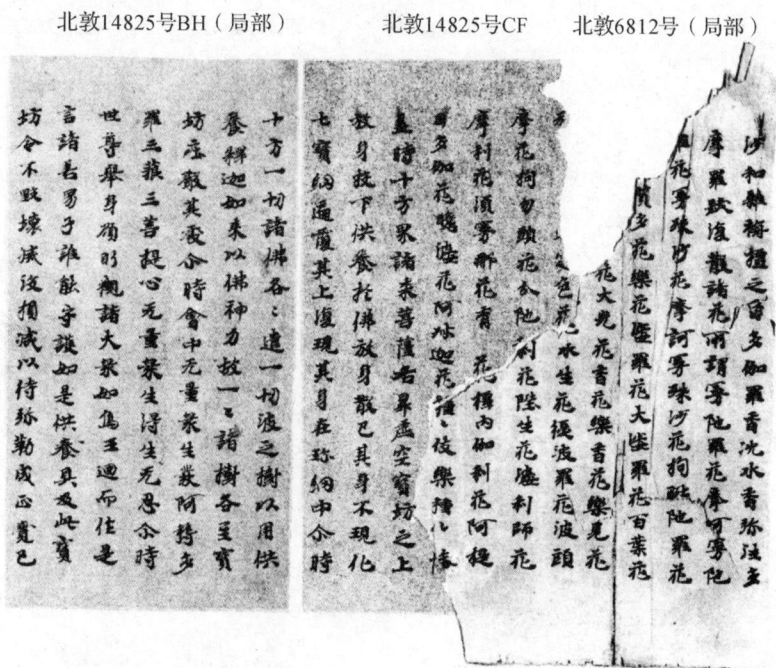

图1-2　北敦6812号（局部）＋北敦14825号CF＋北敦14825号BH（局部）缀合图

卷四"。《国图》条记目录称此为5—6世纪南北朝时期隶书写本。

（5）北敦10540号（L669），见《国图》108/16A。残片。如图2-2中部所示，存4残行，前3行存上部11-13字，末行仅存上部5字右侧残笔。原卷无题，《国图》拟题"大方等大集经卷四"。比勘完整文本，可推知原本每行17字。《国图》条记目录称此为5—6世纪南北朝时期隶书写本。

（6）北敦9856号（朝77），见《国图》106/345B。残片。如图2-2左部所示，存15行，行17字，首4行下部残（首行右部有残泐），后3行上部残。原卷无题，《国图》拟题"大方等大集经卷四"。《国图》条记目录称此为5—6世纪南北朝时期隶书写本。

按：上揭六号应皆为《大集经》卷四残片，且内容前后相承，可以缀合。缀合后如图2-1、2-2所示，其中北敦7653号与北敦10843号仍有缺行，据《大正藏》本，其间约缺20行经文；北敦10843号与北敦11437号左右相接，衔接处断痕吻合，原本分属二号的"得""能"2字复合为一；北敦11437号与北敦14825号BA亦难直接缀合，据《大正藏》本，其间约缺16行经文；北敦14825号BA与北敦10540号左右相接，衔接处断痕吻合，北敦14825号BA倒数第2行行末"是故菩萨有所"与北敦10540号首行行首"言说皆悉真实"相连成句，中无缺字；北敦10540号与北敦9856号左右相接，衔接处断痕密合无间，原本分属二号的"那印那之言"5字合成完璧。又此六号

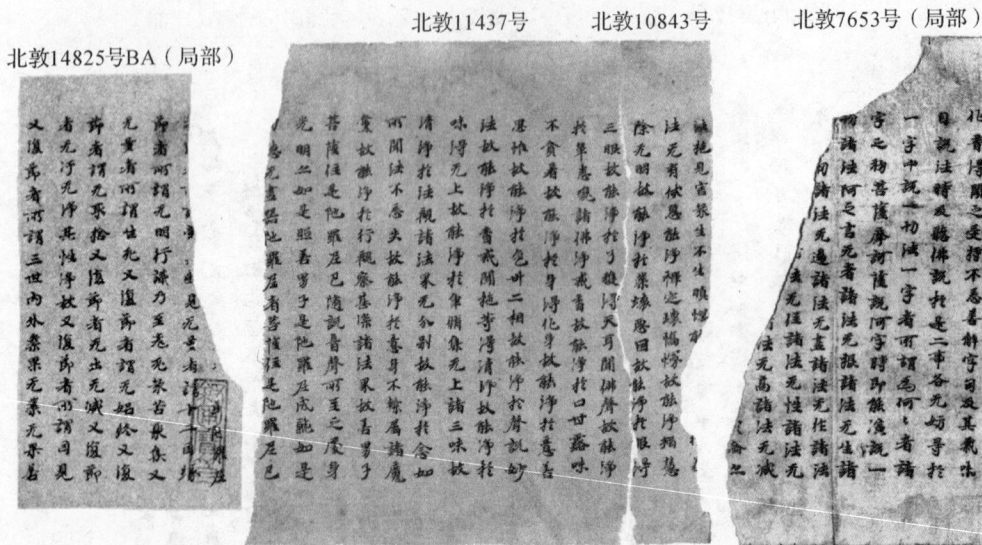

图 2-1 北敦 7653 号（局部）…北敦 10843 号＋北敦 11437 号…北敦 14825 号 BA（局部）缀合示意图

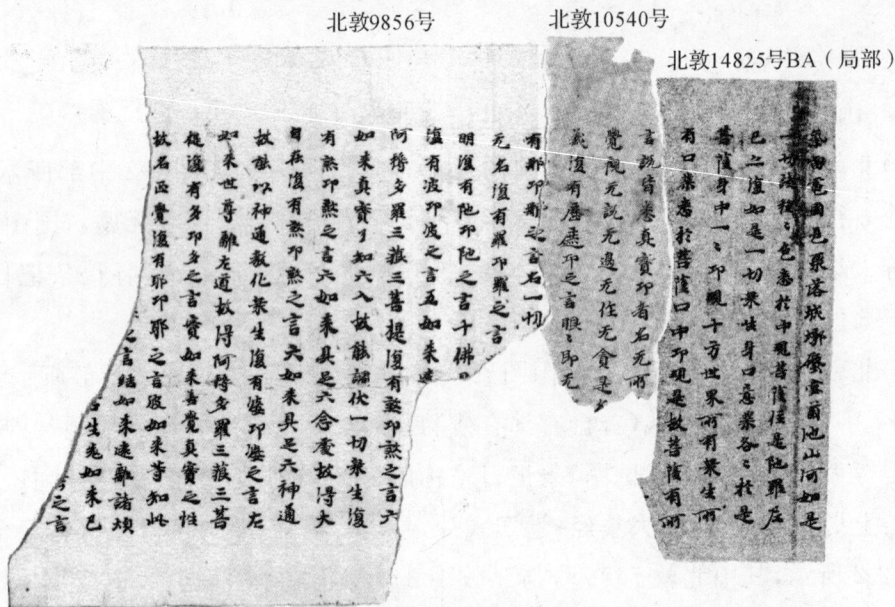

图 2-2 北敦 14825 号 BA（残片 3）＋北敦 10540 号＋北敦 9856 号缀合图

行款格式相同（字体大小相似，字间距及行间距皆相近，满行皆 17 字），书风相似（笔墨粗重，撇轻捺重），字迹相同（比较六号共有的"无"字及各号多见的"所""於""尼"等字），可资参证。六号缀合后，所存内容始"一者净声光明陀罗尼"句后四字左侧残形，至"复有昙印昙之言法"句"之言"二字止，相应文字参见《大正藏》T13/

22C11—24A13。

又上揭六号既可缀合为一,而《国图》条记目录称北敦 7653 号为隶楷,而定北敦 10843 号、北敦 11437 号、北敦 14825 号 BA、北敦 10540 号、北敦 9856 号五号为隶书,显有不妥。就整体风格而言,此六号宜皆定作楷书或隶楷为妥。

三、俄敦 6487 号＋俄敦 8050 号…俄敦 18338 号

(1)俄敦 6487 号,见《俄藏》13/114B。残片。如图 3 右上部所示,存 8 行,首行仅存上部 2 字左侧残笔,次 2 行上下部皆有残泐,末行仅存上部 2 字右侧残笔。隶楷。天头有乌丝栏。原卷无题,《俄藏》未定名。

(2)俄敦 8050 号,见《俄藏》14/17B。残片。如图 3 右下部所示,存 4 行,前三行仅存 3—4 字,末行仅存一字右侧残点。隶楷。原卷无题,《俄藏》未定名。

(3)俄敦 18338 号,见《俄藏》17/189A。残片。如图 3 左部所示,存 3 行,首行仅存三字残笔,后两行存中部 3—5 字。隶楷。原卷无题,《俄藏》未定名。

图 3　俄敦 6487 号＋俄敦 8050 号…
俄敦 18338 号缀合示意图

按:据残存文字推断,上揭三号应皆为《大集经》卷六宝女品第三之二残片,且其内容前后相承,可以缀合。缀合后如图 3 所示,其中俄敦 6487 号 4—8 行与俄敦 8050 号 1—4 行上下相接,衔接处断痕相合,比勘《大正藏》本,前三行可依次复原如下(两号衔接处以斜杠/为界):

能受持读诵书写广说之者,我/□(等)/亦当为作

卫护。若有恶鬼欲为是人作娆害/事,我当遮止不令成就。佛言:善哉善哉!善男/子,汝⊠□(于尔)

时若能护我诸⊠⊠□(弟子者)……

其中中间两行两号直接相接,中无缺字。俄敦 6487 号与俄敦 18338 号难以直接缀合,据《大正藏》本,其间约缺 7 整行。又此三号行款格式相同(字体大小相似,字间距及行间距皆相近),书风相似(尖锋入笔,横细竖粗,撇轻捺重),字迹相同(比较三号多见的"我""亦"等字),可资参证。三号缀合后,所存内容始"坏烦恼义"句末字左下侧残笔,至"闻经⊠□(欢喜)"句止,相应文字参见《大正藏》T13/40B2—40B18。

四、俄敦 15327 号＋俄敦 15362 号＋俄敦 15227 号＋俄敦 12852 号

(1)俄敦 15327 号,见《俄敦》16/231B。残片。如图 4 右下部所示,存 3 行,首 2 行仅存下部二三字,末行仅存下部一字右侧残笔。隶楷。有乌丝栏。原卷无题,《俄藏》未定名。

(2)俄敦 15362 号,见《俄藏》16/233B。残片。如图 4 右上部所示,存 5 行,首行仅存 2 字左侧残笔,第 2—4 行上下部皆残泐,末行仅存 2 字右侧残笔。隶楷。原卷无题,《俄藏》未定名。

(3)俄敦 15227 号,见《俄藏》16/226A。残片。如图 4 中下部所示,存 3 行,首行上下部皆残泐,后 2 行上部残泐。隶楷。有乌丝栏。原卷无题,《俄藏》未定名。

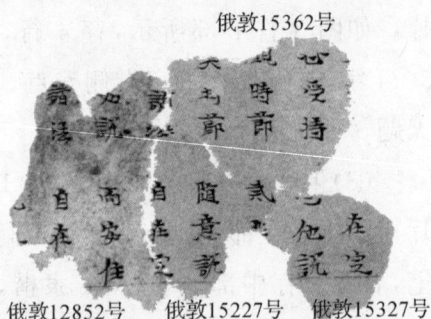

俄敦15362号

俄敦12852号　　俄敦15227号　　俄敦15327号

图 4　俄敦 15327 号＋俄敦 15362 号＋俄敦 15227 号＋俄敦 12852 号缀合图

(4)俄敦 12852 号,见《俄藏》16/181A。残片。如图 4 左部所示,存 4 行,首行仅存下部 3 字左侧残笔,次行上残,再次行上下皆残,末行仅存下部 2 字右侧残笔。隶楷。有乌丝栏。原卷无题,《俄藏》未定名。

按:据残存文字推断,上揭四号应皆为《大集经》卷七之残片,且其内容前后相承,可以缀合。缀合后如图 4 所示,其中俄敦 15327 号与俄敦 15362 号、俄敦 15227 号上下左右相接,俄敦 15362 号与俄敦 15227 号上下相接,衔接处断痕吻合,原本分属俄敦 15327 号、俄敦 15227 号的"非"字部分笔画得以复合;俄敦 15362 号、俄敦 15227 号分别与俄敦 12852 号上下左右相接,衔接处断痕吻合,原本分属俄敦 15362 号、俄敦 12852 号的"诸"字左右相契,原本分属俄敦 15362 号、俄敦 15227 号、俄敦

12852 号的"法"字亦得以部分复合,原本分属俄敦 15227 号、俄敦 12852 号的"定"字可成完璧。又此四号行款格式相同(字体大小相似,字间距及行间距皆相近),书风相似(皆隶楷,尖锋入笔),字迹相同(比较四号多见的"在""说""定"诸字),可证此四号确为同一写卷之撕裂。四号缀合后,所存内容始"是名诸法自在定"句后二字,至"常修怜愍无二相"句"无二"二字右侧残形止,相应文字参见《大正藏》T13/42B16—42B23。

五、北敦 9793 号十斯 627 号…北敦 11119 号

(1)北敦 9793 号(朝 14),见《国图》106/290B。2 纸。首尾皆残,如图 5 右部所示,存 18 行(前纸 11 行,后纸 7 行),行 17 字,首行仅存行首一字上端残笔,第 2—8 行下部残泐,后 4 行上部残泐(末行仅存下部一字右侧残笔)。有乌丝栏。原卷无题,《国图》拟题"大方等大集经卷七"。《国图》条记目录称此为 6 世纪南北朝时期楷书写本。

图 5　北敦 9793 号＋斯 627 号…北敦 11119 号缀合示意图

(2)斯 627 号,见《英图》10/312B—315B。首尾皆残,首部如图 5 中右部所示,后部如图 5 中左部所示,存 117 行,行 17 字,首行仅存下部一字左侧残笔,次 3 行上部残泐,末行上部残泐。有乌丝栏。原卷无题,《英图》拟题"大方等大集经卷第七不眴菩萨品第四"。《英图》条记目录称此为 6 世纪南北朝时期隶楷写本。

(3)北敦 11119 号(L1248),见《国图》109/26A。残片。如图 5 左部所示,存 8 残行,每行存上部 2—8 字。有乌丝栏。原卷无题,《国图》拟题"大方等大集经卷七"。比勘完整文本,可推知原本每行 17 字。《国图》条记目录称此为 7—8 世纪唐

代楷书写本。

按：上揭三号皆为《大集经》卷七之残片，且其内容前后相承，可以缀合。缀合后如图 5 所示，其中北敦 9793 号与斯 627 号左右相接，衔接处断痕基本吻合，原本分属二号的"成"字复合为一；斯 627 号与北敦 11119 号难以直接缀合，据《大正藏》本，斯 627 号与北敦 11119 号其间约缺 78 行。又此三号行款格式相同（皆有乌丝栏，字体大小相似，字间距及行间距皆相近，满行皆 17 字），书风相似（撇轻捺重，结体端正），字迹相同（比较各号多见的"万""无""尒""提"等字），可资参证。三号缀合后，所存内容始"无相三昧"句首字左侧残笔，至"修梵行是"句后一字上端残笔止，相应文字参见《大正藏》T13/43A2—45B22。

又上揭三号既可缀合为一，而《国图》条记目录称北敦 9793 号为 6 世纪南北朝时期楷书写本，又称北敦 11119 号为 7—8 世纪唐代楷书写本，《英图》条记目录则称斯 627 号为 6 世纪南北朝时期隶楷写本，字体、抄写年代皆判定不一，显然不妥。据原卷字体判断，此三号宜皆定为 7—8 世纪唐代楷书写本较妥。

六、北敦 11137 号十俄敦 744 号…北敦 11017 号

（1）北敦 11137 号（L1266），见《国图》109/35A。残片。如图 6 右部所示，存 5 行，每行存上部 2—7 字，首行仅存行端 2 字左侧残笔。有乌丝栏。原卷无题，《国图》拟题"大方等大集经卷七"。比勘完整文本，可推知原本每行 17 字。《国图》条记目录称此为 7—8 世纪唐代楷书写本。

（2）俄敦 744 号，见《俄敦》7/84B。残片。首尾皆残，如图 6 中部所示，存 17 残行，每行存中上部 2—14 字，首行仅存中部 2 字左侧残笔，第 2、3 行上下部残泐。有乌丝栏。原卷无题，《孟上》拟题"大方等大集经不眴菩萨品第四"，并称此为 7—8 世纪写本①。

（3）北敦 11017 号（L1146），见《国图》108/287B。残片。如图 6 左下部所示，存 6 残行，每行存下部 1—6 字，末行仅存一字右侧残点。有乌丝栏。原卷无题，《国图》拟题"大方等大集经卷七"。《国图》条记目录称此为 6 世纪南北朝时期楷书写本。

---

① 孟列夫主编：《俄藏敦煌汉文写卷叙录》（上），上海：上海古籍出版社，1999 年，第 257 页。

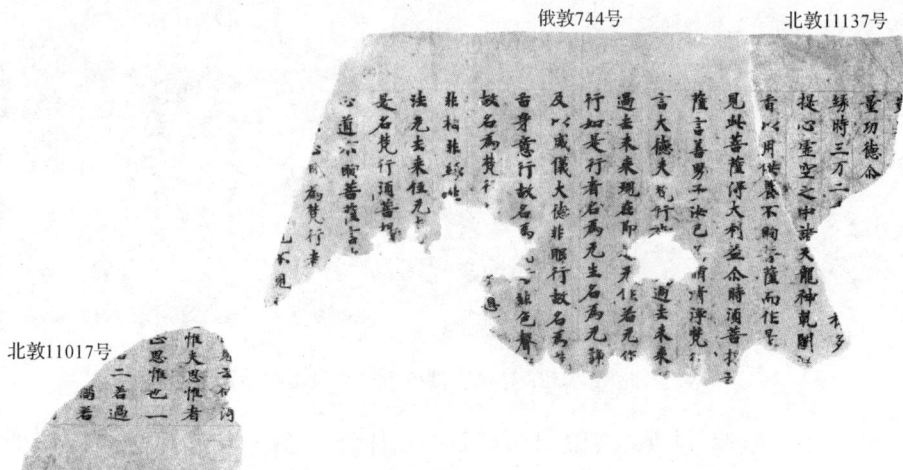

图 6　北敦 11137 号＋俄敦 744 号…北敦 11017 号缀合示意图

按：上揭三号皆为《大集经》卷七之残片，且其内容前后相承，可以缀合。缀合后如图 6 所示，其中北敦 11137 号与俄敦 744 号左右上下相接，衔接处断痕吻合无间，原本分属二号的"诸""供"二字复合为一；俄敦 744 号与北敦 11017 号内容基本衔接，俄敦 744 号末行可拟补作"□□□□□□□ ▨（等见诸法名为正见）不见▨□□□□□□（之见乃名正见若）"，北敦 11017 号首行可拟补作"□□□□□□□□□□□□▨▨□▨（不见者云何得名为正见耶若无正见云何得）"，前者末字"若"与后者"不见者"相连成句，中无缺行。又此三号行款格式相同（皆有乌丝栏，字体大小相似，字间距及行间距皆相近，满行皆 17 字），书风相似（撇轻捺重，结体端正），字迹相同（比较三号多见的"惟""诸""尒""夫"等字），可资参证。三号缀合后，所存内容始"岂异人乎"句首三字左侧残笔，至"是名为响若"句后二字止，相应文字参见《大正藏》T13/45B24—45C20。

又上揭三号既可缀合为一，而《国图》条记目录称北敦 11137 号为 7—8 世纪唐代楷书写本，北敦 11017 号为 6 世纪南北朝时期楷书写本，抄写年代判定不一，显然不妥。据原卷字体判断，此三号宜皆定为 7—8 世纪唐代楷书写本较妥。

七、俄敦 10823 号 A＋俄敦 10823 号 B

（1）俄敦 10823 号 A，见《俄藏》15/61A。残片。如图 7 右部所示，存 17 残行，每行存中下部 3—16 字，首行仅存中部 3 字左侧残形，通卷上端有波浪状残损。楷书。有乌丝栏。原卷无题，《俄藏》未定名。

俄敦10823号B　　　　　　　　　　　　俄敦10823号A

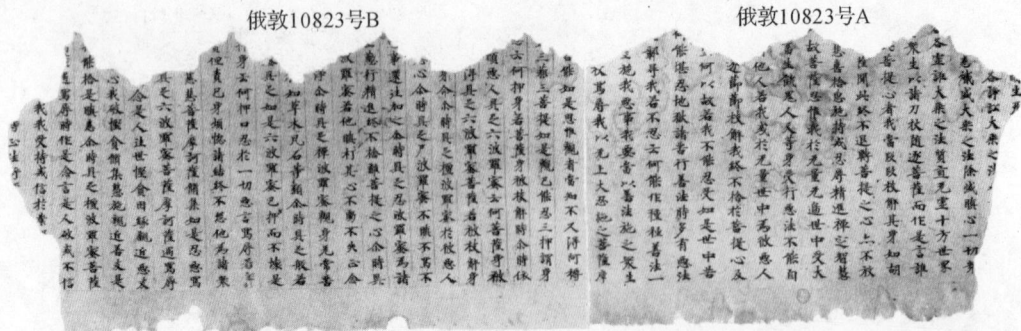

图 7　俄敦 10823 号 A＋俄敦 10823 号 B 缀合图

（2）俄敦 10823 号 B，见《俄藏》15/61B。残片。如图 7 左部所示，存 23 残行，每行存中下部5—16字，倒数第 2 行下部残，末行仅存中部 5 字右侧残字，通卷上端有波浪状残损。楷书。有乌丝栏。原卷无题，《俄藏》未定名。

按：上揭二号皆为《大集经》卷八海慧菩萨品第五之一残片，且内容前后相承，可以缀合。缀合后如图 7 所示，俄敦 10823 号 A 与俄敦 10823 号 B 左右相接，衔接处断痕基本吻合，俄敦 10823 号 A 末行行末“菩萨摩”与俄敦 10823 号 B 首行上部“□□☑（诃萨若）能如是思惟观者”相连成句，中无缺行。又此二号行款格式相同（天头均呈波浪状残损，皆有乌丝栏，字体大小相似，字间距及行间距皆相近，满行皆17 字），书风相似（撇轻捺重，运笔有力），字迹相同（比较二号皆有的“身”“忍”“精”“恶”“萨”等字），可资参证。二号缀合后，所存内容始“顺生死流”句前三字左侧残形，至“护持正法将顺众众生”句“将顺”二字右侧残笔止，相应文字参见《大正藏》T13/48C28—49B10。

八、（俄敦 8962 号＋俄敦 8963 号）＋俄敦 9091 号

（1）俄敦 8962 号＋俄敦 8963 号，见《俄藏》14/108B。残片。如图 8 右部所示，存 7 行，行 17 字，首行下部残泐，第 2—4 行中部残泐，第 6 行下部残缺，末行下部残泐。楷书。有乌丝栏。原卷无题，《俄藏》未定名。

（2）俄敦 9091 号，见《俄藏》14/123B。残片。如图 8 左下部所示，存 5 残行，每行存中下部1—11字，首行仅存中部 3 残字，末行仅存行末一字右侧残笔。楷书。有乌丝栏。原卷无题，《俄藏》未定名。

按：据残存文字推断，上揭三号皆应为《大集经》卷一一海慧菩萨品第五之四残

片,且其内容前后相承,可以缀合。缀合后如图 8 所示,俄敦 8962 号＋俄敦 8963 号与俄敦 9091 号衔接处断痕吻合,界栏对接,原本分属二号的"佛""大""随他语何"诸字得成完璧。又此二号行款格式相同(皆有乌丝栏,字体大小相似,字间距及行间距皆相近,满行皆 17 字),书风相似(尖锋入笔,笔粗墨重),字迹相同(比较二号皆有的"具""足""诸""法""慧"等字),可资参证。二号缀合后,所存内容始"何菩萨修☒☒☒□□□□(行大乘不随他语)"句,至"复有四法生得毕竟"句首字右侧残笔止,相应文字参见《大正藏》T13/69A15—69A24。

俄敦9091号　　俄敦8963号＋俄敦8962号

图 8 　(俄敦 8962 号＋俄敦 8963 号)＋俄敦 9091 号缀合图

九、北敦 11123 号＋北敦 7438 号

(1)北敦 11123 号(L1252),见《国图》109/28A。残片。如图 9 右上部所示,存 7 残行,每行存上部 2—11 字,首行仅存中部一二字左侧残点,末行左侧略残。有乌丝栏。原卷无题,《国图》拟题"大方等大集经卷二一"。比勘完整文本,可推知原本每行 17 字。《国图》条记目录称此为 5—6 世纪南北朝时期楷书写本。

(2)北敦 7438 号(北 8679;官 38),见《国图》97/63A-63B。残片。首残尾缺,前部如图 9 左下部所示,存 26 行,行 17 字,首 6 行上部残泐。有乌丝栏。原卷无题,《国图》拟题"大方等大集经卷二一"。《国图》条记目录称尾 2 行文字与《大正藏》本有异,并称此为 6 世纪南北朝时期隶书写本。

按:上揭二号皆为《大集经》卷二一之残片,且其内容前后相承,可以缀合。缀合后如图 9 所示,北敦 11123 号与北敦 7438 号上下、左右相接,衔接处断痕吻合,纵横乌丝栏对接无间,原本分属二号的"藐""法""藐三菩""量诸佛"诸字复合为一。又此二号行款格式相同(皆有乌丝栏,字体大小相似,字间距及行间距皆相近,满行皆 17 字),书风相似(字体娟秀,笔墨浓重),字迹相同(比较二号共有的"衆""恶""恼""提"

"壞"等字),可资参证。二号缀合后,存 27 行经文,所存内容始"释迦牟尼佛告诸梵天、帝释、四王"句"告诸"二字左侧残笔,至"提头赖咤王毗娄"句止,前 25 行经文参见《大正藏》T13/150B28—150C24,后 2 行文字与《大正藏》本不同,但与《大正藏》校记所引的宋、元、明、宫本相同,其间的大段咒语写卷略去。

图 9　北敦 11123 号＋北敦 7438 号(局部)缀合图

又上揭二号既可缀合为一,而《国图》条记目录称北敦 11123 号为 5—6 世纪南北朝时期楷书写本,又称北敦 7438 号为 6 世纪南北朝时期隶书写本,时代、字体皆判定不一,显有不妥。就字体而言,宜据前者定作楷书写本为妥。

十、俄敦 6369 号 A＋俄敦 6369 号 B

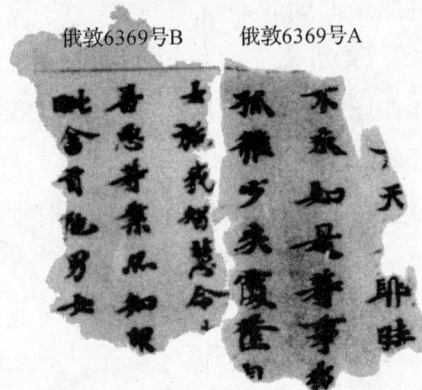

图 10　俄敦 6369 号 A＋俄敦 6369 号 B 缀合图

(1)俄敦 6369 号 A,见《俄藏》13/95A。残片。如图 10 右部所示,存 3 残行,每行存上部 5—7 字,首行右侧残泐。楷书。有乌丝栏。原卷无题,《俄藏》未定名。

(2)俄敦 6369 号 B,见《俄藏》13/95A。残片。如图 10 左部所示,存 3 残行,每行存上部 6—7 字。楷书。有乌丝栏。原卷无题,《俄藏》未定名。

按：据残存文字推断，上揭二号应皆为《大集经》卷二三之残片，且其内容前后相承，可以缀合。缀合后如图10所示，俄敦6369号A与俄敦6369号B左右相接，衔接处断痕大致吻合，天头界栏对接；据《大正藏》本，俄敦6369号A末行可拟补作"孤稚少失覆荫☒☐☐☐☐☐☐☐☐☐☐☐（自随其心无教告者唯愿大）"，俄敦6369号B首行可拟补作"士施我智慧令☒☐☐☐☐☐☐☐☐☐☐（我识知善恶等业及了众生）"，前者行末"唯愿大"与后者行首"士施我智慧"相连成句，中无缺行。又此二号行款格式相同（皆有乌丝栏，字体大小相似，字间距及行间距皆相近），书风相似（尖锋入笔，笔墨浓厚），字迹相同（比较二号共有的"等""我"等字），可资参证。二号缀合后，所存内容始"智慧诸天身耶"句后四字左侧残形，至"毗舍、首陀、男女"句止，相应文字参见《大正藏》T13/163C5—163C11。

十一、俄敦 6301 号＋俄敦 6304 号

（1）俄敦6301号，见《俄藏》13/76B。残片。如图11右部所示，存7行，行16—17字，首行上下皆残，倒数第2—3行下残，末行仅存行首一字右侧残点及中部一字右侧残形。楷书。有乌丝栏。原卷无题，《俄藏》未定名。

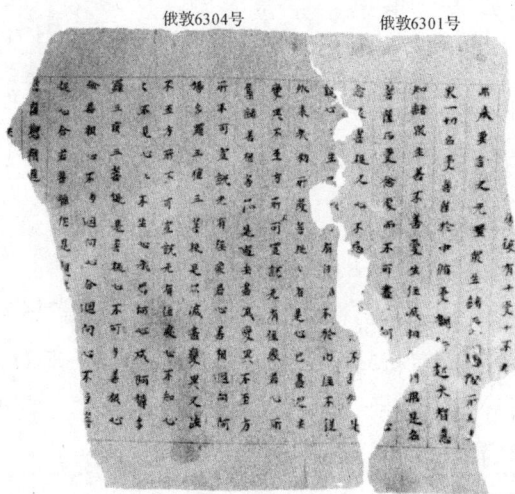

图11　俄敦6301号＋俄敦6304号缀合图

（2）俄敦6304号，见《俄藏》13/77A。残片。如图11左部所示，存14行，行16字，首行仅存下部5字左侧残字，次行上端右侧略残，且中部有残泐，倒数第2—4行下残，末行仅存上部一字右侧残字。楷书。有乌丝栏。原卷无题，《俄藏》未定名。

按：据残存文字推断，上揭二号应皆为《大集经》卷三〇无尽意菩萨品第十二之四残片，且其内容前后相承，可以缀合。缀合后如图 11 所示，俄敦 6301 号与俄敦 6304 号左右相接，衔接处断痕相合，上下界栏相接，原本分属二号的"说"字复合为一。又此二号行款格式相同（天头地脚高度相当，皆有乌丝栏，字体大小相似，字间距及行间距皆相近，行均 16—17 字），书风相似（横细竖粗，撇轻捺重），字迹相同（比较二号共有的"灭""菩""萨""尽""住""处"等字），可资参证。二号缀合后，所存内容始"九众生居处复有十受"句"居"字左侧残笔，至"又复思惟观察甚深十二因缘不失因果"句"不"字右侧残形止，相应文字参见《大正藏》T13/207C7—207C25。

十二、俄敦 11332 号＋俄敦 11360 号

（1）俄敦 11332 号，见《俄藏》15/206A。残片。如图 12 右部所示，存 2 残行，每行存中部 4—7 字。楷书。原卷无题，《俄藏》未定名。

（2）俄敦 11360 号，见《俄藏》15/207A。残片。如图 12 左部所示，存 4 残行，每行存中部 1—12 字，末行仅存一字右侧残点。楷书。原卷无题，《俄藏》未定名。

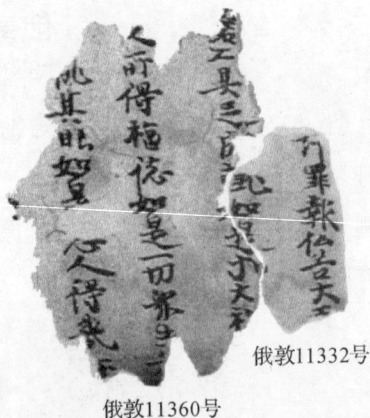

俄敦11332号

俄敦11360号

图 12　俄敦 11332 号＋俄敦 11360 号缀合图

按：据残存文字推断，上揭二号应皆为《大集经》卷三四之残片，且其内容前后相承，可以缀合。缀合后如图 12 所示，俄敦 11332 号与俄敦 11360 号左右相接，衔接处断痕吻合，原本分属二号的"就""如""是""等"诸字复合为一。又此二号行款格式相同（字体大小相似，字间距及行间距皆相近，满行皆 17 字），书风相似（捺笔较长，有行楷意味），字迹相同（比较二号皆有的"大"字"如"字），可资参证。二号缀合后，所存内容始"□□□（当得几许）罪报"句，可辨识文字至"如□□（是恶）人得□□□（几许罪）"句止，相应文字参见《大正藏》T13/236B22—236C1。

十三、北敦 11202 号＋北敦 10555 号

（1）北敦 11202 号（L1331），见《国图》109/73B。残片。如图 13 右下部所示，存 10 残行，每行存下部 5—15 字，首行仅存 7 字左侧残形，末行仅存 5 字右侧残笔。背面有杂写 5 个"众"字。楷书。原卷无题，《国图》拟题"大方等大集经钞"，称所抄内容属《大集经》卷三四中的三段经文。其中第 1 行"在旷野"残字起至第 4 行中部"免出"止，相当于《大正藏》T13/235A12—235A18；第 4 行下部"若在"起至第 5 行末"此得"止，相当于《大正藏》T13/235B26—235B28；第 6 行上部"信故"残字起至第 10 行末"是之"止，相当于《大正藏》T13/235C8—235C16。《国图》条记目录称原卷薄皮纸，为 7—8 世纪唐代写本。

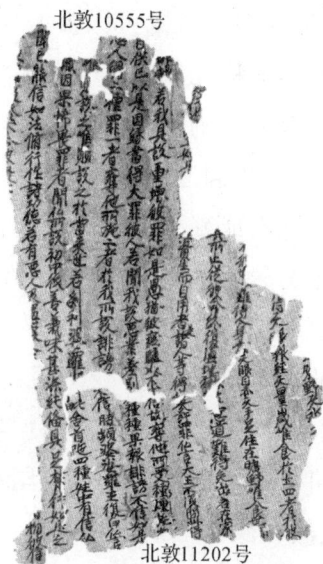

北敦10555号

北敦11202号

图 13　北敦 11202 号＋北敦 10555 号
缀合图

（2）北敦 10555 号（L684），见《国图》108/23B。残片，如图 13 左上部所示，存 11 行，每行存3—27字，上下部多有残泐，首行仅存中部 3 字左侧残笔，末行仅存约 10 字右侧残笔。楷书。原卷无题，《国图》拟题"大方等大集经钞"，称所抄内容属《大集经》卷三四中的四段经文（《国图》条记目录原称三段，不确）。其中第 1 行"得无眼"三字左侧残笔起至第 3 行末"复堕地狱"止，相当于《大正藏》T13/235A13—235A18；第 4 行上部"种种资生"前两字左侧残笔起至第 5 行中部"重增彼罪"止，相当于《大正藏》T13/235B26—235B28；第 5 行中部"如是"起至第 10 行中部"功德"止，相当于《大正藏》T13/235C7—235C16；第 10 行中部"若有"起至第 11 行上部右侧残笔止，大致相当于《大正藏》T13/235C5—235C20。《国图》条记目录称此为 9—10 世纪归义军时期写本。

按：上揭二号皆为《大集经》卷三四节抄之残片，其内容前后相承，可以缀合。缀合后如图 13 所示，北敦 11202 号与北敦 10555 号上下左右相接，衔接处断痕吻合，原本分属二号的"天眼""大""狱""幾""信""别""不""门""舍"梵行如是之"15 字复合为一，其中"天""舍""梵行如是之"七字堪称合成完璧，其余诸字亦得以基本复合，

可见二号确为同一写卷之撕裂。又此二号行款格式相同（字体大小相似，字间距及行间距皆相近），书风相似（书写草率，笔意相连），字迹近同（比较二号共有的"復""所""業""報""種""説"等字），可资参证。

又上揭二号既可缀合为一，而《国图》条记目录称北敦 11202 号为 7—8 世纪唐代写本，又称北敦 10555 号为 9—10 世纪归义军时期写本，抄写年代判定不一，显有不妥，宜再斟酌。

上文我们通过内容、残字、行款、字迹、书风等不同角度的比较分析，将 38 号《大集经》残卷或残片缀合为 13 组。通过缀合，除使原本身首异处的残卷或残片重聚之外，更为敦煌本《大方等大集经》恢复完整、丰富的文本内容以及进一步定名、断代及校理创造了条件。如《国图》条记目录称北敦 9793 号为 6 世纪南北朝时期楷书写本，北敦 11119 号为 7—8 世纪唐代楷书写本，《英图》条记目录称斯 627 号为 6 世纪南北朝时期隶楷写本，然而据本文第五组缀合的结果，上揭三号实为同一写卷之撕裂，可直接或间接缀合，则《国图》《英图》条记目录有关此三号抄写年代和字体的判定显然有误。再如《国图》条记目录称北敦 9617 号为 5 世纪南北朝时期隶书写本，北敦 10846 号为 5—6 世纪南北朝时期隶书写本，北敦 14825 号 CF 为 6 世纪南北朝时期隶书写本，北敦 6812 号、北敦 14825 号 BH 为 5—6 世纪南北朝时期隶楷写本，然而据本文第一组缀合的结果，上揭五号实为同一写卷之撕裂，则《国图》条记目录有关此五号字体、抄写年代的判定自然也就有了问题。又如《国图》条记目录称北敦 7653 号为隶楷，而定北敦 10843 号、北敦 11437 号、北敦 14825 号 BA、北敦 10540 号、北敦 9856 号五号为隶书，然而据本文第二组缀合的结果，上揭六号可直接或间接缀合，则《国图》条记目录的判定亦必有误。诸如此类，敦煌残卷的缀合是进一步整理研究的基础，具有多方面的重要意义，应给予充分的重视。

原载《浙江大学学报》2016 年第 3 期，收入时文字略有改动。

（作者单位：浙江师范大学人文学院）

杏雨书屋藏《尚书》写卷校录及研究[*]

许建平

    李盛铎旧藏敦煌写卷中的 432 件现收藏于日本杏雨书屋，这批写卷的目录底本收藏在北京大学图书馆善本部，题"李木斋氏鉴藏敦煌残片目录"，其 18 号为《尚书》^①。2009 年 10 月，武田科学振兴财团出版《敦煌秘笈》影片册一，收入了这件《尚书》写本，编号为羽 018。

    写卷起《君奭》"后暨武王，诞将天威"，迄《蔡仲之命》"周公以为卿士"，共 40 行，经文单行大字，注文双行小字，大字每行约 16 字。《敦煌秘笈》定名"尚书孔颖达疏君爽篇、蔡仲之命篇"^②，这是伪孔安国《古文尚书传》，有经文与传文，没有孔颖达之疏文，并非《尚书正义》。按拙著《敦煌经籍叙录》的命名格式，此残片可定名为"古文尚书传（君奭、蔡仲之命）"。

    写卷末两行上半残缺，正可与 S.2074 的前两行相缀合，两卷之缀合图可参王天然《读杏雨书屋所藏八件经部敦煌写本小识》一文^③。

    S.2074 写卷 Lionel Giles（翟尔斯）*Descriptive Catalogue of the Chinese Manuscripts from Tunhuang in the British Museum*（《英国博物馆藏敦煌汉文写本注记目录》）定为 7 世纪写本^④，因为写卷避讳极严，"世""民""治"三字均缺笔，笔者认为它极有可能是高宗朝抄本^⑤。此羽 018 号《尚书》与 S.2074 为同一卷之裂，而且"世""民""治"亦均缺笔，第 3 及第 4 行二"旦"、第 13 行"亶"均不避唐睿宗李旦之讳，益可证此为唐高宗朝之写本。

---

   * 本文的撰写获"中央高校基本科研业务费专项资金资助"。

   ① 荣新江：《李盛铎藏卷的真与伪》，《敦煌学辑刊》1997 年第 2 期。

   ② "爽"为"奭"之误字。

   ③ 王天然《读杏雨书屋所藏八件经部敦煌写本小识》做了缀合介绍（《亚洲研究》第 16 辑，第 43 页，2012 年 2 月）。

   ④ 翟尔斯：《英国博物馆藏敦煌汉文写本注记目录》，伦敦，1957 年，此据黄永武主编《敦煌丛刊初集》第 1 册，台北：新文丰出版公司，1985 年，第 229 页。

   ⑤ 许建平：《敦煌经籍叙录》，北京：中华书局，2006 年，第 116 页。

徐珂《清稗类钞》载:"时护甘督何彦昇有子在都,故先落其手,佳者复悉为所留。其妇翁李盛铎且分得唐人所写《礼》注、《书经》等,尤可宝贵。"①今《敦煌秘笈》中的羽 017 号为《礼记》,018 号为《尚书》,与徐珂所言李盛铎分得的写本相同。

吉川幸次郎等编《尚书正义定本》,在《尚书正义定本序》所列参校版本中云:"卷十《君奭》'后暨武王'至《蔡仲之命》'周公以为卿士',旧在德化李氏,用羽田氏亨景本。"②是其所据者即此羽 018 号《尚书》也。然此书之校记皆罗列诸本异文,没有任何考证。笔者校勘《敦煌经部文献合集》的《尚书》部分时,尚未能见到此羽 018 号写本,故有必要对此写本做全面勘校。

今据《敦煌秘笈》影印之彩图录文,录文格式一依原卷行款,每行前列序号并施加新式标点。上标方括号([])内为校记之序号。为方便排印,双行小注改为单行,正文小四号,注文小五号。残片残损或模糊之字用"☒"号表示,残缺之字用"□"号表示,并据对校本拟补。残缺严重而不能确定字数者,上缺者用▭▭号,下缺者用▭▭号。重文符号直接改成相应之字,旁注字直接录入相应位置。

敦煌写本 P. 2748 存有《君奭》《蔡仲之命》内容,S. 5626、BD12280(L2409)皆存《蔡仲之命》,日本九条道秀氏旧藏隶古定《尚书》(九条本)亦存有《君奭》《蔡仲之命》内容,以上四件写本为唐写本,故均取以对校。取校之传世刊本则为《中华再造善本》影印之北京大学所藏宋刻本(宋本)。《尚书文字合编》所收之日本写本内野本、足利本、影天正本、八行本等作为参校本。文中字词只在第一次出现时进行考证,后皆只出异文,不再考证。

录文:

1. 後梟武王[1],誕將天畏[2],咸劉身敵[3]。言四人後与武王皆煞其敵[4]。謂

2. 誅紂。惟兹三人[5],昭武王,惟冒丕單禹意[6]。惟此四人,明武王之[7]

3. 德,使布冒天下,大盡舉行德也[8]。今在予小子旦,若游大川,予往梟[9]

4. 女奭亣淴[10],小子同未在位,誕亡我責[11]。我新遷政,今任重在

5. 我小子旦,不能同於四人。若游大川,我往與女奭其共淴渡成王[12],同於未在位即政時,女大無非

---

① 徐珂:《清稗类钞》第 9 册,第 4198 页,北京:中华书局,1986 年。此条材料据荣新江《追寻最后的宝藏——李盛铎旧藏敦煌文献调查记》之附录《〈李木斋氏鉴藏敦煌写本目录〉研究索引稿》(《转型期的敦煌学》第 22 页,上海:上海古籍出版社,2007 年)。荣氏将此条材料列入第十八《尚书》条下。

② 东方文化研究所经学文学研究室:《尚书正义定本》,日本东方文化研究所,1939 年。

責我留也[13]。

6.收亡晶弗及[14]，耂造悥弗降[15]，我則鳴鳳弗耆[16]，

7.叞曰亓又能格[17]？"今与女留輔王[18]，欲收教無自勉不及道義者，立此化，而老成德不降意爲之[19]。我

8.周則鳴鳳不得聞也[20]，況曰其有能格皇天也[21]？公曰："烏虖[22]！君，肆亓監于兹[23]。我

9.受命亡畺惟休[24]，亦大惟艱。以朝臣無能立功至天，故其當視於此，我

10.周受命無窮惟美，亦大惟艱難，不可輕忽，謂之易治也[25]。告君乃猷衰[26]，我弗目後[27]

11.人迷。"告君女謀寬饒之道[28]，我留與女輔王[29]，不用後人迷或[30]，故欲教之[31]。公曰："耇人勇乃[32]

12.心，乃悉命女[33]，作女民極[34]。前人文武布其乃一心爲法度[35]，乃悉以命女矣[36]，爲女民[37]

13.此忠政矣[38]。曰：女明晶禺王[39]，在亶乘兹大命。女以前人法度明勉配[40]

14.王，在於誠信行此大命而已矣[41]。惟文王悥[42]，丕承亡畺卹[43]。"惟文王聖德，爲之子孫，無忝

15.厥祖，大承無窮之憂也[44]。公曰："君，告女朕允[45]。告女以我之誠信也[46]。保奭，亓[47]

16.女克敬[48]，目予監于殷喪大否[49]。呼其官而名之，勑使能敬也[50]，以我言

17.視於殷喪亡大不可[51]。言其大不可不戒也[52]。肆念天畏[53]，予弗允惟若兹[54]

18.誥，予惟曰：'襄我二人。'以殷喪大故，當念我天德可畏。言命無常也[55]，我不信惟若

19.此誥。我惟曰："當因我文武之道而行也[56]。"女又合才[57]！言曰："在旹人[58]，天休

20.字[59]至，惟旹二人弗戡[60]。"言女行事[61]，動當有所合哉！發言常在是文武，則天美周家，日

21.益至矣，惟是文武不勝受。言福多[62]。亓女克敬悥[63]，明我睃人在攘[64]，後

22.人于丕旹[65]。其女能敬行悥[66]，明我賢民在礼讓[67]，則後世將於此道大且是也[68]。烏虖[69]！笁[70]

23.棐旹二人[71]，我式克至于今日休。言我厚輔是文武之道而行之，我用

24.能至於今日其政美也[72]。我咸成文王功于弗怠[73]，丕冒槃隅[74]

25.出日，亡弗率卑[75]。"今我周家皆成文王功於不懈怠[76]，則德教大覆槃隅日所出之地[77]，

無不^[78]

26. 循化而使^[79]。公曰："君，予弗惠若兹多誥^[80]，予惟用閔于

27. 天越民^[81]。"我不順若此多誥而已^[82]，欲使女念躬行之閔勉也^[83]。我惟用勉於天道加於民者也^[84]。公曰："烏

28. 雺^[85]！君，惟乃知民意^[86]，亦亡弗能身初^[87]，惟元☒^[88]。

29. 惟女所知民德^[89]，亦無不能其初^[90]，鮮能有終，☒（惟）其☒（終）則惟君子^[91]。戒召公以順終也^[92]。祇若☒（兹）^[93]，

30. ▭▭▭^[94]。"當敬慎我此言^[95]，自今以往，敬用治民職事也^[96]。

31. ☒（蔡）仲之命弟十九^[97]　周書　孔氏傳

32. 蔡叔旡没^[98]，以罪放而卒也^[99]。王命蔡仲，踐羾侯位^[100]，成王也。父

33. 卒命子^[101]，罪不相及也^[102]。

34. 作《蔡仲之命》。築書命也^[103]。

35. 蔡仲之命蔡，國名。仲，字也^[104]。因以名篇。

36. 惟周公位冢宰，正百工，百官捴己以聽^[105]，謂武王崩時也^[106]。羣叔

37. 流言。乃致辟管叔于商；囚蔡叔于郭厸^[107]，曰^[108]

38. 車七乘；致法謂誅殺也^[109]。囚謂制其入出也^[110]。郭鄰，▭（中）國之外地名也^[111]。從車七乘，言少也^[112]。管、蔡，國▭▭▭（名）。

39. ▭▭弗凶^[113]。罪輕，故退爲衆▭▭▭^[114]之後乃齒☒（録）▭▭▭^[115]

40. ▭▭☒（祇）意^[116]，周公曰爲卿士^[117]。

【校记】

[1]彔，P.2748、宋本作"暨"，九条本作"彔"。案：内野本、足利本作"彔"。《说文·林部》："彔，衆詞與也。《虞書》曰：'彔咎繇。'"①《玉篇·林部》："彔，古文暨字。"②段玉裁《古文尚书撰异》曰："暨，壁中故書當作'彔'，以許君引'彔咎繇'知之也。蓋亦漢人以今文讀之，讀爲'暨'，《爾雅·釋詁》'暨，與也'，《公羊傳》'會及暨者皆與也'。'暨'字久行，人所易知，'彔'字罕識，故易之。"③考《禹貢》"淮夷蠙珠暨魚"，

---

① 许慎：《说文解字》，北京：中华书局，1963年，第169页。
② 顾野王撰、孙强重修：《宋本玉篇》，北京：中国书店，1983年，第512页。
③ 段玉裁《古文尚书撰异》，《四部要籍注疏丛刊·尚书》中册，北京：中华书局，1998年，第1783页。

《汉书·地理志》《史记·夏本纪》作"臮",司马贞《索隐》云："臮,古暨字。"①是汉时真古文《尚书》作"臮"也。底本作"泉",从自从水,因而或以为即"洎"字,徐在国谓《说文》有"眔"字:"又分出臮、洎二字。實際上,眔、臮、洎古本一字。"②马楠进一步认为"臮"是"泉"之误,"泉"与"洎"是同一字③。查《说文·水部》"洎"篆下云:"灌釜也。從水自聲。"④"洎"字已见于甲骨文,但只作地名用⑤。"灌釜"者,谓以水添釜⑥,《左传》"去其肉而以洎饋"⑦,以水添釜是为了肉汁,因又以之为肉汁,《玉篇·水部》云:"洎,灌釜也,肉汁也。"⑧黄侃《说文段注小笺》云:"洎,訓及者借爲臮。"⑨此实为后起。"洎"有"及"训,最早见于《庄子》郭象注⑩。汉时《古文尚书》作"臮",东晋新出《古文尚书》承之,亦作"臮"。其作"泉"者,"臮"之形误也。如《盘庚中》"暨予一人猷同心",P.2643 作"泉","臮"之变体也,P.2516 作"泉",岩崎本作"泉";《禹贡》"朔南暨聲教",P.2533 作"泉",九条本作"泉"。因"臮"误作"泉",又变作"洎",遂使"洎"字有"臮"之训,又以之为假借也。《汉书·王莽传中》"左洎前七部"颜注:"洎,亦臮字也。臮,及也。"⑪"洎"字原应作"臮"。至于"泉",则又"泉"之误也。

[2]畏,九条本同,P.2748、宋本作"威"。案:《况儿钟》"忎于敗義,惠于明祀",郭沫若改"敗"为"威",云:"威字原作敗,乃古畏字,古威、畏字通。威乃後起字。"⑫林义广《文源》云:"威當與畏同字。象戈戮人,女見之。女畏懼之象。"⑬戴家祥《金文大字典》曰:"林説是矣。……《廣雅·釋言》'畏,威也',《釋名·釋言語》'威,畏也'。二字轉注互訓,字義一致。鐘鼎彝器銘文中,畏威二字也可通用。……甲骨文不見威字,當以畏一字統之。……且畏威古音同屬影母脂部,威畏古爲一字無疑。"⑭甲

---

①　班固:《汉书》第 6 册,北京:中华书局,1962 年,第 1527 页;司马迁:《史记》(修订本)第 1 册,北京:中华书局,2013 年,第 73 页。

②　徐在国:《隶定古文疏证》,合肥:安徽大学出版社,2002 年,第 147 页。

③　马楠:《敦煌写本 P3315 所见古文考》,《敦煌研究》2013 年第 2 期。

④　《说文解字》,第 235 页。

⑤　李学勤主编:《字源》,天津:天津古籍出版社,2012 年,第 1001 页。

⑥　朱骏声:《说文通训定声》,北京:中华书局,1984 年,第 618 页。

⑦　杜预注、孔颖达正义:《春秋左传正义》,《十三经注疏》本,台北:艺文印书馆,2001 年,第 654 页。

⑧　《宋本玉篇》,第 351 页。

⑨　黄侃笺识、黄焯编次:《说文笺识四种》,上海:上海古籍出版社,1983 年,第 194 页

⑩　宗福邦等主编:《故训汇纂》,北京:商务印书馆,2003 年,第 1254 页。

⑪　《汉书》第 12 册,第 4143 页。

⑫　《两周金文辞大系图录考释》,北京:科学出版社,1957 年,第 160A 页。

⑬　《石刻史料新编》第四辑第 8 册,台北:新文丰出版公司,2006 年,第 567 页。

⑭　戴家祥主编:《金文大字典》,北京:学林出版社,1995 年,第 1472 页。

骨文无"威"字,金文始有,故郭沫若以"威"为后起字。王辉:《古文字通假释例》、白于蓝:《战国秦汉简帛古书通假字汇纂》所列材料,读"畏"为"威"的例证远远多于读"威"为"畏"的①,所以杨树达亦云:"經傳威字古文皆作畏。"②《群经音辨》"畏,嚴也"条注云:"音威,即古威字。"③隶古定《尚书》"威"多写作"畏",如《甘誓》"有扈氏威侮五行",P.5543、P.2533"威"作"畏";《胤征》"尚弼予欽承天子威命",P.2533"威"作"畏";《盘庚中》"予迓續乃命于天,予豈汝威",P.2516、P.2643"威"作"畏";《西伯戡黎》"天曷不降威",P.2516、P.2643"威"作"畏";《泰誓下》"作威殺戮",S.8464、S.799"威"作"畏";《多方》"則惟爾多方探天之威",P.2630、S.2074"威"作"畏"。

[3] 身,九条本同,P.2748、宋本作"厥"。案:《说文·氏部》有"𣎳"篆,段玉裁注云:"《玉篇》亦作'身',隸變也。"④《广韵·月韵》以"𣎳"为"厥"之古文⑤,案《书古文训》作"𣎳",此作"身",均"𣎳"之隶变。

[4] 言四人後与武王皆煞其敵,九条本、P.2748 同;宋本"煞"作"殺";宋本"言"下有"此","与"作"與"。案:《干禄字书·入声》以"煞"为"殺"之俗字⑥。與、与二字古多混用,但"與"的出现早于"与",说详俞欣《"與"、"与"考源》⑦。

[5] 三人,九条本同,宋本作"四人",P.2748 作"四民"。案:《玉篇·二部》"三"下云:"古文四。"⑧是"三"为"四"之古字。四人指闳夭、散宜生、泰颠、南宫括,是当作"四人",不可写作"四民"也。P.2748 作"四民"者,乃抄者以为"人"为"民"之讳改字,故回改为"民",却未料《尚书》本作"人",不作"民"也。

[6] 禹意,九条本同,P.2748、宋本作"稱德"。案:《说文·𦥑部》:"禹,并舉也。"又《禾部》:"稱,銓也。"又《人部》:"偁,揚也。"⑨徐灏《说文解字注笺》云:"禹、稱古今字……禹、偁亦古今字。"⑩戴家祥《金文大字典》"禹"字条云:"卜辭金文皆作抓物

---

① 王辉:《古文字通假释例》,台北:艺文印书馆,1993 年,第 572 页;白于蓝:《战国秦汉简帛古书通假字汇纂》,福州:福建人民出版社,2012 年,第 376 页。

② 杨树达:《汉书窥管》,上海:上海古籍出版社,1984 年,第 172 页。

③ 贾昌朝:《群经音辨》第 4 卷,《四部丛刊续编》,上海:商务印书馆,1934 年,第 3A 页。

④ 段玉裁:《说文解字注》,上海古籍出版社,1981 年,第 628 页。

⑤ 陈彭年等:《宋本广韵》,北京:中国书店,1982 年,第 458 页。

⑥ 颜元孙:《干禄字书》,《丛书集成初编》本据《夷门广牍本》影印,北京:中华书局,1985 年新 1 版,第 29 页。

⑦ 《浙江大学学报》2001 年第 5 期。

⑧ 《宋本玉篇》,第 15 页。

⑨ 《说文解字》,第 83、146、164 页。

⑩ 徐灏:《说文解字注笺》,《续修四库全书》第 225 册,上海:上海古籍出版社,1995 年,第 432 页。

形，此即故訓學者所謂舉也。加旁作偁，或作稱，乃後起字。"①《汗简》引《尚书》"稱"作"𩜹"②，"𩜹"即"禹"之古文形体，黄锡全《汗简注释》云："禹即稱本字。"③《说文》有"𢝻"字，隶定作"悳"，或作"惪"，《广韵·德韵》以"悳"为"德"之古文，故知写卷"悥"字乃"悳"之变体。郭店楚简《成之闻之》引《君奭》作"禹悳"④，正与隶古定《尚书》同。

[7]明，九条本同，P.2748、宋本作"明"。案：季旭昇《说文新证》"明"字条下云："甲骨文從囧從月，取義於夜間室内黑暗，惟有窗前月光射入，以會明意，囧亦聲。高鴻縉也指出'商周文字皆只有窗牖明，而無日月明'。説者或以爲甲骨文'明'字初文從'日'，以日月明會光明之義，或从囧。此説之誤蓋由於誤解甲骨文第4形右旁爲'日'形，頗疑此一'日'形亦當視爲'囧'形之省。從甲骨到魏晉，'明'字大多數都不從'日'，戰國或從'日'者，當爲'囧'形的訛變；漢簡或從'日'者爲'目'形之省。鳳羌鐘、秦文字或從'目'形，又爲'囧'形之訛，段注謂'《漢石經》作明'是也。"⑤是從目從日者皆"囧"之訛变。

[8]大盡舉行德也，九条本"盡"前无"大"字，宋本"德"前有"其"字，P.2748无"也"字。案：丕者，大也；彁者，尽也，则九条本无"大"者，脱也。

[9]泉，九条本作"泉"，P.2748、宋本作"暨"。

[10]女奭丌㳊，九条本同，P.2748、宋本"女"作"汝"，"丌㳊"作"其济"。案：女、汝古今字。《玉篇·丌部》："其，巨之切，辭也，事也。丌，古文。"⑥故《集韵·之韵》承襲之，曰："其，古作丌、亓。"⑦《说文·丌部》"丌"篆下段注："字亦作'亓'，古多用爲今渠之切之'其'。《墨子》書'其'字多作'亓'。'亓'與'丌'同也。"⑧许学仁云："驗之秦漢簡帛，'其'之作'亓''丌'，俯拾皆是。"⑨例可参王辉《古文字通假释例》、刘信芳《楚简帛通假汇释》⑩。张世超《战国秦汉时期用字现象举隅》云："'其'字戰

① 《金文大字典》，第2713页。
② 郭忠恕：《汗简》，北京：中华书局，1983年，第7页。
③ 黄锡全：《汗简注释》，武汉：武汉大学出版社，1990年，第144页。
④ 《郭店楚墓竹简》，北京：文物出版社，1998年，第167页。
⑤ 季旭昇：《说文新证》上册，台北：艺文印书馆，2002年，第552页。
⑥ 《宋本玉篇》，第334页。
⑦ 丁度：《集韵》，上海：上海古籍出版社，1985年，第57页。
⑧ 《说文解字注》，第199页。
⑨ 《古文四声韵古文研究·古文合证篇》，台北：文史哲出版社，1997年，第21页。
⑩ 《古文字通假释例》，第6页；刘信芳：《楚简帛通假汇释》，北京：高等教育出版社，2011年，第73页。

國秦系文字作‘其’，六國文字皆有簡體爲通行用字，作‘亓’或‘丌’。二形都是‘其’的省文，《说文》分‘其’‘丌’爲二字是不對的。……漢初以后，漸以‘其’爲正體，用爲‘其’的‘亓’字不見使用了。”①隸古定《尚书》作“亓”，承六国古文也。《玉篇·水部》：“濟，子計、子禮二切，水出常山，又渡也。沇，古文。”②《集韵·荠韵》：“濟，古作沇。”③当即取自《玉篇》。

[11]亡，九条本同，P.2748、宋本作“無”。案：P.3315《尚书释文》：“亡，音無，古文無字皆尒。”

[12]女奭其共沇渡，九条本同，P.2748、宋本“女”作“汝”，“沇”作“濟”。

[13]女大無非責我留也，九条本“無”作“无”；P.2748、宋本“女”作“汝”，无“也”字。案：庞朴《说“無”》：“‘无’在《说文》被目爲奇字，勉强附在亡部‘𣂲’下。從現有的第一手材料看，不僅甲骨金文中未見此字，即秦簡中也不曾有過。直到銀雀山漢墓竹簡中，才開始出現‘无’字，與無、毋混用。……‘无’字一出，成爲時髦，在一個時間内，無往不勝，幾乎完全取代亡、無，獨霸三無的天下。……此後經過今文、古文的漫長争論時期，大概直到《熹平石經》出來正定經本文字，才重新起用‘無’字，使奇字‘无’的地盤，退縮於《易經》一隅。”④

[14]收亡勗弗及，九条本同，宋本“亡”作“罔”，“弗”作“不”；P.2748“亡”作“冈”。案：《说文·网部》“网”篆下云：“罔，或从亡。𦉆，古文网。”⑤三体石经“罔”之古文作“𦉆”⑥，吕振端谓“𦉆”乃由《说文》“网”之或体“罔”的省文，“罔”乃“网”字加注“亡”声⑦。“亡”乃“𦉆”字隶定也。《玉篇·宀部》：“亡，古文罔。”⑧即据《说文》也。“冈”则“罔”之俗字⑨。至于“弗”“不”二字，虽然“弗”为帮纽物韵，“不”为帮纽之韵，但之、物两韵亦有同用之例⑩，弗、不为同源词⑪，二字同音兼同义，故“弗”字常被改为

---

① 《中国文字研究》第 1 辑，南宁：广西教育出版社，1999 年，第 189－190 页。
② 《宋本玉篇》，第 349 页。
③ 《集韵》，第 341 页。
④ 《纪念顾颉刚学术论文集》上册，成都：巴蜀书社，1990 年，第 10 页。
⑤ 《说文解字》，第 157 页。
⑥ 《尚书文字合编》，上海：上海古籍出版社，1996 年，第 2391 页。
⑦ 《魏三体石经残字集证》，台北：学海出版社，1981 年，第 137 页。
⑧ 《宋本玉篇》，第 210 页。
⑨ 释行均：《龙龛手镜》，北京：中华书局，1985 年，第 329 页。
⑩ 李存智：《上博楚简通假字音韵研究》，台北：万卷楼图书公司，2010 年，第 131 页。
⑪ 张其昀：《〈广雅〉同源词考证》，《人文中国学报》第 12 期，上海：上海古籍出版社，2006 年，第 167 页。

"不"。"早期寫本中的'弗'字在後來多被改寫作'不'是古籍流傳中常見的現象,同時這也是《尚書》傳本用字以今易古的一個重要表現。"①

[15]悳弗,"悳"字 P.2748、宋本作"德",九条本作"悳";"弗"字九条本、P.2748同,宋本作"不"。"悳"、"悳"均"悳"之变体,内野本即作"悳",说参校记[6]。

[16]鳴鳳弗眷,九条本同;宋本"鳴鳳"作"鳴鳥",P.2748、内野本、足利本、影天正本、八行本同。"弗眷",宋本作"不聞",P.2748 作"弗聞"。案:《释文》"鳴鳥"条云:"馬云:'鳴鳥謂鳳皇也。'本或作'鳴鳳'者非。"《三国志·魏书·王烈传》"夫以姬公之聖,而耇德不降,則鳴鳥弗聞"裴注:"《尚書·君奭》曰:'耇造德不降,我則鳴鳥不聞,矧曰其有能格。'鄭玄曰:'鳴鳥謂鳳也。'"②P.3315《尚書釋文》:"眷,古聞字。"

[17]攷曰亓又,九条本同,P.2748、宋本"攷"作"矧","亓又"作"其有"。案:《说文·矢部》"矤"篆下段注:"《尚書》多用矤字,俗作矧。"《玉篇·矢部》"矤"条下云:"矧,同上。攷,同上。"《龙龛手镜·矢部》则以"攷"为"矤"之俗字。阮元《尚书校勘记》:"古文有字作又。"③

[18]与女留輔王,九条本同,P.2748、宋本"与女"作"與汝";宋本"王"前有"成"字。案:宋本"王"前有"成"者,衍文也,孔传前已言"我往與汝奭其共濟渡成王",此言"輔王",必指"成王",且后"我不以後人迷"传曰:"我留與汝輔王,不用後人迷惑。"是亦无"成"字。

[19]不降悳,九条本、宋本同,P.2748"不"下有"肯"字。案:内野本、足利本、影天正本、八行本均同写卷,无"肯"字。

[20]鳴鳳不得聞也,九条本同,P.2748、宋本无"也"字。P.2748"鳳"作"鳥"。案:经作"鳴鳥",传释为"鳴鳳"。P.2748 作"鳴鳥"者,据经改传文也。

[21]能格皇天也,宋本、足利本、影天正本作"能格于皇天乎";P.2748、内野本"也"作"乎"。九条本"也"作"之者也矣","之者""矣"三字为双行对齐而添。

[22]烏乎,九条本同,宋本作"嗚呼",P.2748 作"烏呼"。案:"嗚呼"一词《古文尚书》多写作"烏呼"、"烏虖",如《胤征》"嗚呼!威克厥愛,允濟",P.5557 写作"烏呼";《盘庚中》"嗚呼!古我前后,罔不惟民之承",P.3670 写作"烏呼",P.2643 写作"烏虖"。"烏""嗚"古今字,大徐本《说文》所附"二十八俗书訛謬不合六書之體"中有

---

①　赵立伟:《魏三体石经古文辑证》,北京:社会科学文献出版社,2007 年,第 333 页。
②　陈寿:《三国志》第 2 册,北京:中华书局,1959 年,第 356、359 页。
③　阮元:《尚书校勘记》,阮元编《清经解》第 5 册,上海:上海书店,1988 年,第 338 页。

"嗚"字："嗚,本只作烏。烏,旴呼也。以其名自呼,故曰烏呼。後人加口。"①马叙伦云："金文皆以虖爲烏呼字。"②不仅两周金文,战国秦汉时期竹帛文献中"呼"字亦均写作"虖"③。周一良《魏晋南北朝史札记·〈梁书〉札记》"野虖"条云："卷九曹景宗傳,'爲人嗜酒好樂,腊月于宅中使作野虖逐除,遍往人家乞酒食'。《南史》五五本傳野虖作邪呼,蓋以今字易古字。"④是南北朝时,尚有作"虖"者。"雽"字后起,《说文》《玉篇》均无,虍、雨二部首古常混⑤,则"雽"当是"虖"之误也。张舜徽云："古人造字,區別人禽,故人之外息爲呼,獸吼之聲爲虖。然其聲義同原,實一語耳。"⑥案"呼"字最早见于《说文》,甲金文作"乎"也。

[23]亓,九条本同,P.2748、宋本作"其"。

[24]亡畺,九条本同,宋本作"無疆"。P.2748"亡"作"無"。案:《说文·田部》"畺"篆下云："界也,从畕。三,其界畫也。疆,畺或从彊土。"⑦徐灝《说文解字注箋》云："畺、疆古今字。"⑧林小安云："畺是疆的初文。"⑨

[25]治也,底卷"治"原缺末笔,避讳缺笔字,兹据宋本录正。P.2748、宋本无"也"字。

[26]繇衮,宋本作"猷裕",P.2748作"繇裕"。案:王引之《经传释词》云："繇、由、猷古字通。"⑩"猷"字隶古定《尚书》多写作"繇",如《蔡仲之命》"克慎厥猷",九条本作"繇";《多方》"猷告爾有方多士暨殷多士",S.2074、九条本作"繇";《秦誓》"尚猷詢兹黃髮",P.2980、九条本作"繇"。《集韵·遇韵》:"裕,古書作衮。"⑪

[27]弗目,九条本同,P.2748"目"作"以",宋本作"不以"。案:《玉篇·人部》:"以,古作目。"⑫《说文·已部》"目,用也"段注："今字皆作以,由隸變加人於右也。"⑬

① 《说文解字》,第 321 页。
② 马叙伦:《说文解字六书疏证》第 3 册第 9 卷,上海:上海书店,1985 年,第 98 页。
③ 《战国秦汉简帛古书通假字汇纂》,第 256 页。
④ 周一良:《魏晋南北朝史札记》,北京:中华书局,1985 年,第 279 页。
⑤ 曾良:《俗字及古籍文字通例研究》,南昌:百花洲文艺出版社,2006 年,第 100 页。
⑥ 张舜徽:《说文解字约注》,郑州:中州书画社,1983 年,第 9 卷第 58B 页。
⑦ 《说文解字》,第 291 页。
⑧ 《说文解字注箋》,《续修四库全书》第 227 册,第 36 页。
⑨ 林小安:《殷契六书研究(一)》,《出土文献研究》第 3 辑,北京:中华书局,1998 年,第 12 页。
⑩ 王引之:《经传释词》,长沙:岳麓书社,1984 年,第 14 页。
⑪ 《集韵》上册,第 494 页。
⑫ 《宋本玉篇》,第 60 页。
⑬ 《说文解字注》,第 746 页。

[28]告君女谋宽饶之道，九条本同，宋本"女"作"汝"；P.2748"君女"作"汝君"。案此周公告君奭之言，汝释乃也，《舜典》"乃言厎可績"传："乃，汝。"《小尔雅·广诂》："乃，汝也。"①君、汝同义，指召公奭也。《正义》曰："我今告君，汝當谋宽饶之道以治下民。"P.2748误乙"君汝"为"汝君"。

[29]與女，宋本"女"作"汝"，九条本"与"作"與"，P.2748作"与汝"。

[30]或，P.2748同，宋本、九条本作"惑"。案：或、惑古今字。

[31]之，P.2748、宋本同，九条本作"也"。

[32]歬人勇，P.2748、宋本"歬"作"前"，"勇"作"敷"。案：三体石经"歬"作"𣥠"，与《说文》"歬"之篆文同形，隶定即为"歬"。《说文·止部》"歬"篆下云："不行而進謂之歬，从止在舟上。"②于省吾云："歬爲前後之前的本字。"③商承祚云："經典相承以前爲歬。"④故《玉篇·止部》云："歬，今作前。"⑤P.3315《尚书释文》："勇，古敷字。"

[33]女，九条本同，P.2748、宋本作"汝"。

[34]女民，P.2748、宋本"女"作"汝"；"民"底卷原缺末笔，避讳缺笔字，兹据宋本录正，九条本"民"未缺笔。P.2748"民"作"人"，讳改字。

[35]乃一心，P.2748、宋本无"一"字，九条本作"乃心已"。案：足利本、影天正本、八行本亦均无"一"字。王国维云："'乃'字或係厥字之误。"⑥高本汉云："'乃'字是'厥'字的訛误。"⑦乃心者，其心也。孔传释"勇乃心"为"布其乃心"，是亦不知"乃"释为"其"。底卷"乃"下插入"一"字，不通之甚，其为衍文无疑。

[36]女，九条本同，P.2748、宋本作"汝"。

[37]女民，九条本同，P.2748、宋本"女"作"汝"。底卷"民"原缺末笔，避讳缺笔字，据宋本录正；P.2748作"人"，讳改字。

[38]此忠政矣，P.2748、宋本作"中正矣"，九条本作"中正教也"。案："忠"为"中"之借字，"政"为"正"之借字。

[39]女明勗禹王，P.2748、宋本"女"作"汝"；宋本"明"作"明"；九条本、P.2748、

---

① 迟铎：《小尔雅集释》，北京：中华书局，2008年，第57页。

② 《说文解字》，第38页。

③ 于省吾：《甲骨文字释林》，北京：中华书局，1979年，第399页。

④ 商承祚：《石刻篆文编字说》，《石刻篆文编》附录6页，北京：中华书局，1996年。

⑤ 《宋本玉篇》，第200页。

⑥ 刘盼遂：《观堂学〈书〉记》，《刘盼遂文集》，北京：北京师范大学出版社，2002年，第295页。

⑦ 《高本汉书经注释》，台湾编译馆中华丛书编审委员会，1981年，第900页。

宋本"禺"作"偶"。案:《书古文训》亦作"禺"①,李遇孙云:"禺與偶通。"②夏竦《古文四声韵》引《籀韵》"偶"作"𥠧"③,"𥠧"隶定即"禺"也。郭店楚简《语丛四》"佖婦禺夫"④,陈伟云:"裘先生讀'佖'爲'匹',當是。然'禺'似當讀爲'偶',亦是匹配義。"⑤战国秦汉简帛中,寓、遇、隅、愚等多写作"禺"⑥,是偶、寓、遇、隅、愚等皆"禺"之後起分别文也。《史记·孝武本纪》:"及諸名山川用駒者,悉以木禺馬代。"又《封禅书》:"乃令祠官進時犢牢具,色食所勝,而以木禺馬代駒焉。"又《孟尝君列传》:"今旦代從外來,見木禺人與土禺人相與語。"⑦皆用本字"禺"。《汉书·天文志》"氣相遇者,卑勝高,鋭勝方",王念孙云:"'遇'本作'禺',讀爲'偶',謂兩氣相敵偶也。《史记》作'遇',《索隱》曰:'遇音偶。《漢書》作禺。'據此則司馬所見本正作'禺'。今作'遇'者,後人以《史記》改之耳。"⑧是司马贞所见《汉书》作"禺",后人据《史记》改为"遇"。然《史记》原文是否作"遇"? 观上所引三条《史记》"偶"皆作"禺"来看,《史记·天官书》"气相遇者"之"遇",恐本亦作"禺",因《汉书》即抄自《史记》也。底卷作"禺",与《书古文训》合,当即隶古定《尚书》原貌。

[40]女以前人法度明勉,九条本同,P. 2748、宋本"女"作"汝","眀"作"明"。

[41]矣,宋本无,九条本、P. 2748 作"也"。

[42]意,九条本同,P. 2748、宋本作"德"。

[43]亡畺卹,宋本作"無疆之恤",九条本作"亡畺維卹",P. 2748 作"無畺恤"。案:《说文·心部》"恤,憂也"段注:"恤與卹音義皆同。又疑古衹有卹,恤其或體。"《血部》:"卹,憂也。"段注:"卹與心部恤音義皆同,古書多用卹字,後人多改爲恤。"⑨敦煌《尚书》残卷中,惟《君奭》"明恤小臣"、"丕承無疆之恤",P. 2748 皆写作"恤"。其余凡是"恤",写卷均作"卹"。

[44]也,九条本同,P. 2748、宋本无。

[45]女,九条本同,P. 2748、宋本作"汝"。

---

① 《尚书文字合编》,第 2320 页。
② 李遇孙:《尚书隶古定释文》,《续修四库全书》第 48 册,上海:上海古籍出版社,1995 年,第 68 页。
③ 《古文四声韵》,北京:中华书局,1983 年,第 48 页。
④ 《郭店楚墓竹简》,第 214 页。
⑤ 陈伟:《郭店竹书别释》,武汉:湖北教育出版社,2003 年,第 236 页。
⑥ 《战国秦汉简帛古书通假字汇纂》,第 174 页。
⑦ 司马迁:《史记》(修订本),北京:中华书局,2013 年,第 606、1675、2848 页。
⑧ 王念孙:《读书杂志》,南京:江苏古籍出版社,1985 年,第 236 页。
⑨ 《说文解字注》,第 507、214 页。

[46]告女以我之诚信也，P.2748、宋本"女"作"汝"，无"也"字；九条本亦无"也"字。

[47]亓，九条本同，P.2748、宋本作"其"。

[48]女，九条本同，P.2748、宋本作"汝"。

[49]㠯，九条本同，P.2748、宋本作"以"。

[50]敬也，宋本无"也"字，九条本作"也敬"，P.2748"也"在下句"言"后。案：内野本、八行本与底卷同。九条本"也敬"当是误倒，亦应作"敬也"。

[51]不可，九条本同，宋本作"否"，P.2748无"可"字。

[52]也，九条本同，P.2748、宋本无。

[53]念天畏，九条本、P.2748、宋本"念"下有"我"，九条本、宋本"畏"作"威"。案：孔传云"當念我天德可畏"，则当有"我"字。

[54]弗，九条本、P.2748同，宋本作"不"。

[55]無常也，P.2748、宋本无"也"字，九条本"無"作"无"。

[56]也，P.2748、宋本作"之"，九条本作"之也"。

[57]女又合才，九条本同，P.2748、宋本作"汝有合哉"。P.3315《尚书释文》："才，古哉字作才。"

[58]旹人，九条本作"旹二人"，宋本作"時二人"，P.2748作"時民"。案：《说文·日部》："旹，古文時，从之日。"①底卷误脱"二"字。P.2748"人"作"民"者，乃手民误以为"人"是"民"之讳改字，因而回改为"民"，其实此处"二人"指召公与周公，召公自称也，不可称"二民"。

[59]字，九条本作"芓"，宋本作"滋"，P.2748无。案：《书古文训》亦作"芓"。《汗简》引《尚书》"滋"作"𡴀"②，隶定即为"芓"。是作"芓"者隶古定字也。底卷作"字"，"芓"之误字也。P.2748无者，误脱也。

[60]旹二人，九条本同，P.2748、宋本"旹"作"时"，P.2748"二人"作"二民"。

[61]女，九条本同，P.2748、宋本作"汝"。

[62]福多，九条本"多"下有"也"字，P.2748、宋本作"多福"，P.2748"福"下有"也"字。

[63]亓女克敬意，九条本同，P.2748、宋本"亓女"作"其汝"，"意"作"德"。

---

① 《说文解字》，第137页。

② 《汗简》，第3页。

[64]眀我畯人在攘，九条本"人"作"民"；P. 2748、宋本"眀"作"明"，"攘"作"让"；宋本"畯人"作"俊民"。案：P. 3315《尚书释文》："畯，古俊字。""人"为"民"之讳改字。《史记·太史公自序》"小子何敢讓焉"索隐："讓，《漢書》作'攘'。晉灼云：'此古讓字。'"①《汉书·艺文志》"合於堯之克攘"，师古注："攘，古讓字。"②《书古文训》亦作"攘"。

[65]人于丕叴，九条本同，P. 2748、宋本"叴"作"時"，P. 2748"人"作"民"。案：孔传释"後人"为"後世"，即指后世之人也。是 P. 2748 作"民"者误也，其所以改"人"为"民"者，误以"人"为"民"之讳改字也。

[66]女能敬行意，P. 2748、宋本"女"作"汝"；九条本、P. 2748、宋本"意"作"德"。

[67]眀我賢民在礼讓，底卷"民"原缺末笔，兹据宋本录正；P. 2748、宋本作"人"。P. 2748、宋本"眀"作"明"；宋本"礼"作"禮"。九条本"讓"作"攘"。案："礼"为古文"禮"字，《玉篇·示部》"禮"字下云："礼，古文。"③

[68]後世將於此道大且是也，九条本同；底卷"世"原缺末笔，避讳缺笔字，兹据九条本录正；P. 2748 亦缺末笔，宋本作"代"。P. 2748、宋本无"也"。案："代"为"世"之讳改字。

[69]烏虖，九条本同，宋本作"嗚呼"，P. 2748 作"烏呼"。又 P. 2748 前有"公曰"二字。案：顾广圻《思适斋书跋》"書尚書撰異君奭後"条云："有人於'嗚呼'前加'公曰'二字，非。"④

[70]竺，九条本同，P. 2748、宋本作"篤"。考参拙文《由敦煌本与岩崎本互校看日本旧钞〈尚书〉写本之价值》⑤。

[71]叴，九条本同，P. 2748、宋本作"時"。

[72]至於今日其政美也，九条本同，宋本"於"作"于"，无"也"字。P. 2748"也"作"之也"，乃为双行对齐而添"之"字。

[73]弗，九条本、P. 2748 同，宋本作"不"。

[74]槑，九条本、P. 2748 同，宋本作"海"。案：P. 3315《尚书释文》："槑，古海字。"

① 《史记》（修订本），第 3974 页。
② 《汉书》第 11 册，第 1732 页。
③ 《宋本玉篇》，第 13 页。
④ 顾广圻：《思适斋书跋》，上海：上海古籍出版社，2007 年，第 190 页。
⑤ 《敦煌吐鲁番研究》第 14 卷，上海：上海古籍出版社，2014 年，第 491 页。

[75]宅弗率卑，"宅"，九条本同，宋本作"罔"，P.2748 作"冈"；弗，九条本、P.2748 同，宋本作"不"；"率"，P.2748、宋本同，九条本作"衛"；"卑"，P.2748、宋本同，九条本作"卑"。案：P.3315《尚书释文》："衛，古率字。""卑""俾"古今字，说详拙文《日本旧钞岩崎本〈尚书〉写卷校证——兼论与敦煌写本互证的重要性》①。

[76]於不懈怠，P.2748 同，九条本作"於不怠懈"，宋本作"于不懈怠"。案：於、于二字古多混用。"懈怠""怠懈"是一组同素逆序词，其义同。

[77]覆槩隅，九条本作"覆海隅"，宋本作"覆冒海隅"，P.2748 作"覆被海隅"。

[78]無，P.2748、宋本同，九条本作"无"。

[79]而使，P.2748 同，"使"下宋本有"之"，九条本有"也"。

[80]弗，九条本、P.2748 同，宋本作"不"。

[81]民，底卷原缺末笔，避讳缺笔字，兹据宋本录正。

[82]不顺，P.2748、宋本同，九条本"不"下涉"若此"而衍"此"字。

[83]女，P.2748、宋本作"汝"。

[84]民者也，底卷原缺末笔，避讳缺笔字，兹据宋本录正。九条本无"者"字，宋本无"者也"二字；P.2748"民"作"人"，无"者也"二字。案："人"者，讳改字。

[85]烏嘷，九条本同，P.2748 作"烏呼"，宋本作"嗚呼"。

[86]民悳，底卷"民"缺末笔，避讳缺笔字，兹据宋本录正。九条本作"民悳"，P.2748 作"人德"，宋本"悳"作"德"。案：作"人"者讳改字。

[87]宅弗能身初，九条本同，"宅"宋本作"罔"，P.2748 作"冈"；宋本"弗"作"不"；P.2748、宋本"身"作"厥"。

[88]元⊠，P.2748、宋本"亓"作"其"，残渺之字作"終"；九条本作"亓录"。案：P.3315《尚书释文》："录，本又作夅，皆古終字。"《说文·糸部》："夅，古文終。"段注："有夅而後有夋，冬而後有終，此造字之先後也，其音義則先有'終'之古文也。"②是"冬""終"古今字，P.3315《尚书释文》："冬，古作夅。""夅"为"夋"之隶变，"录"又"夅"之变体。底卷此字残渺，不知原写作"参"还是"終"。

[89]女所知民德，底卷"民"原缺末笔，避讳缺笔字，兹据宋本录正。P.2748、宋本"女"作"汝"，P.2748"民"作"人"。案："人"为讳改字。

[90]無，P.2748、宋本同，九条本作"无"。

---

①　《经典与校勘论丛》，北京：北京大学出版社，2015 年，第 112 页。

②　《说文解字注》，第 647 页。

[91]惟其終，底卷“惟”存右半“隹”，“終”存右上角，玆据九条本、P. 2748、宋本拟补。

[92]順終也，九条本、P. 2748、宋本“順”作“慎”，宋本无“也”字，P. 2748 无“終也”二字。案：順、慎二字古多通用，此当以“慎”为正字。

[93]玆，底卷残存上半，玆据九条本、P. 2748、宋本拟补。

[94]此处底卷残泐，九条本、P. 2748、宋本作“往敬用治”。

[95]慎，P. 2748、宋本、九条本作“順”。案：順、慎二字古多通用，此当以“順”为正字。

[96]治民軄事也，底卷“治”“民”二字均缺末笔，避讳缺笔字，玆据宋本录正。九条本“事”作“業”。宋本“軄”作“職”，无“也”字。P. 2748“民”作“人”，无“也”字。案：《玉篇・身部》：“軄，俗職字。”[①]“人”乃“民”之讳改字。

[97]蔡仲之命苐十九，底卷“蔡”残存左下角，玆据九条本、宋本拟补。“苐”，九条本同，宋本作“第”。案“苐”为“弟”之俗字，俗书竹头、草头多混，故“苐”又写作“第”字。

[98]旡，九条本同，P. 2748、宋本作“既”。案：P. 3315《尚书释文》云：“旡，古既字。”

[99]卆也，九条本、P. 2748、宋本“卆”作“卒”，P. 2748、宋本无“也”字。案：“卆”为“卒”之俗字，见《龙龛手镜・十部》[②]。

[100]彨，九条本作“[illegible]”，P. 2748、BD12280、宋本作“諸”。案：《玉篇・彡部》：“彨，古文諸。”[③]考三体石经“諸”字作“[illegible]”[④]，《汗简》引《尚书》作“[illegible]”[⑤]，隶定即《玉篇》之“彨”字。山旁、止旁常混用[⑥]，古“彨”变作“彨”，又变作“[illegible]”也。

[101]卆，九条本、P. 2748、宋本作“卒”。

[102]也，九条本同，P. 2748、宋本、S. 5626 无。

[103]筞書命也，九条本同，P. 2748、BD12280“也”作“之”，宋本作“册書命之”。案：“筞”为“策”之俗字，“策”“册”古多通用。

---

① 《宋本玉篇》，第 63 页。

② 《龙龛手镜》，第 537 页。

③ 《宋本玉篇》，第 110 页。

④ 吕振端：《魏三体石经残字集证》，台北：学海出版社，1981 年，第 130 页。

⑤ 《汗简》，第 24 页。

⑥ 王辉霞：《武后及武周时期墓志异体字研究》，西南大学 2010 年硕士论文。

[104]也，九条本、P. 2748 同，宋本无。

[105]捴己以聼，"捴"字宋本作"總"，P. 2748 作"惣"；"聼"下 P. 2748、BD12280、宋本有"冢宰"二字，九条本有"於冢宰"三字。案：捴、惣皆"總"之俗字。

[106]謂武王崩時也，九条本同，P. 2748"謂"作"胃"，P. 2748、BD12280、宋本无"也"。案："胃""謂"古今字。

[107]厸，九条本同，宋本作"鄰"，P. 2748、BD12280 作"隣"。案：《玉篇・厶部》："厸，古鄰字。"①"隣"为"鄰"偏旁移位之别体。

[108]㠯，九条本同，P. 2748、宋本作"以"。

[109]謂誅殺也，P. 2748"謂"作"胃"，九条本、P. 2748"殺"作"煞"，S. 5626、P. 2748、宋本无"也"字。

[110]入出也，九条本、S. 5626、宋本"入出"作"出入"；宋本无"也"字。案：底卷作"入出"盖误倒。

[111]中國之外地名也，底卷"中"字残损，兹据九条本、宋本拟补。S. 5626、宋本无"也"字。

[112]也，九条本同，S. 5626、宋本无。

[113]弗凶，S. 5626、宋本作"不齒"。案：《说文・齒部》"齒"篆下云："口齗骨也。……𪘚，古文齒字。"②夏竦《古文四声韵》引《云台碑》"齒"作"𪘚"，引崔希裕《纂古》有"凶"形③，"凶"即由"𪘚"隶定。"𪘚"当是由"𪘚"讹变。《禹贡》"齒革羽毛惟木"，P. 3469、岩崎本"齒"皆作"凶"形，与此同。"弗凶"前底卷残损，上半行正与 S. 2074 之第一行缀合，S. 2074 存"降霍叔于庶"五字，与底卷"弗凶"间仍有残缺，宋本作"人三年"三字。

[114]"衆"下底卷残泐，九条本、宋本作"人三年"。

[115]録，底卷存上半，兹据九条本、宋本拟补。"録"下底卷残泐，九条本、S. 5626、宋本作"封爲霍侯"。

[116]祗悳，底卷"祗"存右下角，兹据九条本、S. 5626、宋本拟补。S. 5626、宋本"悳"作"德"。"祗"前底卷残损，上半行正与 S. 2074 之第二行缀合，S. 2074 存"子孫爲晉所滅也蔡仲克"十字，与底卷"祗悳"间仍有残缺，宋本作"庸"字。

---

① 《宋本玉篇》，第 521 页。
② 《说文解字》，第 44 页。
③ 《古文四声韵》，第 38 页。

[117]目，九条本同，S.5626、宋本作"以"。

杏雨书屋所藏《尚书》写卷虽只短短 40 行，但它抄写于唐高宗时期，是卫包改字前的隶古定《尚书》，其价值仍不可低估。

1. 增加了一件新的隶古定《尚书》写卷。晋元帝时，豫章内史梅颐向元帝献上了一部古文《尚书》，这部古文《尚书》是用一种隶古定字体书写的。由于隶古定字字形怪异，不便认读。唐玄宗天宝三载（744），令集贤学士卫包将《尚书》隶古字改为今字（即楷书正字），从而导致隶古定《尚书》之原貌不可见。敦煌出土《尚书》写本面世后，世人终于获睹中古时期流传的隶古定《尚书》面貌。

拙著《敦煌经籍叙录》为 49 件敦煌《尚书》写本作了叙录，这件写卷与 S.2074 缀合后，可合成一 204 行的长卷，涉及《君奭》《蔡仲之命》《多方》《立政》四篇的内容。P.2748、S.5626、BD12280（L2409）、九条本皆存有《君奭》与《蔡仲之命》的内容，可与此羽 018 号对勘，其他诸卷已被改为楷字而此卷仍为隶古定字的，如 13 行"禹"，39 行"凶"，是复原隶古定《尚书》原貌的重要资料。

2. 可证《书古文训》之隶古字。《书古文训》中的《尚书》经文多为古文奇字，是中国所存唯一一部完整的隶古定《尚书》。关于此书，历来有两种观点，一是段玉裁等认为乃伪中之伪，毫无价值；二是近现代有学者（章太炎等）认为应该来源于东晋伪造的隶古定《尚书》。所以通过对中古隶古定《尚书》写本中所存隶古字与《书古文训》所载隶古定字的比较研究，对我们考定《书古文训》性质具有重要价值。

3. 九条本是流传到日本的唐写本，其抄写时代与羽 018 较为接近，通过对此两件写卷的比勘，可以与九条本《尚书》的经传及隶古定字互证。

4. 宋刻本是今存最早的传世版刻本，通过底卷与宋刻本的对勘，可以纠正宋刻本之误。

（作者单位：浙江大学古籍研究所）

吐鲁番出土《千字文》叙录[*]

——日本收藏篇

张新朋

  季羡林先生云,"世界上历史悠久、地域广阔、自成体系、影响深远的文化体系只有四个:中国、印度、希腊、伊斯兰,再没有第五个;而这四个文化体系汇流的地方只有一个,就是中国的敦煌和新疆地区,再没有第二个"①。如季先生所言,吐鲁番为东西交通枢纽和中外文化交汇之地。因此在吐鲁番地区有着十分丰富的文物和古代文书遗存,遗憾的是早期的文物或遗书多为19世纪末20世纪初活跃于我国西北地区的英、法、德、俄、日等国的"探险队"、"考察队"所劫掠,分藏于世界各地。日本即著名的吐鲁番文书收藏国之一。日本的龙谷大学、东京国立博物馆、京都国立博物馆、中村不折书道博物馆、静嘉堂文库、藤井有邻馆、宁乐美术馆等公私机构及个人手中均有数量不等的吐鲁番文献藏品。本论文所涉及的《千字文》抄本主要收藏于龙谷大学附属的大宫图书馆,其来源则主要是日本京都西本愿寺第22代宗主大谷光瑞所组织的三次"探险"所得文物、文书之一部分;除此而外,当时的"探险队"成员橘瑞超、吉川小一郎的部分藏品也入藏龙谷大学图书馆。以上龙谷大学图书馆所藏吐鲁番出土文书,学界通常称之为"大谷文书"。到目前为止,其汉文部分已分类编号的有10668号(中间有空号),其中第1001—8147号、第7001—7552号、第9001—9166号、第10001—10668号及橘瑞超所藏第11001—11163号以《大谷文书集成》为题,由日本京都法藏馆分4册刊出。在龙谷大学所藏这一万多号吐鲁番文书中,有为数不少的《千字文》写卷。对于这些《千字文》写卷,前贤时彦多有研究,举其要者,如,唐长孺《跋吐鲁番所出〈千字文〉》、张娜丽《西域発见の佚文資料——〈大谷文書集成〉所收諸断片について》、刘安志《〈大谷文书集成〉古籍写本考辨》、陈国灿等主编《吐鲁番文书总目(日本收藏卷)》、张娜丽《西域出土文書の基礎的研究——中

  * 本文为国家社科基金项目"敦煌吐鲁番出土蒙书整理与研究"(16BZS010)之相关成果。
  ① 季羡林:《敦煌学、吐鲁番学在中国文化史上的地位和作用》,《红旗》1986年第3期。

国古代における小学书・童蒙书の诸相》及笔者所撰《吐鲁番出土〈千字文〉残片考》《大谷文书中十三则〈千字文〉残片之定名与缀合》等论著多篇部。综合以上各家成果，目前大谷文书中的《千字文》抄本可确定者有 41 号，整理缀合后成 18 件。下面笔者就这 41 号《千字文》抄本一一叙录，就它们之间的关系加以梳理，以期能帮助读者了解大谷文书中的《千字文》抄本的情况；同时就两面抄写的《千字文》写卷的另一面所抄的文献略加探讨。

1—3. 大谷 1451、大谷 3602 与大谷 3604。

(1)大谷 1451。大谷 1451 号与 1450 号被用线缝在一起（如图 1 所示），其中大谷 1451 号背存习字 4 残行，抄"之"(1 行)、"所"(2 行)、"如"(1 行)3 字。大谷 1451 号残片《大谷文书集成（Ⅰ）》（以下称"《文书集成（Ⅰ）》"）题作"习字纸断片"①，《吐鲁番文书总目（日本收藏卷）》（以下称"《吐总目（日本卷）》"）题作"习字残片"②，后经笔者定名为"《千字文》习字残片"③。又，大谷 1450 号背面下部存"如如咏"3 字，这 3 字亦为《千字文》习字，《千字文》有"存以甘棠，去而益咏"之句。本件习字中"之""所""如""咏"等字与《千字文》本文之顺序并不相同，盖因抄写者随兴而书所致。又，《文书集成（Ⅰ）》释文云背面下部存"慎""美"习字，笔者所据图像不甚清晰，未能见到。

(2)大谷 3602。残片，首尾及上下皆残。正背两面书，正面存"之"字习字 2 行；背面存"无"字习字 2 行，其中，第 2 行仅存右端残迹。本残片，《大谷文书集成（Ⅱ）》（以下称"《文书集成（Ⅱ）》"）定名为"千字文习字纸断片"④，《吐总目（日本卷）》题"《千字文》习字残片"⑤，均是，然未进一步探究与其他残片的关系。今察大谷 1451 号"千字文习字"亦有"之"字，作"之"；大谷 1451 号残存的"之"字作"之"、作"之"，字虽仅左半可见，但凭此我们足以判断，其字形与本残片正面所抄"之"字相同，二者当出自同一人之手。

(3)大谷 3604。残片，首尾及上下残。正背两面书，正面存习字 2 行，抄"东"字

---

① ［日］小田义久责任编集：《大谷文书集成（Ⅰ）》，京都：法藏馆，1984 年，《释文》第 61—62 页。又，本文关于各册《大谷文书》所注页码，如无特别说明，均为各册《释文》部分的页码。

② 陈国灿、刘安志主编：《吐鲁番文书总目（日本收藏卷）》，武汉：武汉大学出版社，2005 年，第 48 页。

③ 张新朋：《吐鲁番出土〈千字文〉残片考》，《文献》2009 年第 4 期。

④ ［日］小田义久责任编集：《大谷文书集成（Ⅱ）》，京都：法藏馆，1990 年，第 130 页。

⑤ 陈国灿、刘安志主编：《吐总目（日本卷）》，第 191 页。

和"宫"字；背面抄"所"字2行。《文书集成（Ⅱ）》定名为"千字文习字纸断片"①，《吐总目（日本卷）》题"《千字文》习字残片"②，均可，然亦止步于此。本号存"所"字，大谷1451号亦存"所"字，我们若将2号的"所"字相比较，可以看出，二者同形，当为同一人所写。

　　如上所述，大谷1451号、大谷3602号、大谷3604号，与上文论及的"千字文习字"内容相合、书迹一致，三者出自同一人之手，殆可无疑。同时，如上文各条所述，笔者颇疑三者为同一写卷之裂，然因三者无法直接缀合，故同一写卷之判断，有待进一步验证。今附大谷3602号、大谷3604号图版（如图2、图3所示），以供比勘。

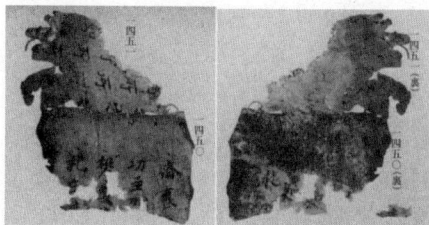

图1　大谷1451＋1450原图（左正右背）　　图2　大谷3602号正　　图3　大谷3604号背

　　4. 大谷3308。残片，存残文3行，首尾及上下均残，第1行仅存若干文字左端残迹，第2行存"□③最精。宣威沙漠，驰誉"，第3行存"□并岳□□□主云"。本残片，《文书集成（Ⅱ）》拟题"千字文习字纸断片"，是④。

　　5. 大谷3524。残片，首尾及上下皆残。正面存1行，书"尹佐时"3字，有朱点句读。《文书集成（Ⅱ）》题"性质不明文书小片"⑤，《吐总目（日本卷）》题"文书残片"⑥；笔者认为本残片所存内容出自《千字文》"磻溪伊尹，佐时阿衡"二句，故此残片当题作"千字文"⑦。又，本残片之文字与大谷3550、3576、3578、3313号等《千字文》残片字迹甚似，颇疑本片与大谷3550、3576、3578、3313号等残片为同一写卷之裂，然大谷3524号所存过少，未敢遽断。今附大谷3524号《千字文》图版（图4），以供参看。

---

　　① ［日］小田义久责任编集：《文书集成（Ⅱ）》，第131页。
　　② 陈国灿、刘安志主编：《吐总目（日本卷）》，第191页。
　　③ 本文对于写卷中仍存部分残迹的文字以"□"代替之，一个"□"代表一个文字；若所存文字据残迹可知为何字，则补于"□"之后，并用"（）"括之。
　　④ ［日］小田义久责任编集：《文书集成（Ⅱ）》，第73页。
　　⑤ ［日］小田义久责任编集：《文书集成（Ⅱ）》，第117页。
　　⑥ 陈国灿、刘安志主编：《吐总目（日本卷）》，第184页。
　　⑦ 张新朋：《大谷文书中十三则〈千字文〉残片之定名与缀合》，《敦煌研究》2013年第5期。

图 4　大谷 3524 号《千字文》

　　6. 大谷 3590。残片,首尾及上下残,存习字 5 行。其中,后 3 行抄"千字文勅员外散骑侍郎(以下空白)"等字。本残片,《文书集成(Ⅱ)》题"千字文标题断片"①,是。

　　7. 大谷 3591。残片,首尾及上部残,存残习字 4 行,所习文字从右至左抄"潜"(1 行)、"羽"(1 行)、"翔"(2 行)3 字,同时每行末端均有一"ᢒ"符号。本残片,《文书集成(Ⅱ)》题"千字文习字纸断片"②,是。

　　8—9. 大谷 3605 与大谷 10506。

　　(1)大谷 3605。残片,首尾及上下残,背面存残文 5 行,首行仅存某 2 字左端残迹,余 4 行,从右至左,依次抄"宜""令""荣""业"等字各 1 行。本残片之习字,《文书集成(Ⅱ)》拟题"千字习字纸",并于说明文字中指出它们源自《千字文》"慎终宜令""荣业所积"2 句③。

　　(2)大谷 10506。残片,《大谷文书集成(Ⅳ)》(以下称"《文书集成(Ⅳ)》")未提供图版,《释文》云存"宜"字习字 1 行、"令"字习字 1 行和已漫漶的某字习字 1 行。本残片,《文书集成(Ⅳ)》题作"性质不明文献断片"④,《吐总目(日本卷)》未著录此件。今据国际敦煌项目(The International Dunhuang Project)(以下称"IDP")数据库所载之图版判断,本残片与大谷 3605 号背面"千字文习字纸"所抄之"宜""令"字形一致,当出自同一人之手,或即同一写卷之裂。大谷 3605 号背面之文字《文书集成(Ⅱ)》题作"千字文习字纸",那么,本残片亦可定题为"千字文习字纸"。今附二者图版(如图 5、图 6 所示),以供对照。

---

①　[日]小田义久责任编集:《文书集成(Ⅱ)》,第 128 页。
②　[日]小田义久责任编集:《文书集成(Ⅱ)》,第 128 页。
③　[日]小田义久责任编集:《文书集成(Ⅱ)》,第 131 页。
④　[日]小田义久责任编集:《大谷文书集成(Ⅳ)》,京都:法藏馆,2010 年,第 165 页。

图 5　大谷 10506 号正面　　　　图 6　大谷 3605 号背面

10—13. 大谷 3700＋10357（A）＋3719＋5127

（1）大谷 3700。《文书集成（Ⅱ）》未提供图版，《释文》云正面存"孔""测""釉""□"字，4 行；背面存一"臣"字。本残片，《文书集成（Ⅱ）》未定名①，《吐总目（日本卷）》正面文字题作"文书残片"，同时亦提及背面的"臣"字②。笔者据 IDP 所载该号图版知《文书集成（Ⅱ）》之录文不尽准确，如第 2 行之字，显然是从"忄"之"恻"，而非"测"；至于"釉"字，单纯依据残形，无法确知为何字之残，"釉"乃整理者臆补；并进一步确证本残片正面的文字出自"千字文"③。本残片背面的"臣"字，当出自《毛诗·小雅·节南山之什·十月之交》篇"十月之交，朔月辛卯。日有食之，亦孔之丑"等句之孔颖达疏中有"臣"字的文句。

（2）大谷 10357（A）。残片，首尾及上下皆残。正面存残文 2 行，《文书集成（Ⅳ）》分别录作"（上缺）□ 嘉 猷□（下缺）"④和"脑林罪□"，有朱点句读。本残片，《文书集成（Ⅳ）》题作"性质不明文献断片"⑤；《吐总目（日本卷）》未著录此件；笔者确定本残片正面文字出自《千字文》"贻厥嘉猷，勉其祗植"、"殆辱近耻，林皋幸即"等句⑥。笔者据文字残迹并结合《千字文》文本判定第 1 行首尾处所存分别为"厥"字和"勉"字残迹；第 2 行行首所存为"耻"字残迹，《文书集成（Ⅳ）》录作"脑"，误；同行第 3 字乃"皋"字俗书，《文书集成（Ⅳ）》录作"罪"，非是。本号背面为"毛诗正义断片"⑦。

（3）大谷 3719。残片，首尾及上下残。正面存残文 2 行，分别为"（上缺）□招 渠

①　［日］小田义久责任编集：《文书集成（Ⅱ）》，第 141 页。
②　陈国灿、刘安志主编：《吐总目（日本卷）》，第 198—199 页。
③　张新朋：《大谷文书中十三则〈千字文〉残片之定名与缀合》，第 70—71 页。
④　《文书集成（Ⅳ）》原录文上部残缺作"▭▭"，下部残缺作"▭▭"，本文为减少图片，分别用"（上缺）"、"（下缺）"代替之，特此说明；其他各册此种情况同此处理。
⑤　［日］小田义久责任编集：《文书集成（Ⅳ）》，第 147 页。
⑥　张新朋：《大谷文书中十三则〈千字文〉残片之定名与缀合》，第 69—70 页。
⑦　［日］小田义久责任编集：《文书集成（Ⅳ）》，第 147 页。

（下缺）""（上缺）□委翳（下缺）"。本残片，《文书集成（Ⅱ）》定名为"楷书千字文小片"①，《吐总目（日本卷）》题"楷书千字文残片"②，均是。本残片背面之文字，笔者定名为"毛诗正义断片"③。

(4) 大谷5127。残片，首尾及上部残。正面存残文3行，第1行存某3字左侧残迹，第2行存"□年始"3字，第3行存某2字右端残迹及旁补字1个（《大谷文书集成（Ⅲ）》〔以下称《文书集成（Ⅲ）》〕录作"家"）。本残片，《文书集成（Ⅲ）》题名"佛典断片"④；《吐总目（日本卷）》题"佛典残片"⑤；笔者将其定名为"千字文"，并指出本残片的"始"当为"矢"字音近之讹⑥、《文书集成（Ⅲ）》所录之"家"为补于"绥"字右侧漏书的"永"字之误录⑦。

以上4则残片，笔者由书风、正背面所抄内容、行款等方面断定它们来自同一写卷，可以缀合（如图7所示）。其中，大谷3700号居首，大谷10357（A）号次之，二者之间缺起"都邑华夏"讫"鉴貌辨色"等句，以行18字记，残缺16行；大谷3719号位于大谷10357（A）号之后，二者之间缺自"林皋幸即"之"即"至"戚谢欢招"之"谢"等31字，约占2行的空间；大谷5127号则位于大谷3719号之后，二者之间缺自"落叶飘摇"句之"叶"至"恬笔伦纸"之"纸"151字，所缺在8行左右。

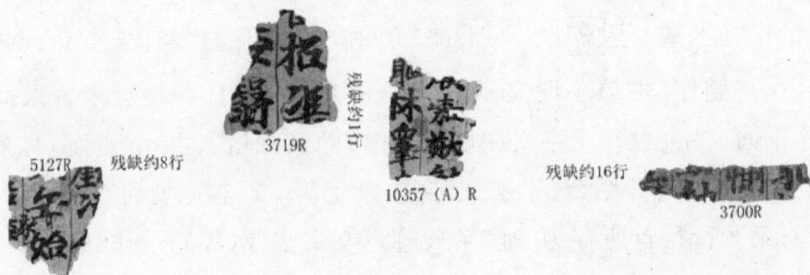

图7　大谷3700＋10357（A）＋3719＋5127号正面《千字文》缀合示意图

① ［日］小田义久责任编集：《文书集成（Ⅱ）》，第142页。
② 陈国灿、刘安志主编：《吐总目（日本卷）》，第200页。
③ 张新朋：《大谷文书中十三则〈千字文〉残片之定名与缀合》，第69页。
④ ［日］小田义久责任编集：《大谷文书集成（Ⅲ）》，京都：法藏馆，2003年，第135页。
⑤ 陈国灿、刘安志主编：《吐总目（日本卷）》，第333页。
⑥ "矢"《广韵》音"式视切"，书母旨韵，"始"《广韵》音"诗止切"，书母止韵，唐五代西北方音"旨"、"止"二韵相混，遂致讹。
⑦ 张新朋：《大谷文书中十三则〈千字文〉残片之定名与缀合》，第69—70页。

14—15. 大谷 3829＋3573

(1)大谷 3829。残片，首尾及上下均残，存残文 10 行，起"□拱平章□"，讫"□则尽命"。本残片，《文书集成（Ⅱ）》公布时定名为"佛书断片"①，后经张娜丽辨识，改定为"《千字文》抄本残片"②。

(2)大谷 3573。残片，首尾及上下皆残，存残文 5 行。其中末行仅存若干文字右端残迹，其余各行所存，由右至左，依次为：第 1 行"□（德）建名立"、第 2 行"□（祸）因恶积"、第 3 行"□（竞）资父事君"、第 4 行"深履□（薄）"。本号《文书集成（Ⅱ）》公布时已定名为"千字文习字纸断片"③。

以上 2 残片，经笔者判定二者为同一写卷之裂，可以缀合（如图 8 所示）。又，《文书集成（Ⅱ）》于大谷 3573 号释文中云该号与大谷 3575 号文书为"同笔"④。今从笔迹上看，二者在某些笔画的运笔上虽具有一定的相似性，但并不完全一致；另外，由行款上看，大谷 3829＋3573 号残片的行款为 16 字，与大谷 3550、3575、3578 等缀合而成的残片行 12 字的行款不合；就抄写形制而言，大谷 3550、3575、3578 等缀合而成的残片分上下两栏抄写，而大谷 3829＋3573 号残片不分栏；综合以上信息，可知大谷 3829＋3573 号残片与大谷 3550、3575、3578 等残片应非同一写卷之裂。

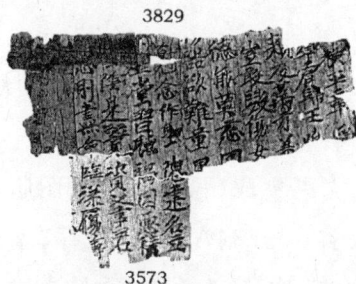

图 8　大谷 3829＋3573《千字文》缀合图

16. 大谷 3910。残片，存残文 2 行，分正文大字和双行注释小字两种类型。第 1 行存"□韵"2 大字，其下存"者梁□（武）（下缺）"、"员外□（下缺）"小字注释 2 行；第 2 行所存为小字注释第 1 行的部分文字"（上缺）次韵。问曰（下缺）"。以上内容，

① ［日］小田义久责任编集：《文书集成（Ⅱ）》，第 159 页。
② 张娜丽：《西域发见の佚文资料——〈大谷文书集成〉所收诸断片について》，《学苑》第 742 号，2002 年，第 34—37 页。
③ ［日］小田义久责任编集：《文书集成（Ⅱ）》，第 125 页。
④ ［日］小田义久责任编集：《文书集成（Ⅱ）》，第 125 页。

《文书集成（Ⅱ）》云为"千字文'李暹注'"①，《吐总目（日本卷）》拟题"《千字文》李暹注残片"②。以上文字，据残存内容看，概《千字文》题衔"勅员外散骑侍郎周兴嗣次韵"之"□（次）韵"及其注释文字的一部分；但《文书集成（Ⅱ）》、《吐总目（日本卷）》均认为是李暹注，不知何据。今附其图版（图9），以供参看。

图 9　大谷 3910 号

17—20. 大谷 3930＋10236＋10378（A）＋10378（B）

（1）大谷 3930。残片，首尾及上下残。存残文 4 行，第 1 行存 3 个"治"字习字的左端，第 2—3 行存"本"字习字 3 个，第 4 行存"本"字习字 2 个。本残片，《文书集成（Ⅱ）》定名为"千字文习字纸断片"，并于说明文字中指出为"治本于农"句"治本"二字之习字③。

（2）大谷 10236。残片，《文书集成（Ⅳ）》未提供图版，《释文》云第 1 行存某字习字 3 个，第 2 行存"本本"2 字，第 3 行存某字习字 1 个。本残片，《吐总目（日本卷）》未著录；《文书集成（Ⅳ）》定名为"习字断片"，并指出与大谷 10378 号同卷④；笔者将其定名为"千字文习字断片"⑤。

（3）大谷 10378。残片，《文书集成（Ⅳ）》未提供图版，该号由 2 残片构成，《释文》以 A、B 区分之。《释文》云大谷 10378（A）第 1 行存"本"字 1 字，第 2 行存"本本"2字；大谷 10378（B）则仅存一文字残迹，《释文》云是由大谷 10378（A）第 2 行第 1 个"本"字左上方脱落而来。上述两块残片，《吐总目（日本卷）》未著录；《文书集成（Ⅳ）》拟题"习字断片"，并指明与大谷 10236 号为由同一文献而来的不同残片⑥；笔者经研判，定其名称为"千字文习字断片"⑦。

---

① ［日］小田义久责任编集：《文书集成（Ⅱ）》，第 171 页。
② 陈国灿、刘安志主编：《吐总目（日本卷）》，第 217 页。
③ ［日］小田义久责任编集：《文书集成（Ⅱ）》，第 174 页。
④ ［日］小田义久责任编集：《文书集成（Ⅳ）》，第 130 页。
⑤ 张新朋：《大谷文书中十三则〈千字文〉残片之定名与缀合》，第 70—71 页。
⑥ ［日］小田义久责任编集：《文书集成（Ⅳ）》，第 150 页。
⑦ 张新朋：《大谷文书中十三则〈千字文〉残片之定名与缀合》，第 71 页。

笔者由 IDP 数据库得见上揭 4 则残片之图版，经研判，发现大谷 10236 号第 1 行末尾的"本"字所缺的下半，恰好位于大谷 3930 号第 3 行之行首，显然四者来自同一写卷，可以缀合（如图 10 所示）。

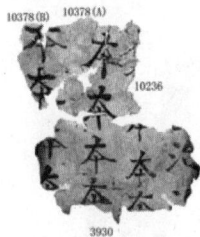

图 10　大谷 3930＋10236＋10378（A）＋10378（B）号　　　　图 11　大谷 4138 号
《千字文》习字缀合图

21. 大谷 4138。残片，《文书集成（Ⅱ）》未提供图版，《释文》录其文字为"（上缺）大十（下缺）"。本残片，《文书集成（Ⅱ）》拟题"性质不明文书小片"①，《吐总目（日本卷）》题名"文书残小片"②。笔者据 IDP 数据库所载之图版知本残片所存乃"本"字残迹（如图 11 所示），并怀疑本残片与上文论及抄有"本"字的大谷 3930＋10236＋10378（A）＋10378（B）号"千字文习字断片"或即由同一写卷割裂而来③。然因本残片与上揭大谷 3930、大谷 10236 号等残片无法直接缀合，故暂且存疑。

22. 大谷 4318（9）。本号统辖大小不一的残片 47 片，《文书集成（Ⅱ）》拟题"佛典极小片群（四七片）"④，《吐总目（日本卷）》亦未逐一拟题，将 47 片拟题为"佛教文书残小片"⑤。以上诸残片《文书集成（Ⅱ）》均未提供图版，其中第 9 片，《文书集成（Ⅱ）》说明文字云存"岂山""敢敢□"等文字 2 行⑥。今由 IDP 数据库得见本号第 9 片的图版，发现《文书集成（Ⅱ）》所说"岂山""敢敢□"等字为本片正面所存文字之一部分。除此而外，本片正面尚存朱笔抄写的"致"字习字 2 行；背面存残文 3 行，多残缺不全，其中完整者有第 2 行的"入"字和第 3 行的"月"字。今据 IDP 所载之图版来

① ［日］小田义久责任编集：《文书集成（Ⅱ）》，第 207 页。
② 陈国灿、刘安志主编：《吐总目（日本卷）》，第 237 页。
③ 张新朋：《大谷文书中十三则〈千字文〉残片之定名与缀合》，第 71 页。
④ ［日］小田义久责任编集：《文书集成（Ⅱ）》，第 233 页。
⑤ 陈国灿、刘安志主编：《吐总目（日本卷）》，第 252 页。
⑥ ［日］小田义久责任编集：《文书集成（Ⅱ）》，第 233 页。

看,本片正面之文字并非佛教文书,乃儿童习字。其抄写模式与德藏 Ch1234(TⅢ
T 418)、Ch3457(TⅢ 2034)正面之《千字文》习字的抄写模式相同,均是分朱墨两色
抄写;就其所抄写"岂""敢""致"等字而言,《千字文》恰好有"岂敢毁伤"、"云腾致雨"
等句,故本残片正面之文字亦当为《千字文》习字。今附大谷 4318(9)号图版(图
12),以供参看。

图 12　大谷 4318(9)号图版(正面为《千字文》习字)

23—24. 大谷 4489+3278。

(1)大谷 4489。残片,《文书集成(Ⅱ)》未提供图版。《释文》录正面文字作"(上
缺)彼子比见(下缺)""(上缺)□□(下缺)";背面文字为"(上缺)待维愍□(下缺)"
"(上缺)德□(下缺)"①。本残片,《文书集成(Ⅱ)》置于"佛教关系、其它小断片"②之
下,未给予具体的题名;《吐总目(日本卷)》题"文书残片"③。笔者经与 IDP 数据库
之本号图版相对照,发现《释文》之文字讹谬较甚:如,"彼"当作"犹"、"见"当作"儿"、
"待"乃"行"字之误、"愍"则"贤"之讹,等等。经进一步研究,笔者判定本残片所抄文
字源于《千字文》"景行维贤,克念作圣""空谷传声,虚堂习听。祸因恶积,福缘善庆"
"诸姑伯叔,犹子比儿""仁慈隐恻,造次弗离"等句,将本残片当拟题为"千字文残
片"④。

(2)大谷 3278。残片,首尾及上下均残。正面存《千字文》残文 4 行,自"空谷传
声"句"声"字起,至"言辞安定"句"辞"字残迹止;背面存残《千字文》5 行,始"孔怀兄
弟"句"孔"字残迹,讫"画彩仙灵"句"灵"字残迹。本残片,《文书集成(Ⅱ)》拟题"千

---

①　[日]小田义久责任编集:《文书集成(Ⅱ)》,第 262 页。
②　[日]小田义久责任编集:《文书集成(Ⅱ)》,第 257 页。
③　陈国灿、刘安志主编:《吐总目(日本卷)》,第 268 页。
④　张新朋:《大谷文书中十三则〈千字文〉残片之定名与缀合》,第 70 页。

字文习字纸断片"①,准确无误。

又,以上二《千字文》残片,书风相类、字形相似、行款相合(行 20 字左右),笔者判定它们实为同一写卷之裂,可以缀合(如图 13 所示)②,二者衔接处基本吻合。

图 13　大谷 4489＋3278 号《千字文》缀合图(右正左背)

25. 大谷 5377。残片,交河故城出土,首尾及上下均残。两面抄写,A 面存残文 16 行,抄"藏""闰""余""成""岁""律""吕""调"8 字,其中"律"字抄 3 行、"调"字存 1 行,其余各字均抄 2 行。B 面亦存残文 16 行,抄"罗""将""相""路""侠""槐""卿""户"8 字,每字抄 2 行。本残片,《文书集成(Ⅲ)》拟题"千字文习字纸断片"③。又,本号与大谷 5378＋5481 号之字体颇为接近,且同为交河故城出土,笔者怀疑二者或即出于同一人之手。今附大谷 5377 号图版(图 14),以供参看。

图 14　大谷 5377 号《千字文》习字

26—27. 大谷 5378＋5418。

(1)大谷 5378。残片,交河出土。首尾及上部残,由多层纸张黏合而成,两面抄写文字。A 面第一层存自上而下抄写的"西"字 2 残行;第二层存自下而上逆向抄写的"有""东"2 字习字及其他文字。又,同一层有同向用朱笔抄写的习字,因过于模糊,所习为何字无法判断。B 面抄"神""疲"各 2 行,另外,第 1 行"神"上叠压有不甚清晰的墨书习字若干,似为"壹"字。本号,《文书集成(Ⅲ)》拟题"千字文习字纸断

---

① 　[日]小田义久责任编集:《文书集成(Ⅱ)》,第 65 页。
② 　张新朋:《大谷文书中十三则〈千字文〉残片之定名与缀合》,第 70 页。
③ 　[日]小田义久责任编集:《文书集成(Ⅲ)》,第 153 页。

片"①。

（2）大谷 5418。残片，首尾及上下均残，由不同纸张黏合而成，两面抄写。A 面存朱笔文字多行，但已严重漫漶，不可辨识；朱笔文字之上有墨书习字，可辨识者有"赤"字 1 行（行末有一"地"字）、"地"字 2 行及《文书集成（Ⅲ）》释文未计入的"东"字 1 行。B 面存习字 6 行，抄"疲""守""真"3 字各 2 行，其中第 3 行之"守"字为朱书，墨记甚淡，《文书集成（Ⅲ）》释文未录出。本残片，《文书集成（Ⅲ）》拟题"千字文习字纸断片"②。

以上 2 残片，《文书集成（Ⅲ）》均确定为"千字文习字纸断片"，甚是。然未进一步探究二者之关系，笔者由字体、抄写形式、内容等方面判定二者为同一写卷之裂，可以缀合（如图 15 所示），衔接处亦大体相合③。如上文所述，大谷 5378、大谷 5418 号均为由不同纸张黏合而成，缀合后大谷 5814 号 A 面所存的"赤""地""东"习字亦逆行抄写，与大谷 5378 号 A 面的"有""东"习字处于同一层面。虽然《千字文》中也有"有""赤""地"等字出现，但它们是否为《千字文》习字，有待进一步考察。又，大谷 5378＋5418 号残片与大谷 5377 号关系较密切，或出于同一人之手，参看大谷 5377 号敍录。

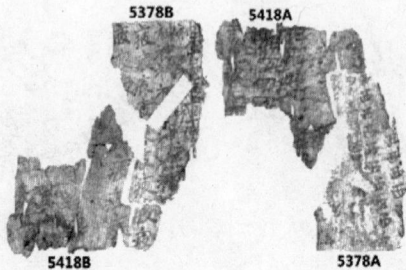

图 15   大谷 5378＋5418 号《千字文》习字缀合图

28—29. 大谷 8102＋4402。

（1）大谷 8102。残片，首尾及下部残，存残文 3 行；第 1 行存"起翦颇牧用军□（最）"、第 2 行存"宣威沙漠驰誉丹"、第 3 行仅存某 4 字的右端残迹。本残片，日本国华社 1915 年出版的《西域考古图谱》即收载，题作"唐钞千字文断片"，注释云吐

---

① ［日］小田义久责任编集：《文书集成（Ⅲ）》，第 153 页。
② ［日］小田义久责任编集：《文书集成（Ⅲ）》，第 167 页。
③ 张新朋：《吐鲁番出土〈千字文〉残片考》，第 15 页。

峪沟出土①；《文书集成（Ⅲ）》定名为"千字文书写断片"，注释云大谷 3308 号有相同文字出现②。

（2）大谷 4402。残片，首尾及上部残，存残文 5 行；右起第 1 行仅存某些文字的左端残迹，第 2 行存"□（邈）岩岫杳冥"，第 3 行存"□务兹稼穑"，第 4 行存"□我艺黍□（稷）"、第 5 行存"□赏□"。本残片，《文书集成（Ⅱ）》公布时拟题"性质不明文书"③，后张娜丽定作"《千字文》抄本残片"④，甚是。然各家亦止步于此，经笔者进一步考察，最终认定二号实为同一写卷之裂，可以缀合（如图 16 所示）。缀合后，二号中间仍有"百郡秦并。岳宗泰岱，禅主云亭。雁门紫塞，鸡田赤城。昆池碣石"等句残缺。另外，上文提到《西域考古图谱》云大谷 8102 号为吐峪沟出土，那么可以和它缀合的大谷 4402 号自然亦是出自吐峪沟了。

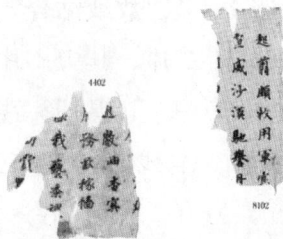

图 16　大谷 8102＋4402《千字文》缀合图

30. 大谷 10602（A）。残片，首尾及上下均残。正面存残文 2 行：第 1 行存某 3 字左侧残迹；第 2 行存"□房"2 字；有朱点句读。《文书集成（Ⅳ）》题作"性质不明文献断片"⑤，《吐总目（日本卷）》未著录此件。笔者判定本残片正面所抄文字出自《千字文》"饱饫烹宰，饥厌糟糠。亲戚故旧，老少异粮。妾御绩纺，侍巾帷房"等句，故将其当定名为"千字文"⑥。

31—41. 大谷 10293（A）＋10293（C）＋3550＋10461（A）＋3575＋3576＋3578＋3981＋3313＋3686＋3581

① ［日］香川默识编：《西域考古图谱》，北京：学苑出版社 1999 据日本国华社 1915 年版影印本，第 222 页。

② ［日］小田义久责任编集：《文书集成（Ⅲ）》，第 237 页。

③ ［日］小田义久责任编集：《文书集成（Ⅱ）》，第 248 页。

④ 张娜丽：《西域发见の佚文资料——〈大谷文书集成〉所收诸断片について》，第 34—37 页。

⑤ ［日］小田义久责任编集：《文书集成（Ⅳ）》，第 178 页。

⑥ 张新朋：《大谷文书中十三则〈千字文〉残片之定名与缀合》，第 70 页。

　　(1)大谷 10293。《文书集成(Ⅳ)》未提供图版,《释文》说明文字云 A 号存"客"字 1 个,B 号为两面无字的残纸一小片,C 号存墨痕,但无法判读。其中,A 号《文书集成(Ⅳ)》题"性质不明文献断片"①,《吐总目(日本卷)》未载此件。笔者由 IDP 数据库见本号之图版,判定大谷 10293(A)号所书的文字出自《千字文》"如松之盛""容止若思"句,将大谷 10293(A)所抄定名为"千字文"②。同时判定,同号之 C 当是由大谷 10293(A)脱落而来的残片,亦当定名为《千字文》残片③。至于不存文字的大谷 10293(B)号,笔者怀疑亦是由大谷 10293(A)上散落而来的小碎片,唯其不存文字,无法准确予以复原④。

　　(2)大谷 3550。残片,存残文 3 行,首尾及上下均残,第 3 行仅存文字右端残迹,余下 2 行所存为"川流不□(息)""言辞安定笃□(初)"。本残片,《文书集成(Ⅱ)》定名为"千字文习字纸断片",说明文字云"数纸贴合"⑤。

　　(3)大谷 10461(A)。本号辖残片 2 片。其中 1 片,存残文 3 行,从右至左,依次为:第 1 行仅存"乐"字 1 字;第 2 行存"夫□(唱)"2 字;第 3 行存某 2 字残迹,上 1 字存字形右部,下 1 字仅存上端残迹。本残片,《文书集成(Ⅳ)》编号为大谷 10461(A),拟题"性质不明文献断片"⑥。另有 1 片,仅存某 1 字的残迹,《文书集成(Ⅳ)》编号为大谷 10461(B),亦题"性质不明文献断片"⑦。今由大谷 10461(A)号残存的"乐""夫□(唱)"及第 3 行第 1 字所存的颇类"者"字来看,这些文字当出自《千字文》,《千字文》有"乐殊贵贱,礼别尊卑。上和下睦,夫唱妇随。外受傅训,入奉母仪。诸姑伯叔,犹子比儿"等句,故大谷 10461(A)当定题为《千字文》。至于与大谷 10461(A)同属一号的大谷 10461(B),笔者怀疑当是由同一《千字文》写卷散落而来的小碎片,然因大谷 10461(B)仅存一点墨痕,所存过少,不足以判断为何字之残,故暂且存疑。

　　(4)大谷 3575。残片,存残文 7 行,首尾及下部残,各行所存,由右至左,依次为:第 1 行"□□□□□(诸姑伯叔犹)"、第 2 行"同气连枝效(交)"、第 3 行"仁慈隐

① [日]小田义久责任编集:《文书集成(Ⅳ)》,第 139 页。
② 张新朋:《大谷文书中十三则〈千字文〉残片之定名与缀合》,第 68 页。
③ 张新朋:《大谷文书中十三则〈千字文〉残片之定名与缀合》,第 68 页。
④ 张新朋:《大谷文书中十三则〈千字文〉残片之定名与缀合》,第 68 页。
⑤ [日]小田义久责任编集:《文书集成(Ⅱ)》,第 122 页。
⑥ [日]小田义久责任编集:《文书集成(Ⅳ)》,第 160 页。
⑦ [日]小田义久责任编集:《文书集成(Ⅳ)》,第 160 页。

□（恻）"、第 4 行"颠①沛匪□（亏）"、第 5 行"守②真志□（满）"、第 6 行"好爵□（自）"、第 7 行"□□□（背忙面）"。本残片,《文书集成（Ⅱ）》定名为"千字文习字纸断片",说明文字云与大谷 3573 号文书"同笔"③。

（5）大谷 3576。残片,存残文 8 行,首尾及上下均残,其中首末 2 行仅存文字残迹,其余各行,从右至左,依次为:第 2 行"孔怀"、第 3 行"切磨"、第 4 行"□□（弗离）节□（义）"、第 5 行"□（情）逸心动□（神）"、第 6 行"□意移坚□（持）"、第 7 行"□（夏）"。本残片,《文书集成（Ⅱ）》定名为"千字文习字纸断片",说明文字云与大谷 3578 号文书"同笔"④。

（6）大谷 3578。残片,存残文 5 行,首尾及上部残,所存文字由右至左,分别为:第 1 行"□（义）廉退"、第 2 行"□（神）疲"、第 3 行"□（持）雅操"、第 4 行"□□□（西二京）"。本残片,《文书集成（Ⅱ）》定名为"千字文习字纸断片",说明文字云与大谷 3576 号文书"同笔"⑤。

（7）大谷 3981。残片,存残文 2 行,首尾及上部残,第 1 行存"□□□（西二京）"、第 2 行存"□□□（殿盘郁）"。本残片,《文书集成（Ⅱ）》定名为"千字文习字纸小片"⑥。

（8）大谷 3313。残片,存残文 3 行,首尾及上下均残,由右至左,各行所存为:第 1 行"□□□□（背忙面洛）"、第 2 行"□（楼）观飞"、第 3 行"□（傍）"。本残片,《文书集成（Ⅱ）》定名为"千字文习字纸小片"⑦。

（9）大谷 3686。《文书集成（Ⅱ）》未提供图版,《释文》云存"图□"、"田"3 字,2 行。《文书集成（Ⅱ）》未予定名⑧,《吐总目（日本卷）》题"文书残片"⑨。笔者由 IDP 数据库见此残片,知其第 1 行"图"下之字似为"写"字之残;第 2 行存 2 字,首字略有漫漶,然与《文书集成（Ⅱ）》所录之"田"略有差距,细审原卷字迹,当为"甲"字;其下之字仅存右上角残迹。经笔者进一步研判,断定本残片所抄文字出自《千字文》"图

---

① "颠"字原卷右侧的"页"作"真",乃"颠"之内部类化所致的俗字,为避免造字,今予以录正。

② "守"字原卷构件"寸"作"手",盖"守"之俗讹字,为避免造字,今予以录正。

③ ［日］小田义久责任编集:《文书集成（Ⅱ）》,第 125 页。

④ ［日］小田义久责任编集:《文书集成（Ⅱ）》,第 125－126 页。

⑤ ［日］小田义久责任编集:《文书集成（Ⅱ）》,第 126 页。

⑥ ［日］小田义久责任编集:《文书集成（Ⅱ）》,第 182 页。

⑦ ［日］小田义久责任编集:《文书集成（Ⅱ）》,第 74 页。

⑧ ［日］小田义久责任编集:《文书集成（Ⅱ）》,第 140 页。

⑨ 陈国灿、刘安志主编:《吐总目（日本卷）》,第 197 页。

写禽兽"、"甲帐对楹"句,故将本残片定名为"千字文"①。

(10)大谷3581。残片,存残文5行,首尾和下部残,首行仅存某字的左下端残痕,其余各行所存,由右至左,依次是:第2行"□(将)相"、第3行"□□(家给)千兵"、第4行"世禄□□(侈富)"、第5行"□□(勒碑)"。本残片,《文书集成(Ⅱ)》定名为"千字文习字纸断片"②。

以上残片中大谷3313、3550、3575、3576、3578、3581、3981等7则残片《文书集成(Ⅱ)》有"千字文习字纸小片"或"千字文习字纸断片"的题名,并于3576、3578号下指明二者为同一书体,然未进一步探讨各片之间的关系;经笔者确认它们来自同一写卷,可以缀合③。在后来的研究中,笔者又确定了大谷10293(A)、大谷10293(C)、大谷3686号为《千字文》残片,且与大谷3313、3550、3575等号可以缀合④。大谷10461(A)则是笔者最近确定的《千字文》残片。今谓以上11则《千字文》残片字体相近、行款相同,为由同一写卷散落而来的不同残片,可以缀合(如图17所示)。

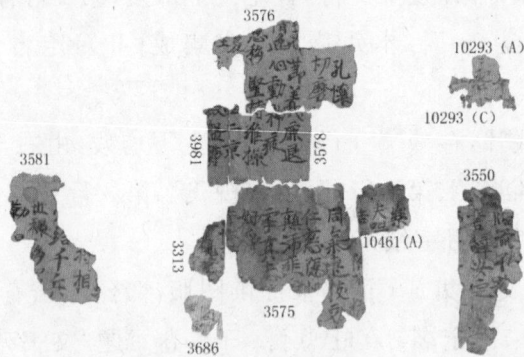

图17   大谷10293(A)+10293(C)+3550+10461(A)+3575+3576+3578
+3981+3313+3686+3581号《千字文》缀合图

以上,我们对日本龙谷大学图书馆所藏大谷文书中的41号《千字文》抄本的情况加以详细地介绍,可知大谷文书中的《千字文》抄本的类型较为丰富:常规抄本有之,习字本有之,注释本亦有之。其中,大谷3910号是目前所知吐鲁番出土《千字文》抄本中唯一的一件注释本,且与目前我们所见的注释本不同,其所存内容虽有

---

① 张新朋:《大谷文书中十三则〈千字文〉残片之定名与缀合》,第69页。
② [日]小田义久责任编集:《文书集成(Ⅱ)》,第126—127页。
③ 张新朋:《吐鲁番出土〈千字文〉残片考》,第14页。
④ 张新朋:《大谷文书中十三则〈千字文〉残片之定名与缀合》,第68—69页。

限,但意义非常,值得重视。大谷 10293(A)＋10293(C)＋3550 等 11 号缀合而成的《千字文》抄本分上下两栏抄写,这在目前所知的吐鲁番出土《千字文》写卷中也仅此一件;大谷 4318(9)号所存《千字文》习字"岂""敢""致"用朱墨两色抄写也很有特色。这些均为我们探究《千字文》在吐鲁番地区的流传提供了不可多得的资料。上述大谷文书中的 41 号《千字文》抄本残片,其中不少是源自同一抄本的不同残片,经整理缀合后可成《千字文》抄本片段 18 件。这些《千字文》抄本中有如大谷 3308、大谷 3591、大谷 3930 等单面抄写者,也有如大谷 1451、大谷 3590、大谷 3601 等双面抄写者。两面抄写的残片中,其另一面所抄文献有的仍是《千字文》,如大谷 3278、大谷 4489、大谷 5377、大谷 5378＋5418 等;有的则是其他文书或杂写,如大谷 1451、大谷 3605、大谷 3700＋10357(A)＋3719＋5127 等。这些抄写在《千字文》残片另一面的《千字文》以外的文献同样值得我们关注。如,大谷 3605 号正面所存为与马匹相关的文书,《文书集成(Ⅱ)》定名为《官厅文书(官马关系)》。如果《文书集成(Ⅱ)》的判断无误,那么这则残片的出现,为我们了解当时官方马政提供了新的信息。背面的《千字文》习字则当是官厅文书作废后学童用来练习《千字文》而致。这也从某种程度上反映了当时地处西北的吐鲁番纸张供应相对缺乏的情况,故民间搜集官方的废弃文书再利用。又如,大谷 3700＋10357(A)＋3719＋5127 号另一面所抄为《毛诗·小雅·节南山之什·十月之交》篇孔颖达疏。其文本内容与今本《毛诗正义》之孔疏相同,这一方面反映了当时的吐鲁番地区与中原存在着紧密的联系;另一方面也可见《毛诗》作为经典其地位是比较高的,无论是在中原还是在遥远的吐鲁番都保持了较高的一致性;两方面均反映了中原文化的强大,以及当时的吐鲁番地区对于中原文化的认同。以上这些均为我们解析历史上吐鲁番地区的文化生活带来了更为丰富的信息。

附录：日本藏吐鲁番出土汉文《千字文》一览表

收藏国别	编号		缀合情况
日本藏品	大谷	1451	3 号疑同卷
		3602	
		3604	
	大谷	3308	
	大谷	3524	
	大谷	3590	
	大谷	3591	
	大谷	3605	2 号疑同卷
		10506	
	大谷	3700	4 号同卷
		10357（A）	
		3719	
		5127	
	大谷	3829	2 号同卷
		3573	
	大谷	3910	
	大谷	3930	4 号同卷
		10236	
		10378（A）	
		10378（B）	
	大谷	4138	
	大谷	4318（9）	疑与 Ch1234、Ch3457 同卷
	大谷	4489	2 号同卷
		3278	

续表

收藏国别	编号		缀合情况
日本藏品	大谷	5377	疑与 5378 同卷
	大谷	5378	2 号同卷(疑与 5377 同卷)
		5418	
	大谷	8102	2 号同卷
		4402	
	大谷	10602(A)	
	大谷	10293(A)	11 号同卷
		10293(C)	
		3550	
		10461(A)	
		3575	
		3576	
		3578	
		3981	
		3313	
		3686	
		3581	
合计		41 号①	18 件

（作者单位：浙江工商大学东亚研究院）

---

① 另有大谷 10293(B)、大谷 10461(B)两号疑似《千字文》写卷未计入总数,若计入则龙谷大学所藏吐鲁番出土汉文《千字文》写卷计 43 号。

敦煌本汉文《大般若经》同一人写经残卷缀合研究

徐　浩

《大般若经》，全称《大般若波罗蜜多经》，为大乘般若类经典的汇编，包括般若系16种经典（即十六会），梵文原本二十万颂，汉文译本六百卷，由唐玄奘法师于坊州玉华寺（位于今陕西省铜川市西北郊玉华镇）译出。该经自唐高宗显庆五年（660）春正月一日开始翻译，至龙朔三年（663）冬十月二十三日译成，历时三载。法师以西域所得三个本子对勘，"殷勤省覆，方乃著文"，审慎精确，元元本本。译成之后，法师自赞此经乃"镇国之典，人天大宝"；又谓门人曰："经自记此方当有乐大乘者，国王、大臣，四部徒众，书写受持，读诵流布，皆得生天，究竟解脱。"①是以此经流传甚广，写诵不断。作为佛教重镇，古代敦煌的《大般若经》抄写工作历经唐朝前期、吐蕃统治时期、归义军时期三个阶段而从未间断，其中尤以后两个时期所存写本数量最多。

然而，随着敦煌藏经洞的开启，《大般若经》写本逐渐流散于世界各地的公私收藏机构。据我们统计，现已整理刊布的敦煌文献中，汉文《大般若经》写本有四千七百多号，除部分卷次首尾完整外，其余多为残卷或残片，其中颇有本为同一写卷而被撕裂为数号者。经文卷次庞大和残卷数量众多，给研究工作带来了严重的影响，也使得敦煌本汉文《大般若经》残卷的缀合工作显得尤为突出。

有鉴于此，我们正积极致力于敦煌本汉文《大般若经》残卷的缀合整理工作。在判断写卷能否缀合时，我们主要从内容是否相承、行款格式是否相同、书风书迹是否相似、裂痕是否相合这四个方面加以综合考察。在此原则下，本文又根据卷子正背面的写经人题名、题记等人名信息，对同一写经人所抄残卷和残片进行缀合，将智照、王瀚、氾广、邓英、唐再再和法应等6人所抄的41号写卷缀合为18组，通过人物系联，借助相关记年文献，对写本抄写的时代提出一点浅见。

---

① 唐释慧立撰、彦悰笺《大唐大慈恩寺三藏法师传》卷十，见《高丽藏》，北京：线装书局，2004年，第58册，第664—665页。

　　文中"北敦"指《国家图书馆藏敦煌遗书》①（简称《国图》）编号，"斯"指《英国国家图书馆藏敦煌遗书》②（简称《英图》）、《敦煌宝藏》③（简称《宝藏》）及英国国家图书馆藏敦煌文献缩微胶卷的斯坦因编号，"俄敦"指《俄藏敦煌文献》④（简称《俄藏》）编号，"羽"指《敦煌秘笈》⑤（简称《秘笈》）羽田亨编号，"中医学院"指《甘肃藏敦煌文献》⑥（简称《甘藏》）中甘肃中医学院藏敦煌文献编号，"上图"指《上海图书馆藏敦煌吐鲁番文献》⑦（简称《上图》）编号，"津艺"指《天津市艺术博物馆藏敦煌文献》⑧（简称《津艺》）编号，《孟上》《孟下》为孟列夫主编《俄藏敦煌汉文写卷叙录》⑨上、下册的简称。录文时原卷缺字用"□"表示，残缺不全或模糊难辨者用"▨"表示。可直接缀合的卷号之间用"＋"相接，不能直接缀合的卷号之间用"…"表示。为凸显缀合效果，图版缀合处加点或保持一定缝隙以示意。

　　下面大致按写经人缀合组所抄经本卷次的先后顺序，分别加以缀合。

一、智照写经残卷缀合

1. 北敦 1346 号＋北敦 1372 号

　　（1）北敦 1346 号（北 2036；张 46），见《国图》20/183B—187A。6 纸。后部如图 1 右部所示，首残尾缺，存 148 行，行 17 字，首 19 行下残。楷书。有乌丝栏。原卷缺题，《国图》拟题"大般若波罗蜜多经卷一〇"。原文始"是极波罗蜜多"句末 2 字，讫"修行般若波罗蜜多诸菩萨摩诃萨"句前 12 字，相应文字参见《大正藏》T5/51A7—52C10。首纸背有两行勘记，第 1 行为"卷第十，一袟"，第 2 行为"第十，一，十"，系原卷卷次、所属袟次和袟内卷次。《国图》条记目录称该本为 7—8 世纪唐写本。

　　（2）北敦 1372 号（北 2034；张 72），见《国图》20/337A—343B。11 纸。前部如图 1 左部所示，首缺尾全，存 302 行，行 17 字。楷书。有乌丝栏。尾题"大般若波罗蜜

① 北京：北京图书馆出版社，2005—2012 年。
② 桂林：广西师范大学出版社，2011—2014 年。
③ 台北：台北新文丰出版公司，1981—1986 年。
④ 上海：上海古籍出版社，1992—2001 年。
⑤ 大阪：武田科学振兴财团，2009—2013 年。
⑥ 兰州：甘肃人民出版社，1999 年。
⑦ 上海：上海古籍出版社，1999 年。
⑧ 上海：上海古籍出版社，1996—1997 年。
⑨ 上海：上海古籍出版社，1999 年。

多经卷第十"。原文始"修行般若波罗蜜多诸菩萨摩诃萨"句末 2 字,讫尾题,相应文字参见《大正藏》T5/52C10—56A22。尾有题记"智照写"。《国图》条记目录称该本为 8 世纪唐写本。

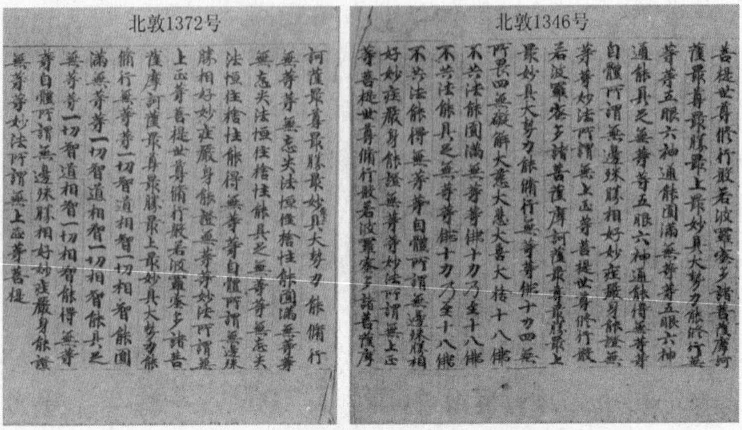

图 1　北敦 1346 号(局部)＋北敦 1372 号(局部)缀合图

　　按:上揭二号内容前后相接,行款格式相同(天头地脚高度近同,皆有乌丝栏,乌丝栏高度近同,行均 17 字,行距相等,字体大小相近,字间距相近),书风相似,(横细竖粗,撇轻捺重)书迹似同(比较表 1 所列例字),可以缀合。缀合后如图 1 所示,北敦 1346 号末行"修行般若波罗蜜多诸菩萨摩"可与北敦 1372 号首行行首"诃萨"连成"修行般若波罗蜜多诸菩萨摩诃萨"句,中无缺字。

表 1　北敦 1346 号与北敦 1372 号用字比较表

卷号　例字	无	等	行	为	不	最
北敦 1346 号	無	等	行	為	不	最
北敦 1372 号	無	等	行	為	不	最

2. 羽 315 号＋斯 6352 号

　　(1)羽 315 号,见《秘笈》4/447—448。1 纸。如图 2 右部所示,首残尾缺,存 26 行,行 17 字,首 7 行上残,第 8 行上部右侧略残。楷书。有乌丝栏。首题"□□□□□□□□□□▨▨(大般若波罗蜜多经卷第五十八)"。原文始首题,讫"当知一切法亦无所有"句前 5 字,相应文字参见《大正藏》T5/326B26—326C24。[①]

---

① 《秘笈》叙录谓该号与羽 317 号笔迹相同,检两号书风、书迹,实非一人所抄。

（2）斯 6352 号，见《宝藏》45/287A—297B。16 纸。前部如图 2 左部所示，首缺尾全，存 431 行，行 17 字。楷书。有乌丝栏。尾题"大般若波罗蜜多经卷第五十八"。原文始"当知一切法亦无所有"句后 4 字，讫尾题，相应文字参见《大正藏》T5/326C25—331C28。卷尾题记"智照写"，背有勘记"六"，系原卷所属袟次。

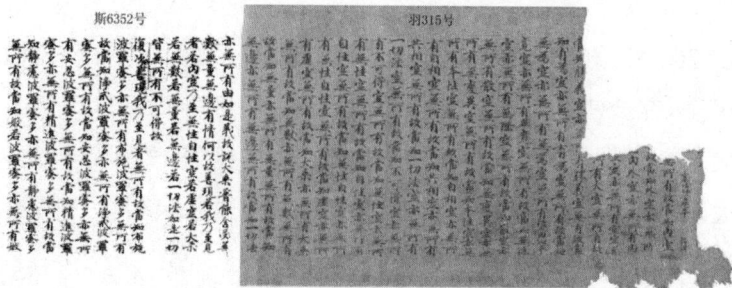

图 2　羽 315 号＋斯 6352 号（局部）缀合图

按：上揭二号内容前后相接，行款格式相同（皆有乌丝栏，乌丝栏高度近同，行均 17 字，行距相等，字体大小相近，字间距相近），书风相似（横细竖粗，撇轻捺重），书迹似同（比较表 2 所列例字），当可缀合。缀合后如图 2 所示，羽 315 号末行行末"当知一切法"可与斯 6352 号首行行首"亦无所有"连成"当知一切法亦无所有"句，中无缺字。

表 2　羽 315 号与斯 6352 号用字比较表

卷号 ＼ 例字	无	所	有	故	当	知
羽 315 号	無	阿	有	故	當	知
斯 6352 号	無	阿	有	故	當	知

3. 北敦 5296 号…上图 8 号…北敦 14765 号

（1）北敦 5296 号（北 2193；夜 96），见《国图》71/150A-151B。3 纸。后部如图 3-1 右部所示，首残尾缺，存 71 行（首纸 15 行，后 2 纸各 28 行），行 17 字，首 2 行上下皆残，第 3-7 行下残。楷书。有乌丝栏。原卷缺题，《国图》拟题"大般若波罗蜜多经卷六九"。原文始"□□□□□□（舌界清净亦无）散失"，讫"布施波罗蜜多出世间亦无散失"句，相应文字参见《大正藏》T5/388B23-389B8。背有古代裱补。《国图》条记目录称该本为 8—9 世纪吐蕃统治时期写本。

（2）上图 8 号，见《上图》1/76B-78A。4 纸。前部如图 3-1 左部、后部如图 3-2 右部所示,首尾皆缺,存 84 行(首纸 2 行,末纸 26 行,中间 2 纸各 28 行),行 17 字。楷书。有乌丝栏。原卷缺题,《上图》拟题"大般若波罗蜜多经卷第六十九"。原文始"净戒、安忍、精进、静虑、般若波罗蜜多无为亦无散失"句"安"字以下 18 字,讫"善慧地"首字,相应文字参见《大正藏》T5/390A6—391A7。《上图》叙录称该本为唐写本。

(3)北敦 14765 号(新 965),见《国图》133/154A—161B。9 纸。前部如图 3-2 左部所示,首缺尾全,存 231 行(末纸 8 行,其他 8 纸各 28 行),行 17 字。楷书。有乌丝栏。尾题"大般若波罗蜜多经卷第六十九"。原文始"种姓地"末 2 字,讫尾题,相应文字参见《大正藏》T5/391A9—393C17。尾有题记"智照写"。《国图》条记目录称该本为 8—9 世纪吐蕃统治时期写本。

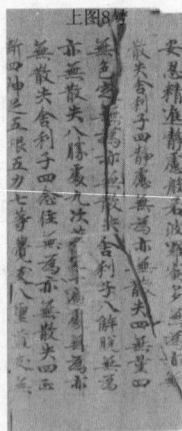

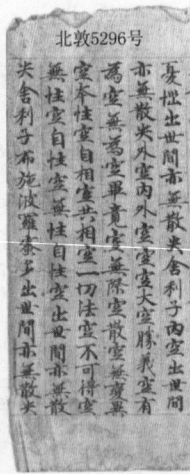

图 3-2　上图 8 号(局部)…北敦 14765 号　　　图 3-1　北敦 5296 号(局部)…上图 8 号
　　　　　(局部)缀合图　　　　　　　　　　　　　　　(局部)缀合图

按:上揭三号内容前后相承,行款格式相同(皆有乌丝栏,乌丝栏高度近同,行均 17 字,行距相等,字体大小相近,字间距相近),书风相似(横细竖粗,撇轻捺重),书迹似同(比较表 3 所列例字),当可缀合。缀合后如图 3 所示,三号间皆有缺行,比勘完整经本,及同卷次后部完整写本北郭 13920 号,前两号间约缺 54 行经文,后两号间缺 2 行经文。上图 8 号首纸 2 行,加上前面缺失的 54 行经文,末纸 28 行,加上后面缺失的 2 行经文,缀合处皆合于《大般若经》一纸 28 行的通例。

表 3　北敦 5296 号、上图 8 号与北敦 14765 号用字比较表

例字 卷号	无	所	生	舍	利	子
北敦 5296 号	無	所	生	舍	利	子
上图 8 号	無	所	生	舍	利	子
北敦 14765 号	無	所	生	舍	利	子

4. 俄敦 1168 号···斯 280 号

(1)俄敦 1168 号,见《俄藏》7/354B—355A。1 纸。后部如图 4 右部所示,首尾皆残,存 26 行,行 17 字,首 12 行下残,末行下残。楷书。有乌丝栏。首题"大般若波罗蜜多经卷第七十二"。原文始首题,讫"观眼处非远离非不远离"句首 2 字右侧残字,相应文字参见《大正藏》T5/405B13—405C12。《孟上》称该本为 8—10 世纪写本。

(2)斯 280 号,见《英图》5/3B—13A。14 纸。前部如图 4 左部所示,首缺尾全,存 372 行(末纸 8 行,其他 13 纸各 28 行),行 17 字。楷书。有乌丝栏。尾题"大般若波罗蜜多经卷第七十二"。原文始"观色界、眼识界及眼触、眼触为缘所生诸受非有愿非无愿"句后 8 字,讫尾题,相应文字参见《大正藏》T5/406A11—410B9。卷尾题记"智照写",背有勘记"二,八袟",系原卷所属袟内卷次和袟次。《英图》条记目录称该本为 8—9 世纪吐蕃统治时期写本。

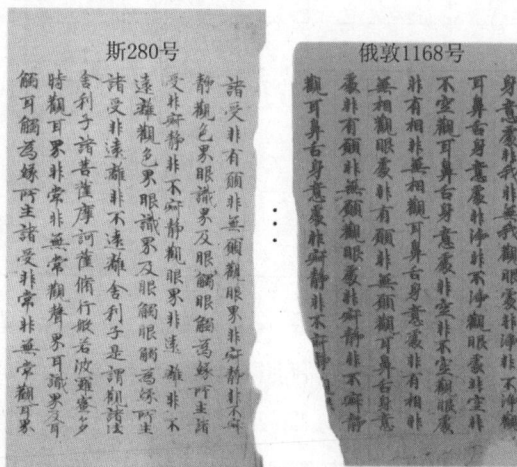

图 4　俄敦 1168 号(局部)···斯 280 号(局部)缀合图

按:上揭二号内容前后相承,行款格式相同(皆有乌丝栏,乌丝栏高度近同,行均 17 字,行距相等,字体大小相近,字间距相近),书风相似(横细竖粗,撇轻捺重),书

迹似同（比较表 4 所列例字），当可缀合。缀合后如图 4 所示，二号间仍有缺行，比勘完整经本，其间缺 28 行经文，正当 1 纸之数，合于《大般若经》一纸 28 行（首纸 26 行）的通例。

表 4　俄敦 1168 号与斯 280 号用字比较表

卷号　　　例字	无	不	般	若	波	蜜
俄敦 1168 号	無	不	般	若	波	蜜
斯 280 号	無	不	般	若	波	蜜

如上所述，以上四组皆题"智照写"，通过书迹比对可知（比较表 5 所列例字），此智照为同一人。

表 5　智照用字比较表

卷号　　　例字	无	不	般	若	波	智照
卷一〇 北敦 1372 号	無	不	般	若	波	智照
卷五八 斯 6352 号	無	不	般	若	波	智照
卷六九 北敦 14765 号	無	不	般	若	波	智照
卷七二 斯 280 号	無	不	般	若	波	智照
伯 2991 号 B3	无	尒不	/	/	波	智照
伯 3726 号	無	不	/	/		智照

检索敦煌文献，智照所抄《大般若经》，又见北敦 3130 号（卷四）、北敦 4384 号＋北敦 987 号（卷七四，《国图》已缀合）；智照抄经又见北敦 15294 号《金光明经卷四》、北敦 1850 号《金光明最胜王经卷四》、斯 2040 号《金光明最胜王经卷第七》、酒博 4 号（甘藏 416 号）《金光明最胜王经卷第八》、北敦 1194 号《佛名经（十六卷本）卷一二》、斯 1167 号《四分比丘尼戒本》、伯 2285 号《佛说父母恩重经》等；又伯 2991 号 B3 为智照所撰《莫高窟素画功德赞文》，伯 3726 号为智照所撰《故前释门都法律京兆杜和尚写真赞》。以上写本书风、书迹皆同（后二号可参表 5 所列例字。伯 2991 号 B3

书迹略草，"无"字作简体，可与北敦 987 号"无"字亦多作"旡"比勘，而"有""差"2 字可与表 2、表 4 相应例字参证；伯 3726 号"為""行""當"3 字亦可与表 1、表 2 相应例字参证），一人所写，可成定论。

　　既然上文所缀四组均为智照所写，则其抄写年代自当统一，上述条记目录或叙录所谓不应有 7—8 世纪唐写本（如北敦 1346 号）、8 世纪唐写本（如北敦 1372 号）、唐写本（如上图 8 号）、8—9 世纪吐蕃统治时期写本（如北敦 5296 号、北敦 14765 号、斯 280 号）、8—10 世纪写本（如俄敦 1168 号）等差异。

　　从题记、署名来看，斯 1167 号题记"龙兴寺僧智照写"，伯 2285 号题记"丁卯年十一月廿九日，奉为亡妣写毕，孤子比丘智照"，伯 2991 号署名"瓜沙境大行军都节度衙幕府判［官］释门智照述"，伯 3726 号署名"释门大番瓜沙境大行军衙知两国密遣判官智照撰"，可知此智照为龙兴寺僧①，并曾任大番瓜沙境大行军衙（即吐蕃瓜沙州节度使衙）知两国密遣判官一职，丁卯年即大中元年（847）。另据郑炳林《敦煌碑铭赞辑释》及土肥义和《八世纪末期～十一世纪初期敦煌氏族人名集成——氏族人名篇　人名篇》②，伯 3726 号中的"都法律"一职为吐蕃时期所设僧官，一直沿用至咸通十年（869）前后，"杜和尚"即乾元寺僧杜离珍，他卒于 831 年后。则智照生年必在 831 年以前，其抄经时代当从池田温之说③，以 9 世纪前期为宜。

　　又，北敦 14008 号《大般若经》卷八一、北敦 1302 号《大般若经》卷一九三皆有题记"比丘照写"，《敦煌碑铭赞辑释》亦归入智照名下，比较书风、书迹，其说是。

二、王瀚写经残卷缀合

5. 斯 2706 号＋俄敦 1215 号

　　（1）斯 2706 号，见《宝藏》22/428A—428B。1 纸。后部如图 5 右部所示，首全尾缺，存 26 行，行 17 字。楷书。有乌丝栏。首题"大般若波罗蜜多经卷第卌五"。原

　　①　浙敦 70 号（浙博 45 号）《寺院欠经请经账目杂抄》八月廿三日以前转经名单中有"圣光寺智照"，尚无法判断与此智照是否为同一人。
　　②　郑炳林：《敦煌碑铭赞辑释》，兰州：甘肃教育出版社，1992 年，第 221—224 页；［日］土肥义和编：《八世纪末期～十一世纪初期敦煌氏族人名集成——氏族人名篇　人名篇》，东京：汲古书院，2015 年，第 527 页。
　　③　池田温将除北敦 15135 号（《大般若经》卷一八九，尾有题记"庚午年五月卅日苾蒭法璨写记"）以外的已刊年次未详敦煌本《大般若经》写本的抄写时代均推定为九世纪前期，见氏编《中国古代写本识语集录》，东京：东京大学东洋研究所，1990 年，第 353—375 页。

文始首题,讫"说色无愿有愿相可得"句前 4 字,相应文字参见《大正藏》T5/251A22—251B21。

(2)俄敦 1215 号,见《俄藏》8/18A。如图 5 左部所示,首缺尾残,存 23 行,行 17 字,尾 4 行下残。楷书。有乌丝栏。原卷缺题,《俄藏》拟题"大般若波罗蜜多经初分譬喻品第十一之四"。原文始"说色无愿有愿相可得"句后 5 字,讫"▨▨▨▨▨▨▨▨(说声、香、味、触、法处常无常相可得)",相应文字参见《大正藏》T5/251B21—251C14。《孟上》称该卷背有卷号"卌五",为 7—9 世纪写本。

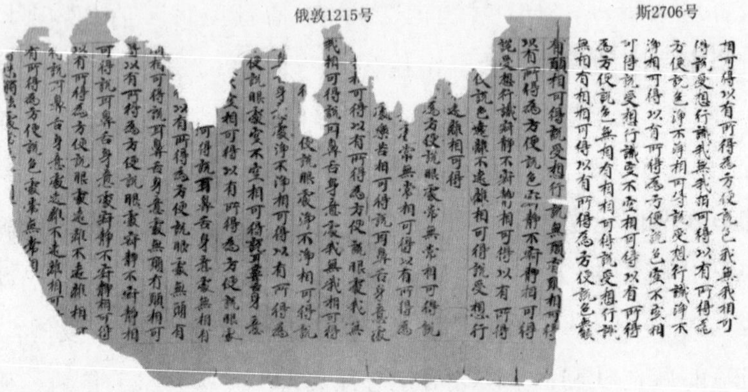

图 5　斯 2706 号(局部)＋俄敦 1215 号缀合图

按:上揭二号内容前后相接,行款格式相同(皆有乌丝栏,乌丝栏高度近同,行均 17 字,行距相等,字体大小相近,字间距相近),书风相似(横笔中部拱起,横细竖粗,撇轻捺重),书迹似同(比较下文表 6 所列例字),当可缀合。缀合后如图 5 所示,斯 2706 号末行行末"说色无愿"可与俄敦 1215 号首行行首"有愿相可得"连成"说色无愿有愿相可得"句,中无缺字。

6. 斯 733 号＋津艺 311 号

(1)斯 733 号,见《英图》12/350B—351B。3 纸,纸高 26 厘米。后部如图 6 右部所示,首尾皆残,存 48 行,行 17 字,首 14 行下残,末行上端左侧残损。楷书。有乌丝栏。原卷缺题,《英图》拟题"大般若波罗蜜多经卷七三"。原文始"由此缘故我作是说"句后 6 字,讫"▨▨▨▨(净戒、安忍)、精进、静虑、般若波□□□(罗蜜多)",相应文字参见《大正藏》T5/410C27—411B18。《英图》条记目录称该本为 8—9 世纪吐蕃统治时期写本。

(2)津艺 311 号,见《津艺》7/14B—22B。14 纸,纸高 26 厘米。前部如图 6 左部所示,首残尾全,存 363 行,行 17 字,首 6 行下残。楷书。有乌丝栏。尾题"大般若波罗蜜多经卷第七十三"。原文始"□□□□□□□□□（布施波罗蜜多不生则非）布☒☒☒☒☒（施波罗蜜多）"，讫尾题，相应文字参见《大正藏》T5/411B17—415C12。尾有题记"第一勘　第二勘　第勘/王瀚"。

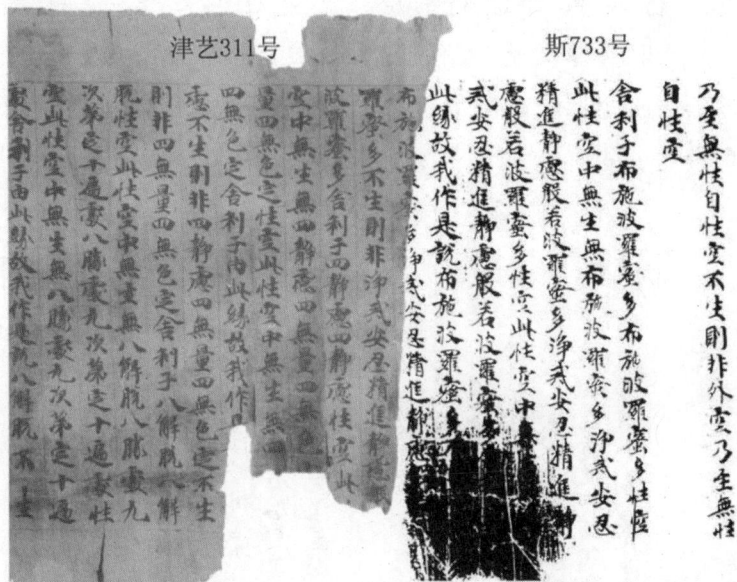

图6　斯733号（局部）＋津艺311号（局部）缀合图

按：上揭二号裂痕吻合，行款格式相同（纸高相等，皆有乌丝栏，乌丝栏高度近同，行均17字，行距相等，字体大小相近，字间距相近），书风相似（横笔中部拱起，横细竖粗，撇轻捺重），书迹似同（比较二号皆有的"无""不""为""所""乃""是"等字），当可缀合。缀合后如图6所示，分属左右二号的"施波罗蜜多净戒安"8字得以合成完璧，可证二号确为同一写卷所撕裂。

7. 斯4880号＋斯3184号···斯2919号

（1）斯4880号，见《宝藏》38/393A—394A。1纸。后部如图7-1右部所示，首全尾缺，存26行，行17字。楷书。有乌丝栏。首题"大般若波罗蜜多经卷第一百一十四"。原文始首题，讫"无变异空"的前2字，相应文字参见《大正藏》T5/626A9—626B8。

（2）斯3184号，见《宝藏》26/438A—439A。1纸。前部如图7-1左部、后部如图7-2右部所示，首残尾缺，存28行，行17字，首4行下部近底端处有残缺。楷书。有乌丝栏。原卷缺题，《宝藏》拟题"大般若波罗蜜多经卷第一百一十四"。原文始"无变异空"的后2字，讫"色界、眼识界及眼触、眼触为缘所生诸受色界、眼识界及眼触、眼触为缘所生诸受性空"句前 11 字,相应文字参见《大正藏》T5/626B8—626C6。背有勘记"一百一十四"。

（3）斯 2919 号,见《宝藏》24/431B—438B。10 纸。前部如图 7-2 左部所示,首残尾全,存 271 行,行 17 字,首 24 行下残。楷书。有乌丝栏。尾题"大般若波罗蜜多经卷第一百一十四"。原文始"安住真如、法界、法性、不虚妄性、不变异性、平等性、离生性、法定、法住、实际、虚空界、不思议界"句后 8 字,讫尾题,相应文字参见《大正藏》T5/627C3—630C13。

斯3184号　　　　　斯4880号

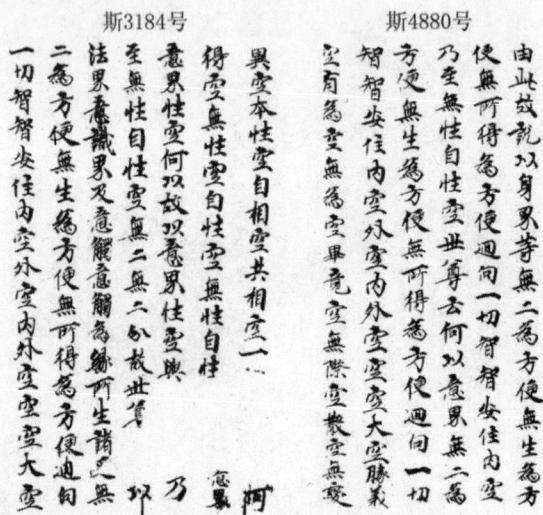

图 7-1　斯 4880 号（局部）＋斯 3184 号（局部）缀合图

按:上揭三号内容前后相承,行款格式相同（皆有乌丝栏,乌丝栏高度近同,行均 17 字,行距相等,字体大小相近,字间距相近）,书风相似（横笔中部拱起,横细竖粗,撇轻捺重）,书迹似同（比较下文表 6 所列例字）,当可缀合。缀合后如图 7-1 所示,斯 4880 号倒数第 2 行"安住"以下 32 字可与斯 3184 号首行及次行"得空无性空自性空无性自性"诸字连成"安住内空、外空、内外空、空空、大空、胜义空、有为空、无为空、毕竟空、无际空、散空、无变异空、本性空、自相空、共相空、□□□□（切法空,不）可得空、无性空、自性日（空）、无性自性空"句;又如图 7-2 所示,后二号间仍有缺行,比勘完整经本,其间约缺 83 行经文。

8. 俄敦 5282 号十北敦 5013 号

（1）俄敦 5282 号,见《俄藏》12/88A。如图 8 右部所示,残片,存 5 残行上部 4～11 字。楷书。有乌丝栏。原卷缺题,《俄藏》未定名。

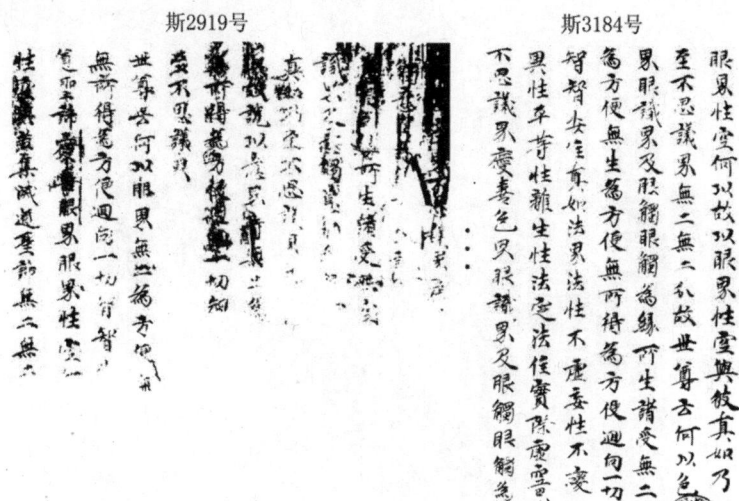

图 7-2　斯 3184 号（局部）···斯 2919 号（局部）缀合图

（2）北敦 5013 号（北 2315；珠 13），见《国图》67/59B—68A。14 纸。前部如图 8 左部所示，首残尾全，存 345 行，行 17 字，首 5 行下残，首行右侧残损。楷书。有乌丝栏。尾题"大般若波罗蜜多经卷第一百一十六"。原文始"以鼻界性空与一切智、道相智、一切相智无二无二分故"句后 9 字左侧残字，讫尾题，相应文字参见《大正藏》T5/636C24—640C21。《国图》条记目录称该本为 8—9 世纪吐蕃统治时期写本。

按：今考俄敦 5282 号亦为大般若波罗蜜多经卷第一百一十六残片，又此二号裂痕吻合，行款格式相同（皆有乌丝栏，满行均为 17 字，行距相等，字体大小相近，字间距相近），书风相似（横笔中部拱起，横细竖粗，撇轻捺重），书迹似同（比较二号皆有的"为亏使无所""一切"等字），当可缀合。缀合后如图 8 所示，原本分居二号的"切相智无二无二分故"等 9 字得以合成完璧，可证二号确为同一写卷之撕裂。二号缀合后，所存文字始"世尊"左侧残画，讫尾题，相应文字参见《大正藏》T5/636C20—640C21。

上述四组中仅第二组有抄经人"王瀚"题名，但通过书迹对比可知，其他三组与第二组书写特点完全相同（参表 6 所列例字），确为同一人所书，均为王瀚所抄，其抄写年代亦当相近。然则《孟上》称俄敦 1215 号为 7—9 世纪写本，《英图》条记目录称斯 733 号、《国图》条记目录称北敦 5013 号均为 8—9 世纪吐蕃统治时期写本，时代判定有别。

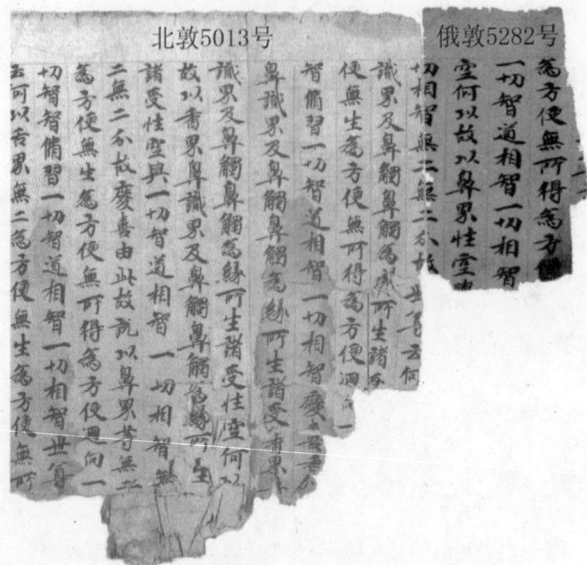

图 8　俄敦 5282 号＋北敦 5013 号（局部）缀合图

表 6　王瀚用字比较表

例字 卷号	无	不	为①	方	所	以
卷四五 斯 2706 号	無	不	為	方	所	以
卷四五 俄敦 1215 号	無	不	爲	方	所	以
卷七三 斯 733 号	無	不	爲	/	所	/
卷一一四 斯 4880 号	無	不	爲	方	所	以
卷一一四 斯 3184 号	無	不	爲	方	所	以
卷一一四 斯 2919 号	無	/	爲	方	所	以
卷一一六 北敦 5013 号	無	/	爲	方	所	以
	無	不	爲	方	所	以

　　检索敦煌文献，王瀚所抄《大般若经》又见伯 2927 号（卷一〇一）、北敦 5509 号

---

① 王瀚写经"为"字两种字形并存的情况请比较北敦 5509 号中的"爲"和"爲"。

（卷一〇九）、北敦 7157 号（卷一一一）、北敦 3195 号＋北敦 2970 号（卷三三一，《国图》已缀合）和北敦 15200 号（卷三三七）；由其所抄《大乘无量寿宗要经》为数更众，计有斯 1982 号、斯 3891 号、斯 3909 号、斯 3913 号、斯 5314 号、斯 6607 号、北敦 99 号、北敦 1072 号、北敦 1887 号、北敦 3398 号、北敦 4891 号、北敦 7771 号、北敦 8568 号、羽 670 号等 14 号；除此之外，王瀚写经另有台图 24 号《金光明最胜王经卷第六》、斯 2991 号《维摩诘经卷第一》、北敦 18 号《维摩诘所说经卷中》、北敦 5467 号《妙法莲华经卷四》和北敦 244 号《佛名经（十六卷本）卷一二》等。其中，伯 2927 号①卷尾又有"海晏勘" 3 字。除校勘王瀚写经外，勘经人海晏还曾为北敦 14587 号安颛所写《大般若经》卷五四九作过一校工作，而北敦 6533 号安颛所写《大般若经》卷八二的勘经人则是法济，法济又常会同惠眼一起校经，如伯 2112 号道斌所写《大般若经》卷一一九卷尾有勘记"惠眼第一校，法济第二"、上图 25 号法坚所写《大般若经》卷三八尾题后第 1 行书勘经人"法济，惠眼"。据此，可以推断，海晏与法济、惠眼生活时代相仿。惠眼又见斯 1475 号背 12《某年四月灵图寺人户索满奴、僧惠眼便麦契（拟）》，唐耕耦、陆宏基和陈国灿均推断此件抄于卯年即 823 年②，而勘经人海晏又见伯 2342 号 P3《丙午年五月僧海晏等祭故上座灯阇梨文》，此丙午年当是 826 年。如此，王瀚写经的时代亦当在 9 世纪前期，此结论与池田温的推测相同。

　　通过写经人、勘经人系联的方法，我们可以推断有题名敦煌写本的大致制作时代。利用上面的方法，其他《大般若经》写卷的抄写时代，如卢谈所写斯 3755 号（卷一，法济勘），◪（法？）闰所写斯 444 号（卷二〇三，超藏、法济勘），法坚所写北敦 2059 号（卷四一），道斌所写北敦 14502 号（卷八一）、斯 987 号（卷一一三）、北敦 14160 号 2（卷一五七）、北敦 2672 号（卷二七七）、斯 5210 号（卷二八七）、北敦 7814 号＋北敦 6546 号＋北敦 6451 号（卷三七四，《国图》已缀合）、斯 6816 号（卷三七七），张瀛所写斯 6592 号（卷一二三，海晏勘），安国兴所写北敦 14584 号（卷三七四，海晏勘）等等，也基本可以得到确认。当我们知道了更多的关联信息，可系联的敦煌文献会越来越多，相关文献制作时代的判定也会更加精确。

　　又，勘经人海晏与都僧统阴海晏不是一人，阴海晏约在 902 年担任都僧统，而卒

---

　　①　该卷前 4 纸为另一人所抄，且前 4 纸纸背用于阗文分别抄写残字、汉语于阗语词汇表和文书，两人所抄而拼合在一起，当是古人修补的结果。

　　②　唐耕耦、陆宏基编《敦煌社会经济文献真迹释录》第二辑，北京：全国图书馆文献缩微复制中心，1990 年，第 86 页；又陈国灿《敦煌所出诸借契年代考》，《敦煌学辑刊》1984 年第 1 期，第 4 页。

于 933 年,享年 72 岁①,则其生年为 861 年,已无缘参与王瀚等人写经的校勘。这一点,从两人签名书迹的比对上,也可以得到证实。

三、氾广写经残卷缀合

9. 斯 39 号···俄敦 1826 号

(1)斯 39 号,见《英图》1/214B—215A。2 纸。后部如图 9 右部所示,首尾皆残,存 43 行,行 17 字,首 13 行下残,尾 5 行上下均残,倒数第 6—13 行下残。楷书。有乌丝栏。首题"大般若波罗蜜多经卷第一百一十九"。原文始首题,讫"云何以法界、法性、不虚妄性、不变异性、平等性、离生性、法定、法住、实际、虚空界、不思议界无二为方便、无生为方便、无所得为方便"句"性法"2 字右侧残画,相应文字参见《大正藏》T5/650C13—651A29。《英图》条记目录称该本为 8—9 世纪吐蕃统治时期写本。

(2)俄敦 1826 号,见《俄藏》8/358A。如图 9 左部所示,残片,存 14 残行上部 3~8 字。楷书。有乌丝栏。原卷缺题,《俄藏》拟题"大般若波罗蜜多经卷第一百一十九"。原文始"云何以真如无二为方便、无生为方便、无所得为方便"句第一个"无所得"3 字左侧残画,讫"以真如等无二为方便、无生为方便、无所得为方便"句"为方便无"4 字,相应文字参见《大正藏》T5/651B12—651B25。《孟下》称该本为 9—11 世纪写本。

按:上揭二号内容前后相承,行款格式相同(皆有乌丝栏,满行均为 17 字,行距相等,字体大小相近,字间距相近),书风相似(撇轻捺重,字体瘦长),书迹似同(比较下文表 7 所列例字),当可缀合。缀合后如图 9 所示,二号间仍有缺行,比勘完整经本,其间约缺 11 行经文。

10. 斯 4825 号···斯 973 号

(1)斯 4825 号,见《宝藏》38/150A—153B。6 纸。后部如图 10 右部所示,首全尾残,存 163 行(首纸 26 行,末纸 25 行,其他 4 纸各 28 行),行 17 字,尾 6 行上残。楷书。有乌丝栏。首题"大般若波罗蜜多经卷第一百二十"。原文始首题,讫"修习四静虑、四无量、四无色定"句第 1 个"四无"右侧残字,相应文字参见《大正藏》T5/656A7—657C29。

(2)斯 973 号,见《英图》16/222A—229A。11 纸。前部如图 10 左部所示,首残

---

① 郑炳林:《敦煌碑铭赞辑释》,兰州:甘肃教育出版社,1992 年,第 261—265 页。

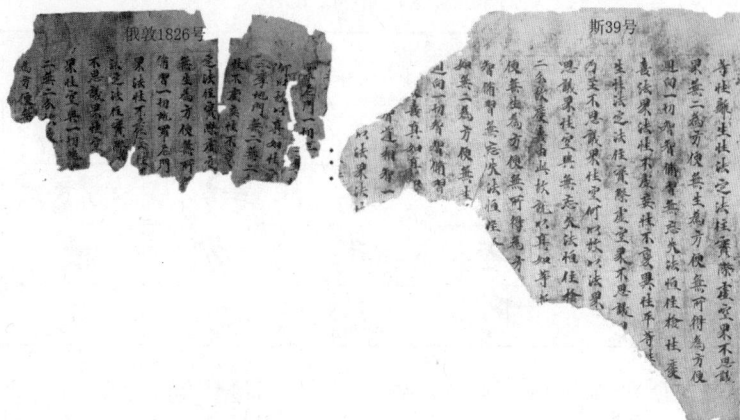

图 9 斯 39 号（局部）…俄敦 1826 号缀合图

尾全，存 285 行（首纸 23 行，末纸 10 行，其他 9 纸各 28 行），行 17 字，首 6 行上残。
楷书。有乌丝栏。尾题"大般若波罗蜜多经卷第一百廿"。原文始"四静虑四静虑性
空"句后 3 字左侧残字，讫尾题，相应文字参见《大正藏》T5/658A9—661B6。卷尾题
记"氾广写　第一校　第二校　第三校"，背有古代裱补。《英图》条记目录称该本为
8—9 世纪吐蕃统治时期写本。

图 10 斯 4825 号（局部）…斯 973 号（局部）缀合图

　　按：上揭二号内容前后相承，行款格式相同（皆有乌丝栏，乌丝栏高度近同，行均
17 字，行距相等，字体大小相近，字间距相近），书风相似（撇轻捺重，字体瘦长），书
迹似同（比较表 7 所列例字），残损轨迹连贯当可缀合。缀合后如图 10 所示，二号间
仍有缺行，比勘完整经本，其间约缺 8 行经文。斯 4825 号末纸 25 行，斯 973 号首纸
23 行，加上缺失的 8 行，缀合处各纸均合于《大般若经》一纸 28 行的通例。

表7　氾广用字比较表

例字 卷号	无	所	为	方	便	以
卷一一九 斯 39 号	无	所	为	方	便	以
卷一一九 俄敦 1826 号	无	所	为	方	便	以
卷一二〇 斯 4825 号	无	所	为	方	便	以
卷一二〇 斯 973 号	无	所	为	方	便	以

通过比对表 7 所列两组例字,可知两组书风、书迹皆同,应为同一人所写。由斯 973 号卷尾写经人题名可以推断,斯 39 号…俄敦 1826 号亦为氾广所写,其抄写时代自当一致。然《英图》条记目录称斯 39 号、斯 973 号为 8—9 世纪吐蕃统治时期写本,而《孟下》称俄敦 1826 号为 9—11 世纪写本,两者时间抵牾,宜再斟酌。

检索敦煌文献,氾广所抄《大般若经》又见斯 3604 号(卷五四一)。

四、邓英写经残卷缀合

11. 羽 294 号十北敦 6665 号

(1)羽 294 号,见《秘笈》4/315—316。1 纸。如图 11 右部所示,残片,存 9 残行上部 2—13 字,末行仅存中部 2 字。楷书。有乌丝栏。首题"大般若波罗蜜多经卷第九十七"。原文始首题,讫"若离香界乃至鼻触为缘所生诸受法性"句"为缘"2 字,相应文字参见《大正藏》T5/536B2—536B12。

(2)北敦 6665 号(北 2264;鳞 65),见《国图》92/79B—89B。17 纸。前部如图 11 左部所示,首残尾全,存 452 行,行 17 字,首行上下皆残,第 2—4 行上残,第 5 行中部右侧残损。楷书。有乌丝栏。尾题"大般若波罗蜜多经卷第九十七"。原文始"若离香界乃至鼻触为缘所生诸受法性"句后 7 字,讫尾题,相应文字参见《大正藏》T5/536B12—541C2。尾有写经人题名"邓英"。《国图》条记目录称该本为 8—9 世纪吐蕃统治时期写本。

按:上揭二号裂痕吻合,行款格式相同(皆有乌丝栏,满行均为 17 字,行距相等,字体大小相近,字间距相近),书风相似(尖峰入笔,横细竖粗),书迹似同(比较二号皆有的"所""行""般""若""法""性"等字),当可缀合。缀合后如图 11 所示,羽 294 号末行行末所存"缘"字上部大半与北敦 6665 号首行行首所存"缘"字下端残画合成

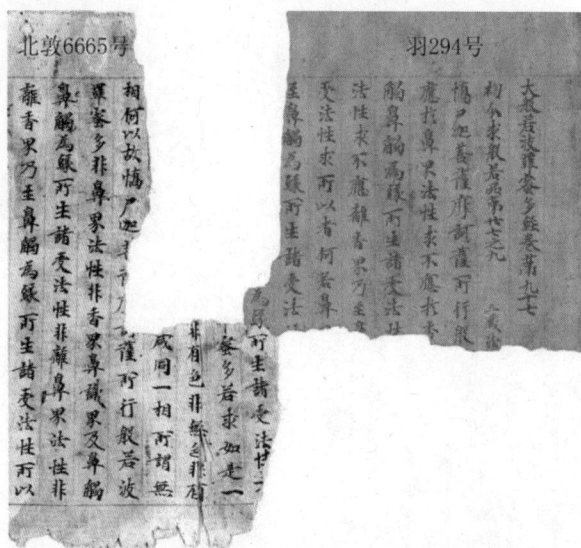

图 11　羽 294 号＋北敦 6665 号（局部）缀合图

完璧。二号缀合后有首有尾，差堪完卷。

12. 中医学院 2 号…中医学院 1 号

（1）中医学院 2 号，见《甘藏》3/337A—337B。2 纸，纸高 25.8 厘米。后部如图 12 右部所示，首残尾缺，存 46 行，行 17 字，首行仅存中下部左侧残画，次行下部残损。楷书。有乌丝栏。原文始"于集、灭、道圣谛亦不作有量不作无量"句后 3 字左侧残画，讫"于无相、无愿解脱门亦不作集不作散"句前 3 字，相应文字参见《大正藏》T5/939A28—939C17。《甘藏》叙录对该卷在《大正藏》中的定位不误，而定名误作"大般若波罗蜜多经卷第一百七十四"，该卷实为"大般若波罗蜜多经卷第一百七十五"。

（2）中医学院 1 号，见《甘藏》3/331B—336B。9 纸，纸高 26 厘米。前部如图 12 左部所示，首缺尾全，存 238 行，行 17 字。楷书。有乌丝栏。尾题"大般若波罗蜜多经卷第一百七十五"。原文始"是菩萨摩诃萨由起此想非行般若波罗蜜多"句后 14 字，讫尾题，相应文字参见《大正藏》T5/941B12—944A17。卷尾有题记"勘了　邓英写　第一校　第二校　第三校"。

按：上揭二号内容先后相承，行款格式相同（纸高近同，皆有乌丝栏，乌丝栏高度近同，行均 17 字，行距相等，字体大小相近，字间距相近），书风相似（尖锋入笔，横细竖粗），书迹似同（比较表 8 所列例字），当可缀合。缀合后如图 12 所示，二号间仍有缺行，比勘完整经本，其间约缺 139 行经文。

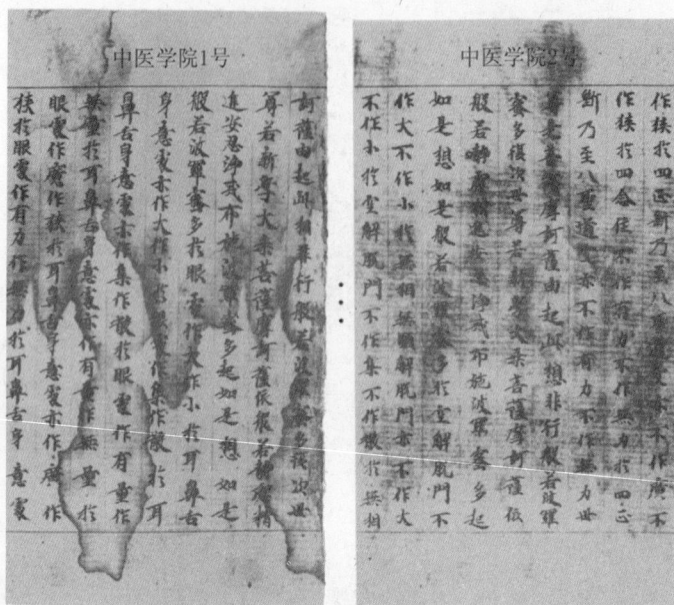

图 12　中医学院 2 号（局部）···中医学院 1 号（局部）缀合图

表 8　邓英用字比较表

例字 卷号	无	若	乃	萨	不	是
卷九七 北敦 6665 号	無	若	乃	蓬	不	是
卷一七五 中医学院 2 号	無	若	乃	蓬	不	是
卷一七五 中医学院 1 号	無	若	乃	蓬	不	是

　　比对表 8 所列两组例字可知，卷九七、卷一七五的抄写人邓英为同一人。

　　检索敦煌文献，邓英[①]所写《大般若经》，又见伯 2909 号（卷六〇）、北敦 2441 号（卷三三七）、北敦 15252 号（卷三九八）、北敦 4076 号＋北敦 4054 号＋北敦 4137 号＋北敦 4051 号（卷四三二，《国图》已缀合）。邓英所写《大乘无量寿经》可见北敦 2439 号、北敦 2475 号、北敦 6073 号、北敦 6188 号、北敦 7282 号、北敦 15206 号、伯 2992 号、伯 4527 号、伯 4594 号等 9 号。邓英所写《诸星母陀罗尼经》可见北敦 7114 号、北敦 8325 号。他另抄有北敦 5254 号《金光明最胜王经卷二》（背有 2 片藏文裱

---

　　①　敦煌写经题名又有邓英子，其笔迹与邓英相同，实为一人，类似之例如张洎又作张洎子，就通又作就通子。

补纸）、斯 2069 号《金有陀罗尼经》（卷尾有藏汉题名各一行）。关于邓英写经的大致时代，见下文法应写经时代讨论部分。

五、唐再再写经残卷缀合

13. 俄敦 4300 号＋斯 6819 号

（1）俄敦 4300 号，见《俄藏》11/185B。如图 13 右下部所示，残片，存 11 残行下部 2—6 字。楷书。有乌丝栏。原卷缺题，《俄藏》未定名。

（2）斯 6819 号，见《宝藏》52/207B—217B。16 纸。前部如图 13 左部所示，首残尾全，存 422 行，行 17 字，首行仅存上中部左侧残字，第 2、3 行下残。楷书。有乌丝栏。尾题"大般若波罗蜜多经卷第二百一"。原文始"若一切智智清净"句末 2 子左侧残字，讫尾题，相应文字参见《大正藏》T6/1A25—6A16。尾有题记"唐再再写"。

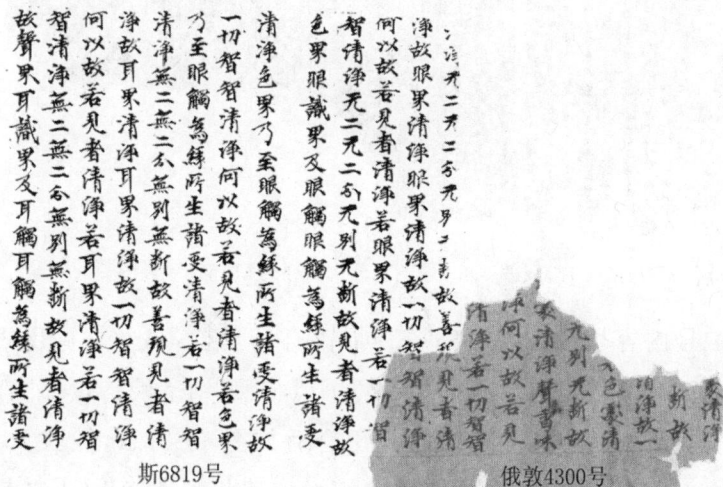

图 13　俄敦 4300 号＋斯 6819 号（局部）缀合图

按：今考俄敦 4300 号亦为大般若波罗蜜多经卷第二百一残片，且上揭二号裂痕吻合，行款格式相同（皆有乌丝栏，满行均为 17 字，行距相等，字体大小相近，字间距相近），书风相似（细笔硬钩，瘦劲有力），书迹似同（比较二号皆有的"无""见""清""净""何""以" 6 字），当可缀合。缀合后如图 13 所示，原本分属左右二号的"现""智""一切智" 5 字皆得合成完璧。二号缀合后，所存文字始"□□□□□□∅（若耳、鼻、舌、身、意处）清净"，讫尾题，相应文字参见《大正藏》T6/1A18—6A16。

14. 俄敦 5960 号＋北敦 15034 号

(1)俄敦 5960 号,见《俄藏》12/293A。1 纸。如图 14 右部所示,首残尾缺,存 26 行,行 17 字,首 20 行下残。楷书。有乌丝栏。首题"大般若波罗蜜多经▨▢▢▢▢(卷第二百三)"。原文始首题,讫"贪清净故道相智、一切相智清净"句前 3 字,相应文字参见《大正藏》T6/11A5—11B4。

(2)北敦 15034 号(新 1234),见《国图》137/331A—340B。16 纸。前部如图 14 左部所示,首缺尾全,存 429 行,行 17 字。楷书。有乌丝栏。尾题"大般若波罗蜜多经卷第二百三"。原文始"贪清净故道相智、一切相智清净"句后 10 字,讫尾题,相应文字参见《大正藏》T6/11B4—16B5。卷尾题记"唐再再写"。《国图》条记目录称该本为打纸,研光上蜡,为 8—9 世纪吐蕃统治时期写本。

图 14　俄敦 5960 号＋北敦 15034 号(局部)缀合图

按:上揭二号内容相接,行款格式相同(皆有乌丝栏,乌丝栏高度近同,行均 17 字,行距相等,字体大小相近,字间距相近),书风相似(细笔硬钩,瘦劲有力),书迹似同(比较下文表 9 所列例字),当可缀合。缀合后如图 14 所示,俄敦 5960 号末行行末"贪清净"可与北敦 15034 号首行"故道相智一切相智清净"连成"贪清净故道相智、一切相智清净"句,中无缺字。

15. 斯 2287 号…北敦 11126 号＋北敦 15113 号

(1)斯 2287 号,见《英图》37/296A—297A。3 纸。后部如图 15 右部所示,首缺尾残,存 47 行(首纸 6 行,次纸 28 行,末纸 13 行),行 17 字,尾 2 行上残。楷书。有乌丝栏。原卷缺题,《英图》拟题"大般若波罗蜜多经卷二〇六"。原文始"无二、无二分、无别、无断故"句后 7 字,讫"若精进波罗蜜多清净"句前 6 字,相应文字参见《大正藏》T6/26C23—27B12。《英图》条记目录称该本为 8—9 世纪吐蕃统治时期写本。

(2)北敦 11126 号(L1255),见《国图》109/29B。1 纸。如图 15 中部所示,残片,

存 5 残行中下部 4～13 字。楷书。有乌丝栏。原卷缺题,《国图》拟题"大般若波罗蜜多经卷二〇六"。原文始"精进波罗蜜多清净故意界清净"句"▨(蜜)多清▨(净)"4字,讫"精进波罗蜜多清 □□▨▨(净故法界)、意识界及意触、意触为缘▨□□□□(所生诸受清净)",相应文字参见《大正藏》T6/27B15—27B19。《国图》条记目录称该本为 8—9 世纪吐蕃统治时期写本。

(3)北敦 15113 号(新 1313),见《国图》139/147A—155B。15 纸。前部如图 15 左部所示,首残尾全,存 391 行(首纸 8 行,末纸 19 行,其他 13 纸各 28 行),行 17 字,首 4 行下残。楷书。有乌丝栏。尾题"大般若波罗蜜多经卷第二百六"。原文始"精进波罗蜜多清净故法界、意识界及意触、意触为缘所生诸受清净"句后 3 字,讫尾题,相应文字参见《大正藏》T6/27B19—32A3。尾有题记"唐再再写"。《国图》条记目录称该本为打纸,砑光上蜡,为 8—9 世纪吐蕃统治时期写本。

图 15　斯 2287 号(局部)…北敦 11126 号＋北敦 15113 号(局部)缀合图

按:上揭三号内容先后相承,行款格式相同(皆有乌丝栏,满行均为 17 字,行距相等,字体大小相近,字间距相近),书风相似(细笔硬钩,瘦劲有力),书迹似同(比较表 9 所列例字),当可缀合。缀合后如图 15 所示,北敦 11126 号第 4 行"精进波罗蜜多清"及末行"▨▨(法界)意识界及意触意触为缘▨(所)"可与北敦 15113 号首行行首"受清净"连成"精进波罗蜜多清净故法界、意识界及意触、意触为缘所生诸受清净"句;而前二号间仍有缺行,比勘完整经本,其间缺 2 行经文,斯 2287 号末纸 13 行,北敦 11126 号所存 5 行,北敦 15113 号首纸 8 行,加上缺失的 2 行,缀合处正合于《大般若经》一纸 28 行之通例。

比对表 9 所列三组例字可知,卷二〇一、卷二〇三、卷二〇六的抄写者唐再再为同一人。

表 9　唐再再用字比较表

例字 卷号	无	清	净	若	一	以
卷二〇一 斯 6819 号	無	清	净	若	一	以
卷二〇三 俄敦 5960 号	無	清	净	若	一	以
卷二〇三 北敦 15034 号	無	清	净	若	一	以
卷二〇六 斯 2287 号	無	清	净	若	一	以
卷二〇六 北敦 11126 号	無	清	净	若	一	以
卷二〇六 北敦 15113 号	無	清	净	若	一	以

　　检索敦煌文献,唐再再所抄《大般若经》又见北敦 14697 号(卷二二三)、北敦 6330 号(卷二二八),其所抄《无量寿宗要经》见北敦 581 号、北敦 1547 号、北敦 6218 号、北敦 6159 号,其所抄《诸星母陀罗尼经》则见斯 4495 号、北敦 11585 号。《诸星母陀罗尼经》乃高僧法成由藏文译出的密教经典,汉译本仅见于敦煌文献。斯 5010 号《诸星母陀罗尼经》有题记“壬戌年四月十六日于甘州修多寺翻译此经”,此壬戌年为唐会昌二年(842)[①],则唐再再所抄《诸星母陀罗尼经》应在此经译出之后,其所抄《大般若经》《无量寿宗要经》的时代当亦去 842 年不远。

六、法应写经残卷缀合

16. 北敦 5077 号⋯羽 450 号

　　(1)北敦 5077 号(北 2417;珠 77),见《国图》68/35A—39A。6 纸,纸高 25.2 厘米。后部如图 16 右部所示,首全尾缺,存 138 行(首纸为包首,次纸 26 行,其他 4 纸各 28 行),行 17 字。楷书。有乌丝栏。首题“大般若波罗蜜多经卷第一百六十二”。原文始首题,讫“耳、鼻、舌、身、意处耳、鼻、舌、身、意处自性空”句前 4 字,相应文字参见《大正藏》T5/871A8—872C4。包首背有勘记“十七”,系原卷所属袠次,卷背有

---

① 参[日]上山大峻:《增补敦煌佛教の研究》,京都:法藏馆,2012 年,第 174 页。

古代裱补。《国图》条记目录称该本为 7—8 世纪唐写本。

　　(2)羽 450 号，见《秘笈》6/1—7。10 纸，纸高 25.5 厘米。前部如图 16 左部所示，首缺尾全，存 262 行(首纸 26 行，末纸 12 行，其他 8 纸各 28 行)，行 17 字。楷书。有乌丝栏。尾题"大般若波罗蜜多经卷第一百六十二"。原文始"复次"句，讫尾题，相应文字参见《大正藏》T5/873A5—876A5。尾有题记"僧法应☒(写)"。

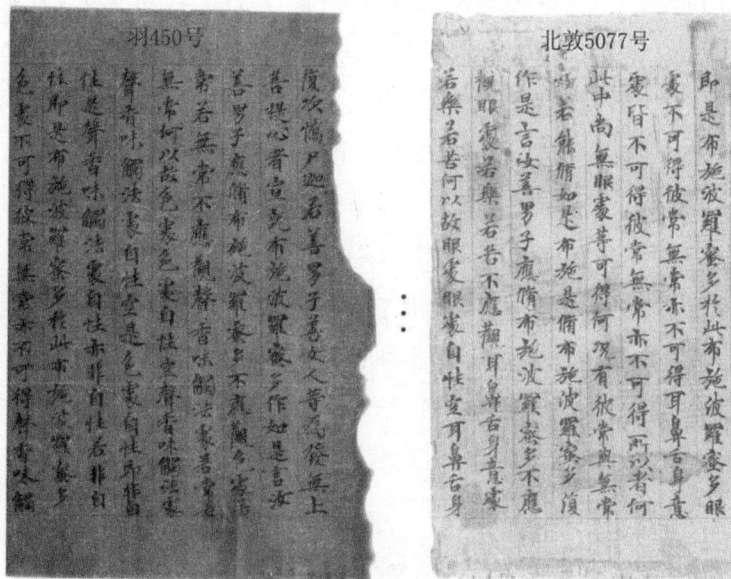

图 16　北敦 5077 号(局部)···羽 450 号(局部)缀合图

　　按：上揭二号内容前后相承，行款格式相同(天头地脚高度近同，皆有乌丝栏，行均 17 字，行距相等，字体大小相近，字间距相近)，书风相似(横细竖粗，撇轻捺重)，书迹似同(比较表 10 所列例字)，当可缀合。缀合后如图 16 所示，二号间仍有缺行，比勘完整经本(及同卷次后部完整写本北郭 4111 号)，其间约缺 30 行经文，当 1 纸又 2 行。北敦 5077 号末纸为整纸，羽 450 号首纸 26 行，加上缺失的 2 行，缀合处各纸均为 28 行，合于《大般若经》一纸 28 行之数。

表 10　北敦 5077 号与羽 450 号用字比较表

卷号　　　　例字	无	常	不	若	波	为
北敦 5077 号	無	常	不	若	波	爲
羽 450 号	無	常	不	若	波	爲

17. 俄敦 11912 号＋俄敦 10909 号＋俄敦 11759 号…北敦 2220 号

(1)俄敦 11912 号,见《俄藏》16/2B。如图 17 右中部所示,残片,存 13 残行中部 1～11 字。楷书。有乌丝栏。首题"□□□□□□□□(大般若波罗蜜多经卷)第三百五十二"。始首题,讫"亦不思惟一切所缘"句末字右下方残点,相应文字参见《大正藏》T6/808B8—808B23。

(2)俄敦 10909 号,见《俄藏》15/93A。如图 17 右上部所示,残片,存 20 行上部及中部 2—17 字。楷书。有乌丝栏。原卷缺题,《俄藏》未定名。

(3)俄敦 11759 号,见《俄藏》15/331A。如图 17 右下部所示,残片,存 7 残行中部 4—9 字。楷书。有乌丝栏。原卷缺题,《俄藏》未定名。

(4)北敦 2220 号(北 2957;闰 20),见《国图》31/132A—141B。18 纸。前部如图 17 左部所示,首残尾全,存 454 行,行 17 字,首行上部右侧残损。楷书。有乌丝栏。尾题"大般若波罗蜜多经卷第三百五十二"。原文始"□□□□□□(如是不思惟外)空乃至无性自性空"句,讫尾题,相应文字参见《大正藏》T6/809A6—814A24。卷中有武后新字"𡐦(正)"。尾有写经人题名"法应",背有勘记"卅六",系原卷所属袟次。《国图》条记目录称该本为 8—9 世纪吐蕃统治时期写本。

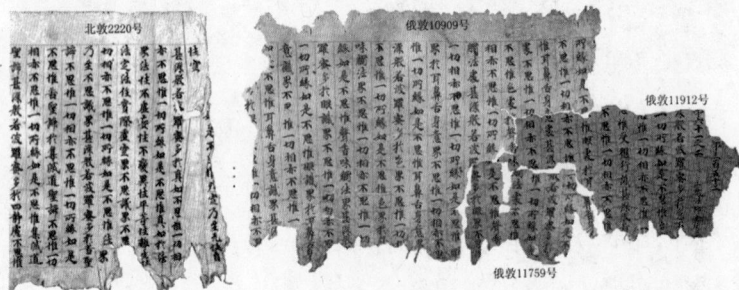

图 17 俄敦 11912 号＋俄敦 10909 号＋俄敦 11759 号…北敦 2220 号(局部)缀合图

按:今考前 3 号皆为大般若波罗蜜多经卷第三百五十二残片,且上揭四号内容先后相承(其中前三号裂痕吻合),行款格式相同(皆有乌丝栏,满行均为 17 字,行距相等,字体大小相近,字间距相近),书风相似(横细竖粗,撇轻捺重),书迹似同(比较表 11 所列例字),当可缀合。缀合后如图 17 所示,原本分居俄敦 11912 号、俄敦 10909 号的"思""意""切""香"4 字复合为一,分居俄敦 11912 号、俄敦 11759 号的"鼻""一""般""触"4 字复合为一,分居俄敦 10909 号、俄敦 11759 号的"罗蜜"2 字复合为一,分居俄敦 11912 号、俄敦 10909 号、俄敦 11759 号的"如"字复合为一;俄敦 10909 号与北敦 2220 号间仍有缺行,比勘完整经本,其间约缺 38 行经文。上揭 4 号缀合后，所存文字有首有尾，卷中仍有残缺，相应文字参见《大正藏》T6/808b8—814A24。

表 11　俄敦 11912 号、俄敦 10909 号、俄敦 11759 号与北敦 2220 号用字比较表

例字　　卷号	不	如	是	所	若	波
俄敦 11912 号	不	如	是	所	若	波
俄敦 10909 号	不	如	是	所	若	波
俄敦 11759 号	不	如	是	所	若	波
北敦 2220 号	不	如	是	所	若	波

18. 北敦 10917 号＋北敦 15244 号

（1）北敦 10917 号（L1046），见《国图》108/230B。1 纸。如图 18 右部所示，首尾皆残，存 22 行，行 17 字，首 18 行下残，末行仅存下部右侧残点。楷书。有乌丝栏。原卷缺题，《国图》拟题"大般若波罗蜜多经卷三五三"。原文始"不能具足修诸菩萨摩诃萨行证得无上正等菩提"句"能具足修诸菩"6 字左侧残点，迄"则不染着欲界、色无色界"句"则不"2 字右侧残点，相应文字参见《大正藏》T6/814C9—815A2。卷中有武后新字"㞢（正）"。《国图》条记目录称该本为 8—9 世纪吐蕃统治时期写本。

（2）北敦 15244 号（新 1403），见《国图》141/160B—170B。17 纸。前部如图 18 左部所示，首残尾全，存 446 行，行 17 字，首 5 行下残。楷书。有乌丝栏。尾题"大般若波罗蜜多经卷第三百五十三"。原文始"若菩萨摩诃萨不思惟眼识界"句后 4 字，迄尾题，相应文字参见《大正藏》T6/815A1—820A6。卷中有武后新字"㞢（正）"。尾有写经人题名"法应"。《国图》条记目录称该本为 8—9 世纪吐蕃统治时期写本。

　　按：上揭二号裂痕吻合，行款格式相同（天头地脚高度近同，皆有乌丝栏，行均 17 字，行距相等，字体大小相近，字间距相近），书风相似（横细竖粗，撇轻捺重），书迹似同（比较表 12 所列例字），卷中皆有武后新字"㞢（正）"。当可缀合。缀合后如图 18 所示，北敦 10917 号倒数第 2 行"若菩萨摩诃萨不思"可与北敦 15244 号首行行首"惟眼识界"连成"若菩萨摩诃萨不思惟眼识界"句，中无缺字；又北敦 10917 号末行所存"则"字右下方残点可与北敦 15244 号首行行末"则"字上部残字复合为一，可证二号确为同一写卷所撕裂。

图 18　北敦 10917 号＋北敦 15244 号（局部）缀合图

表 12　北敦 10917 号与北敦 15244 号用字比较表

例字 卷号	无	不	若	是	色	波
北敦 10917 号	无	不	若	是	色	波
北敦 15244 号	无	不	若	是	色	波

　　比对表 10—12 中的"不""若""波"等字可知,卷一六二、卷三五二、卷三五三的抄写者法应为同一人。

　　检索敦煌文献,法应所抄《大般若经》又见北敦 1995 号（卷三五一）。法应之名,又见斯 6314 号《勘经部袟数目》,同见者有伯明,而伯明所抄《大般若经》可见斯 1965 号（卷一三三）、北敦 6029 号（卷二〇三）,两人写经时代当相近。伯明又见斯 2447 号《壬子年二月二日前知经藏僧光璨共僧伯明交割手帖》及号背《亥年十月一日已后应诸家散施入经物色目》,号背记云:"亥年十月一日已后应诸家散施入经物,一一具色目如后:僧伯明施三岁特子壹头,出唱得经纸叁拾帖;……子年五月廿一日僧灵秀施经纸伍帖计贰伯（佰）肆拾捌张。"该号正背面内容相续,笔迹相同,应为一人所书。据文中生肖纪年法,该号当抄写于吐蕃统治时期,正面的"壬子"和背面的"子年"均应为 832 年①。而在敦煌本《大般若经》的校勘中,灵秀曾会同义泉、海智为邓英（如伯 2909 号、北敦 15252 号,请参上文邓英写经缀合部分）勘经,会同义泉为惠泽（如

---

　　① 方广锠早将斯 2447 号正面的"壬子"及背面的"子年"推定为 832 年,见氏著《八—十世纪佛教大藏经史》,北京:中国社会科学出版社,1991 年,第 109 页;又见该书第二次增补修订本《中国写本大藏经研究》,上海:上海古籍出版社,2006 年,第 139 页。

斯 1594 号）勘经,会同义泉、超藏为抄写者不明的北大 D4 号勘经,会同超藏为抄写者不明的北敦 14006 号勘经;又义泉曾会同超藏为阴□□（如北敦 14161 号）勘经,又超藏为唐文英（如北敦 3829 号）勘经,又义泉为田广谈（如斯 1883 号、羽 474 号）勘经。如此,可以大致推断写经人邓英、法应、伯明、惠泽、阴□□、唐文英、田广谈和勘经人灵秀、义泉、海智、超藏等人时代相仿,相关写经的抄写年代当在 832 年前后的九世纪前期,此结论与池田温的推测相同。

在法应写经时代的判定上,《国图》条记目录称北敦 5077 号为 7—8 世纪唐写本;又谓北敦 2220 号、北敦 10917 号、北敦 15244 号为 8—9 世纪吐蕃统治时期写本,时间范围差别较大。此类问题同样存在于对邓英写经时代的判定上,如《国图》条记目录称北敦 6665 号、北敦 4076 号＋北敦 4054 号＋北敦 4137 号为 8—9 世纪吐蕃统治时期写本,而又谓可与后者缀合为一的北敦 4051 号为 8 世纪吐蕃统治时期写本,前后不一。如上所述,通过写经人、勘经人的系联,并参照相关记年文献,对于法应、邓英等人的写经时代可以得到进一步的认识。

作为本文的结语,这里拟根据我们对于同一人写经的初步缀合整理,对敦煌本汉文《大般若经》产生的时代环境做粗浅的测查。如果以文献可考的智照写经年代（831—847）为限,基本可将本文所讨论的写经人囊括其中。此阶段为吐蕃统治敦煌晚期,主要当赞普赤祖德赞（815—841 在位）执政时期。赤祖德赞与他之前的吐蕃赞普松赞干布、赤松德赞并称为吐蕃历史上的"三大法主",他在位期间竭力崇信佛教、优礼僧人,并亲自发愿抄写佛经,主要抄写对象即是汉蕃两文的《大般若经》和《无量寿宗要经》,当时的敦煌有不少抄经人参与其中。根据敦煌出土古藏文资料记载,在吐蕃统治敦煌时期,仅在马年（826 或 838）的一次福会上即以天子（吐蕃赞普）的旨意,拟定抄写藏文《大般若经》八部和汉文《大般若经》三部。而旧 3336 号也有丑年、寅年敦煌各寺分别为赞普、瓜州节度使及监军等人求福转读《大般若经》而分对经文的记载。[①] 从写经题记可知,王瀚、唐再再、氾广、邓英、张涓、张寺加、张瀛、张曜曜、田广谈、唐文英、李曙、姚良、曹兴朝、安国兴、裴文达、卢谈等人均有《大般若经》和《无量寿宗要经》的抄本留存。其中,有的人兼通蕃汉,如张寺加、氾广、邓英既

① 　参［英］F. W. 托玛斯编著,刘忠、杨铭译注:《敦煌西域古藏文社会历史文献》,北京:民族出版社,2003 年,第 65—72 页;又［日］高田时雄:《有关吐蕃期敦煌写经事业的藏文资料》,高田时雄著、钟翀等译:《敦煌·民族·语言》,北京:中华书局,2005 年,第 100—121 页;又陈庆英:《从敦煌藏文 P. T. 999 号写卷看吐蕃史的几个问题》,《陈庆英藏学论文集》（上册）,北京:中国藏学出版社,2006 年,第 24—41 页。

在汉文《大般若经》写卷上留有题名,又在多个《无量寿宗要经》《金有陀罗尼经》写卷上存有藏文题名[①];有的写经人抄经的数量颇为惊人,仅汉文《无量寿宗要经》,邓英就抄写了 9 号,王瀚更抄写了 14 号之多,当时写经的盛况可见一斑。抄经时间的一致和写经人的重叠,使我们有理由推测,敦煌本汉文《大般若经》和《无量寿宗要经》抄写的高潮很大程度与赞普赤祖德赞的倡导有关。

(作者单位:浙江师范大学人文学院)

---

① 参[日]高田时雄:《北京藏敦煌写卷中所包含的藏文文献》,高田时雄著,钟翀等译:《敦煌·民族·语言》,北京:中华书局,2005 年,第 137—138 页。

敦煌文献《金刚经》版本考

罗慕君

《金刚经》,或称《金刚般若经》,全名《金刚般若波罗蜜经》,梵文 vajracchedikā nāma triśatikā prajñāpāramitā,又名《金刚能断般若波罗蜜经》《能断金刚般若波罗蜜多经》《佛说能断金刚般若波罗蜜多经》。

"金刚"是金中之精坚者,百炼不销,能断万物,喻其能断除人的贪欲恶习和种种颠倒虚妄之见;"般若"为梵语音译,意指明见一切事物及道理的高深智慧;"波罗蜜"亦为梵语音译,意为到彼岸,即离生死此岸,渡烦恼中流,达涅盘彼岸。[①]"金刚般若波罗蜜"者,意谓佛法如金刚,无坚不摧,可破除一切障碍,渡达智慧彼岸。

《金刚经》是大乘佛教最初期产生的重要经典,历来被认为是大乘般若类经典的总纲、精髓。开篇介绍时间、地点、听讲人员等说法背景,正文记录释迦牟尼与弟子须菩提的几番问答,结尾言众弟子闻佛所说皆大欢喜。

《金刚经》流传极广,曾被翻译为多种语言在各国流通,除梵文本外,还有汉文、尼泊尔文、藏文、和阗文、粟特文、回鹘文、蒙古文、满文、英文、日文、法文等诸多译本。其中,中国对《金刚经》的翻译和传习都是比较早的。东汉佛法东传,《金刚经》亦随之传入中国。自后秦至唐初,先后有六位大德高僧为之翻译,由此出现了六种译本。《金刚经》文简义深,不易理解,后来又有不少僧人信众为之作论、释、注、疏等,阐述其微言大义。在流通过程中,受讲经文科分影响,《金刚经》出现了分本;受异出本或密宗的影响,又出现了添本。我国对《金刚经》历来十分重视,研究亦多,但多关注义理,而"对《金刚经》版本或文献学意义上的研究,目前是弱项"。[②] 本文拟以敦煌本为中心,对《金刚经》版本的六个译本、三个分本、两个添本试作探讨。

[①] 杜正乾:《〈金刚经〉研究述评》,《五台山研究》2007 年第 1 期。
[②] 杜正乾:《〈金刚经〉研究述评》,《五台山研究》2007 年第 1 期。

一、《金刚经》译本

《金刚经》传入中国后,自后秦至唐初,前后六译,兹按译出时间先后次列于下:

1. 鸠摩罗什译本(以下简称"罗什译本"),又名"舍卫国本"。姚秦天竺三藏鸠摩罗什译,名《金刚般若波罗蜜经》,秦弘始四年(402)译于长安草堂寺,一卷,凡六千四百余字。该本译出最早,最大程度上传承了早期梵文本的原貌。鸠摩罗什译文主张精简,偏于意译,文字上对原本或增或削,务求达旨,行文简洁流畅,流传最广。

2. 菩提留支译本(以下简称"留支译本"),又名"婆伽婆本"。元魏天竺三藏菩提留支译("留支"或译作"流支"),僧朗笔受,名《金刚般若波罗蜜经》,元魏永平二年(509)译于洛阳胡相国第,一卷,凡七千六百余字。

3. 真谛译本,又名"祇树林本"。梁陈天竺三藏真谛译,偕宗法师、法虔等笔受,名《金刚般若波罗蜜经》,陈天嘉三年(562)译于梁安郡,一卷,凡八千余字。末有题记云:"寻此旧经甚有脱误,即于壬午年(562)五月一日重翻,天竺定文依《婆薮论释》。"[1]可知,真谛因为觉得之前的译本不够完善,于是参考《婆薮论释》重译。

4. 达摩笈多译本(以下简称"笈多译本")。隋天竺三藏达摩笈多译,名《金刚能断般若波罗蜜经》,又名《金刚能割般若波罗蜜经》《金刚断割般若波罗蜜经》,隋开皇十年(590)译于洛阳上林园,一卷,凡九千三百余字。唐智昇《开元释教录》卷七云:"初,笈多翻《金刚断割般若波罗蜜经》一卷及《普乐经》一十五卷,未及练覆,值伪郑沦废,不暇重修。今卷部在京,多明八相等事。"[2]可见笈多译本是未及修订的未定稿,这就解释了为什么笈多译本中有些文字对应梵文顺序,而不符合汉语语法。也因此,笈多译本读起来佶屈聱牙,不易理解,流通较少。

5. 玄奘译本。唐三藏法师玄奘译。据说玄奘曾先后两次翻译《金刚经》:第一次是贞观二十二年(648)译于玉华宫,名《能断金刚般若波罗蜜多经》,这个译本以前认为已经失传;第二次是显庆五年(660)译于玉华宫,即收在《大般若波罗蜜多经》卷五七七的第九能断金刚分,又有单出本,亦名《能断金刚般若波罗蜜多经》,一卷,凡八

---

[1]　T8/766C4—766C6。此类注释皆参引自《大正藏》(〔日〕高楠顺次郎等:《大正新修大藏经》,东京:大正一切经刊行会,1924—1932年)。"T8/766C4—766C6"指《大正藏》第8卷第766页下栏第4行至766页下栏第6行,A、B、C分别指上、中、下栏。下同,不赘。

[2]　T55/552B26—552B29。

千三百余字。玄奘译本语言受四六骈体影响,整齐对称,但较为繁复。

　　6.义净译本。唐三藏法师义净译,名《佛说能断金刚般若波罗蜜多经》,长安三年(703)译于西明寺,一卷,凡六千五百余字。

　　上述六种译本都有文本传世,并为历代大藏经所收录。另《大正藏》还有一卷《金刚般若波罗蜜经》[①],题"元魏留支三藏奉诏译",其实是真谛译本重出。《大正藏》留支译本卷尾云:"《金刚般若》,前后六翻。按《开元录》,此第二译。《思溪》经本竟失其传,误将陈朝真谛三藏者重出,标作魏朝留支所译,大有径庭。今于留支三藏所翻论中录出经本,刊版流通,庶期披阅知有源矣。时至元辛巳冬孟望日,南山普宁经局谨记。"[②]"《思溪》经本"即《资福藏》,《资福藏》错把真谛译本当作留支译本重出,而漏留支译本。普宁经局发现这一错误后,从留支翻译的《金刚般若波罗蜜经论》中重新抄录出留支译本《金刚经》刊行。但《大正藏》既收录了重录的留支译本《金刚经》,又保留了充作留支译本的重出真谛译本,因此多出一本,当删。

　　笔者目前所见,敦煌文献中共有《金刚经》写本3400多号,绝大多数都是罗什译本,另有留支译本145号,包括北敦2658号、北敦4728号、北敦4825号等;真谛译本5号,包括北敦1693号、北敦4716号、斯9362号、伯2789号、俄藏1575号等;玄奘译本2号,即北敦15243号3、伯2323号2等;暂未见笈多、义净译本。其中北敦15243号3玄奘译本是相传已失佚的玄奘第一次译本,该本末尾有题记云:"贞观廿二年十月一日,于雍州宜君县玉华宫弘法台,三藏法师玄奘奉诏译,直中书长安杜行颢笔受,弘福寺沙门玄谟证梵语,大总持寺沙门辩机证文。"可知这个译本由玄奘翻译、杜行颢笔受、玄谟证梵语、辩机证文,分工明确,流程严谨,是个精心校正过的定本。比对具体文句,该本与《大般若波罗蜜多经》卷五七七第九能断金刚分内容相同。由此推测,玄奘于显庆五年翻译《大般若经》时,是把贞观二十二年译好的《能断金刚般若波罗蜜多经》收入其中,作为第九能断金刚分,而非重新翻译。因此严格来说玄奘并没有"两次翻译"《金刚经》之举。

二、《金刚经》分本

　　《金刚经》涵盖的佛教义理精深奥妙,文字却极精要简洁,修习者很难仅靠读诵

---

① T8/757A22—761C29。
② T8/757A13—757A19。

经文就理解经义,前贤大德遂纷纷为之作论、释、注、疏。印度著名僧人无著、世亲都曾为其作论释。中国的《金刚经》注疏则更为繁多,仅《二十五种藏经目录对照考释》所收就达 68 种之多①,而敦煌文献中还存有十多种未入藏的注疏②。解经者在解释之前为厘清经文脉络、便于讲解,往往先科分,即划分篇章结构,如无著造、笈多译的《金刚般若波罗蜜经论》科分为"七义""十八住处";世亲(又称"天亲")造、菩提留支译的《金刚般若波罗蜜经论》科分为二十七疑;金刚仙造、菩提留支译的《金刚仙论》科分为十二分;智𫖮撰《金刚般若经疏》依道安科分诸经之例科分为序分、正宗分、流通分三分;王日休将《金刚经》科分为四十二分。③ 受持诵经者为便于理解和记忆,将论释、注疏中科分的方法运用到经文中,便形成了《金刚经》分本,目前笔者所知《金刚经》分本有如下几种:

(一)三十二分本

《金刚经》罗什译本内容最初是一气呵成,不分科的。这一点从鸠摩罗什弟子僧肇所著的《金刚经注》和北齐人所刻的泰山经石峪摩崖刻经残存的 1000 余字上都可见一斑。后有人将其分为三十二段,每段添加五字标题,遂形成三十二分本。此本流传甚广,敦煌写本中所见三十二分本多达 300 多号,如北敦 7982 号、北敦 8847 号、北敦 8872 号等。这些写卷皆为罗什译本,且科分标题、起止统一。兹据敦煌本次列科分标题及科分起止文句对比表,如表 1 所示:

表 1   罗什译本《金刚经》三十二分科分标题及科分起止文句比对表

科分	标题	起	止
1	法会因由分	如是我闻。	敷座而坐。
2	善现起请分	时长老须菩提在大众中。	愿乐欲闻。
3	大乘正宗分	佛告须菩提:"诸菩萨摩诃萨应如是降伏其心。"	若菩萨有我相、人相、众生相、寿者相,即非菩萨。
4	妙行无住分	复次,须菩提! 菩萨于法,应无所住,行于布施。	菩萨但应如所教住。
5	如理实见分	须菩提! 于意云何? 可以身相见如来不?	若见诸相非相,则见如来。

① 蔡运辰:《二十五种藏经目录对照考释》,台北:新文丰出版公司,1983 年。
② 董大学:《敦煌本〈金刚经〉注疏叙录》,上海师范大学硕士学位论文,2009 年。
③ J21/685B3—685B21。(J 代表《嘉兴藏》,其余数字、符号含义与《大正藏》同。)

科分	标题	起	止
6	正信希有分	须菩提白佛言："世尊！颇有众生，得闻如是言说章句，生实信不？"	法尚应舍，何况非法。
7	无得无说分	须菩提！于意云何？如来得阿耨多罗三藐三菩提耶？	一切贤圣，皆以无为法而有差别。
8	依法出生分	须菩提！于意云何？若人满三千大千世界七宝以用布施，是人所得福德，宁为多不？	所谓佛法者，即非佛法。
9	一相无相分	须菩提！于意云何？须陀洹能作是念："我得须陀洹果不？"	以须菩提实无所行，而名须菩提是乐阿兰那行。
10	庄严净土分	佛告须菩提："于意云何？如来昔在然灯佛所，于法有所得不？"	佛说非身，是名大身。
11	无为福胜分	须菩提！如恒河中所有沙数，如是沙等恒河，于意云何？	为他人说，而此福德胜前福德。
12	尊重正教分	复次，须菩提！随说是经，乃至四句偈等。	若是经典所在之处，则为有佛，若尊重弟子。
13	如法受持分	尔时，须菩提白佛言："世尊！当何名此经？"	为他人说，其福甚多。
14	离相寂灭分	尔时，须菩提闻说是经，深解义趣。	悉知是人，悉见是人，皆得成就无量无边功德。
15	持经功德分	须菩提！若有善男子、善女人，初日分以恒河沙等身布施。	作礼围绕，以诸华香而散其处。
16	能净业障分	复次，须菩提！善男子、善女人，受持读诵此经，若为人轻贱。	当知是经义不可思议，果报亦不可思议。
17	究竟无我分	尔时，须菩提白佛言："世尊！善男子、善女人，发阿耨多罗三藐三菩提心，云何应住？"	若菩萨通达无我法者，如来说名真是菩萨。
18	一体同观分	须菩提！于意云何？如来有肉眼不？	过去心不可得，现在心不可得，未来心不可得。
19	法界通分分	须菩提！于意云何？若有人满三千大千世界七宝以用布施，是人以是因缘，得福多不？	以福德无故，如来说得福德多。
20	离色离相分	须菩提！于意云何？佛可以具足色身见不？	如来说诸相具足，即非具足，是名诸相具足。
21	非说所说分	须菩提！汝勿谓如来作是念："我当有所说法。"	说法者，无法可说，是名说法（如来说非众生，是名众生）。①
22	无法可得分	须菩提白佛言："世尊！佛得阿耨多罗三藐三菩提，为无所得耶？"	是名阿耨多罗三藐三菩提。
23	净心行善分	复次，须菩提！是法平等，无有高下。	所言善法者，如来说非善法，是名善法。

---

①　未添冥司偈本止于"说法者，无法可说，是名说法"，添冥司偈本止于"如来说非众生，是名众生"。关于冥司偈，详看下文。

续表

科分	标题	起	止
24	福智无比分	须菩提！若三千大千世界中所有诸须弥山王，如是等七宝聚。	乃至算数譬喻所不能及。
25	化无所化分	须菩提！于意云何？汝等勿谓如来作是念："我当度众生。"	凡夫者，如来说则非凡夫。
26	法身非相分	须菩提！于意云何？可以三十二相观如来不？	是人行邪道，不能见如来。
27	无断无灭分	须菩提！汝若作是念："如来不以具足相故，得阿耨多罗三藐三菩提。"	发阿耨多罗三藐三菩提心者，于法不说断灭相。
28	不受不贪分	须菩提！若菩萨以满恒河沙等世界七宝布施。	菩萨所作福德，不应贪着，是故说不受福德。
29	威仪寂灭分	须菩提！若有人言："如来若来若去、若坐若卧。"	如来者，无所从来，亦无所去，故名如来。
30	一合理相分	须菩提！若善男子、善女人，以三千大千世界碎为微尘，于意云何？	一合相者，则是不可说，但凡夫之人贪着其事。
31	知见不生分	须菩提！若人言："佛说我见、人见、众生见、寿者见。"	所言法相者，如来说即非法相，是名法相。
32	应化非真分	须菩提！若有人以满无量阿僧祇世界七宝持用布施。	闻佛所说，皆大欢喜，信受奉行。

关于这种科分的由来，南宋道川《金刚经注》云："分三十二分者，相传为梁昭明太子所立。"①后来《金刚般若波罗蜜经注解》《新镌金刚般若波罗蜜音释直解序》《答屠息庵读金刚经大意书》《金刚般若波罗蜜经郢说》《金刚经注正讹》《金刚直说》《金刚经易解》《金刚经持验记》等皆从此说。

但也有人认为昭明太子作三十二分说不可信，如清俞樾在《金刚般若波罗蜜经注》序中云："又是经本不分章，今厘为三十二分，云是梁昭明太子所定，未知然，不以意分，并妄设名目，实非善本，未足信从。"②清存吾阐说、陈氏校刊的《金刚经阐说》凡例亦云："是经自来分为三十二分，各有标题。伪托传为梁昭明太子所定，似属浅陋。"③今人顾伟康从史料传记和佛教典籍皆无昭明太子创三十二分的记载这一角度论证了昭明太子并非三十二分的创作者，实系伪托。④

至于三十二分定型的时期，马振凯推测"应基本定型于五代时期，其作者也很可

---

① X24/536B9—536B11。(J代表《续藏经》，其余数字、符号含义与《大正藏》同。)
② X25/859A13—559A15。
③ X25/869B14—869B15。
④ 顾伟康：《漫谈〈金刚经〉之科分》，2015年6月27日，http://wenku.baidu.com，2015年11月16日。

能是五代人",理由是抄写于广顺三年(953)的伯 3325 号《梁朝傅大士颂金刚经》未使用三十二分。① 这一推测是有问题的,伯 3325 号未科分,不代表《金刚经》在此之前没有科分。敦煌文献中存有一批西川过家真印本的抄本,多达十余号,皆为三十二分本。其中纪年较早的抄本,如斯 5444 号,抄写于天祐二年(905)。换言之,早在905 年之前,就已经有了刻本《金刚经》三十二分本。刻本《金刚经》三十二分本的出现与流通,说明至迟在晚唐,《金刚经》三十二分本就已经定型并广泛流通。

(二)十二分本

关于《金刚经》十二分本的记载,早已有之。隋智顗《金刚般若经疏》云:"又后魏末菩提流支译论本八十偈,弥勒作偈,天亲长行,释总三卷,分文十二分:一序分,二护念分,三住分,四修行分,五法身非身分,六信者分,七校量显胜分,八显性分,九利益分,十断疑分,十一不住道分,十二流通分。"②又敦煌写本伯 2330 号《御注金刚般若波罗蜜经宣演》卷上亦云:"菩提留支依《金刚仙记》判为十二分。"③这两条资料显示,留支曾根据《金刚仙记》将《金刚经》科分为十二分。

《金刚仙记》又名《金刚仙论》,中国历代藏经及经录未收,后《大正藏》据日本古抄本收录于卷二十五。全书凡十卷,将天亲所造《金刚般若波罗蜜经论》科分为十二分加以注解,依次为:序分,善护念分,住分,如实修行分,如来非有为相分,我空法空分,具足功德校量分,明一切众生有真如佛性分(显性分),利益分,断疑分,不住道分,流通分。其中卷五、卷六、卷九题下注:"魏天平二年(535)菩提流支三藏于洛阳译。"④因而普遍认为该书系金刚仙造,留支翻译。但唐智昇《开元释教录》卷十二云:"又有《金刚仙论》十卷,寻阅文理,乃是元魏三藏菩提留支所撰,释天亲论,既非梵本翻传,所以此中不载。"⑤认为《金刚仙论》系留支自撰,而非翻译。杨白衣推测"或许原本是梵文注释书,而经菩提流支改撰为十卷本。若然,则可说是翻译,也可说是撰述"⑥。无论是翻译,还是撰述,可以肯定的是留支对《金刚仙》的科分是非常了解的。

---

① 马振凯:《〈金刚经〉三十二分流变考》,《山东教育学院学报》2010 年第 3 期。
② T33/76A19—76A23。
③ 上海古籍出版社、法国国家图书馆:《法藏敦煌西域文献》(全 34 册),上海:上海古籍出版社,1995—2005 年,第 12 册,第 70 页。
④ T25/827C23;T25/836B15;T25/860A10。
⑤ T55/607B18—607B19。
⑥ 杨白衣:《金刚经之研究》,台北:"中华学术院"佛学研究所,《华岗佛学学报》1981 年第 5 期。

又《金刚仙论》卷十云:"弥勒世尊愍此阎浮提人,作《金刚般若经义释》并《地持论》,赍付无障碍比丘,令其流通。然弥勒世尊,但作长行释,论主天亲既从无障碍比丘边学得,复寻此经论之意,更作偈论,广兴疑问,以释此经,凡有八十偈,及作长行论释,复以此论,转教金刚仙论师等。此金刚仙,转教无尽意,无尽意复转教圣济,圣济转教菩提留支,迭相传授,以至于今,始二百年许,未曾断绝故。"①清晰地记载了留支修习《金刚经》,师承弥勒、无著(即无障碍)、天亲、金刚仙一脉。而此脉向来有科分《金刚经》的传统,如弥勒为《金刚经》造八十偈,无著造、笈多译的《金刚般若波罗蜜经论》科分为七义、十八住处,天亲造、留支译的《金刚般若波罗蜜经论》科分为二十七疑;《金刚仙论》则科分为十二分。留支还曾翻译天亲所造《金刚般若波罗蜜经论》。可见,留支依据《金刚仙记》将《金刚经》科判为十二分这一说法是有迹可循的。又隋吉藏《金刚般若疏》云:"自北土相承,流支三藏具开经作十二分释。"②表明十二分本在北方一度被广泛采用。可惜唐代以后十二分本逐渐淡出,宋以后又未被各种刻本系统的大藏经所收录,于是便日渐湮没失传了。

令人欣喜的是,敦煌写本中保存了一批留支译本《金刚经》十二分本,如北敦920号、北敦2465号、北敦4728号、北敦4825号、北敦6506号、斯3210号。这些写本虽都不完整,但相互比对补充可以发现,敦煌留支译本《金刚经》十二分本共享两套近似的标题,其中北敦920号、北敦4825号、北敦6506号、斯3210号共享甲套标题系统,北敦2465号、北敦4728号共享乙套标题系统,兹揭载如下,并与《大正藏》本《金刚仙记》《金刚般若经疏》的十二分标题略做比对,如表2所示:

表2　留支译本《金刚经》与《大正藏》本《金刚仙记》《金刚般若经疏》十二分标题比对表

科分	《金刚仙记》	《金刚般若经疏》	甲	乙
1	序分	序分	序分	(暂缺)
2	善护念分	护念分	护念付嘱分	(暂缺)
3	住分	住分	住分	住分明见道
4	如实修行分	修行分	如实修行分	修行分明修道
5	如来非有为相分	法身非身分	如来非有为相分	非有为相分
6	我空法空分	信者分	我空法空分	信者分 亦名我空法空分

---

① T25/874C15—874C24。
② T33/90C20—90C21。

科分	《金刚仙记》	《金刚般若经疏》	甲	乙
7	具足功德校量分	校量显胜分	具足功德校量分	校量胜分
8	明一切众生有真如佛性分（显性分）	显性分	真如分	真如分
9	利益分	利益分	利益分	利益分
10	断疑分	断疑分	断疑分	断疑分明无功用道
11	不住道分	不住道分	不住道分	不住道分
12	流通分	流通分	流通分	流通分

　　比对上揭四组标题，第1、9、11、12分标题完全相同，第2、3、4、5、6、7、8、10分标题虽具体用词有别，但所括大意皆相同。其中乙系统第3分标题"住分"后增"明见道"三字，第4分标题"修行分"后增"明修道"三字，第10分标题"断疑分"后增"明无功用道"五字，皆是对分名的补充说明，应是后起附加的。分析表2，一则可见留支译本十二分依《金刚仙记》科判之言可信，盖留支翻译《金刚仙记》时认同其科分之法，遂移用；二则反映了留支译本十二分本的科分结构是稳定的，但是科分标题尚未完全定型。

　　除了留支译《金刚经》十二分本，罗什译本也有作十二分的，如北敦1225号、北敦5222号、北敦14628号、北敦14876号、台图47号、羽47号。这些写本皆不完整，但所存经文正文皆合于罗什译本。就这些写本所存科分标题比对结果来看，它们也使用表2所示甲、乙两套标题，其中北敦5222号、台图47号用甲套标题系统，北敦1225号、北敦14628号、北敦14876号、羽47号共享乙套标题系统。据笔者所查，尚未见关于罗什译本十二分本由来的记载，但罗什译本十二分本既与留支译本十二分本所用科分标题系统相同，想必两者之间当有所关联。为进一步探究二者关系，兹列二种译本十二科分的起止文句对比表如表3所示：

表3　罗什译本十二分本与留支译本十二分本科分起止文句比对表

科分	留支译本		罗什译本	
	始	止	始	止
1	如是我闻。	退坐一面。	如是我闻。	敷座而坐。
2	尔时，慧命须菩提在大众中。	善付嘱诸菩萨。	时，长老须菩提在大众中。	善付嘱诸菩萨。

续表

科分	留支译本		罗什译本	
	始	止	始	止
3	世尊！云何菩萨大乘中，发阿耨多罗三藐三菩提心。	若菩萨起众生相、人相、寿者相，则不名菩萨。	世尊！善男子、善女人，发阿耨多罗三藐三菩提心。	若菩萨有我相、人相、众生相、寿者相，即非菩萨。
4	复次，须菩提！菩萨不住于事行于布施。	菩萨但应如是行于布施。	复次，须菩提！菩萨于法，应无所住，行于布施。	菩萨但应如所教住。
5	须菩提！于意云何？可以相成就见如来不？	如是诸相非相，则见如来。	须菩提！于意云何？可以身相见如来不？	若见诸相非相，则见如来。
6	须菩提白佛言："世尊！颇有众生，于未来世末世，得闻如是修多罗章句，生实相不？"	一切圣人，皆以无为法得名。	须菩提白佛言："世尊！颇有众生，得闻如是言说章句，生实信不？"	一切贤圣，皆以无为法而有差别。
7	须菩提！于意云何？若满三千大千世界七宝，以用布施。	须菩提！如来所得法，所说法，无实无妄语。	须菩提！于意云何？若人满三千大千世界七宝以用布施。	须菩提！如来所得法，此法无实无虚。
8	须菩提！譬如有人入闇，则无所见。	何况书写受持读诵修行，为人广说。	须菩提！若菩萨心住于法而行布施，如人入闇，则无所见。	何况书写、受持、读诵、为人解说。
9	须菩提！以要言之，是经有不可思议不可称量无边功德。	当知是法门不可思议，果报亦不可思议。	须菩提！以要言之，是经有不可思议、不可称量、无边功德。	当知是经义不可思议，果报亦不可思议。
10	尔时，须菩提白佛言："世尊！云何菩萨发阿耨多罗三藐三菩提心。	云何为人演说而不名说，是名为说。尔时世尊而说偈言。	尔时，须菩提白佛言："世尊！善男子、善女人，发阿耨多罗三藐三菩提心。	云何为人演说？不取于相，如如不动。何以故？
11	一切有为法。	应作如是观。	一切有为法。	应作如是观。
12	佛说是经已。	皆大欢喜，信受奉行。	佛说是经已。	皆大欢喜，信受奉行。

比对罗什译本与留支译本，可以看到，二者有一小部分起止文句完全相同，其他大部分文句虽然具体语词略有差异，但句义都是相通或相近的。换言之，罗什译本十二分本与留支译本十二分本不仅科分标题相同，而且科分起止无异。由此推测，罗什译本十二分本可能是受留支译本十二分本影响而产生的。虽然留支译本较罗什译本晚出，但文献记载只有留支译本十二分本。也许佛信徒既想诵持罗什译本，又认同留支译本的科分，遂移花接木，将留支译本的科分嫁接到罗什译本上，亦不失

为一个两全其美的方法。虽然后来留支译本的影响远不及罗什译本,但历史上,留支译本作为继罗什译本后的第二个《金刚经》译本,确实在罗什译本的流传过程中产生过重要影响,关于这点,下文"添冥司偈本"部分也将论及。

(三)六分本

隋吉藏《金刚般若疏》云:"复有人言十二分开之既其难解,取其易见裁为六章。六章者:一序分、二护念付属分、三住分、四修行分、五断疑分、六流通分。此之分别盖是学之劣者,过还同前,而患复更甚。"[①]又伯2173号《御注金刚般若波罗蜜经宣演》云:"真谛三藏,正宗分中分四:一护念付嘱、二住、三修、四断疑,兼序、流通为六分。"与伯2330号《金刚般若经疏》所记相同。

据此,可知曾有根据十二分法裁并而成的六分法真谛译本,依次为序分、护念付嘱分、住分、修行分、断疑分、流通分六分。但《金刚经》真谛译本本就流传不广,且如吉藏所批,六分法较十二分法过患更甚,六分本遂如昙花一现,笔者尚未见其存本,无从述其科分结构,姑存其目,望读者不吝赐教。

三、《金刚经》添本

(一)添冥司偈本

《大正藏》所收罗什译本《金刚经》中有如下一段文字:"尔时,慧命须菩提白佛言:'世尊! 颇有众生,于未来世,闻说是法,生信心不?'佛言:'须菩提! 彼非众生,非不众生。何以故? 须菩提! 众生、众生者,如来说非众生,是名众生。'"[②]

这段文字,《房山石经》本无,绝大多数敦煌写本中亦无,但少量写本有。有此段文字的敦煌本多在其前标有"加冥司偈六十字"七字,如北敦5534号、北敦5544号、北敦8888号、俄敦11042号、斯5451号、斯8585B—1号、津艺213号等;也有标"遗漏分添六十字"七字,如伯2094号;还有标"加六十字"四字的,如北敦3461号。敦煌本所谓"六十字",系较《大正藏》本于"众生、众生者"句少"众生"二字。但何谓"冥司偈"、"遗漏分"呢?

---

① T33/91B13—91B17。

② T8/751C16—751C19。

考敦煌写本伯 2094 号《持诵金刚经灵验功德记》载："昔长安温国寺僧灵幽忽死，经七日，见平等王。王问和尚曰：'在生有何经业？'灵幽答曰：'持《金刚经》。'王遂合掌请念。须臾念竟。王又问和尚曰：'虽诵得此经，少一偈者何？'灵幽答王曰：'小师只依本念，不知欠何偈？'王曰：'和尚寿命已尽，更放十年活。此经在濠州城西石碑上自有真本，令天下传。'其僧却活，具说事由矣。"

又清周克复纂《金刚经持验记》云："唐释灵幽，在京大兴善寺出家。长庆二年（822）暴亡。七日未殡，自见二使者引见冥王。敕问所作，以'一生尝持《金刚经》'为对。王合掌赐坐，命幽朗诵一遍。地狱诸苦，一时停息。诵毕，又问幽曰：'经中尚少一章，师寿合终，今增寿十年，归劝世人受持。真本在濠州钟离寺石碑上。'幽还魂，具表奏闻。敕遣中使往濠州，碑上'无法可说，是名说法'后增'尔时慧命须菩提'至'如来说非众生，是名众生'，是也。补阙真言与石碑真本，俱自冥府传授。世世众生，有佛引其前，有阎罗鞭其后，始知佛与阎罗都是慈悲功德主。"①

相似文字，宋赞宁等撰《宋高僧传》卷二《唐上都大温国寺灵幽传》、明解缙总编《永乐大典》卷七五四三《金刚证验赋》及明曾凤仪《金刚经宗通》等皆有记载。

这则灵验故事讲述的是，唐释灵幽入冥司诵《金刚经》，冥王听后指出经文少一偈，于是指点灵幽据濠州石碑真本补入，并为灵幽延寿，令其返回人间劝人受持补入本。"冥司偈"云云，盖由此而来。

又考明广伸《金刚般若波罗蜜经鎞》于这段文字下注云："此段秦译古本刊定皆无，魏译则有，近见秦本亦有，故存之。"②明元贤《金刚略疏》亦云："此六十二言，原出魏本，秦本所无。今考二论，皆有释文，故亦添入。"③

核对留支译本，确有这段译文，一字不差。无著、世亲所造《金刚般若波罗蜜经论》中也确有对这段文字的论释。那么罗什译本中这段文字的来源也就清晰了，受持者将罗什译本与后出的留支译本对比时，发现罗什译本少一段，而查《金刚般若波罗蜜经论》有关于这段文字的论释，于是推测是罗什翻译时遗漏了这段文字，故将留支译本的这段文字原封不动地补入罗什译本中。根据异出本增补文字，在佛经流传中并不少见。这也就解释了为什么这段文字又被称为"遗漏分"。④

---

① X87/537C21—538A6。

② X25/95A4—95A5。

③ X25/163C17—163C18。

④ 参看张涌泉：《敦煌变文校读札记》，《中华文史论丛》（第 63 辑），2001 年。

关于这六十二字的增补时间、地点，方广锠根据灵验记与敦煌本称之为"冥世偈"，认为"增补之事发生在晚唐。根据有关史料，这段'冥世偈'是灵幽法师于唐长庆二年所加"[①]。杨宝玉也根据灵验记等材料认为"可确证增补之事最初发生在晚唐时的长安"[②]。这两种说法恐有失偏颇。灵验记毕竟附加了太多灵异色彩，不可尽信。如果根据灵验记判定这段文字最早由灵幽法师于长庆二年（822）在长安添加，那么灵验记中所提的濠州石碑真本又是谁增添的呢？石刻本在古代往往是作为标准版本供人校抄的。可见在灵幽法师入冥之前，已有添本，并且添本已经得到了一定程度的认可。

只是《金刚经》毕竟是佛经，佛法庄严，信众不敢轻易增添文字。清通理《金刚新眼疏经偈合释》云："此段约魏本有，秦本则无，近时秦本中乃后人补入。《纂要》（《金刚经纂要》）不释，《刊定记》（《金刚经纂要刊定记》）略要叙释，今见弥勒偈中义有，故准前后释之。"[③]又清《金刚般若经疏记会编》云："经文十八、十九二疑之间有'尔时慧命须菩提'至'是名众生'一段，计六十二字。秦译原无，系后人添入，故《疏》（《金刚般若经疏》）不释。然魏译有之，二论亦皆释之，添亦无失。况记有补释之文，今从世本添入，如秦译《法华》普门品中添入隋偈，亦无失也。"[④]

可见，古人对是否补入这六十二字是持不同态度的：有些彻底"不释"，如引文提到的《金刚经纂要》《金刚般若经疏》；有些"略要叙释"，如《金刚经纂要刊定记》；有些则在谨慎地考证了弥勒偈，无著、世亲二论皆释之且添偈之事有例可循时才稍稍敢说"添亦无失"，如《金刚新眼疏经偈合释》《金刚般若经疏记会编》。

综合以上材料加以推测，添冥司偈本的产生大概经历了这样一个过程：留支本译出后，有些信众自发地根据留支译本补充罗什译本，增添了这段文字，但另有些人并不认同这种做法，或对此存有疑虑。很长一段时间，罗什译本都处于原本与添本并行流通的状态，很可能原本还是占主导地位的。唐时濠州钟离寺于石碑上刻添本，灵幽等支持添本的僧众为了推广添本，并提高可信度，增强号召力与说服力，于是编造了冥王传授冥司偈，并赐灵幽十年寿命，令其返回人间规劝世人受持真本的故事。所以，笔者认为，"冥司偈"这一标目的添加确实始于唐长庆二年（822）灵幽入

---

①　方广锠：《藏经洞敦煌遗书与敦煌地区的大藏经》，收于张弓主编：《敦煌典籍与唐五代历史文化》，北京：中国社会科学出版社，2006年，第205—206页。

②　杨宝玉：《敦煌本佛教灵验记校注并研究》，兰州：甘肃人民出版社，2009年，第68页。

③　X25/273C16—273C18。

④　X25/500B4—500B8。

冥这一灵验记流通后,但这六十二字的内容却可能在留支本译出后就陆续有人添加了,只是在灵验记流通后才被更多人接受,得到更广泛的推广。

(二)附真言本

《金刚经》罗什译本原本卷尾无任何附加文字,但后来受密教影响,有些本子开始在卷末尾题后附加真言或陀罗尼。真言,梵文 mantra 意译,意指有深奥教法的密语;陀罗尼是梵文 Dhāraṇī 的音译,意为忆持不忘。二者后来时有混称(下文为简洁,统称"真言")。尾题后附加真言,严格来说不能算添本,但因为目前流通最广的《大正藏》罗什译本末亦附真言"那谟婆伽跋帝钵喇壤波罗弭多曳唵伊利底伊室利输卢驮毗舍耶毗舍耶莎婆诃"[①],所以似乎有必要简要讨论下。

敦煌文献中附真言的《金刚经》写本并不多,而且所附真言也有多种,就笔者所见,敦煌本附真言的情况如表4所示:

表4　敦煌本《金刚经》附真言情况统计表

序号	所附真言	卷号
1	金刚经陀罗尼神咒	北敦480号、北敦3460号2、北敦5796号3、北敦1925号11
2	大身真言	斯5291号、斯5446号
3	大身真言 随心真言 心中心真言	北敦3461号、西川真印本抄本(北敦8888号2、北敦8891号2、北敦10902号2、斯5451号、斯5534号、斯5544-1号、斯5669-1号、斯6726号、俄11043号、俄10954+俄5126号、斯5450-1号、斯5444号)、伯4515号、津艺213号

表中所列四种真言内容如下:

1.金刚经陀罗尼神咒(据北敦480号录):

南谟薄伽罚帝钵啰让钵啰底伊利底伊利底伊室利伊室利输鲁驮输鲁驮毗逝泄毗逝泄莎婆诃

2.大身真言(据西川过家真印本抄本北敦8888号2录):

那谟婆伽跋帝钵喇壤波罗弭多曳唵伊利底伊室利输卢驮毗舍耶毗舍耶莎婆呵

3.随心真言(据西川过家真印本抄本北敦8888号2录):

那谟婆伽薄帝钵喇壤波罗蜜多曳怛侄他唵哞伐折罗輮囕莎婆诃

4.心中心真言(据西川过家真印本抄本北敦8888号2录):

---

① T8/752C4—752C7。

嗡鸣伦泥沙莎婆诃

以上真言都是梵文音译，具体到各个敦煌本，所用文字可能略有差别，但所记发音都是相同或相近的，如"薄"又作"跋"，"诃"又作"呵"等。

比对表4，可知《大正藏》所附真言就是敦煌本中的第二种情况，即单附"大身真言"。而敦煌本中附真言最常见的情况是第三种，依次附"大身真言""随心真言""心中心真言"，其中伯4515号同西川真印本都是刻本，其流通广度绝不是其他各种写本所能企及的。由此推测，这一版本当是唐五代晚期较为通行的版本。

至于附加真言的作用，不外乎增强受持功德。如北敦480号、北敦3460号2于所附"金刚经陀罗尼神咒"后题："若有人诵此咒一遍，胜诵《金刚经》一万九千遍。"又如北敦5796号3于所附"金刚经陀罗尼神咒"前题"诵《金刚经陀罗尼》一遍，如诵《金刚经》一万九千遍"，后题"诵此咒一七遍，如转一切经八万遍，灭无量生死重罪"。北敦1925号1亦于所附"金刚经陀罗尼咒"前题："诵《金刚经陀罗尼》一遍，如诵《金刚经》一万九千遍。"

上文以敦煌文献为中心，对《金刚经》的译本、分本、添本等版本及敦煌见存情况都做了一个简单的梳理，但由于敦煌文献中《金刚经》写本及刻本众多，版本复杂，所述容或不尽周全，敬请方家不吝赐教。

（作者单位：浙江大学古籍研究所）

《金光明最胜王经》敦煌残卷缀合研究
——以散藏敦煌文献为中心

朱若溪

敦煌文献主要收藏于中国国家图书馆、英国国家图书馆、法国国家图书馆、俄罗斯科学院东方学研究所圣彼得堡分所,所收写卷共计五万余号,占敦煌文献的大多数。然而尚有许多敦煌文献散见于海内外的其他收藏机构,这部分敦煌文献被统称为"散藏敦煌文献"。

由于敦煌文献在使用过程中的破损、散碎及被收藏过程中人为的破坏、割裂,今日所见的敦煌文献多为残卷、残片,且常常有某一写卷上半截在一处收藏机构,下半截在另一处收藏机构,乃至原属同一写卷的多个残卷分别被保存在多家收藏机构中的情况。这种情况既经常出现于中、英、法、俄四大收藏地所藏的敦煌文献,也常见于散藏敦煌文献之中。本文就以已公布图版的《金光明最胜王经》写本为例,探讨一下散藏敦煌文献的缀合问题。

已公布图版的散藏敦煌文献《金光明最胜王经》写本,计中国国家博物馆藏1号,中国书店藏5号,北京大学图书馆藏6号,清华大学藏1号,上海图书馆藏2号,上海博物馆藏2号,天津图书馆藏4号,天津市艺术博物馆藏5号,天津文物公司藏1号,台湾"中央图书馆"藏7号,台北傅斯年图书馆藏1号,日本杏雨书屋藏18号,中村不折旧藏2号,日本大谷大学藏1号,另外,《甘肃藏敦煌文献》收入10号,《浙藏敦煌文献》收入8号,《敦煌莫高窟北区石窟》收入2号。以上共计76号,其中有16号写卷可与其他写卷缀合。兹据各组写卷缀合后所存经文的先后顺序,试缀合如下。不当之处,敬请方家教正。

文中"斯"指的是英国国家图书馆所藏敦煌文献斯坦因编号(据微缩胶卷、《敦煌宝藏》[1]);"北敦"指的是《国家图书馆藏敦煌遗书》[2]敦煌写卷编号;"津图"指的是

---

① 台北:新文丰出版公司,1981—1986年。
② 北京:北京图书馆出版社,2005—2012年。

《天津图书馆古籍善本图录》①藏品编号；"羽"为日本杏雨书屋藏敦煌写卷编号（据《敦煌秘笈》②）；"北大 D"为《北京大学图书馆藏敦煌文献》③敦煌写卷编号；"敦博"为敦煌市博物馆藏敦煌写卷编号（据《甘肃藏敦煌文献》④）；"浙敦"为《浙藏敦煌文献》⑤敦煌写卷编号；"津艺"为《天津市艺术博物馆藏敦煌文献》⑥敦煌写卷编号；"台图"为台湾"中央图书馆"藏敦煌写卷编号（据《敦煌卷子》⑦）；"俄敦"为《俄藏敦煌文献》⑧敦煌写卷编号。

一、斯 5907 号＋斯 2813 号＋北敦 7159 号＋津图 122 号

1. 斯 5907 号，图见《敦煌宝藏》44/558。1 纸。后部如图 1-1 右部所示，首残尾缺，存 23 行，行约 17 字。首题"金光明最胜王经灭业障品第五"。标题下方及次二行下部有残泐。楷书。有乌丝栏。

2. 斯 2813 号，图见《敦煌宝藏》23/563A—565A。4 纸。⑨ 前部如图 1-1 左部所示，后部如图 1-2 右部所示，首缺尾残，存 90 行（1、3 纸每纸 25 行，2 纸 24 行，后纸 16 行），行约 17 字，末行上部四字残泐。楷书。有乌丝栏。原卷无题，《英伦博物馆汉文敦煌卷子收藏目录》题为"金光明最胜王经卷三第五品"，⑩《敦煌遗书总目索引》泛题为"佛经"，⑪《敦煌宝藏》拟题为"金光明最胜王经卷第三"。

3. 北敦 7159 号（北 1625；师 59），图见《国家图书馆藏敦煌遗书》（以下简称"《国

---

① 天津：天津古籍出版社，2009 年。
② 大阪：武田科学振兴财团，2009—2013 年。
③ 上海：上海古籍出版社，1995 年。
④ 兰州：甘肃人民出版社，1999 年。
⑤ 杭州：浙江教育出版社，2000 年。
⑥ 上海：上海古籍出版社，1996—1997 年。
⑦ 台北：石门图书公司，1976 年。
⑧ 上海：上海古籍出版社，1992—2001 年。
⑨ 《敦煌宝藏》斯 2813 号第 2 图图版，563B 首 20 行上端及第 19、20 行中部，皆似有纸张裁切后再黏合的痕迹，然 563A 末 3 行（即 563B 首 3 行）与 564A 首 2 行（即 563B 第 19、20 行）却并无裁切痕迹；564B 图版首 16 行上部、第 17—20 行中部，亦皆有类似痕迹，然前后页图版相同位置并无裁切痕迹。因此，无法据现有图版判断斯 2813 号是否经历过纸张中部裁切后再粘贴的过程。此处仅据可确定的黏合处，将斯 2813 号分为 4 纸。
⑩ Lionel Giles, *Descriptive Catalogue of the Chinese Manuscripts from Tun—huang in the British Museum*, London：The Trustees of the British Museum，1957，p55. 下同。
⑪ 商务印书馆编：《敦煌遗书总目索引》，北京：中华书局，1983 年，第 166 页。下同。

图》")95/257A—258A。3 纸。前部如图 1-2 左部所示,后部如图 1-3 右部所示,首残尾缺,存 60 行(首纸 10 行,后二纸每纸 25 行),行约 17 字,首行仅存行端四残字,次行中部残缺。楷书。有乌丝栏。原卷无题,《国图》拟题"金光明最胜王经卷三"。《国图》条记目录称该卷为 7—8 世纪唐写本。

4.津图 122 号,图见《天津图书馆古籍善本图录》(以下简称"《津图善本》")(下)/354A—355A。1 纸。前部如图 1-3 左部所示,首尾皆缺,存 25 行,行约 17 字。楷书。有乌丝栏。原卷无题,《津图善本》题为"金光明最胜王经卷三",并称该卷为唐写本。

图 1-1　斯 5907 号(局部)＋
斯 2813 号(局部)缀合图

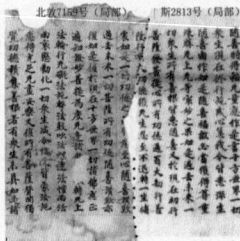

图 1-2　斯 2813 号(局部)＋
北敦 7159 号(局部)缀合图

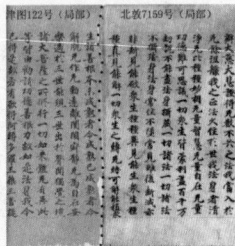

图 1-3　北敦 7159 号(局部)＋
津图 122 号(局部)缀合图

按:上揭四号皆为《金光明最胜王经》卷三残卷,且其内容前后相承,可以缀合。缀合后如图 1-1、图 1-2、图 1-3 所示,四号依次左右相接,衔接处断痕大致吻合,斯 5907 号末行行末"击大法"与斯 2813 号首行行首"鼓"相连成句,中无缺字;斯 2813 号与北敦 7159 号衔接处上端原本分属二号的"有大功"三字得以复合为一;北敦 7159 号末行行末"能植众"与津图 122 号首行行首"生诸善根本"相连成句,中无缺字。斯 2813 号后纸 16 行与北敦 7159 号首纸 10 行拼接后该纸 25 行,正与前后各纸每纸大抵 25 行的用纸规格相合。又此四号行款相同(皆有乌丝栏,行约 17 字,字体大小、行距字距皆相近),书风书迹似同(比较表 1 所举例字),可资参证。四号缀合后,残卷所存内容始首题,至"共诸众生同证阿耨多罗三藐三菩提"句前 14 字止,相应文字参见《大正藏》T16/413C9—416A17,约占全卷十分之六。

表 1　斯 5907 号、斯 2813 号、北敦 7159 号与津图 122 号用字比较表

例字＼卷号	善	耨	世	释	是	涅	盘	念
斯 5907 号	善	耨	世	释	是			念
斯 2813 号＋北敦 7159 号	善	耨	世	释	是	涅	躲	念
津图 122 号	善	耨	世	释	是	涅	躲	

二、羽 403 号＋斯 4653 号

1. 羽 403 号，图见《敦煌秘笈》5/237—238。3 纸。后部如图 2 右部所示，首缺尾残，存 69 行（1、2 纸每纸 28 行，3 纸 13 行），行 17 字，末行中下部残泐逐渐加剧。楷书。有乌丝栏。原卷无题，《敦煌秘笈》拟题"金光明最胜王经灭业障品"。

2. 斯 4653 号，图见《敦煌宝藏》37/245A—248B。5 纸。前部如图 2 左部所示，首尾皆残，存 113 行（前纸 16 行，第 2—4 纸每纸 28 行，后纸 13 行），行 17 字，首行仅存中下部残字（自下而上残泐加剧）。楷书。有乌丝栏。原卷无题，《敦煌遗书总目索引》泛题"佛经"，《敦煌宝藏》拟题"金光明最胜王经卷第三"。

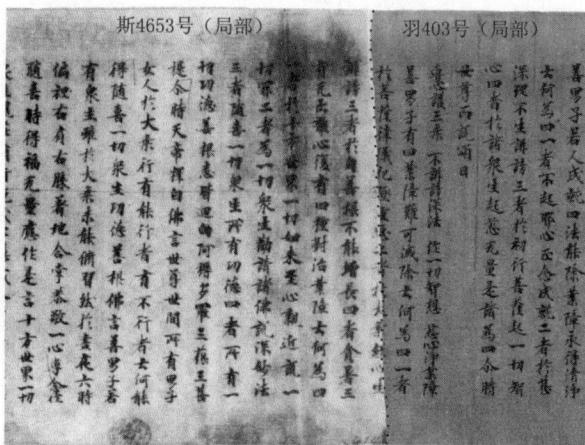

图 2　羽 403 号（局部）＋斯 4653 号（局部）缀合图

按：上揭二号皆为《金光明最胜王经》卷三残卷，且其内容前后相承，可以缀合。缀合后如图 2 所示，二号左右相接，衔接处断痕吻合，原本分属二号的"犯极重恶二者于大乘经"诸字得以复合为一。羽 403 号后纸 13 行与斯 4653 号首纸 16 行拼合

后该纸 28 行,与二号每纸 28 行的用纸规格相合。又二号行款相同(皆有乌丝栏,行 17 字,字体大小、行距字距相近),书风书迹似同(比较二号"一"字走向,"四"字横折部分等),可资参证。二号缀合后,残卷所存内容始"以身语意稽首归诚"句后四字,止"于后夜中获甘露法"句前四字右部残笔,相应文字参见《大正藏》T16/414A10—416A26,约占全卷二分之一强。[1]

三、羽 348 号十北敦 6510 号

1. 羽 348 号,图见《敦煌秘笈》5/64B。2 纸。后部如图 3 右部所示,首全尾残,存 23 行,行约 17 字;首纸 6 行,次纸 17 行,二纸字迹不同,首纸当属后来配补,首纸末行行末"得"字次纸首行行首重出,衍其一,乃属于二卷缀接难以完全衔接留下的痕迹,原卷前一"得"字右下侧标有一"卜"形符号表示删去。首题"金光明最胜王经最净地陀罗尼品第六",下署卷数"四"及"三藏法师义净奉制译"字样。楷书。有乌丝栏。

2. 北敦 6510 号(北 1656;淡 10),图见《国图》88/259B—267B。9 纸。前部如图 3 左部所示,首残尾全,存 346 行,行约 17 字,首行仅存中上部左侧残形。尾题"金光明经卷第四",卷末附音义。楷书。有乌丝栏。《国图》条记目录称该卷为 8—9 世纪吐蕃统治时期写本。

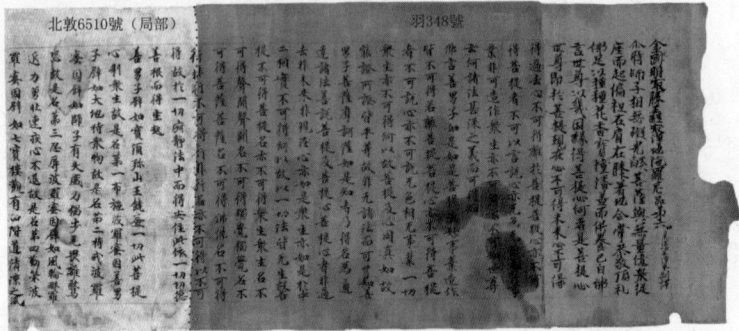

图 3 羽 348 号(局部)十北敦 6510 号(局部)缀合图

按:上揭二号皆为《金光明最胜王经》卷四残卷,且其内容前后相承,可以缀合。缀合后如图 3 所示,二号左右相接,衔接处断痕吻合,原本分属二号的"行非行不可

① 〔日〕日本大正一切经刊行会:《大正新修大藏经》,台北:佛陀教育基金会出版部,1990 年。以下简称《大正藏》。

得行非行名亦"诸字皆得以复合为一。又二号行款相同(皆有乌丝栏,行约 17 字,字体大小、行距字距相近),书风书迹似同(比较二号"一"字的笔势走向及"如""知"字中构件"口"的写法),可资参证。二号缀合后,全卷首尾完整。

四、羽 533 号＋津图 175 号

1.羽 533 号,图见《敦煌秘笈》7/48—50。4 纸。后部如图 4 右部所示,首尾皆缺,存 100 行,行约 17 字。楷书。有乌丝栏。原卷无题,《敦煌秘笈》拟题"金光明最胜王经卷第四"。

2.津图 175 号,图见《津图善本》(下)/399。残片。如图 4 左部所示,存 6 行,行约 17 字。楷书。有乌丝栏。原卷无题,《津图善本》拟题"金光明最胜王经卷四",并称该卷为归义军时期写本。

按:上揭二号皆为《金光明最胜王经》卷四残卷,且其内容前后相承,可以缀合。缀合后如图 4 所示,二号左右相接,羽 533 号末行下部"无不盈满,菩萨悉见"与津图 175 号首行行首"善男子! 二地菩萨"先后衔接,中无缺字。二号行款格式相同(皆有乌丝栏,行约 17 字,天头地脚高度近同,字体大小、行距字距相近),书风书迹似同(比较表 2 所举例字)。二号缀合后,二号天头所存有规律出现的水渍形状相似,可资参证。二号缀合后,残卷所存内容始"善男子譬如宝须弥山王"句,至"充布地上,菩萨悉见"句止,相应文字参见《大正藏》T16/418A20—419B15,约占全卷十分之三强。

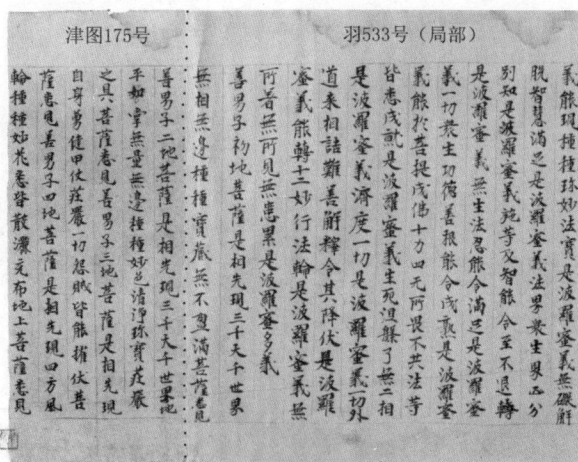

图 4　羽 533 号(局部)＋津图 175 号缀合图

表 2　羽 533 号与津图 175 号用字比较表

卷号＼例字	萨	边	菩	勇	无	能	庄
羽 533 号	薩	邊	菩	勇	無 無	能	莊
津图 175 号	薩 薩	邊	菩	勇	無 無	能	莊

五、北大 D157 号＋北敦 2451 号＋斯 6437 号

1. 北大 D157 号，图见《北大》2/148A—149A。3 纸。后部如图 5-1 右部所示，首尾皆残，存 63 行（首纸 20 行，次纸 28 行，后纸 15 行），所存皆为偈颂，行 14 字，前四行上端残缺，末行中下部左侧略残（自上而下残泐逐渐加剧）。楷书。有乌丝栏。原卷无题，《北大》拟题"金光明最胜王经莲花喻赞品第七"，叙录称其为唐写卷子。

2. 北敦 2451 号（北 1728；成 51），图见《国图》34/244A—246A。4 纸。前部如图 5-1 左部所示，后部如图 5-2 右部所示，首尾皆残，存 98 行（首纸 14 行，第 2—4 纸每纸 28 行），行 17 字（偈颂部分行 14 字），首行仅存中下部若干字左侧残笔（自下而上残泐加剧），末行仅存右半残字。楷书。有乌丝栏。卷中有品题"金光明最胜王经金胜陀罗尼品第八""金光明最胜王经显空性品第九"。《国图》条记目录称该卷为 8—9 世纪吐蕃统治时期写本。

3. 斯 6437 号，图见英藏敦煌文献微缩胶卷。10 纸。前部如图 5-2 左部所示，首残尾全，存 236 行（首纸仅存 1 行，第 2—9 每纸 28 行，后纸 11 行），行 17 字（偈颂部分行 14 字），首行仅存左半残字。尾题"金光明最胜王经卷第五"，卷末附音义。楷书。有乌丝栏。

图 5-1　北大 D157 号（局部）＋北敦 2451 号（局部）缀合图

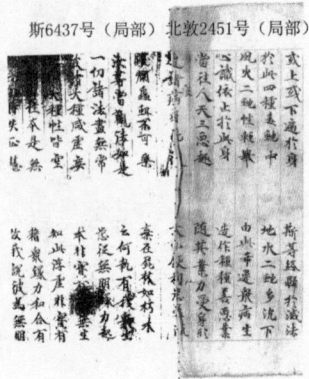

图 5-2　北敦 2451 号（局部）＋斯 6437 号（局部）缀合图

按：上揭三号皆为《金光明最胜王经》卷五残卷，且其内容前后相承，可以缀合。缀合后如图 5-1、图 5-2 所示，三号依次左右相接，北大 D157 号与北敦 2451 号衔接处"此金""忏悔力""当获福德净光明"诸字、北敦 2451 号与斯 6437 号衔接处"遭诸病身死后，大小便利悉盈流"诸字皆得以复合为一；北敦 2451 号末行残字上部"诸"后脱漏"疾"字，该号在右侧以小字补出，而斯 6437 号首行该句残字原写亦漏"疾"字；北大 D157 号末纸 15 行和北敦 2451 号首纸 14 行、北敦 2451 号末纸 28 行（末行左半残泐）和斯 6437 号首纸 1 行（右半残泐）拼合后均为 28 行，正与前后各纸每纸 28 行的用纸规格吻合。又此三号行款格式相近（皆有乌丝栏，行 17 字，偈颂部分行 14 字），书风书迹似同，可资参证。三号缀合后，所存内容始"过去未来现在佛"句后四字，至卷末音义止，相应文字参见《大正藏》T16/422C5—427B13，所存内容几近整卷。

六、北敦 8516 号＋羽 457－16 号＋羽 457－2 号

1. 北敦 8516 号（北 8548；推 16），图见《国图》103/119A—119B。2 纸，纸高 25.7 厘米。后部如图 6 右部所示，首残尾缺，存 36 行（首纸 8 行，第 2 纸 28 行），行 17 字，前四行上部残泐。楷书。有乌丝栏。原卷无题，《国图》拟题"金光明最胜王经卷五"，条记目录称该卷为 8—9 世纪吐蕃统治时期写本。

2. 羽 457－16 号，图见《敦煌秘笈》6/72。2 纸，纸高 25.8 厘米。如图 6 中部所示，首尾皆缺，首纸仅存不到半行的空白纸边，次纸存 16 行，行 17 字。楷书。有乌丝栏。原卷无题，《敦煌秘笈》拟题"金光明最胜王经卷第五"，叙录称该卷系厚麻纸，可能为木笔书写。

3. 羽 457－2 号，图见《敦煌秘笈》6/48。2 纸，纸高 25.8 厘米。如图 6 左部所示，首尾皆缺，存 21 行（首纸 12 行，次纸 9 行），行 17 字。楷书。有乌丝栏。原卷无题，《敦煌秘笈》拟题"金光明最胜王经卷第五，依空满愿品"，叙录称该卷系厚手纸，为毛笔书写。

按：上揭三号皆为《金光明最胜王经》卷五残卷，且其内容前后相承，可以缀合。缀合后如图 6 所示，三号依次左右相接，衔接处断痕吻合，北敦 8516 号末行行末"车兵"与羽 457－16 号首行"等众"相连成句，羽 457－16 号末行行末"但妄思量"与羽 457－2 号首行行首"行非行相"相连成句，中无缺字。羽 457－16 号次纸 16 行与羽

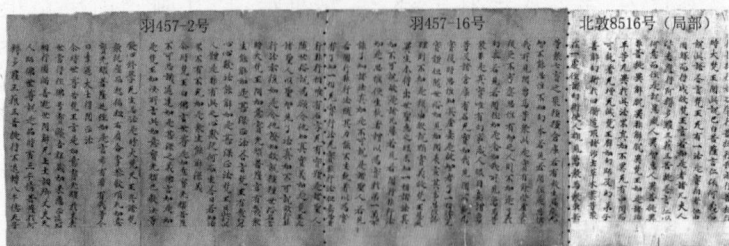

图 6　北敦 8516 号（局部）＋羽 457－16 号＋羽 457－2 号缀合图

457－2 号首纸 12 行拼合后该纸 28 行，与北敦 8516 号第 2 纸整纸 28 行相合。又此三号行款格式相同（纸高相当，皆有乌丝栏，行 17 字，天头地脚高度接近，行距、字体大小相近），书风书迹似同（比较表 3 所举例字），可资参证。三号缀合后，所存内容始"善女天"句后二字左侧残笔，至"八千亿天子"句止，相应文字参见《大正藏》T16/425B18—426B9，所存内容约占全卷五分之一弱。

表 3　北敦 8516 号、羽 457－16 号与羽 457－2 号用字比较表

例字＼卷号	不	作	法	所	有	若	人
北敦 8516 号	不	作	法	所	有	若	人
羽 457－16 号	不	作	法	所	有	若	人
羽 457－2 号	不	作	法	所	有	若	人

又，上揭三号既可缀合为一，而《敦煌秘笈》称羽 457－16 号为厚麻纸，可能为木笔书写，又称羽 457－2 号为厚手纸，为毛笔书写，断语不一，宜再斟酌。

七、北敦 10029 号＋敦博 40 号

1. 北敦 10029 号（L158），图见《国图》107/85A。残片。如图 7 右上部所示，存 10 残行，每行存上部 7—10 字，末行左侧残泐。楷书。有乌丝栏。原卷无题，《国图》拟题"金光明最胜王经卷五"，条记目录称该卷为 9—10 世纪归义军时期写本。

2. 敦博 40 号，图见《甘肃藏敦煌文献》6/46A—47A。2 纸。前部如图 7 左下部所示，首残尾全，存 60 行，行约 17 字，首 2 行上部残缺，3—9 行中部有残破，第 3 行上部仅存左侧残画。尾题"金光明经卷第五"，卷末附音义。楷书。有乌丝栏。

按：上揭二号皆为《金光明最胜王经》卷五残卷，且其内容前后相承，可以缀合。

图 7　北敦 10029 号＋敦博 40 号（局部）缀合图

缀合后如图 7 所示，北敦 10029 号与敦博 40 号左右相接，衔接处断痕吻合，原本分属二号的"敬而白佛言世尊"诸字得以复合为一，北敦 10029 号倒数第 2 行行末残笔与敦煌 40 号第 2 行行首残笔恰可拼合出"右"字残形。又二号行款相近（皆有乌丝栏，补足所缺文字后均行约 17 字，天头高度相近，行距字距大小相近），书风字迹近同，可资参证。二号缀合后，残卷所存内容始"梵王，譬如转轮圣王"句，讫卷末音义止，相应文字参见《大正藏》T16/426C3—427B13，约占全卷五分之一弱。

八、浙敦 74 号＋北敦 4530 号 1

1.浙敦 74 号（浙博 49 号），图见《浙藏敦煌文献》197A。1 纸。后部如图 8 右部所示，首残尾缺，存 25 行，行 28—30 字，首 3 行下部残缺。楷书。有乌丝栏。原卷无题，《浙藏敦煌文献》题为"尊胜陀罗尼经"，误；《浙藏敦煌文献校录整理》更正为"金光明最胜王经卷第六四天王护国品第十二"[①]。《浙藏敦煌文献》称本卷为唐写本。

2.北敦 4530 号 1（北 1805；岗 30），图见《国图》61/69B—70B。3 纸。前部如图 8 左部所示，首缺尾全，存 77 行，行 28—30 字。尾题"金光明最胜王经卷第六"。楷书。有乌丝栏。《国图》条记目录称该卷为 8—9 世纪吐蕃统治时期写本。后为《金光明最胜王经》卷七内容，《国图》编为北敦 4530 号 2。

①　黄征、张崇依：《浙藏敦煌文献校录整理》（2 册），上海：上海古籍出版社，2012 年，下册，第 420 页。

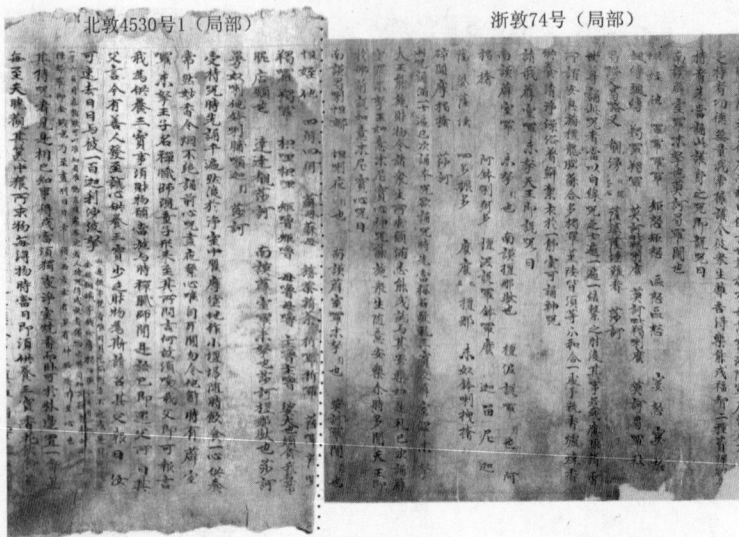

北敦4530号1（局部）　　　　　浙敦74号（局部）

图 8　浙敦 74 号（局部）＋北敦 4530 号 1（局部）缀合图

按：上揭二号皆为《金光明最胜王经》卷六残卷，且其内容前后相承，可以缀合。缀合后如图 8 所示，二号左右相接，浙敦 74 号末行行末"莫诃啰阇引也"与北敦 4530 号 1 首行行首"怛姪他"先后衔接，中无缺字。又二号行款格式相近（皆有乌丝栏，行 28 至 30 字，行距、版心高度、字体大小均相近），书风书迹似同（参见表 4 所举例字），可资参证。二号缀合后，所存内容始"尔时世尊复告四天王"句，至卷末止，相应文字参见《大正藏》T16/430B24—432C10，所存内容约占全卷五分之三。

表 4　浙敦 74 号与北敦 4530 号 1 用字比较表

卷号 ＼ 例字	无	着	满	共	拥	一	咒	羯
浙敦 74 号	無	著	滿	共	擁	一	呪	羯
北敦 4530 号 1	無	著	滿	共	擁	一	呪	羯

九、北敦 1749 号＋北敦 6232 号＋津艺 308 号

1. 北敦 1749 号（北 1870；往 49），图见《国图》24/177A—181B。9 纸。后部如图 9-1 右部所示，首残尾缺，存 228 行（首纸 27 行，第 2—8 纸每纸 28 行，后纸 5 行），行 17 字。首题"金光明最胜王经大辩才天女品之余"，下署卷数"八"。标题及其后 9 行下部有残泐。楷书。有乌丝栏。《国图》条记目录称该卷为 8—9 世纪吐蕃统治时

期写本，又称该卷首纸长 43 厘米，后纸长 8 厘米，第 2—8 纸每纸长约 44.3 厘米，纸高 25.5 厘米。

2. 北敦 6232 号（北 1888；海 32），图见《国图》83/115A—116B。3 纸。前部如图 9-1 左部所示，后部如图 9-2 右部所示，首缺尾残，存 75 行（首纸 23 行，次纸 28 行，后纸 24 行），行 17 字。末行仅存行首一字右侧残笔，倒 2 行存行首一字，倒 3 行中下部残渍（下部若干字仅存右侧残画）。卷中有品题"金光明最胜王经僧慎尔耶药叉大将品第十九"。楷书。有乌丝栏。《国图》条记目录称该卷为 8—9 世纪吐蕃统治时期写本，又称该卷 3 纸依次长 36.3 厘米、44.5 厘米、33＋4（"＋"号后为残行长度）厘米，纸高 25.8 厘米。

3. 津艺 308 号，图见《天津艺术博物馆藏敦煌文献》（以下简称"《津艺》"）7/7B—9B。5 纸。前部如图 9-2 左部所示，首残尾全，存 114 行（首纸 7 行，第 2—4 纸每纸 28 行，后纸 23 行），行 17 字，首 2 行上部残缺，首行下部右侧有残渍。尾题"金光明最胜王经卷第八"，卷末附音义。楷书。有乌丝栏。《津艺》叙录称该号为五代写卷子，又称该卷纸广 187 厘米，高 25.5 厘米，纸幅 44 厘米。由该卷第 2—5 纸纸张皆完整（后纸无燕尾，包括空行在内共 28 行，所存总行数与第 2—4 纸相同），可推出津艺 308 号的首纸 7 行纸长 11 厘米。

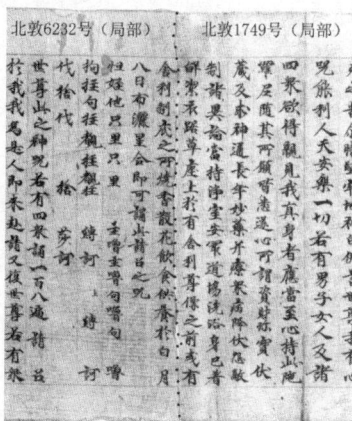

图 9-1　北敦 1749 号（局部）＋北敦 6232 号（局部）缀合图

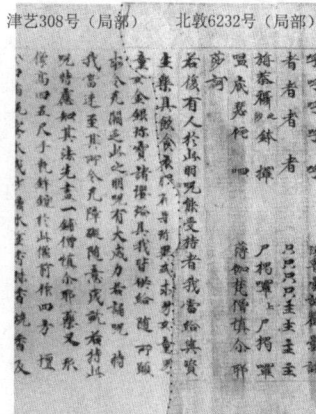

图 9-2 北敦 6232 号（局部）＋津艺 308 号（局部）缀合图

按：上揭三号皆为《金光明最胜王经》卷八残卷，且其内容前后相承，可以缀合。缀合后如图 9-1、图 9-2 所示，北敦 1749 号与北敦 6232 号左右相接，北敦 1749 号末行行末"或有"与北敦 6232 号首行行首"舍利制底之所"相连成句，中无缺字；北敦

6232 号与津艺 308 号左右相接,衔接处断痕基本吻合,由上至下原本分属二卷的"求""衣服""异或求""女童男"诸字得以复合为一。北敦 1749 号后纸 5 行与北敦 6232 号首纸 23 行拼接后该纸 28 行,长 44.3 厘米,北敦 6232 号后纸 24 行与津艺 308 号首纸 7 行拼接后该纸亦 28 行,长约 44 厘米,正与前后各纸每纸 28 行、纸长 44 厘米—44.3 厘米的用纸规格吻合。又三号行款格式相近(皆有乌丝栏,行 17 字,天头地脚高度相近,行距字距、字体大小均相近),书风书迹似同(比较三卷中"一"字的走势及"知""如"等字中部件"口"的写法),可资参证。三号缀合后,全卷首尾完整。

上揭三号既可缀合为一,而《国图》条记目录称北敦 1749 号和北敦 6232 号为 8—9 世纪吐蕃统治时期写本,而《津艺》叙录称津艺 308 号为五代时期写本,二者断代有一定出入,未详孰是。

十、北敦 11548 号十羽 136 号

1. 北敦 11548 号(L1677),图见《国图》109/266A。残片。如图 10 右部所示,存 4 残行,每行存中上部 11—20 字。首题"金光明最胜王经大辩才天女品之余",下署卷数"八"及"三藏法师"字样,下残。楷书。有乌丝栏。《国图》条记目录称该卷为 8—9 世纪吐蕃统治时期写本。

2. 羽 136 号,图见《敦煌秘笈》2/267—270。4 纸。前部如图 10 左下部所示,首尾皆残,存 97 行(首纸 27 行,第 2—3 纸每纸 28 行,后纸 14 行),行约 17 字,首行仅存下部若干字左侧残笔,其后三行上部残缺,末行左半残缺。卷中有品题"金光明最胜王经大吉祥天女品第十六"。楷书。有乌丝栏。

按:上揭二号皆为《金光明最胜王经》卷八残卷,且其内容前后相承,可以缀合。缀合后如图 10 所示,北敦 11548 号和羽 136 号左右上下相接,衔接处断痕吻合,原本分属二号的"若""护于现世中得无碍"诸字得以复合为一。又二号行款格式相同(皆有乌丝栏,行约 17 字,天头高度、行距字距、字体大小皆相近),书风书迹似同,可资参证。二号缀合后,残卷所存内容始首题,至"汝能如是忆念昔因"句前六字右侧残笔止,相应文字参见《大正藏》T16/437C19—439A29,约占全卷四分之一弱。

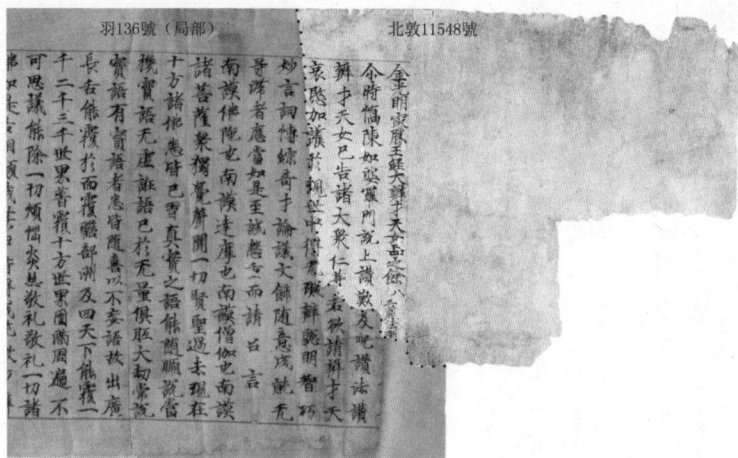

图 10　北敦 11548 号＋羽 136 号（局部）缀合图

十一、北敦 12234 号＋台图 26 号

1.北敦 12234 号（L2363），图见《国图》110/340B。2 纸。如图 11 右部所示，存 14 行（首纸 1 行，后纸 13 行），所抄内容为行 14 字或 20 字的偈颂，前 4 行及后 7 行下部残缺，末行仅存右半残字。楷书。有乌丝栏。原卷无题，《国图》拟题"金光明最胜王经卷八"，条记目录称该卷为 8—9 世纪吐蕃统治时期写本。

2.台图 26 号，图见《敦煌卷子》227A—229B。5 纸。前部如图 11 左部所示，首残尾缺，存 106 行（首纸 16 行，第 2—4 纸每纸 28 行，后纸 6 行），行约 17 字（偈颂行 14 字或 20 字），首行仅存左半残字。卷中有品题"金光明最胜王经大吉祥天女品第十六""金光明最胜王经大吉祥天女增长财物品第十七"。楷书。有乌丝栏。

按：上揭二号皆为《金光明最胜王经》卷八残卷，且其内容前后相承，可以缀合。缀合后如图 11 所示，二号左右相接，衔接处断痕吻合，原本分属二号的"若我求辩才事不成就者"诸字得以复合为一。北敦 12234 号后纸 13 行与台图 26 号首纸 16 行拼接后该纸 28 行，正与台图 26 号整纸每纸 28 行的用纸规格相符。又二号行款格式相近（皆有乌丝栏，偈颂行 14 字或 20 字，字体大小、行距相近），书风书迹似同，可资参证。二号缀合后，所存内容始"室唎末多妙辩才"句，至"于晨朝时先嚼齿木净澡漱已"句前 11 字，相应文字参见《大正藏》T16/438A16—439C18，所存内容约占全卷十分之三。

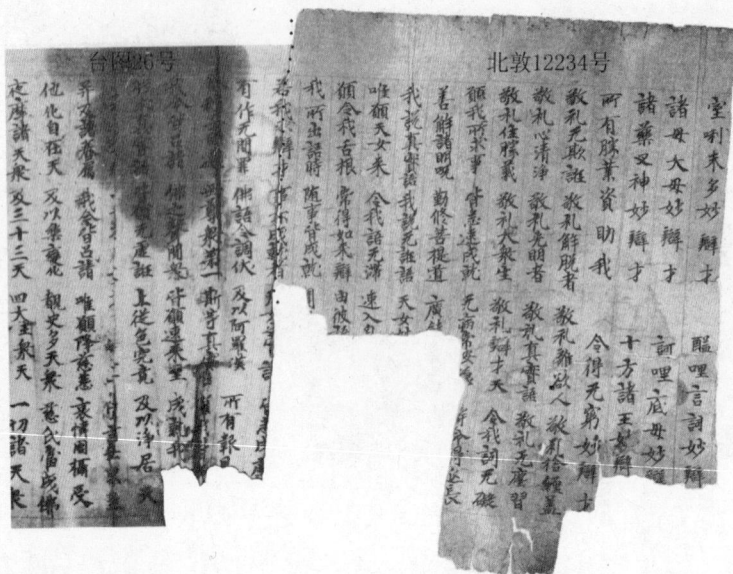

图 11　北敦 12234 号＋台图 26 号（局部）缀合图

十二、羽 261 号＋北敦 2609 号

1.羽 261 号,图见《敦煌秘笈》4/94—99。10 纸。后部如图 12 右部所示,首残尾缺,存 216 行(首纸 15 行,第 2—9 纸每纸 25 行,末纸 1 残行),行 17 字,首 10 行上部残缺,末行仅存上部和下部各一字右侧残笔。卷中有品题"金光明最胜王经诸天药叉护持品第廿二""金光明最胜王经授记品第廿三""金光明最胜王经除病品第廿四"。楷书。有乌丝栏。

2.北敦 2609 号(北 1945;律 9),图见《国图》36/43A—47A。7 纸。前部如图 12 左部所示,首残尾全,存 168 行(第 1—6 纸每纸 25 行,后纸 18 行),行 17 字,首行右侧稍有残泐。尾题"金光明经卷第九",卷末附音义。楷书。有乌丝栏。《国图》条记目录称该卷为 7—8 世纪唐写本。

按:上揭二号皆为《金光明最胜王经》卷九残卷,且其内容前后相承,可以缀合。缀合后如图 12 所示,二号左右相接,衔接处断痕吻合,原本分属二号的"喻"字"人"字得以复合为一。羽 261 号末纸 1 残行与北敦 2609 号首行右侧稍有残泐的首纸 25 行拼接后为一整纸 25 行,与前后每纸 25 行的纸张规格相合。又二号行款格式相同(皆有乌丝栏,行 17 字,天头地脚高度、行距字距、字体大小皆相近),书风书迹似同,可资参证。二号缀合后,所存内容始"合掌一言称随喜"句后三字,至卷末音义止,相应文字参见《大正藏》T16/444C15—450C15,约占全卷十分之九弱。

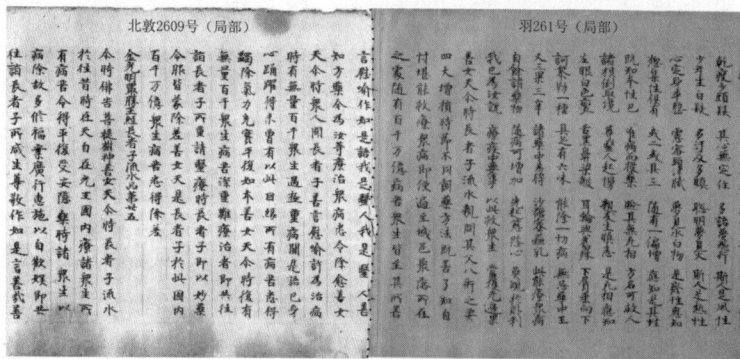

图 12　羽 261 号(局部)＋北敦 2609 号(局部)缀合图

十三、斯 7279 号＋北大 D65 号＋北敦 15271 号＋北敦 14196 号

1. 斯 7279 号,图见《敦煌宝藏》54/610A—610B。2 纸。后部如图 13-1 右部所示,首尾皆残,存 26 行(首纸 25 行,后纸 1 行),行 17 字(偈颂行 14 字),首行下部及首 2 行中部有残缺,末行下部残缺。首题"金光明最胜王经善生王品"("品"字仅存残形),下残;其下译者署名残存"三藏法师义净奉"字样。楷书。有乌丝栏。《敦煌宝藏》题"金光明最胜王经卷第九善生王品第二十一"。

2. 北大 D65 号,图见《北大》1/249A—252A。6 纸。前部如图 13-1 左部所示,后部如图 13-2 右部所示,首尾皆残,存 158 行(第 1—5 纸每纸 28 行,后纸 18 行),行 17 字,首行上部残缺,末 8 行下部残缺,末行仅存行首 2 字右侧残笔。卷中有品题"金光明最胜王经诸天药叉护持品第廿二""金光明最胜王经授记品第廿三"。楷书。有乌丝栏。《北大》题"金光明最胜王经卷第九",叙录称该号为唐写卷子。

3. 北敦 15271 号(新 1471),图见《国图》141/240B—242A。4 纸。前部如图 13-2 左部所示,后部如图 13-3 右部所示,首尾皆残,存 83 行(首纸 15 行,第 2—3 纸每纸 28 行,后纸 12 行),行 17 字(偈颂行 14 字或 20 字),首 5 行上部残缺(首行仅存末字左侧残画),倒 2 行下部左侧残泐,末行仅存上端五个半字。卷中有题"金光明最胜王经除病品第廿四"。楷书。有乌丝栏。《国图》题"金光明最胜王经卷九",条记目录称该卷为 8—9 世纪吐蕃统治时期写本。

4.北敦 14196 号(新 396),图见《国图》123/315B—319B。7 纸。前部如图 13-3 左部所示,首残尾全,存 181 行(首纸 18 行,第 2—6 纸每纸 28 行,后纸 23 行),行 17 字,前 2 行上部残缺。尾题"金光明最胜王经卷第九"。楷书。有乌丝栏。《国图》条记目录称该卷为 8—9 世纪吐蕃统治时期写本。

图 13-1 斯 7279 号(局部)＋ 北大 D65 号(局部)缀合图　　图 13-2　北大 D65 号(局部)＋ 北敦 15271 号(局部)缀合图　　图 13-3　北敦 15271 号(局部)＋ 北敦 14196 号(局部)缀合图

按:上揭四号皆为《金光明最胜王经》卷九残卷,且其内容前后相承,可以缀合。缀合后如图 13-1、图 13-2、图 13-3 所示,四号依次左右相接,衔接处断痕吻合,斯 7279 号与北大 D65 号衔接处"面端严"诸字,北大 D65 号与北敦 15271 号衔接处"清净""千""菩""过无"诸字,北敦 15271 号与北敦 14196 号衔接处"瞋""聪明梦见火斯人是热性""虑"诸字,皆得以复合为一。斯 7279 号后纸 1 行与北大 D65 号首纸 28 行拼合,北大 D65 号后纸 18 行与北敦 15271 号首纸 14 行拼合,北敦 15271 号后纸 12 行与北敦 14196 号首纸 18 行拼合,拼接后该纸皆为 28 整行,与后三号每纸 28 行的用纸规格相符。又此四号行款格式相近(皆有乌丝栏,行 17 字,偈颂行 14 字或 20 字),书风书迹相似,可资参证。四号缀合后,全卷首尾基本完整。

又《北大》叙录称北大 D65 号为唐写卷子,而《国图》条记目录称北敦 15271 号、北敦 14196 号为 8—9 世纪吐蕃统治时期写本,断代有所出入,前者过于宽泛。

十四、俄敦 10500 号＋北大 D131 号＋北敦 15496 号

1.俄敦 10500 号,图见《俄藏敦煌文献》14/308B。残片。如图 14-1 右部所示,存 8 残行,每行仅存中部 4—11 字(末行左部亦残泐)。楷书。有乌丝栏。原卷无题,《俄藏敦煌文献》未定名。

2.北大 D131 号,图见《北大》2/104B—105B。3 纸。前部如图 14-1 左部所示,

后部如图 14-2 右部所示，首残尾缺，存 65 行，行 17 字，首行右半残缺。楷书。有乌丝栏。原卷无题，《北大》拟题"金光明最胜王经舍身品第二十六"，叙录称该号为唐写卷子。

　　3.北敦 15496 号（简 57870），图见《国图》144/26A。残片。如图 14-2 左部所示，存 5 行，每行存 14—20 字，末 4 行上部残缺。楷书。有乌丝栏。原卷无题，《国图》拟题"金光明最胜王经卷一〇"，条记目录称该卷为 8—9 世纪吐蕃统治时期写本。

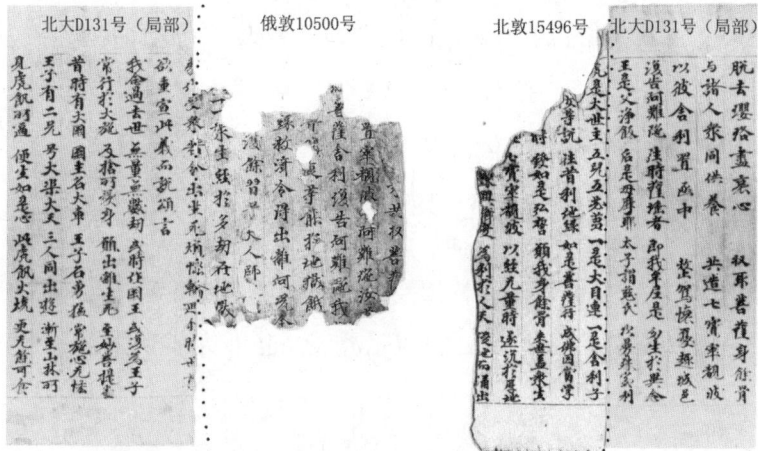

图 14-1　俄敦 10500 号＋北大 D131 号　　　图 4-2　北大 D131 号（局部）＋
　　　　　（局部）缀合图　　　　　　　　　　　北敦 15496 号缀合图

　　按：上揭三号皆为《金光明最胜王经》卷十残卷，且其内容前后相承，可以缀合。缀合后如图 14-1、图 14-2 所示，俄敦 10500 号与北大 D131 号左右相接，断痕吻合，衔接处原本分属二号的"受众苦令出生死烦恼轮"诸字得以复合为一；北大 D131 号与北敦 15496 号左右相接，北大 D131 号末行行末"次曼殊室利"与北敦 15496 号首行行首"虎是大世主"内容先后衔接，中无缺字。又三号行款格式相近（皆有乌丝栏，偈颂行约 20 字，行距、字体大小皆相近），书风书迹似同（比较表 5 所举例字，其中北敦 15496 号"人""济""虎"三字仅存右部大部分），可资参证。三号缀合后，所存内容始"与诸人众共收菩萨遗身舍利"句"众共收菩萨"诸字，至"从地而涌出"句止，相应文字参见《大正藏》T16/453A2—454B20，所存内容约占全卷五分之一。

表5 俄敦 10500 号、北大 D131 号与北敦 15496 号用字比较表

卷号 \ 例字	出	人	令	济	阿	一	大	虎	是
俄敦 10500 号	出	人	令	濟	阿				
北大 D131 号	出	人	令	济	阿	一	大	虎	是
北敦 15496 号		人		青		一	大	虎	是

以上列举了来自天津图书馆、日本杏雨书屋、北京大学、敦煌市博物馆、浙江省博物馆、天津艺术博物馆、台湾"中央图书馆"共 7 家收藏机构的 16 号、共 14 组写卷的缀合。这 14 组缀合中,除"羽 533 号＋津图 175 号"一组外,余者均分别可与来自敦煌文献主要馆藏地的写卷缀合。其中与北大 D131 号、北大 D65 号、北大 D157 号及津图 122 号四卷缀合的写卷均出自四大主要馆藏地中的两处。缀合工作使得这些零散多处的残卷得以"团聚"。

散藏敦煌文献来源复杂,散藏敦煌文献与其他收藏机构所收藏敦煌文献的缀合,既有助于了解敦煌文献出土以后的流散情况,也可为辨明散藏敦煌文献的真伪提供佐证。

（作者单位:浙江大学古籍研究所）

敦煌文献避讳研究述略[*]

窦怀永

敦煌藏经洞文献虽然在 1900 年就被王道士发现，但这并没有引起金石学家叶昌炽等早期接触过敦煌写卷的学者的重视，直到 1909 年伯希和在北京展示藏经洞出土的部分四部典籍、佛教写经，并"惠允"罗振玉、蒋斧、王仁俊等京师名宿前往参观抄录。这些硕学鸿儒将包括避讳在内的传统版本学、文献学知识用于敦煌文献时间、史迹等信息的考证，形成了《敦煌石室书目及发见之原始》《敦煌石室真迹录》《敦煌石室遗书》等敦煌文献研究、整理的第一批成果，也使敦煌文献避讳研究在敦煌学发轫之初就较早起步。

随着敦煌文献的陆续公布，敦煌学的发展日新月异，敦煌文献的避讳研究也取得了较为丰硕的成果，不同的学者就不同的方面对敦煌文献的避讳进行了考察和利用，既有如王国维《唐写本〈兔园策府〉残卷跋》[①]、吴其昱《敦煌本故陈子昂集残卷研究》等利用避讳字形对具体写卷断代的"个案研究"，也有如王重民《敦煌古籍叙录》、马继兴《敦煌古医籍考释》等总结多个写卷避讳情况，进而分别据其断代的"批量研究"；既有如陈铁凡《敦煌本尚书述略》、许建平师《敦煌经籍叙录》等以传统儒家经典为研究对象，并适当讨论其避讳情况的论著，也有如马世长《〈敦煌星图〉的年代》、黄正建《敦煌占卜文书与唐五代占卜研究》等逐渐突破原有的避讳研究范围，成功将避讳断代功能的适用范围渐趋扩大的论著；既有如罗振玉《敦煌本易释文残卷跋》、苏远鸣《中国避讳述略》等开始客观审视敦煌文献对比其他传世文献在避讳方面所表现出来的"特殊性"内容，也有如王重民《敦煌本尚书六跋》、张涌泉师《敦煌俗字研究导论》等开始关注避讳字与俗字的区别，进而尝试探讨其内在关系的论著。

---

* 本文系教育部人文社会科学研究青年基金项目(11YJC751017)"《经史避名汇考》研究"阶段性成果之一。

① 本文称引前修时彦研究成果较多，为求行文简洁，一般不赘"先生"字样，所及论著亦根据需要或仅列作者、名称及年代信息，乞请谅解。

　　诸多研究成果涉及敦煌文献避讳的对象范围、基本特点、字形研判等多个方面，并有逐渐细化的趋势，基本构成了敦煌文献避讳研究的主要内容。因而以"丰硕"二字概括其总体成绩，当不为过。兹试从以下几方面对敦煌文献避讳研究的百余年成果略作综述，或可利于相关研究内容的进一步深化。

一、避讳研究的对象范围不断拓展

　　在伯希和处获睹敦煌写经不久，罗振玉、王仁俊、蒋斧等学者先后发表或刊印了《敦煌石室书目及发见之原始》《敦煌石室真迹录》《敦煌石室遗书》《沙州文录》等论著，以抄录方式向国人介绍《尚书顾命》《老子化胡经》《西州图经》等出自边陲荒野的稀世文献。1909 年，罗振玉在《敦煌石室书目及发见之原始》的基础上，增补成《莫高窟石室祕录》，新增书目 24 种，计 67 种，论述较为详赡。文中，罗氏记述了伯希和劫走的一卷《沙州志》，"卷中改民间为百姓间，书隆作隆，避太宗玄宗讳，为唐人笔无疑"云云；还在第三部分"石刻"中描述了《温泉铭拓片》的避讳情况："中间世字民字基字均未缺笔，故知为唐太宗御制御书。"这是敦煌学界第一篇对敦煌文献的避讳情况进行介绍的文章，同时也是第一篇利用避讳来判断敦煌文献抄写年代的文章，开敦煌文献避讳研究之先河。1910 年以后，罗振玉又陆续编成《石室秘宝》(1910)、《佚籍丛残初编》(1911)、《鸣沙石室佚书》(1913)、《鸣沙石室佚书续编》(1917)、《鸣沙石室古籍丛残》(1917)、《敦煌零拾》(1924)、《敦煌石室遗书三种》(1924)、《敦煌石室碎金》(1925)等，为学界提供了大量的"新材料"，而刘师培、王国维以及罗振玉本人等据此撰写了大量跋语和校勘记。1910 年，刘师培陆续发表《敦煌新出唐写本提要》，以较长的篇幅对伯希和劫去的《诗经》《庄子》等四部典籍进行了相关考证，特别介绍了各写卷文字的避讳情况，并慎重地利用其界定抄写年代，涉及的写卷总数达 19 件。1913 年，王国维《唐写本〈兔园策府〉残卷跋》一文讨论了 P.2573《兔园策府》类书残卷的价值，并根据"治"字不缺笔而判定其抄写时间当在唐太宗时。1917 年，罗振玉撰写《敦煌本易释文残卷跋》，客观评价了 P.2617 写卷在避讳方面所表现出的与刻本不同的特点。

　　罗振玉、刘师培、王国维等中国早期的敦煌文献研究者大都是晚清学者，由于兴趣所致与文献来源所限，传统四部典籍成为当时关注的对象，而在这其中，又以《诗经》《论语》《周易》等儒家经典为重点研究对象。上揭《莫高窟石室祕录》《敦煌新出唐写本提要》《敦煌本易释文残卷跋》等论著,可以视为早期敦煌文献避讳研究的典型代表,并且在一定意义上为敦煌文献避讳研究对象、范围的确立奠定了基础。

　　鉴于伯希和提供的材料非常少,自 20 世纪 20 年代开始,中国学者开始远渡重洋,赴英、法等国调查、抄录、拍摄、研究敦煌文献。以刘复辑印的《敦煌掇琐》(1925)为代表的抄录文本,将包罗万象的敦煌文献内容一下子展现在世人面前,令人目不暇接。1934 年,向达、王重民由北平图书馆派往英、法两国调查敦煌文献的收藏情况。向达编有《伦敦所藏敦煌卷子经眼目录》(1939),以佛经之外典籍为主,共约五百卷。王重民除编写目录、拍摄照片外,还对所见《诗经》等四部典籍做了大量的考证。1936 年,王重民将其 1935 年 4 月至 12 月所作法藏敦煌写本研究论文计 41 篇(其中 1 篇为 1936 年作),汇编为《巴黎敦煌残卷叙录》第 1 辑,其中有 19 篇文章利用避讳对 22 件敦煌文献进行了年代考证,文献内容包括《尚书》等重要传世典籍;1941 年,王重民又将其 1936 年 5 月 21 日至 1938 年 9 月 28 日所作法藏敦煌写本研究论文 45 篇汇为一处,编成《巴黎敦煌残卷叙录》第 2 辑:这成为 20 世纪上半叶敦煌文献避讳研究成果的重要组成部分。

　　1957 年,王重民将 1909—1917 年间前辈学人对于敦煌四部典籍的研究成果、1925 年以后的部分研究成果以及自著《巴黎敦煌残卷叙录》两辑汇成一帙,依四部分类法排作五卷,各卷下根据卷号、内容等将所收成果灵活拆分、适当合并、重新归类,编成《敦煌古籍叙录》。根据正文篇目,卷一"经部"将研究成果分作 57 篇,研究对象包括《周易》《古文尚书》《毛诗故训传》《礼记》《春秋经传集解》《御注孝经疏》《论语郑氏注》《尔雅注》等 20 余种典籍文献;卷二"史部"分作 43 篇,研究对象包括《史记集解》《汉书》《晋书》《春秋后语》《沙州都督府图经》《大唐西域记》《唐律疏议》《阴保山等牒》等 20 多种典籍文献;卷三、卷四"子部"分作 75 篇,研究对象包括《孔子家语》《食疗本草》《刘子新论》《百行章》《兔园策府》《太公家教》《周秦行纪》《老子道德经》《南华真经》《文子》等 60 余种典籍文献;卷五"集部"分作 42 篇,研究对象包括《楚辞音》《王梵志诗》《甘棠集》《秦妇吟》《文选》《韩朋赋》《张义潮变文》《丑女缘起》《文心雕龙》等 30 余种典籍文献。文章出自其时名宿大家,在一定程度上代表了中国敦煌学早期的研究发展水平。值得特别注意的是:其一,《敦煌古籍叙录》重新归类的 217 篇研究成果中,有 88 篇成果有意识地将传统的避讳学应用于敦煌文献编撰年代、抄刻年代等时间信息的推断,或细致描述避讳情况,或客观比较避讳差异,或理性总结避讳结论,或谨慎界定抄写时间,总体比例达 40%,可视为敦煌文献避讳研究的集大成之作。其二,从具体的分布情况来看,避讳研究对象以经部文献居多,包含避讳研究成果者共 34 篇,分别约占经部总篇数和全书总篇数的 60%、16%;子部次之,共 30 篇,分别约占子部和全书总篇数的 40%、14%;集部再次之,共 14篇,分别约占集部和全书总篇数的 33%、7%;而以史部为最少,共 10 篇,分别约占史部和全书总篇数的 23%、5%。尽管由于时代条件的限制,该书所汇辑的部分研究成果未免有些偏颇,部分结论的全面性有待提高,但是这并不影响其在避讳研究方面的重要地位。60 余年来,敦煌学者考察敦煌文献的避讳情况时,依然言必称《敦煌古籍叙录》。

1958 年,台湾"中央研究院"历史语言研究所购入一套英国藏敦煌文献缩微胶卷。不久,饶宗颐也自费购入一套①。这在一定程度上促进了香港、台湾地区敦煌学研究的高标准起步。敦煌文献中以四部典籍为核心的传统文献成为港台研究的重点,而与传统典籍素来有着千丝万缕关系的古代避讳也成为探讨的重要问题之一。20 世纪 60—80 年代间,陈铁凡《敦煌论语郑注三本疏证》(1960)、《敦煌本尚书述略》(1961)、严灵峰《老子"想尔注"写本残卷质疑》(1965)、潘重规《巴黎伦敦所藏敦煌诗经卷子题记》(1969)、陈铁凡《敦煌本孝经考略》(1978)、左景权《敦煌古图书蠡测》(1979)、程南洲《伦敦所藏敦煌老子写本残卷研究》(1985)等论著,成为这个时期避讳研究的代表性论著。

得益于敦煌文献的不断公布,20 世纪 80 年代以后,大陆敦煌学的发展速度不断加快。敦煌文献避讳研究对象范围在继续保持原有的四部典籍之外,不断向其他方面扩展。如 1983 年,马世长《〈敦煌星图〉的年代》在考证 S.3326 的抄绘年代时,把避讳作为一个重要的断代因素,通过考察卷中避"民""旦"的实际情况,并结合其他因素,"将 S.3326 号卷本的抄写年代进一步推定在唐中宗李显时期,即公元705—710 年之间",比李约瑟的定年早了 230 年左右,更加显示出该卷在天文学史上的重要价值。这是 80 年代以后,较早利用避讳对敦煌文献进行断代的研究论文。同时,该文把避讳用于天文学材料上,扩大了据避讳断代的适用范围,具有重要的尝试意义。周笃文《敦煌古〈脉经〉残卷考略》(1985)、郝春文等《敦煌写本围棋经校释》(1987)、马继兴《敦煌古医籍考释》(1988)、邰惠莉《敦煌本〈六字千文〉初探》(1997)、李方《敦煌〈论语集解〉校证》(1998)、许建平师《敦煌本〈尚书〉叙录》(2001)、黄正建

---

① 详饶宗颐:《我和敦煌学》,刊张世林主编:《为学术的一生》,桂林:广西师范大学出版社,2005 年,第 521—526 页。

《敦煌占卜文书与唐五代占卜研究》(2001)、郑阿财等《敦煌蒙书研究》(2002)、黄耀堃等《道骞与〈楚辞音〉残卷的作者新考》(2003)、李树辉《S.6551讲经文写作年代及相关史事考辨》(2003)、张涌泉师《敦煌本〈楞严经音义〉研究》(2005)、许建平师《敦煌经籍叙录》(2006)、杨思范《敦煌本〈庄子〉残卷叙录》(2007)、张涌泉师等《敦煌经部文献合集》(2008)、窦怀永《敦煌道教文献避讳研究》(2009)等论著,在对敦煌文献避讳的相关研究、利用上,不断由传统四部典籍向外拓展可探讨范围,如医药文献、占卜文献等。

在中国传统学术的大背景下,敦煌学发轫之初,即利用传统避讳学的方法,以四部典籍特别是儒家经典为核心,或描述其避讳情况,或利用避讳进行断代。随着敦煌文献的不断公布以及图版利用的日趋方便,凡存有避讳痕迹的写卷多被充分挖掘出其包含的信息,避讳研究对象逐渐得到深入拓展,避讳研究成果逐渐得到有效利用,从而在整体上有利于促进敦煌文献的进一步研究。

二、避讳字形问题的探讨渐趋活跃

古代避讳在本质上是一种关涉文字形、音、义的文化语言。保留在今日传世文献、出土文献中的避讳现象,在本质上都可以看作是一种文字现象:避讳的对象,是帝王尊名所涉及的汉字;避讳的方法,有改字、缺笔、改形、空字等;避讳的目的,更是在于改变汉字在字形、字音上对帝王尊名所带来的"侵犯"。植根于中国传统文化的避讳制度固然对汉字形态的发展产生了一定的影响,但避讳中涉及的字形仍然脱离不了汉字的固有体系,二者之间存在着微妙的关系。敦煌文献虽然在时间上起自西凉,但是在数量和内容上占据绝对比重的仍然是唐五代时期的文献。这个时期正是俗字流行的一个高峰。任二北描绘说:"唐人之俗写,沿汉魏六朝旧习,而集其成。……于是句里行间,丛脞混乱,荒幻诙诡,至于不可想象!"[1]因而,如何正确辨析避讳字与俗字之间的关系,自然而然地成为敦煌文献避讳研究的一个重要内容。

早在1935年,王重民就发表《敦煌本尚书六跋》,对法国收藏的P.3670等8件《尚书》写本题跋考证。其中,王氏详细考证了P.2980、P.3628、P.2630、P.2748计4个写本的避讳情况,并据各卷的避讳特点推测其抄写年代。特别值得提出的是,王氏第一次提出要将俗字与避讳字区分开来,并注意到了敦煌文献避讳前后不统一的

---

① 任二北:《敦煌曲初探》,上海:上海文艺联合出版社,1954年,第119—122页。

现象。1948年,周一良发表《跋敦煌秘籍留真》,对神田喜一郎《敦煌秘籍留真》(1938)在汇录敦煌写本题记上的价值进行评述。其中,P.2347《老子道德经》《十戒经》卷末均有时间题记,其"甲戌"之"戌"字皆写作"戉"。周氏认为"六朝石刻戊戌往往作戉戉",并以S.3935题记中"赋"字、宋开宝七年版《佛本行集经》卷19末尾之戌字作"戉"为例,指出"六朝隋唐人作书惯习如此","非关避讳"。虽然该文章的重点并非在考察敦煌写本的避讳情况,但它却是继王重民之后,再一次提出需要注意区别俗字与避讳字,表明这两种字形的关系逐渐引起学者的重视。1960年,陈铁凡发表《敦煌论语郑注三本疏证》,其中对S.3339的抄写朝代进行判断时,即据"纯"字缺笔而定为唐代中叶写本。结论虽然未必偏颇,但陈氏混淆了避讳字与俗字的界限,而错误地将俗写字形当作缺笔避讳字形处理。这既暴露出了据避讳字断代的一个弊端,也进一步彰显了正确处理避讳字与俗字关系问题的重要性。1966年,吴其昱发表《敦煌本故陈子昂集残卷研究》,初步将S.5971与P.3590缀合,并根据纸质字体推测其抄写年代,然后与写卷避讳情况对照,二者基本吻合。吴氏在实际考证中已经注意到将避讳字与俗字区分开来,有效地避免了误用。

平心而论,20世纪90年代之前,虽然敦煌文献中有关避讳字与俗字的关系问题已经逐渐引起学者的注意,但相关的系统性研究并没有充分展开,其中一个重要原因是汉语俗字的研究基础比较薄弱。

1995年,张涌泉师出版《汉语俗字研究》,着眼于整个汉字发展史,比较完整地构筑了汉语俗字学的理论框架,是第一部俗文字学概论性著作,对于俗字研究具有奠基意义。次年,张涌泉师又出版《敦煌俗字研究导论》《敦煌俗字研究》,立足敦煌文献,对俗字的概况、性质、分类、辨识等问题进行了系统性研究,构建了敦煌俗字学的理论体系;同时也初步梳理了俗字与避讳字的关系,认为避讳字是俗字的一部分,并主张利用俗字的时代特征来考察敦煌文献的抄写年代。2001年,蔡忠霖发表《敦煌俗字散论》,在讨论"俗字之范围"时,认为"俗字为异体字之一种","其内涵包罗甚广,举凡俗字、通假字、繁简字、古今字、形误字、避讳字、合文等等皆在其范围中,甚至流行于不同时代的诸种书体,如篆体、隶书、草书、行书、楷书等,亦互为异体字"。据文义,蔡氏认为避讳字与俗字是一种并列的关系,同属于异体字。2005年,黄征的《敦煌俗字典》出版。该书"收释敦煌莫高窟藏经洞出土写本文献异体俗字为主,兼收隶古定字、避讳字、武周新字、合文等"。书中字样直接由敦煌文献图版扫描而成,保留了原字面貌,弥补了以往誊抄或描摹容易造成人为改变字形的缺点。黄氏在"前言"部分专列"避讳俗字"一节,解释说"避讳俗字是指由于避讳皇帝或尊者名字及其相关文字而改变了部件形状的俗字",认为"避讳字有少数是法令颁布的,有其合法地位,但是大多数是约定俗成的,仍然属于俗字",并将其分作"避讳缺笔俗字""避讳变形俗字""避讳改旁俗字"三类。

避讳字与俗字关系的处理结果,直接关系到避讳字形的界定,进而影响到敦煌文献抄写年代的判定等,因而,如何客观、合理地界定避讳字与俗字的关系,间接成为充分而合理地研究利用避讳的前提条件。2006年,窦怀永发表《唐代避讳字与俗字关系试论》,将敦煌文献与其他出土文献相结合,开始尝试梳理敦煌文献所表现出来的避讳字与俗字的复杂关系,认为唐代避讳字可能来源于前代俗字,而在失去避讳效用后往往又会转变成为俗字而继续存在,并通过大量的写卷案例,分析了两个方面各自的具体内容,也指出了在实际的研究工作中,既要避免片面夸大唐代避讳字来源于俗字的现象,也要避免忽视唐代避讳字转变为俗字的现象。2009年,窦怀永又发表《唐代俗字避讳试论》,对前文中有关唐代避讳字可能来源于前代俗字的观点做进一步阐释,考证了唐代俗字避讳的主要内容、产生条件、字形范围及其在后代的发展情况,认为俗字避讳现象乃是以形体改变为重点的李唐时期所特有的,是避讳制度与俗字形体同时发展到高峰时期的产物。通过两篇论文的分析,避讳字与俗字的关系渐趋明晰,有利于更加客观地考察敦煌文献的避讳现象、考量避讳字形的属性,从而有利于促进敦煌文献相关问题的研究。

特别值得提出的是,随着计算机技术和数字技术的迅速发展,越来越多的学者通过对图版或缩微胶卷进行精细扫描,将敦煌文献中的原字形直接剪裁到论著中,这样有效地保持了字形原貌,基本改变了过去完全靠手摹容易造成误差的局面。这对于敦煌文献中俗写字形、避讳字形的举例、考证,以及更好探讨两者之间的关系,具有重要的实用价值。

三、敦煌文献的避讳特点逐渐清晰

中国早期的敦煌学研究,资料主要来自于伯希和提供的照片,而参观的学者也都是晚清的鸿儒,由于兴趣所致,传统四部古籍成为研究的重点,界定文献年代理所当然地成为发掘文献价值的前提。敦煌文献发现后,刻本时代的避讳断代方法和断代经验顺理成章地被沿袭,突出了思维方式的雷同性,而在一定程度上忽视了敦煌文献避讳特点的特殊性,以致一些断代结论出现了失误。例如 1911 年,王仁俊《故唐开元律名例疏案证》对北图藏河 17 号写本考察,利用卷中不避"恒"字讳,推论当时释吏传抄此卷当在长庆元年(821)以前。又如 1913 年,王国维撰《唐写本〈兔园策府〉残卷跋》,讨论 P. 2573 残卷的价值,并据"治"字不缺笔,判定抄写时间在唐太宗时。

直到 1917 年,罗振玉发表《敦煌本易释文残卷跋》,对 P. 2617 的避讳的"特殊性"进行评价:"卷尾书题后有记五行,记此卷写于开元廿六年,又记明年校勘,及于晋州卫杲本写《指例略》,盖非一时所成也。"罗氏注意到,"卷写于玄宗时,而《周易略例》出'隆墀'字,'隆'字不缺末笔,草野之不谨于礼如此",从而指出"使仅据避讳字断定写本时代固不能无失矣"。但罗振玉的观点并没有引起敦煌文献研究者足够的重视,传统刻本时代的避讳经验依然被直接应用于敦煌文献避讳特点的归纳与相关时代的判定。

1933 年,胡玉缙发表《写本经典释文残卷书后》,考证 P. 3511《尚书释文》乃是郭忠恕改定之本,为北宋人所抄。不久,洪业发表《尚书释文敦煌残卷与郭忠恕之关系》(1933),反对胡玉缙的观点,认为该卷为陈末抄本。洪氏得出此论的根据,即是该卷中不避隋唐宋三朝皇帝讳名,他认为:"有'胤'字,则非宋本也。有'渊''世''民'等字,则非唐本也。有'忠''坚''广'等字,则非隋本也。然则不为五代本,则为陈本矣。"

应当说,洪业这种"不避某朝讳字,则非某朝写本"的断代思维在 20 世纪前期敦煌写本避讳研究与断代利用中具有一定的代表性,其结论的偏颇正反映出了敦煌写本避讳的复杂,迫切需要进行专门、系统的研究。1944 年,唐文播发表《巴黎所藏敦煌老子写本综考》,对敦煌《老子》写本进行分类、比较。在该文"杂考"部分,唐氏专门辟出"不避'圣讳'"一段,指出了敦煌《老子》写卷未必皆严谨规避帝王名讳的现象。虽然这段文字篇幅相对较短,但它却是第一次将敦煌文献避讳作为专门问题来阐述。1956 年,饶宗颐发表《敦煌六朝写本张天师道陵著〈老子想尔注〉校笺》,虽然基本沿承学界"民"字不讳而定 S. 6825 为六朝写本的结论,但也在脚注中提出了不同意见:"以字体定之,当为北朝人所书,详《别字记》。" 1965 年,严灵峰发表《老子"想尔注"写本残卷质疑》,认为 S. 6825 写卷的避讳事实与汉字书法演变阶段特点产生了矛盾,这直接影响了对于该卷抄写年代,甚至内容真伪的判定。两篇论文不约而同地提出了如何合理解决敦煌文献来源的复杂性、文献字体的多样性以及避讳断代的宽窄性这三者之间的矛盾，而这个问题的根本还在于如何客观把握与归纳敦煌文献避讳自身的内在特点。

1969 年，陈铁凡发表《敦煌本虞夏商书斠证补遗》，对敦煌《虞书》《夏书》《商书》计 6 个卷号写本的若干文字问题加以校正，尤其对 P.3615、P.3628、P.3752 三个写本的避讳文字进行了非常详细的比勘，描绘出了唐代之后避讳字回改的痕迹，反映出敦煌文献避讳具有其他传世文献的共通性特点。1979 年，潘重规发表《敦煌写本众经别录之发现》，分析了 P.3747 的避讳情况，进而据此判定该卷为唐以前写本。这是较早利用避讳来考证敦煌佛经抄写年代的研究论文，同时也为系统归纳四万多号佛经文献的避讳特点提供了借鉴。同年，左景权发表《敦煌古图书蠡测》，对 P.2510 题记所载抄写年代的可靠性提出质疑，并以正文的避讳情况、字体及写本纸张等作为论据来加以论证。左氏虽未能全作定论，却充分表明了避讳特点的归纳，在判定敦煌文献相关年代问题时所具有的重要参考意义。

20 世纪 80 年代后，大陆的敦煌学开始快速发展，但敦煌文献避讳的文字问题、特点归纳等却鲜有学者涉及。1990 年，法国学者苏远鸣发表《中国避讳述略》[①]，以敦煌文献避讳的实际情况为核心，通过考察避讳字形的相关问题，总结云："如果说，文内出现的讳字说明，此件不可能早于讳字所涉及的皇帝在位年代，那么反过来，没有讳字（确切地说是字形正常）则不能用来说明任何问题。"结论虽然简单，却反映了敦煌文献避讳的实际特点，对于合理利用避讳对敦煌文献进行妥当断代，具有重要的指导意义。另外值得关注的是，苏远鸣在文中对唐代佛经，包括敦煌佛经文献的避讳作了专门的论述。虽然由于篇幅等原因，这个讨论显得相对简单，还有待深入，但却是第一次将佛经避讳作为专门问题来研究。2001，黄正建《敦煌占卜文书与唐五代占卜研究》对两百多件敦煌占卜文献做了叙录。由于占卜文书主要流行于敦煌百姓阶层，传抄次数较多，因而避讳情况比较复杂。黄氏注意区分底本与抄本，分别予以讨论。例如 P.2572"有'景寅''景子'等字样，其底本应属唐代，但其中又有'丙申''丙子'等，故应是五代时抄本"。这样的推断一方面比较契合当时占卜文献流传的实际情况，另一方面也比较真实地反映出了敦煌文献避讳的复杂性特点。

2004 年，窦怀永等发表《敦煌写本的避讳特点及其对传统写本抄写时代判定的

---

① 原文为法语撰写，载 *Journal Asiatique*，278，3—4(1990)，pp.377-407。2000 年，由许明龙翻译，收入《法国汉学》第 5 辑"敦煌学专号"，北京：中华书局，2000 年，第 36—57 页。此处论述即依据《法国汉学》汉译文。

参考价值》,以敦煌文献中有明确时间题记的写本为依据,初步尝试总结敦煌文献避讳的一般性特点,为敦煌文献的断代提供可资参考的信息。2007 年,窦怀永学位论文《敦煌文献避讳研究》(2013 年由甘肃教育出版社出版)首次立足所有敦煌文献,从六万多件敦煌文献中选取了六百余件有明确纪年,且纪年可靠的文献作为先行研究对象,列述了这些文献的时间题记和避讳情况,进而结合传世文献和其他出土文献,重点对敦煌文献的避讳特点进行了比较和归纳;总结了影响避讳的主要因素,考察了敦煌文献避讳的主要方法、实际使用情况以及不同避讳方法在文献内容和社会阶层上所表现出的不同特点;探讨了敦煌文献避讳涉及的相关字形问题,特别是对避讳断代具有重要影响的俗字与避讳字的关系;讨论了敦煌文献避讳与断代的问题,归纳了常用的断代方法和一般断代原则。通过系统研究,敦煌文献的避讳特点基本清晰地显示出来,常见的避讳字形得到了讨论,总结出的一般断代原则也能够在实际研究中施用。2012 年,公维章发表《从〈大历碑〉看唐代敦煌的避讳与历法行用问题》,通过对碑文及 P. 3608 等碑文抄本的深入研究,认为敦煌地区在陷蕃前"严格执行"李唐王朝的避讳制度,而陷蕃后及晚唐张氏归义军时期则不再避唐讳。平心而论,作者仅通过文献中"丙"改"景""世"字缺笔两个明显现象,而未及综合考察影响避讳的诸多因素,所得出敦煌地区避讳特点的结论是否完全合理,或可待进一步讨论。

通过一系列的研究,敦煌文献避讳的阶段性、宽松性、承沿性等一般性特点逐渐清晰,其内在的共通性影响因子亦得以显现,同时其与其他传世文献在避讳上的特殊性也逐渐为学者重视,从而为深一步利用敦煌文献、探究无纪年写卷提供了重要的参考与借鉴。

确定文献年代是深入研究的前提,而避讳的时代性特点,正可以用于判定文献的年代问题。故自敦煌学发轫以来,避讳即被前贤时哲用于写卷抄写年代的判断。同时,随着敦煌文献的不断刊布和整体面貌的逐渐显现,以敦煌文献避讳特点、避讳字形为重要内容的研究成果陆续出现,反过来有力地推动了写卷抄写年代的判定结论更加合理。特别是 20 世纪 80 年代以后,避讳研究在敦煌文献断代中的作用进一步显现,有学者开始围绕这一断代信息的相关利用问题展开讨论。如林聪明在《敦煌文书学》(1991)之《敦煌文书年代的考探》一章中,正面讨论了"由避讳字考探"的问题。又如张涌泉师《敦煌写本断代研究》(2010)之"据字形断代"中,即将"避讳字"冠其首,认为"避讳字的使用与否是推断敦煌写本时代的重要依据",并以 S. 2144 等写卷为例而加以阐释,同时也指出避讳字具有承沿性的特点,故通常只能推定写本抄写时间的上限。再如窦怀永《论敦煌文献残损对避讳断代的影响》(2011)则分析了敦煌文献的残缺对避讳信息有效利用、避讳断代结论推定的影响,进而指出利用避讳断代应适当顾及残损形态,并与其他断代方法共同使用,以使断代结论更加合理。这些问题的探讨,一方面丰富了敦煌文献避讳研究的成果,另一方面也有利于避讳研究成果的利用更加理性与客观。

　　一百余年间,诸多学者围绕避讳对象、范围、特点、字形、断代等相关问题进行了多层次的考证和考察,敦煌文献避讳研究取得了较为丰硕的成果,并显示出逐渐细化的趋势,这些都将成为在下一个百年继续发展的良好基础。

　　附记:本文初稿完成于 2013 年初,其初衷在于尝试弥补拙著《敦煌文献避讳研究》在回顾敦煌文献避讳研究发展历程时未能分类归纳和突出体现百余年间研究成就的遗憾。同年 8 月,在北京召开"中国敦煌吐鲁番学会成立三十周年国际学术研讨会",遂提交大会,幸得多位贤哲训诲。今作修改后,编入本论文集。

　　　　　　　　　　　　　　　　　　(作者单位:浙江大学古籍研究所)

猿投神社的汉籍

[日]高田时雄

　　爱知县丰田市的猿投神社是以景行天皇时代被封于美浓国的大碓命为主祭神的历史悠久的神社。神社于平安时代的 9 世纪中叶开始出现于史书,作为三河国的三宫受到邻近地区的崇信。其中有一批汉籍古代写本的遗存,原来不甚为人所知,自从昭和(1926—1989)30 年代后半期一些学者对该神社所藏典籍进行了一系列调查,汉籍写本的存在才逐渐受到注意;至昭和四十一年(1966)这些汉籍被指定为重要文化遗产,它们就更加引人注目。猿投神社所藏汉籍共有八种:《古文孝经》《春秋经传集解》《论语集解》《帝范》《臣轨》《史记》《文选》《白氏文集》。不过仅有第一种《古文孝经》被单独指定为重要文化遗产,作为"猿投神社汉籍"被共同指定的是《春秋经传集解》以下的七种。关于猿投神社的汉籍,笼统而言,也可以说是日本人所阅读的汉籍的缩影。它们几乎都是中国古代典籍的代表,是自古以来日本人读书的主要对象。因此都不是罕购书,均为极其普通的典籍。然而,正因为是当时的普通读本,这些汉籍也就成为了解古代寺院汉学风貌的重要材料。

一

　　日本人通过汉籍才在文化上开了眼界,增长了知识,并逐渐深入思索。由于在汉籍传入前后佛教传入日本,故不能否认佛家研习的主要对象是经论章疏之类,但僧人也是广泛阅读了所谓的外典的。

　　一直执日本汉学牛耳的中央的博士家所传承的学问,在文本与训诂、读法上都墨守成规,具有很强的保守性,然而也因此常有保留了在中国已经亡佚的唐代以前文本的情形。近年来,不仅日本国内,中国也对日本古代写本给予密切关注,这不是无缘无故的。

　　出于对日本古代写本的关注,江户时代的学者不断努力,认真地进行了资料搜寻以及校勘学研究,其成果也传到中国,并引起了巨大反响。山井鼎的《七经孟子考文》、太宰春台的《古文孝经》校本、根本逊志的《论语集解义疏》等都是此类成果,这些工作说明日本古代写本具有很长的传承历史。尤其是后两者让中国学者知道了所谓古佚书的存在,及至林述斋的"佚存丛书"传到中国,中国学者的期待越发强烈。当时,被称为乾嘉之学的重视考证的学风在中国风靡,可以说也是一个很好的条件。辑佚学是搜集其他书籍所引用的片段以复原佚书的学问,是在清代得到发展的各种学问中较有特色的一门。从事这种研究的学者对残存于日本的文献寄予期待是理所当然的。事实也是如此,明治时期杨守敬到日本后得到森立之等的帮助,购求了大量珍贵的古代写本,又帮助黎庶昌编印"古逸丛书",这对日本古代写本的利用来说是划时代的创举。

关于典籍的文本,中国学术界自古以来就有重视宋元古椠的传统,认为其最可信。这是因为中国很早就利用了印刷术,书籍以刊本的形式流传,古代写本归于湮灭,宋元版本以前的唐代写本与更早的六朝写本都不得而见。完全推翻这种常识的大概可以说是敦煌写本的发现。20 世纪初叶从敦煌莫高窟发现的数万种古代写本多是佛典,但也有不少其他典籍。而在以吐鲁番为代表的新疆各地的遗迹也发现了唐代写本,它们与敦煌写本都成为学者研究的对象。

另一方面,尽管日本古代写本仍然受到一定的关注,但不像敦煌写本那样因有轰动社会的事件而常被提及,因此没有被作为特别的研究对象而得到发展,从事敦煌学研究的学者真正同时研究这两者的并不多。然而,近年中国对日本古代写本开始关注,应是因为对敦煌写本的研究基本告一段落;同时,敦煌写本往往仅是残篇而不见全书,与此相比,日本古代写本则多数保存了完帙。中国方面兴致高涨当然也刺激了日本国内的研究,多有相互裨益之处。有关猿投神社的汉籍,中国学者也有一两种研究成果。

关于汉籍传入日本的时期,根据《古事记》所载,最早是应神天皇二十年(289)和迩吉师(王仁)从百济进贡《论语》10 卷与《千字文》1 卷,共 11 卷,但这不过是传说而已。从历史上看更可靠的是《日本书纪》中关于继体天皇七年(513)百济送来五经博士段杨尔、翌年又派来同为五经博士的汉高安茂替换段杨尔的记载,一般认为到了这个时期中国基本的学问才传到日本[①]。《论语》《千字文》之类的书传入日本大概

---

① 参见神田喜一郎:《飛鳥奈良時代の中國學》,见《大和の古文化》(近畿日本铁道,1960 年),今据《神田喜一郎全集》第 8 卷(同朋舍出版,1987 年)所收,见该书第 5—9 页。

是 6 世纪初叶。此后,各种汉籍陆续传入,通过汉籍的学习,日本的汉学水平不断提高。

推古天皇时代派出以小野妹子为正使的遣隋使,其重要使命之一是购买书籍。室町时代中期,禅僧瑞溪周凤(1392—1473)所著《善邻国宝记》引用的《经籍传后记》一书有"以小治田朝(推古天皇)十二年……是时国家书籍未多,缘遣小野臣因高(妹子)于隋国,买求书籍"①的记载。由于正史没有这种记载,该书性质也不明确,因此无法完全令人信服,但看来也合情理。此外,这部《经籍传后记》想必是《经籍传授记》。这个书名见于东福寺的《普门院经论章疏语录儒书等目录》②,恐怕是在传抄时将"授"字误为"后"字。从意义上看,"授"字比较通顺。它应是叙述经籍传入日本经过之书。

隋亡唐兴以后,日本更加积极地派出遣唐使,并将派遣唐使作为国家谋求全面引进新文化的制度。这是历史上明确记载的事实,充满新知识的书籍大量传入日本。随遣唐使入唐的留学生与留学僧或多或少带回了相当规模的书籍。僧人似有义务在回国后向朝廷提交舶来品的目录,留下了以最澄《传教大师将来目录》③、空海《新请来经等目录》为代表的许多携来目录。但几乎全是佛典,关于外典的信息并不多。

同遣唐使随行带回书籍的诸人之中,养老元年(717)入唐的玄昉与吉备真备的功绩值得大书特书。玄昉于天平七年(735)归国时带回了经论五千余卷及诸多佛像④,这个数字无疑是指《开元释教录》所收经论的 5048 卷,可知玄昉将当时长安寺院行用的写本《一切经》全部带回。而吉备真备带回的主要是外典。据《续日本纪》"天平七年四月辛亥"条记载,同年真备献上《唐礼》130 卷、《大衍历经》1 卷、《大衍历立成》12 卷、《乐书要录》10 卷等⑤。当时急需仿效中国完善礼制,因此才先献上这

---

① 《日本书纪·推古纪》作十五年。

② 东京大学史料编纂所编:《东福寺文书》,《大日本古文书·家わけ5》,东京:东京大学出版会,1972年。

③ 最澄亲笔书写的目录有《台州录》与《越州录》两种。前者因织田信长火攻比叡山而烧毁,后者至今仍珍藏于延历寺,被指定为国宝。《台州录》于文政四年大师千年忌日之际有根据传抄本影刻的版本行世,因此幸而可知目录的内容。

④ 《续日本纪》"天平十八年六月己亥"条玄昉的卒传,见《新订增补国史大系》,东京:吉川弘文馆,1976 年,第 188 页。据日本六国史的体例,名人传记系于其逝世年月,叫作"卒传"。

⑤ 藤原继绳、菅野真道、秋篠安人等编:《续日本纪》,黑板胜美·国史大系编修会编:《新订增补国史大系》卷二,东京:吉川弘文馆,1976 年。

类书籍，真备携来的典籍当然不可能仅有这些。据《日本国现在书目》的记载可知，真备还带回了《东观汉纪》130卷，但其所携书籍全貌失传是极其遗憾的。《旧唐书·日本传》载："开元初（717），（日本）又遣使来朝，因请儒士授经。诏四门助教赵玄默就鸿胪寺教之……（此人）所得锡赍，尽市文籍，泛海而还……"①此处虽然未写名字，从年代来看，一般也认为这个人物就是吉备真备。因此可以想象真备携来的汉籍是有相当数量的。重野安绎说，"本邦之教学创自王仁，成于吉备公"②，尤其是在引进汉籍方面，吉备真备有划时代的功绩。

进入平安镰仓时代后，从中国进口书籍仍未停止。在遣唐使制度废除以后，入唐的僧人仍未消失，因有他们，书籍得以继续进口。而且通过私人贸易，汉籍不断传入，满足了知识分子的需要。藤原道长的日记《御堂关白记》叙述了中国人曾令文带来《五臣注文选》与《（白氏）文集》之事③；曾令文同时带来了苏木与茶碗，一定是个海商。

而且中国在10世纪以后，印刷的书籍开始流行，中古以来的写本渐为刻本所淘汰。后来这种潮流也波及日本。保守的博士家等虽仍墨守家传的读法与训诂，但也常常参照新来的印刷本，印刷文化的影响可见一斑。正如下文所述，猿投神社的写本也可见到刻本的影迹。在佛典的世界，作为最早印刷的大藏经的宋代官版大藏经，即所谓的开宝藏，也早已由奝然携至日本。再者，高丽藏与福州东禅寺版，同在福州的开元寺版也相继传入日本，还根据这些书制作了写本。

此外，新印刷的书籍多已脱离了卷子本的形态，成为便于翻阅的册子。在写本时代虽然已经根据用途使用了册子，但正规的书籍仍然是卷子。但从中国传来宋元刻本以后，这种观念逐渐发生动摇。猿投神社的汉籍多是卷子，但《古文孝经》与《白氏文集》的一种写本已经是册子了。

---

①　刘昫：《旧唐书》，北京：中华书局，1975年，第5341页。

②　重野安绎：《右大臣吉备公传》赞，见同氏《右大臣吉备公传纂释》（明治三十四年，吉备寺藏版）第8页背面。

③　《御堂关白记》"宽弘三年（1006）十月廿日"条，见《大日本古记录》上册，东京：岩波书店，1952年，第196页。另外，这两种书并非写本而是刊本，这一点据《御堂关白记》"宽弘七年（1010）十一月二十八日"条中提到在献给天皇时称之为"折本"（即刷印本）可知，见同上，中册，第82页。

二

以上简单回顾了日本的古代汉籍写本及汉籍传入的情形,接下来试对猿投神社汉籍的各书进行解说。

先谈《古文孝经》。《古文孝经》在中国早已失传,直至太宰春台的校本收入《知不足斋丛书》后才为中国所知。这一点上文略有涉及。唐开元十年(722),玄宗为今文《孝经》亲撰御注,又于天宝二年(743)再次修订,颁行天下。因此,以前通行的今文的郑玄注、古文的孔安国注都失传了。经文有今古文之别是众所周知的,作为中国经学史上的一个大问题,有关议论无法避而不谈,故先说明一下其概况。

秦始皇焚书使儒家经典多蒙灾厄,始皇同时制定"挟书律",禁止民间藏书。然而汉惠帝四年(前191)该法令被废除,不久就采用"广开献书之路"的政策,于是学者们逐渐拿出隐藏的书籍,或根据口传而得的经文进行经书的讲说。这些文本均以当时通行的隶书书写,因此称之为今文。例如传授今文《尚书》的伏生,本是秦代的博士,因为焚书而将《尚书》藏于故乡旧居的壁中,到了汉代取出后发现多已佚失,仅得二十八篇。汉文帝听说伏生传《尚书》,欲招之来,但当时他年已九十,步履维艰,因此文帝派晁错向伏生学《尚书》。伏生的文本原来是以小篆书写,此时改写为隶书,《春秋》与《诗》等通过口授而流传的文本也是在这个时期以隶书书写。今文家各守一经的师法立于学官。

另一方面,关于古文,汉武帝末年鲁恭王(刘余,景帝之子)为扩建自己的宫殿而计划毁坏孔子的故居后从壁中得到《尚书》《礼记》《论语》《孝经》等数十篇,均以古代文字书写。据说恭王进入其故居后听到弹奏琴瑟钟磬的声音,因此恐惧,放弃了破坏的计划[①]。其后,孔子的后代孔安国进行整理,献给朝廷,因故未及通行。除孔宅的壁中书外,尚有河间献王(刘德,景帝第二子)献上得自民间的《周官》《尚书》《礼》《礼记》《孟子》《老子》等记载。如上所述,西汉时代各种古文经典虽已出现,却未通行于社会。到了西汉末年,刘歆从皇宫的书库中发现古文经典,对其进行了整理,并再三推崇古文,在哀帝时请求将《左氏春秋》《毛诗》《逸礼》《古文尚书》立于学官,却因当时今文派博士的反对而遭遇挫折。

由于以上原因,到了东汉时代,今古文的对立、争论非常激烈。原来不过是书写

---

① 班固:《汉书》,北京:中华书局,1962年,第1706页。

文字的不同，但因为相应经文的解释，甚至政治思想的不同，形成了学派上的巨大差异。

而《古文孝经》本是孔宅壁中书之一，有孔安国的注。与此相对，《今文孝经》有郑玄的注本。日本学令中有"《孝经》，孔安国、郑玄注"，可知今文的郑玄注以前也通行过，但不如《古文孝经》盛行。《续日本纪》孝谦天皇天平宝字符年(757)的敕中有"宜令天下家家藏《孝经》一本，精勤诵习，倍加教授"，一般认为是古文[①]。不过该敕文的文句几乎完全沿用玄宗天宝三载(744)十二月的敕[②]。玄宗本意在于推广自己的御注，不过日本因有此前的时代背景，想来大概是用古文。但贞观二年(860)日本也发布了在正式场合应该采用御注的命令，指出今后御注立于学官，应教授此经。尽管如此，该敕文末尾附有但书，称若仍尊孔氏注，亦许讲诵[③]。由此可知，在日本《古文孝经》的读者根基甚深。

《御注孝经》也有开元本与天宝本前后不同的两种，这一点上文已经谈到，中国仅传有天宝本。关于开元本，屋代弘贤于宽政十二年(1800)据三条西实隆的点校本刊行的版本在日本通行一时，明治时期为杨守敬收入《古逸丛书》，因此在中国也逐渐广为人知。此本并非卷子本而是采用册子本的形态，让人推测原是抄写此本的人用于自己学习之本[④]。

猿投本的《古文孝经》在卷末有以下跋文：

书本云承安四年甲午(1174)正月上旬肥州二千石令授于予/毕即以清家之证本所写取也　此本者　师匠御/手迹也　契真法师记之

建久六年(1195)乙卯四月廿六日美州远山之庄饭高寺书写了

①　近藤守重：《正斋书籍考》，国书刊行会编：《近藤正斋全集》卷三，东京：国书刊行会，1906年，第300页。

②　玄宗天宝三载十二月的敕文见于《唐会要》卷三五，在字句上与《唐大诏令集》卷七四所载者有若干不同。参见王溥《唐会要》，上海：上海古籍出版社，1991年，第753页；宋敏求编：《唐大诏令集》，北京：商务印书馆1959年，第417页。

③　藤原时平、大藏善行、菅原道真等编：《日本三代实录》，黑板胜美·国史大系编修会编：《新订增补国史大系》卷四，东京：吉川弘文馆，1977年，第55页。

④　山本信吉：《古典籍が语る—书物の文化史》，东京：八木书店，2004年，第53页。

此本被阿部隆一在校勘日本所存旧抄本时用作引据的诸本之一①。阿部认为"肥州二千石"是指对清原家的家学复兴做出贡献的清原赖业(1122—1189)。如是，则该写本的原本是清原赖业传授契真法师的清家历代承袭的家传文本，此本是美州(美浓)饭高寺之僧于建久六年(1196)传抄的。作为《古文孝经》年代明确的写本，猿投本是最古老的，被单独指定为重要文化遗产应该也是鉴于其重要性。

而敦煌写本中未见《古文孝经》，敦煌写本中最值得注意的《孝经》注是《御注孝经》元行冲的疏(P.3274)②。这是保存了《开宗明义章》"复坐吾语汝"以下直至末尾的相当长的长卷，但最初的61行残去了后半。幸而卷末载有"天宝元年(742)十一月八日于郡学写了"，可知其书写年代。这是作为郡学的教材由学生书写的。敦煌于隋代大业年间置敦煌郡，但到了唐代武德二年(619)改称为瓜州，五年(622)改称为西沙州，又于太宗贞观七年(633)改为沙州。唐代一般称为沙州，玄宗于天宝元年以该地为敦煌郡，这个名称延续到乾元元年(758)再次改称为沙州为止。该写本提到郡学正是由于天宝元年的改称。

《春秋经传集解》是西晋杜预对《左传》的注释，早已与经传的本文并行。后来被合以孔颖达的《正义》编入《十三经注疏》。就今古文之别而言，《左传》是古文，《公羊传》《穀梁传》属于今文系统。传统上认为《左传》是春秋末期鲁国史官左丘明所作，但也有他人所作之说，如康有为认为是西汉刘歆的伪作。现在一般认为《左传》的文本是公元前四世纪的战国时代在左丘明文本的基础上形成的。

《春秋经传集解》在日本古代写本与敦煌写本中都为数不少。作为《左传》的注释，除杜预《集解》外，东汉服虔的注在古代亦行于日本，今已失传③。藤井有邻馆所藏的卷二作为唐抄本很有名，被指定为国宝。作为日本旧抄本，东洋文库有卷一○，石山寺有卷二六、卷二九的残卷，也都成为国宝。此外，宫内厅书陵部藏有金泽文库旧藏30卷的全部，毫无残缺。此本是清原教隆(1199—1265)传授给北条实时的文本，抄自清原家的家传本，此前竹添井井作《左氏会笺》时的底本就是此本。

猿投本残缺较多，只有一卷，但正文沿袭了清原家本。耐人寻味之处在于杜预的"春秋序"之后可见"婺本点校重言重意春秋经传集解隐公卷第一"的文字。这显

---

① 阿部隆一:《古文孝经旧钞本の研究(资料篇)》,庆应义塾大学附属研究所斯道文库编:《斯道文库论集》6辑,东京:庆应义塾大学附属研究所,1968年,第9页。

② 王重民:《敦煌古籍叙录》,北京:商务印书馆,1958年,第64页。

③ 不过书道博物馆所藏的吐鲁番出土的小残片应是服虔的注。参见白石将人:《书道博物馆藏吐鲁番出土〈左传〉服虔注残卷について》,载《敦煌写本研究年报》2013年第7号,第347—360页。

然是照抄刻本的题字,强烈暗示该写本的底本就是宋代的坊刻本。婺本是指刊行于婺州的书籍,婺州在宋代是一个很大的出版业中心,即现在的浙江金华。所谓"点校"表示附有句读标点;而"重言"是指对经典中反复出现的字句,在其下以反白形式注出"重言"表示其出现之处;同样,"重意"是指标示出现于他处的同义语句。婺本《经传集解》据说上海图书馆藏有残本①,目前未得寓目之便。幸而有台北故宫博物院藏《婺本点校重言重意互注尚书》的介绍,从该书的形式可知其意思如上所述②。总之,这种坊刻本是作为科举考生的参考书而专门出版的,传入日本后也受到重视。但猿投本是否照抄宋版呢?其实绝非如此,可以认为主要是利用了传世的古代写本。一是因为猿投本在对经与传加以标示以区别时有一个字的抬头,这是写本时代的习惯而不见于刊本;二是猿投本虽然号称"重言重意",却完全不见此种标注。这可能是因为宋版仅仅作为参考而置于案上,其标题碰巧混入了写本,关于这个问题还需要参考其他事例进一步探考。

《论语集解》均是三国时期何晏的《集解》,存有三种不同的写本,共计五卷。数量最多的是康安二年(1362)书写的南北朝写本,在全书十卷中存有卷三、卷七、卷一〇,共三卷。现存部分是公冶长第五、雍也第六(以上卷三),子路第十三、宪问第十四(以上卷七),子张第十九、尧曰第二十(以上卷一〇),但其中的开头或中间部分缺失。残余的写本是似为南北朝抄本的卷三的残本与或可晚至室町初期的卷四的残本。

儒家经典中拥有最多读者的是《论语》,这一点毋庸赘言。因此,不仅日本有古代写本,敦煌、吐鲁番也发现了《论语》的许多写本。而《论语》也有今古文之别,汉初通行过今文的《鲁论》《齐论》与出自孔壁的古文《古论》。但东汉郑玄统一诸本并作了注释,今古文之争暂告停息。此后,何晏集孔安国、包咸、周氏、马融、郑玄、陈群、王肃、周生烈等八家之说而著《集解》,因此后世此书独传。

但日本古代写本中还有梁代皇侃的《论语义疏》,与何晏《集解》并行。此书清代

① "婺本附音重言重意《春秋经传集解》三十卷"存十四卷(卷二至卷七,卷一五至卷一九,卷二三,卷二五至卷二六),见《中国古籍善本书目》(经部)第2457号,上海:上海古籍出版社,1989年,第239页。"点校"变成"附音",因此无法认为是完全相同的版本,但可以认为是类似的版本。

② 参见吴璧雍《宝笈来归——记故宫新藏宋本〈婺本点校重言重意互注尚书〉》,载《故宫文物月刊》2005年第269期,第35—36页。此外,近藤守重早已注意到"重言重意本",帖明"重言重意本者,帖括之书而宋末之俗本也",解释说"音义之后设墨匡,标'重言'或'重意'或'互注',其下夹注其说",又引证《经义考》等,值得参考。看看近藤正斋《正斋书籍考》卷一,见《近藤正斋全集》第2卷,东京:国书刊行会,1906年,第44—45页。

传回中国，引起学术界关注，上已有述。到了近代，皇侃的《义疏》在敦煌写本中也有发现。关于该写本（P.3573），根据与纸背所钤"宣谕使图书记"一同出现的"泛塘彦寻览"的人名，学者考证其写于896年之前，其文本保留了皇疏的原貌①。在猿投本的康安二年（1362）抄本中，卷一○子张第十九的眉批以"疏曰"的形式引用了皇侃的义疏，这个时代仍参考皇侃的义疏是耐人寻味的②。

在皇疏以外，敦煌、吐鲁番还出现了不见于日本的郑玄注的许多写本，引起学者关注③。日本未尝行用郑注，应是因为郑注行于中国北朝，而隋唐以前的日本汉学是通过百济引进南朝的经学。

《帝范》12篇系唐太宗李世民御撰，贞观二十二年（648）正月赐予皇太子李治（后来的高宗）。正如书名所显示的，这是阐述帝王的政治要诀。此书在唐代通行两种注，一是著录于《旧唐书·经籍志》及《新唐书·艺文志》的贾行注四卷④，另一种是秘书省著作郎韦公肃于敬宗宝历二年（826）进献的注（《旧唐书》《唐会要》）。传入日本的《帝范》确实有注，但还不清楚究竟出于何人之手。

中国在南宋时佚失了《帝范》12篇中的一半，元代于云南发现完帙，后收入明朝的《永乐大典》，在清代又收入《四库全书》，后以武英殿聚珍本刊行，因此，当时《帝范》已不是罕觏书籍。《四库全书总目提要》认为云南发现之年是泰定二年（1325）。而德富苏峰在汉城（首尔）获得正文与《永乐大典》本相同且附有至治三年（1323）序的朝鲜铜活字本，据此否定了《提要》提出的泰定二年云南发现说。此外，朝鲜活字本的序文明确记载注的作者是元代的李元镇，《提要》则疑为元代人因唐人旧注而补之，对此德富也加以斧正⑤。阿部隆一已说明，清代许瀚的《攀古小庐文》已据明代都穆《铁网珊瑚》的记载，指出《永乐大典》本《帝范》的注为元代大德年间霸州李萧元

---

① 王重民：《敦煌古籍叙录》，北京：商务印书馆，1958年，第70页以下。并参看土田健次郎《儒教典籍》，见《敦煌汉文文献》（《讲座敦煌·五》），东京：大东出版社，1992年，第288页以下。

② 高桥智：《日本南北朝（1336—1392）时代古抄本〈论语集解〉——猿投神社所藏本之意义》，见刘玉才主编：《从抄本到刻本：中日〈论语〉文献研究》，北京：北京大学出版社，2013年，第113页。

③ 金谷治：《唐抄本郑氏注论语集成》，东京：平凡社，1978年；王素：《唐写本论语郑氏注及其研究》，北京：文物出版社，1991年。两书网罗了郑注的敦煌、吐鲁番本，便于使用。

④ 四卷只是贾行注的分卷，传入日本的附注本分为上下两卷。

⑤ 详见德富苏峰将狩谷棭斋手校本收入其"成箦堂丛书"出版时所附的《帝范臣轨解题》，熊本：民友社，1915年。

所撰①,李鼏元就是李元镇。

　　猿投本虽仅有上卷,却是首尾完整的精抄本,存《君体》《建亲》《求贤》《审官》《纳谏》《去谗》六篇。卷末有"以家秘本朱墨两点交合了",考虑到其僚卷的《臣轨》的跋文,"秘本"可以认为是继承了菅原在良对鸟羽天皇进行讲授所用之书的系统的文本②。在朝廷向天皇进讲《帝范》是一个长期的传统③。

　　《臣轨》二卷为武则天撰,是阐述臣僚规范的书籍。武周时代结束后基本上被遗忘,南宋时仅有佚失了十篇之中后五篇的残本④,后来连此本也完全绝迹。如上所述,《帝范》在宋代也暂时只有残本,《臣轨》在中国则完全成为佚书,仅在日本流传。

　　武后于长寿二年(693)三月自制《臣范》,替换《老子》让科举考生学习⑤。唐室为李姓,故同为李姓的老子受到尊崇。因此武后于上元元年(674)向高宗上表,请求参照《孝经》《论语》于明经科采用《老子道德经》,于是上元二年(675)正月的明经科在进士试帖三条之外又试《老子》策二条。仪凤三年(678)三月又下敕以《道德经》与《孝经》为上经,贡举对此必须兼通。长寿二年(693)武后废除《老子》,以自制的《臣轨》替换,此具有极其浓厚的政治意图。这种情形持续到唐室中兴的神龙元年(705)二月下敕命令"天下贡举人,停习《臣范》,依前习《老子》"为止。因此,《臣轨》用于科举前后共有 12 年。

　　传入日本的《臣轨》卷末均附有"垂拱元年(685)撰"的文字。关于这个纪年,《旧唐书》记载则天二年(长寿二年)"则天自制《臣轨》两卷"(《唐会要》同),因此过去有人提出过疑问,但现在根据日本传本,垂拱元年说已成定论。而且《臣轨》与《帝范》一样附有注释,其作者为郑州阳武县的王德纂,这一点也据日本传本可知。近藤守重见过德川家康的手泽本,其卷首有"郑州阳武县臣王德纂注上"的文字,卷末有"本云,臣德纂述曰:其《臣范》中所引正经及子史学者,其正经之义则皆取先儒旧注,不

①　阿部隆一:《帝范臣轨源流考附校勘记》,庆应义塾大学附属研究所斯道文库编:《斯道文库论集》第 17 辑,东京:庆应义塾大学附属研究所,1968 年,第 179 页。

②　山崎诚:《猿投神社汉籍解题目录》,丰田史料丛书编纂会编:《丰田史料丛书·猿投神社圣教典籍目录》,丰田:丰田市教育委员会,2005 年,第 31—41 页。

③　近藤守重:《右文故事》,国书刊行会编:《近藤正斋全集》卷二,东京:国书刊行会,1906 年,第 175—176 页。

④　晁公武:《郡斋读书志·后志》卷二:"武氏称制时,尝诏天下学者习之,寻废。本十篇,今缺其下五篇。"另外,《读书志》以为书名并非"臣轨"而是"臣范",并说"范或作轨"。"臣范"的名称亦见于《唐会要》《文苑英华》,可见很早就有由《帝范》类推而致误的情形。

⑤　参见《唐会要》卷七五,上海:上海古籍出版社,1991 年,第 1626 页以下。

敢更生异见,其[子]史之义则唯取河上公焉,余皆出自愚心,亦不师祖往说矣",近藤据此论述过撰者问题①。近藤在此跋之后云"本押纸(即浮签)也",记述了可以见到以下文字:"《臣轨》既是御撰,妙极稽古垂范,千载作鉴百僚,既为臣之令模,乃事君之要道,宜诵登于口,诚藏于心,束发舁簪,庶多弘益,长安四年(704)三闰四日江都县孙祥记。"王德纂的跋及孙祥的题跋亦皆见于猿投本②。这大概是传入日本的祖本中的文字,可以说是证实其传承有绪的重要资料。

司马迁的《史记》极为有名,不需要多作解说,但想谈谈其流传与注的几个问题。《史记》全书有 130 篇,《汉书·艺文志》载"太史公百三十篇,十篇有录无书",认为西汉末年之前已经佚失 10 篇,《汉书·司马迁传》注引三国魏的张晏说,以为这 10 篇是《景纪》《武纪》《礼书》《乐书》《兵书(律书)》《汉兴以来将相年表》《日者列传》《三王世家》《龟策列传》《傅勒列传》。关于这 10 篇,众说纷纭,或以为司马迁并未完成这10 篇,或以为仅仅佚失了一部分,但一般认为是后人的续补。

《史记》在魏晋以后广为流传,据说东晋末年徐广作《史记音义》。此后,刘宋的裴骃在徐广的基础上参考经传百家及先儒之说作《史记集解》。裴骃之父是为《三国志》作注的著名史学家裴松之。唐代以后,司马贞作《史记索隐》,张守节作《史记正义》。《集解》《索隐》《正义》称为"三家注",本来是分别单行的。后来《集解》先附于正文通行,最终出现了所谓的三家注本通行于世。后世的版本一般在《五帝本纪》之前有《三皇本纪》,它不是司马迁原著,而是司马贞妄补的。

日本通行的《史记》几乎都是《集解》本,《日本国现在书目录》的正史家之首所举的《史记》八十卷正是《集解》,可以认为仅有正文的《史记》没有传入日本。敦煌遗书中的《史记》也是《集解》,可知《集解》在中国唐五代时期也是广为流传的。《现在书目录》尚可见到司马贞的《索隐》,梁代邹诞生《史记音》三卷、唐代刘伯庄《史记音义》廿卷也被著录,但不清楚这些书在何种程度上被利用。

作为《史记》的古代写本,以珍藏于石山寺的奈良时代写本一卷(自卷第九六《张丞相列传》第三十六的中间部分到卷九七《郦生陆贾列传》第三十七的末尾)为首,防府毛利奉公会的《吕后本纪》第九、东北大学的《孝文本纪》第十、大东急纪念文库的《孝景本纪》第十一(以上三卷是僚卷)以及石山寺本《夏本纪》第二、《秦本纪》第五的两卷都很有代表性,均被指定为国宝。奈良时代写本暂且不说,一般认为毛利家以

---

① 近藤守重:《右文故事》,第 175—176 页。
② 近藤守重所见德川家康手泽本与猿投本有很多共同点,大概是同一系统的写本。

下各本都是传承于纪传道家的大江家的文本。

　　猿投本现在经过修补分为四卷。第一卷收入《吴太伯世家》第一与《鲁周公世家》第三,第二卷收入《燕召公世家》第四、《管蔡世家》第五、《陈杞世家》第六,第三卷收入《卫康叔世家》第七与《宋微子世家》第八,第四卷收入《楚世家》第十。据说本来各为一卷,共八卷,各卷的卷首缺失。就世家部分全十二卷而言,则是佚失了《齐太公世家》第二及《晋世家》第九以下的四卷。

　　据山崎诚所言,猿投本《史记》与《春秋经传集解》笔迹相同,可能是清原家所传的《史记》①。如是,由于现存诸本多为大江家的系统,可以说即使不考虑没有训点这个特点,猿投本也有独特的价值。

　　《文选》与《白氏文集》都是平安时代以来日本最受欢迎的书籍,因此以李善注、五臣注为代表的许多注释本传入是极其自然的。一般认为篇幅浩瀚的《文选集注》是在日本编纂的,正因为日本具备了这么多的资料,才有这样的著作。本来金泽文库所传的《集注》写本,现在称名寺存有19卷,其余分散藏于各处,全120卷中有23卷现存于日本国内。由张元济传到中国的一卷现存于中国台湾地区的图书馆。

　　虽然唐代有许多注释,但因后世盛行李善注及五臣注,这些旧注几乎全部亡佚。敦煌发现了无注本与李善注本,俄国藏的一本(Φ242)被认为是公孙罗的《文选钞》②。此外,归于细川氏永青文库的敦煌本又是另一种注本,被推测与五臣注本较近③。

　　猿投本《文选》是两种不同的卷子④,一本有镰仓时代弘安五年(1282)十月廿六日的纪年,一本附有同是镰仓时代载有"正安第四(1302)七　上旬　一校了"的跋,都是《文选》卷一的无注本。作为无注本的《文选》,东山御文库藏的所谓九条本为人所知⑤,被认为是可以追溯到近于萧统原本的六朝、唐代旧本的文本⑥。就猿投本而言,弘安本与正安本的底本虽然不同,但也继承了萧统原本的系统,而且有学者认为

---

① 　山崎诚:《猿投神社汉籍解题目录》,第36页。

② 　石滨纯太郎为狩野直喜《唐抄本文选残篇跋》所作的"书后",见《东洋学丛编》,东京:刀江书院,1934年,第58—59页。

③ 　参见神田喜一郎对《敦煌本文选注》的解说,东京:永青文库,1965年。

④ 　此外还藏有《文选序》的部分粘页装残本一折(两张四面),由于未见,此处从略。

⑤ 　存有全30卷中的22卷。前后笔迹并不相同,成于众手,从跋文来看,据说底本是正应五年(1292)藤原长英所书写移点的,猿投本则写于南北朝前期。参看阿部隆一:《東山御文庫尊藏(九條家舊藏)舊鈔本文選について》,见《阿部隆一遺稿集》第1卷宋元版篇,东京:汲古书院,1993年,第527页。

⑥ 　参见阿部隆一,同上,第528页。

弘安本比正安本及九条本更接近萧统的原本①。

《白氏文集》盛行于日本,当然也有日本的特殊原因,另一方面也是因为在中国受到了很高的评价。与元稹诗并称为元白诗的这种诗风,不仅具有写实性与通俗性,而且深入揭示了当时的社会矛盾,引起了人们的广泛共鸣,其名声自然传到日本。

据说承和五年(838),藤原岳守担任太宰少贰,在检查唐人的货物时偶然得到《元白诗笔》,因此献给朝廷,当时的仁明帝非常欢喜②。即使这不是最早的事例,当时《文集》已经传到日本也是毋庸置疑的。圆仁的携来目录《入唐新求圣教目录》也记载了"《白家诗集》六卷"③。圆仁在《目录》中说该《白家诗集》得自长安,圆仁旅居长安是在自开成五年(840)八月下旬至会昌五年(845)五月下旬,因此是在这个时期得到该诗集的。此外,同为入唐僧的惠萼于会昌四年(844)请五台山诸人书写《白氏文集》,此本经过转抄传入金泽文库④。白居易捐馆是在会昌六年(846),因此当时白氏还在世,可见白氏的诗名在其在世时已经很高了⑤。

猿投神社所藏的《白氏文集》不少。卷三有四件(卷子三卷与册子一帖),卷四有两件(卷子),共有六件。据其跋文,卷三的册子本是贞治二年(1363)在猿投社由澄豪等抄写。卷三卷子的一本是贞治四年(1365)亦由澄豪于猿投社的莲花坊书写,卷子的另一本是贞治六年(1367)也在猿投社抄写。剩下的卷子一本可见"观应三年(1352)大蔟中旬之候,文主千若丸"。千若丸还写了卷四的一本,其中有"于时文和二年(1353)七月中旬之比,参州渥美郡,于长仙寺,虽恶笔书写之云々,文主千若丸十五才",可知是由学生书写的。卷四的另一本没有跋,书写年代不明,从笔迹来看,大概也是学生书写作为教材的。

---

① 傅刚:《日本猿投神社藏〈文选〉古写本研究》,见张伯伟主编:《域外汉籍研究集刊》第3辑,北京:中华书局,2007年,第233—250页。

② 参看《文德实录》卷三"仁寿元年(851)九月廿六日"条所附藤原岳守卒传,见《新订增补国史大系》,东京:吉川弘文馆,1973年,第31页。

③ 《佛教书籍目录》第二,见佛书刊行会编《大日本佛教全书》,东京:佛书刊行会,1914年,第14页上栏。

④ 参看桥本进吉编《慧萼和尚年谱》,见佛书刊行会编《大日本佛教全书》,东京:佛书刊行会,1922年,第531—540页;神田喜一郎《林罗山手校の白氏文集》,载《MUSEUM(东京国立博物馆研究志)》1982年第370号,第13页。

⑤ 关于其文集在国内外辗转抄写的情形,白居易本人在其去世的前一年即会昌五年五月一日写的《白氏集后记》(四部丛刊本《白氏长庆集》卷七一)中谈到"其日本、新罗诸国及两京人家传写者不此记",据此也可了解。

　　应该注意的是,这些《白氏文集》的卷三、卷四都是"新乐府"部分。在日本最受欢迎的正是这个部分,大概是只抄写这个部分作为教材。

　　此外,耐人寻味的是卷三有一件不是卷子而是被装订成册子,使人联想到敦煌本的《白香山诗集》(P.2492)也采用册子本的形态①。在唐代的中国,文集以册子式的写本形式通行于世,圆仁在长安购买的《白家诗集》可能也是这种形态。

　　以上为猿投神社汉籍的概况。关于镰仓时代武家学问的精髓,金泽文库及足利学校的藏书可为代表,但有关地方寺院与民间的状况,从这些藏书未必能够充分了解。从这个意义上说,在探讨镰仓时代到室町时代初期汉学的平均水平及读书范围与所用文本方面,猿投神社的汉籍都不失为珍贵的资料。

(作者单位:复旦大学历史学系)

---

　　①　《白香山诗集》的书名是王重民所拟,现在已被否定。该写本与俄藏的 Дx.3865 相连,可知收录的作品未必都是白居易的。因此,敦煌研究院编《敦煌遗书总目索引新编》(中华书局,2000 年)作"残诗集",据徐俊《敦煌诗集残卷辑考》(中华书局,2000 年,第 21 页)以下的论述来看,最好称之为"唐诗文丛钞"。

东部欧亚世界论与古代日本(3—9世纪)
——日本的研究动向

[日]铃木靖民

一、日本的 50 年来的研究动向——东亚世界论 与东部欧亚世界论

日本历史学界 50 年来的丝绸之路研究,继承了大约 90 年前的羽田亨、桑原骘藏、石田幹之助以来的传统,由亚洲史,特别是中亚史、南北朝隋唐史、敦煌吐鲁番文书等领域的研究者承担。同时,与荣新江、郝春文、罗丰等代表的当代中国研究者的学术交流也很活跃。

所谓的丝绸之路,不是指一条笔直的路,其真正的含义是指连接若干个都市和地域的路线,研究该路线所经过的各地域的国家、民族、语言、信仰等的文化、交易的实态及特质,以及移住中国的人们及其后裔的活动。

本文主要论述有关古代日本(3—9 世纪)研究领域的研究动向。日本史中,与丝绸之路有直接关联的历史事实不太多,因此研究也较少。已有的研究,主要集中在来日的出自丝绸之路各地的人们的史事,源自丝绸之路的文物的探究,以及以中国王朝为圆心的同心圆状的西方与东方(日本)之间传播的书籍、学问、思想比较等方面。

例如,7、8 世纪以后,日本的佛像雕刻或绘画中的宝冠上带有的三日月形装饰,就是源于萨珊朝波斯文化的伊朗因素。此外,受粟特文化影响的历本(有蜜字的具注历)的存在,可以追溯到 10 世纪的贵族日记(藤原道长《御堂关白记》)。法隆寺和正仓院所藏的伎乐面醉胡王和醉胡从,从其所戴的帽子可知,是表现粟特人的首领及其随从的。正仓院中,还有使用阿富汗北部产的青金石的绀玉带、丸玉等宝物。这些都被推测是日本与隋唐交流的产物。

　　20世纪60－70年代以后,在冷战的世界情势中,日本学界应该如何认识"日美安全保障＝军事同盟下的日本与中国、朝鲜的关系"的问题被提出来,同时也从历史学的立场讨论了日本与东亚的国际关系论。

　　其中,西岛定生提出的册封体制论,论及5－8世纪前后,在中国王朝(中华)与古代周边诸国(蕃夷)之间的朝贡—册封中,以佛教、儒教、律令制、汉字的授受为标准的历史世界形成,其世界构造展开自律性运动。这一学说对日本的前近代研究史产生了很大的影响。与其联动的学说是石母田正的东夷小帝国(小中华)论,认为日本依据效仿中国的古代帝国主义,侵入朝鲜的"任那",并在百济与唐、新罗战争之际,救援百济。石母田正的观点,现在仍被学界继承,例如认为东(东南)亚诸国中同样存在着小中华思想(酒寄雅志),或者存在周边小帝国群的观点(广濑宪雄)。

　　对于上述的东亚世界论的展开,朝鲜史研究者提出了不同意见,批评东亚世界论都是以中国为中心的视角,而没有从被册封一方的视角来探讨。其后,在80－90年代,出现认为羁縻重要的观点,但相关研究却处在停滞不前的状态。21世纪初,世界情势也发生变化,新发现资料的调查研究也在推进,东亚世界论的研究从古代日本的外交、对外关系研究转向东亚世界论的个别具体的实证性研究。

　　西安的井真成墓志是日本遣唐使、中日关系研究的很好的具体事例。以该墓志的发现为契机,专修大学启动了东亚世界史研究项目(2014年以后改名为东部欧亚世界史)。在西安、洛阳的百济系及高句丽系唐人的墓地、墓志的调查中,其中也交织着678年的祢军墓志所记载的"日本"是指何地的争论,祢军是《日本书纪》有记载的人物。此外,还有对西安、洛阳龙门、山西天龙山的在唐新罗人的相关调查。百济系唐人的陈法子墓志,看似与日本无关,但是墓志记载的其先祖的官历与《日本书纪》的地名记事相重合。这些历史资料叙述着来往于古代各国间的人们的活动。日本、中国自不必言,在韩国也开始了相关的研究,显示出应该在东亚规模的国际视野下解明历史。另外,关于海上丝绸之路,2007年,专修大学也曾经举办了研讨会,以13－16世纪的陶瓷器交易等为题材,讨论了海域世界的港口经济中心的实态。

　　2010年以后,日本古代史研究学者,设定了一个非单纯的地理称呼的历史空间概念,东部欧亚世界的研究陆续公开发表。其率先者广濑宪雄,细致地分析了与中国王朝通交的诸国的外交礼仪、外交文书(书仪),解明了以日本为首的周边国家与东部欧亚的直接、间接关系。山内晋次不仅注重日唐关系,而且强调日本通过陆路和海路与东部欧亚交流的事实。皆川雅树探究在日本意味着外来文物的各种唐物的源流,详细地从中国追溯至东部欧亚。

所谓的东部欧亚,是地理、空间概念,虽然包括交通路、生态环境的含义,但地理上是指将欧亚一分为二的东部。不同的论者,其定义的东部欧亚范围多少有所不同。笔者认为是指以中国为中心,帕米尔高原、马六甲海峡以东的范围。不过,如同后述,若将印度、波斯、萨拉森也包括在内的话,尽管与国境概念不同,但东部欧亚的范围更加向西延伸。

与东部欧亚世界论相关,在亚洲史研究方面,杉山正明及古松崇志等人相继提倡1004年至13世纪的澶渊体制,重视欧亚东方诸国的对等关系。在构想同一历史空间下的世界结构这一点上,与东部欧亚世界论具有共通性。

针对东部欧亚世界论,2014年,李成市提出了批判意见,认为东部欧亚世界论不能说明国家成立的必然性,应该立足于日本、中国、朝鲜的东亚的现实。2015年,熊谷公男提出了疑问:东部欧亚世界论能否取代东亚世界论,对于理解日本史的构成是重要且有效的?

二、东部欧亚世界论的概要

笔者本人于2011年在北京大学、(日本)专修大学,2013年在浙江大学历史系,2014年在西北大学,分别就东部欧亚世界与东亚世界重层存在的世界构造论作了讲演。

2011年,读到赵灿鹏介绍的清张庚于1739年写的《诸蕃职贡图卷》(《爱日吟卢书画续录》)的18国题记逸文(《文史》2011-1)后,依据众所周知的中国国家图书馆所藏的北宋本,台北故宫博物院所藏的唐与南唐的两个版本,以及梁元帝撰《梁职贡图》诸国条和唐代成书的《梁书》诸夷传中的30余国的记事,提出了世界构造论,即南朝梁的国际关系,不仅表现了国际意识,即中华—蕃夷思想、天下观,而且也反映出国际秩序、世界结构,由此提出了与上述先行学说不同的东部欧亚世界论。

在批判性地解读林邑、师子、百济、滑、周古柯、呵跋檀、胡蜜丹、龟兹、滑盘陀、芮芮等各条史料的基础上,结合前后时期的正史,分析有关"大国""小国""旁小国"的记事,归纳出结论,即尽管中国王朝对史料有所取舍,但笔者尝试描述诸国的状况及国际关系的实态,使东部欧亚规模的世界结构特征性地浮现出来。这有利于重新把握并再构东亚史全体像。

　　在此首先略述相关的主要史料。《梁书》记载,师子国是"天竺旁国"。《魏书》视波斯和北魏皆为"大国"。《梁书》中,蒙古高原的芮芮(蠕蠕,柔然)败于北魏后,成为"小国"。《隋书》记载,新罗、百济皆以倭国为"大国",而倭则向隋王朝询问"大国惟新之化";赤土国(马来半岛)视隋为"大国"。《梁书》记载,滑国从一个从属于芮芮的"小国",发展为使多数"旁国"臣服且拥有"旁小国"的"大国"。《魏书》记载,滑国"役属"康居(康国的前身、撒马尔罕)、于阗(和田)、沙勒(喀什)、安息国(帕提亚)及30余个诸小国,号称"大国",与蠕蠕和亲。

　　《太平御览》外国事中,相对于西晋,罽宾(迦毕试)被称为"小国"。《梁职贡图》(北宋本)中,加耶诸国与斯罗被记为百济的"旁小国"。《南齐书》中,相对于北魏,高丽是"小国";相对于南齐,扶南是"小国"。《梁职贡图》将滑盘陀视为于阗之西的"小国";朝鲜的斯罗被记为原本是辰韩的"小国"。

　　《梁职贡图》记载,北魏时,滑国是从属于芮芮的"小国",其后强大,征服"旁国"的波斯、盘盘、罽宾、焉耆、龟兹、疏勒(沙勒)、姑墨、于阗、句盘等国。《梁职贡图》的周古柯、呵跋檀、胡蜜丹各条中,这些国都被记为滑国的"旁小国"。根据《梁书》记载,滑国于516年、520年、526年曾经派遣使者,率"旁小国"的使者一同至梁王朝。此外,还记录了滑国的"旁小国"的衣服、容貌与滑国相同的民族共通性。《梁职贡图》中,百济的使者也是与"旁小国"的加耶诸国的使者同时朝贡梁王朝。

　　以这些记事为基本,可以归纳为:"大国"以中国王朝为基准,①凭借军事,或征服"旁国",或使之从属;②通过外交或交易,或使"小国"服从,或将其置于下位;③此外,具有优秀的礼仪(思想)、文字(汉字),并向周边传播。因此,"小国"是指被对置于"大国"的,从属大国的诸国。特别是向同为"大国"的中国王朝(梁)朝贡的所谓的同伴入朝的滑国之例,地理上位于"大国"之旁的"小国"周古柯等国被称为"旁小国"。此外,随百济一同朝贡梁王朝的加耶诸国也同样被记为"旁小国"。滑国与波斯等国是"旁国",即邻接的周边国,既不是"小国",也被区别于"旁小国"。这些"旁国"大多在附属于滑国以前,也曾是"大国"。

　　从国际关系的视点来看,国家间的关系可以归纳为"大国"—"小国""大国"—"旁小国""大国"—"旁国""大国"—"大国"—"旁小国"等类型。在某些时期,也可能会存在"大国"—"大国"类型的关系。

　　由此,可以设想以6世纪的中国王朝为中心的东部欧亚世界的世界构造。作为从中亚、帕米尔高原以西的巴基斯坦至伊朗东部的农牧接壤地带的游牧国家,伊朗系的滑国使相邻的"旁小国"（周古柯等）从属，构筑势力圈（小世界），又征服"旁国"（波斯等），以包括狮子、白貂裘等特产品作为朝贡品，并屡屡与"旁小国"向梁、北魏等南北诸王朝或北方的芮芮同伴入朝。此外，滑国要求"旁小国"、"旁国"以"胡语"书写外交文书。促使这种国际关系成立的契机、内情：一是交易，包括以朝贡为中继的交易；二是佛教。二者都是重要的因素。西方中心的"大国"，将"小国"作为财富的供给源，使权力、消费、产业集中，推进组织化（体制化）。以此为前提，继续与"大国"的国际性的交易外交，构成某种国际秩序。

在东亚，百济是5、6世纪朝鲜的中心，率"旁小国"与中国王朝通交。但7世纪以后，摆脱了高句丽国际秩序的新罗，统一了朝鲜半岛，建立高句丽遗民的"小国"等，意在推进中心（中华）化，直至8世纪。695年，倭的遣唐使也是率东北地区的虾夷前往唐王朝，在洛阳面见唐高宗，显示倭国的中心（中华）化。这在中国的正史上也有明记。

这种以"大国"为中心，由周边的"旁国""小国"群构成的势力圈，在东部欧亚各地被建立。除中国诸王朝以外，还有滑国、波斯、天竺等，各个势力圈都是一个小世界（宇宙）。毋庸置疑，与中国相邻的东亚，也形成了小世界。东部欧亚世界与东亚世界等各小世界的关系，举例来说，就是在广大的伞下，并立着各种小伞，或者是相互重叠的重层性构造。若是将这一世界构造模式化，可以抽象为中心（大国）—周边（大国，旁国）—边缘（旁小国）三级结构的历史性世界。其中，周边国的中心化也是时常可以看到的特征。在这一世界结构下，各种各样的人们移动、交易以及文化交融。在东亚，这种结构的框架至少延续至唐王朝，存续的10世纪在各地展开的同时，进入宋的时代。

其后，12世纪，蒙古建立了跨越欧亚东西的世界秩序。这与本文所言的东部欧亚世界是否具有连续性，是今后的研究课题。

三、东部欧亚研究与古代日本

东部欧亚世界，虽然是铺设交通道路，越过山河，跨越诸国而形成的。但使之发挥作用并具有实效性的是如前所述的人与物的活动。

这一地域与通常所说的东欧亚、中亚、中欧亚、丝绸之路等术语，概念上是重叠的。在日本的亚洲史研究中，相关研究的第一线研究者有荒川正晴、森部丰、森安孝夫、池田温、石见清裕等。森安孝夫使用"中欧亚"之语,规定随着时代变迁的人文地理的、文化的概念。上田信的旨趣则略有不同,称以云南为中心的东欧亚。这些研究尽管是以中国为中心的理解,但研究对象涉及甚广,极其精致,使以往的东西交涉史的形象焕然一新。以蒙古史研究著称的杉山正明,使用的表述是"欧亚的东西"。妹尾达彦既重视丝绸之路的农牧接壤地带,也关注西方,称其为"非欧亚"。前述的日本史的广濑认为,如果重视日本史发展中的国际环境,东部欧亚的视点在唐灭亡后,直至蒙古崛起也都是有效的。

历史社会学的山田信行,虽然缺乏论证,但构想了以公元前500年至公元1400年左右的罗马、印度、中国为核心的综合世界,即"非欧亚世界体系"。对于这些见解,我们如何从中归纳提炼出共通理解呢? 只有在学习中国、朝鲜的研究成果的同时,不断地积累依据史料的实证和理论构成。

本文所叙述的东部欧亚世界的"世界",具有普遍性、规则性(秩序)、关联性、完结性,由可以作为一体把握的国、集团等连接而成的独自世界(宇宙)。史料叙述的这一世界,以中国为中心的动态是主流,中心—周边—边缘的关系是基本结构。但是,依据其内含的要素、外在条件及背景,这一世界并非恒久不变,而是具有可变性、流动性的。又,以古代日本、朝鲜诸国为例,同时处于东部欧亚世界与东亚世界两个世界中,具有双重的国际外压、国际性契机,与既成的政治、外交、经济、文化的运转相互交织,成为强烈刺激各地社会的潜在力。这一世界并非是单极的,而是多极的秩序,国际性地形成大小层。其世界构造可以说就是多极性秩序的多层集合体。

关于今后的研究课题,连接国际关系的交通路的重要性是毋庸赘言的。此外,除了丝绸之路,还须进一步究明草原之路、黑貂之道、香料之道等各种之路,以及各地的集落(都市)、住宿、休息设施和乘坐物等交通手段、交通制度、交通环境等。

携带文物、文化至东亚交流的人们是多样的。7、8世纪的日本也是如此,除了遣唐使与留学生、留学僧赴唐以外,不仅有来自唐或朝鲜诸国的人,而且还有百济南朝人、波斯人、印度舍卫、婆罗门(中印度)人(菩提仙那)、中亚吐火罗人、在唐安国粟特人(安如宝等)、波斯人(李密翳)、昆仑(印度或南洋群岛)人(军法力)、林邑人(佛彻)等的来日活动,包括佛教、交易、技术技能的文化传播。近年,位于平城京的西大寺旧境内,出土了伊斯兰陶片。伊斯兰陶器在北部九州的鸿胪馆遗迹、官署遗迹中也有发现。这可以说是唐王朝流行的世界主义的影响。

从日本渡海至隋唐的僧侣很多。例如,9世纪初,僧侣灵仙在长安与各种各样的人友好交往,成为宪宗的内供奉,从事西域传来的梵文经典的汉译事业,在五台山悲怆地圆寂。毫无疑问,他们是东部欧亚规模下的跨国活跃的人们。

东部欧亚也具有长期波动或连锁性。668 年,唐征讨高句丽中做出巨大功绩的将军薛仁贵,马不停蹄地前往西北与吐蕃作战。两年后,藩属于唐的吐谷浑被吐蕃所灭。这一远距离间的连锁性,王小甫认为"恰符合东西形势遥相呼应,彼此起伏"。730 年代,日本的政权曾计划与渤海联合,征讨新罗。有学说认为,日本的这一战略是基于渤海将安史之乱以及在西突厥的塔拉斯河畔之战,唐军败给粟特人与阿拔斯王朝伊斯兰的联合军视为机会的渤海情报。这可以说是在东部欧亚中理解日本动向的尝试。

从古代日本至东亚,甚至东部欧亚世界的视野拓宽,必将使未知的多彩的历史面貌逐渐呈现出来。

参考文献:

[1]荒川正晴:《ユーラシアの交通・交易と唐帝国》,名古屋大学出版会,2010 年。

[2]石田幹之助:《東亜文化史叢考》,東洋文庫,1973 年。

[3]上田信:《東ユーラシアの生態環境史》,山川出版社,2006 年。

[4]杉山正明:《ユーラシアの東西》,日本経済新聞出版社,2010 年。

[5]鈴木靖民編著:《梁職貢図と東部ユーラシア世界》,勉誠出版,2014 年。

[6]妹尾達彦:《長安の都市計画》,講談社,2001 年。

[7]李成市編著:《岩波講座日本歴史》2,岩波書店,2014 年。

[8]東大寺教務部編:《シルクロード往来人物辞典》,同朋舎出版,1984 年。

[9]廣瀬憲雄:《日本古代外交史》,講談社,2014 年。

[10]森部豊:《ソグド人の東方活動と東ユーラシア世界の歴史的展開》,関西大学出版部,2010 年。

[11]森部豊編著:《ソグド人と東ユーラシアの文化交渉》,勉誠出版,2015 年。

[12]森安孝夫:《シルクロードと唐帝国》,講談社,2007 年。

[13]森安孝夫:《東西ウイグルと中央ユーラシア》,名古屋大学出版会,2015 年。

(作者单位:日本横滨市历史博物馆)

唐代汉字文化在丝绸之路的传播

郑阿财

一、研究旨趣

所谓"汉字文化",是指以汉字为载体的文化。汉字是以单音节语素为主、词符与音符并用的方块字。两千多年来,在中国及东亚等广袤地区,汉字作为交流工具和文化载体,不仅有助于促进中华民族的统一,而且对周边地区的民族文化发展与文字创制有着重大而深远的影响。

汉文化从公元前即为周边民族与国家所仰慕,汉字作为文化传播的载体,随着中国与西域各国及东亚诸国频繁的交流,被引进西域各国、朝鲜半岛、日本列岛,乃至中南半岛,由此形成广大的汉字文化圈。过去学界的主要研究对象是日本、韩国与越南,特别是关注当地所流传的传统汉文典籍,其后逐渐关注这些国家汉文的文学、文书等文献。事实上,汉唐时期丝绸之路中国段诸多民族与国家也曾使用汉字进行阅读和书写,更有不少中土汉籍在这些地区流传。吐鲁番地区的高昌国、高昌郡,库车地区的龟兹,和田地区的于阗国,党项族建立的西夏王国以及同一时期契丹所建立的辽国,都曾经是汉字文化圈的一环,其汉字、汉籍与汉文化曾长期发挥影响,这一文化现象值得我们探讨。

丝绸之路形成于公元前3世纪。丝路沿线的民族众多、语言各异,在丝路中国段曾经使用过的语言主要包括汉语、吐火罗语、于阗-塞种语、龟兹语、突厥语、粟特语、回鹘语、吐蕃语、唐古特(西夏)语等等。记录这些语言书写系统的文字则有汉文、吐火罗文、于阗文、龟兹文、突厥文、粟特文、回鹘文、吐蕃文、西夏文、契丹文等等。

人类的发展是先有语言,而后才有文字。每个民族都有自己的语言,但并非每一民族都有自己的文字。在这种情况下,有些民族会借助其他先进民族的文字来记录自己的语言,记述本民族的历史、文化,传承先民的知识、经验;进而通过其他先进民族的载籍,吸取其文化精髓,借鉴其发展经验。历史上丝路沿线及东亚地区各民族中便不乏借助汉字、汉文、汉籍的例子。因此,本文拟聚焦唐代丝路中国段各民族汉字文化传布的差异性,关注不同民族、国家、区域在接受与发展汉字文化中所产生的不同现象,并尝试提出合理的解释①。

二、唐代汉字文化在丝路传布的途径与人员

既然称为"丝绸之路",那就意味着是商业活动的路线,所以一提起"丝绸之路",人们自然就会联想到往来穿梭在丝路上的商队。换言之,初期的东西文化交流是伴随贸易而产生的,贸易初期是民间的小型活动,之后渐有朝贡与恩赐形式下大型的变相贸易(即所谓互市贸易与朝贡贸易)。所以贸易是早期文化交流的途径,商人就是此一阶段汉文字、汉文化的主要传播者。

丝路指路线,西域指区域,两者虽相近相涉,却不等同。但一般人往往不自觉或习惯性地将"西域"与"丝路"混用,甚至画上等号。因此,一提起"丝绸之路",人们除联想到商人外,也会联想到西域边疆。戍守边疆需要军队的驻防,这些驻防的军人主要来自中土,他们自然也扮演了汉文字、汉文化传播者的角色。

当双方交流或对峙时,则需要仰仗外交使节穿梭沟通或化解争端。因此,外交使节当然也是文化交流与传播的主要人员。遇有争端时不免诉诸武力,当战争结束,不论征服者或被征服者,在此过程中都出现了不同文化的流动,所以,军队也是主要传播者之一。

中古时期传教布道的僧侣与传教士穿梭在丝路上,他们也是重要的文化传播者。尤其是东汉以来佛教传入中国后,大量佛经汉译工作的开展及汉传佛教的快速发展,更使丝路中国段成为佛教传播与回流的重要区域,直至 11 世纪以后,佛教在中国才逐渐衰落。因此,唐代丝路中国段东来西往的僧侣在讲经、译经、解经等弘法布道的过程中,也起到汉字文化传播的作用。这在四大文化、五大宗教汇集交流的

---

① 荣新江据近代库车、和田等地出土的汉文文献,考察汉籍在西域地区的流传,讨论传播的图书及其形态与传播途径,并探究传播未能持续的原因。笔者对其论点颇为赞同,唯本文所论自有重点,为避重复,相同观点不再赘述。参见荣新江:《接受与排斥——唐朝时期汉籍的西域流布》,《丝绸之路与东西文化交流》,北京:北京大学出版社,2015 年,第 210—225 页。

丝路,可说是文化交流与传播途径中最为典型的一种。

政府官员也是重要的汉字传播者。汉代以来,在西北边境交通要冲设置的馆驿系统如敦煌悬泉置等中所发现的大量简帛上的诏令、律令、邮驿传送的公文、官员与使节的公私往来文书、钱粮收支账目、车马供应记录等,逐步发展成律令格式体制下唐代西域发现的大量官私文书,中央及地方各级行政机构所签发的公文乃至告身、过所、般次文书、使次文书等,琳琅满目。①

总的来说,唐代汉文字、汉文典籍及汉文化的传播者主要有商人、军队、僧侣、外交使节、政府官员。这些人员身份不同,传播的内容有异,使用的工具、文字、典籍各有侧重,组合成汉字文化传播的整体面相。今天丝路中国段的考古遗存正是不同历史时期、不同人员、不同目的的文化传播的总体呈现。

三、唐代丝绸之路文化交流的关键媒介

(一) 语言:译语人的沟通

丝绸之路中国段的吐鲁番、库车及和田地区,历史上有许多民族在此活动,语言方面呈现出极为错综复杂的多元面貌。另一方面,该地区与中原地区关系密切,特别是在唐代,长期处于中原政权的控制,因而可以推测该地区的语言接触有汉语与其他民族语言。

一般而言,大部分汉人不解胡语,胡人通常也不懂汉语,因而需要有人居中沟通,于是便有所谓"译语人"②的出现。为了便于与外国及周边各族交往,中原王朝往往设有译语人的官职。大唐帝国与周边民族、国家交流更加频繁,因民族众多,语言各异,对译语人的需求更为迫切。这些译语人经常出现在军事、盟誓及互市、商贸活动等场合,由于民族语言的优势,唐代丝路地区的译语人多半由胡人担任。

唐代中央译语人的编制主要是在鸿胪寺及中书省。在民间,特别是由于商人贸易的实际需求,也有译语人的存在。然而官方译语人有限,迫于现实需要,边疆各地

---

① 此问题可参看高居海《使于阗记》、王延德《使高昌记》(王国维辑本《使高昌记校注》)整理、爬梳《宋史》中的资料);张广达:《唐末五代宋初西北地区的般次和使次》,见《文书、典籍与西域史地》,桂林:广西师范大学出版社,2008 年。

② "译语人"又称"译人""译长""典客""舌人""译官"等,是历代中原王朝与周边民族的传译人员。

区往往也会因其特殊性而由当地官方寻求民间译语人来协助处理相关事宜。

近年有关译语人的研究不少①,其中李方《唐西州的译语人》一文认为,译语人在西州官府中作为正式编制,主要由少数民族来担任②,其中以粟特人、突厥人居多,也有少数汉人。主要在军事及交易场合担任翻译工作,有时也担任有关少数民族诉讼审理的翻译。高田时雄《唐宋时代译语人的一侧面》一文,则以敦煌、吐鲁番及东部沿海地区为对象,从语言社会史的角度探索唐宋时期译语人的实况,认为译语人职业的本质与商业活动关系密切。在吐鲁番地区,大部分从事翻译的是粟特人③。

总之,译语人与商业活动的关系密不可分,唐代丝路商旅往来频繁,贸易繁重,极需汉语口译,其中突厥系及粟特人的语言和汉语的翻译需求量最大。

此外,除贸易沟通的口头翻译,基于双方交易收受凭据的需要,译语人同时也需略具文字翻译与写作能力。又因唐代佛经的汉译以及高僧西行求法的外语需求,许多僧人因此也成为具备双语或多语能力的主要人员;为了译经、解经,往往编纂有梵汉对照的佛教双语字书④。这些都是汉语沟通与传播的主要媒介,但由于贸易、传教等业务的关系,对汉语的需求程度各有不同。对丝路地区汉字文化的推动自然是汉文典籍的传布来得更为直接。

(二) 文字:双语字典的出现

译语人除了口头翻译外,有时也担任文字翻译。今丝路考古发现的文书中便有不少双语并存的文书,如斯文·赫定(Sven Hedin,1865—1952)所获 Hedin 15、16、24 三件均为汉文、于阗文的双语文书⑤,中国人民大学博物馆藏《汉语—于阗语双语

---

① 可参见韩香:《唐代长安译语人》,《史学月刊》2003 年第 1 期;赵贞:《唐代对外交往中的译官》,《南都学坛》2005 年第 6 期;朱丽娜:《唐代丝绸之路上的译语人》,《民族史研究》2015 年第 12 辑。

② 李方:《唐西州的译语人》,《文物》1994 年第 2 期。

③ 参见高田时雄:《唐宋时代译语人的一侧面》,2014 年 9 月 6—8 日美国普林斯顿大学举行的"展望未来 20 年的敦煌写本学"国际学术研讨会会议论文。

④ 陈明:《佛教双语字书与隋唐胡语风气》,《四川大学学报(哲学社会科学版)》2009 年第 2 期。

⑤ 张广达、荣新江:《关于和田出土于阗文献的年代及其相关问题》,见《于阗史丛考》,北京:中国人民大学出版社,2008 年,第 48—69 页。

辩状》（编号 GXW0038）①也是双语文书。这些文献的性质说明译语人除口头翻译外，还担任法律文书的文字翻译工作，因此，他们不仅要能听能说汉语，对汉字还要能看能写。

现已公布的吐鲁番文书中不乏双语文书。其中，日本大谷文书藏有汉文、突厥文双语文书 1 件，汉文吐蕃文、双语文书 6 件，粟特文、汉文双语文书 229 件，回鹘文、汉文双语文书 76 件；德国国家图书馆藏有粟特文、汉文双语文书 1 件，藏文、汉文双语文书 6 件，汉文、回鹘文双语文书 3 件；俄罗斯圣彼得堡东方研究所藏有回鹘文、汉文双语文书 14 件，汉文、回鹘文双语文书 59 件；英国国家图书馆藏有回鹘文、汉文双语 1 件，粟特文、汉文双语 1 件；中国柏孜克里克千佛洞有汉文、婆罗米文双语文书 12 件。

在长期胡汉杂处的环境中，双向语文的互通是重要需求，因此，进行双语教学以培养双向沟通人才是非常必要的。处于华戎交会特殊时空环境下的敦煌，双语教学更显迫切，尤其是中唐吐蕃统治敦煌以及宋初西夏占领敦煌的时期，敦煌当地虽然仍以学习汉字、汉文、汉籍为主，但基于统治的双语体制与日常生活的实际需求，双语教学自是敦煌教育的主体之一②。如法藏藏文写本 P. T. 1046（即汉文写本 P. 3419）为汉藏对照，残存汉文《千字文》53 行，行 13 字。第 2 行至 44 行为汉文，竖写，每字左边标注有藏文对音。又 P. T. 1263（即汉文本 P. 2762）卷背有 20 行藏汉对照文字，先藏文，后对应汉文，藏文横书，汉文竖写；内容大致为三类：日常生活词汇，如"东西南北"、"正月、二月"等方位及月份名称；汉、藏、回鹘等部族及其首领名字；骆驼、牛、羊等动物名称等。整体来说，都是当时日常生活与社会交际的实用词语③。

今所得见的西夏文献《蕃汉合时掌中珠》，是西夏文与汉文音义双解的语汇辞典，既是学习西夏文字的基础教材，也是西夏文与汉文对照的工具书。此书为西夏乾祐二十一年（1190）党项学者骨勒茂才所编。其序文有云："今时人者，番汉语言可以俱务，不学番言，则岂和番人之众；不会汉语，则岂入汉人之数。番有智者，汉人不

---

① GXW0038 曾定名为《汉语于阗语双语契约》，后经段晴定名为《汉语一于阗语双语辩状》，参见段晴、李建强《钱与帛——中国人民大学博物馆藏三件于阗—汉语双语文书解析》，载《西域研究》2014 年第 1 期。

② 郑阿财、朱凤玉：《胡汉交融的双语教学》，《开蒙养正：敦煌的学校教育》，兰州：甘肃教育出版社，2007 年，第 99—103 页。

③ 高田時雄：《敦煌資料による中国語史の研究——九・十世紀の河西方言》，東京：創文社，1988 年。

敬;汉有贤士,番人不崇。若此者,由语言不通故也。"[①]这清楚地说明了双语辞书盖为促进西夏人与汉人的语言文化交流而编纂。

(三) 汉籍:教育、文化的传输

汉籍在中土是历史、思想、文化的总和与主要载体。汉籍在域外的传布则扮演着教育、文化灌输的重要角色,外国、外族通过汉籍的阅读与学习,可以深入地认识中华文化的核心与精华。

19 世纪代以来,丝绸之路中国段一直是西方列强考古活动的活跃地区,和田、库车、吐鲁番、罗布泊周围、敦煌、黑水城等地区成为各国考古学家竞相发掘的场所。长时间大规模的发掘使数十万件中国西域文物重见天日,为研究古代中亚地区语言、文字、民族、宗教、历史、地理、艺术等学科提供了全新而珍贵的资料。俄国克莱门兹(D. A. Klementz)、奥登保(S. F. Oldenburg)、德国葛伦威德尔(A. Grünwedel)、勒柯克(A. von Le Coq),英国斯坦因(M. A. Stein),日本大谷探险队等,都曾在此发掘过大量文物和文书。1959—1975 年,新疆阿斯塔那(Astana)和哈拉和卓(Khara-khoja)古墓区重大考古发掘中,更获得大量从东晋高昌郡到唐西州时期的汉文文书。之后,吐鲁番地区文物考古单位先后也有不少发掘。这些发掘所得的汉文文书已经出版的主要有:沙知、吴芳思主编《斯坦因第三次中亚考古所获汉文文献(非佛经部分)》(上海辞书出版社,2005 年),小田义久主编《大谷文书集成》(4 卷,法藏馆,1984—2010 年),唐长孺主编《吐鲁番出土文书》(录文本、图录本,文物出版社,1992—1996 年),柳洪亮《新出吐鲁番文书及其研究》(新疆人民出版社,1997 年),新疆维吾尔自治区吐鲁番学研究院、武汉大学中国三至九世纪研究所编著《吐鲁番柏孜克里克石窟出土汉文佛教典籍》(文物出版社,2007 年),荣新江主编《新获吐鲁番出土文献》(中华书局,2008 年)等等。

这些文献出土的地点遍及库车、和田、吐鲁番等地区,如库车的都勒都尔·阿护尔遗址、楼兰古城遗址、丹丹乌里克遗址,和田的巴拉瓦斯特遗址、营盘遗址、麻札塔格遗址、达玛沟遗址、巴拉瓦斯特遗址,吐鲁番的阿斯塔那墓地、高昌故城、交河古

---

① 关于这个问题,可参看骨勒茂才:《番汉合时掌中珠》,见俄罗斯科学院东方研究所圣彼得堡分所、中国社会科学院民族研究所、上海古籍出版社编《俄藏黑水城文献》第 10 册,上海:上海古籍出版社,1999 年,第 214—218、685、4777 页;《〈番汉合时掌中珠〉残页(西夏文刻本)》,宁夏回族自治区博物馆藏,N11.001(09299);《〈番汉合时掌中珠〉残页(西夏文刻本)》,敦煌研究院藏(西夏文刻本)G11;181(B184:9)241,见史金波、陈育宁主编《中国藏西夏文献》,兰州:甘肃人民出版社、敦煌文艺出版社,2005 年。

城、木头沟遗址、柏孜克里克石窟、吐峪沟遗址、巴达木墓葬、木纳尔墓葬、台藏塔、洋海等,出土文献提供了汉文、汉籍在此传播流布的实证。

四、唐代丝路中国段汉文文献的遗存

19 世纪以来各国在丝绸之路中国段考古发掘所获得的汉文文献主要分布在三个地区:高昌(吐鲁番地区)、龟兹(库车地区)与于阗(和田地区)。兹分别略述如下:

1. 高昌

吐鲁番地区古为高昌,是古代东西交通的要道。高昌历史大致可分为三个时期:一是唐贞观十四年(640)灭高昌置西州以前,二是唐朝统治时期(640—755),三是 803 年回鹘汗国成立以后。

汉朝通西域前,姑师在此立国。神爵二年(前 60)打败匈奴,击破姑师,改姑师为车师前后部,置屯田校尉。元帝初元元年(前 48)改为戊己校尉,不久治所迁至高昌壁。东汉魏晋仍在此设戊己校尉,是为高昌壁时代。

东晋咸和二年(327),前凉张骏于此置高昌郡,郡治高昌城。其后西凉、北凉沿袭之。北凉承平十八年(460),柔然灭沮渠氏的残余势力,立阚伯周为高昌王,此后,张、马、麴诸姓相继称王,史称"高昌国"时代。

唐贞观十四年(640)灭高昌,于其地置西州,高昌城成为西州都督府治所。此时期主要为汉人统治,民族多元,除原住民外,主要为汉族及粟特人,使用的语言、文字有汉语文、突厥语文、粟特语文;信仰佛教,为丝路佛教重镇。直到803年,唐朝势力退出后,为回鹘汗国所控制,9世纪末建立高昌回鹘王国(即所谓的西州回鹘),改奉伊斯兰教,佛教信仰从此消退。

以汉人为主体的高昌王国,汉文化实居主导地位。据《周书·高昌传》载:"文字亦同华夏,兼用胡书。有《毛诗》、《论语》、《孝经》,置学官弟子,以相教授。虽习读之,而皆为胡语。"[①]兼用胡书,表明是以汉语为主的多语实况,其时胡书多用于寺院及外来胡人商贾。由于汉字为官方文字,所以即使是讲胡语的非汉族人,在官学中也是学习汉字、汉籍。吐鲁番出土大量此时期的汉文文书,说明汉字确实为当时主要的习读文字。

唐朝统治下的西州(高昌)随着汉人的大批移入,人员往来频繁,汉字的普及程

---

① 令狐德棻等:《周书》,北京:中华书局,1971 年,第 915 页。

度大为提高,也反映在近代吐鲁番地区出土的唐代汉文文书数量上。19 世纪末 20 世纪初,各国探险家在此挖掘出大批文物。近期新获的吐鲁番出土文献中文书的时代主要是 3—8 世纪的晋唐时期,大多数是汉文,并有回鹘文、焉耆文、龟兹文、古突厥文、梵文、粟特文、吐蕃文等;内容包括各种诏敕、法律文书、籍帐以及军政机关的文牒,审理案件的辩词,商业往来的买卖、雇佣契约以及私人信札。出土的汉文典籍则有儒家经典、史书、诗文、蒙书等,同时还有大量的汉文佛教经典,涉及唐代及唐前当地政治、经济、军事、宗教、思想、文化等方面,具有历史研究的重要价值。

其中官文书包括名籍、账簿、符、牒、表、启等各式文书,说明汉字是当时的官方文字。各类寺院文书,无论是寺院内部的簿籍疏牒,或是寺院对外的往返书函,也均用汉字。至于民间私文书,诸如借贷、租佃、奴婢买卖、书信及商务活动等文契,汉文的数量也很大,说明汉字在民间的应用亦极为广泛。同时还出土有大量唐人的习字残纸,以及《千字文》《开蒙要训》《太公家教》等蒙书,应是当时该地区学童识字、习字的遗存。这些都说明汉字在此地区使用广泛,汉文化影响深远。

2. 龟兹

龟兹是汉唐时期丝绸之路北道最重要的绿洲王国,北据天山,南临塔克拉玛干大沙漠。其居民使用的语言为印欧语系的吐火罗语与梵语,使龟兹成为佛教进入中国的天然门户。该地佛教发达,石窟寺院众多,汉传佛教著名的翻译大师鸠摩罗什便出生于龟兹王国,他兼通龟兹语、汉语、梵语、犍陀罗语等多种语言。唐朝统一西域前,龟兹、焉耆使用焉耆文,这是一种据印度婆罗米文中亚斜体字书写记录龟兹语的文字,或称吐火罗文。公元前 1 世纪,龟兹与中原王朝多有联系。公元前 60 年,汉朝正式控制西域,直至唐显庆三年(658)灭西突厥汗国,将安西都护府从西州交河城迁至龟兹王城,下辖安西(龟兹)、于阗、疏勒、焉耆四镇,龟兹成为唐朝统治西域的军政中心。

唐代安西四镇形成完整的军事防御体系后在节度使体制下实施的"长征健儿"制,使前往西域的兵士不再番替,而改采长年镇守,因此,眷属得以从军而居。这一改变使中原汉文典籍也就自然由于将官、军士及眷属读书的需求而纷纷传入。

20 世纪初,各国探险队在龟兹故国库车地区大量发掘。1903 年,日本大谷探险队渡边哲信、堀贤雄在克孜尔、库木吐喇发掘出汉文及胡语文书,后又在都勒都尔·阿乎尔发掘到汉文文书,据统计汉文文书约有 56 件。1907 年,法国伯希和探险队在库车地区发掘,获得大批文书,其中有汉文文书 20 余片。1928 年,黄文弼在新和的通古斯巴什城中获汉文书 3 件。总体来看,库车出土的汉文文书除少部分为佛经残片外,大多属于社会文书。

龟兹是安西都护府所在地,深受唐文化影响,汉字在此通行。近代在此地区发现的汉文文书中有唐代于阗军库的文书,属官文书,显示大唐所设军镇机构使用的是汉字;也有民间借贷使用的文书,属私文书,表明民间也使用汉字。荣新江在德国国家图书馆的"吐鲁番收集品"中发现有来自唐代龟兹的汉文文献,而以往被当作吐鲁番文献,因此特别撰文指出,这批汉文文献多数原属寺院图书馆藏书或官方行用的文书,包括了唐朝的法律文书、韵书、史籍、汉译佛典等,应该都是随唐朝势力进入龟兹的[①]。

3.于阗

于阗为西域古国,是西域的绿洲王国之一。使用于阗语,有于阗文,是记录其语言的拼音文字。历史上的于阗曾先后被匈奴、汉朝、贵霜、曹魏、西晋、柔然、嚈哒、西突厥等政权直接或间接统治过。

西汉经营西域后,于阗属西域都护府管辖。南北朝时,于阗与中原各王朝保持密切联系。唐贞观末年于其地设于阗镇,成为唐代"安西四镇"之一。上元二年(675),设毗沙都督府,属安西都护府。8 世纪末,吐蕃雄踞西域,于阗曾为其属地。后晋天福三年(938)封其王李圣天为大宝于阗国王。1006 年为西回鹘喀喇汗王所灭。

于阗在魏晋南北朝时期曾经使用佉卢文,5 世纪时开始使用据印度婆罗米文中亚斜体字母创制的于阗文,一直流行到 9 世纪末 10 世纪初。至于汉字传入于阗为时甚早,19 世纪末和田等地出土的东汉时汉文—佉卢文二体钱[②]便是物证。

于阗信仰佛教,是丝路佛教古国。2 世纪前后佛教进入于阗,其地很快成为佛教译经研学的重镇,既有来自印度、中亚系统的佛教,也有本地特色的宗教,还有汉传佛教系统。于阗有 14 座大型佛寺及许多小型寺院,是当时西域大乘佛教的文化中心。唐贞观十八年(644),玄奘法师从印度回国途中曾在此停留,并讲经说法。

---

① 荣新江:《唐代龟兹地区流传的汉文典籍——以德藏"吐鲁番收集品"为中心》,《国学学刊》2010 年第 4 期。

② 汉佉二体钱又称和田马钱,是古丝绸之路上的一种西域钱币。1873 年英人福赛斯(T. D. Forsyth)在新疆和阗首次发现汉佉二体钱,之后,法国杜特雷依,英国赫恩雷、斯坦因,俄国奥登堡,日本大谷光瑞等外国探险家也在和阗及邻近地区陆续发现这种钱币。截至 1987 年,总数大约有 352 枚。这些钱币的发现不仅是 3 世纪左右中原王朝对西域深刻影响的证明,也是两地经济、文化融合的历史见证。

1006年,信奉伊斯兰教的西回鹘喀喇汗王朝征服于阗后,于阗从此改奉伊斯兰教,居民也逐渐放弃原有的于阗语,改采维吾尔语。佛教从此在于阗销声匿迹。

近代和田地区考古发掘的主要遗址有山普拉、尼雅、热瓦克、若羌、玛利克瓦特、约特干、丹丹乌里克、达马沟等①,其中热瓦克等是规模壮观的古寺遗址。发掘所得有于阗文、梵文、汉文、藏文佛教文献,其中汉文写本有《大般若波罗蜜多经》等,反映了大乘佛教在于阗的兴盛景象。武则天时,于阗国高僧实叉难陀(Sikshānanda,学喜)、提云般若(Devapraja,天智)曾至中原从事译经,弘扬大乘佛教。贞元初(785—790),于阗大法师尸罗达摩(戒法)曾在北庭主持译场,将梵本《十地经》《回向轮经》译成汉文。又敦煌本 P.3918《金刚坛广大清净陀罗尼经》是安西(龟兹)刘和尚(昙倩)译,其所据也是于阗佛藏中的梵文本②。斯坦因在丹丹乌里克发现的《兰亭序》习字文书残片中有题记:"补仁里,祖为户,□(学)生李仲雅仿书卅行,谨呈上"③,盖为当地学生学习汉字的遗存。

五、汉字文化传播现象及其兴衰原因之臆测

近代丝路中国段考古遗存的汉文文献确实是考察唐代汉字传播与汉字文化发展的珍贵材料,主要收藏在英国国家图书馆、法国国家图书馆、德国国家图书馆、俄罗斯科学院东方文献研究所、美国普林斯顿大学葛斯德东亚图书馆以及日本的京都龙谷大学大宫图书馆、东京书道博物馆、大阪四天王寺出口常顺藏、奈良宁乐美术馆等,详见《吐鲁番文书总目》欧美收藏卷、日本收藏卷④。

吐鲁番学研究院资料信息中心的古丽努尔·汉木都与李亚栋《吐鲁番出土文书的数量及语种》一文曾统计出吐鲁番出土的文书总量近 15 万件,计有 21 个语种⑤。其中汉文文书近 9000 件,包括日本公私收藏 3768 件,德国国家图书馆藏 2140 件,俄罗斯圣彼得堡东方研究所藏 455 件,英国国家图书馆藏 525 件,中国新疆文物考

---

① 芮乐伟·韩森:《丝路新史:一个已经逝去但曾经兼容并蓄的世界》,李志鸿、许雅惠、黄庭硕等译,台北:麦田出版,2015 年。

② 荣新江:《唐宋时代于阗史概说》,木田知生译,《龙谷史坛》1991 年第 97 期。

③ É. Chavannes, *Les documents chinois découverts par Aurel Stein dans les sables du Turkestan Oriental*, Oxford: Oxford University Press, 1913.

④ 陈国灿、刘安志主编:《吐鲁番文书总目(日本收藏卷)》,湖北:武汉大学出版社,2005 年;荣新江主编:《吐鲁番文书总目(欧美收藏卷)》,湖北:武汉大学出版社,2007 年。

⑤ 古丽努尔·汉木都、李亚栋:《吐鲁番出土文书的数量及语种》,《现代妇女》2013 年第 10 期。

古发掘计 2704 件(阿斯塔那 1633 件、哈拉和卓 152 件、柏孜克里克千佛洞汉文文书 530 件、新获汉文文书 389 件)。以下分别从唐代高昌(吐鲁番地区)、龟兹(库车地区)、于阗(和田地区)三大区域分析考察汉字文化传播存在的共相与殊相。

(一)汉字文化在不同地区传播所呈现的差异

高昌、龟兹、于阗虽然同样早在汉代前后便有大量汉人移入,开始接受中原地区汉字文化的影响,但不同地区之间也出现一些明显的差异。如唐朝高昌(西州)的汉字通用程度明显高于龟兹、于阗等地区,吐鲁番出土的唐代汉文文书数量之大、种类之多远超库车及和田便是明证。

这些地区出土的文献遗存中,汉文与非汉文(于阗文、吐火罗文、回鹘文、波斯文、叙利亚文、粟特文、藏文等)的比例不同,显示出不同族群间汉字通行程度的差异。大唐统治期间,行政体系运作中的通行语言为汉语,军镇机构之间或与羁縻府州官府间往来文书自然也是使用汉文,必要时可以双语文书来呈现,如汉文、于阗文双语官文书;至于民间百姓,各民族使用当地的语言文字,也就是汉语、汉文与非汉语、非汉文并行使用。当遇到商业往来、契约订定或法律诉讼时,则可求助译语人口头翻译或书面翻译。

从目前所公布的相关文献来看,遗存的汉文文献中佛典最多,其次是社会经济文书及公私文书,传统汉文典籍最少。据初步统计,1959—1975 年,新疆博物馆考古队在阿斯塔那和哈拉和卓古墓群进行 13 次发掘,计有 465 座墓葬,118 座中计有汉文文书 1844 件[①]。因为是墓葬,其文书多半被用来制成鞋子、帽子、衣服等陪葬品。内容以牒、状、辞、帖等官文书及契约、书牍、随葬衣物疏等私家文书为最多,佛教典籍及经、史、子、集与诗、文相对较少。此外,英国国家图书馆藏社会经济文书及公私文书约 516 件,佛教文献 317 件,其他汉文典籍 30 件;法国国家图书馆藏汉语文献中社会经济文书及公私文书约 224 件,佛教文献 8 件,其他汉文典籍 2 件;德国国家图书馆藏汉语文献中佛教文献约 4537 件,社会经济文书及公私文书 119 件,其他汉文典籍 99 件;日本大阪四天王寺出口常顺藏高昌汉文献中佛教文献 112 件,社会经济文书 7 件,其他汉文典籍 4 件;宁乐美术馆藏吐鲁番汉文文献 128 件,皆为社会经济文书。

---

① 参见唐长孺主编:《吐鲁番出土文书》(录文本)十册,北京:文物出版社,1991 年;《吐鲁番出土文书》(图录本)四卷,北京:文物出版社,1992—1996 年。

官文书的内容涉及土地、户籍、赋役、军事、诉讼、馆驿等,呈现了高昌地区长期在大唐统治下使用汉字的实况。私文书则多为私人借贷、买卖契约等民间经济活动的文书,也说明当时高昌地区以汉人为主体的汉文使用情况。尽管传统汉文古籍及诗文数量相对不多,但也可略窥见中原文士作品在此地流传以及当地学子学习诗文的情景,反映唐代高昌与中原地区文学发展的声气相应。诚如朱玉麒所说的,此一现象"与内地移民的传播、文化制度的保障、文学时尚的迎合等因素密切相关,呈现出边地汉文化接受与传播的独特景观"①。

至于大量汉文佛教文献的遗存则说明了唐代丝绸之路中国段各地佛教的普遍流行,东来弘法布道的中亚各地胡僧与拟往西天取经的中原汉僧穿梭其间。不论是高昌、龟兹或于阗的胡僧,大都通晓汉语,识读汉字、汉文,他们手赍胡本,口诵汉经,普遍呈现出较高的汉字文化水平。

佛教历史悠久的高昌王国,《魏书》《出三藏记集》《高僧传》等多有记述。东晋时"车师前国"的高昌地区即以佛教为国教。4 世纪末高昌王国成立后,佛教译经风气大行,佛法大盛,寺院林立,高僧辈出。今吐鲁番出土大量汉文佛教经典写本正是此一盛况的真实反映。即便在公元 840 年以后信奉摩尼教的西迁回鹘人在吐鲁番建国,其中的汉僧也仍然可以继续使用汉语酣畅地宣讲经文,西州地区留下来的 S. 6551 讲经文可作例证②。

丝绸之路绿洲王国的龟兹,是佛教进入中国的天然门户。虽然佛教传入龟兹的具体时间并不清楚,但从今所得见的克孜尔石窟、库木吐拉石窟、森木塞姆石窟、克孜尕哈石窟、玛扎伯哈石窟、托乎拉克埃肯石窟等著名石窟,以及台台儿石窟、温巴什石窟、亚吐尔石窟等小石窟,可知唐前此地佛教发达,石窟、寺院林立;胡汉杂处,佛经翻译大行,经录中白姓、帛姓的译经高僧多数出自龟兹,著名的鸠摩罗什更是龟兹王国的译经大师。尽管今日在龟兹(库车地区)发掘所得的汉文佛典数量有限,但仍可从寺院考古发现的文物、文献遗存与史料、经录中窥知当年佛教的盛况。

于阗因地缘关系与印度关系密切,早在公元前 2 世纪,佛教即从迦湿弥罗国传入于阗,于阗快速发展为新疆西南最大的佛教王国,大小寺院林立,其盛况从今考古

---

① 朱玉麒:《中古时期吐鲁番地区汉文文学的传播与接受——以吐鲁番出土文书为中心》,《中国社会科学》2010 年第 6 期。

② 关于这个问题,可参张广达、荣新江:《有关西州回鹘的一篇敦煌汉文文献——S. 6551 讲经文的历史学研究》,《北京大学学报(哲学社会科学版)》1989 年第 2 期;李正宇:《S. 6551 讲经文作于西州回鹘国辨正》,《新疆社会科学》1989 年第 4 期。

遗址与发掘可以想见。644 年，唐玄奘西天取经返唐路过于阗，并在此讲经说法。《大唐西域记》对于阗的建国传说、风土民情及佛教盛况多有记述，从中也可窥见唐代于阗的佛教世界。高昌（吐鲁番地区）、龟兹（库车地区）、于阗（和田地区）的汉文佛教文献当是丝路佛教发展史的研究基础与热点①。

高昌、龟兹、于阗均属盆地或绿洲王国，既是丝绸之路上的交通要道，又是东西商旅交易的贸易城市，来往汉客胡商不绝于道，交易频繁。近代考古发掘的汉文文献中大量各类商务活动的经济文书以及社会活动的公私文书、信札②等，都反映出其市场之活跃与经济活动之热络。

大唐盛世，高昌、龟兹、于阗等王国尽归大唐管辖，设有州、府，其军事、行政机构普遍，汉字见诸官方行政体系的公务文书③。汉人移民增多的大唐属地，民众与官府往来行文或民众之间书信往来自然也以汉文为主，其他民族则依行文对象而各有所主，当涉及权益利害之法律诉讼或契约文书时，则有汉文及其他民族语言文字的双语文书，这与考古发掘所获唐代写本文献的内容与数量呈现的比例相契合。

至于汉文世俗典籍的数量，相对于佛教文献、社会经济与公私文书则较少，且主要集中在《论语》《孝经》《毛诗》《尚书》《礼记》等儒家经典，《千字文》《开蒙要训》等唐代最流行的童蒙识字教材，以及《太公家教》等当时民间最为通行的格言谚语式的处世箴言。这显示出唐代这些地区实施的汉文教育状况与中原地区基本一致，同时限于环境，更加凸显其因地制宜、力求简要、侧重实际生活的实用性等特色④。

---

① 方广锠：《吐鲁番出土汉文佛典述略》，《西域研究》1992 年第 1 期。

② 关于书信往来，丝绸之路东段、沿塔里木盆地南北道的交通往来频繁，发现了大量往来书信。沿长城烽燧下出土的诸多汉简中，书信数量不少。敦煌文书也保存了许多书信，如敦煌曹氏政权与于阗李氏政权的书信往来。在敦煌遗书中存在大量书仪殆非偶然，间接证明汉文在多民族互动的汉字文化圈中的作用。在偶然发现汉语之外的商旅文书中，最有名的是斯坦因发现的古粟特语信札，还有两件年代据考属于 8 世纪晚期的希伯来语字体新波斯语书信，一件为斯坦因 1901 年初获得、现藏英国图书馆的 Or. 8212/166，一件是北京国家图书馆 2005 年征集入藏的希伯来字体波斯语书信。此间接证明汉文及非汉语书信数量当非常庞大。至于其商业往来文书的情况，可参殷晴：《丝绸之路与西域经济》，北京：中华书局，2007年。

③ 有关行政体系下公文书的情况，可参陈国灿：《库车出土汉文文书与唐安西都护府史事》，《龟兹研究》2012 年第 5 辑；雷闻：《关文与唐代地方政府内部的行政运作——以新获吐鲁番文书为中心》，《中华文史论丛》2007 年第 4 期；李方：《唐西州行政体制考论》，哈尔滨：黑龙江教育出版社，2013 年。

④ 汉文典籍及童蒙教材的情况，可参张娜丽：《西域出土文书的基础的研究》，东京：汲古书院，2006年；朱玉麒：《中古时期吐鲁番地区汉文文学的传播与接受——以吐鲁番出土文书为中心》，《中国社会科学》2010 年第 6 期。

（二）汉字文化在丝路传承与消退原因之蠡测

唐代汉字文化在丝绸之路的传承与消退，除了政治势力、经济活动等外在因素外，关键还在于地区的民族、操持的语言、使用的文字与宗教信仰等。以下试将唐代丝路中国段的高昌（吐鲁番）、龟兹（库车）、于阗（和田）等地区的民族、语言、文字及宗教信仰列表如下（表1），以作为说明汉字文化发展与兴替规律之参考。此外，附带将吐蕃、西夏及辽也纳入，作为参照。

文化的传承与发展，凡是主动的、内需的较能长久而深远；被动的、外加的一般短暂而难以持续。唐代汉字文化在丝绸之路的发展历史也符合这一原则。汉字传入前就有自己文字的民族、地区，与没有自己文字的民族、地区，其汉字文化发展的结果是不一样的。

前者，汉字与非汉字双轨并行，在汉族政治势力的控制下，虽然官方推动汉语，行政文书使用汉字、汉文，但这是被动而外加的，所以汉字仅止于与官府打交道时使用，难以生根，一般民众仍旧使用本族的语文，最多略通汉语、略识汉字，无法达到以汉字进行阅读、书写甚至撰述的水平。其汉字通行与否主要取决于政治力。一旦政治力衰退，汉语、汉字便会随之消失。高昌、龟兹、于阗的发展情况便是如此。

后者，汉字传入前没有属于自己民族的文字，汉字、汉文被借用作为记事、传情表意的阅读与书写工具。他们学习使用汉字、汉文，乃出自实际需求，是主动的、内需的。因此，不但长期以汉字作为书面阅读与沟通工具，更用汉字来进行文化文明之记录与传承。即便到了后来，自觉创制了属于自己民族的文字，也往往是借鉴了汉字而创制；而当创制出来的民族文字取代原有通行的汉字、汉文时，汉字文化依然根深蒂固地深植在其文化核心，成为其民族文化之特色而难以割舍。在中国历史上，唐宋期间的吐蕃、西夏、辽都是如此；毗邻的朝鲜、日本乃至东南亚的越南也是如此。

表 1　高昌、龟兹、于阗等地的民族、语言、文字及宗教信仰

王国/地区	民族	语言	文字	信仰
高昌（吐鲁番）	汉族为主，多民族（维吾尔族）	汉语为主，多语种（维吾尔语）	汉字为主，突厥文、回鹘文、粟特文（维吾尔文）	佛教（伊斯兰教）
龟兹（库车）	龟兹人（维吾尔族）	吐火罗语 多语：汉语、梵语（维吾尔语）	吐火罗文、汉字（维吾尔文）	佛教（伊斯兰教）
于阗（和田）	塞种人（维吾尔族）	塞语、回鹘语（维吾尔语）	于阗文、回鹘文、汉字（维吾尔文）	佛教（伊斯兰教）
吐蕃	吐蕃（藏族）	吐蕃语（藏语）	吐蕃文（藏文）	佛教
西夏	党项、汉人	唐古斯语、汉语	汉文、西夏文	佛教
辽	契丹、汉人	契丹语、汉语	汉文、契丹文	佛教

注：括号中为现代的状况。

吐蕃原无文字，7世纪时松赞干布（? —650）派遣屯米桑布扎赴天竺学习梵文和佛法。学成返国，遵法王旨意，据梵文创制吐蕃文。西夏李元昊1038年仿汉制自称皇帝，于大庆元年（1036）命野利仁荣（? —1042）仿汉字创制胡礼蕃（西夏文）。辽太祖神册五年创制契丹大字，九月十四日（920年10月28日）制成，下诏颁行，其书写方式与汉字类似。

东北亚的朝鲜半岛及日本列岛诸民族与中国交流较早，然由于这些地区民族的文字创制较晚，所以早期的文化交流都是借用汉字来进行的。这一情况可从高句丽、百济、新罗朝鲜三国所遗留下来早期的金石文字得到证明①。朝鲜15世纪前没有自己的文字，以汉字作为官方文字，其国家典籍、档案、法令及规章均以汉字书写。李朝世宗设谚文局，令郑麟趾、成三问等人制定谚文。自1446年《训民正音》公布使用，朝鲜从此才有自己的文字。

日本虽有古老的文化，但其本族文字的创制却相当晚。古代日本初期的文字也是借用汉字，今所得见考古遗存的金石文都是明证②。长期以来，日本是以汉字作为传播思想、表达情感的载体，当时称汉字为"真名"。5世纪初，日本出现所谓的"假名"，这是借用汉字的标音文字。最终由吉备真备（692—775）、空海（774—835）先后创制完成。10世纪起，假名文字虽然已在日本盛行，但汉字的使用并未因此而废止。

---

① 井上直树：《朝鲜三国の金石文》，高田时雄编：《汉字文化三千年》，京都：临川书店，2009年，第29—56页。

② 森下章司：《金石文の传播と古代日本文》，高田时雄编：《汉字文化三千年》，京都：临川书店，2009年，第57—68页。

　　越南自古以来直到 20 世纪初期,始终以汉字作为全国的书面语言。即使在越南创制的新字即字喃产生后,汉字依然是越南书面文字的主流。字喃是以汉字为基础,用形声、假借、会意等方法创制的表达越南语言的文字。此种文字产生的确切时间已不可考,而在胡朝(1400—1407)、西山朝(1786—1802)两个短暂王朝,字喃虽然曾被尝试用来取代汉字作为正式文字,但没成功,充其量只能形成与汉字并行的局面而已。更何况要使用字喃,实际上必得先懂汉字,因此一般仍视汉字为正统文字。虽然至 19 世纪末 20 世纪初,法国占领越南并推行拉丁化越南文,官方停止使用汉字,但一般文士仍有以汉字从事写作的,直至"二战"后,汉字的使用才完全终止。

　　朝鲜、日本、越南长期以来将汉字作为书写文字,用汉文从事创作并著书立说,留下大量的诗文典籍,近年渐受重视,已然形成"域外汉文学""域外汉籍"等新兴的汉学领域。

　　对不同民族、不同语言文字背景下的汉字传布与发展而言,现实需求是学习的一大动力,尤其是贸易往来的商业活动,从唐代丝绸之路各民族译语人穿梭在商贸接洽与签订契约的场合,直到如今的对外贸易,其情况可说是古今一理。再者,宗教信仰的神圣魅力也是汉字文化传播的重要支柱。丝路中国段各地出土文献中以汉文佛教典籍数量最为庞大,显示来自各地各族的僧侣对汉传佛教传布的努力,尤其体现在译经、讲经、抄经上;而操持多种语言又精通汉语且能驾驭汉字的这些高僧大德,无疑是汉字文化发展的一股强大力量。而唐以后,各地宗教信仰发生了重大改变,以汉字为载体的汉传佛教经典也从此消失。这些都是值得深思的现象。

六、结　语

　　汉字是汉文化的载体,由汉字与汉籍形成的汉字文化传播,对汉文化的输出与传承发挥着重要作用。唐代汉字、汉籍在丝路传布的情形,与各民族语言文字的体系、特性、发展历程和汉字、汉籍传布的时机,以及经济、政治、宗教与生活文化等环境密切相关,在时空中呈现授受与兴衰之发展历程。对比东亚汉字文化圈,更可了解汉字文化传播的兴衰成败及其影响之规律。

　　汉字文化圈的形成、存在及发达的程度与各地的现实环境对汉字、汉籍需求的力度成正比。文字创制发展较晚的民族、国家在未有自身文字前,必须借助他国或他族的文字作为文化交流与传承之工具。而汉字早在汉代便开始传入高昌、龟兹、于阗、朝鲜、日本、越南等地,长期以来的发展却有着不同的结果。汉字、汉籍在这些地区的传布与汉字文化的发展历程呈现出如下几个规律,或可提供丝路文化交流与传承的借鉴和启迪:

第一,拥有本民族语言文字的地区,在汉人政权的控制下,通过行政制度推动文化、教育,使汉字、汉籍得以传布。但因本族语言、文字与汉语、汉文的体系不同,不易相容,因此即使出现过大量的汉文文献,仍然以经济、法律、社会等公私文书如契约、讼牒、信件为多,其次是佛教经典,而代表汉文化的典籍则相对是少数,且集中于作为教材的儒家经典。出土的汉文文献内容的组成与比例,正反映了这些地区的实际状况,如高昌、龟兹、于阗出土的汉文文献,即以贸易为主体,宗教传播与军事事务居次,唐代官方的行政影响又居次。所以,实际的汉字文化并未渗入这些民族的文化之中,无法在这些地区生根。因此,当大唐帝国的政治力在此地区消退后,汉字、汉籍的使用也就迅速消失了。

第二,本身文字创制发展较晚的民族长期使用汉字作为阅读及书写的文字系统,如吐蕃、西夏、朝鲜、日本、越南等地,汉文典籍广为流行,其典章、制度、教育与思想深受汉文化影响,汉文化广泛渗入本族文化,即使后来有自身文字的产生,也大多借鉴汉字而创制。属于本民族语言的新创文字流通后,汉字的使用尽管盛况不再,然汉字文化依然深入其民族生活中。除了语言文字外,宗教信仰的相通,特别是汉传佛教的盛行,甚至其社会也是农业社会,或半农半牧,这些都是汉字文化发展的助力之一。

第三,大规模的人口迁徙与接触推动不同文化的交流,主要表现在语言文字、宗教信仰、饮食文化等方面,其中语言文字更是人口迁徙、接触与互动的首要,其传播最快,影响也极为显著而深远。

第四,就汉字文化的传播来考察,我们发现一个潜在的规律,即大凡官方语言、文字与该地区民族语言、文字相一致,或与其宗教信仰所使用的语言、文字相一致者,则官方语言文字传播易于形成文化而长存,如西夏、朝鲜、日本、越南等;反之,则官方语言文字传播的文化不易形成,且难以长存,一旦政治影响力不再,官方语言文字更替,宗教信仰改变,其官方及宗教使用之语言文字与传播的文化必定衰落而逐渐消退。晚唐五代,尽管中央政权在边疆的势力逐渐衰颓,汉字文化圈也逐渐消失,但只要当地还有汉人,就仍然会保留汉字的使用。

（作者单位:四川大学中国俗文化研究所、南华大学文学系）

唐宋蒙书在丝路的传布与发展

朱凤玉

一、前　言

　　童蒙文化是中国传统文化的重要组成部分,始终承担着文化启蒙与传承的最基础工作,无论是贤哲伟人,还是普通民众大多接受过童蒙文化。

　　蒙书不仅在中国有着深远的影响,在毗邻中国的周边民族与国家也发挥着无比的影响力,成为各国学习汉字、汉文、汉文化的重要媒介。

　　历史上的丝绸之路,从汉唐时期西域的高昌、楼兰、于阗、龟兹,到唐宋时期的吐蕃占领敦煌、西夏占领河西时期,中国传统的蒙书在这些地区都存在着传布与发展的文化现象。特别是大唐盛世时期,丝路畅通,西域开阔,中国蒙书随着文化交流与疆域的扩张而广为流传;同时也受到这些区域内民族、国家的选择与接受,更有着影响与转变,成为考察唐代汉字文化在丝路文明传承的一扇明窗。即使重文轻武,疆域大幅内缩,海上丝路兴起时期的宋代,河西地区在西夏控制下,丝路依然畅通,宋代流行的蒙书同样也发挥着无限的魅力,影响着西夏,甚至成为仿效的蓝本与创制的借鉴。

二、唐宋时期的蒙书

　　“蒙书”指的是为蒙养教学而编的书,主要是为儿童启蒙教育所编的教材。我国私学发达,汉时已有蒙学。唐代教育较之汉代尤为发达,不仅官学普及,私学亦昌盛。唯今对其实况不甚明瞭,究其源由,实因有关唐代之教育史料,传世文献载籍均详于官学,而略于私学。尤以私学教育下,为童蒙愚氓所编写之启蒙教材为甚。传统蒙书,从周至隋,主要以提供学童识字用字之书为主;隋唐以后,随着蒙学之发展与普及,蒙书之编纂亦从单纯识字教育之字书,逐渐扩张而出现分门别类之蒙学专书,逐渐形成包括识字教育、思想教育与知识教育等较为完整之体系,唐代即为此一发展之关键期。今所知见则多详于宋元明清而略于唐。

所幸近世发现之敦煌文献中,存有种类繁多、数量庞大之唐、五代蒙书写本,使吾人尚得以略窥唐代民间教育之梗概,并得据以考察我国古代蒙书发展与演进之实际情形。关于敦煌蒙书的概况。主要依据写本内容、性质与功能进行分析,再据写卷原有序文,窥知其编撰目标与动机;从写本实际流传与抄写情况、抄者身份等,综合推论,计分三大类,即:识字类有《千字文》《新合六字千文》《开蒙要训》《百家姓》《俗务要名林》《杂集时用要字》《正名要录》《字样》《碎金》《白家碎金》《上大夫》等,凡11 种;知识类有《杂抄》《古贤集》《蒙求》《兔园策府》《九九乘法歌》等,凡5 种;思想类有《新集文词九经钞》《文词教林》《百行章》《太公家教》《武王家教》《辩才家教》《崔氏夫人训女文》《新集严父教》《王梵志诗》一卷本、《夫子劝世词》等,凡10 种。

宋代蒙书继唐代而发展,由于经济繁荣、印刷发达、科举成熟,蒙书大量出现,体裁多样、取材广泛为其特色。前代流传下来的蒙书,有宋时仍流行的如:《杂字》《兔园策府》《蒙求》《千字文》《太公家教》等;也有宋代新编的,如北宋新编,如宋初的《百家姓》、吕本中《童蒙训》,之后,更有南宋理学家新编的蒙书,如朱熹《小学》《童蒙须知》等。

三、"西域"与"丝路"的概念与空间

一般论述上提到中西文化交流史,或中西交通史时,往往不自觉地将西域与丝路等同或混用,事实上二者相近相涉,却不尽相同。丝路指路线,西域指区域。但不论是"西域"或"丝路",都是历史上的地理(空间)概念,区域会扩大也会缩小,路线会因时间环境而变动,所以不同历史时期指涉的范围自然也就会有变动。[①]

自汉代以来,中原王朝的观念一般是以敦煌西北的玉门关和阳关为界,出这两个关,就进入西域。唐代诗人王维的《渭城曲》:"西出阳关无故人"、王之涣《凉州词》:"春风不度玉门关",都是这种概念的反映。公元前60 年,西汉王朝在此设立西域都护府,管辖包括南北疆的"西域"地区。

---

① 参荣新江、文欣:《"西域"概念的变化与唐朝"边境"的西移——兼谈安西都护府在唐政治体系中的地位》,《北京大学学报》(哲学社会科学版)2012 年第4 期。

　　唐贞观十四年(640)，侯君集攻占高昌国，太宗设置伊、西、庭三州，边境开始了第一次大规模的西移。之后"西域"就仅指西州即今吐鲁番以西的地区。

　　所以"西域"一词，在中国古代存在广义与狭义的两种概念，广义的"西域"是指敦煌西北玉门关以西的广阔地域，而狭义的"西域"则指今新疆南疆地区，也包括东疆的吐鲁番和哈密。本文以"唐宋蒙书在丝路的传布与发展"为题，从唐代历史事实论，其"西域"本当属狭义的西州即今吐鲁番以西的地区。然为方便论述，此处仍采汉代以来传统的概念，即广义的"西域"概念，其区域主要指敦煌以西的地区。

　　"丝绸之路"指的是古代由中国经古波斯国到欧洲的通商道路。西汉张骞出使西域后，我国制造的丝绸运输到中亚、波斯(今伊朗)、地中海沿岸罗马等地，引起西方人民的惊奇和喜爱，人们便把我国称为"丝国"，把这条商路称为"丝绸之路"，或简称"丝路"。特别是 1877 年德国李希霍芬(Richthofen,Ferdinand von,1833—1905)出版《中国——亲身旅行和据此所作研究的成果》[①]一书，提出了"丝绸之路"的概念，并在地图上进行标注，遂成为世界各国注视的焦点。

　　许多学者从整个丝绸之路来论，将葱岭以外、横穿中亚直至地中海域和欧洲的地段，称为丝绸之路西段。昆仑山以北，帕米尔以东，玉门关以西的地域，相当于今新疆南疆地区，也包括东疆的吐鲁番和哈密，可称为"中国丝绸之路西段"，相当于狭义的西域，是中国古代"西域"的核心部分。本文所论的丝路段以中国境内为限，境外的路段则不在讨论范围；所以文中所谓的"丝路"指的是中国境内丝绸之路以敦煌为界划分的东西地段。其中西段指从长安到敦煌的段落区域，东段指的是敦煌玉门关以西的地域，天山以南，昆仑山以北，帕米尔以东；以新疆为主，包括今东疆的吐鲁番和哈密，库车喀什等南疆地区。相对地从中国的视角来论，丝绸之路在中国主要的路线为东起汉代都城长安，向西经河西走廊到达敦煌，就是所谓的东段。

---

　　① "China：Ergebnisse eigener reisen und darauf gegründeter studien" by Richthofen, Ferdinand, Freiherr von；Tiessen, Ernst；Dames, Wilhelm Barnim；Kayser, Emanuel；Lindström, Gustaf；Schenk, August Schwager, Conrad；Frech, Fritz；Groll, Max,1877.

四、唐宋蒙书在丝路东西段的流传

(一)高昌地区出土文献中的蒙书

吐鲁番地区古称高昌,位于乌鲁木齐西北 189 公里处。其辖境基本同于古代高昌地区,其中心区在吐鲁番盆地。汉通西域前,姑师在此立国,王治交河城。汉通西域后,神爵二年(前 60)败匈奴,破姑师,遂改姑师为车师前后部(前部以交河城为中心,后部在博格达山之北今吉木萨尔),于交河城置屯田校尉。汉元帝初元元年(前48)改屯田校尉为戊己校尉,此后不久治所迁至高昌壁,直至魏晋,史称高昌壁时代。前凉张骏于咸和二年(327)始置高昌郡,治所高昌壁亦随之易名高昌城,直至北魏太平真君三年(442),史称高昌郡时代。太平真君三年(442)至和平元年(460)间为北凉残部沮渠氏所据。之后,汉人阚伯周、张孟明、马儒、麹嘉及其子孙相继在此称王,即以高昌为都城,史称高昌国时代。唐贞观十四年(640)灭曲氏高昌国,于其地设西州置县,以高昌城为西州和高昌县治所。天宝元年(742)改称前庭县。唐贞元七年(791)左右,吐蕃陷西州。咸通七年(866)西迁的回鹘首领仆固俊占领西州,建立高昌回鹘王国。辖境东起伊州(今哈密),西至龟兹(今库车),南达焉耆以南,北包北庭(今吉木萨尔县)东西。辽、金、元三代,又讹称高昌为"火州""和州",成为西域重要的文化、艺术及宗教中心。

高昌王国的居民多为汉族,处于丝绸之路的中段枢纽,在东西方经济往来和文化交流上产生过巨大的作用。吐鲁番出土的文书有相当多的数量即为高昌王国时期的遗物,对吐鲁番学的研究有着重要意义。蒙书在晋唐高昌国的流传情形根据近代吐鲁番地区考古发掘的"吐鲁番文书"中发现不少有关儒家的经典及童蒙读物,提供了探讨高昌王国教育与教材问题宝贵材料,学界有不少论述。[①]

唐灭高昌后,置西州。开始在西州推行唐朝的各项军政制度,教育制度也在积极推动之列。其时西州及其属县建立有州学、县学和医学,从吐鲁番文书可约略窥见其情况。其中儒家经典、史书、诗文、童蒙读物等,深受关注,且较为集中在《论语》《毛诗》《尚书》《礼记》《孝经》等官学使用的经学课本。其实,吐鲁番出土的文书中,

---

① 曹仕邦:《高昌国毛诗、论语、孝经立官学的原因试探》,《新亚书院学术年刊》1966 年第 8 期;姚崇新:《唐代西州的官学——唐代西州的教育(之一)》,《新疆师范大学学报》2004 年第 1 期。

识字、习字及格言谚语类、处世哲学类的蒙书，也不在少数，以今所见，主要有《急就篇》《千字文》《开蒙要训》及《太公家教》等。

众所周知，识字是一切教育的基础，所以童蒙教育第一要务便是教导孩童识字、习字。唐以前童蒙诵习的识字书流传于后世的主要为《急就篇》和《千字文》两种。这两种在高昌地区也广为流传。

吐鲁番阿斯塔那 60TAM337 号墓及巴达木 2004TBM203 号墓出土有两件《急就篇》，前者为古注本残卷；后者为白文，是目前出土文献中保存文字最多的两种《急就篇》版本。① 按：《急就篇》是秦汉字书中流传至今最为完整的一部，但其传世的最早版本是明代的松江本，时代较晚。出土汉代简牍虽有一些关于《急就篇》，但大都是断简残篇。所以吐鲁番出土的《急就篇》更显得弥足珍贵。

至于大家熟知的《千字文》，此书自汉代以来即有多种系统，其与汉章帝、钟繇、王羲之及周兴嗣的关系，存在着多种不同的解释。梁代周兴嗣（535－545）次韵的《千字文》，由于深具阅读实用性的一千个常用字，加上王羲之的字迹，更可作为习字典范。因此，成编之后，很快便成为最佳的童蒙教材。

今存《千字文》的敦煌写本多达 150 多件。不但证明了隋、唐、五代时期，在中原地区广为流行，甚至远在西陲地区的敦煌，也被普遍采为童蒙教材。这些写本，有完整的，有残缺的；有写在正面或纸背的，有写在卷首或卷末的；书写的字体有工整的，有拙劣的；书写者的身份有名家士子，也有学郎幼童。从这些现象来看，可以明确地证实《千字文》在唐五代时期的敦煌地区广为流传，同时显现出此一综合性识字类蒙书受到各地区、各阶层及各民族普遍欢迎的情形。既有儿童涂鸦的习字，也有临写名家的真书、草书写本；同时又有帮助诵习而作的注文本与音注本，甚至还有不同民族学习汉文而编的蕃汉对照本等不同本子的出现。

从今所得见的吐鲁番文书可见高昌地区流传的蒙书，也是以《千字文》写本为最多。据统计，约有 70 件。其中有曲氏高昌时期（499－640）写本（巴达木 1 号台地 115 号唐墓出土）；有唐西州高昌时期抄写的，如吐鲁番阿斯塔那 363 号出土唐景龙四年（710）义学生卜天寿杂写的《千字文》。总体而言，这些写本大抵为当地学生的习字，显见《千字文》是当时当地蒙学教育流行的用书。

---

① 福田哲之：《吐鲁番出土"急就篇"古注本考：北魏における"急就篇"の受容》，《东方学》第 96 期（1997 年）；福田哲之：《吐鲁番出土"急就篇"古注本校释》，《中国研究集刊》第 25 号（1999 年）；王贵元：《吐鲁番出土古注本"急就篇"研究》，《语言论集》第 5 辑，北京：中国社会科学出版社，2008 年，第 364－375 页。

除了《急就篇》《千字文》外，《开蒙要训》也是高昌地区流行的蒙书之一。此书多用俗语、俗字，内容比《千字文》更为通俗而贴近实际生活；相较于《千字文》，通俗性与实用性更强。

《开蒙要训》为世人所关注，盖始自敦煌文献的发现，今所知见的写本达80多件，数量之多，是敦煌蒙书中，仅次于《千字文》[①]的一种。近年学界逐渐关注到吐鲁番文书中的《开蒙要训》。先是注意到阿斯塔那第67号墓出土的66TAM67:3及斯坦因第三次中亚考古从吐峪沟所获的《开蒙要训》残片OR.8212/643V Toy.042。最近又随着《大谷文书集成》的出版，其中大谷3574、3577、10313(A)、10313(C)等13号被辨识为《开蒙要训》残片，还确定其中3574、3577等11号系同一抄本的断裂，可以缀合；而大谷10313(A)、10313(C)则属另一抄本。特别是两个抄本不但与66TAM67:3、OR.8212/643V Toy.042吐鲁番残本的《开蒙要训》系统不同，也有别于敦煌发现《开蒙要训》的所有写本，说明当时《开蒙要训》当是有别本的存在。[②]

高昌地区还流传有以日常格言、谚语、经典佳句、警语为主要内容的家教类蒙书《太公家教》。此书不但唐、五代、北宋期间广泛地流行在敦煌地区，宋、元时期依旧流行不辍，甚至还远播到日本、韩国、越南等汉字文化圈的国家，成为这些国家学习汉文化的重要教材之一。

最早对吐鲁番文书中的《太公家教》写本加以关注的是郑阿财，1993年他首次揭示大谷3167、3169、3175、3507等四件残片俱属《太公家教》写本。[③] 2002年张娜丽、2004年刘安志又根据新出版的《大谷文书集成》发现大谷4394《太公家教》是一件值得注意写本。[④]

上揭五件《太公家教》写本内容多残缺不全，且无题记纪年，但从书法风格分析，应该都是唐朝统治西州时期(640—792)的写本，这些写本大多隐然可见学童读诵加笔的朱笔、朱点，这与唐景龙四年(710)卜天寿抄孔氏本郑氏注《论语》，同样出现有朱笔圈点及涂改的现象，都是唐西州时期学童习读写本时共同的习惯，其为当时流

---

① 我早年曾就得见的37件稍作整理，进行探讨，见《敦煌蒙书研究》，兰州：甘肃教育出版社，2002年，第51—68页。近期较为完整的整理研究有张新朋：《敦煌写本开蒙要训研究》（北京：中国社会科学出版社，2013年）著录有79件。

② 参张新朋：《大谷文书别本〈开蒙要训〉残片考》，《敦煌研究》2014年第5期。

③ 郑阿财：《学日益斋敦煌学札记》，载于《周一良先生八十生日纪念论文集》，北京：中国社会科学出版社，1993年，第190—196页。

④ 张娜丽：《西域发见の佚文资料——〈大谷文书集成〉所收诸断片について》，《学苑》第742号，2002年5月；刘安志：《〈大谷文书集成〉古籍写本考辨》，《中国史研究》第25卷第1期，2004年3月。

行之蒙书是毫无疑义的。

（二）蒙书在吐蕃占领敦煌时期的流传

吐蕃是中国古代西南民族的名称，是现代藏族的渊源。7世纪初，赞普松赞干布统治时期，吐蕃迅速壮大，降伏青藏高原上各族、各部，定都逻些（今西藏拉萨），建立军事制度，设立各级官府，创造文字，颁行法律，政权日臻强盛。松赞干布娶唐朝文成公主为妻并学习汉文化。

相较于唐代敦煌邻近的其他民族，吐蕃是具有较高文化的民族。特别是松赞干布时仿照梵文（古印度文）创造了吐蕃文字，即所谓的古藏文，使吐蕃的历史文明与社会发展得以透过碑铭、木简、文书、经卷等的记载而流传下来。

1900年敦煌发现的大量吐蕃文献，在这些保存下来的吐蕃文材料中，有同一个卷子出现汉文、藏文对照，或藏文与汉文对照双语并存的情形。其中有的是在汉字旁边用藏文来注音，一般称为"对音本"，早在20年代初期，法国伯希和（P. Pelliot）、马伯乐（H. Masperro）以及日本的羽田亨都先后对法国所藏的藏汉对音《千字文》写本进行过相关的介绍与讨论。另外，还有一种是根据汉文的文献以藏文来加以音译，一般称为"音译本"。这种音本和音译本的写卷，受到语言学家的注意，是研究古代汉语的语音、汉语史以及古代藏语的语音、藏语史的珍贵材料。高田时雄利用《妙法莲华经》《天地八阳神咒经》《般若波罗蜜多心经》《南天竺国菩提达磨禅师观门》《道安法师念佛赞》《寒食篇》《杂抄》《九九表》等14种藏文与汉文对音的材料，进行9、10世纪中国河西方言研究，而有所成就的。[①]

根据《旧唐书·吐蕃传》记载：唐文成公主入藏后，吐蕃渐慕华风，松赞干布着眼于吐蕃文化的发展，积极培养本民族的知识人才，特派遣子弟入唐留学，学习汉族文化。而吐蕃统治敦煌时期，生活在敦煌地区的汉人与藏族，彼此影响，相互交融。唐代陈陶《陇西行》诗中曾形容这里的吐蕃人是："自从贵主和亲后，一半胡风似汉家"。而生活在这里的汉人则如张籍乐府诗《陇头》所说的："去年中国养子孙，今着毡裘学胡语"，可见双方在风俗、语言之间交流的情形。

---

① 高田时雄：《敦煌资料による中国语史の研究：九・十世纪の河西方言》，东京：创文社，1988年。

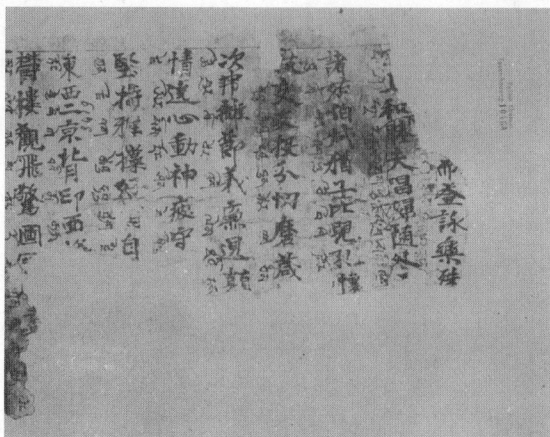

不仅民间如此,吐蕃官府中也常由懂得汉、藏两种文字的人来执掌文书工作,所以便出现有相当多像汉藏对音《千字文》《汉藏对照辞语》等学习彼此语言文字的文献。这种情形,直到吐蕃退出敦煌的归义军时期,仍然在使用。

法藏敦煌藏写本 P. t. 1263(即汉文本 P. 2762)的卷背,抄写有先藏文,后汉文对应的文书。汉文部分直写,藏文则为横写。内容大至分为三类:一类属于一般日常的词汇,如东西南北、"正月、二月"等每月名称;一类是汉族、藏族、回鹘等部族及其首领的名字;另一类则是"骆驼、牛、羊"等动物的名称。整体来说,都是当时日常生活与社会交际的实用词语。从其所记部族名字的排列顺序和卷子正面所抄写的《归义军节度使张淮深修功德记》来看,这个藏汉对照的词汇集,当是写于归义军时期。

除了识字习字的蒙书《千字文》外,还有学习写字的《上大夫》。1958 年 Воробьев—Десятовскийh 曾经介绍过一件收藏在俄国圣彼得堡东方学研究所黄褐色厚纸的写本,正面抄写的是汉文佛典,在背面中间写有吐蕃文与汉文。吐蕃文的内容是有关古藏文字母表的练习。在藏文字母表下有一行汉字,字迹虽然显得幼稚而拙劣,但

却极具意义。因为,他的内容正是中国传统习字的教材"上大夫"。这个写本保存下来的部分是"……化三千七十二尓时言……"。这残存的"上大夫"写本和藏文的字母表,显然出自同一人之手,说明了吐蕃统治时期的敦煌,不但一方面进行双语教学,而且还是沿袭中国传统童蒙教育的老办法,使用最基础的识字习字教材。

　　吐蕃统治敦煌时期,不仅在语文教育上采取藏、汉双语教学,而且在文化学术上也吸收了汉文化的优良传统。不但将汉族传统上层社会常用的经史诗文译成藏文,如《尚书》《春秋后语》《孔子项托相问书》等,同时也采取民间童蒙基本知识教材进行学习。我们从法藏敦煌写本 P. t. 1238《杂抄》古藏文的音译本可以取得证明。虽然仅存一行,二十三个音节。但经比对,确实是敦煌汉人社会教育中普遍使用的《杂抄》(一名随身宝)的内容。另外,更有趣的是,法藏 P. t. 1256 残片,有八行,二百零八个音节。内容是中原传统算学基础教学口诀《九九乘法歌》的吐蕃文译本。这些都是吐蕃人学习汉文化的最好见证。

　　除汉文与吐蕃文对照的蒙书外,还有根据汉文蒙书翻译成吐蕃文的蒙书。如日本书道博物馆有中村不折旧藏 16 号写卷,其卷背为吐蕃文的《太公家教》,内容以"古人太公之教,为后人的遗训,昔有传说"开头。文中始于"凡人不谴责对方缺点"并以掌故来阐释义理,倡导谦逊、忠孝、勤奋等,结尾则云"《太公家教》终"。文中语句并非完全与汉文本的《太公家教》一致,其中有部分语句相对,也还有更多内容引自汉文的其他儒家经典。此件是吐蕃人继承汉文蒙书《太公家教》甄选更多符合吐蕃教育需求的儒家经典佳言要语,进行改编的吐蕃文蒙书。①

(三)蒙书在于阗国的流传

　　于阗国为丝绸之路南道大国。在古代中西文化交流中居于十分重要的地位。汉时于阗王治西域,王姓尉迟氏,信仰佛教,有自己的文字。西汉通西域后,属西域都护。东汉初,广德为王,击败莎车,势力强大。东汉明帝永平年间(58—75),吞并精绝以西至疏勒的十三国,人口超过 8 万。晋代册封于阗国王为"晋守侍中大都尉奉晋大侯亲晋于阗王"。北魏太平真君六年(445),吐谷浑慕利延败退到于阗,曾杀于阗王而据其国。唐太宗破龟兹,于贞观二十二年(648),移置安西都护府于于阗国城,以郭孝恪为都护,兼统于阗、疏勒、碎叶,谓之"安西四镇",于阗正式隶属唐朝。

　　① 萨仁高娃:《中村不折旧藏藏文〈太公家教〉初探》,敦煌学国际学术研讨会·京都 2015,京都大学人文研究所主办,2015 年 1 月 28—31 日。

高宗继位,因不欲广地劳人,乃命有司弃龟兹等四镇,依旧移安西于西州。上元元年(674),于阗设毗沙都督府,授尉迟伏阇雄为都督。[①] 后吐蕃占领焉耆以西四镇城堡。至武则天长寿元年(692),唐军击败吐蕃,才再度收复安西四镇。玄宗天宝十四年(755),吐蕃再入西域,于阗又陷。9世纪中叶,随着吐蕃势力的衰退,于阗才又重新建国。10世纪国势复振,宋太祖乾德四年(966),于阗国王李圣天称"大朝大宝大圣大明天子"。10世纪中叶以后,与喀喇汗王朝进行宗教战争,1004年前后被伊斯兰教军灭国。

当武则天长寿元年(692)在龟兹置安西都护府以还,乃开始派遣大唐汉人部队驻守于阗,既增强了四镇的抵御能力,又有利于唐朝对西域地区有效的控制。此时驻守于阗的汉人官兵与当地的官员、百姓多所接触,因此更加促进中原文化与于阗文化的交流,而汉人子弟在于阗的教育也影响到于阗的教育与文化。

蒙书在于阗的流传,据今所知,主要为《急就篇》与《千字文》。英国斯坦因第三次中亚考古所获的汉文文献中有一件《千字文》残片(M. T. 0199a,Or. 8212/1859)出自麻札塔格的,是唐代于阗遗留下来的学童习字。[②]

又荣新江教授主持"人大博物馆藏和田出土文书整理小组"所整理的于阗汉文文献中,也可见到保存唐代于阗地区学童习写的《急就篇》与《千字文》等汉文识字类蒙书残卷多件。[③]

其中《急就篇》一件,编号 GXW0072,正背书写。正面为《天宝九载粮历》,存有"天宝九载七月"字样;背面存9行,为习字。首行为"张"字习字,2—9行为"泣"字习字,字笔迹较粗,当是《急就篇》"哭泣祭酹坟墓冢"习字。

《千字文》残卷五件,分别是:

1. 编号 GXW0068,正背书写。正面为残牒;背面习字,存3行。首行为"声"字,次两行为"虚"字,当是《千字文》"空谷传声,虚堂习听"的习字。

2. GXW0450 号文书存3行,首行残缺,无法辨识。次行为"欣"字,末行为"奏"字,当是《千字文》"欣奏累遣"的习字。

---

① （后晋）刘昫:《旧唐书》卷5《高宗纪》:"（上元二年春正月）丙寅,以于阗为毗沙都督府,以伏阇雄为毗沙都督,分其境内为十州,以伏阇雄有击吐蕃功故也。"（北京:中华书局,1975年,第99—100页。）

② 见沙知、吴芳思主编:《英国斯坦因第三次中亚考古所获的汉文文献(非佛经部分)》第2册,上海:上海辞书出版社,2005年,第247页。

③ 参陈丽芳:《唐代于阗的童蒙教育——以中国人民大学博物馆藏和田习字文书为中心》,《西域研究》2014年第1期。

3. 编号 GXW0232 号 223g 存 4 行,均为"昃"字,当是《千字文》"日月盈昃"的习字。

4. 编号 GXW0275 号 241a 存 2 行,每行存 3 个"荒"字,与一般学童习字之形态相似,当是《千字文》"宇宙洪荒"的习字。

5. 编号 GXW0275 号 241e 存 1 行,存 6 个"盈"字,当是《千字文》"日月盈昃"的习字。

上述五件除 GXW0068 外,从内容、书法及纸张形制来看,当是出自同一人之手,字体工整,书法颇佳。这些学童习字残片的遗存,正表明了唐代于阗地区汉字的学习是童蒙教育的基础。

(四)蒙书在西夏王朝的流传

西夏为党项羌的拓跋部所建。唐初,党项首领拓拔赤辞率部归附大唐,唐封赤辞为西戎州都督,赐姓李氏。后经唐末拓跋思恭,至宋初李(拓跋)继捧,基本上与中原王朝保持友好关系。传位至李继迁,不断扩张,并攻下灵州及西凉府,成为雄踞一方的割据势力。1028 年,其子李元昊领兵灭甘州回鹘。两年后,又取瓜州(今甘肃安西东)及沙州(今甘肃敦煌东),西夏势力直抵玉门关,据有整个河西走廊,控制了丝绸之路的东段。1038 年,李元昊仿汉制,自称皇帝,取名大夏,定都兴庆府(今银川市)。因位于宋之西北,故称西夏,强盛时期"境土二万余里"。境内居民以党项人及汉人为主,另有吐蕃人、回鹘人等。西夏大量吸收汉文化,也使用汉字、汉语,重视儒学教育,信仰佛教,修建佛寺。李元昊于大庆元年(1036)命野利仁荣(? —1042)仿汉字创制胡礼蕃(西夏文),文字与契丹、女真字相仿,一字一音,共有 6000多字。进而设立蕃学,推动以西夏文为主体的教育。唐宋时常设童子科,西夏承袭唐宋之制,1144 年于禁中立小学,凡宗室子孙 7 至 15 岁皆得入学;并在 1147 年设"童子科"。西夏世掌夏国史职的蕃、汉教授斡道冲 8 岁时即以精通儒家经典《尚书》而中童子举,可知西夏汉文典籍普遍,儒家经典、童蒙读物在当时亦多流行。

近代敦煌、黑城子所发现的西夏王国文物,提供了不少印证西夏与汉文化交融与递变的实物,从中也可一窥西夏王国统治河西时期的教育状况。其中有关蒙书如汉文本《杂字》、西夏文本《杂字》《三才杂字》《新集碎金置掌文》,以及蕃汉对照的《蕃汉合时掌中珠》等,从其抄写、刊印的情形,更可印证其流传之广泛与教育之普及。

按:识字用的杂字书是一种非正规的童蒙识字课本,唐宋时开始广为流行。《宋史》卷四八五《夏国传》载："元昊自制蕃书,命野利仁荣演绎之,成十二卷,字形体方整,类八分,而画颇重复。教国人纪事用蕃书,而译《孝经》《尔雅》《四言杂字》为蕃语。"李元昊时所译的《四言杂字》,是深受宋代"杂字"书大量出现的影响。南宋诗人陆游(1125－1210)《秋日郊居》:"儿童冬学闹比邻,据案愚儒却自珍。授罢村书闭门睡,终年不着面看人。"诗下自注:"农家十月乃遣子弟入学,谓之冬学。所读《杂字》《百家姓》之类,谓之村书。"这类为田夫牧子所诵的村书,便是唐宋以降的蒙书。可见,杂字书在宋元期间是民间普遍使用的识字类蒙书。

敦煌文献中的蒙书写本,如《俗务要名林》《杂集时用要字》《开蒙要训》等一类,也是将识字教育与日用常识、实用技艺相结合的识字类蒙书,其性质、功能与后世"杂字"书相同,只是不以"杂字"名书而已。

可见《杂字》在唐五代以后尚广泛流传于民间,即使丝路上的异族、异国,仍是最通行的语文教材。西夏在创制文字以前,长久以来承袭汉文化传统,不但以汉文作为阅读与书写的载体,教育的基本体制也沿袭中原,教材的选用上也多采用汉文化传承的经史子集,即便是童蒙的识字教育也多继承传统蒙书,或略加改易。其识字教育,初期都采用汉文《杂字》一类的字书,李元昊命野利仁荣创制西夏文后,乃有翻译、改编的西夏文《杂字》书,同时又有西夏文与汉文对照的《番汉合时掌中珠》一类,可供党项人学习汉文,又可供汉人学习西夏文之用。

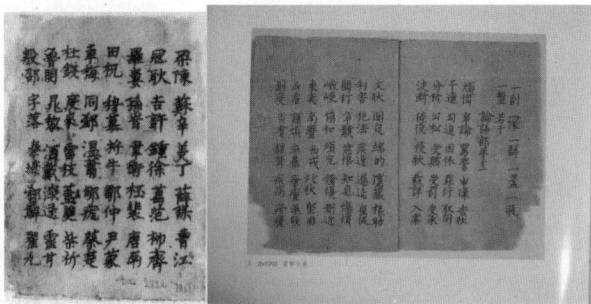

从今天考古文物的遗存可以获得证明。如:1909 年俄国科兹洛夫(P. K. Kozlov,1863—1935)考察队,在黑水城遗址(今属内蒙古自治区额济纳旗)发现大批西夏文献,除西夏文外,也有不少汉文文献,主要为佛教经典。其中世俗文献较为完整且较具学术价值的就是《杂字》一类的字书,今藏圣彼得堡东方学研究所。1998年上海古籍出版社与俄罗斯科学出版社东方文学部共同出版了《俄罗斯科学院东方

研究所圣彼得堡分所藏敦煌文献》，第十册中便收录有所谓的"蒙学字书"①，指的就是这个西夏汉文的《杂字》。这件抄本是蝴蝶装，前后均有缺页，残存三十六页。无题、无序、无题记。每页七行或八行，行十字或十二字，全书计存 253 行。内容以事类分部，各部前立部目"ㄨㄨ部第ㄨ"，现存二十部，部目次第自"〔汉姓名第一〕（原残，依内容拟）""番姓名第二"……至"地分部第十九""亲戚长幼二十"。书影如下：

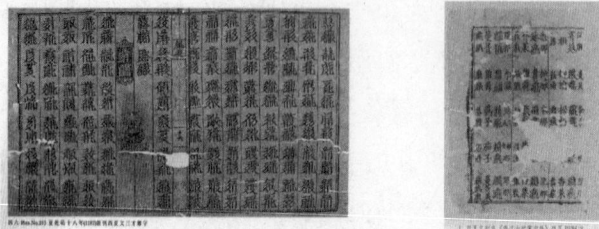

由于书中未见年代题记，难以确定其具体编撰的时间。但根据官位、司分、地分部来看，其中有的词语西夏后期才可能出现，所以初步判断当是编于西夏建国之后。

《宋史·夏国传》载：西夏创造了文字后，首先翻译《孝经》《尔雅》与《四言杂字》，是"杂字"一类汉籍在当时西夏学习汉文化，汉人学习西夏文发挥了极大的作用。今黑城出土的《杂字》写本，虽非《四言杂字》，然其性质属"杂字"类的蒙书甚为明确，显然是西夏建国初期流行的新编。

西夏时期对《杂字》一类书的编纂十分重视。在今存四十多种西夏文世俗文献中，就有三种《杂字》。黑城出土的西夏文《杂字》存在写本与刊本两种。内容都是把当时社会常用的词语分类编辑成书。有的以天、地、人分为三品，再于每品中分为若干部，这就是所谓的《三才杂字》，此书各部中列数量不等的有关词语，反映了西夏地区的自然风貌、社会情况与民族关系，显示西夏蒙书教材编辑的自主意识。

在敦煌莫高窟北区的洞窟中发现许多西夏文文献，其中有《番汉合时掌中珠》刻本的残页。《番汉合时掌中珠》是西夏文与汉文音义双解的语汇辞典。既是学习西夏文字的基础教材，也是沟通西夏与汉文的桥梁，更是破译西夏文的钥匙。据学者研究，这本书是乾祐二十一年（1190）党项学者骨勒茂才所编。他在序文中说："今时人者，番汉语言可以俱务，不学番言，则岂和番人之众；不会汉语，则岂入汉人之数。番有智者，汉人不敬；汉有贤士，番人不崇。若此者，由语言不通故也。"清楚地说明这本双解字书的编撰，为的是沟通西夏人与汉人的语言与文化。全书以"天、地、人"

---

① 《俄罗斯科学院东方研究所圣彼得堡分所藏敦煌文献》第 10 册收录 дх. 2822"蒙学字书"即此件。（上海：上海古籍出版社，1998 年，第 67 页。）

三才分为三部分,每部分又按"上、中、下"分为三类,即"天体上、天相中、天变下;地体上、地相中、地用下;人体上、人相中、人事下"等 9 集。它对每一词语都并列四项,中间的两项分别是西夏文及其汉文译文。最右边的汉字是左边西夏字的注音,最左边的西夏文是右边汉字的注音。这样四行排列,使西夏文与汉字的音、义两两相对,极为方便两民族间相互学习对方的语言。

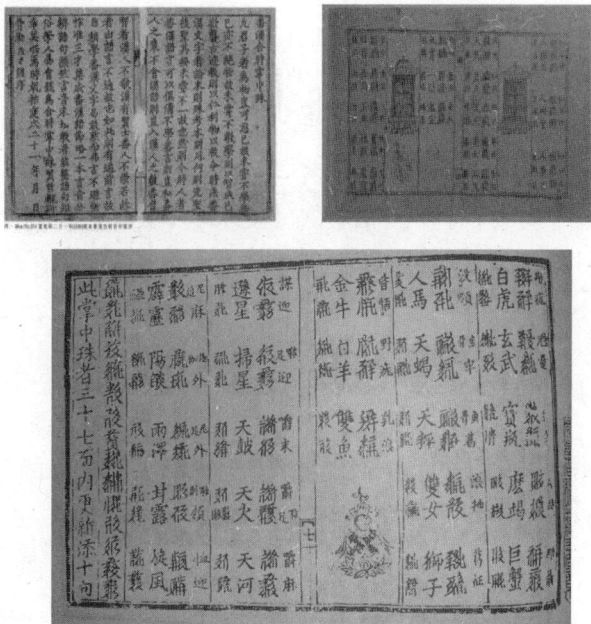

除了西夏文杂字外,还有西夏文编撰的《新集碎金置掌文》,省称《碎金》。今俄罗斯科学院圣彼得堡东方学研究所藏有二册《碎金》残本,编号为 H HB. NO. 741 与742,皆为蝴蝶装,每册 20 页。741 号字体工整清晰,有墨线边栏。742 号末有残缺,因抄在佛经抄本背面,纸张透墨而难以辨认,然开头序文尚保存一行,有编者姓名。所幸敦煌莫高窟北区发现《碎金》残片,存有部分序与正文,序译文如下:

碎金序

宣徽正息齐文智作夫人者,未明文采,则才艺不备;不解律则,故罪乱者多。今欲遵循先祖礼俗,以教后人成功,故而节略汇集眼前急用要义一本。不过千字,说释总摄万义。方便结合,斟酌系数;类非头隐,非持明义。虽然如此,抑或求少求多,无不备述;寻易寻难,焉用旁搜。五字合句,四二成章。睿智弥月可得,而愚钝不过经年。号为《碎金置掌文》。天地世界出,日月尔时现。明暗左右转,热冷上下合。诸物能成苗,季节依次列。春开寅卯辰,夏茂巳午未。秋实申酉戌,冬藏亥子丑。今朝拂晓东,卓午影正南。晚夕暮昏西,睡卧夜晚北。明日先未过,日后到来。年日一律有,岁者两相同。变化时十二,月没再满底。夜昼为年日,腊正旧新途。幼老寿增减,以此定限量。

　　从序文所言及正文内容可见西夏王国对于识字蒙书的重视,同时也可窥见其用以施教的蒙书,内容也是丰富而多样的。

　　近年,随着西夏汉文及西夏文文献的陆续公布,一门与敦煌学相互媲美的西夏学已然成形。俄、中、英、法、日等相继公布,出版所收藏的西夏文献①,我们从中可更完整地看到西夏对唐宋汉文蒙书的接受与发展。其中汉文蒙书有学童习抄的《千字文》等残片②,《杂字》残卷;有西夏的写本《蒙求》残页。③ 此外,汉文、西夏文对照的字书《番汉合时掌中珠》的抄本与刻本,④更有西夏文编写的《三才杂字》⑤《新集碎金置掌文》⑥等。

(五)蒙书在契丹辽国的流传

　　辽(907—1125)是中国历史上由源于东胡后裔鲜卑柔然部的契丹人耶律阿保机于辽神册三年(916)建立的王朝。初期的疆域在今辽河流域上游一带,在阿保机及德光时期不断对外扩张,德光时取得燕云十六州并一度占有中原。辽太祖时多用汉人为臣,教育上也继承了中国童蒙养教育的优良传统,不仅在其统治的汉族聚居区施行,同时也在北方游牧地区实施,使北方游牧民族的幼童也能识字、诵书,接受文化知识以及道德教育。

　　辽代资料传世有限,有关童蒙教育的更少。1974年应县木塔发现有蒙书资料,

---

　　① 《俄罗斯科学院东方研究所圣彼得堡分所藏黑水城文献》23册,上海:上海古籍出版社,1996—2012年;《英国国家图书馆藏黑水城文献》5册,上海:上海古籍出版社,2004年;《中国藏西夏文献》20册,兰州:甘肃人民出版社、敦煌文艺出版社,2005年;《法国国家图书馆藏敦煌西夏文文献》,上海:上海古籍出版社,2007年;《日本藏西夏文文献》,北京:中华书局,2011年。

　　② 《俄罗斯科学院东方研究所圣彼得堡分所藏敦煌文献》第17册,上海:上海古籍出版社,2001年。

　　③ 《斯坦因第三次中亚考古所获汉文文献(非佛经部分)》,上海:上海辞书出版社,2005年。

　　④ 宁夏回族自治区博物馆藏(西夏文刻本)《番汉合时掌中珠》残页,N11.001(09299),敦煌研究院藏(西夏文刻本)G11:181(B184:9)载《中国藏西夏文献》。

　　⑤ 敦煌研究院藏(西夏文刻本)《三才杂字》G11:001(第465:5)、G11:002(B56:60正)、G11:002(B56:60背)、G11:003(B184:11),甘肃省博物馆藏G21:001(13194:1),载《中国藏西夏文献》。

　　⑥ 内蒙古区文物考古研究所藏(西夏文写本)《新集碎金置掌文》残页:M21:006(F57:W1/0849)、M21:009(83H:76)载《中国藏西夏文献》。

是研究辽代教育状况的第一手资料,如《杂抄》。其内容多引儒、释经文,并附偈语,更引用了中国传统蒙书《千字文》《太公家教》《论语》《孟子》等。与敦煌写本《杂抄》相比,木塔秘藏之《杂抄》佛教内容较多,当属寺院僧人所辑用于俗讲及启蒙教育使用的底本。此外,应县木塔秘藏中,还发现有一部辽代雕版印刷的《蒙求》,这是现存最早的《蒙求》刻本①,这些多可作为蒙书在辽代流传情形的实证。

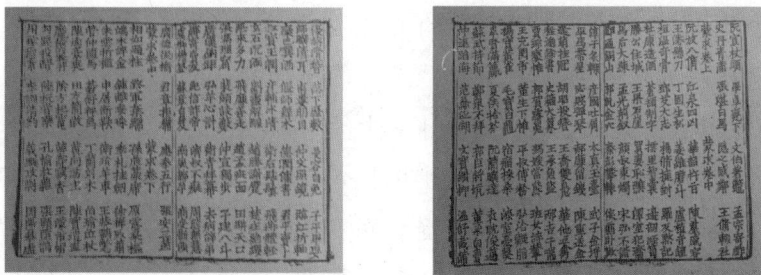

唐代李瀚《蒙求》是一部以历史典故为主要内容的蒙书,采用押韵对偶的上下两个四字句组,介绍历史或传说人物故事。既可用以识字,又可学习典故知识,便于行文用典。唐代时已远播敦煌,后并出现《唐蒙求》《续蒙求》等续书。其体例对后世童蒙教材也产生极大影响,纷纷仿效其体例并承袭其书名,编纂出各种内容的蒙求。如:《左氏蒙求》《春秋蒙求》《十七史蒙求》《本朝蒙求》《释氏蒙求》等,发展出"蒙求体"的童蒙教材类型,以致有以"蒙求"来统称童蒙用书者。

应县木塔中辽代雕版印刷的《蒙求》,是现存最早的《蒙求》刻本。此刻本全册现存 7 页半,每页 20 行,行 16 字。分上、中、下三卷,白文无注,保存了《蒙求》正文的大部分内容。《蒙求》卷上前部残缺,现存部分起"燕昭筑台,郑庄置驿",至"隐之感邻,王修辍社";《蒙求》卷中起"阮放八隽,江泉(皋)四凶",至"应奉五行,张安(世)三箧";《蒙求》卷下起"相如题柱,终军弃繻",至"芟繁摛华,尔曹勉旃"。② 并附有《音义》,均为敦煌出土《蒙求》抄本所缺内容,与传世补注本也多有不同,更接近李瀚《蒙求》的原貌。刻本楷书,字体整齐。根据其内容"明"与"真"字缺笔,当是避辽穆宗及辽兴宗的讳。按:穆宗耶律璟,后更名明;兴宗耶律宗真。据讳字,此书当刊印于辽兴宗重熙(1032—1055)之后,为辽代刻本。据此本可见南宋陈振孙《直斋书录解题》著录"《蒙求》三卷",确实不误,此本极具学术及校勘价值。

---

① 毕素娟:《世所仅见的辽版书籍——〈蒙求〉》,《文物》1982 年第 6 期;杜成辉、马志强:《应县木塔秘藏中的辽代〈蒙求〉刻本》,《山西大同大学学报(社会科学版)》2014 年第 4 期。

② 见山西省文物局中国历史博物馆编:《应县木塔辽代秘藏》,北京:文物出版社,1991 年,第 447—450 页。

五、唐宋蒙书在丝路的接受与转变

中国汉文典籍很早便传入丝路沿线的各民族与各王国,举凡:经、史、子、集四部,以及典章、律令、诗文,可说不一而足。除了传统经、史及治国有关的刑律、法度、礼乐,政经、思想、军事外,习文必备的韵书、字书与基础教育入门的蒙书也在输入之列。这些汉文典籍的输入并非全面而是具有选择性的。蒙书的输入盖取其时尚,尤重实用,以综合识字的蒙书最为首要,日常生活处事要言、作文、习诗居次。

蒙书类的书籍由于具日常生活的实用性,一向为传统知识分子所鄙视,以致被视为通俗读物,而未能如正经、正史般受到重视;尽管如此,蒙书却始终在文化传播上扮演着重要的角色,不但在中国广泛流传,历史上也曾经在与中国相交往的国度里深受重视,甚至奉为至宝。研究日本汉学的黄得时教授(1909—1999)观察到此现象,于《在中国不被重视而在日本受欢迎之十部书》一文中提出他的看法:

> 一般而论,凡由甲国(中国)人士所撰成之著作,在甲国不被重视,但是一旦输往乙国(日本),即倍受欢迎。①

我们观察大唐盛世传统蒙书的输出时,也发现这些在中原地区家喻户晓老教书的童蒙用书,随着丝绸之路交通的畅达途径与管道,快速地传播开来,并为丝路沿线各民族、国家所接受,广为流行。不但传抄不断,更有翻抄翻印;甚至翻译、改编、仿作,使汉文化透过教育在丝路各国发挥深刻的影响,甚至融入当地的社会文化之中,其影响与效益,实在不容小觑。

透过上述有关丝路各地区的考古发掘,以及遗存文献的整理与研究所得,我们更观察到:唐宋蒙书在丝绸之路接受与转变的一些特殊发展现象,或许可作为我们今日积极推动丝绸之路民族、国家文化进一步交流的借鉴。

首先,以高昌地区蒙书的流传情况来看,历史上的高昌从汉代在交河置屯田校尉以来,经历魏晋高昌壁、北魏高昌郡、高昌国时代,其主体为汉人,以汉文典籍在此广为流通,典章制度、儒学教育一如中土。唐代在高昌置西州,大唐文化更为主体,

---

① 见黄得时:《在中国不被重视而在日本受欢迎之十部书》,"中日韩文化关系研讨会纪录",台北:太平洋文化基金会主办,1983 年 4 月 22—24 日,第 402—423 页。

其教育制度与教育政策的施行,实无二致。童蒙的使用在种类与类型上的选择与大唐各地基本无所差别,主要都是以当时识字、习字的主流教材《千字文》《开蒙要训》为主;在生活态度处事原则的蒙书中,也是以唐代最为流行的《太公家教》为教材。今所得见吐鲁番地区出土的蒙书遗存,计有《急就篇》《千字文》《开蒙要训》及《太公家教》等四种,虽然种类不如敦煌蒙书写卷来得多种多样,然流传状况均与大唐中原地区民间教育使用的普遍教材毫无二致,都是唐代当时最流行、最重要的蒙书。集中在识字习字的《千字文》《开蒙要训》显现的事以日常实用为主导,此外,并未见有其他功能的蒙书。至于中原蒙书的仿编、改编、双语对照,或翻译本也没发现。这种汉文化为主导的情况,显示出汉文化的优势,为各族所仰慕与崇尚,无疑是大唐强势统治的必然发展。虽然如此,但今天看来,唐代以后这些汉文蒙书在高昌地区丝毫未见有所承袭、转变与发展,确实值得深思。

吐蕃时期,松赞干布统治的 7 世纪才创造文字,之前与汉文化的接触并不详细。在松赞干布娶大唐文成公主后,对汉文化的接受大为开展,而吐蕃自身的文化也大有进展,中唐后曾占领敦煌。相较于唐代敦煌邻近的其他民族,吐蕃具有较高文化,在学习汉文化的过程中,也是有所取舍,且处处显示自我主体意识。吐蕃时期蒙书的流传,从今所得见的吐蕃文献来看,有《千字文》《杂抄》《九九乘法歌》等,这些大多以吐蕃文标注对音,如蕃汉对音的《千字文》,吐蕃文翻译的《太公家教》。特别值得注意的是,吐蕃的翻译并非照单全收,毫无选择逐字逐句地忠实翻译,而是借翻译来达到改造、扩编之实际效用,以适应、贴近其民族文化与社会实际需要,这是吐蕃接受汉文典籍普遍存在的特色。不仅《太公家教》如此,敦煌变文汉文本《孔子项托相问书》,在吐蕃文献中也出现有 P. tib. 987、P. tib. 988、S. tib. 724、P. tib992、P. tib. 1284 等藏《孔子项托相问书》[①],藏文本故事中,小儿之姓名未作明确交代,但据故事情节与汉文写本对照,则知其为项托。全篇内容,除最后"孔子看见一个小儿追杀水鸟"一段对话,为汉文本所无外,其他情节则大致相同;而汉文本最后五十六句七言诗则不见于藏文本。此外吐蕃文文献中也有 PT.987、PT.988,结合已知的藏文《孔子项项橐相问书》(ST.724、PT.992、PT.1284)、《父子礼仪问答》(PT.1058V)我们可以说敦煌地区所流行的汉文儒家经典深受吐蕃人的喜爱,因此更有结合自己固

① 参冯蒸:《敦煌藏文本孔丘项托相问书考》,《青海民族学院学报》1981 年第 2 期;M. Soymie Michel."Lentrevue de Comfucius et de Hsiang To",Journal Asiatique 242,1954,pp.311-392;郑阿财:《敦煌写本〈孔子项托相问书〉初探》,《法商学报》1990 年第 24 期。

有的伦理文献,通过翻译、阐释等途径将其传播,以起到伦理道德提升的作用。甚者,像 16 号卷背藏文文献,并非以某种固定的汉文儒家经典为底本,而是摘录相关儒家经典的问句,以解释和阐述方式,将其义理更加通俗化,以期发挥更大的影响与功能。

其次是于阗,于阗历史悠久,早就拥有自己的文字,是丝绸之路上古老而重要的佛教国家。西汉即属西域都护。唐太宗置安西都护府,于阗正式隶属唐朝。之后与大唐关系时断时续,其间大唐汉文化的互动也是时断时续,宋太祖乾德四年(966),于阗国王李圣天称"大朝大宝大圣大明天子"并与敦煌归义军曹氏家族缔结婚姻。1004 年前后为喀喇汗王朝所灭。于阗传世的文献不多,于阗汉文尤少。至于唐代蒙书在于阗的流传,实际件数实在不多,种类还是限于《急就篇》(1 件)与《千字文》(5 件)两种传统主要的识字类蒙书而已。同时呈现的都是童蒙习书,且 5 件《千字文》习字残片,4 件当为同一件之断片,是于阗的汉文蒙书遗存,尚不足以说明问题。

至于党项族建立的西夏王国蒙书流传的情况则最值得探讨,今所得见的考古文物遗存,较其他各族、各国,可说是数量最多、内容最丰、样式最多且具有强烈的西夏主体意识。

初期,西夏尚未建国,西夏文字尚未创制之前,完全以汉文作为阅读与书写工具,流传汉文典籍与中土无别,只是以实用为要。西夏建国之初,治国人才蕃汉并用,借重汉人,汉文仍为主体,随着西夏文字的创制,开始蕃汉并用,终至以蕃学为主。蒙书的发展正反映此一规律。蒙书的流行也是从汉文蒙书,到西夏文翻译,到蕃汉对照,到企图摆脱汉文蒙书,进一步借鉴实用与形式之优势改编出适合其实际需求的西夏文蒙书。

西夏文蒙书的出现显示西夏王国强烈的自主意图。在启蒙教材的编撰上,每每由政府官员来从事,《碎金序》明确地标示编撰者职称是"宣徽正"①,"宣徽正"是宣徽院的最高长官。其使用施教的蒙书内容也是丰富而多样,如西夏建国之初,野利仁荣曾将《四言杂字》翻译成西夏文,后来又编写有《杂字》《番汉合时掌中珠》及《碎金》等一类的识字类蒙书,可见与中国传统童蒙教育一样,都是从识字入手,并注重实用性而结合日常生活。

至于汉文蒙书在契丹族建立的辽国流传情况,今所得见虽仅有唐代李瀚《蒙求》

---

① 彭金章:《敦煌莫高窟北区石窟》第 1 卷附有史金波的译释与研究可参考,北京:文物出版社,2000年,第 360－364 页。

一种而已,但深受学界所关注。《蒙求》尽管宋以后广泛流传,并且流传到日本、朝鲜,大有"举世诵之"之势。可是唐代原本中土早已失传,后世所见殆为后人补注,其原貌不易窥知,作者、卷帙及作者自注等问题,始终是学界讨论的焦点。近代敦煌藏经洞发现 P2710、P.4877 及敦煌研究院 095 等三件唐写本《蒙求》,1974 年山西应县木塔辽代秘藏发现辽刻本的《蒙求》,不但可资复原唐代蒙求的原貌,对考定此书的作者、时代及注文有相当的帮助[①],同时还可确实反映中国中古时期边地童蒙教育的特殊需求与选择。

六、结　语

唐宋时期丝绸之路各地区、各民族、各王国之间汉文蒙书的流行和使用,值得我们去详细观察与思考,其中接受与转变、保存与扬弃之间所存在的民族与国家的特性,以及其现实环境的需求,更是极具深意。

根据《敦煌蒙书研究》书中所云,唐代蒙书可分为识字类、知识类、思想类等三大类 26 种。从考古遗存得见丝路各地流传的蒙书,即有《急就篇》《千字文》《开蒙要训》《杂字》《太公家教》《蒙求》《九九乘法歌》等七种,约占代蒙书流行种类的四分之一。特别集中在识字类的《急就篇》《千字文》《开蒙要训》《杂字》等,尤其以兼具习字、识字的《千字文》最为普遍。至于《太公家教》《蒙求》《九九乘法歌》等思想类、知识类的蒙书则为偶见。这说明了学习汉文字是丝路各地首要的基本需求,不论汉人或非汉人,也不管时代的先后,其主要就是学习汉字。不过,在吐蕃、西夏则出现有蕃汉对音,或蕃汉合时一类双语的识字蒙书,凸显了学习汉字并不全然只是仰慕汉文化、学习汉文化而已,更有促进彼此了解、互相沟通、相互学习的心态与功能。

在接受、学习的过程中,是有所选择的,其准则就是实际有效。学习外来语言、文字,吸取他国文化时,"多则惑,少则得"始终被奉为圭臬,因此在蒙书的流传上,普遍集中《千字文》是选择精简有效的呈现;选择《开蒙要训》《杂字》则是符合日常生活实际需求的抉择。至于为了彰显吐蕃王国及西夏王国自我的主体意识,以期内容切合现实环境,呼应实际发展所做的必要改变与转化,吐蕃文与西夏文的翻译则通过非忠于原著的手段,达到扩编、改造的目的,营造自我的图书典籍,表现自我的思想文化。

---

①　郑阿财:《敦煌本〈蒙求〉及其注文之考订与研究》,载于《敦煌学》(第二十四辑),2003 年。

　　至于高昌、于阗等并未见有如吐蕃王国、西夏王国等对汉文蒙书的流传接受之后，在内容或形式上更进一步有所继承与发展；而是当大唐王朝控制权退出之后，这些汉文蒙书的学习与保存，也全然消失，显然，这种与本民族文化或地域环境契合度不高的外来蒙书，是异类文字、异类文化，自然遭到排斥而扬弃，这是自然的文化发展规律。

（作者单位：嘉义大学中国文学系）

公文纸印本《论衡》纸背元代文书的整理与介绍

孙继民

近代以来，我国对典籍文献新资源的利用和开发首先开始于考古出土新文献的发掘、整理和研究，并在文献新资源的整理、开发方面取得了辉煌成就。除此之外，我们还有一笔非常丰厚却基本不为人所知而处于待开发状态的文化遗产和文献资源，这就是蕴藏于我国传世典籍文献中的公文纸本文献。

所谓公文纸本，在版本学界和目录学界通常称为公文纸印本，也称公牍纸本、文牍纸本、官册纸本等，是古籍刻印本的一种特殊形态，专指宋元明时期利用官府废弃的公文档册账簿（包括私人书启等写本）纸背刷印的古籍，亦即古人利用公私废旧纸张背面印刷的古籍印本。现存的公文纸本最早为宋代，元明时期相对较多，尤其是明代，清代很少见。本文整理的公文纸本文献是南京博物院所藏宋刻元修公文纸印本《论衡》背面所保存的元代文献。据《中国古籍善本书目》所记，南京博物院所藏《论衡》为宋乾道三年(1167)绍兴府刻本，元代递修，现存卷十四至卷十七共四卷，一册装，系由元代公文纸刷印。2012年11月，承蒙南京博物院支持，笔者亲赴该院查阅，并在南京师范大学博士生孙宁先生的辅助下将纸背目见文字内容誊抄下来，2015年4月笔者又在张淮智的协助下再次到南京博物院核对录文。现将文书录文予以整理并公布，以期发挥公文纸印本纸背文献资源的新作用，为元代历史研究提供以往所不见的新资料和元代公文实物，推动古籍文献学和元代史学研究的进一步发展。

南京博物院藏公文纸本《论衡》一册共有73叶，其中卷十五第二叶纸背无文字，有文字的叶面总共72叶。每叶文字行距疏阔，最多者六行，最少者一行，大多均是二、三行。因此叶面虽然很多，但总字数有限，只有194行文字，1600多字。兹将72叶内容依次刊布如下。

卷十四

第一叶背有文字 1 行：

　1.　　　一件卢俊 草 作耗米□□

第二叶背有文字 2 行：

　1.　　　一件历日。延祐六年上半年

　2.　　　一件□□

第三叶背有文字 2 行：

　1.　　　一件日食。延祐六年上半年

　2.　　　一件□□

第四叶背有文字 2 行：

　1.　　　　　　　延祐六年上半年

　2.　　　一件□□

第五叶背有文字 2 行：

　1.　　　　　　　延祐□年□半年

　2.　　　一件□□

第六叶背有文字 2 行：

　1.　　　一件延祐六年上半年

　2.　　　一件□□

第七叶背有文字 2 行：

　1.　　　　　　　延祐上半年

　2.　　　一件□□□□

第八叶背有文字 2 行：

1.　　　　　　　延祐六年上半年

2.　　　一件☐☐☐

第九叶背有文字 2 行：

1.　　　　　　　延祐六年上半年

2.　　　一件☐☐☐

第十叶背有文字 2 行：

1.　　　　　　　延祐六年上半年①

2.　　　一件☐☐☐

第十一叶背有文字 2 行：

1.　　　　　　　延祐六年上半年

2.　　一件☐☐☐②

第十二叶背有文字 2 行：

1.　　　　　　　延祐六年上半年

2.　　一件☐☐☐③

第十三叶背有文字 2 行：

1.　　　　　　　延祐六年上半年

2.　　一件☐☐☐廿一☐☐☐④

第十四叶背有文字 2 行：

1.　　　　　　　延祐六年上半年

2.　　　一件☐☐☐

---

① 文书中此之上黑体粗长十厘米,涂抹明显。

② 文书中此之上黑体粗长十厘米,涂抹明显。

③ 文书中"一件"位置裱糊有字。

④ 文书中"一件"位置裱糊两字。

第十五叶背有文字 2 行：

    1.　　　　　　延祐六年上半年

    2.　　一件□□□

卷十五

第一叶背有文字 2 行：

    1.　　　　　一件刘益呈刘用获盐，延祐六年上半年

    2. 以上所具合刷卷宗并是端的，中间别无隐漏，执结是实，伏取①

第三叶背有文字 2 行：

    1.　　一宗身屍 漂 流事

    2.　　　　延祐五年下半年

第四叶背有文字 1 行：

    1.一宗安延羲被 谴 事

第五叶背有文字 2 行：

    1.　　一件逃亡 竈 户事。延祐五年下半年

    2.　　一件□□□□

第六叶背有文字 2 行：

    1.　　一件罪囚事。延祐五年下半年

    2.　　一件□□□□

第七叶背有文字 2 行：

    1.　　　　延祐六年上半年

    2.　　一件 官吏

---

① 文书中"执结是实"在 B 面，"伏取"在"A"面。下行缺，中间无文字。

第八叶背有文字 2 行：

　　1.　　一件军情事。延祐六年上半年

　　2.　　一件历日事。延祐六年 上 □□

第九叶背有文字 2 行：

　　1.　　一宗修理在 城 ＿＿＿＿＿＿＿＿①

　　2.　　一宗赵 天 蓉 □□□延祐五年下半年②

第十叶背有文字 4 行：

　　1.　　一宗修理市舶③

　　2.　　一宗修理④

　　3.　　　　延祐五年下半年

　　4.　　　□＿＿

第十一叶背有文字 6 行：

　　1. 司司吏孙　　元德等

　　2. 本司延祐五年下半年、延 祐 □叁宗事目开坐于后

　　3.　　总计

　　　　　　（中缺）

　　4.　　已绝

　　5.　　一宗贼人 □□⑤

　　6.　　　　延祐五年下半年

第十二叶背有文字 4 行：

----

① 文书中此行文字有朱笔勾画。

② 文书中此行文字有朱笔勾画。

③ 文书中此行文字有朱笔勾画。

④ 文书中此行文字有朱笔勾画。

⑤ 文书中此行文字有朱笔勾画。

1.　　　一宗赵瑄被劫①

2.　　　　　延祐☐☐☐

3.　　　一宗刘忠☐被盗②

4.　　　　　延祐六年上半年

第十三叶背有文字 4 行：

1.　　　一宗金衡告夫事③

2.　　　　　延祐☐☐☐

3.　　　一宗覆[检]使☐☐☐☐☐④

4.　　　　　延祐五年[上]半年

第十四叶背有文字 5 行：

1.　　　一宗姚法性作[法]☐⑤

2.　　　　　延祐☐☐☐

3.　　　一宗董玉被盗⑥

4.　　　　　延祐五年☐半年

5.　　　　　延祐☐年☐☐☐

第十五叶背有文字 5 行：

1.　　　一宗叶兰兴被☐☐☐⑦

2.　　　　　延祐☐☐☐

3.　　　一宗杨☐☐☐☐⑧

4.　　　　　延祐☐☐☐半年

---

① 文书中此行文字有朱笔勾画。
② 文书中此行文字有朱笔勾画。
③ 文书中此行文字有朱笔勾画。
④ 文书中此行文字有朱笔勾画。
⑤ 文书中此行文字有朱笔勾画。
⑥ 文书中此行文字有朱笔勾画。
⑦ 文书中此行文字有朱笔勾画。
⑧ 文书中此行文字有朱笔勾画。

　　5.　　　　　延祐五年□半年

第十六叶背有文字 5 行：

　　1.　　　一宗时哲被盗①

　　2.　　　　　延祐□□□□

　　3.　　　一宗□□申□兰□②

　　4.　　　　　延祐五年□半年

　　5.　　　　　延祐六年上半年

第十七叶背有文字 5 行：

　　1.　　　一宗断没诸物③

　　2.　　　　　延祐□□□□

　　3.　　　一宗季□□□④

　　4.　　　　　延祐□年□半年

　　5.　　　　　延祐六年□半年

第十八叶背有文字 5 行：

　　1.　　　一宗黄亚三不見下落⑤

　　2.　　　　　延祐□□□□

　　3.　　　一宗孙元诱卖人口⑥

　　4.　　　　　延祐五年下半年

　　5.　　　　　延祐六年□半年

第十九叶背有文字 2 行：

---

① 文书中此行文字有朱笔勾画。
② 文书中此行文字有朱笔勾画。
③ 文书中此行文字有朱笔勾画。
④ 文书中此行文字有朱笔勾画。
⑤ 文书中此行文字有朱笔勾画。
⑥ 文书中此行文字有朱笔勾画。

1.　　　一件裴从义丁忧事，延祐五年下半年①
2.　　　一件隄备□（空白纸卷末）

卷十六

第一叶背有文字 4 行：

1.　　　一宗吴宝私发□②
2.　　　　　延祐□□□□
3.　　　一宗 朱 纪 讽 ③
4.　　　　　延祐六年上半年

第二叶背有文字 5 行：

1. 龙 向 局院（朱批）一宗吴全告打伤
2.　　　　　延祐□□□□
3.　　　一宗儒学被□□
4.　　　　　延祐□年下半年
5.　　　　　延祐□年上半年

第三叶背有文字 5 行：

1.　　　一宗孙荣告行□
2.　　　　　延祐□□□□
3.　　　一宗月申盗贼□□④
4.　　　　　延祐六年上半年
5.　　　　　延祐五年□□□

第四叶背有文字 3 行：

---

① 文书中此叶为空白纸卷末。
② 文书中此行文字无朱笔勾画。
③ 文书中此行文字有朱笔勾画。
④ 文书中此行文字有朱笔勾画。

1.　　　一宗薛让被盗①

2.　　　　　　延祐☐☐☐☐☐

3.　　　一宗魏良告②知州追问③

第五叶背有文字 2 行：

1.　　　一宗修理广盈仓☐

2.　　　　　　延祐☐☐☐☐

第六叶背有文字 2 行：

1.　　　一件疏决罪囚。延祐五年下半年

2.　　　一件徐良获盐。延祐五年下半年

第七叶背有文字 2 行：

1.　　　一件年终成就。延祐五年下半年

2.　　　一件弓兵不便。延祐五年下半年

第八叶背有文字 2 行：

1.　　　一件拘收合纳牌面。延祐五年下半年

2.　　　一件防倭弓兵。延祐五年下半年

第九叶背有文字 2 行：

1.　　　东宫辅导。延祐五年下半年

2.　　　一件提调火烛。延祐五年下半年

第十叶背有文字 3 行：

1.　　　一件惜名爵。延祐五年下半年

2.　　　一件张明五私盐。

①　文书中此行文字有朱笔勾画。

②　文书中此处有十余字，不识。

③　文书中此行文字有朱笔勾画。

3.　　　　　延祐五年下半年

第十一叶背有文字 2 行：

1.　　一件揹除礼物钱。延祐五年上半年

2.　　一件张嵩告掘坟。延祐五年下半年

第十二叶背有文字 3 行：

1.　　　　　延祐六年上半年

2.　　一件月申罪囚。

3.　　　　　延祐五年下半年

第十三叶背有文字 2 行：

1.　　一件隔越。延祐六年上半年

2.　　一件孙奎告男在逃。延祐六年上半年

第十四叶背有文字 2 行：

1.　　一件捕盗罪赏。延祐五年下半年

2.　　一件禁治集场。延祐六年上半年

第十五叶背有文字 3 行：

1.　　　　　延祐六年上半年

2.　　一件汪福获盐。

3.　　　　　延祐五年下半年

第十六叶背有文字 2 行：

1.　　一件献户献地。延祐六年上半年

2.　　一件私盐妄指平民。延祐六年上半年

第十七叶背有文字 2 行：

1.　　一件县尹之任。延祐六年上半年

2.　　　一件出军贼徒。延祐六年上半年

第十八叶背有文字 2 行：
1.　　一件扈巡检匿盗。延祐六年上半年
2.　　一件柯端七告私盐。延祐六年上半年

第十九叶背有文字 2 行：
1.　　一件启建。延祐六年上半年
2.　　一件申禀公事。延祐六年上半年

第二十叶背有文字 2 行：
1.　　一件题索钱物。延祐六年上半年
2.　　一件刘用获唐寿四私盐。延祐六年□□□

第二十一叶背有文字 3 行：
1.　　　　延祐六年上半年
2.　　一件刷目
3.　　　　延祐五年下半年

第二十二叶背有文字 2 行：
1.　　　　延祐六年上半年
2.　　一件省除人员。延祐六年上半年

卷十七

第一叶背有文字 3 行：
1.　　　　延祐五年下半年
2.　　一件死损罪囚
3.　　　　延祐六年上半年

第二叶背有文字 3 行：

1.　　　　　延祐六年上半年

2.　　一件月申词讼。

3.　　　　　延祐五年下半年

第三叶背有文字 4 行：

1.　　一件黄亚腾身死。

2.　　　　延□□□□

3.　　一件阮溥被盗。

4.　　　　　延祐五年下半□

第四叶背有文字 4 行：

1.　　一宗王□龙□被劫。

2.　　　　延□□□□

3.　　一宗日食

4.　　　　　延祐六年上半年

第五叶背有文字 3 行：

1.　　　　　延祐六年上半年

2.　　方寅七获盐。延祐五年下半年

3.　　　　　延祐五年下半年

第六叶背有文字 3 行：

1.　　　　　延祐六年上半年

2.　　一件月申警迹。延祐五年下半年

3.　　　　　延祐五年下半年

第七叶背有文字 3 行：

1.　　　　　延祐六年上半年

2.　　一件桂一枝告被盗

3.　　　　　延祐五年下半年

第八叶背有文字 3 行：

    1.   延祐六年上半年

    2.   一件俞得一私盐

    3.   延祐五年下半年

第九叶背有文字 3 行：

    1.   延祐六年上半年

    2.   一件季报病故等官，

    3.   延祐五年下半年

第十叶背有文字 3 行：

    1.   延祐六年上半年

    2.   一件月申官吏过名，

    3.   延祐五年下半年

第十一叶背有文字 3 行：

    1.   延祐六年上半年

    2.   一件季报已除未任官，

    3.   延祐五年下半年

第十二叶背有文字 3 行：

    1.   延祐六年上半年

    2.   一件月申私盐

    3.   延祐五年下半年

第十三叶背有文字 3 行：

    1.   延祐六年上半年

    2.   一件刘益获兼犯人盐

    3.   延祐五年下半年

第十四叶背有文字 2 行：

1. 延祐六年上半年

2. 一件张庆五告诈扰,延祐六年上半年

第十五叶背有文字 1 行：

1. 延祐七年 正 月司司吏邓　　　斌①

第十六叶背有文字 1 行：

1.已绝三十宗

第十七叶背有文字 3 行：

1. 一宗配役贼徒事

2. 延

3. 一宗黄亚胜

《论衡》纸背文献已录如上,下面就有关文书的年代、文书撰拟主体、文书性质做一些初步研究。

关于文书形成的年代,已如录文内容所见,其中的年号多数为延祐五年(1318)和延祐六年(1319),最早为延祐五年,最晚为延祐七年(1320)正月。我们知道,延祐为元仁宗年号,行用共 7 年,自公元 1314 年至 1320 年,因此,《论衡》纸背文献的朝代年代很明确,为元代延祐五年(1318)至延祐七年(1320)的文书。

关于文书形成的主体,根据现有文书内容无法直接判明。按照《中国古籍善本书目》的记载,《论衡》为绍兴府刻本,元代递修,由公文纸刷印。那么据常理该文献似乎应由在宋代绍兴府基础上形成的元代绍兴路废弃的公文纸印刷,文献形成的主体应与元代的绍兴路有关。但是,我们却发现部分内容可能与元代绍兴路各官衙无关,纸背文献卷十五第十九叶 1 行有"一件裴从义丁忧事,延祐五年下半年"。这里的裴从义一名见于《元典章》的《刑部》卷之三《典章》四十一"裴从义冒哀公参"条,称:

---

① "司"及之后字均在 B 面。

延祐五年六月、行台准御史台咨：承奉中书省箚付：

来呈："山南江北道申：'孙弘恭告：荆湖北道宣慰司令史裴从义母丧，离役丁忧，未及终制，复补本司令史。责得裴从义状招：继母杨氏于延祐元年十二月二十一日亡殁，延祐二年四月初九日才闻讣音，奔丧还家丁忧。自母亡日扣算，至延祐四年二月十四日，才及二十六月零二十六[二]日。尚有未终制八日。自合依例候服阕从仕，却不合于延祐四年二月十四日冒哀公参，贴补勾当，招伏是实。'得此。看详：官吏丁忧，实二十七月，未见合自亲殁日或闻丧日理算。所据荆湖北道宣慰司令史裴从义母亡丁忧未终复补役事理，宜令合干部分定拟，仍早议通例，遍行各处遵守相应，具呈照详。"得此。送据刑部呈："照得至大四年三月十八日钦奉诏书内一款：'官吏丁忧，已着令典，今后并许终制，实二十七月，以厚风俗。朝廷夺情起复，并蒙古、色目、管军官员，不拘此例。'钦此。本部再行议得：典史裴从义，延祐元年十二月二十一日母亡，延祐二年四月初九日闻丧丁忧，延祐四年二月十四日，通闰计二十三月（令）[零]四日，未经终制、[荆]湖北道宣慰司敢充令史，贴补勾当。以此参详：诸父母丧亡，稽之典礼，皆以闻丧日为始。令史裴从义所犯，若依知事臧荣一体断罪降等，却缘见议始亡闻丧通例未定。合依已拟，量决二十七下，解见役，别行求仕相应。具呈照详。"得此。都省准拟，仰照验依上施行。①

　　文书记裴从义丁忧事在"延祐五年下半年"，《元典章》所议"裴从义冒哀公参"是在延祐五年六月，两处所谈都是裴从义的丁忧事且时间相合，似乎两处的"裴从义"为同一人。从《元典章》所述看，告发裴从义冒哀公参的是孙弘恭，孙弘恭的告状又是由山南江北道申报的，被告发的当事人裴从义是荆湖北道宣慰司令史，而"山南江北道"即山南江北道肃政廉访司的简称。由此可见，至少部分文书的撰拟主体似是元代的山南江北道肃政廉访司。

　　关于文书的性质，我们可以根据文书的形式和用语以及元代典章制度的相关记载加以判断。从文书内容可见，文书的书写方式比较单一，基本上是一事一目占一行或二行，单行书式通常是："一宗（或'件'）某事。延祐五（或'六'）年（或'下'）半年"，双行书式通常是上一行："一宗（或'件'）某事"。下一行："延祐五（或'六'）年（或'下'）半年"。除此之外就是若干公文用语或文句，如卷十五第一叶的2行：

---

　　①　（元）佚名，陈高华等点校：《元典章》卷41《刑部三》，天津：天津古籍出版社、北京：中华书局，2011年，第1391页。

（前略）

2.以上所具,合刷卷宗,并是端的,中间即无隐漏,执结是实,伏取

（后缺）

又如,卷十五第十一叶 2 至 6 行:

（前略）

2. 本司延祐五年下半年、延祐六年上丰年卷宗事目,开坐于后

3. 　总计

4. 　已绝

5. 　一宗贼人□□

6. 　　延祐五年下半年

（后缺）

又如,卷十七第十六叶的 1 行:

（前缺）

1.已绝三十宗

以上卷十五第一叶的"以上所具,合刷卷宗并是端的,中间即无隐漏,执结是实,伏取"和卷十五第十一叶的"本司延祐五年下半年、延祐六年上半年卷宗事目,开坐于后。总计已绝"等语,在元代的肃政廉访司文书中经常见到。例如,日本学者竺沙雅章氏《汉籍纸背文书的研究》一文对宋刊元印《欧公本末》纸背的元代延祐五年(1318)婺州路公牍文书进行了录文和研究。他把纸背元代文书分为三类:第一类是元行文书,第二类是卷宗事目,第三类是卷宗刷尾。其中卷宗事目部分他有三段录文。除因第三段录文属于婺州路架阁库在库目录与本文无关不录外,今录前二段文字如下。第一段仅残存三行文字:

1. 　一宗至元二十年人口

2. 　延祐四年下半年

3. 　延祐五年上半年

第二段也仅残存三行文字:

1. 　　　　　　　　　　一宗检校所寄收钞。延祐五年上半年①
2. 前项合刷卷宗事目，中间别无隐漏，如蒙查照得，但
3. 罪无词，执结是实。伏取

　　将《论衡》纸背文书的书式和"以上所具，合刷卷宗，并是端的，中间即无隐漏，执结是实，伏取"文句与《欧公本末》纸背文书的书式和"前项合刷卷宗事目，中间别无隐漏，如蒙查照得，但罪无词，执结是实。伏取"文句相比较，可见二者高度相似。既然上述婺州路公牍文书属于"合刷卷宗事目"，那么，山南江北道肃政廉访司的上述文书也应该属于"卷宗事目"文书。

　　又如卷十五第十一叶 4 行有"已绝"一语，卷十七第十六叶 1 行有"已绝三十宗"一语，这些用语同样也是元代刷卷文书的专业术语。《元典章》卷六《台纲·照刷》"刷卷首尾相见体式"有如下内容：

一、总计若干宗

已经照刷若干宗

　已绝若干宗

　月分若干宗

　　刷尾一宗：自几年月日始，除前刷外，今月某年月日甚文字，至几年月日，是何文字为尾，计纸几张缝，通前几经照刷，计纸几张缝。

　　余依上开

　未绝若干宗

　　月分若干宗

　　　开刷尾云云

　　　余依上开

　未经照刷若干宗

　　已绝若干宗

　　　月分若干宗

　　　开刷尾云云

　　　　余依上开

　　未绝若干宗

　　月分若干宗

　　开刷尾云云

　　余依上开①

　　从上引文献可见,《元典章》"总计若干宗"就是在进行统计的场合使用的,它首先要分为"已经照刷若干宗"和"未经照刷若干宗"两大类进行统计,而这两大类又各分为"已绝若干宗""未绝若干宗"两类进行统计;各类又下分"月分若干宗"进行统计。由此可见,"已绝若干宗"是《元典章》所记载的肃政廉访司刷卷文书的地道的专业术语,这从另一侧面也证实了《论衡》纸背文书确是山南江北道肃政廉访司的刷卷文书,且是其中的"卷宗事目"。据此可以断定,《论衡》部分纸背文书的性质是元代山南江北道肃政廉访司的"卷宗事目",这就是本文得出的基本判断。

　　《论衡》纸背文书作为新发掘的文献资料,其价值的可贵自无疑义,对此笔者拟另文探讨。不过,笔者仍愿借此机会再次强调公文纸印本背书文献的价值和意义,即公文纸本具有正面为古籍刻本、抄本内容,背面为原始文献内容的双料价值,相对于一般古籍版本更加珍贵。特别是宋元刊本传世极少,而通过宋代刊本以实物形态保存至今的公牍私启尤其少之又少,所以著名版本学家顾廷龙先生曾经感叹:"自宋以来公文纸所印宋刻之书,今所存者,殆仅十余种,其稀珍为何如哉!"(引文出自《宋人佚简·序》)《宋人佚简·编后记》也说由公文纸印本《王文公文集》整理而成的《宋人佚简》,正面是"宋代文献",背面是"珍本古籍","两者均系稀世之品,可誉为'国宝'",一语道出了《王文公文集》和《宋人佚简》作为公文纸印本一体双面、一本双宝的珍贵价值,这实际上也阐明了公文纸本作为一种特殊古籍版本形态所具有的双料文献、文物的独特文化和史料价值所在。可以相信,随着学界对公文纸本史料价值认识的加深和普及,公文纸本背面文献的开发、研究和利用必将成为历史文献学的一个重要领域和新的学科分支,我们期待这一天早日到来。

　　《论衡》纸背文献的查阅得到了张学锋、龚良、刘进宝、沈骞等先生的支持和帮助,谨此致谢。

(作者单位:河北省社会科学院)

---

　　①　《元典章》卷六《台纲·照刷》,第179页。

从布帛到黄金：试论古代东亚的国际货币

王　勇

笔者曾分析过日本奈良时代遣唐使入唐后频繁的求书活动①。这些求书活动不仅仅是入唐僧俗求学的必然之举，而且也应是遣唐使所肩负的官方使命之一。遣唐使入唐后获得书籍的途径有多种多样，如大唐朝廷的下赐、唐人的馈赠，当然还应该存在等价购书的情况②。日本学术界流行这样一种说法：遣唐使携带大量砂金用于使节团各项开支及交通费用，给唐人造成了日本盛产黄金的印象，这一印象又通过唐人传给伊斯兰商人，从而促成 9 世纪的黄金之国"外克瓦克（al-Wāqwāq）"传说的流行③。

中日两国的文献中确实多次记载 9 世纪以来遣唐使、入唐僧从日本朝廷获得砂金并在中国使用的情况。但众所周知，日本从 8 世纪中期才开始开采黄金，因此，在此之前的百余年间及其后的半世纪中，遣唐使以何物充当购书资金，这一问题尚未得到彻底解决。笔者在追踪古代东亚书籍传播轨迹时，多次遇到充当一般等价物的国际货币问题，尤其是在铜钱与黄金尚未跨国通行的 8 世纪，究竟何种货币形态才是当时文化交流与货物流通的润滑油？本文试图对此问题给出答案。

---

① 王勇：《遣唐使的求书活动》，内田庆市·中谷伸生编：《アジアの言语·文化·芸术》，大阪：关西大学文学部，2011 年，第 203—228 页。

② 王勇：《"丝绸之路"与"书籍之路"——试论东亚文化交流的独特模式》，《浙江大学学报（人文社会科学版）》2003 年第 5 期。

③ 例如宫崎正胜认为，"唐时遣唐使携带大量砂金用于生活开销，促成了有关'遍布黄金之岛'的传言。这一传言随后在伊斯兰商人中蔓延，催生了'外克瓦克'（倭国）传说，并成为'日本国（Zipangu）'传说的源头"。见宫崎正胜《黄金の岛ジパング伝说》，东京：吉川弘文馆，2007 年，第 8 页。另外，前川明久在《八世纪における陆奥产金と遣唐使》一文（见前川明久《日本古代政治の展開》，法政大学出版会，1991 年）中说，自 8 世纪初以来，遣唐使一直向外输出黄金。不过，东野治之认为"有关这一点并无相关论证，无法赞同"，见东野治之《遣唐使と正仓院》，东京：岩波书店，1992 年，第 58 页注 4。

一、遣隋使"买求书籍"和《白氏文集》的买卖

日本遣唐使的求书行为属于国家性计划之一,实际上早由遣隋使开启先例。日本史籍《经籍后传记》记载了一则具有代表性的事例(括号内原文为双行夹注):"以小治田朝(今案推古天皇)十二年岁次甲子正月朔,始用历日。是时,国家书籍未多。爰遣小野臣因高于隋国,买求书籍,兼聘隋天子。"[1]推古十二年(604)日本派出的遣隋使,以前国内外学者均未提及,我们也不太清楚其中的细节[2]。不过,从一个"兼"字推断,与"聘隋天子"这一政治外交使命相比,日本似乎主要是为了求书而派遣了这批使节。文中提到的"买求书籍"可以看成是一种交易行为。这样说来,遣隋使为了买书,自当携带可在中国流通的某种"货币"。

遗憾的是,上述史料并未提及遣隋使携带何物作为货币。稍晚时候流通的"开元通宝"和日本的"和同开宝"(或作"和同开珍")其时皆未铸造,多数学者推断,假如交易手段不是物物交换,那么交易货币应该是金银。

舒明天皇二年(630)派出的第一批遣唐使继承了遣隋使的多项事业,特别是求书活动得到进一步强化。幸运的是,记录当时用于购买书籍的"货币"的资料今天尚存吉光片羽。

日本遣唐使同东亚诸国的其他使节团一样,入唐后热心搜求书籍,这在来自其他地区的遣唐使中实属罕见。例如唐朝诗人白居易在《白氏文集》的自记中记录了日本、新罗等国之人抄写文集携归本国的情况[3]。金泽文库所藏《白氏文集》卷三三的一段跋语可为此事提供佐证:"会昌四年五月二日夜,奉为日本国僧惠萼上人写此本,且缘忽忽,夜间睡梦,用笔都不堪任,且宛草本了。"[4]据此可知,会昌四年(843)

---

① 见田中健夫编:《善隣国宝记　新訂続善隣国宝记》,东京:集英社,1995 年。《善邻国宝记》卷上"推古天皇"条中引用此书作《经籍后传记》,坂本太郎发现《政事要略》所引《儒传》中有几乎相同的文字,故推测《儒传》与《经籍后传记》为同书异名(坂本太郎:《人物丛书·圣德太子》,东京:吉川弘文馆,1979 年),若此推断正确,则《经籍后传记》的成书时间最迟不晚于《政事要略》(1002)。

② 王勇:《隋文帝与遣隋使》(载王勇编:《东亚视域与遣隋唐使》,北京:光明日报出版社,2010 年,第1—9 页)考证了推古十二年遣隋使的相关情况。

③ 《四部丛刊》所收《白氏长庆集》中有白居易自记《白氏集后记》,文中说:"集有五本……各藏于家,传于后。其日本、新罗诸国及两京人家传写者,不在此记。"尾署"会昌五年夏五月一日乐天重记"。下引《白氏集后记》均出自此版本。

④ 转引自太田次男:《白氏文集金澤文庫本私見——卷三十一を中心にして》,载《史学》1972 年第 3 号。

初夏，居于苏州南禅院的入唐僧惠萼得到唐人僧俗之助，抄写《白氏文集》并带回日本[①]。白居易自己也知晓此事，因而在注明"会昌五年夏五月一日乐天重记"的《白氏集后记》中说，自己选定了收藏文集的地方（其一为苏州南禅院），分抄五部，并明言"其日本、新罗诸国及两京人家传写者，不在此记"。

惠萼誊抄《白氏文集》的经费来自何处我们不得而知，不过与日本一同提到的新罗写本是有资金支持的。白居易自编《白氏文集》时曾借用过元稹所编《白氏长庆集》，而《白氏长庆集》的卷首载有编者元稹所作《白氏长庆集序》，其中提到了下面的故事："鸡林贾人求市颇切，自云本国宰相每以百金换一篇，其甚伪者，辄能辨别之。"[②]鸡林即朝鲜半岛，此处指新罗。新罗商人之所以"求市颇切"，即热心于购买白居易作品，是因为若将白居易作品带回本国，新罗宰相会出百金购买一篇诗文。贾人原本就是以经商射利为生，由此可知，他们利用了唐和新罗的书籍差价获取利益。

元稹在此序文中还提到，长安、扬州、越州等地在实际生活中出现了买卖白居易以及元稹诗文的现象，"至于缮写模勒，衒卖于市井，或持以交酒茗者，处处皆是"，并作注说，"扬、越间，多作书模，勒乐天及予杂诗，卖于市肆之中也"，深叹假托两人姓名伪作文章获利的情况[③]。新罗宰相能立辨作品真伪，应该与当时伪作泛滥有关。

值得注意的是，白居易作品买卖的市价以"金"为基准。以黄金百两购白居易诗文一篇之事虽然略有夸张之嫌，但自9世纪中期以来，包括日本砂金在内的黄金成了东亚各国通用的国际货币却是不争的事实。

通过上面的事例，我们可以看到东亚的书籍流通情况，即便不是全部，至少有部分事例涉及货币交易。不过，尽管9世纪的情形如此，这一现象是否出现于本文所关注的时间段即8世纪呢？

---

① 白居易生前其作品已经传到日本的证据包括：承和五年(838)任大宰府少贰的藤原岳守从唐商船的货物中搜得《白元诗笔》一事（《文德实录》），圆仁在长安求得《白家诗集》六卷（《入唐新求圣教目录》）。且《白氏文集》金泽文库本除卷三三外，卷一一、卷三一、卷四一、卷五二等均发现了与惠萼相关的跋文，从中可知抄写时间为当年四月至五月。详见太田次男：《白氏文集金沢文庫本私見——卷三十一を中心として》，载《史學》1972年第3号。此文后收入太田次男：《旧鈔本を中心とする　白氏文集本文の研究》上卷，东京：勉诚社，1997年。

② 白居易：《白氏长庆集》，见《四部丛刊初编》第724—747册，上海：商务印书馆，1919年。

③ 元稹《白氏长庆集序》中说："其有甚者，有至于盗窃名姓，苟求自售。杂乱间厕，无可奈何。"

二、张鷟和"金贝"

江户初期的儒者那波道圆于元和四年(1618)覆刻宋版《白氏长庆集》,他在《后序》中称赞白居易:"诗文之称于后世,不知其数千万家也。至称于当时,则几稀矣。况称于外国乎?"①那波道圆后序白居易在去世前便已名扬东亚各国,李商隐所说"姓名过海,流入鸡林、日南有文字国"便是明证②。"日南"应为越南,"有文字国"当指汉字文化圈。如那波道圆所述独步当代、名扬海外的诗人的确"几稀",却并非空前绝后。先于白居易百年前的张鷟(字文成)便是其中一人。

张鷟以《游仙窟》闻名,又有《朝野佥载》《龙筋凤髓判》等名作传世。《旧唐书》卷一四九在其孙张荐传中记述张鷟事迹如下:"下笔敏速,著述尤多,言颇诙谐。是时天下知名,无贤不肖,皆记诵其文。天后朝……新罗、日本、东夷诸藩,尤重其文。遣史入朝,必重出金贝,以购其文。"③张鷟当时天下驰名,新罗、日本等东夷诸国对其十分仰慕。遣唐使每次入华,都以重金求购他的诗文。《新唐书》卷一六一的张荐传中,也简要记载了此事:"(张鷟)属文下笔辄成,浮艳少理致,其论著率诋诮芜猥,然大行一时……新罗、日本使至,必出金宝购其文。"④

《旧唐书》记录新罗遣唐使购买张鷟诗文所用货币为"金贝",《新唐书》则为"金宝"。那么,这能否成为以"黄金"作为通货的证据呢?"金贝"或许是"金刀龟贝"的缩略语,这个词出自《汉书·食货志》。"金刀"可指战国时期流行的仿刀金属货币等物(即刀币),"龟"和"贝"也都曾作为货币使用。因此,这里提到的"金贝"应当视为货币的泛称,难以断定是否指代"黄金"。

三、新罗的"买书银"

稍晚时候的资料表明,新罗朝廷会拨发给本国遣唐使用于购买书籍的特殊经费,即"买书银"。目前已知有两则相关史料。

---

① 白居易:《白氏长庆集》,见《四部丛刊初编》第724—747册。
② 陈友琴编:《白居易资料汇编》,北京:中华书局,第7页。
③ 刘昫:《旧唐书》,北京:中华书局,1975年,卷一四九。
④ 刘昫:《旧唐书》,卷一六一。

其一是高丽朝仁宗二十三年(1145)金富轼编纂的《三国史记》(奎章阁本)卷一一《新罗本纪》"景文王九年(869)七月"条。此年新罗王子苏判金胤作为谢恩使入唐,携带大量朝贡品,包括马两匹、麸金一百两、银二百两、牛黄十五两、人参一百斤,另有各种锦织品和工艺品。在这条记录的末尾写道:"又遣学生李同等三人,随进奉使金胤,入唐习业,仍赐买书银三百两。"新罗使的朝贡品清单中的"麸金"是如同麸子一般细碎轻薄的黄金。不过这并非通货,而是向唐皇进献的贡品。留学生李同等三人所获的购书经费"银三百两",才应是具有通货性质之物。

第二个例子出自朝鲜时代正祖二年(1778)安鼎福所编的汉文编年史书《东史纲目》卷五"真圣女王三年(889)"条,内容如下:"新罗自事唐以后,常遣王子宿卫。又遣学生入太学习业,十年限满还国。又遣他学生入学者,多至百余人。买书银货则本国支给,而书粮唐自鸿胪寺供给。学生去来者相踵。"①这则记事的大意是说,新罗自从奉唐王朝为宗主国后,常派遣王子作为宿卫,又派出留学生进入太学学习,时间长达十年;此外,进入其他学府的留学生人数过百,他们的学杂费、生活费由唐鸿胪寺负担,而购买书籍的费用则由本国拨付。

通过以上两种史料可知,新罗的入唐留学生用于购买书籍的费用由本国以银两拨给,而"买书银货"之"货"暗示银两在唐朝是可以流通的金属货币。

中国古代将银称为"白金"的例子极为常见。因此,单单一个"金"字,可能指黄金,可能是金银并称,也可能指"银"。例如《资治通鉴》卷一九七"贞观十八年(644)九月乙未"条写道:"鸿胪奏'高丽莫离支贡白金'。褚遂良曰:'莫离支弑其君,九夷所不容,今将讨之而纳其金,此郜鼎之类也,臣谓不可受。'"②文中出现的"白金"和"金"无疑是指"银"。联系前文提到的新罗宰相以"百金"购白居易诗文一事,以及日本、新罗以"金贝"或"金宝"竞相购买张鷟诗文一事,如果只讨论新罗一国,那么文中以金指代"银"的可能性大大增加。

如果假定新罗以银作为通货用于购买书籍,那么日本遣唐使会以何物作为通货购买书籍呢? 我们接下来讨论这一问题。

---

① 安鼎福:《东史纲目》,首尔:景仁文化社,1975 年,卷五。
② 司马光:《资治通鉴》,北京:中华书局,1956 年,第 6212 页。

四、陆奥黄金的幻想

天平十五年（743）十月十五日，圣武天皇发愿铸造东大寺大佛，"尽国铜而镕象，削大山以构堂"①，翌年十一月十三日动工，天平二十一年（749）竣工。不过，当时用作金箔的黄金不足，大佛难现庄严宝相。正当"人们多怀疑事将不成，朕亦深忧黄金不足"之时，同年二月二十二日"陆奥国始贡黄金"②的消息传报京城，过了两个月，担任陆奥守的百济王敬福献上了黄金九百两。

东京大学教授保立道久指出，发现黄金一事可视为"奈良时代最大的政治史事件"③，为此改元"天平感宝"，朝野欢欣鼓舞。大伴家持所咏和歌"天皇御代荣，东方陆奥国，山中金花繁"（《万叶集》，近卫文库 4-28）就体现了当时的氛围。然而，"最大的政治史事件"却不一定是"奈良时代对外贸易中的大事件"。宫崎正胜认为，发现黄金一事是马可波罗笔下奇幻的日本国（Zipangu）传说"黄金岛"④之源头：

> 作为日本国（Zipangu）传说之源的大量砂金与奈良的大佛有着密切关联。大佛落成与否关系到朝廷威信，造像的镀金工程成为发现陆奥砂金的契机……为了大佛镀金，当时朝廷需要大量黄金，陆奥发现黄金一事使得朝廷的热切期盼终于梦幻成真。⑤

宫崎正胜进而断定"陆奥的黄金由遣唐使一行运至唐朝"，"尤其从奈良时代至安土桃山时代开采的黄金推测多达 255 吨左右，这些黄金用于遣唐使以及唐宋时期留学僧吸收中国文化、学习各种学问的经费，并一直占据着对华贸易主要出口货物的地位"⑥。

笔者认为，高估奈良至平安时代的黄金出口一定程度上是受日本中世对宋贸易

---

① 菅野真道：《続日本紀》，田口卯吉编：《国史大系》卷二，东京：经济杂志社，1897 年，第 249 页。
② 菅野真道：《続日本紀》，田口卯吉编：《国史大系》卷二，第 278 页。
③ 保立道久：《黄金国家》，东京：青木书店，2004 年，第 53 页。
④ 《马可波罗行纪》中描述 Zipangu（日本）："日本国……据有黄金，其数无限，盖其所属诸岛有金……而不知何用。"见马可波罗：《马可波罗行纪》，冯承钧译，上海：上海书店出版社，2001 年，第 387 页。
⑤ 宫崎正胜：《黄金の島ジパング伝説》，东京：吉川弘文馆，2007 年，第 9 页。
⑥ 宫崎正胜：《黄金の島ジパング伝説》，第 9 页。

出口黄金以及在西方流传甚广的"黄金岛"传说的影响。一些研究者已经开始怀疑"日本黄金大量出口"这一习惯说法。山内晋次整理了前人观点，指出"中国开始关注日本黄金流入，还是要到南宋以后"，并提出质疑称"自南宋起中国逐渐注意到日本黄金流入，但是即便如此，学者们还是高估了当时的进口数量"①。此外，田岛公也证明了 9 世纪后半期大宰府对外贸易的通货逐渐从绵变为砂金的事实②。

如上所述，若单纯将时间范围限定在奈良时代，我们不得不说陆奥的黄金作为遣唐使的对外通货大量输出唐朝的观点，仅仅是一种"幻想"。

值得注意的是，圣武天皇在纪念陆奥发现黄金的敕书中说："此大倭国自天地开辟以来，虽有黄金自他国献上，但本国原无此物。"③与上面的文字相关的记录还有《扶桑略记》抄二"天平二十一年（749）正月四日"条，其中提到"陆奥国守从五位上百济敬福，进少田郡所出黄金九百两。本朝始出黄金时也"，并引《或记》称，"东大寺大佛为买黄金，企遣唐使④"⑤。这就是说，天平二十一年（749）之前日本并没有产金，为了筹措用于装饰东大寺大佛的黄金，甚至还计划派出遣唐使到中国采购。因此可以推断，在此之前，古坟中所发现的黄金装饰品和生活用具，以及佛像镀金所用的金箔等全部为舶来品⑥。

在律令不断完善和佛教渐趋兴盛之相互作用下，日本朝廷越来越感到缺少黄金一事所带来的焦躁和自卑。进入 8 世纪后不久，政府便向各地派出寻找黄金的使者，凡海宿祢麁镰和三田首五濑肩负"冶金"的使命分赴东方的陆奥和西方的对马。文武五年（701）三月二十一日，对马急报发现黄金，朝廷大张旗鼓纪念，"建元为大宝元年"⑦。同年八月七日，朝廷表彰"冶成黄金"中的功臣、地方官和百姓，为其叙位

---

①　山内晋次：《奈良·平安期のアジアと日本》，东京：吉川弘文馆，2003 年，第 246 页。

②　田岛公：《大宰府鸿胪馆の终焉——8 世纪～11 世纪の对外交易システムの解明》，《日本史研究》1995 年 389 号。

③　菅野真道：《続日本纪》，田口卯吉编：《国史大系》卷二，第 278 页。

④　此系日本式汉文，大意是：为筹集东大寺大佛所需黄金而派出遣唐使。

⑤　皇圆：《扶桑略记》，田口卯吉编：《国史大系》卷六，东京：经济杂志社，1897 年，第 565 页。

⑥　舶来黄金的事例包括建武中元二年（57）汉光武帝赐倭奴国王金印、景初二年（239）魏明帝赐卑弥呼"金八两"等。早期佛教相关记载，可见《日本书纪》"推古十三年（605）四月"条："高丽国大兴王，闻日本国天皇造佛像，贡上黄金三百两。"保立道久指出："5 世纪中叶后，头领级坟墓遍布日本各地，从中出土了金质装饰品，它们全为三国时代的朝鲜所制。"见保立道久：《黄金国家》，东京：青木书店，2004 年，第 55 页。

⑦　菅野真道：《続日本纪》，田口卯吉编：《国史大系》卷二，第 14 页。

免税。但没过多久,对马产金为三田首五濑伪造一事便暴露了①。这样一来,日本的产金梦再次落空,这一梦想直到半世纪后才得以最终实现。

如此看来,由于日本天平二十一年(749)之前没有开采出黄金,自推古八年(600)第一次派出遣隋使到天平五年(733)第十次遣唐使(或者再加上天平胜宝四年的第十二次遣唐使),均不可能携带作为国际货币的黄金出发。若是《旧唐书》和《新唐书》的记录可信,那么日本使节购入张鷟诗文时所使用的"金贝"或"金宝",此"金"应当不是指代黄金,仅仅是货币泛称而已。

那么,陆奥发现黄金之后,情况有了哪些变化呢?当时的产金量大约有多少?这些黄金能不能满足日本自身的需求呢?假若能够满足日本的需求,那么有多少陆奥黄金用于遣唐使的经费带出日本?下面我们将重点关注陆奥黄金发现后的半个世纪里黄金的去向问题。

五、产金地的盛衰

众所周知,推算东大寺大佛镀金所需黄金数量,《大佛殿碑文》②和《延历僧录》③是最为基本的史料。比较两者记录的大佛镀金量可知,《大佛寺碑文》记"炼金一万四百四十六两"④,《延历僧录》记"涂炼金四千百八十七两一分四铢"⑤,后者不到前者的五分之四。

《延历僧录》记录的法量与奈良时代的"权衡制"⑥更为相合,我们以此为基准计算得知,陆奥贡金九百两不过相当于大佛镀金用量的五分之一。而且这只是大佛主体的镀金用量。铃木舜一采用《大佛殿碑文》的记录,估算出大佛本体、左右高三丈

---

① 《续日本纪》卷二"大宝元年(701)八月七日"条引用《注年代历》,记载"于后,五濑之诈欺发露,知赠右大臣为五濑所误也"。

② 《大佛殿碑文》成文于9世纪前半期,除收录于《东大寺要录》外,还以异名收录于《朝野群载》《扶桑略记》《诸寺缘起集》(醍醐寺本)等。详见小西正彦:《創建時東大寺大佛の鍍金に使われた金と水銀の量について》,载《計量史研究》2002年第2号。

③ 随鉴真赴日的唐僧思托于延历七年(788)作僧传《延历僧录》,全本失传,逸文散见于《日本高僧传要文抄》《东大寺要录》等。

④ 简井英俊:《东大寺要录》,大阪:全国书房,1944年,第34页。

⑤ 简井英俊:《东大寺要录》,第20页。

⑥ 《养老令·杂令》有"权衡:二十四铢为两,三两为大两,十六两为斤",参考"正仓院文书"可知奈良时代的权衡制为1斤=16两、1两=4分、1分=6铢。

的胁士塑像、东西两塔的露盘就需要超过13000两黄金[1]。在此数据基础上继续计算可知，陆奥贡金尚不足所需总量的十三分之一。

朝廷意识到这一情况后，为了建成大佛以及相关建筑，将陆奥持续性开采黄金视为急务，于天平胜宝四年(752)二月十八日颁布针对性的租税政策，即要求"陆奥国庸调者，多贺以北诸郡，令输黄金。其法，正丁四人一两"[2]。

铃木舜一假定课税对象"多贺以北诸郡"有27乡，每乡50户，各户正丁2人，通过计算得出每年贡金为675两[3]。即便采取这样的应急措施，想要完全满足大佛镀金所需的黄金量仍然需要相当长的时间，因此，陆奥产金绝不可能随便转为其他用途。

铃木舜一还指出另一个重要的事实：宝龟元年(770)陆奥国产金地小田郡东约十一公里处桃生城附近的虾夷族长逃入虾夷地，以此事为导火索，宝龟五年(774)虾夷爆发叛乱，陆奥国陷入战乱之中。延历十六年(797)坂上田村麻吕受命为征夷大将军征讨叛众，取得了诸多战果。弘仁二年(811)长期战乱终于宣告结束。在这30多年的战乱中，多贺城被战火吞噬，律令体系遭到巨大破坏。铃木舜一因此推断"这段时间采金不得不停止"[4]。

假如铃木舜一的推论没有错误，"多贺以北诸郡"的正丁持续开采陆奥黄金作为庸调上交国库，到了将要满足大佛镀金所需黄金用量之时，产金地却沦为战场，开采黄金的作业不得不停止。

如上所述，奈良时代中期陆奥黄金发现后，最初为满足东大寺大佛的特需而加急开采，后来因卷入战火而不得不停止开采。因此，8世纪后半叶遣唐使携带大量黄金出海的假说也不能成立。

六、朝贡品和回赐品

前面提到天平二十一年(749)陆奥发现黄金一事意味着日本终于成为期盼已久的"产金国"。通过以下三个事例，我们可以推测出日本朝廷是如何处心积虑，最大

[1] 铃木舜一：《天平の产金地　陆奥国小田郡の山》，《地质学雑志》2008年5号。
[2] 菅野真道：《续日本纪》，田口卯吉编：《国史大系》卷二，第299页。
[3] 铃木舜一：《天平の产金地　陆奥国小田郡の山》，第259—260页。
[4] 铃木舜一：《天平の产金地　陆奥国小田郡の山》，第260页。

限度地利用保立道久所说的"奈良时代最大的政治史事件"[1]的。

其一是天平宝字四年(760)日本首次铸造金币,名为"开基胜宝"[2];其二是宝龟七年(776)下赐身在唐土的遣唐大使藤原清河"砂金大一百两"[3];其三是宝龟八年(777)赠予渤海使"黄金小一百两"[4]。

上面三个事例分别为日本最早的金币、最早的遣唐使赐金和最早的外国使节黄金赠予,都是早期使用黄金的案例。我们可以看出,自陆奥发现黄金后,日本信心倍增,试图向海内外展示充满自信的新形象。应当承认,这些行为并未考虑经济因素,是非持续的、偶发的。

那么,奈良时代遣唐使到底是携带何种"通用货币"入唐的呢?如果将派出遣唐使视为一种朝贡贸易的活动,那么我们也可以把朝贡品(通常情况下是预先考虑到常冠以"锡赉"之名的回赐品)理解为物物交换中双方认可的等价"货币"。日本在这一方面留下了丰富的史料。《延喜式》卷三〇《大藏省·赐藩客例》的"大唐皇"条中罗列了以下品目:"银大五百两,水织绝、美浓绝各二百匹,细绝、黄绝各三百匹,黄丝五百绚,细屯绵一千屯。"[5]与上文相关的史料还有同书中关于"渤海王"的记载,为"绢三十匹,绝三十匹,丝二百绚,绵三百屯",而"新罗王"则是"绝二十五匹,丝一百绚,绵一百五十屯"[6]。

东野治之注意到《册府元龟》所载天平五年(733)遣唐使所带朝贡品与"大唐皇"式条一致,而《续日本纪》所载神龟五年(727)赐渤海使之物与"渤海王"式条不合,推

---

① 保立道久:《黄金国家》,第53页。

② 今存32枚,最早一枚于江户宽政六年(1794)出土于西大寺西塔遗址,现为皇室收藏。其他31枚于昭和十二年(1937)与金块、金板及写有疑似"贾行"字样的银币一同出土于西大寺町的畑山,现藏于东京国立博物馆。

③ 据《续日本纪》卷三四"宝龟七年(776)四月十五日"条,仁明天皇托第十六次遣唐使(小野石根任大使)给藤原清河的亲笔信中有"汝奉使绝域,久经年序。忠诚远著,消息有闻。故今因聘使,便命迎之。仍赐绝一百匹、细布一百端、砂金大一百两。宜能努力,共使归朝云云"。

④ 据《续日本纪》卷三四"宝龟八年(777)五月二十三日"条记载,史蒙都率渤海使归国之时,天皇所赐国书中记录了赠品含"绢五十匹、绝五十匹、丝二百绚、绵三百屯。又缘都蒙请,加附黄金小一百两、水银大一百两、金漆一缶、漆一缶、海石榴油一缶、水精念珠四贯、槟榔扇十枝"。如此丰富的赠物大概既考虑到"都蒙等比及此岸,忽遇恶风,有损人物,无船驾去"的情况,又回应了史蒙都的强烈要求即"又缘蒙都请"。

⑤ 后附"别送"品目,有"彩帛二百疋,叠绵二百帖,屯绵二百屯,纻布三十端,望陀布一百端,木绵一百帖,出火水精十颗,玛瑙十颗,出火铁十具,海石榴油六斗,甘葛汁六斗,金漆四斗"。藤原忠平:《延喜式》,田口卯吉编:《国史大系》卷一三,东京:经济杂志社,1900年,第878页。

⑥ 藤原忠平:《延喜式》,田口卯吉编:《国史大系》卷一三,第878页。

定《延喜式》之《大藏省·赐藩客例》中诸条款的制定时间为"天平初年"①。

　　站在日本的立场上来说，"大唐皇"条中规定的物品为朝贡品清单，而"渤海王"和"新罗王"条中记载的则是回赐品清单。值得关注的是，去掉对唐朝贡品中的"银"，其他均属于"绝"②"丝""绵"三类。

　　这三种物品统称为"布帛"，正是"租庸调"里的调。在8世纪的东亚世界，朝廷依据律令制向民众征收"租庸调"作为税金。如果依照东野治之的推断，日本从天平初年（729—732）规定以布帛作为对外贸易的等价物，这一情况一直持续到8世纪末期③。

七、遣唐使携带的货币

　　前文所引《延喜式》卷三〇《大藏省·赐藩客例》诸条款中规定的"绝"、"丝"、"绵"为官方之间交换的朝贡品和回赐品，并不一定是通行于市场的通货。不过，有数百人（规模大的话超过五百人）之多的遣唐使团需要在异国他乡生活一年左右，那么一定需要相当的资金用于日常生活吃穿用度，官方或私人的购物，请益生与留学生的束脩、购买书籍、举行法会、与唐人赠答等方面。

　　日本朝廷当然会结合遣隋使以来的经验预先考虑这些情况。遣唐使船出航前，上至大使，下至水手，全体人员会按照身份和工种发放一定旅费。《延喜式》卷三〇《大藏省·诸使给发·入诸藩使给法》中规定的物品即为此：

　　入唐大使　绝六十匹、绵一百五十匹、布一百五十端

　　副使　绝四十匹、绵一百匹、布一百端

　　判官　各绝十匹、绵六十匹、布四十端

　　录事　各绝六匹、绵四十匹、布二十端

　　知乘船事、译语、请益生、主神、医师、阴阳师、画师　各绝五匹、绵四十匹、布十六端

　　史生、射生、船师、音声长、新罗奄美等译语、卜部、留学生学问生傔从　各绝四

---

① 东野治之：《遣唐使と正仓院》，东京：岩波书店，1992年，第38—41页。

② 因绝为绢的一种，因此本文并未将仅出现于"渤海王"式条中的"绢"单独列出。

③ 东野治之：《遣唐使と正仓院》，第40—41页。

匹、绵二十匹、布十三端

    杂使、音声生、玉生、锻生、细工生、船匠、柁师　各绝三匹、绵十五匹、布八端

    傔人、挟杪　各绝二匹、绵十二匹、布四端

    留学生、学问僧　各绝四十匹、绵一百匹、布八十端

    还学僧　绝二十匹、绵六十匹、布四十端。已上布各三分之一给上总布

    水手长　绝一匹、绵四匹、布二端

    水手　各绵四屯、布二端[1]

  虽有数量上的差异，但遣唐使团全体成员都获得了同样种类的物品。这是因为"绝""绵"和"布"均能用于遣唐使各种开销，在唐土可作为通货使用。

  《延喜式》在"入唐大使"一段后又有"入渤海使"和"入新罗使"，均记录了向使节团全员发放"绝""绵"和"布"的数量。此处的"绝""绵"和"布"原为日本的调，也可以看成是包括唐、新罗、渤海在内的东亚区域流通的货币。

  通过上文清单我们发现，向留学生和学问僧发放布帛的数量较多，与副使级别相当。据此可以推断，这些物品中包含了用于类似新罗遣唐使购书所用的"购书银"之物。

八、从布帛到黄金

  《延喜式》卷三〇《大藏省·诸使给发·入诸藩使给法》所定的拨发旅费之法，即向遣唐使发放作为国际货币的布帛之法是何时出现，又是何时消失的呢？

  首先，我们思考一下出现的时期。东野治之在论述这种制度出现的时期时，推测其"大致定型于天平宝字末年"[2]，即 757—758 年之间。笔者对此不能完全认同，虽无直接证据，但由于旅费清单中不含砂金，加之朝贡品目中有"银"无"金"[3]，所以

---

    [1]　后记"别赐"品目，本文从简略去。藤原忠平：《延喜式》，田口卯吉编：《国史大系》卷一三，第 876—877 页。

    [2]　东野治之：《遣唐使と正仓院》，第 57 页。

    [3]　《延喜式》卷三〇《大藏省·赐蕃客例》"大唐皇"条所载朝贡品目如下："银大五百两，水织绝、美浓绝各二百匹，细绝、黄绝各三百匹，黄丝五百绚，细屯绵一千屯……彩帛二百匹，叠绵二百帖，屯绵二百屯，纻布三十端，望陁布一百端，木绵一百帖，出火水精十颗，玛瑙十颗，出火铁十具，海石榴油六斗，甘葛汁六斗，金漆四斗。"

可能这一规定早于陆奥产金（即749年之前），其前身还可追溯到养老元年（717）的第九次遣唐使，其时"四船制度"成型，且开始实行大使、副使、判官、录事的四等官制度。幸运的是，养老年间的遣唐使记录留在了中国史书《旧唐书·东夷传·日本》中，其内容如下："开元初，又遣使来朝，因请儒士授经。诏四门助教赵玄默，就鸿胪寺教之。乃遗玄默阔幅布，以为束修之礼。题云'白龟元年调布'，人亦疑其伪。"①

"开元初"即开元五年（717），相当于日本的养老元年。日本历史上没有"白龟"年号，如"白龟元年"为"灵龟元年"的笔误，则相当于开元三年（715）。我们可以合理推测，发放给遣唐使的旅费为他们接到任命年份（灵龟二年）前一年的"调布"，这些"调布"的形制质量模仿唐制，所以在唐朝也能作为束修使用。末尾"人亦疑其伪"，大概是说唐朝官员此前没有经历过日本使以布帛作为学费的事情。这件事恐怕从侧面体现了《延喜式》"入诸藩使给法"实行初期的情况。

接下来我们探讨一下布帛作为国际货币的消失时期。前文提到，日本的黄金出口除了宝龟七年（776）下赐藤原清河以及翌年赠送渤海使的特例之外，整个8世纪再无相关记录。黄金作为固定的国际货币出现后，国际货币为布帛所垄断的时期便宣告结束。这一变化发生于9世纪初期。

日本延历二十年（801）八月十日，朝廷发布以藤原葛野麻吕为大使、石川道益为副使的第十八次遣唐使人事任命。三年后遣唐使正式出航时，《日本后纪》卷一二"延历二十三年（804）三月五日"条只简略记载"遣唐使拜朝"②，而据《日本纪略》"延历二十二年（803）三月二十九日"条记载，天皇赐大使金二百两、副使金一百五十两③。这次对遣唐使的赐予，可说颠覆了《延喜式》所规定的传统条式，开启了以黄金代替布帛作为遣唐使旅费的先例。

最澄还作为学生进入使团，到了明州后不久便前往天台山，最终于九月二十六日到达台州。他在此与当地僧俗唱和，在台州司马吴颢的《送最澄上人还日本国序》中，有与黄金相关的记载：

> 日本沙门最澄……闻中国故大师智𫖮，传如来心印于天台山。遂赍黄金涉巨海……臻于海郡。谒大守陆公，献金十五两……陆公……返金于师。师译言，请货金贸纸，

---

① 刘昫：《旧唐书》，卷一四五。
② 藤原绪嗣：《日本后纪》，田口卯吉编《国史大系》卷三，东京：经济杂志社，1897年，第35页。
③ 佚名：《日本纪略》，田口卯吉编《国史大系》卷五，东京：经济杂志社，1897年，第389页。

用书天台止观。陆公从之,乃命大师门人之裔哲曰道邃,集工写之,逾月而毕。①

最澄拜谒台州刺史陆淳,献上十五两黄金以及其他礼物,但陆淳没有接受。于是最澄请求"货金贸纸"——用砂金购买纸张,用于抄写天台止观,这时道邃便集合一些书手写经。这或许是日本黄金最早用作写经费用的事例。特别是"遂赍黄金涉巨海"一句,体现了"黄金日本"带给唐人的深刻印象。我们并不清楚最澄是通过什么渠道获得所带的黄金,一种可能性是同大使和副使一样,这些黄金是朝廷发给的部分旅费。

进入 9 世纪后,东亚世界在许多方面发生了变化。从在华流通货币形态方面看,布帛垄断的时代逐渐落下帷幕,新罗遣唐使"买书银"和日本遣唐使"买书金"所象征的贵金属货币并行时代到来了。实际上,在最后一次遣唐使即承和期的使节团出发(838 年)前,仁明天皇于承和三年(836)正月二十五日对陆奥国下诏:"令采得砂金,其数倍常,能助遣唐之资也。"②随后,四月二十四日向遣唐使赐物,大使藤原常嗣得"砂金二百两",副使小野朝臣篁得"砂金百两"。最后的遣唐使节所携带的砂金也许就是虾夷叛乱平复后得以恢复开采的陆奥国所产黄金。入唐僧圆仁也在这次使团中,他的日记《入唐求法巡礼记》中记载了大量日本砂金和购买书籍的事例。

本文初稿为日文,北京外国语大学研究生徐仕佳同学承担了部分汉译工作,在此谨表谢意!

(作者单位:浙江大学人文学院)

---

① 伊藤威山:《邻交徵书》,江户:学本堂,1849 年。
② 藤原良房:《続日本后纪》,田口卯吉编:《国史大系》卷三,东京:经济杂志社,1897 年,第 214 页。

班彪《北征赋》与汉代固原

——兼论班彪前往安定郡的丝绸之路

薛正昌

班彪(3—54),字叔皮,扶风安陵(今陕西咸阳)人。祖父班况,汉成帝时为越骑校尉;父班稚,汉哀帝时为广平太守。班彪出身于世家,子班固、班超,女班昭,都是彪炳千古的著名人物。班彪一生博学多才,专心史籍,不仅是东汉历史学家,而且是文学家。《北征赋》,不但是他留在文学史上影响较大的文学作品,而且是他考察安定郡(固原)后留给固原的一笔文化财富。鉴于《北征赋》与固原的关系,我们实地考察了两千年前班彪走过的汝河、蒲水道,明晰了丝绸之路东段在宁夏的另一条走向。同时,也更加怀念这位伟大的先行者。

一、北游与《北征赋》

(一)北游的背景

班彪为何北游,而且是选择固原,本身就是一个值得研究的话题。西汉末年,农民起义遍地。公元23年,更始刘玄虽取代王莽称帝长安,却委政于赵萌,日夜饮宴于后廷,"诸将在外者皆专行诛赏,各置郡守,州郡交错,不知所从。由是关中离心,四海怨叛"。[①]京师动荡,中原陷入一片混乱。州郡更是割据林立,成纪(天水)隗嚣、蜀郡(成都)公孙述、邯郸王郎等,各地诸侯划界称王称霸,成为"群雄竞逐,四海鼎沸"[②]之势。

天水,为陇右重镇。隗嚣割据天水,当时成为西北地区王霸中心。公元25年十一月,当赤眉军杀更始帝后,隗嚣离开长安再度回到天水,复招募其众,自称西州上

---

① (宋)司马光:《资治通鉴》卷39"淮阳王更始二年",北京:中华书局,1956年,第1258页。
② 《资治通鉴》卷40"光武帝建武元年",第1284页。

将军。京城长安政治中枢先后经历了杀王莽—更始入主—更始被杀这样一个腥风血雨的过程,关中乱离不堪。天水暂时成了避难的港湾,三辅士大夫避乱者多往天水,隗嚣也表现出招贤纳才的气度,"倾身引接,为布衣交"①。"时隗嚣拥众天水,彪乃避难从之"②。班彪也有过避乱天水的经历,只因所谏不为隗嚣所纳,遂弃而前往河西。

从时间上看,班彪北游固原在先,避乱天水、前往河西在后。到了河西武威,时窦融为大将军,班彪为大将军"从事"。"从事"是当时的官名,按汉制,刺史佐吏,如别驾、治中、主簿、功曹等,都称为"从事"。光武帝刘秀率大军亲征到了高平(固原),河西窦融总率河西数路大军,沿丝绸之路浩浩荡荡进入高平。班彪再度由武威随大军进入高平。天水隗嚣、四川公孙述割据平定后,刘秀、班彪随窦融入洛阳。

(二)《北征赋》与高平城

为便于对照和理解,兹录《北征赋》原文如下:

余遭世之颠覆兮,罹填塞之阸灾。旧室灭以丘墟兮,曾不得乎少留。

遂奋袂以北征兮,超绝迹而远游,朝发轫于长都兮,夕宿瓠谷之玄宫。

历云门而反顾,望通天之崇崇。乘陵岗以登降,息郇邠之邑乡。

慕公刘之遗德,及行苇之不伤。彼何生之优渥,我独罹此百殃。

古时会之变化兮,非天命之靡常。登赤须之长坂,入义渠之旧城。

忿戎王之淫狁,秽宣后之失贞。嘉靖秦昭之讨贼,赫斯怒以北征。

纷吾去此旧都兮,騑迟迟以历兹。遂舒节以远逝兮,指安定以为期。

涉长路之绵绵兮,远纡回以樛流。过泥阳而太息兮,悲祖庙之不修。

释余马于彭阳兮,且弭节而自思。日晻晻其将暮兮,睹牛羊之下来。

寤旷怨之伤情兮,哀诗人之叹时。越安定以容与兮,遵长城之漫漫。

剧蒙公之疲民兮,为强秦乎筑怨。舍高亥之切忧兮,事蛮狄之辽患。

不耀德以远绥兮,顾厚固而缮藩。首身分而不寤兮,犹数功而辞愆。

何夫子之妄说兮,孰云地脉而生残。登障隧而遥望兮,聊须臾以婆娑。

闵獯鬻之猾夏兮,吊尉卬于朝那。从圣文之克让兮,不劳师而币加。

---

① 《资治通鉴》卷40"光武帝建武元年",第1288页。

② (南朝宋)范晔:《后汉书》卷40上《班彪列传》,北京:中华书局,1965年,第1323页。

惠父兄于南越兮，黜帝号于尉佗。降几伏于藩国兮，折吴濞之逆邪。

惟太宗之荡荡兮，岂曩秦之所图。隮高平而周览，望山谷之嵯峨。

野萧条以莽荡，回千里而无家。风猋发以漂遥兮，谷水灌以扬波。

飞云雾之杳杳，涉积雪之皑皑。雁邕邕以群翔兮，鹍鸡鸣以哜哜。

游子悲其故乡，心怆悢以伤怀。抚长剑而慨息，泣涟落而霑衣。

揽余涕以于邑兮，哀生民之多故。夫何阴噎之不阳兮，嗟久失其平度。

谅时运之所为兮，永伊郁其谁愬。

辞曰：夫子固穷，游艺文兮。乐以忘忧，惟贤圣兮。达人从事，有仪则兮。

行止屈申，与时息兮。君子履言，无不居兮。虽之蛮貊，何忧惧兮。①

班彪走了一条全新的线路。

《北征赋》是汉唐时期的名赋。这里首先应该清楚两个问题，一是《北征赋》写于何时，二是班彪先到固原，再到天水后前往河西。《北征赋》写于何时，与班彪北游安定郡有关。朱东润先生主编的《中国历代文学作品选》(上编第一册)，入选《北征赋》并附有题记：公元 23 年(更始元年)，刘玄称帝，王莽死，迁都长安，年号更始。三年(25)赤眉入关，玄被杀。在这时期中，班彪远避凉州(今甘肃武威)，从长安出发，至安定(故址在今宁夏固原)写了这篇《北征赋》。② 依题记看，《北征赋》写于更始帝时期(23—25)。

《北征赋》写于安定。这里首先要理清"征"字的含意。尔雅曰：征者，"迈"、"行"也，北征即北游，不是征战。赋中记述了作者北行的历程，抒写怀古伤时的感慨，表现了安贫乐道的思想。但题记未明说班彪北游是专指安定，还是北游安定后另有去向。从《北征赋》的形成看，是班彪专期北游安定(固原)之后的经历和感受。按照北游的线路，是由长安至安定的。史念海先生在他的《河西与敦煌》(下篇)里谈萧关问题时涉及《北征赋》，认为"高平为班彪巡行最后的目的地"。③《后汉书·班彪列传》④、谭正璧编《中国文学家大辞典·班彪》条⑤，都直接记载班彪避难天水，而未载班彪由长安至安定再往天水。"遂舒节以远兮，指安定以为期。"班彪明言此次北游

①　引自严可均校辑：《全上古三代秦汉三国六朝文》，北京：中华书局，1991 年，第 597—598 页。

②　朱东润：《中国历代文学作品选》上编第一册，上海：上海古籍出版社，1979 年，第 348 页。

③　史念海：《河西与敦煌》，《中国历史地理论丛》1989 年第 1 期。

④　《后汉书》卷 40 上《班彪列传》，第 1323 页。

⑤　谭正璧编：《中国文学家大辞典》，上海：上海书店，1981 年，第 119 页。

的目的地是安定,并非天水。同时,从《北征赋》的整体意蕴看,也没有流露安定之行要避难天水的意思。以安定为北游的目的地,在班彪的视野里包含着历史与现实的多重内容。首先,是因为朝政轮番替代,天下群雄四起,郡县动荡不安。其次,他不愿目睹中原生灵涂炭,人民游离失所的惨境。

"遂奋袂以北征兮,超绝迹而远游。"他决定向北去,到那人迹稀少的边地安定,一是考察战国秦长城的雄壮景致;二是凭吊汉文帝十四年为防御匈奴14万铁蹄而战死朝那的萧关北地郡都尉孙印;三是登临高平城以览四周苍茫壮阔的景观。汉武帝以后的高平城,雄踞六盘山东侧,"西遮陇道",战略地位十分重要。汉武帝拓疆辟土时期,不但在高平城设立安定郡治,而且6次视察安定郡。光武帝刘秀为荡平天水隗嚣割据,亲征至高平城,宴饮群雄,赏封功臣。发生在高平城的重大历史事件,汇聚在这里的重要历史人物,高平城的军事地位和影响力,深深地吸引着班彪。高平城,承载的历史太丰厚。或许,这就是班彪为何要考察安定郡治高平的深层原因。缘此,《艺文类聚》也将《北征赋》归入卷二十七《行旅》类。

《北征赋》中写到了作者沿途所经历的地方,由地名即可看出班彪北游安定所走的线路。"朝发轫于长都兮,夕宿瓠谷之玄宫""乘陵岗以登降,息郇邠之邑乡""登赤须之长坂,入义渠之旧城""过泥阳而太息兮,悲祖庙之不修""释余马于彭阳兮,且弭节而自思"等句,描述了离开长安后北上所经历的地方。长都即长安,班彪由长安启程。瓠谷为焦获,地在今陕西泾阳。郇为右扶风属地,在陕西旬邑东北。邠为郇县的乡聚,亦在今郇邑县境内。赤须坡属北地郡,义渠旧都城在甘肃庆阳西南宁县,固原历史早期属义渠戎国所辖。泥阳为北地郡属县,在今甘肃宁县东。彭阳属安定郡属县,在甘肃镇原县东南。由以上地名连接,即可看出班彪所走的一条线路:长安动身,沿途经过陕西泾阳、淳化、旬邑,甘肃宁县、庆阳、镇原数县再进入安定郡治高平城(固原)。应该说,班彪走了一条长安至高平城的捷道,实际上是丝绸之路的另一条通道。

沿途踏勘考察的要点。

一是战国秦长城。秦昭襄王三十五年(前272)灭义渠戎国,"筑长城以拒胡"。战国秦长城绕高平城而过,穿越今宁夏彭阳、甘肃镇原进入陕北。踏勘战国秦长城,是班彪北游的第一重目的。当进入安定郡地界时,班彪看到了蜿蜒无尽的长城,睹物而发出怀古忧伤之感慨。战国秦长城承载着一段特殊的历史,他埋怨秦将蒙恬劳民修筑长城，认为这是为秦国在"筑怨"。"剧蒙公之疲民兮，为强秦乎筑怨"。班彪登上长城的亭障烽燧远眺，便想起刘歆的《初赋》："望亭燧之瞵瞵，飞旗帜之翩翩。迥百里之无家，路遥远之绵绵。"在追述古人之感慨长城的同时，班彪也是"登障燧而遥望兮，聊须臾以婆娑"。

二是战死萧关的名将孙卬。安定郡未设置之前，境内县制属北地郡所辖；北地郡最高军事长官驻防萧关（今三关口至瓦亭峡一线）。汉孝文帝十四年（前166），匈奴14万铁蹄入朝那萧关，杀驻防萧关的北地郡都尉孙卬，霎时朝野震惊。朝那萧关，是秦汉以来的著名关隘。"吊尉卬于朝那"，是班彪北游的另一目的。在司马迁《史记》与班固的《汉书》里，多次提到北地郡都尉孙卬，且直呼其名，未署其姓。由《史记·惠景间侯者年表》和《汉书·高惠高后文功臣表》互见印证，可确知北地郡都尉姓孙名卬。

司马迁在《史记》里把孙卬的独特业绩当作重大历史事件来写。西汉王朝是在秦末农民大起义的战乱中兴起和统一的，世风是很复杂的。有苟且偷生之臣，缺战死疆场之将。孙卬战死萧关，不但为反击匈奴赢得了时间，尤其是为汉朝戍边之将作了仿效的榜样。汉文帝奉行有功必赏的策略，嘉封孙卬子孙单为瓶侯。在文帝封侯的二十八家中，瓶侯是唯一以军功受封者。对于西汉来说，这种反击战正在改变汉朝初年那种积贫积弱的国家形象。因此，班彪要凭吊孙卬。

萧关，是关中北出西进的著名雄关，又是孙卬战死的地方，班彪凭吊孙卬自然要到萧关。

三是高平城。"指安定以为期"，安定郡高平城是班彪此次考察的终极目的地。登上高平第一城，远眺四望，清水河穿高平城东而过，远山高耸矗立，积雪皑皑；原野苍茫壮阔，雾霭沉沉；朔风起处，寒云涌动；暮春时节，雁声阵阵。耸立在高平城楼上的班彪，此情此景使他悲伤陡起，长叹息而泪流。"隮高平而周览，望山谷之嵯峨""飞云雾之杳杳，涉积雪之皑皑。雁邕邕以群翔兮，鹍鸡鸣以哜哜。游子悲其故乡，心怆悢以伤怀。抚长剑而慨息，泣涟落而霑衣。"高平城展示给他的许多冬春之际的景象感染着游子，他牵念着"故乡"，牵念着中原，悲从中起，伤怀不已，抚剑叹息而流泪。实际上，固若金汤的高平城，苍凉壮阔的山野四景，让班彪顿生文人报国之志与圣贤博大之胸怀。"夫子固穷，游艺文兮。乐以忘忧，惟贤圣兮"。《北征赋》寄托着他的情怀与境界。

二、《北征赋》内涵与影响

《北征赋》全文 95 句,约 700 字的篇幅,以骚体的形式来书写。就其内容看,集中描写班彪北游安定高平的沿途经历的城镇、行旅住宿的场所、考察的景观等,包括抵达高平城的情景与感悟。历史遗址往往承载着一段历史故事,周朝早期公刘在庆阳的作为,义渠戎国近千年的建都史,修筑长城与民生的恩怨,汉文帝十四年(前166)匈奴铁骑攻入萧关、守将孙卬战死疆场等一系列的重大历史事件与有影响的重要历史人物,都发生在班彪穿行的丝路古道上。对于这些历史现象背后劳动人民的悲惨生活和动乱纷扰的社会现实,班彪以史学家的视野和评价标准,在他的赋文里都有不同程度的评说。

在表现手法上,《北征赋》注重抒情。这种以抒情为主的表现手法,与汉代铺张扬厉的西汉大赋迥异,开东汉抒情小赋之先声。[①] 此后,随着社会的发展变化,在文人表现社会的艺术层面上抒写个人情怀的"小赋"逐渐占据主要地位。对于年仅二十出头的班彪来说,"开东汉抒情小赋之先声"的评价是相当高的,也是比较客观的。从这个意义上,在中国文学发展史的里程碑上应该有班彪的名字。同时,《北征赋》也是研究地域文化的重要文化资源。

在中国文学发展史上,"赋"这种特殊的文体是有其发展与演变过程的。就其演进过程看,分别是短赋、骚体赋、辞赋、律赋、文赋,不同的时代赋予这种文体新的表现形式。《北征赋》属于骚体赋。《汉书·艺文志》载:"春秋之后……学诗之士逸在布衣,而贤人失志之赋作矣。大儒孙卿及楚臣屈原离谗忧国,皆作赋以风,咸有恻隐古诗之义。"[②]骚赋,是受南方楚声的影响而形成的。这种赋体文学在其发展过程中,起过承前启后的作用。班彪《北征赋》的问世,是西汉大赋向东汉抒情小赋过渡的桥梁,其作用正如是说,意义重大。骚赋在抒写过程中,"叙情怨,则郁伊而易感;述离居,则怆然而难怀;论山水,则循声而得貌;言节候,则披文而见时"[③]。《北征赋》的叙写正体现了这种特征,运用"叙情怨""述离居""论山水""言节候"的抒写方式,将沿途见闻与感慨相融而渗透到文字里,增强了"小赋"的表现力、感染力和影响

---

① 钱仲联等编:《中国文学大辞典》,上海:上海辞书出版社,1997 年,第 87 页。
② (汉)班固:《汉书》卷 30《艺文志》,北京:中华书局,1964 年,第 1756 页。
③ 郭绍虞:《照隅室古典文学论集》(上册),上海:上海古籍出版社,2009 年,第 83 页。

力。因此,丘琼荪先生说:"班氏不仅为史家,亦东汉辞赋之巨擘。彪年二十为《北征赋》,茂才卓识,不愧为作者大家。撰《北征赋》,朗润精华,允称佳构。"[①]评价是客观的。

三、《北征赋》与汉代固原社会

班彪北游安定高平,是有其历史背景和社会现实两大缘由的。从其北游动机看,主要是追寻历史遗迹,壮游安定郡治高平城。安定郡,是汉武帝析置的新郡,在汉代的西北边镇中,雄踞北地与陇西二郡之间,环绕三郡北境有长城相连接。当时安定郡治境内,有秦汉时期著名的边塞雄关——萧关,有汉武帝时期开通的通往西北干道——回中道等。直到唐代,还吸引着一茬一拨寄情边塞的文人。"初唐四杰"之一卢照邻的《上之回》中就有"回中道路险,萧关烽堠多"句,岑参的《胡笳歌送颜真卿使赴河陇》中有"凉秋八月萧关道,北风吹断天山草"句,王维的《使至塞上》中有"萧关逢候骑,都护在燕然"句,王昌龄的《塞上曲》中有"蝉鸣空桑林,八月萧关道"句等,影响深远。班彪的北游,追念的是天下晏然一统的西汉社会,是对文景、武帝盛世陈迹向往、寻觅和对已经逝去的历史的一种无可奈何的感怀。但《北征赋》的背后,却记载和反映了汉代安定郡的历史和社会现实。

(一)战国秦长城与交通

我国多个朝代在北部修筑长城。春秋战国时期,各国都在边境修筑长城,以相互防御。《左传·僖公四年》载,楚国"方城以为城",已经有了关于长城的记载。战国时期秦、魏、燕、赵等国都相继修筑长城,秦始皇统一六国后,将地处北方的秦、赵、燕三国长城在修缮的基础上连接起来。安定郡高平(固原)城以北的长城,是战国时秦昭襄王灭义渠戎国,置陇西、北地、上郡后,为防御北方游牧民族而修筑的长城,起自于甘肃岷县,经今宁夏固原入甘肃环县,再穿过陕西榆林等地进入内蒙古准格尔旗所在的黄河岸边,呈西南至东北方向的走向。

长城修筑与连接,在当时意义重大。一是在某种意义成为农业与游牧民族分界线,二是规范了长城内道路的走向,如长安通往上郡治所肤施的大道,经北地郡所属

---

① 丘琼荪:《诗赋词曲概论》,上海:中华书局,1934 年,第 156 页。

朝那县北行的大道①。安定郡析置后,这条通道成为北地郡通往安定郡之干道。

万里长城是世界八大奇迹之一。秦昭襄王灭义渠戎国筑长城,延伸了防御的屏障,是首创。赵国北破林胡、楼烦,也筑起长城。燕国紧随其后。"当是之时,冠带战国七,而三国边于匈奴。"②秦、赵、燕三国的地域性长城相连接,还是起到了有效防御北方游牧民族南下的作用,但不是绝对作用,孝文帝十四年匈奴铁骑攻克朝那萧关,烽火延伸至关内就足以说明。这种现象在汉代屈指可数,长城并未失去其整体防御作用。在后人眼中,汉代安定郡治高平为"中华襟带"之地,北通大漠,南扼关中,是北上西出的枢纽所在。

(二)安定郡治高平

安定郡的设置,深层背景是源于汉文帝十四年(前166)匈奴14万大军南下对汉朝的军事进攻及其影响。半个多世纪后的汉武帝时期,便有了安定郡及其设置,这是汉武帝时期国力强盛的象征。它显示了政府强化地方政权建设,以武力增强边备防御的能力。这无论从国家层面上的防御,还是地方政权建设,都是一个历史性转折。这一时期有两件大事:一是安定郡的设置,二是回中道的开通。

汉武帝时期的建安定郡,不仅仅使高平(固原)有了郡一级的地方政权建制,而且为这里大量迁徙人口以示开发。仅元狩三年(前120)一次性从"关东贫民徙陇西、北地、河西、上郡、会稽凡七十二万五千口"。③ 这里需要说明两个问题:一是葛剑雄先生认为,这里的"会稽"是笔误;二是在暂时还没有安定郡的设置,但高平境内有大量移民安置,为安定郡设置做前期的准备。随着迁徙人口的不断增加及其土地开发,设立郡治的条件逐渐成熟,尤其是为了加强边地军事防御。汉武帝元鼎三年(前114),设立安定郡,治所高平城(固原),辖21县。

随着地方政权建设的发展,道路交通必须紧跟。"回中道"开通于元封四年(前107),此道通后,汉武帝曾沿回中道北出萧关,过安定、北地巡视黄河沿线。关于回中、回中宫、回中道的问题,在理解上尚有分歧。"回中"的概念,缘起较早,秦始皇"二十七年,巡陇西、北地,出鸡头山,过回中焉"④ 。"过回中",是一个地理空间,是

---

① 史念海:《直道和甘泉宫遗址质疑》,《中国历史地理论丛》1988年第3期。
② 林幹:《匈奴史料汇编》(上编),北京:中华书局,1988年,第6页。
③ 《汉书》卷6《武帝纪》),第178页。
④ (汉)司马迁:《史记》卷6《秦始皇本纪》,北京:中华书局,1963年,第241页。

一个区域性称谓,并非专指某一地名,如同"关中""新秦中"一样,应该是在战国秦长城内侧陇西、北地二郡之间,即安定郡境内的大部分地域。颜师古说:"回中在安定",是有道理的。

"回中"是一个区域性地域概念,"回中宫"是"回中"地域上的"行宫"。宁夏泾源县城西、六盘山东侧有一条穿越陇山的通道,秦始皇巡视陇西郡时即经过这里,称为鸡头道,唐宋时称为安化峡,唐朝在峡口东侧设有制胜关。关口东侧泾水北岸果家山二级台地上,曾有古遗址被考古发掘,认为是"回中宫"遗址。"回中道"是汉代关中通往安定郡与陇西郡的大道,也是古丝绸之路的重要组成部分。① 这里辨析"回中""回中宫""回中道"的关系,主要是想说明汉武帝时期"回中道"的开通,对安定郡的发展意义重大,包括班彪为何要考察安定郡治高平。

(三)班彪眼中的生态环境

班彪《北征赋》里,记载和描写了他眼中的安定郡的社会与生态环境。一是描写了安定郡生态与畜牧景象。秦长城是当时农牧业分界线,在这条分界线之南,畜牧业还占有一定的比重,甚至安定郡境内尚为半农半牧区。② "日晻晻其将暮兮,睹牛羊之下来",正是班彪描写的安定郡日暮山野牧归的景象。汉代安定郡境内雨水充沛,生态很好,牛羊塞道的一幕定格在班彪笔下。

二是描写了安定郡的河流水系。"风猋发以漂遥兮,谷水灌以扬波。"班彪沿战国秦长城内侧抵安定郡治高平,要经历几道河流,一是泾水,二是蒲水,三是茹河,四是清水河。由陕西邠县过泾河,穿越董字塬,在庆阳北石窟寺脚下与茹河相接,沿茹河到青石嘴,再沿清水河到高平城(固原城)。汉代固原境内的几条河水较大,风起即能"扬波"。环高平城,还有饮马河,虽然现在无法知道当时河水的状况,但毕竟是环高平城一条水系。

三是描写了自然界的禽类。"雁邕邕以群翔兮,鹍鸡鸣以哜哜"。班彪到高平的时间是在冬春之际,他踩着皑皑积雪,望着萧瑟的原野和起伏的山峦,包括天空成排成队的大雁,听着凄声哀号的雁鸣……这些自然界的意象,触动着班彪怀古伤时内心,他虽然倾吐的是自己悲怆撕心之情绪,却为后人留下了当时自然环境的和谐象征。现在,大雁成群飞过天空的景致只能在古人的诗文里去找了。

---

① 薛正昌:《固原历史地理与文化》,兰州:甘肃文化出版社,1998 年,第 24—29 页。
② 史念海:《论西周时期农牧业分界线》,《中国历史地理论丛》1987 年第 1 期。

四、班彪北游所经历的另一条丝路

班彪北游安定郡（固原）的走向，还要从丝绸之路说起。

通常，学术界将横跨欧亚的陆上丝绸之路称为绿洲丝路，历史文化的演进主要在我国的西部。整个横跨欧亚的绿洲丝绸之路划分为东、中、西三段，在中国境内有两段，固原正当东段北道必经之地。即出长安，沿泾水北上至甘肃平凉、宁夏固原（原州），再沿清水河北上出石门关抵靖远（会州），过黄河进入河西走廊，抵达敦煌。唐代安史之乱后，吐蕃控制了西北大部分地区，这条通道受阻。丝路改道，出长安沿泾水北上至邠州（陕西彬县）即拐向庆阳（庆州），沿环县北上至灵武（灵州），渡黄河进入河西走廊，抵达敦煌。

实际上，汉唐时期还有一条通道。它的走向是在邠州（陕西彬县）过泾水上董字塬，穿越甘肃宁县在庆阳北石窟蒲河河岸下塬。在这里由西北流向东南的茹水，与南北流向的蒲河相汇。丝绸之路再沿茹水到达安定郡（固原）城南数十公里处的青石嘴。2013年10月，我们对这条线路作了考察，理清了过去没有太关注的一条线路，有助于我们重新认识早期丝绸之路在固原的多条走向。

第一，古代道路沿着水系行进，这应该是共识。传承的俗语说：八百里秦川，不如董字塬边。虽然有夸张之嫌，但它的确是陇东粮仓。由董字塬上的宁县到蒲水岸边，是一眼望不到尽头的大塬，道路平衍便行。蒲河岸边山石台阶还在，石坡上长时间车辙碾压留下的印痕清晰依旧。由这里下坡即过蒲河，沿茹水东北行过现在的甘肃镇原、宁夏彭阳，到青石嘴就与沿泾水河谷过三关口、瓦亭峡（三关口与瓦亭峡为汉萧关防御带）、牛营子这条通道接上。这条道现在仍是大道。

第二，考察了这条通道，再根据班彪《北征赋》写的内容，我以为班彪北游固原，就是走这条通道。这条丝路相对平缓，也在战国秦长城线内侧，相对安全。因为，他是在考察长城、凭吊孙卬战死萧关的背景下前往固原的。

第三，这条通道同样见证了丝绸之路文化的繁荣。庆阳北石窟寺（相对于甘肃泾川境内的南石窟）开凿于北魏永平年间，由泾州刺史奚康生主持开凿，因与泾川石窟同时兴建，南北分座，故称北石窟寺。自北魏历经西魏、北周、隋、唐等各个朝代相继增修，规模较大，这是中西文化交流在丝绸之路上的集中体现。

（作者单位：宁夏社会科学院）

从密教仪轨的演变来探讨中唐期的宗教仪礼

——以敦煌本《大部禁方》为中心

荒见泰史

一、前　言

进入唐代中期以后,中国的佛教信仰逐渐渗透到社会的各个阶层,且据各阶层的需要而有所变化,愈加通俗化了。关于唐中期以降佛教的变化,已经有不少学者指出过,例如,塚本善隆的《唐中期の净土教》①、金冈照光的《敦煌の文学文献》②。最近笔者也在《唐代佛教仪礼及其通俗化(上)(下)》③里更为详细地进行过探讨。

的确,在这样的历史演变过程中,从当时记录下来的很多文献资料上,能找得出佛教在社会上变化的记载。例如,通过如下那样的"诏",我们能了解代宗朝时期已经有利用寺院、道观的公私"亵黩"活动的事实。《册府元龟》卷第五十二曰:

> 代宗宝应元年(762)八月癸酉,诏曰:"道释二教,用存善诱,至于像设,必在尊崇。如闻州县公私,多借寺观居止,因兹亵黩,切宜禁断,务令清肃其寺观。除三纲并老病不能支持者,余并仰每日二时行道、礼拜。如有弛慢并量加科罚。"时天下公私等事,多借寺观居止。代宗恐其亵黩,因诏。又诏曰:"教宗清净,礼避嫌疑。其僧尼道士,非本师教主,及斋会礼谒,不得妄托事故。辄有往来,非时聚会,并委所隶官长勾当。所有犯者,准法处分,亦不得因兹搅扰。分明告示,咸使知悉。"④

---

① ［日］塚本善隆:《唐中期の净土教》,法藏馆,1975 年。

② ［日］金冈照光:《敦煌の文学文献》,载于《讲座敦煌》第 9 卷,大东出版社,1990 年。

③ ［日］荒见泰史:《唐代佛教仪礼及其通俗化(上)(下)》,载于《アジア社会文化研究》,アジア社会文化研究会,第 15 号,2014 年;第 16 号,2015 年。

④ (宋)王钦若等编:《册府元龟》卷 52《帝王部·崇释氏》,北京:中华书局,1960 年,第 576 页。

在这种社会变化初期，尤其是肃宗朝到代宗朝期间，最受重视并对当时宗教规范最有影响力的，毋庸讳言，即不空三藏等密教一派的僧侣们。从《册府元龟》等历史记载来看，肃宗朝到代宗朝期间不空三藏的地位是非常特别的。他卒后，有诏。代宗具体将不空三藏称为"我之宗师"，后来封为"肃国公"，赠"司空"与谥号"大辩正广智不空三藏和尚"。代宗朝中只有不空三藏受过如此礼遇，简直堪比太宗朝到高宗朝的玄奘三藏的待遇。《册府元龟》卷五十二曰：

> 大道之行，同合于异相：王者至理，总归于正法。方化成之齐致，何儒释之殊途？故前代帝王，罔不崇信，法教宏阐，与时偕行。特进试鸿胪卿大兴善寺三藏沙门大广智不空，我之宗师，人之舟楫。超诣三学，坐离于见闻；修持万行，常示于化灭。执律舍缚，护戒为仪。继明善教之志，来受人王之请。朕在先朝，早闻道要，及当付嘱，常所归依。每每执经内殿，开法前席，凭几同胶序之礼，顺风比崆峒之问，而妙音圆演，密行内持，待扣如流，自涯皆悟。涤除昏妄，调伏魔冤，天人洗心于度门，龙鬼受职于神印。固以气消灾厉，福致吉祥，实惟宏我之多，宁止利吾之美。当有命秩，用伸优礼，而得师为盛，味道滋深，思复强名，载明前志。夫妙界有庄严之士，内品有果地之仪，本乎尚德，敬顺时典。可开府仪同三司，仍封肃国公，赠司空。谥曰大辩正广智不空三藏和尚。[①]

从这段记载来看，不空三藏他们当时处于皇帝的侧近。为了安史之乱后王朝的思潮统治的恢复与宗教权威的复权，重新整理出了一套与时俱进的佛教教理，即密教教理体系，同时还吸收了唐王朝域内外的各种宗教仪礼作法，产生出了令人耳目一新的佛教仪礼。

这个时代的唐王朝遭遇了均田制的崩坏、节度使势力的地方分权化等巨大社会变化。地方势力的分权化，影响到了地方寺院的经营方式，尤其对举行仪礼方面影响甚大，比如地方寺院为了地方势力，或当地住民举行仪礼的数量增加了很多。这当口，不空三藏等密教派僧侣们将推出来的是令人耳目一新的密教仪礼，自然很受各阶层人士的欢迎。他们的仪礼，除了吸收道教仪礼等的各种中土传统仪礼作法以外，还吸收了密教僧侣所带来的印度教，以及景教、祆教、摩尼教等外来宗教的仪礼作法，次第作法上用言、火、水、香和各种道具，甚至还有用武器等来庄严道场的场

---

① 《册府元龟》卷52《帝王部·崇释氏》，第578页。

景,从而逐渐发展成为混杂有各种宗教仪礼因素的丰富多彩的仪礼了。

　　不仅如此,由于从王朝中央传下来的密教仪礼本身已经内存有一些道教、民间信仰等在各地方人士眼里并不陌生的仪礼行为,故我们很容易推测得到,在各地方、各社会层面,密教与既有的地方道教、民间信仰的仪礼行为一拍即合,继续融合下去的可能性。而且很可能越是理解程度低的社会阶层,越是轻易地把它们搅和在一起。反映在当时的文献资料上,有关佛菩萨、明王、始祖、僧侣们的传说、仪礼的通俗化记载也随之增加了很多,例如不空三藏的传记类记载,因其内容传说性太强,而不能被认为是事实的记载也不少。仪轨、真言文献里附上的缘起类、灵验谭类中也有很多后代改写的痕迹。例如《毗沙门仪轨》一书,记载的灵验谭里有不少误谬,有些明显是后时代才能写出来的内容,也包含在里面了,如:在此登场的不空三藏被称呼为谥号"大广智"、不空三藏与玄宗皇帝、一行大师的对话、毗沙门天登场的情节等。这些都太不合史序,显得荒唐无稽①。

　　这样梳理下来,当笔者深入考虑中唐期以降的社会深层变化与佛教通俗化,以及讲经文、变文等讲唱文学发展的时候,对唐中期以后大量翻译或撰述而使用的密教资料,尤其是仪轨类等的仪礼文献的演变研究,当然变得重要起来。

　　当时,既有富有刺激性的,也有保留有中土特色的密教仪礼发生,还有社会人士的广泛支持②,因而在讲经文、变文等的讲唱文学及其相关的仪礼文献里,在记载有浓厚的 9 世纪中期以后流行的净土教因素的同时③,还记载有很多密教仪礼因素④,这些是能证明当时人们很重视密教仪礼的证据。

　　目前为止,那个时代所翻译或所撰作的各种仪轨类文献,被日本收藏的资料也有不少。如《龙树五明论》⑤《佛说金毗罗童子威德经》⑥《宝藏天女陀罗尼法》⑦等仪

---

　　①　李小荣:《敦煌密教文献论稿》(北京:人民文学出版社,2002 年)里也有详细探讨。

　　②　拙稿:《论中国宗教的特征及其融合——以景教的赞美歌与净土赞的关系为主探讨》,第四届人文化成国际学术研讨会,台湾东华大学,2014 年 10 月 24 日。

　　③　拙稿:《净土五会念佛法事与八关斋、讲经》,《政大中文学报》第 18 期,2012 年。

　　④　《维摩碎金》所载的仪礼中,密教仪礼上常用的"香盘"的使用。另外,《(拟)伍子胥变文》的描写中,记载有受到道教影响产生而在密教仪轨里常用的真言的套语,如:"咒而言曰:'捉我者殃,趁我者亡,急急如律令。'"

　　⑤　平安时代写,石山寺藏本。《大正新修大藏经》第 21 卷 956b。

　　⑥　常晓将来,留有享保年间(1716－1736)刊本(元丰山大学、现大正大学所藏)、建仁三年写高山寺藏本之二本。《大正新修大藏经》第 21 卷 367b。

　　⑦　惠运将来,留有享保年间刊本(元丰山大学、现大正大学所藏)。《大正新修大藏经》第 21 卷 342c。

轨。但是因为它们或出自不明、或不合教理、或在中土被改过等等原因,从而被怀疑其可靠性,而并不受重视,也几乎没有学者进行过研究。

其实敦煌文献也有类似情况。敦煌所藏的文献,《大部禁方》《水散食》《佛说大轮金刚惣持陀罗尼法》《三万佛同根本神秘之印法》《观世音菩萨符印》等,对这些在经目类不留书名的仪轨类文献,也几乎没人做过深入研究。更遑论日本所藏资料与敦煌所藏资料之间的比较研究。大胆地说,这些不仅是能了解中日两国的密教如何浸润社会的互动性资料,而且还是更能了解唐中期以后的中土文化如何广泛影响东亚文化的宝贵资料,但是目前学术界缺少这个研究思路和视角。

笔者在此强调通过敦煌所留下来的密教仪轨的整理以及和日本所藏密教仪轨类的比较,进行宗教仪礼演变研究的重要性。在本稿里,笔者将通过分析敦煌本《大部禁方》一书,以及与日本所藏《龙树五明论》等文献进行比较,来尝试探讨唐中期以后各种宗教仪礼的融合,及其从中央广泛传播到社会各阶层以及对王朝域外文化的影响。

二、敦煌本《大部禁方》简介

《大部禁方》一书,即敦煌文献里所留下来的,深受中土传统风俗、道教仪礼影响的佛教仪礼之书。内容主要是除恶用的端午节符箓的写法,还有受五气法、劝请佛明王和诸神的启请文、各种咒文和药方等的记载。因为其道教仪礼色彩浓厚,把它判定为密教仪轨的一种,也许学者们会有异论,但是《大部禁方》里有陀罗尼记载,记载有《大部禁方》的 P.3835 写本(粘叶装)里,前后都是密教典籍及其仪轨类的文字,P.3835 写本(粘叶装)上留有佛教信徒"清信弟子杨愿受"写成的题记,有鉴于此,笔者认为《大部禁方》一书也是同样为了密教修法的目的而写成的。

关于这一书,虽然有学者曾经从民俗研究、佛道混交研究的角度做过讨论,但是从密教仪轨或仪轨发展成为仪礼文献的角度,尚属空白,当然也没有做过与日本藏《龙树五明论》《佛说金毗罗童子威德经》《宝藏天女陀罗尼法》等类似文献的比较研究。笔者以为,从这个新视角研究来看的话,《大部禁方》一书是可用于解说当时各种社会现象的很重要的文献。

《大部禁方》在敦煌文献上保留有 P.3835、S.2615V 的二件,首先看一下写本的详细状况,如下。

(1)	P.3835	粘叶装:	①(杂写二行)/②(十一面三昧印第一、身印第二、大心印呪第三、中心印呪第四等印四种)/③观世音菩萨秘密藏无部(障)碍如意心轮陀罗尼[神呪]经一卷/④禁狗呪/⑤少睡陀罗尼/⑥佛顶尊胜陀罗尼心真言/⑦不空羂索神呪心经/⑧佛说观经/⑨妙色身如来真言/⑩甘露王如来真言/⑪水散食一本/⑫大部禁方/⑬佛说大轮金刚惣持陀罗尼法/⑭(不明行法)/⑮佛说大轮金刚惣持陀罗尼法
		①首题:	无
		行数:	存2行
		识语:	1　此是经等…… 2　尊胜……
		②首题:	十一面三昧印第一、身印第二、大心印呪第三、中(小)心印呪第四、阇咤印呪第五、华座印呪第六、观世音护身印第七、婆罗跢印呪第八、观世音檀陀印第九、观世音甘露印第十
		尾题:	无
		行数:	存7行
		参考:	《佛说陀罗尼集经》卷第四《十一面观世音神呪经》(《大正新修大藏经》第18卷,816c－818c)
		③首题:	观世音菩萨秘密藏无部碍如意心轮陀罗尼[神呪]经一卷
		尾题:	观世音秘密无鄣碍如意心轮陀罗尼藏经一卷
		行数:	存286行
		识语:	无
		参考:	《大正新修大藏经》第20卷,197b。
		④首题:	禁狗呪
		尾题:	无
		行数:	存5行
		识语:	右已上呪廿一遍,呪于净土。若有恶狗来向人者,以土打之,即彼狗欢喜而已也。
		⑤首题:	少睡陀罗尼
		尾题:	无
		行数:	存4行
		识语:	右坐中多睡时,佛前至心诵七遍,便即少睡。
		⑥首题:	佛顶尊胜陀罗尼心真言
		尾题:	无
		行数:	存5行
		识语:	戊寅年八月五日清信弟子杨愿受写此经记之耳也。后伐(代)流传利益众生,莫堕三涂。

		⑦首题：	不空羂索神咒心经　沙门玄奘奉诏译
		尾题：	不空羂索神咒心经
		行数：	存294行
		解说：	含音注21行
		⑧首题：	佛说观经
		尾题：	无
		行数：	存28行
		解说：	到"即白师云：'系念见佛无异。'师言：'汝还本坐系念'"为止。
		⑨首题：	妙色身如来真言
		尾题：	无
		行数：	存3行
		⑩首题：	甘露王如来真言
		尾题：	无
		行数：	存3行
		⑪首题：	水散食一本
		尾题：	无
		行数：	存43行
		解说：	含有《开喉真言》《得食真言》《发遣真言》《佛顶心咒》《破魔结界真言》《华印真言》《三昧勅结界真言》《刀印真言》《索印真言》《缚鬼真言》《释迦牟尼佛忏悔真言》《能胜真言》《智论真言》《金轮佛顶心真言》
		⑫首题：	大部禁方
		尾题：	无
		行数：	存186行
		识语：	无
		⑬首题：	佛说大轮金刚惣持陀罗尼法
		尾题：	无
		行数：	存105行
		⑭首题：	（不明行法）
		尾题：	无
		解说：	含有《入髑真言》《入净真[言]》《常欢真言》《聚光真言》等
		⑮首题：	佛说大轮金刚惣持陀罗尼法

续表

		尾题：	无
		行数：	存 105 行

(2)	S. 2615	正面文献：	①妙法莲华经卷第六
		首题：	阙
		尾题：	妙法莲华经卷第六
		背面文献：	大部禁方
		首题：	大部禁方
		尾题：	阙
		行数：	存 104 行
		参考：	符箓 5 件

全文校注如下：

《大部禁方》①

《龙树菩萨、九天玄女咒》②受气时，先用香盘③，然后受气。

受气法

---

① 大部，有些先辈学者校为"火部"，然原卷上明确写为"大部"，兹据校正。参见高国藩：《中国古俗与民俗流变》，南京：河海大学出版社，1989 年；萧登福：《道教术仪与密教典籍》，台北：新文丰出版公司，1994 年；谭蝉雪：《敦煌岁时文化道论》，台北：新文丰出版公司，1998 年。

禁方，神秘的药方，有时还包含符咒等作法。宋代以前的佛家文献上无从见到，道家文献上用例却多。如《抱朴子》卷 17 云："若道士知一禁方，及洞百禁，常存禁及守真一者，则百毒不敢近之，不假用诸药也。"

② 龙树菩萨，大乘佛教中观派之祖，也有密教始祖的说法。传说为鸠摩罗什所撰的《龙树菩萨传》里亦有他善于秘方、方术的记录。早期中土已有该名称，如《隋书》卷 34《经籍志》中所录的《龙树菩萨药方四卷》《龙树菩萨和香法二卷》《龙树菩萨养生方一卷》等书名。关于"龙树"亦有"同名异人说"，如中村元认为密教始祖即"龙猛"，而与中观派始祖之龙树乃不同之人。请参见《龙树》，东京：讲谈社，2002 年。

玄女，原是中土古代神话上知晓兵法的、代表正义的女神。"九天"即天的中央与八方。《离骚》："指九天以为正兮，夫唯灵修之故也。"王逸注："九天谓中央八方也。"泰史案：在此"玄女"加"九天"二字拟是随着道教或民间信仰供奉而添加，始见于唐末五代，通过《水浒》等小说类更为普及。敦煌文献上的"九天玄女"疑是最早期的用例。敦煌文献上还有 P. 3803、Дx00946，此两件虽然是首尾阙损的残阙文献，但黄正建据《辍耕录》卷第二十的记载，认为是《(拟)九天玄女卜法》。此外早期用例有《宋史》卷 207《艺文志》记载有《九天玄女孤虚法一卷》的书名。

③ 香盘，密宗仪礼中所用的安置香炉之盘。《陀罗尼集经》卷第十二曰："……入道场中，三礼拜已；更作赞呗作法事；竟，门外动乐；次阿阇梨把跋折啰，唤十弟子至堂前立。一人擎蜡烛，一人捉香炉，一人擎华盘，一人擎香盘，一人执巾，是五人等引阿阇梨在前而行。其阿阇梨在后而出。随五人后又令五人。一人把澡罐，一人擎三衣，一人擎白芥子盘，一人擎末香盘，一人擎安悉香盘。次后音乐各皆前后次第作行。……"

取端午日①，寅时，受五方气②各一遍，连咽三口。如是二十一遍至四十九遍，亦得。便用香檠（盘）受气后，诵咒。先安香檠（盘），用剑五口三口亦得。用炭一斤、二斤亦得。用生铁三二斤，用五色线五条，更用镜五面三面亦得。更用筋一双，用五色线五条，收气缠筋更尽北斗，安檠（盘）内，然后："戒香、定香、惠香、解脱香、解脱知见香③，光明云台遍法界，供养十方一切佛，见闻普熏证，寂灭一切众生。④"亦如是。

奉请⑤十方诸佛、诸大菩萨、罗汉圣僧、一切神祇。奉请房山长⑥、李老君、孙宾、

---

①　端午，农历五月五日，即主要以驱除瘟疫为目的的中国传统节日，有挂符习俗。如《后汉书》卷 95《礼仪志》曰："仲夏之月，万物方盛。日夏至，阴气萌作，恐物不楙。其礼：以朱索连荤菜，弥牟[朴]蛊钟。以桃印长六寸，方三寸，五色书文如法，以施门户。代以所尚为饰。夏后氏金行，作苇茭，言气交也。殷人水德，以螺首，慎其闭塞，使如螺也。周人木德，以桃为更，言气相更也。汉兼用之，故以五月五日，朱索五色印为门户饰，以难止恶气。"（北京：中华书局，1965 年，第 3122 页）泰史案：中唐时期密宗在渗透入中土的过程中，为了让各阶层人士方便接受，将端午的概念采纳进佛教日历与仪轨里了。如在不空《文殊师利菩萨及诸仙所说吉凶时日善恶宿曜经》卷下里认为五月五日即占卜一年的一天，这是佛教文献里所能看到的第一个五月五日举行仪礼的根据。具体如《宿曜经》曰："日精日太阳。直日，宜策命拜官、观兵习战。持真言、行医药、放群牧远行、造福设斋祈神、合药内仓库、入学论官并吉。不宜诤竞、作誓、行奸。对阵不得先起。若人此曜直日生者，法合足智策，端政美貌，孝顺短命。若五月五日得此曜者，则其岁万物丰熟。若有亏蚀地动者，则万物莫实不千日为殃。"有趣的是，五月五日举行密教仪礼开始出现的同时，在仪礼文献上还使用桃木、香盘、天盖等，逐渐增加了道教仪礼的影响，例如不空《大药叉女欢喜母并爱子成就法》曰："又法若有被囚禁枷锁种种口舌者，取五月五日桃木，密书彼怨人名字，加持一百八遍，又于真言句中称彼人名，加持求愿语钉入地，即得官府口舌解散无事。"《龙树五明论》卷下又曰："又法：于五月五日日未出时，取东引桃枝五寸；常持斋戒；于静山中净室中，面向东坐闭气，克为人形像讫；于室中安五寸高座似坛形，四面堵道，坛上广一尺，上安木人。……"

②　五方气，未见佛经里的记载。道教文献上却有，如《云笈七签》卷 48《神杖法》曰："……毕，引五方气二十咽，止。以杖指天，天神砷礼；以杖指地，地只司迎；以杖指东北，万鬼束形。"

③　解脱知见香，此香名始见于《菩萨处胎经》卷 2："吾从无数阿僧只劫修鼻神通，遍嗅十方无量众生，悉知分别善香、恶香、粗香、细香、火香、水香、俗香、道香，乃至菩萨坐树王下香；戒香、定香、慧香、解脱香、解脱知见香，……"亦如不空《七俱胝佛母所说准提陀罗尼经》曰："……次结涂香印。准前根本印，以二大指，博著右头指下节即成。真言三遍，真言曰：'唵礼娑嚩、贺'想从此印，流出无量光明。一一光明道有无量，天妙涂香秫香云海，供养本尊、诸佛菩萨、一切圣众。由结此印诵真言故，当证一切如来戒、定、慧、解脱、解脱知见香。……"

④　此文乃一种仪礼作法的套语。《四分律删繁补阙行事钞序》云："……此法安师，每有僧集人别供养。后见繁久，令一人代众为之。广如本文，各说偈言：'华严云：戒香、定香、解脱香，光明云台遍法界，供养十方无量佛，见闻普熏证寂灭。'维那打静，讫。……"（《大正新修大藏经》第 40 卷，36c）

⑤　从此开始"启请"次第作法，即仪式开始之际讽诵佛菩萨等的名号以及功德，有时还安放牌位，劝请佛菩萨诸神到道场的次第作法。

⑥　房山长，不详。拟是唐前的道士。《宋史》卷 205《艺文志》记载有："房山长注《大丹黄帝阴符经》一卷"。

董仲①、叶净、本部禁师郎②，闻呼即至，闻请即来，助弟子为力。

奉请北方世界主多闻自在毗沙门③，无量劫来广供养修行，镇在水精宫④，身生金钾光明现，掌塔持戈，北壁中⑤非时下界见精灵，举目观之如粉面。那（哪）咤太子去先风（锋）⑥，多领善神持剑戟，我王押管下阎浮，一切鬼神总愁死。急急如律令⑦，敕摄。

---

①　孙宾（膑），原是战国时代的思想家，兵家的代表人物，后来成为中国民间神格之一，如《广博物志》上描写有善于占卜的"孙宾"。在敦煌文献上另外有如 S.2204《（拟）董永变文》等有过记载。详细待考。

董仲，亦称"董仲舒"，原是西汉思想家，后来变为中国民间神格之一，如在敦煌文献 P.3358《护宅神历卷》、S.2204《（拟）董永变文》等里所见。泰史案：与《神仙传》卷 10、《太平广记》卷 71《董仲君》、《历世真仙体道通鉴》卷 7 里所见的"董仲君"信仰亦有关，但尚未阐明民间里发展为神格的来龙去脉。详细参见游佐升《唐代社会と道教》（东方书店，2015 年）。

叶净，亦称"叶净能"，唐代的道士，如《册府元龟》卷 328《宰辅部·谏净四》、《说郛》卷 60 上《叶净》等里，以及在敦煌文献 P.3358《护宅神历卷》、S.4281《叶净能诗》里所见。游佐升提出与叶法善之间的关系，参见《唐代社会と道教》（东方书店，2015 年）。

②　本部禁师郎，"郎"字在 S.2615 上作"即"字，则可读成"本部禁师，即闻呼即至"。但"即"字却有重复的感觉，文体亦不顺。待考。

③　北方世界主多闻自在毗沙门，疑是"毗沙门天王"的俗称。"毗沙门天"亦称"多闻天"，"自在"并不是"他家自在天"的"自在"，而很可能是形容"多闻"来用的。"毗沙门天王"即所谓"四天王"之一。密教视为十二天之一，北方之守护神。唐后半期毗沙门天信仰非常流行，如有不空译《毗沙门天王经一卷》《北方毗沙门天王随军护法真言一卷》《北方毗沙门天王随军护法仪轨一卷》《毗沙门仪轨一卷》《北方毗沙门多闻宝藏天王神妙陀罗尼别行仪轨一卷》等仪轨，说明经常举行有关毗沙门天的仪礼。又有《大宋僧史略》的如下记载："凡城门置天王者，为护世也。唐天宝元年壬子岁，西蕃大石、康居五国来寇安西。其年二月十一日，奏请兵解援。玄宗诏发师：'计一万余里，累月方到。'时近臣言：'且可诏问不空三藏。'……帝因勅诸道节度所在州府，于城西北隅，各置天王形像，部从供养。至于佛寺，亦敕别院安置。迄今，朔日州府，上香华食，馔动歌舞，谓之乐天王也。"

④　水精宫，任昉《述异记》卷上："阊阖构水精宫，尤极珍怪，皆出之水府。"毛文锡《月宫春》词："水晶宫里桂花开，神仙探几回。"欧阳修《内直对月寄子华舍人》诗："水精宫锁黄金阙，故比人间分外寒。"泰史案：通于"水晶宫"。《大唐三藏取经诗话》云："法师问曰：'天上今日有甚事？'行者曰：'今日北方毗沙门大梵天王水晶宫设斋。'法师曰：'借汝威光，同往赴斋否？'"（入大梵天王宫第三）

⑤　北壁，《孔雀王咒经》曰："从西北角至东北角。此是北方夜叉王所住处。毗沙门天王所将帅官属鬼神大将军守护北壁。咒竟解界。"

⑥　那（哪）咤太子，即佛教护法神，为毗沙门天之子。据《北方毗沙门天王随军护法仪轨一卷》亦为毗沙门天之孙。敦煌莫高窟晚唐以后的窟里有"毗沙门天赴哪咤会"壁画。据后代的小说，哪咤太子下海闯祸，踏倒水晶宫的故事。虽然水晶宫的记载已经出现，但与该写本记载内容不相合，泰史案：这里出现的记载是酝酿发展成为后代小说前的故事中的一个。

⑦　急急如律令，原是汉朝以来官符所用的套语，后来演变为咒语之套语了。密教文献中的用例亦不少，如《摩诃吠室啰末那野提婆喝啰阇陀罗尼仪轨》《圣欢喜天式法》《七曜星辰别行法》《龙树五明论》上咸有之。

此咒诵一遍，喷三喷；又诵破伤咒一七遍，诵一遍唾三唾①。

四方金刚

奉请东方青面金刚来入道场，牙如剑树，眼似流星，口如血盆，手执金枪，师子云：爪似金钩，不食五谷，纯食走诵（痛）白虎邪魔魑魅，朝食三千，暮食八百，欠一不捉，下符来索。急急如律令，敕摄。

南西北方各诵一遍，喷三喷，诵《四方咒》。后念《破伤咒》一七遍。每遍喷三喷。

五方师子②

奉请东方青毛师子③来入道场，牙如剑树，眼似流星，口如血盆，爪似金钩，金刚云：手执金枪，不食五谷，纯食走痛白虎、邪魔魑魅，朝食三千，暮食八百，欠一不足（捉），下符来索。急急如律令，敕摄。

南西北中方各念一遍，每遍喷三喷，诵《五方师子》。后诵《破伤咒》一七遍。每遍喷三喷。

奉请恒沙悉帝［哩］众④、发声圣者大轮王、瑜伽五部曼咤罗⑤，一身见出八百臂

---

① 三唾，伽梵达磨《千手千眼观世音菩萨疗病合药经》曰："若有小儿患夜啼不安眠者，其儿目下书鬼之字，咒三七遍，三唾，即差息。"（《大正新修大藏经》第 20 卷，105a。）

② 五方师子，未详。尚未见佛经里的用例。据下面有"东方青毛师子"之名称推测，在此即东方、南方、西方、北方、中央等五方的师子之意。其中的"东方师子"，金刚智《吽迦陀野仪轨》里有"东方师子王"的用例。此外，日本兴福寺藏维摩会时讲师所用的"五狮子如意"，但不知两者之间是否有关，只为参考记于此也。待考。

③ 东方青毛师子，未详。青毛师子，亦称"青毛狮子"，即文殊菩萨所乘之神兽。如《广清凉传》卷中曰："后至大历十二年九月十三日，法照与小师等八人，于东台同见白光十余现；次有黑云靉靆，少顷云开，见五色通身光，光内红色圆光，大圣文殊乘青毛师子，众皆明睹。又降微雪，及五色圆光，遍现山谷，不可知数。……"（《大正新修大藏经》第 51 卷，1115c）泰史案：在民间密教与五行思想的混杂过程中，据五行"东"即"青"，加"东方"而称为"东方青毛师子"也。

④ 恒沙悉帝［哩］众，拟是一类天女。"恒沙"，形容无数量。"悉帝哩"，拟是梵语 stri，原意即"女性"。《佛说秘密三昧大教王经》卷第四曰："我此心明，若有行人依法持诵满洛叉数，即得一切天女及阿修罗女生信重心，于一切悉帝哩中得自在爱乐；复得一切人常所爱重，及于天中而得自在。"（《大正新修大藏经》第 18 卷，462c）

⑤ 曼咤罗，即"曼荼罗"也。《续一切经音义》卷第五《金刚顶真实大教王经》卷下："曼荼罗：上，莫盘反。梵语也。或云曼咤罗，或曼拏罗。此义译云众圣集会处，即今坛场也。"（《大正新修大藏经》第 54 卷，594c）

手,大念火头金刚霹雳声,空中跳踯轮刀剑,口中哮吼忽雷鸣,金刚忽睹金刚构(橛)①,引童子散香花,来入金刚三昧界。奉请六丙六丁,知你姓名,若破邪注记,若有魍魉妖精,吾自手持铁索,补捉妖精,吾请四方门王天王。奉请五方师子,不食五谷,纯食走痛白虎,朝食三千,暮食八百,欠一不足(捉),下符来索。急急如律令,敕摄。

诵此咒一遍,喷三喷,更诵《破伤咒》一七遍。每遍喷三喷。

奉请天蓬地蓬,久远杀同。五丁都司、高雕北翁、七征八灵,太上号凶,长炉具战,手执升钟,威严神王,敢有不从。紫气升天,丹霞吓冲,吞魔食鬼,横身饮风,仓舌六齿,四暮老翁,天丁力士,威不冲风,三十万兵,国你九重,辟师千里,又见不祥,敢有鬼来欲见我庄,厥天大夫斩鬼五形,严(阎)帝裂血,北斗研骨,四明皮匝,神力一下,万鬼自亏。急急如律令,敕摄。

诵此咒一遍,喷三喷,更诵《破伤咒》一七遍。每遍喷三喷。

奉请六个大将军,貌棱棱,出勃禄,鼻笆查,眼鹘禄(咕噜),口似血盆,牙曲录,爪似金钩,剥鬼皮,常喰走鬼长无数,朝食三千似等闲,暮食八百为喰肉,腹疮驰项纭缩,肚里饥灵搜地狱,去邪精,断十恶,将肘喧养(奉)②逞行,作觜捷欹腮,邋遑耽鬼、头拽鬼、脚路逢走鬼生被剥肉生吞、血淋、落走鬼,闻之消化却。急急如律令,敕摄。

诵此咒一遍,唾喷三喷,更诵《破伤咒》一七遍。每遍唾三唾。到此处,且住后侍一喰饭,了后再诵后咒部。

四方赖咤金刚③

奉请东方青头青帝赖咤金刚,随方称之,来入道场。步步亚金枪而刺,左手执金刀,右手执金枪,舞剑盘盘枪枪患子顶门而入。左搅三千,右搅八百,有精缚精,有鬼缚鬼,有神缚神,有邪缚邪,有魅缚魅,驰逐不出,别有方术。急急如律令。

---

① 金刚构,不详。拟是"金刚橛"之误。"金刚橛",亦称"四方橛"或"四橛"。密教修法时,护摩坛四角所立的橛。

② 养,S.2615作"奉"字,兹据校正。

③ 赖咤金刚,拟是"提头赖咤天王"。《陀罗尼集经》卷11有"东方提头赖咤天王法印咒"。又《尊胜佛顶真言修瑜伽轨仪》卷下曰:"东门北方提头赖咤天王。手执琵琶并四侍者。"又《药师如来观行仪轨》曰:"奉请东方提头赖咤天王。把定东方之界。"

《西(四)方赖咤金刚》每方诵一遍,喷三喷。四方了,后诵《破伤咒》一七遍。每遍唾三唾。

相州①城南张弟奴身,偷阿郎马鞚、席帽②,随时捉得反缚吊,在梁头,左只下,七口要刀;右只下,七口要刀,埋在粉堆内,后来变为痛病。阿耶姓冯名夏温,阿娘姓管名腾华,妻儿姓墨名茶华。白虎之身,是仲乡,后有五方之虎,天有三十六虎,地有三十六虎,六六三十六虎。天留八万四千门士,教吾禁方:一禁,禁痛;二禁,禁疮;三禁,如来不动如常。唾山山崩,唾石石列(裂),唾河河枯,唾海海竭,大鬼投江,小鬼投海,魑魅魍魉,当吾者死,值吾者亡,触吾者灭,急急如律令,敕摄。

恒山树下,有一毒龙,八头九尾,纯食妖魅之鬼、走痛之鬼、饿死之鬼、行病之鬼、血光之鬼、不葬之鬼③,朝食三千,暮食八百,欠一不足(捉),下符来索,急急如律令,敕摄。

此咒诵一遍,喷三喷,更诵《破伤咒》一七遍。每遍唾三唾。

南无佛陀耶　僧禁咤　婆尸耶

乘车来车轴折,乘马来[马]双目闭,步行来双膝肿,战战兢兢,东倒西倾,天迷地惑。白佛言:虎将军令羊草,麝香烈,急急如律令。

诵此咒一遍,喷三喷,更诵《破伤咒》一七遍。每遍唾三唾。

《破伤方》

日出东方,乍赤乍黄,上告天翁,下告地黄(皇)。地黄(皇)夫人交(教)吾禁疮。仙人提水,玉女洗疮,一禁便定,两禁平伏如常,驴鸣马鸣,疮也不惊,天雷地动,疮也莫恐。吾是毗沙罗④,摄地虫,急急如律令,敕摄。

若有破伤者,诵此咒四十九遍。初头喷三喷。诵一咒七遍,唾三唾。

《破伤方》

---

① 相州,古州名。治所在现在之安阳。

② 鞚、席帽,皆马具之名称。

③ 妖魅之鬼、走痛之鬼、饿死之鬼、行病之鬼、血光之鬼、不葬之鬼,皆在《大藏经》里未见。

④ 毗沙罗,不详,恐是"毗沙门"的讹化。愿文里有"毗沙门"讹成为"毗沙"的用法,如:"伏愿命同鹤算,福比毗沙;玉颖永奉于轮王,究竟归俱登于大果。公主。"(P.2726)待考。

今日不祥,何物损伤,一禁便定,两禁平伏①如常。急急如律令,敕摄。

诵七遍,唾三唾。至四十九遍。

亦是《破伤方》

日出东方,乍赤乍黄,仙人玉女,交(教)吾禁[方],疮不痛、不疼、不肿、不脓、不出血。急急如律令,敕摄。

诵咒七遍,唾三唾。至四十九遍。

《小儿夜啼方》

你是厨中则火杖,差你作门军将。与吾提取夜啼呼,直到明即放。急急如律令,敕摄。

诵七遍,唾三唾。至四十九遍。用香盘火杖一个,男左女右手,把火杖香炉上度过。诵咒七遍,唾三唾。然后门外人出入处,其火杖子倍壁立着,令人汤倒,合得差也。

《机丝乱方》

吾是上界天婆婆。下界除妖讹。急急如律令,敕摄。

《女人你吹方》

东来骨历,西来羊。你妖女儿着东壒。急急如律令,敕摄。

《牙疼方》

虫是江南虫,身是赤勇子,合向草中藏。因何来咬人牙齿。打在梁南头,一钉(鼎)水年(淹)死。急急如律令,敕摄。先交牙疼人阿嗽三齐,然后书七个虫字香炉上度过,钉在南梁上。

《绝印法》

师子印、盘龙拔头印、五指缚头印。

---

① 平伏,S.2615 无此二字。

◆◇◆◇◆◇◆◇◇◇◆　符箓三种　◇◆◇◇◆◇◆◇◆◆

已前符，端午日取未日出时书①。就砚瓦②内，酤③磨黑土。含一口酤，直至书了。更用为牙珠笔④，符上书"救子"。厌阿粝伽草⑤涂磨身，蛊毒自除。休粮方（房）内，不出外入，达本源，万事早。

又方。每月吃杏子七八、枣三个。渴时吃人参伏令汤，止渴。

又方。

唵相陀泥　相陀泥　萨缚婆婆　平戌底　相陀泥　平戌底　萨缚割么　阿婆啰那　平戌底　莎诃

唵相陀泥　相陀耶　萨缚阿婆延　萨埵　瓢吽叭

唵怛罗多吽

南无波伽跛帝　萨缚突歌丁跋令相陀泥　啰嗟耶　怛他割他耶　阿啰渴丁三藐三菩陀耶　怛夜他　唵相陀泥　相陀耶　萨缚婆婆　平相陀泥　戌底平戌底　萨缚阿婆啰那平戌底　莎诃

《三途摧碎三道真言》

唵阿蜜多　阿蜜多　歌阿萨啰些泥阿割些泥　吽吽叭叭　莎诃

---

①　端午日取未日出时书，此文拟是据《龙树五明论》而写的。《龙树五明论》卷下云："又法：于五月五日日未出时，取东引桃枝五寸；常持齐戒；于静山中净室中，面向东坐闭气，克为人形像讫；于室中安五寸高座似坛形，四面堵道，坛上广一尺，上安木人。……"（《大正新修大藏经》第21卷，965b）

②　砚瓦，南宋高似孙《砚笺》曰："古人晨兴作墨汁满斗，终日不复磨，故多用玉斗书画，笔皆圆，有助于器。晋唐用凤池砚，中如瓦凹，故曰砚瓦。……《米氏书史》"

③　酤，原卷作"酤"，同"酤"。"酤"用酒漱口也。《广韵·震韵》曰："酤，酒漱口也。"

④　牙珠，唐天竺三藏输波伽罗译《苏悉地羯罗经》卷中曰："应当执持或用木槵子、或多罗树子、或用土珠、或用螺珠、或用水精、或用真珠、或用牙珠、或用赤珠、或诸摩尼珠、或用咽珠、或余草子，……佛部持珠真言：唵　那谟幡　伽缚底　悉瑇　悉瑇　娑驮野悉驮　剌㭊　莎缚诃。"

⑤　阿粝伽草，不详。拟是艾拉伽草、阿波末唎伽草（牛膝草）的别称。《佛说陀罗尼集经》卷10《佛说摩利支天经》曰："又一像法。劫宾木作一天女形，身长一寸。呪师从正月一日洗浴，当于像前设种种供养，日日更加上好供具，如是至十五日满足。所欲求者，皆得称意。欲散坛时，于坛中心烧阿波末唎伽草。此云牛膝草是　若欲作法时，正月、三月、七月，当以此月入坛，天女欢喜。余月并不得。若欲伏大力鬼时，先烧阿唎瑟迦（二合）柴（此云木患子是）。"

　　唵婆啰婆啰　　三婆啰三婆啰　　因怛令耶　　平相陀泥　　吽吽叭[叭]　　睹噜嗟令
莎诃

　　唵泥婆令跋折啰泥　　吽吽叭叭　　莎诃

　　南无佛陀耶　　南无达摩耶　　南无僧迦耶①　　南无婆师耶　　僧加(伽)咃　　僧噤咃
不出声诵七遍,持咒法。

　　常以正月一日平旦时,面向东方作礼。各怜本目诵七遍。又五月五日午时,佛
前作礼,七拜,怜本目诵咒二七遍。作斋七日。

　　以上是笔者对《大部禁方》的校录标点,对很多文字作了注释处理。

三、敦煌本《大部禁方》的分析与总结

　　笔者将《大部禁方》一书从头到尾读下来以后,发现那时代的佛教仪礼中土化现
象非常明显,下面从三个层面展开分析。

　　第一个层面是对王朝规范过的中土习俗的吸收。根据书中内容举三个例子,
"喷三喷"等作法(A项);将五月五日端午节看成是宗教上有意义的一天,当成是举
行佛教仪礼的根据(B项);"急急如律令"等道教仪礼上常用套语的使用(C项)。通
过调查传世佛教文献,可以了解到上述的A项在玄宗朝伽梵达磨译《千手千眼观世
音菩萨疗病合药经》里已有类例,B项在不空三藏译《文殊师利菩萨及诸仙所说吉凶
时日善恶宿曜经》上亦有相关记载,C项不但在玄宗开元年间的阿质达霰(无能胜)
译《秽迹金刚禁百变法经》里已有类例,而且在日本藏《龙树五明论》亦有用例。如果
伽梵达磨译或不空三藏译(或撰述)都是在历史上存在的话,说明代宗朝以前就已经
将一些中土传统习俗吸收进佛教仪礼去了。

---

　　①　南无佛陀耶、南无达摩耶、南无僧迦耶,意为赞扬佛法僧的三宝。此句早见于刘宋《观虚空藏菩萨
经》。在唐代密教仪轨,为驱除恶鬼邪气诵咒的陀罗尼中,用例颇多,如《摩诃吠室啰末那野提婆喝啰阇陀
罗尼仪轨》《佛说施饿鬼甘露味大陀罗尼经》里有用例。《摩诃吠室啰末那野提婆喝啰阇陀罗尼仪轨》曰:
"次说降魔陀罗尼曰:'南无阿啼　　南无利多　　南无达利多　　南无勒勒勒勒勒　　谨请四大天王各领八万四
千树林神若有恶人恶神恶鬼天魔地魔龙魔恼乱弟子者持勒南无勒鬼　　南无首楞三昧为我缚鬼五欲五戒法
忍多缚勒多缚勒急急　　急急如律令　　南无佛陀耶　　南无达摩耶　　南无僧伽耶　　怛姪他　　唵　　应伽利　　应
伽黎　　勒叉叉叉　　捉捉捉捉　　祢常勒在在在在在缚卢羯啼摄　　莎诃。'诵此咒一百八遍,便缚一切恶魔、恶
鬼、无有不得者,小事不得用之。"

　　第二个层面是对约定成俗的中土习俗的融会贯通,但被扬弃。具体例子有:五月五日配的为除某种恶气的秘方(D项);五月五日写的能除某种恶气的符箓(E项)。在中土很早就有五月即恶月、五日即恶日的看法。据此,端午除恶习俗在中土早已有之,于《异苑》《荆楚岁时记》上皆有记载。因此,端午那天除恶配药习俗的出现并不突兀,见《治子死胎中方》宋王衮撰《博济方》等记载,后来的相关文献有明周王朱橚撰《普济方》,里面介绍了很多端午那天配药的药方,有关记载在佛教文献里也有,如:D项在日本藏《佛说金毗罗童子威德经》里有类似的药方的记载,E项在日本藏《龙树五明论》里不仅有类似符箓的记载,而且内容描写上用的不少文辞是一致的。耐人寻味的是这些记载在中土的传世佛教文献里了已经找不到了,反而在日本藏的佛教文献里被原封不动地保留下来了。说明这类密教仪轨在中土渐次不受重视,但是为何在平安时代传到日本的密教里却得以延用下来了呢,这个事实非常充分地揭示出了一个当时的社会现实:原先的这类仪轨文献其实在当时的中土佛教界里还是享有相当高的评价和地位的,要不然也不会被日本入唐僧选中并郑重其事地带回到日本,而且还传播影响到日本的宫廷文化,比如在日本有端午当"佩"用"药玉"的习俗[见《续日本后纪》嘉祥二年(849)五月五日条]。然而这类密教仪轨在中土却渐渐式微乃至不见了。

　　《大部禁方》受中土化影响还有第三个层面,如:"龙树菩萨"与"九天玄女"并列在一起(F项);在"启请"段落上,佛教的佛菩萨、明王与"房山长""李老君""孙宾""董仲""叶净"等道教、民间信仰的神仙并列在一起(G项);留有与后代的故事小说类版本不同的毗沙门天王与哪吒太子的故事等(H项)。FGH项皆未见于现存佛教典籍,包括日本所藏的典籍。说明了当时佛教通俗化的程度,这些很可能是更为民间的社会阶层,将民间信仰混杂进来的结果。

　　如上所说,通过分析敦煌本《大部禁方》以及与传世文献、日本藏《龙树五明论》等文献的比较研究,笔者探讨了唐中期以后的各种宗教仪礼的融合,揭示了密教仪轨一层一层浸润至中土社会各阶层的状况:唐中期开始,佛教广泛流布到社会各阶层,甚至到了民间相当的底层,期间融合了密教、道教、民间信仰等因素,展现了通俗化的过程。

　　笔者还将继续整理敦煌密教仪轨类文献,并与日本的密教仪轨类文献进行比较。通过宗教仪礼的演变这个角度来探讨讲唱文、变文。也希望各位学者注意到这条研究思路。

(作者单位:日本广岛大学)

韩国水中出水墨书铭中国陶瓷的特征和性质

——以泰安马岛海域为中心

李明玉

一、序　言

　　韩国高丽时代,高丽与中国长期持续地交流,中国的陶瓷、金银器、丝绸、药材、书籍等各种物品传到高丽,这些文物的流入主要靠从海上来往于宋朝和高丽做贸易的宋商。[①]

　　大部分宋商到高丽的事实只能通过史料证实,通过实际遗物确认是有局限的。但是,在高丽时代与宋朝交流中,成为重要海上要道兼客栈的安兴亭坐落的韩国忠南泰安郡近兴面马岛海域发现了很多中国陶瓷。[②] 在很多中国陶瓷碗底上印有象征着中国商人集团的"纲"字系墨书[③],这些墨书可以作为证明只出现于"高丽史"等史料的有关高丽与宋朝交流活动的证据资料,同时,作为能够证明宋商来航高丽的首次出水实际遗物事例而深受瞩目。

　　象征着中国商人集团的"纲"墨书在韩国泰安马岛海域挖掘之前,曾于 1976 年新安船中也发现过。新安船是于 1323 年从中国庆元(如今的宁波)出发开往日本的途中在韩国全罗南道新安郡曾岛海域沉没的来往于元朝和日本的贸易船,在出水的木牌和元代中国陶瓷中也发现过"纲"墨书。[④] 上述的墨书铭中国陶瓷对于海上丝

---

　　① 黄宽重:《宋丽贸易与文物交流》,《震檀学报》71/72,震檀学会,1991 年,第 341 页。

　　② [韩]国立海洋文化财研究所:《泰安马岛海域探查报告书》,2011 年,第 240 页。

　　③ [韩]林敬熙、崔明智:《韩国水中出土墨书铭中国陶瓷器研究》,载于《韩—中水中考古学的现在——中国国家博物馆水下考古研究中心·国立海洋文化财研究所学术发表资料集》,国立海洋文化财研究所·中国国家博物馆,2010 年,第 49—55 页。

　　④ [韩]国立海洋遗物展示馆:《新安船—本文》,2006 年 ,第 270—271 页;《韩国水中出土墨书铭中国陶瓷器研究》,第 49—55 页。

绸之路来说,可以看成是考察当时中国交流活动的重要资料。

因此,本文分析马岛海域出水的墨书铭中国陶瓷的特征、制作时期和生产地,通过墨书铭文,分析马岛海域墨书铭中国陶瓷的意义。

二、马岛海域的中国陶瓷出水现状与造型特征

(一)出水现状

韩国忠南泰安马岛海域位于韩国中央部,在周边将忠南以南区域收货的税谷利用海路运到开城的必经之路上,就有安兴梁。安兴梁一带有安兴城、泰国寺等历史遗迹和高丽时期外国使者和官员停留的安兴亭、丽宋贸易船的起航地安兴港,可以说这一带曾起到过海上交易的关门地带作用。

特别是马岛和周边海域涨潮和退潮的差异较大,潮流速度极快。因此,自古以来,这里因频繁发生船舶沉没事故而叫作难行梁。20世纪80年代,在附近做养殖业的渔民发现了水下文化遗产并申报,由此首次发现此处存在海底遗物。对于泰安马岛海域,韩国国立海洋文化财研究所从2007年至今持续进行挖掘、勘探等调查工作。从2009年至2012年,国立海洋文化财研究所通过水中调查,在马岛海域(Ⅰ、Ⅱ地区)发现了散落的162件中国陶瓷,不过,未发现船只。同时,周边就发现了高丽时代铁质锅等金属遗物、青瓷、粉青瓷器、白瓷等高丽至韩国朝鲜时代的陶瓷、高丽和朝鲜时代锚缀石、宋和元代中国陶瓷、北宋铜钱、中国锚缀石等。

陶瓷中,推测为宋元时代的中国陶瓷共有162件,其中有白瓷97件、青瓷14件、白釉3件、黄釉2件、褐釉1件、黑釉24件、陶器21件[①],其中白瓷最多,占全体的59.8%。种类有钵85件、碗39件、碟16件,大钵1件、注子1件、壶12件、瓶10件、其他3件。如此,大部分都是钵、碗、碟等日常生活容器,还有一些壶、瓶等储存容器。

(二)出水中国陶瓷的造型特征

马岛海域出水的162件中国陶瓷造型特征将从器种和器形、装饰技法和纹样、

---

①　此外,还同时出水了推测为五代的青瓷花形钵1件、推测为清代制作的青花白瓷碗3件。不过,因时间上相隔太长,所以在本论文的研究对象中排除了。

制作方法等方面进行分析。

1.器种和器形

94件白瓷中钵为73件、碗为10件、碟为10件,钵的比重最多,而白瓷最多,陶瓷种类中钵、碗、碟的数量多,形态也丰富。虽然也有一些壶、瓶等储存容器,但是日常生活容器陶瓷最多。其中,白瓷钵的器形可分为11种,形态各不相同,也不均匀。

2.各种装饰技法的纹样介绍

马岛中国陶瓷使用了阴刻、阳刻、押出阳刻、堆花、印花技法等各种技法,利用了各式各样的纹样素材。纹样主要装饰于日常生活容器钵、碗、碟上,阴刻技法使用得最多,白瓷显示出比较丰富的技法和纹样素材(表1)。

表1　各种装饰技法的纹样素材和形态

装饰技法	图面(纹样素材)
阴刻	线文、碑文、斜线文、草文、菊唐草文、牡丹文、花文
阳刻	莲瓣文
堆花	线文
印花	花文

3.制作方式和状态

(1)烤制方法

出水的陶瓷中有鲜明的烤制承盘痕迹或可以推断为烤制承盘的只有42件,大部分无法确认烤制承盘。部分可确认圆盘形垫饼和可推断为垫上垫圈的痕迹、耐火土烤制成承盘、重叠器物烤制后将内底面釉料削成环形的痕迹。

（2）施釉方式

大部分陶瓷在底部和碗底未施釉料，根据器种、器形，釉料的施釉范围有所差异。钵、碗、碟等日常生活容器大部分在除了碗底或碗底的周边全面施釉料（表2）。

表2　施釉方式

位置	施釉状态		
碗底和碗底周边未施釉			
碗底里侧底部、碗底侧面未施釉等			

（3）铭文资料显示

在马岛海域出水的162件中国陶瓷中，发现了82件（占50.6%）有墨书铭文。大部分在除了碗底和碗底周边之外施釉料，碗底里侧底部用墨水写铭文。墨书写在碗底和器身等，主要写在碗底底部，可在钵、碗、碟、壶中发现。墨书铭文有单字或"马户""林纲""渔纲司"等两个字以上的字（表5）。

表3　铭文资料显示状态

铭文位置	碗底	器身	碗底＋器身	
照片				

（4）状态

对于陶瓷的品质，可通过胎土的精选度、打磨器物的状态、施釉或塑性状态等肉眼可确认的特征来了解。一些钵、碗、碟等因胎土未经精选，而在外表面有一些气孔，一些器物的外面虽然经过水处理、切削等打磨过程，但是有些粗糙，还留有一些指头痕。另外，碗底的切削也很粗糙，接地面的宽度不一致或不平衡。釉料一般凝结或流淌，器物上的釉料并没有均衡施釉，有些釉料还被剥落。同样器种的釉色也各不相同,有的是灰色,有的是绿黄色,不太均匀,各式各样,说明塑性状态并不太好。

　　由此可以看出,除了部分陶瓷外,大部分都是粗质制。另外,在钵、碗、碟等的釉面可发现看似使用痕迹的一些刮痕(表3)。①

表3　陶瓷状态

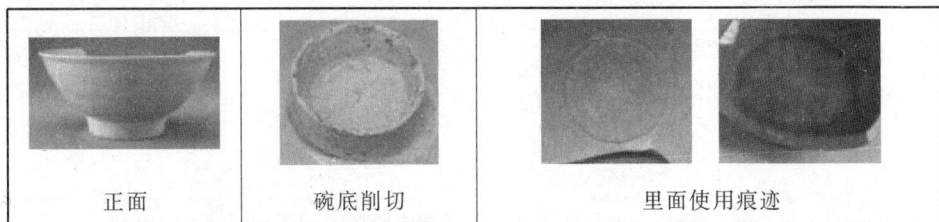

| 正面 | 碗底削切 | 里面使用痕迹 |

三、出水中国陶瓷的制作时期和生产地

　　前面我们考察了马岛海域出水的中国陶瓷特征,能够直接与马岛海域出水的中国陶瓷相比较的中国陶瓷,也曾在日本和中国的生活遗址、古坟、寺地、海底等区域发现。日本的镰仓、九州、冲绳等地也曾出土过,中国的福建、南海、江苏、江西地区也曾发现过。特别是马岛中国陶瓷与日本九州博多遗址群大量出土的中国陶瓷非常相似。

　　马岛海域出水中国陶瓷的制作时期和生产地可以整理成如表4。陶瓷的制作时期为从11世纪后半期至14世纪前半期,主要集中在11世纪后半期至12世纪前半期和13世纪。另外,生产陶瓷的地方为福建省、广东省、江西省、浙江省、江苏省的窑厂,还包括河北省磁州窑、陕西省曜州窑,其中最多的是福建窑厂制作的。窑厂有广东潮州窑、福建闽青义窑、南平茶洋窑、连江窑(浦口窑)、建窑、晋江磁灶窑、福清东张窑、东安窑(系)、浙江龙泉窑系、江西景德镇湖田窑等(表4)。②

------

① 〔韩〕李明玉:《泰安马岛Ⅱ地区海底出土的中国陶瓷研究》,忠北大学研究生院硕士学位论文,2012年。

② 〔韩〕栗建安:《韩国马岛Ⅱ区域海底出水中国福建陶瓷与陶瓷交易》,载于《2011年国立海洋文化财研究所国际学术Symposium高丽的难破船与文化史》,国立海洋文化财研究所,2011年,第184页;〔日〕田中克子(日本前福冈市埋藏文化财center)通过博多遗迹出土品与马岛出土品的比较,认为一些是广东省一带窑厂制作的产品。

表 4　泰安马岛海域出水中国陶瓷生产地和制作时期表

窑厂		马岛	生产地	时期
福建省	闽青义窑	 白瓷钵	 白瓷钵	11 世纪后半期至 12 世纪前半期
福建省	闽青义窑	 白瓷钵	 白瓷钵	11 世纪后半期至 12 世纪前半期
		 白瓷碟	 白瓷碟	13 世纪前半期至 14 世纪前半期
	南平茶洋窑	 白瓷碗	 白瓷碗	11 世纪后半期至 12 世纪前半期
福建省	连江浦口窑	 白瓷钵	 白瓷钵	12 世纪后半期至 13 世纪前半期
		  白瓷碟	 白瓷碟	13 世纪末至 14 世纪前半期

窑厂		马岛	生产地	时期
福建省	东安窑（系）	 青瓷钵	 青瓷钵	13 世纪至 14 世纪
	福清窑 （东张窑）	 青瓷碗	 青瓷碗	12 世纪至 13 世纪中期
		 黑釉碗	 黑釉碗	13 世纪至 13 世纪中期
	建窑	 黑釉碗	 黑釉碗	11 世纪后半期至 12 世纪前半期
	磁灶窑	 陶器瓶片 黑釉碗	 陶器瓶　　黑釉碗 （金交椅山窑址）	12 世纪至 13 世纪中期
		 黑釉底部片	 黑釉注子 （金交椅山窑址 Y2）	13 世纪前半期至 14 世纪前半期

续表

窑厂		马岛	生产地	时期
福建省	磁灶窑	陶器壶	陶器壶 （土尾庵窑址）	13 世纪前半期至 14 世纪前半期
江西省	景德镇窑	白瓷钵	白瓷钵	12 世纪前半期
		白瓷碟	白瓷碟	13 世纪前半期至 14 世纪前半期
广东省	潮州窑	白瓷钵	白瓷钵	11 世纪后半期至 12 世纪前半期
浙江省	龙泉窑系	青瓷碗	青瓷碗	13 世纪前期及中期
江苏省	宜兴窑	陶器瓶	陶器瓶	12 世纪后半期至 14 世纪前半期

四、墨书铭的意义和性质

马岛海域出水的中国陶瓷主要是从 11 世纪后半期至 12 世纪及 13 世纪中期的,即大概由宋代福建省为中心的窑厂制作。

另外,未施釉料的碗底或器身等写下墨书的比重很大,占 50% 以上。那么,未施釉料的陶瓷上写下的墨书意味着什么,具有什么性质?下面将通过国内外出土的墨书铭陶瓷事例和史料记录具体阐述。

(一)墨书铭的意义

"纲"和中国人姓氏墨书铭意味着商人集团,可能与他们的贸易活动有关。下面考察一下遗址出土的事例。首先,分析"纲"墨书。马岛海域中国陶瓷的 82 件墨书中"纲"字系为 45 件,占 54.8%(以下称为"纲"铭墨书)。"纲"铭墨书可以分为单有一个"纲"字的、"姓"和"纲"字一起写的、"姓"和"纲司"一起写的(表 5)。"纲"一般指的是从事对外贸易的中国商人,如果马岛海域中国陶瓷的时期是宋代,"纲"铭墨书就意味着宋代各个姓氏商人集团。

表 5　马岛海域出水中国陶瓷墨书内容分类

分类		具体内容	备注
纲	姓＋纲司	渔纲司、陈纲司	
	姓＋纲	郑纲、林纲、杨纲、陈纲、庄纲、徐纲、头纲、邓纲, 郭纲、李纲、黄纲	包括意义系统相同的朱丸
	纲	纲	包括意义系统相同的丸船
	纲＋画押		
姓＋画押		冯＋画押、扬＋画押、柳＋画押、吴＋画押、郭＋画押	
姓		徐、李、昉、汰、扈、明、夏	
画押		马户、奉公序	

在马岛海域发现的"纲"铭墨书也曾在来往于元朝与日本进行贸易、从宁波出发、在韩国新安曾岛面防筑里海岸沉没的新安船里发现。发现了 110 件写有"纲司

私"和画押的木牌①,在江西省、福建省等南方地区制作的部分陶瓷,"纲司""吴纲"等"纲"和画押写在未施釉料的陶瓷器身或碗底底部、盖子里侧等(图1)。②

图1　新安船出水墨书铭陶瓷

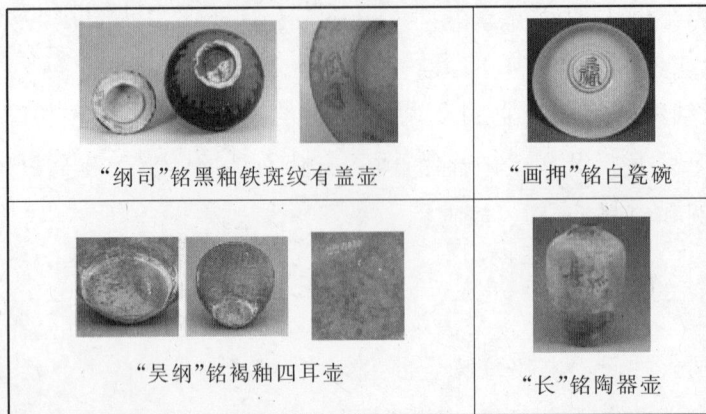

"纲司"铭黑釉铁斑纹有盖壶	"画押"铭白瓷碗
"吴纲"铭褐釉四耳壶	"长"铭陶器壶

这些"纲"铭墨书曾在日本的九州福冈市博多遗址群里大量发现过,中国各地制作的陶瓷,墨书写在碗底或器体上,比马岛海域有更加丰富多样的墨书。各种中国人姓氏和"纲"字相结合,大部分在宋代商人居住地(推断)出土。③

图2　澎湖列岛马公港出水墨书铭中国陶瓷

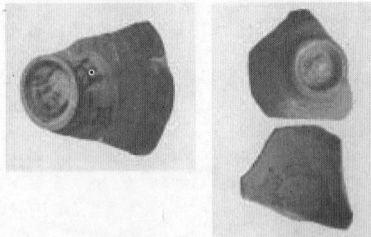

与此类似的还有几种事例。澎湖群岛位于中国台湾海峡西南部,宋元时期连接中国和东南亚的交易港马公港就坐落于此。马公港通过从2005年至2007年的水中挖掘调查,发现了时期和国籍各不相同的各种陶瓷,其中产于福建省、浙江省的宋元时期陶瓷101件中有2件是墨书的陶瓷。④ 该陶瓷是粗质制的青瓷碗,在未施釉

---

①　[韩]金炳堇:《新安船积载遗物的特征》,载于《新安船保存、复原报告书》,国立海洋遗物展示馆,2004年,第241页。

②　《韩国水中出土墨书铭中国陶瓷器研究》,第50—51页。

③　[日]大庭康时:《墨书陶瓷器》,载于《中世都市博德を掘る》,东京:海鸟社,2008年,第99页。

④　陈信雄:《澎湖马公水下考古与马公港历史探索》,载于中国国家博物馆水下考古研究中心编《水下考古学研究》第1卷,北京:科学出版社,2012年,第192—193页。

料的碗底底部、内底部写有"王纲""陈纲司号"(图2)。

另外,在福建省泉州市后渚港发现的中国宋代海船推测为是从印度洋贸易而归的途中沉没的。[①] 船上承载着大量推断为船内使用过的陶瓷和东南亚产香料,在"纲司"铭木牌1件和福建省和浙江省制造的陶瓷中未施釉料的地方写有"王正"等墨书(图3)。[②]

图3　泉州市后渚港宋代沉船墨书铭陶瓷

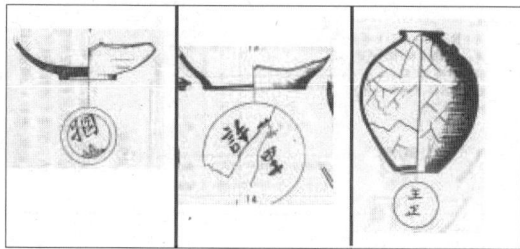

东南亚作为与中国宋元代交易非常活跃的地区,实际发现了很多中国陶瓷,在马来西亚Tioman岛沙巴州港沉船上也曾发现写有"纲""郭纲"的陶瓷。[③]

那么,我们来考察一下上述墨书铭文中的"纲"字在史料中是如何记载的。记载"纲"铭的史料有《高丽史》《宋史》等。

《高丽史》卷5《德宗》:"德宗二年八月甲午朔,宋泉州商都纲林蔼竺藕五十五人……"

《宋史》卷185《食货志》:"……纲首蔡景芳招诱舶货……"

在史料中,"纲"记载为"都纲""纲首",与姓氏一起记录。"纲""纲司"都意味着宋、元代负责对外贸易的商人集团;一般称商团的头目叫作"纲首"、"都纲"等。上述记载有宋代泉州商人的头目都纲"林蔼",宋代纲首"蔡景芳"。此外,还有一些记载显示中国商人已经进入东南亚地区。

除了"纲"墨书外,在马岛海域的墨书铭中国陶瓷中,也有很多写有姓氏、画押

① [日]四日市康博:《定海、三道岗、泉州后渚港》,载于《考古学》季刊特辑《水中考古学の现状と课题》123号,东京:雄山阁,2013年,第83页。

② 福建省泉州海外交通史博物馆编:《泉州湾宋代海船发掘与研究》,北京:海洋出版社,1987年,第10—11、第40—42页。

③ [日]小野裕子:《关于日本出土的墨书陶瓷》,《东方博物》(第三十八辑),杭州:浙江大学出版社,2011年,第98页。

的,有些与九州博多遗址群发现的相同。[①]

图 4　中国西沙群岛华光礁 1 号沉船出水墨书铭陶瓷

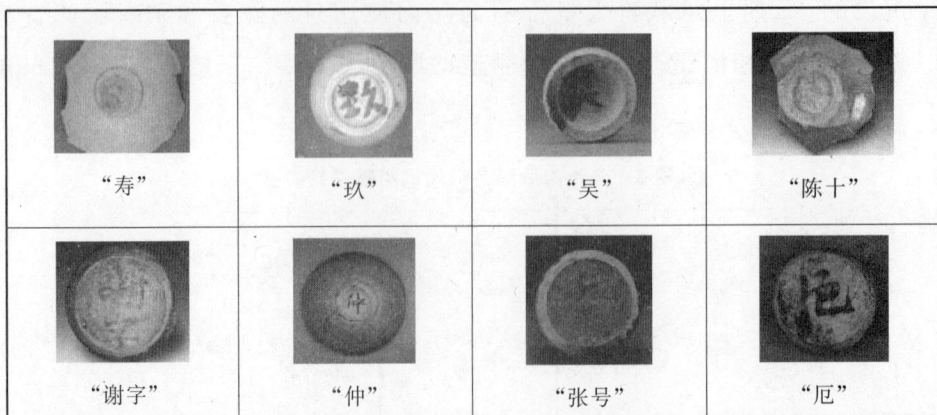

| "寿" | "玖" | "吴" | "陈十" |
| "谢字" | "仲" | "张号" | "厄" |

图 5　广东省南海 1 号沉船的出水墨书铭陶瓷

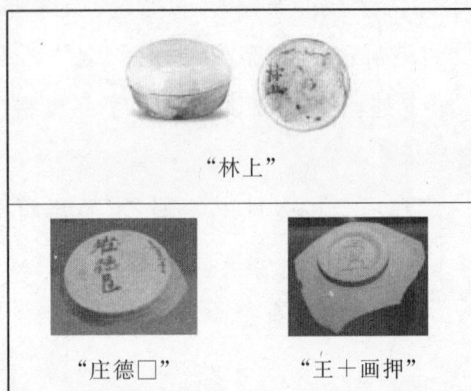

"林上"

"庄德□"　　　"王+画押"

　　作为其事例的墨书铭中国陶瓷是在中国海域发现。在海南省西沙群岛发现的宋代贸易船华光礁Ⅰ号推测为北宋末南宋初沉没,发现福建省、浙江省等南方地区制作的粗质制陶瓷上未施釉料的地方写有墨书。墨书有"寿""玖""谢字""张号""厄""仲""黄""陈""吴""张"等中国人姓氏(图 4)。

　　在广东省阳江市海陵岛沉没的南宋船南海Ⅰ号上发现了江西省、福建省、浙江省制作的写有"林上""林"铭的墨书铭陶瓷[②],可能是与商品用陶瓷一起承载于船上,还有"庄德□""王+画押"等可看成中国人姓氏的墨书。这些一般在底部和碗底未施釉料处,也是粗质制。

---

① 《墨书陶瓷器》,载于《中世都市博德を掘る》,第 99 页。
② 广东省文物考古研究所:《2011 年"南海Ⅰ号"的考古试掘》,北京:科学出版社,2011 年,第 94 页。

　　如上所述,在马岛海域出水的中国陶瓷墨书,可直接展现宋元代海上贸易活跃的商人集团或贸易相关人士及贸易活动。另外,通过发现"纲"铭墨书的区域,可了解他们的活动范围覆盖到高丽、中国、日本、东南亚一带。

　　宋代福建地区的商品经济非常发达,北宋末至南宋,福建商人被称为闽商,占据商业活动的主导地位。他们主导海外贸易,与高丽、日本、东南亚等地进行贸易[①],特别在与高丽的紧密交流中,宋商表现活跃。

　　这些事实可在《高丽史》《高丽史节要》《宋史》等记载中确认,特别是通过海路的私贸易性质的交流比通过公开使节的交流更多。约 260 年间,来航高丽的宋商约有120 次,往来人员达到 5000 多名[②],或 4976 名至 7000 名左右,或以上。[③]

　　据研究,这个时期来到高丽的商人大部分为泉州、福州、江南等地的人。[④] 高丽与宋代的交流不仅可通过他们的纪录了解,还可以通过在高丽遗址发现的南北方各种中国陶瓷了解。在高丽中期以后出土的宋元代南方陶瓷多数为景德镇窑或景德镇窑系白瓷[⑤],主要是钵、碗、碟等贸易商品,这可能是因为 13 世纪许在景德镇窑生产的白瓷已流通到全国[⑥],这是宋商频繁来往于高丽的结果。

　　宋商在进行海上贸易时,一般都是一起乘船组成团队。在高丽的江都时期(1232—1270),宋商船舶以每次 3 艘船来高丽的方式运行,每艘船可容纳 200—300人[⑦],根据船舶规模划分为大、中、小船,可容纳人员各分别为大船 500—600 名、中船

　　① [韩]李勤明:《南宋时代福建民的海上贸易活动与其性格》,载于《历史文化研究》,首尔:韩国外国语大学历史文化研究所, 2001 年,第 148 页。

　　② 李镇汉,前述书,2011 年,第 69 页。

　　③ [韩]朴玉杰:《高丽来航宋商人与丽宋的贸易政策》,载于《大东文化研究》32,首尔:成均馆大学大东文化研究院,1997 年,第 36—40 页。

　　④ [韩]车广浩:《通过高丽与中国东南海岸地区的海上交流了解到的 11 世纪黄海海路变更》,载《文明交流研究》第 2 册,2011 年,第 126—128 页。

　　⑤ [韩]李钟玟:《高丽中期输入中国白瓷的系统与性格》,载于《美术史研究》25 号,首尔:美术史研究会,2011 年,第 147 页。

　　⑥ [韩]金允贞:《高丽时代遗迹出土宋代青白瓷的现况与特征》,载于《野外考古学》第 16 号,韩国文化财调查研究机关协会,2013 年,第 114 页。

　　⑦ 李镇汉,前述书,2011,第 288—89 页,《许国公秦议》卷 3《奏晓谕海寇复为良民及海关防海道事宜》。

200—300名、小船100多名。[①]《开庆四明续志》上记载着"合纲船"[②]，从中可以推测这些情况。

(二)墨书铭的性质

前面考察了墨书铭文的意义，陶瓷的墨书铭意味着来往于宋元代高丽、日本、东南亚等地的商人集团的活动情况，在马岛海域出水的墨书铭中国陶瓷显示着宋商来航高丽的事实。那么，商人集团为什么在陶瓷上留下墨书？为什么在泰安马岛海域发现这些陶瓷的呢？

对于墨书铭陶瓷，已经有很多研究者提出了几种意见，即在陶瓷上写下墨书的目的是为了表示个人所有物、表示组织的备品、表示商品的所有者。[③]

如上所述，马岛出水中国陶瓷大部分在碗底未留烤制承盘。碗底光滑的粗质制陶瓷，在162件陶瓷中有约50％写有墨书。另外，陶瓷里侧釉面上有一些使用过的痕迹。[④] 从这些痕迹中可以看出这些陶瓷并不是运来销售的商品。[⑤] 马岛海域出水的中国陶瓷是在福建、广东、江西、浙江等中国南方地区制作的，可能是以福建为中心活动的各商人集团去高丽的时候在船上使用过的船上生活容器，陶瓷上的墨书铭文可能是为了区分各商团的生活工具或个人物品而写的。

五、结　论

本文考察了马岛出水墨书铭中国陶瓷的特征和性质。从中分析出陶瓷是日常生活容器，是粗质制。制作时期为11世纪后半期至12世纪前半期和13世纪，是在

---

① ［韩］金荣济：《丽宋贸易的航路与船舶》，载于《历史学报》第204辑，历史学会，2009年，第250页。

② ［韩］林敬熙：《马岛海域发掘墨书铭陶瓷器历史的性格》，韩国历史研究会中世1分科月例发表会发表文，2011年6月。来源《开庆四明续志》卷8："开庆元年四月纲首范彦华……高丽国礼宾省牒上，大宋国庆元府当省：准贵国人甘甫马儿智就等三人久被北人捉拿，越前年正月分逃闪入来勤加馆养。今于纲首范彦华俞昶等，合纲船放洋还国，仍给程粮三硕付与送还。"

③ ［日］佐伯弘次：《博德出土墨书陶瓷器をめぐる诸问题》，载于《博德遗迹出土墨书数据集成》，博德研究会，1996年，第5—8页。

④ 《泰安马岛Ⅱ地区出土中国陶瓷研究》，第98页。

⑤ 举一个九州博多遗迹群里的事例，在遗迹中发现的大量一次性废弃的中国陶瓷中没有墨书，可能是因为从贸易船打捞陶瓷的时候，因火灾等原因失去了贸易商品的价值，所以一次性废弃。(《博德出土墨书陶瓷器をめぐる诸问题》第9页。)即笔者认为，作为贸易商品运来的陶瓷没有写下墨书的可能性很大。

以福建省为中心的中国南方地区制作的。"纲"、中国人"姓"、画押等的墨书显示了宋元代通过海上进行贸易活动的商人集团的活动状况,他们主要在高丽、日本、东南亚一带活动。其中能够证明当时高丽与宋朝之间通过海商进行交流状况的资料,为今后更进一步、系统化地研究高丽与中国的陶瓷交流提供了基础资料。

（作者单位：韩国国立文化财研究所）

黑水城出土宋刻《初学记》残页版本考
——兼论宋元时期江南至塞外的"书籍之路"

秦桦林

一、"丝绸之路"与"书籍之路"

出土文献所涉及的品种非常广泛,除了人们耳熟能详的金文、甲骨文、简牍、帛书及写卷,刻本也是出土文献里不容忽视的重要组成部分。出土刻本是中国"四大发明"之一的印刷术的最好见证,主要发现于丝绸之路沿线,大多集中在敦煌、吐鲁番、黑水城三地。这三个地点分处今甘肃、新疆、内蒙古的荒漠戈壁之中,那里干燥的气候非常适合纸质文献的保存。虽然敦煌、吐鲁番、黑水城存在地理上的区隔,但此三地在历史上存在密切的交流,同属丝绸之路上著名的中转站。

众所周知,丝绸之路不仅是一条连接古代中国与西域的贸易之路,也是一条承载着东西方文明互动、交融的文化之路。20世纪以来,在丝路沿线不断发现的出土写本与刻本便是后者最好的见证。王勇认为:"如果说丝绸代表的是'物质文明',那么我想把书籍象征的文明定义为'精神文明'。"为此他仿照"丝绸之路"一词,专门提出"书籍之路"的概念。此说一经提出,便在海内外引起强烈反响。不过王勇所提出的"书籍之路"概念主要着眼于中日、中韩之间的文化交流:"(我)倡导'书籍之路'之用意,在于论证古代东亚诸国的文化交流,无论内容、形式,还是意义、影响,均有别于沟通中西的'丝绸之路'。"[①]日本学者水口干记指出,这一狭义"书籍之路"概念的最大不足在于过分强调它与"丝绸之路"之间的对立。[②]

[①] 王勇:《鉴真东渡与书籍之路》,王勇主编:《书籍之路与文化交流》,上海:上海辞书出版社,2009年,第4页。

[②] [日]水口干记:《"书籍之路"概念再考——王勇说的批判性继承》,王勇主编:《东亚坐标中的书籍之路研究》,北京:中国书籍出版社,2013年,第30—43页。

　　但需要指出的是，"书籍之路"的概念自有其合理内核，不宜轻易否定。笔者认为，就侧重考察书籍的流通渠道和传播过程而言，"书籍之路"的提法非常具有启发性和适用性。丝绸之路沿线出土的写本与刻本文献，有许多是从中原腹地输入西域的。比如陈寅恪就曾指出敦煌藏经洞中不乏来自南朝的写经，它们便是"因通常南北交通之会，流入北地"①。虽然敦煌、吐鲁番、黑水城都处于中华版图之内，其地理性质与日本列岛、朝鲜半岛完全不同，且前者属于陆路交通，后者则多属海路交通，但不可否认的是，就书籍的传播而言，两者在本质上是相同的。

　　事实上，"丝绸之路"与"书籍之路"这两个名词各有侧重，两者之间并不矛盾。比如党宝海指出，吐鲁番出土的《金藏》本佛经有一部分是回鹘商人从燕京弘法寺舍资请印的②，足见商业贸易的繁荣可以更好地促进书籍的流通。敦煌藏经洞内发现有唐代长安、西川印制的历日刻本，尽管它们并非传统意义上的书籍，但它们当初肯定是被当作特殊门类的商品而通过丝绸之路贩运到敦煌的。由此可见，不仅"丝绸之路"具有贸易和文化的双重属性，"书籍之路"也同样兼具这两种特性。书籍（尤其是刻本书籍）往往被视为可以逐利的商品而由书贾往来鬻贩。总之，古代的商人也是文化交流的使者，古代的丝绸之路同样也是中西方文化交流的大动脉，"书籍之路"正是伴随着"丝绸之路"产生的。

　　出土于敦煌、吐鲁番、黑水城等地的汉文刻本，为"书籍之路"与"丝绸之路"相生相伴提供了大量鲜活而又具体的佐证。本文接下来要讨论的一组黑水城出土宋刻《初学记》残页，便是宋元时期江南至塞外"书籍之路"上保存下来的具体而微的文化遗存。

二、《初学记》残页的版本特征

　　《俄藏黑水城文献》第 5 册收录有数块类书刻本残片，李辉、冯国栋将其正确地定名为"《初学记》卷一《星第四》"，并指出 TK314-2 与 TK322.2 两号同属一页，可以缀合③（以下简称"李、冯文"）。段玉泉在李、冯文研究的基础上进行补考，指出

---

①　陈寅恪：《敦煌石室写经题记汇编序》，见《金明馆丛稿二编》，上海：上海古籍出版社，1980 年，第 201 页。

②　党宝海：《吐鲁番出土金藏考》，见季羡林编：《敦煌吐鲁番研究》第 4 卷，北京：北京大学出版社，1999 年，第 103—125 页。

③　李辉、冯国栋：《俄藏黑水城文献两件类书定名与拼合》，《宁夏社会科学》2005 年第 2 期。

TK322.5 号下的两块残片与 TK314、TK322.2 亦同属一页,并据 TK322.5-2 号残片中缺笔避讳的"玄"字,认为黑水城出土的《初学记》残页当为北宋刻本[①](以下简称"段文"),从而否定了《俄藏黑水城文献·叙录》认为该残页是"金刻本"的说法[②]。

不过,黑水城出土《初学记》残页是否果如段文所指出的"应该是北宋刻本",仍值得商榷。就传世善本而言,徐森玉指出:"北宋刻本书流传至今者绝少,以北京图书馆藏书之富,亦仅《文选》两卷而已。"[③]据尾崎康调查,全世界范围内流传有绪的、佛教文献以外的北宋刻本仅有 15 种[④]。因此,如果要把某张残页鉴定为北宋刻本,无疑需要对刻印年代的下限进行更为严密的论证才具有说服力。

笔者认为,对于黑水城出土《初学记》刻本残页尚有进一步探讨的余地,应从出土刻本的实际出发,在定名、缀合的基础上,着重从版本学角度考察《初学记》残页的特征。参考原卷图版并结合《俄藏黑水城文献·叙录》对其形态的描述,可知《初学记》残页仅存上下单边,是否为左右双边不明;版心为白口、双鱼尾,上鱼尾下方记书名简称"记",下鱼尾下方记页数"八";字体劲瘦,带有褚体笔意;纸质为麻纸,很可能为蝴蝶装。

段文推测原书行款为"半页不少于 11 行,行 18 大字"。复核图版,TK314-2 号存 11 残行,原书半页的确至少 11 行,段文所论极是。我们结合 TK314-1 号的天头纸幅推断,原书大概不会超过半页 12 行。不过段文认为原书"行 18 大字"的观点,恐不确。段文已指出 TK322.5-2 末行与 TK314-1 首行可以缀合,我们予以录文、复原[⑤]:

（1）　堪舆云玄枵为齐之分星纪吴越之分析 |木之津燕之分|

（2）　|大火宋| 之分寿星郑之分鹑尾楚之分鹑火周之分鹑首

---

①　段玉泉:《俄藏黑水城文献〈初学记〉残片补考》,《宁夏社会科学》2006 年第 1 期。

②　孟列夫、蒋维崧、白滨:《俄藏黑水城文献·叙录》,见俄罗斯科学院东方研究所圣彼得堡分所、中国社会科学院民族研究所、上海古籍出版社编:《俄藏黑水城文献》第 6 册,上海:上海古籍出版社,2001 年,第 37 页。

③　顾颉刚:《顾颉刚读书笔记》第 4 册,北京:中华书局,2008 年,第 445 页。

④　参见[日]尾崎康:《宋代雕版印刷的发展》,载《故宫学术季刊》2003 年第 4 期。十五部北宋本(日本藏十部,中国大陆藏三部、中国台湾藏二部)计有:《新雕人篆说文解字》《姓解》《通典》《重广会史》《中说》《御注孝经》《文选》(三部)《史记》(二部)《范文正公文集》《新雕双金》《绍圣新添周易神杀历》《白氏六帖事类集》。

⑤　录文、复原的目的在于推算原书每行的字数,因此不加标点,下同。

由此可知,原书实为大字每行 22 字。李、冯文已指出 TK314-2 与 TK322.2 可以缀合,我们选取保存较为完整的第六及第七行进行录文、复原:

(1) **贯珠　陨石**　天形如车盖众星累累如连贝　易坤灵图曰至德之萌五星若贯珠　左传僖公十六年春陨石于宋五陨星也

(2) **食昴　袭月**　汉书邹阳上书曰卫先生为秦画长平之事太白食昴昭王疑之刘向说苑秦胡亥立日月薄食山林沦亡枉矢

可知原书小字为每单行 29 字。

残页中的避讳字除段文举出的"玄"字外,TK314-1 号残片的双行小注"恒、经皆常"的"恒"字亦缺末笔,避宋真宗讳。从讳字可知,黑水城出土《初学记》残页确当为宋刻本。结合字体、纸质以及版式进一步推断,可知该残页具有南宋早期建本的特点,原书为"北宋刻本"的可能性微乎其微。

三、《初学记》残页的版本比较

李、冯文称《初学记》"今存最早刻本即为明嘉靖十年安国桂坡馆刻本"[1],此不确。《初学记》现存最早的版本是南宋绍兴十七年(1147)东阳崇川余四十三郎宅刊本(以下简称"南宋余氏本")。该本现藏日本宫内厅书陵部,傅增湘《藏园群书经眼录》著录此书云:"宋刊本。密行细字,半页十二行,每行二十二至二十五字不等,注双行三十字,白口,左右双阑……此书刊工精湛,笔迹瘦劲,与余藏百衲本《通鉴》中十四五行本相类,盖南宋初建本也。"[2]这与我们对黑水城出土《初学记》残页的版本特征进行的分析非常接近。

黑水城出土《初学记》刻本残页(以下简称"黑水城本")的内容与南宋余氏本的对应关系如下:前者 TK314-1 与 TK322.5-2 对应后者卷一第八页正;前者 TK322.5-5、TK322.2 与 TK314-2 对应后者卷一第八页背。可见,这五块残片属于原书的同一页面。李文、冯文和段文虽然指出以上残片可以缀合,但均未给出缀合

---

① 李辉、冯国栋:《俄藏黑水城文献两种类书定名与拼合》,《宁夏社会科学》2005 年第 2 期。

② 傅增湘:《藏园群书经眼录》,北京:中华书局,1983 年,第 803 页。

效果的最终示意图,严格来说是不完备的。笔者将这些残片进行缀合,并与南宋余氏本的影印本①进行比较,参见图1至图4:

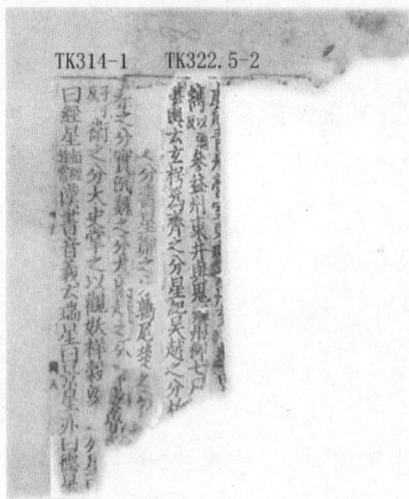

图1

图2

图3

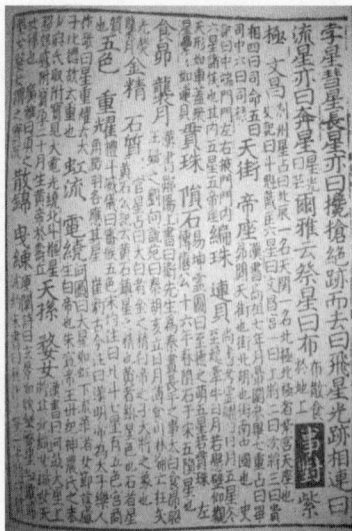

图4

由以上可见,黑水城本与南宋余氏本两者无论字体、行款,还是刊刻风格,都几乎如出一手,两者应存在极为密切的版本关系。遗憾的是,限于客观条件,无法直接

---

① 徐坚:《初学记》,见《日本宫内厅书陵部藏宋元版汉籍影印丛书》编委会编:《日本宫内厅书陵部藏宋元版汉籍影印丛书》第1辑,北京:线装书局,2002年。

测量残页原件,我们还不能精确地推算黑水城本的版框大小,但根据 TK314-1 号出土残页中双鱼尾相对于右侧文字的位置来看,黑水城本与南宋余氏本的版框大小很可能大致相当。

　　虽然黑水城本与南宋余氏本版式非常相似,乍看去甚至会使人以为是同版。然而细审笔画,两者还是存在不少微殊之处,请见表 1。

表 1　黑水城本与南宋余氏本的区别

序号	黑水城本	南宋余氏本	备注
1			"氵"旁黑水城本三点连笔
2			
3			黑水城本"我"的第四笔提横以及末笔点位置与南宋余氏本有区别
4			二本字形有区别
5			黑水城本的第二笔捺起笔平直,收笔出锋
6			黑水城本的末笔捺出锋
7			二本末笔的位置有区别
8			"号"的部件"口",黑城本方正,南宋余氏本扁斜
9			南宋余氏本二字的笔画相交,且"齐"字中间部分的形体亦与黑水城本有区别,为讹字

　　从表 1 不难看出,尽管黑水城本与南宋余氏本版式相同、字体一致,但这两种版本在点划方面还是存在不少差异,绝非同版。此外,黑水城本版心上鱼尾下方存书名简称"记",而南宋余氏本相同位置未刻书名简称,益可证此二本绝非同版。

　　由表 1 所列字形看,黑水城本的"氵"旁三点皆连笔(如"汉""沉"),而南宋余氏本未连笔;黑水城本的笔画多出锋(如"分""吴"),而南宋余氏本不及前者锋棱峭利;较之黑水城本,南宋余氏本还存在刊刻错误(如"齐"字)。这些字形上的区别恰好说明两种版本各自的产生时间明显存在先后之别。从黑水城本笔画较粗、捺笔出锋、字形错讹较少以及"氵"旁三点皆连笔等推断,我们认为,黑水城本很可能刊刻在南宋余氏本之前,即刊刻时间不晚于南宋绍兴十七年(1147)。

四、从传世本看黑水城本的刊刻地点与时间

前文已述,黑水城本属于南宋早期建本,其刊刻时间的下限当不晚于南宋绍兴十七年,那么其刊刻时间的上限大约在何年? 该本与南宋余氏本之间存在何种具体的版本关系? 南宋余氏本又属于何种版本性质? 要探讨上述问题,就必须着重对保存相对完整的南宋余氏本进行深入考察。

南宋余氏本书前刊载绍兴四年(1134)福唐刘本序,序末刻牌记四行(参见图5):"东阳崇川余四十三郎宅,今将监本写作大字,校正雕开,并无讹谬,收书贤士,幸详鉴焉,绍兴丁卯(1147)季冬日谨题。"其中提到的"东阳崇川",方彦寿认为是福建建阳崇化的别称[①],张秀民则认为指浙江婺州东阳[②]。我们赞成张秀民的意见,并试从底本来源方面进行补证。

图 5　福唐刘本序末

南宋余氏本目录首、尾俱题作"重雕初学记",由是可知,该本应是在绍兴四年本(据刘本序可知)的基础上重雕的。那么作为底本的绍兴四年本究竟刊刻于何地呢? 宿白云:"宋本《初学记》现藏日本宫内厅书陵部,1995 年予去东京曾阅是书……值得注意的是,此本卷二五、二八至三〇文字俱与明安国本接近。"[③]刘玉才指出:"经过初步的文字比勘,我们发现,安国本在文字上更接近于日藏宋本。"[④]可见明安国本与南宋余氏本属于同一版本系统,两者可以对勘比较。明安国本亦载有福唐刘本序,值得注意的是,序末题作"绍兴四年岁次甲寅正月上元日右修职郎建阳县丞福唐刘本序",此处结衔"建阳县丞",直接证明绍兴四年本应是刻印于建阳。但耐人寻味的是,南宋余氏本所载的福唐刘本序末题作"绍兴四年岁次甲寅正月上元日福唐刘本序"(参见图5),偏偏缺少"右修职郎、建阳县丞"这两个职官名,而南宋余氏本行格所留空白完全可以容纳这八个字。这恐怕并非出于翻雕者无心的省略。福唐

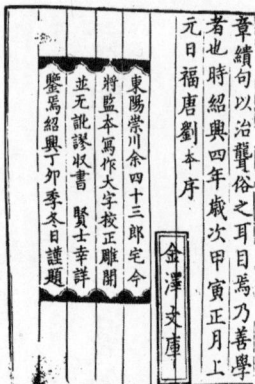

---

① 方彦寿:《东阳崇川与建阳崇化》,《古籍整理研究学刊》1988 年第 4 期。
② 张秀民:《南宋刻书地域考》,见《张秀民印刷史论文集》,北京:印刷工业出版社,1988 年,第 90 页。
③ 宿白:《唐宋时期的雕版印刷》,北京:文物出版社,1999 年,第 91 页。
④ 安平秋、杨忠、曹亦冰等:《〈日本宫内厅书陵部藏宋元版汉籍影印丛书〉影印说明(第一辑)》,《中国典籍与文化》2003 年第 1 期。

刘本不仅是建阳县丞,而且是当时知名的儒者①。笔者认为,略去职官名恰恰暴露了书坊主人余四十三郎是在有意掩盖其底本的真实来源。绍兴四年本既然是建阳本,亦当出自坊刻,而南宋余氏本的牌记却言之凿凿地声称"今将监本写作大字,校正雕开",大肆标榜"监本",不啻掩耳盗铃,实乃书贾故技。与此类似的情况,如南宋后期麻沙刘仕隆所刻《钜宋广韵》,翻刻自乾道五年(1178)建宁府黄三八郎所刻《钜宋广韵》,但亦在牌记中宣称:"本宅今将监本校正,的为精当,收书贤士,请认麻沙镇南刘仕隆宅真本。"也是意在掩盖翻刻自坊本之实。黄华珍根据南宋余氏本牌记称:"据此可知,本书……当为复(覆)刻监本。"②实为书贾所欺。

明安国本《初学记》所载福唐刘本序末结衔保持完整,说明此本虽然晚出,但所据底本直承南宋绍兴四年本而来,其版本价值不可忽视③。而从南宋余氏本所载福唐刘本序缺少"右修职郎、建阳县丞"的职官名可推知,"东阳崇川余四十三郎宅"应当位于建阳以外的地方。因为如果"余四十三郎宅"本来就在建阳,似毫无必要将底本中作序者刘本的"建阳县丞"一职删去。况且南宋余氏本刻于绍兴十七年,而底本刻于绍兴四年,相距仅仅 13 年,后者的版片恐怕还不至于在如此短的时间内朽烂殆尽,在建阳当地难觅踪影,而前者又敢公然标榜"重雕""监本"。揆之事理,亦可知此"东阳崇川"应指婺州东阳(今浙江东阳)方为合理。

实际上,南宋婺州书坊在当时素以翻雕、覆刻畅销书籍而闻名于世。宋本《新编四六必用方舆胜览》书前附载的两浙转运司牒文载:

据祝太傅宅干人吴吉状:本宅见雕郡志名曰《方舆胜览》《四六宝苑》两书,并系本宅进士私自编辑,数载辛勤,今来雕版所费浩瀚,窃恐书市嗜利之徒辄将上件书版翻开,或改换名目,或以《节略舆地胜览》等书为名,翻开攘夺,致本宅徒劳心力,枉费钱本,委实切害。照得雕书合经使台申明,乞行约束,庶绝翻版之患。乞给榜下衢、婺州雕书籍处张挂晓示,如有此色,容本宅陈告,乞追人毁版断治施行。奉台判备榜须至指挥。右今出榜衢、婺州雕书籍去处张挂晓示,各令知悉,如有似此之人,仰经所属陈告追究,毁版施行。故榜。嘉熙二年(1238)十二月　日榜,衢、婺州雕书籍去

---

① (明)王应麟《玉海》卷四〇《艺文》著录"刘本《春秋中论》三十卷,绍兴中",当即此人。

② 黄华珍:《日藏汉籍研究——以宋元版为中心》,北京:中华书局,2013 年,第 134 页。

③ 叶启勋:《拾经楼绅书录》,见湖南图书馆编《湖南近现代藏书家题跋选》第 2 册,长沙:岳麓书社,2011 年,第 84 页。

处张挂。转运副使曾名押。①

　　以上这则牒文表明南宋时衢州、婺州的书坊中间普遍存在对畅销书籍"翻开攘夺"的风气（"开"，即开版之义，"翻开"，意即翻雕）。翻刻时有的将书名更替，改头换面；有的则直接将原书页拆开，上版翻雕。后者实际上采用的是覆刻法，由于省去了请书手书写上版的工序，从事翻雕的私营印刷业主无疑节约了成本，自然可以压低书价，这就形成了对原书首印者的不良竞争。无怪乎雕印《方舆胜览》的祝氏要寻求政府的法令许可，进行版权的自我保护。

　　既已明了南宋婺州的书坊普遍存在翻雕风气，便不难理解为什么刊刻于婺州东阳的《初学记》反而会体现出类似建本的风格。这很可能是因为书坊主人余四十三郎将弄到手的绍兴四年建阳刻《初学记》一书的书页直接拆开、上版并加以覆刻。为掩盖其覆刻行径，余四十三郎首先在牌记中自我标榜"将监本写作大字"。但"监本"素来以本阔字大著称，比如《续资治通鉴长编》卷二六六引吕陶《记闻》云："嘉祐、治平间（1056—1067），鬻书者为监本字大难售，巾箱又字小有不便，遂别刻一本，不大不小，谓之《中书五经》，读者竞买。"②如果此南宋余氏本《初学记》确系翻刻自监本，就用不着再多此一举"写作大字"了，这一措辞反而露出马脚。再者，余四十三郎将福唐刘本序末结衔中的"右修职郎、建阳县丞"删去，竭力与建安本撇清关系，恐怕是为了避免"收书贤士"们产生不必要的联想。因为建阳本虽然不乏刊刻精善的好书，但整体上以文字错讹较多而受到宋代文人的广泛批评。这或许正是余四十三郎要在牌记中吹嘘"校正雕开，并无讹谬"的原因。归根结底，牌记具有商业广告性质，是私人书坊欲求牟利的营销说辞而已。

　　南宋婺州的书坊往往选择畅销书进行翻刻，而建安本正是畅销书的一大来源。因此，久而久之，浙江的婺州刻本刊刻风格反而更接近建本。宿白已指出，婺州刻本"在雕版风格上，跳出一般江浙版刻的方整传统，别树一帜，字体瘦劲。这大约是受到了福建雕版的影响"③。笔者认为，婺州书坊翻刻建本的风气对这种刊刻风格的形成很可能起到了推波助澜的作用。

---

　　①　祝穆：《新编四六必用方舆胜览》，见《日本宫内厅书陵部藏宋元版汉籍影印丛书》编委会编：《日本宫内厅书陵部藏宋元版汉籍影印丛书》第 1 辑，北京：线装书局，2002 年，第 5 页。
　　②　李焘：《续资治通鉴长编》第 10 册，北京：中华书局，2004 年，第 6529 页。
　　③　宿白：《唐宋时期的雕版印刷》，北京：文物出版社，1999 年，第 91 页。

现存的南宋崇川余氏刻本除了《初学记》之外,还有《新纂门目五臣音注扬子法言》(现藏中国国家图书馆)、《伊川先生点校附音周易》(现藏台北原"中央图书馆"),都表现出浓厚的建本风格,这大概并非偶然的现象。《新纂门目五臣音注扬子法言》序后刻牌记:"谨将监本写作大字刊行,校证无误,专用上等好纸印造,的与他本不同,收书贤士,幸详鉴焉,崇川余氏家藏。"①这段文字与南宋余氏本《初学记》中的牌记用语极其相仿,如出一辙,两者的刊刻时间应当接近。值得注意的是,《伊川先生点校附音周易》亦为半页 12 行、大字每行 22 字,行款与《初学记》相同,可见崇川余氏刻书在翻雕建本的同时,也潜移默化地形成了与建本一致的刊刻风格。

由以上可知,南宋余氏本的版本属于将建本书页直接上版覆刻的翻雕性质。既明此,则不难回答本小节开头所提出的有关黑水城本的问题。笔者认为,黑水城本《初学记》刊刻地点应是建阳,是目前发现的一个更接近绍兴四年刻本原貌的新版本,其刊刻时间当在绍兴四年至十七年(1134—1147)之间。

五、宋元时期江南至塞外的"书籍之路"

宋元时期,中国的书籍形态正式从写本时代迈入刻本时代。书籍的传播流通也逐渐以刻本为主。汉文刻本是一种特殊的文化产品,其流布之广、传播之远,几乎达到了无远弗届的程度。敦煌、吐鲁番、黑水城位于西北地区,这些地方能发现大量各个时期、不同地域的汉文刻本,这本身就是西域与中原文化交流史中一个值得探索的问题。

不言而喻,以刻本书籍为载体的文化交流传播是以各地区之间保持直接或间接的交通为前提的。早在 20 世纪 30 年代,魏建功在论及德藏吐鲁番文献中的《切韵》刻本时就已指出:"且书自吐鲁番出土,若竟为宋椠不谬,是中亚华番文化往来之迹,迄宋犹有余烈,抑亦史实之珍闻矣!"②这也提醒我们,宋元时期的"书籍之路",除了有输往朝鲜、日本的东线和输往辽、金的北线,还存在一条通往敦煌、吐鲁番、黑水城等地的西北线。

这条西北线的"书籍之路"主要由江南的浙江、福建向塞外地区延伸开去。这种情况与宋元时期浙江杭州、福建建阳是当时主要的印刷中心紧密相关。这表明江南

---

① 转引自于敏中、彭元瑞:《天禄琳琅书目》后编卷五,北京:中华书局,1995 年,第 293 页。
② 魏建功:《论〈切韵〉系的韵书》,见《魏建功语言学论文集》,北京:商务印书馆,2012 年,第 275 页。

与西北虽然相距万里,但在宋元时期一直保持着密切的文化交流。王素指出,吐鲁番曾出土元代"杭州泰和楼大街某行铺招贴""杭州信实徐铺招贴"(Ch1064、1103、1875 号),黑水城也曾出土"杭州晏家"刊印的《妙法莲华经·观世音菩萨普门品》(TK167 号),并由此推断:"宋元时期,我国西北地区,包括吐鲁番在内,与中原都一直保持密切的交通,中华传统文化在该地区仍然有着广泛的影响。"①

其实早在两宋时期,即汉民族政权与少数民族政权鼎峙的阶段,这种文化交流非但不曾中断且本身一直处于蓬勃发展的进程之中。王素所举例证主要是元代出土文献,如果要寻找这条以刻本传播为主的西北线"书籍之路"的早期端倪,应尽可能地集中查找比对已出土的宋刻本残页。

敦煌、吐鲁番、黑水城等地出土的宋刻本主要通过官方颁赠和民间流通两条途径而来。北宋时期,官方颁赠到上述地区的刻本占有较大比重,具体表现就是在西域发现的《开宝藏》刻本残页。北宋初年刊刻的《开宝藏》是第一部刻本大藏经。开宝四年(971),宋太祖敕令高品宦官张从信前往益州督造刊刻。全藏以《开元释教总录》为基础进行刊刻,总计五千余卷,版片多达十三万块。宋太宗太平兴国八年(983),《开宝藏》的全部版片运往首都汴梁。在北宋,《开宝藏》多次修补印行,除了满足皇家和国内寺院的宗教需求,《开宝藏》还被作为展开佛教外交的国礼赠予周边政权,像辽国、西夏皆曾受颁。现今存世的《开宝藏》印本寥寥无几,方广锠、李际宁主编的《开宝遗珍》将世界范围内搜集到的十二件零卷仿真影印出版②。而在吐鲁番地区发现有不少《开宝藏》残页,小川贯式的《吐鲁番出土的印刷佛典》③、王丁的《初论〈开宝藏〉向西域的流传》④都对此进行了很好的研究。虽然这些残页大多零碎,但在《开宝藏》散佚严重的情况下,仍称得上吉光片羽,弥足珍贵。

尽管《开宝藏》属于蜀刻本,但其刷印、流通的始发地则是位于中原腹地的汴梁。《开宝藏》向西北地区的流通开启了宋刻本向塞外传播的序幕。

而到了南宋时期,民间渠道的流通形式更趋活跃,江南地区的印刷中心杭州、建阳成为宋刻本向塞外传播的主要集散地。本文所探讨的黑水城本《初学记》便是一个显著的例子。该本刊刻地点应是建阳,其刊刻时间当在绍兴四年至十七年之间,

①　王素:《敦煌吐鲁番文献》,北京:文物出版社,2002 年,第 41 页。

②　方广锠、李际宁主编:《开宝遗珍》,北京:文物出版社,2010 年。

③　[日]小川贯式:《吐鲁番出土的印刷佛典》,《印度学佛教学研究》第 14 卷第 1 号(1956 年)。

④　王丁:《初论〈开宝藏〉向西域的流传》,见国际佛教学大学院主编:《佛教文献と文学》,东京:国际佛教学大学院,2008 年,第 67—91 页。

属于南宋初期刊本。无独有偶,吐鲁番出土的 Ch1874 号《龙龛手鉴·禾部》残页,经笔者研究,刊刻于 1086—1127 年之间,为北宋后期浙江刻本①。此外,黑水城出土的 TK290 号《新唐书》残页及吐鲁番出土的 Ch2286、Ch3761、Ch3903、Ch3623 号《新唐书》残页,经笔者研究,分别为南宋建本与南宋浙本②。以上几种宋刻本残页均属于佛经以外的文献,尤其是《初学记》这部编纂于盛唐的类书,其主要功用便是作为撰写诗文的参考书。这些文献表明,自北宋后期开始,通过民间渠道向西北地区流通的刻本书籍其世俗化程度不断提高,从一个侧面反映出当时少数民族政权统辖地区主动接受汉文化熏陶的风气之盛。

　　元朝统一南北后,各地区之间的交通更为便捷,有力地促进了商贸与文化的繁荣发展。陈垣指出,元代"西北拓地数万里,色目人杂居汉地无禁,所有中国之声明文物,一旦尽发无遗,西域人羡慕之余,不觉事事为之仿效"③。加之元代中后期政府提倡儒学,有关汉文化的书籍更是源源不断地从江南输往塞外。以黑水城出土文献为例,仅笔者就比对出 M1·1249[F19:W31]号元浙本《孝经直解》与 Or.8212/814 号元建本《三国志文类》④。特别是前书,作者为晚年生活于杭州的华化西域人贯云石。陈垣云:"儒学为中国特有产物,言华化者应首言儒学。"⑤贯云石在自序中阐明了作书宗旨:"使匹夫匹妇皆可晓达,明于孝悌之道。庶几愚民稍知理义,不陷于不孝之罪,初非敢为学子设也。"⑥《孝经直解》的解释内容采用元代硬译体白话,作为私塾教本,非常适合童蒙诵读,所以风行一时,诚可谓家弦户诵之书。即便是远在边陲的黑水城,也发现有该书的身影,堪称塞外少数民族群体通过身处江南的色目人这一媒介主动学习和接受汉文化的佳例。

　　值得注意的是,由于元代创立行省制度,有力地促进了全国的统一局面,官颁书籍中有许多是在江南(特别是杭州)组织刊刻、刷印后分发全国各地的。如黑水城文献 M1·1242[F19:W22]号残页,经笔者比对,应定名作"《元一统志·太原路》刻本残页"⑦,为元代杭州刻本,刊刻于元顺帝至正六年(1346)。《元一统志》卷帙浩繁,

①　秦桦林:《德藏吐鲁番文献〈龙龛手鉴·禾部〉残页小考》,《文献》2011 年第 3 期。
②　秦桦林:《敦煌、吐鲁番、黑水城出土史籍刻本残页考》,《敦煌研究》2013 年第 2 期。
③　陈垣:《元西域人华化考》,上海:上海古籍出版社,2000 年,第 132 页。
④　秦桦林:《黑水城文献刻本残叶定名拾补二则》,《文献》2015 年第 6 期。
⑤　陈垣:《元西域人华化考》,第 8 页。
⑥　贯云石:《元版〈孝经直解〉》,东京:汲古书院,1996 年,第 18 页。
⑦　秦桦林:《黑水城出土〈元一统志〉刻本残叶考》,《中国地方志》2014 年第 10 期。

多达一千三百卷,能够在西北边陲的黑水城发现其残页,具有重要的历史文化意义。黑水城还出土有《文献通考》残页[①]。此二书同为元末杭州官刻本,应该都是通过官颁途径分发到黑水城的。一方面,这说明到了元代末期,从北宋以来逐渐形成的刻本"书籍之路"已经发展到鼎盛局面,江南地区的刻本书籍能够源源不断、畅行无阻地通过各种渠道输往塞外,其中甚至不乏《元一统志》《文献通考》这样的大部头著作。另一方面,黑水城(元时属"亦集乃路")在元代是多民族聚居的边邑,位于中外交通的孔道(《马可波罗行纪》中便有相关记载)[②],像《元一统志》这样的全国地理总志能够受颁并且保存于此,在当时无疑具有巩固国家统一的象征意味。

众所周知,敦煌、吐鲁番、黑水城在不同历史时期都可谓"华戎交会"之所,又都地处丝绸之路的要冲。大量汉文刻本残页在上述地域内出土,具有深刻的启示意义。宋元时期,陆上丝绸之路的商贸作用或许因海上丝绸之路的兴起而有所削弱,但与丝绸之路相伴相生的"书籍之路"的作用和价值不但不曾削弱,反而更加突出。这一时期,刻本书籍通过各种渠道向西北传播,一条绵延万里、从江南延伸至塞外的"书籍之路"灼然可见,堪称西域地区浸润华化之风的最好见证。伴随着"书籍之路"的发展壮大,汉文化的精华通过刻本这一载体不断向西流传,这是中原文明在西域地区传播、生根以至与西域交融全过程的重要组成部分,充分体现出汉文化强烈的向心力与凝聚力。在宋朝那样的分裂时期,文化的向心力与凝聚力无疑酝酿了日后统一所必备的心理要素;而在元朝那样的强盛时代,这种源自文化的精神力量更是维系统一局面所不可或缺的重要因素。

（作者单位:浙江大学历史系）

---

① 内蒙古自治区文物考古研究所编:《中国藏黑水城汉文文献》第 7 册,北京:国家图书馆出版社,2008 年,第 1501—1558 页。

② 参见[意]马可波罗述、[法]沙海昂注:《马可波罗行纪》,冯承钧译,北京:中华书局,2004 年,第 213 页。

黑水城所出识认状问题浅探

宋　坤

　　《中国藏黑水城汉文文献》第四册当中收录有三件元代识认状，分别为《失林婚书案卷》中的失林识认状[①]、闫从亮识认状[②]，以及皇庆元年（1312）古都不花识认状[③]。目前学界对这几件识认状关注较少，仅有侯爱梅《〈失林婚书案文卷〉初探》[④]与陈瑞青《从黑水城所出失林婚书案卷看元代诉讼制度》[⑤]两文当中有所涉及。笔者在研读两文过程中受益良多，但觉其中仍有余意可发，可对已有成果略作补充，故作是文。不当之处，敬请方家批评指正。

失林识认状缀合与复原

　　黑水城所出《失林婚书案卷》因相对完整，内容丰富，史料价值较高，故而格外受到相关专家的重视。目前学界已有多篇研究文章，但这些已有研究成果大多集中于对其中所反映的社会问题的探讨，而对其中的司法问题则论述较少。[⑥] 相较而言，目前对于《失林婚书案卷》研究最为全面的当属侯爱梅及陈瑞青。侯爱梅《〈失林婚书案文卷〉初探》一文中对这批文书中涉及的诉状、取状、承管状、责领状、识认状等进行了书式还原，并对整个案件的司法程序进行了探讨。陈瑞青《从黑水城所出失

---

　　① 塔拉、杜建录、高国祥主编：《中国藏黑水城汉文文献》（第四册），北京：国家图书馆出版社，2008年，第884—885页。

　　② 《中国藏黑水城汉文文献》（第四册），第882页。

　　③ 《中国藏黑水城汉文文献》（第四册），第715页。

　　④ 侯爱梅：《〈失林婚书案文卷〉初探》，《宁夏社会科学》2007年第2期。

　　⑤ 陈瑞青：《从黑水城所出失林婚书案卷看元代诉讼制度》，待刊。

　　⑥ 相关研究主要有：邱树森：《从黑城出土文书看元代"回回哈的司"》，《南京大学学报》2001年第3期；刘晓：《元代收养制度研究》，《中国史研究》2000年第3期；陈玮：《元代亦集乃路伊斯兰社会探析——以黑城出土文书、文物为中心》，《西域研究》2010年第1期；杨淑红：《从人口买卖看元朝政府与民间社会的博弈》，《河北师范大学学报》2011年第2期。

林婚书案卷看元代诉讼制度》一文则对案件审理过程中的"承管"及"责领"程序、"取状"与"识认状"的性质以及刑房与总府官的职能等问题进行了深入分析。

关于案件始末，在失林及闫从亮的取状中有所反映，大致来说是回回商人阿兀妻子失林在其夫出外经商时与邻人闫从亮相识，对其诉说自己婚姻的不幸。闫从亮提议失林将自己与阿兀婚书偷出销毁，之后赴官告阿兀压良为躯，等官府判决离异后，自己再大摆筵席迎娶失林。因阿兀共存放文契三纸，分别为买躯男木八剌并躯妇倒剌契书二纸及婚书一纸，但失林与闫从亮二人均不识字，故而失林将三纸文契全部偷出给闫从亮后，闫从亮到街上找史外郎识读，并诳称为买柴时所捡。在确认失林婚书后，闫从亮约失林到家，两人将婚书烧毁。后阿兀路遇史外郎，史外郎告知阿兀有人捡到他家文契。阿兀回家后检查发现少了文契一纸，询问失林，失林称曾将三纸文契拿与闫从亮，但闫从亮仅回付文契二纸。之后，阿兀将文契二纸拿与徐典识读，知道所缺为自己与失林婚书，于是状告到官。经官府审讯，失林与闫从亮均承认烧毁婚书一事，官府判决失林决四十七下并由阿兀带回家中严加看管，对闫从亮的判决结果因文字缺失，无法得知。

在本案审理过程中，共涉及识认状二份，分别为失林识认状及闫从亮识认状。其中，闫从亮识认状保存相对完整，为 M1·0668［F116：W71B］号文书第八件残片①，其内容如下：

1. 取识认②状人闫从亮

2. 今当

3. 总府官识认得见到官阿□□□

4. 男木八剌并兄答孩元买躯□□□

5. 书贰纸，委系失林元偷递与□□

6. 字，中间并无诈冒，识认是实，□□③

7. 台旨。

8. 至正廿二年十二月取识认状人闫□□④

（后缺）

---

① 《中国藏黑水城汉文文献》（第四册），第 882 页。

② "识认"，李逸友《黑城出土文书（汉文文书卷）》（北京：科学出版社，1991 年）录文作"认识"，现据图版改。

③ 据元代文书书写格式可知，此处所缺文字应为"伏取"。

④ 据文意推断，此处所缺文字应为"从亮"。

本件文书还收录于李逸友《黑城出土文书(汉文文书卷)》第 169 页,所记文书编号为 F116：W188。[①] 该书所收录本件文书共二件残片,其残片二《中国藏黑水城汉文文献》未收录图版,其内容为"初□日(印章)"。

失林识认状编号为 M1·0670[F116：W79][②],该件文书共三件残片,其内容如下：

(一)
(前缺)

_____

1. 取识认[③]状妇人失林
2. 今当
3. 总府官识认得见到官夫阿□□□
4. 买躯男木八剌并答孩所[④]□□□

(二)
(前缺)

1. 顿放契书偷递烧毁□□□
2. 厅[⑤]对问过取状,今来从亮□□□
3. 细招词另行招责外,今短□□□
(后缺)

_____

① 《中国藏黑水城汉文文献》一书所收 M1·0668[F116：W71B]号文书共八件残片,还收录于《黑城出土文书(汉文文书卷)》第 165—168 页,该书将[F116：W71B]残片一、二、三、四、六统一编号为 F116：W71,作为一件文书释录,为失林取状;将残片五与《中国藏黑水城汉文文献》第 894 页 M1·0676[F116：W107]残片一统一编号为 F116：W107,作为一件文书释录,为阿兀诉状;将残片七与《中国藏黑水城汉文文献》第 883 页 M1·0669[F116：W37]、第 912 页 M1·0686[F116：W37]号文书(《中国藏黑水城汉文文献》此处编号重复)统一编号为 F116：W37,作为一件文书释录,为失林取状;将残片八编号为 F116：W188,为闫从亮识认状。

② 《中国藏黑水城汉文文献》(第四册),第 884—885 页。

③ "识认",李逸友《黑城出土文书(汉文文书卷)》录文作"认识",现据图版改。

④ "所",李逸友《黑城出土文书(汉文文书卷)》录文未释读,现据图版改。

⑤ "厅",李逸友《黑城出土文书(汉文文书卷)》录文作"听",现据图版改。

（三）

（前缺）

1. 亮□□□□

2. 将文字二纸分付　　　收执□□

3. 外，有文字一纸，我交别人看来□□

4. 你的婚书，我取了，明日□□

5. 来，我每有商量的话。说罢□□

——————（骑缝章）——————

6. 家。至廿七日上灯时，从亮□□

7. 间有失林只身前往□□

8. 于房檐内取出元藏□□

9. 一纸，向失林言①：这□□

10. 娶你为妾妻婚□□□

11. 者，等候一二日，我□□

12. 兀将你做妾妻，却行□□

13. 得断出来时，我做筵□□

14. 每两个永远做夫妻。说罢□□

15. 将婚书对失林前于灶□□

16. 火烧毁□□□

（后缺）

本号文书还收录于《黑城出土文书（汉文文书卷）》第 169 页，其所记文书编号为 F116：W79。但从内容来看，此处《中国藏黑水城汉文文献》编者及李逸友整理有误，此三件残片应非同件文书。其中残片一应为失林识认状残片，残片二、三应为闫从亮取状残片。理由如下：

首先，上文提到 M1·0668[F116：W71B]号文书残片八"闫从亮识认状"中云"今当总府官识认得见到官阿　　　男木八刺并兄答孩元买躯　　　书贰纸"，此处所缺文字据其他《失林婚书案卷》文书补齐应为"今当总府官识认得见到官

————————————————

① 李逸友《黑城出土文书（汉文文书卷）》录文于"言"字后衍录一"说"字，现据图版改。

阿　兀元买躯　男木八剌，并兄答孩元买躯妇倒剌契书贰纸"，可知识认状中涉及事由仅为识认木八剌及倒剌买契，未涉其他案由。在其他文书中可见，失林与闫从亮取状内容基本相同，由此可以推知，其识认状内容也应相同，也应为识认木八剌及倒剌买契一事，不应涉及其他案由。因此，本件文书残片一与残片二、三应非同件文书。

　　其次，本件文书残片一抬头为"取识认状妇人失林"，据此可知其应为失林识认状残片，而残片二第 2、3 行则云"厅对问过取状，今来从亮　　　　　细招词另行招责外，今短　　　　　"，此语与 M1·0668[F116：W71B]号文书残片二第 1、2 行"当厅对问过所状，今来失林除备细词　　　　　招责外，今短状招伏不合"①等语格式相同，应为同类文书。而 M1·0668[F116：W71B]号文书残片一、二、三、四、六在《黑城出土文书（汉文文书卷）》中统一编号为 F116：W71，作为一件文书释录，为失林取状。故而本件文书残片二应为闫从亮取状残片。本件文书残片三内容与残片二相衔接，应为同件文书残片，故其也应为闫从亮取状残片。

　　笔者经过比对发现，M1·0670[F116：W79]号文书残片一可与《中国藏黑水城汉文文献》第四册第 871—873 页 M1·0664[F116：W117]号文书残片三缀合，形成一相对完整的失林识认状。M1·0664[F116：W117]号文书共三件残片，还收录于《黑城出土文书（汉文文书卷）》第 170 页，该书将残片一、二拼合为一释录。为论述方便，现将该件文书迻录如下：

（一）
（前缺）

————————————————————

1.　　取状人小闫名从亮
2. 右从良②，年廿四岁，无病，系　　　
3. 巩西县所管军户，现在城　　　
4. 家寄居□□　阿兀③　　　

————————————————————

① 《中国藏黑水城汉文文献》（第四册），第 879—882 页。
② 据文意推断，此"良"字应为"亮"。
③ "阿兀"，李逸友《黑城出土文书（汉文文书卷）》录文录作下一行，现据图版改。

5.　□□————①

（后缺）

（二）

（前缺）

1.　□□□————②

2.　的婚书呵，你收了者□———

3.　将伊家去讫。从亮还□———

4.　廿六日，从亮将失林□———

————————（骑缝章）————————

5.　纸□□□□□□————③

6.　纸赍去，向史外□———

7.　才往东街等柴去来□———

8.　字二纸，你与我看觑，则□———

9.　么文书④？有史外郎将文□———

10.　从亮言说：一纸系失林 合同 □□

11.　一纸是答孩元买躯妇倒□———

12.　你的这文字□□□———

13.　识认⑤了时，取此⑥□———

14.　文字是人家中用的文字□———

15.　得此，至廿七日，从亮约妇□———

16.　书一纸⑦留下，于本家房□———

（三）

　　　　（前缺）

————————————————

① 此行文字李逸友《黑城出土文书（汉文文书卷）》录文未标注，现据图版补。
② 此行文字李逸友《黑城出土文书（汉文文书卷）》录文未标注，现据图版补。
③ 此行文字李逸友《黑城出土文书（汉文文书卷）》录文未标注，现据图版补。
④ "书"，李逸友《黑城出土文书（汉文文书卷）》录文作"字"，现据图版改。
⑤ "识认"，李逸友《黑城出土文书（汉文文书卷）》录文作"认识"，现据图版改。
⑥ "此"，李逸友《黑城出土文书（汉文文书卷）》录文作"些"，现据图版改。
⑦ 李逸友《黑城出土文书（汉文文书卷）》录文于"一纸"两字后衍录"一纸"两字。

1. 倒剌契书贰纸，委系失林□□□

2. 递与小闫文契，中间并无诈□□□

3. 识认①是实，伏取

4. 台旨。

　　　　　（后缺）

从内容来看，该件文书残片一、二与残片三应非同件文书残片。残片一、二内容衔接，应为同件文书残片，且残片一抬头云"取状人小闫名从亮"，据此可知其应为闫从亮取状残片，而残片三第3行云"识认是实"，由此可知其应一识认状残片，故而三件残片应非同件文书。

从图版来看，M1·0664[F116∶W117]号文书残片三与 M1·0670[F116∶W79]号文书残片一笔迹、纸张相同且均为识认状残片，故而提供了缀合的可能。两者缀合后内容如下：

1.　　　取识认状妇人失林

2. 今当

3. 总府官识认得见到官夫阿□□□

4. 买躯男木八剌并答孩所□□□

5. 倒剌契书贰纸，委系失林□□□

6. 递与小闫文契，中间并无诈□□□

7. 识认是实，伏取

8. 台旨。

　　　　　（后缺）

由缀合后内容来看，其与上文提到的闫从亮识认状格式相同且内容基本一致，均为识认失林偷递闫从亮木八剌并倒剌买契一事，故而可知缀合应无误。

识认状性质及书式复原

侯爱梅在《〈失林婚书案文卷〉初探》一文中提到："在全部审讯完毕后将记录整

---

① "识认"，李逸友《黑城出土文书（汉文文书卷）》录文作"认识"，现据图版改。

理成被告人的识认状。"认为识认状是"对整个事情的认识和总结,应是结论性的东西"。其内容"包括识认人姓名、事情经过的描述、保证性的话语、时间及识认人签字画押四部分。识认状与取状一样也是由官府吏员书写,但是由当事人签字画押供认"。这个结论应是依据 M1·0670[F116:W79]号文书内容得出。但上文提到,M1·0670[F116:W79]号文书编者整理有误,其三件残片非同件文书,故而侯爱梅"在全部审讯完毕后将记录整理成被告人的识认状。识认状是对整个事情的认识和总结,应是结论性的东西"之结论有误。且由闫从亮及复原的失林识认状也可看出,识认状中并不包括事件经过的描述。

陈瑞青则认为从识认状的撰拟主体看,都是被告人招认犯罪事实的文书。这类性质的文书是被告人对案件中涉及重要案情的某一环节进行澄清和招认。但结合《失林婚书案卷》中的两件识认状及黑水城所出其他识认状来看,此观点也有可供商榷之处。

《失林婚书案卷》中的两件识认状除写状人不同之外,其余内容基本相同。由其内容可见,两人识认状的重点均是在识认"阿[兀元买躯]男木八剌并兄答孩元买躯[妇倒剌契]书贰纸"上,其文书书写目的是确认此两纸文契确为当初失林偷递与闫从亮之文契,其性质则应属于保证书,而非是关于偷窃一事的招认文书。

另,《中国藏黑水城汉文文献》第四册《盗贼案》中还收录有一件编号为 M1·0577[HF193B 正]的文书,编者拟题为《皇庆元年认状文书》[①],其内容如下:

1.　　　写认状人古都不花
2.　　　　一名古都不花,年廿五岁,无病,系
3. 御位下昔宝赤头目哈剌帖伦次男,见在迤北党鲁地面住
4.　　　　　坐,前来亦集乃买卖寄居。
5.　　　一名识保人答失哈[②]剌,年四十六岁,无系(病)[③],系曲典不花
6.　　　　　翼军人,见在本营住坐。
7. 右古都不花各开年甲在前,今当
8. 总府识认到本家元逃躯妇答失,如后但有诈
9. 认,不系本家躯口,至日古都不花等甘当谢官
10.　罪,不词。执结是实,伏取

---

① 《中国藏黑水城汉文文献》(第四册),第 715 页。
② "哈"字为后补写,现径改。
③ 据文意推断,"系"字应为"病"。

11.　台旨。

12.　　皇庆元年十二月　日写认状人古都不花　（签押）状

13.　　　　　　　　　连状识保人答失哈□□□□①

14.　　　　　　十三日

　　由内容可知，此件文书为古都不花为识认本家元逃躯妇答失所写识认状，撰拟主体非是被告人，且内容也非"招认犯罪事实"，而是识认"答失"确为本家元逃躯妇的保证书。

　　《事林广记》辛集卷之十"写状法式"当中也收录有一件"本主识认"书式，其文云：

厶村住人厶人：

　　　　右厶，年壮无病，伏为于今月厶日本家自不小心走失了甚

　　　毛色牛几头，有无印记，厶即时随处根觅不见。今来厶却知

　　　得厶村厶人收住上件牛畜，本人申覆到

　　官，见蒙出榜召人识认。所具上件牛畜，委是厶本家走失。今

　　具状上告

　　某官，伏乞

　　详状给付厶收管施行。所告执结是实，伏取

　　裁旨。

　　　　　　　　　　　　年　　月　　日告状人　　　厶人　　　状②

　　据内容可见，此书式应为元代识认状书式，为识认本家走失牛所出之保证书。由上所述，元代识认状并非只由被告书写且其内容均与识认失物有关。

　　《汉语大词典》云"识认"一词有二意：一为"辨识认定"，二为"认识相识"。但在史籍中则以第一语义为主。例如《三国志》卷60《钟离牧传》云："（钟离牧）少爱居永兴，躬自垦田，种稻二十余亩。临熟，县民有识认之，牧曰：'本以田荒，故垦之耳。'遂

---

①　据文意推断，此处所缺文字应为"刺（签押）"。

②　转引自黄时鉴辑点：《元代法律资料辑存》，杭州：浙江古籍出版社，1988年，第220页。

以稻与县人。"①又如,《旧唐书》卷 19《本纪第十九上·懿宗》云:"编甿失业,丘井无人,桑柘枌榆,鞠为茂草,应行营处百姓田宅产业为贼残毁烧焚者,今既平宁,并许识认,各还本主,诸色人不得妄有侵占。"②再如,《元史》卷 101《兵四》云:"随路站赤三五户,共当正马一匹,十三户供车一辆,自备一切什物公用。近年以来,多为诸王公主及正宫太子位下头目识认招收,或冒入投下户计者,遂致站赤损弊,乞换补站户。"③《元史》卷 105《刑法四》云:"诸阑遗人口到监,即移所称籍贯,召主识认。半年之上无主识认者,匹配为户,付有司当差。"④以上引文所出现之"识认"一词,其语义均为"辨识认定"。

根据黑水城所出三件识认状文书及《事林广记》所载"本主识认"书式,并结合"认识"一词"辨识认定"之意可见,元代识认状的性质应为偷盗、逃躯或走失头疋案件中,事主(此处所云事主包括偷盗者及本主)所出具的辨识确认失物的保证书。

"识认"一词史籍中出现较早、较多,但"识认状"史籍中则记载较少。笔者检索古籍,元代之前仅在南宋韩元吉《南涧甲乙稿》中见到两条记载:其一为卷九《集议繁冗虚伪弊事状》:"今年二月,已降指挥依吏部措置,先召保识官二员,委保正身,不是代名。入试日,责书铺识认状,特立赏格,重行断罪,不须更用帘试虚文"⑤。其二为卷十《论铨试帘试劄子》:"乞自今年铨试为始,应就试,先召保识官二员,委保正身,不是代名,别无违碍。至参选日,就用保官,更不再召引保。并入试日,并责书铺识认状,及同保互相保委,系是正身,特立赏格,许人告首。"⑥两者内容基本相同。从文意来看,宋代书铺所出具"识认状"其性质应是"辨识认定"应试之人"系是正身",并为此所出具的保证书。其性质与元代识认状基本相同,两者之间似有相承关系,但限于资料较少,未见宋代识认状书式或是原文,笔者不敢妄下论断。另,相较而言,元代识认状应用范围要大于宋代识认状,就史料所见而言,宋代识认状主要应用于应试之时,且由书铺出具,而元代在偷盗、走失、逃躯等案中均有识认状,其书写者则为偷盗者或是本主。

---

① (西晋)陈寿:《三国志》卷 60《吴书十五·贺全吕周钟离传第十五》,北京:中华书局,1964 年,第 1392 页。

② (五代)刘昫等:《旧唐书》卷 19《本纪第十九上·懿宗》,北京:中华书局,1975 年,第 672 页。

③ (明)宋濂等:《元史》卷 101《志第四十九·兵四》,北京:中华书局,1976 年,第 2586 页。

④ 《元史》卷 105《志第五十三·刑法四》,第 2686 页。

⑤ (宋)韩元吉:《南涧甲乙稿》卷 9《集议繁冗虚伪弊事状》,收于《丛书集成初编》,上海:商务印书馆,1936 年,第 155 页。

⑥ 《南涧甲乙稿》卷 10《论铨试帘试劄子》,第 172 页。

元代识认状书式见于上文提到的《事林广记》辛集卷之十"写状法式"中的"本主认识"条。但从黑水城出土的三件识认状来看，元代识认状正式文状与《事林广记》所载并不完全相同。

黑水城所出的三件识认状中，失林与闫从亮两人因同属一案，其识认状格式、内容基本相同，但两者与古都不花识认状则差别较大。其差别主要体现在以下两处：

第一，古都不花识认状中，载有古都不花年岁、身体状况及户计内容，这与《事林广记》所载"本主识认"同，而失林及闫从亮识认状中此项均缺。这应与失林及闫从亮案件审理情况相关，两人的年岁、身体状况及户计内容在两人取状中已反复提及，故而此处省略。但由古都不花识认状与《事林广记》所载可知，正式的完整识认状中应包含有写识认状人的具体情况介绍。

第二，古都不花识认状中，出现有连状识保人答失哈剌，从内容来看，其作用应与契约文书的中的代保人相同，失林与闫从亮识认状中则无。之所以出现此种差异，笔者推断应是因为古都不花为本主来识认本家元逃躯妇，怕其冒认，故而需识保人连状，做一担保。而失林与闫从亮则为偷盗者识认赃物，不存在冒认问题，故而不需识保人担保。另，《事林广记》中所载"本主识认"也为本主识认本家走失牛匹，但也无连状识保人出现，由此我们可以推断，元代本主为识认本家走失、逃亡头疋写具识认时，连状识保人似非必须项。

综合来看，元代识认状应包括以下几个要素：写识认状人姓名、年甲、病孕状况、户籍、识认物品、保证性话语、时间及识认人签字画押。我们可根据黑水城所出的三件识认状将其书式大概复原如下：

　　取（写）识认状人厶

　　右厶，年甲，无病（孕），见在厶地住坐。今当

　　总府识认到厶物，委系本人（偷盗、走失、元逃）厶物，如后但有诈认，至日厶等甘当谢官罪，不词。执结（识认）是实，伏取

　　台旨。

　　　　年　月　日　取（写）识认状人厶（签押）

要而言之，黑水城所出三件识认状文书为我们提供了元代识认状原件，对于研究元代相关法律规定及审判程序都有着极为重要的意义。例如，《元典章》卷27《刑

部》卷13《捉获逃躯给赏》载：至元七年四月，尚书省：近据枢密院呈："山东路统军司呈：'沿边巡哨军人捉获逃讫人口，本主识认，每名拟令出备钞一十五两与捉事人充赏。'"①而据皇庆元年(1312)古都不花识认状可知，元代本主识认逃躯之时，需要出具识认状，且识认状有时还需有识保人连状书写。又如，根据失林及闫从亮识认状可知，在元代审理盗窃案过程当中，在对盗窃者进行取状之外，还需盗窃者对所盗物件进行辨识认定，出具识认状。这些内容均为史籍所未载，而识认状的发现则为我们研究相关问题提供了契机。

（作者单位：浙江大学历史系）

① 陈高华等点校：《元典章》卷27《刑部卷十三·捉获逃躯给赏》，北京：中华书局、天津：天津古籍出版社，2011年，第1717页。

也谈"不办承料"*
——兼论唐五代时期有主荒田的请佃

赵大旺

敦煌文书 P.2222 背(1)《唐咸通六年(865)正月敦煌乡百姓张祇三请地状》是一则关于土地请射的牒状,其状文如下:

1. 敦煌乡百姓张祇三等　状
2. 僧词荣等北富(府)鲍壁渠上口地六十亩。
3. 右祇三等,司空准敕矜判入乡管,未
4. 请地水。其上件地主词荣口云:其地不办承料,
5. 伏望
6. 将军仁明监(鉴)照,矜赐上件地,乞垂处分。
7. 牒件状如前,谨牒。
8. 咸通六年正月　日百姓张祇三谨状①

本件文书中张祇三请射僧词荣土地的理由是"其地不办承料",同样的表述见于 S.3877 背《戊戌年令狐安定请地状》:

1. 洪润乡百姓令狐安定。
2. 右安定一户,兄弟二人,总受田拾伍亩,非常田少
3. 窄狭。今又(有)同乡女户阴什伍地壹拾伍亩,
4. 先共安定同渠合宅,连畔耕种。其

---

* 本文系国家社科基金 2012 年重点项目"敦煌历史文献整理研究"(12AZS002)的阶段性成果。
① 唐耕耦、陆宏基编:《敦煌社会经济文献真迹释录》(第二辑),北京:全国图书馆文献缩微复制中心,1990 年,第 468 页。

5.地主今缘年来不辞(办)承料,乏(恐)后别

6.人搅扰,安定今欲请射此地。伏望

7.司空照察贫下,乞公凭。伏请　处分。

8.戊戌年正月日令狐安定①

　　对于"不办承料",已有许多学者进行了探讨,②大致分为两种意见:一是陈国灿先生指出的不缴纳官府赋税差科,③或谢重光先生指出的"负担不起官府沉重的赋税徭役"④,这是大多数学者持有的观点。另一种是刘进宝先生提出的"不办承料"即"不办营种",即词荣与阴什伍没有能力耕种这些土地。⑤ 笔者以为,对"不办承料"一词的理解关涉归义军的土地请射政策,因此有必要进一步探究。下面笔者首先对这两种已有观点的合理性进行考察。

一、两种已有观点的辨析

　　杨际平在为刘进宝《唐宋之际归义军经济史研究》撰写的书评中认为两种观点都存在疑问。⑥ 笔者也认为这两种观点均有可推敲之处:归义军时期的敦煌,土地买卖与租佃十分盛行,在此背景下,如果家贫无力承担赋税或者缺少劳动力,是否就意味着必须放弃土地? 土地是敦煌百姓赖以生息的根本,轻易是不会放弃的。

　　① 《敦煌社会经济文献真迹释录》(第二辑),第469页。该戊戌年为938年,见荣新江:《归义军史研究》,上海:上海古籍出版社,1996年,第108页。
　　② 唐刚卯:《唐代请田制度初探》,《敦煌学辑刊》1985年第2期;杨际平:《唐末宋初敦煌土地制度初探》,《敦煌学辑刊》1988年第1、2期合刊;陈国灿:《德藏吐鲁番出土端拱三年(990)归义军"都受田簿"浅释》,载敦煌研究院编:《段文杰敦煌研究五十年纪念文集》,北京:世界图书出版公司,1996年,第226—233页;刘进宝:《归义军土地制度初探》,《敦煌研究》1997年第2期;郝春文:《唐后期五代宋初敦煌僧尼的社会生活》,北京:中国社会科学出版社,1998年,第103页;季羡林主编:《敦煌学大辞典》,上海:上海辞书出版社,1998年,第406页;刘进宝:《"不办承料"别解》,《文史》2006年第3辑,收入刘进宝:《唐宋之际归义军经济史研究》,北京:中国社会科学出版社,2007年,第52—60页;张小艳:《"不办承料"辨正》,《文史》2013年第2辑。
　　③ 陈国灿:《德藏吐鲁番出土端拱三年(990)归义军"都受田簿"浅释》,《段文杰敦煌研究五十年纪念文集》,第231页。
　　④ 季羡林主编:《敦煌学大辞典》,上海:上海辞书出版社,1998年,第406页。
　　⑤ 刘进宝:《唐宋之际归义军经济史研究》,第60页。
　　⑥ 季羡林、饶宗颐编:《敦煌吐鲁番研究》(第11卷),上海:上海古籍出版社,2009年,第554—555页。

如果将"不办承料"理解为"无力承担赋税",那么僧词荣或阴什伍可以将土地卖出,早在吐蕃占领时期,就有因无力承担赋税而出卖土地的例子。据 S.1475《未年(827)安环清卖地契》记载:

1. 宜秋十里西支地一段,共七畦拾亩。(东道西渠南索晟北武再再)
2. 未年十月三日,上部落百姓安环清,为
3. 突田债负,不办输纳,今将前件地
4. 出买(卖)与同部落人武国子。其地亩别
5. 断作斛斗汉斗壹硕陆斗,都计麦壹拾
6. 伍硕、粟壹硕,并汉斗。一卖已后,一任武
7. 国子修营佃种。如后有人忏怪识认,
8. 一仰安环清割上地佃种与国子。其地
9. 及麦当日交相分付,一无悬欠。一卖后,
10. 如若先翻悔,罚麦伍硕,入不悔人。
11. 已后若恩敕,安清罚金伍两纳入
12. 官。官有政法,人从私契。两共平章,书指为记。
13. 地主安环清年二十一①

当安环清"突田债负,不办输纳"时,解决方法是将土地卖出。归义军时期,土地买卖也比较频繁且大多是由于贫穷。② 如 S.3877《唐天复九年(909)安力子卖地契》有:

(前略)
4. 已上计地四畦共七亩。天复九年己巳岁十月七日,洪润乡
5. 百姓安力子及男撸撺等,为缘缺少用度,遂将父祖口
6. 分地出卖与同乡百姓令狐进通。断作价直生绢一匹,长肆仗。
7. 其地及价,当日交相分付讫,一无玄欠。自卖已后,其地永任进通
8. 男、子孙、息姪,世世为主记。中间或有回换户状之次,任进通

---

① 唐耕耦、陆宏基编:《敦煌社会经济文献真迹释录》(第二辑),第 1 页。
② 刘进宝:《唐宋之际归义军经济史研究》,北京:中国社会科学出版社,2007 年,第 29 页。

9.抽入户内。地内所著差税河作,随地祗当。①

可见,安力子卖地原因也是由于贫穷。此外,S.1398《宋太平兴国七年(982)吕住盈、阿鸾兄弟典卖土地契(稿)》中吕住盈兄弟卖地的原因也是"家内欠少,债负深广,无物填还"②,可见因贫穷而卖地的现象并不罕见。笔者捡得归义军时期的8篇卖地契约(见表1):

表 1　归义军卖地契约一览表

序号	文书	年代	卖地原因	税役规定	出处
1	P.2595《唐乾符二年陈都衙卖地契(抄)》	875年	不稳便(即佃种不方便)。		《释录》③,第二辑,第3页。
2	S.3877号5-6V《唐天复九年安力子卖地契》	909年	缺少用度。	地内所著差税河作,随地祗当。	《释录》,第二辑,第8页。
3	P.3649背《后周显德四年窦风盖飒卖田契(抄)》	957年	佃种施功往来不便。		《释录》,第二辑,第11页。
4	P.3649背《后周显德四年吴盈顺卖田契》	957年	佃种施功往来不便。		《释录》,第二辑,第11页。
5	S.1398《宋太平兴国七年吕住盈、阿鸾兄弟典卖土地契(稿)》	982年	家内欠少,债负深广,无物填还。		《释录》,第二辑,第13页。
6	S.2385《阴国政卖地契》	不详	"只是一身"。		《释录》,第二辑,第16页。
7	P.4017《出卖口分地残契片》	不详			《释录》,第二辑,第17页。
8	S.466《后周广顺三年龙章祐、祐定兄弟出典土地契》	953年	家内窘阙,无物用度。		《释录》,第二辑,第30页。

从表中已知卖地原因的7件文书中,3件是由于佃种不便,3件是因为贫穷,阴国政自称"只是一身",可能是无力佃种。仅安力子卖地契说明,卖地之后,"地内所著差税河作,随地祗当",但按照归义军时期的土地赋税政策,赋税征收以土地为

①　唐耕耦、陆宏基编:《敦煌社会经济文献真迹释录》(第二辑),第8页。
②　唐耕耦、陆宏基编:《敦煌社会经济文献真迹释录》(第二辑),第13页。
③　唐耕耦、陆宏基编:《敦煌社会经济文献真迹释录》(第一—五辑),下同。

据。① 唐宣宗大中四年(850)制文也有"青苗两税,本系田土,地既属人,税合随去。从前赦令,累有申明"②。因此,阴什伍和僧词荣若因贫穷"不办输纳"而无偿放弃土地,就不可理解了,他们可以像安力子那样将土地卖出,这样"地内所著差税河作"也就由买主承担,而不是放弃土地,让别人去请射。

如果僧词荣或阴什伍是因为没有人力耕种而放弃土地,也不好解释。因为归义军时期的敦煌租佃制十分盛行,无力营佃可以将其租与别人耕种。如 S.5927 背《唐天复二年(902)樊曹子刘加兴租佃土地契(稿)》有:

1. 天复二年壬戌岁次十一月九日,
2. 慈惠乡百姓刘加兴城东
3. □渠上口地四畦共十亩,缺乏人力,
4. 莫(佃)种不得,遂租与当乡
5. 百姓樊曹子莫(佃)种三年。断
6. 作三年价值:干货斛斗壹拾贰石,
7. 麦粟五石,布壹匹肆拾尺,又布三丈。③

刘加兴由于缺乏人力营种,遂将土地租佃给樊曹子营种三年,从而获得了一笔租价。此外,P.3257《甲午年(934)二月十九日索义成分付与兄怀义佃种凭》记载索义成"身着瓜州",暂时无法耕种自己的"父祖口分地三十二亩",便将其"分付与兄索怀义佃种",④也表明无力营种不应当成为放弃土地的理由。此外,吐鲁番出土的《唐阿鞠辞稿为除出租佃名事》中,阿鞠向县司呈牒称:"阿鞠上件(地)去春为无手力营种,租与宁大乡人张感通佃种"⑤,《唐年次未详西州寡妇梁氏辞》中梁氏陈牒称:"阿梁前件蔺,为男先安西镇,家无手力,去春租与彼城人卜安宝佃"⑥,都表明无力营种的情况下可以将土地出租。事实上,敦煌地区很多情况下确实是这样处理的。

① 刘进宝:《敦煌归义军赋税制的特点》,《南京师大学报》(哲学社会科学版)2003 年第 4 期;《唐宋之际归义军经济史研究》,第 180—182 页。
② (宋)王溥撰:《唐会要》卷 84《租税下》,北京:中华书局,1955 年,第 1544 页。
③ 唐耕耦、陆宏基编:《敦煌社会经济文献真迹释录》(第二辑),第 25 页。
④ 唐耕耦、陆宏基编:《敦煌社会经济文献真迹释录》(第二辑),第 29 页。
⑤ 《吐鲁番出土文书》(第七册),北京:文物出版社,1986 年,第 358 页。
⑥ [日]池田温著,龚泽铣译:《中国古代籍帐研究》,北京:中华书局,2007 年,录文第 232 页。

现将归义军时期几件出租土地的契约(见表2):

表 2　归义军时期出租土地契约一览表

序号	文书	年代	出租原因	税役规定	出处
1	S.5927 背《唐天复二年樊曹子刘加兴租佃土地契(稿)》	902 年	缺乏人力。		《释录》,第二辑,第25 页。
2	P.3155《唐天复四年令狐法性出租土地契(稿)》	904 年	为要物色用度。	除地子一色,余有所著差税,一仰地主祗当。地子逐年于官员子程纳。渠河口作,两家各支半。	《释录》,第二辑,第26 页。
3	P.3214《唐天复七年高加盈出租土地充折欠债契(抄)》	907 年	欠麦粟,填还不办。	其地内所著官布地子柴草等,仰地主祗当,不忓种地人之事。	《释录》,第二辑,第27 页。
4	P.3257《甲午年二月二十九日索义成分付与兄怀义佃种凭》	934 年	身着瓜州。	所著官司诸杂烽子官柴草等大小税役,并总兄怀义应判。	《释录》,第二辑,第29 页。
5	P.3579《宋雍熙五年十一月神沙乡百姓吴保住牒》	988 年			《释录》,第二辑,308 页。
6	S.3905 背《年代不详奴子将口分地与王粉堆契抄》	不详	为缺少所需。	其地内所□□作草、布、地子差科等物,一仰本地(主),不忓王粉堆之事。	《敦煌契约文书辑校》,332 页。

从表中看出,土地出租主要原因有:(1)缺乏人力;(2)缺少用度所需。索义成"身着瓜州",可以理解为缺乏人力营种土地。由此可知,不管是经济原因还是人力原因,都可以将土地出租。再看税役规定,有 4 件明确写出税役的分配,其中索义成与索怀义之间不是普通的租佃关系,可以理解成暂时的土地转让关系,而令狐法性的情况,属于特殊情况下的土地"典押"。① 另 2 件规定所有税役"一仰地主",与种地人无关。但是,既然在缺少用度的情况下,能够将土地租出,那么获得的租金应该是足够承担土地税役的,也就是说,把土地出租,不仅能解决人力的问题,也可以获得一些收益。因此,阴什伍和僧词荣也不可能仅仅是因为人力的原因而放弃土地。

由以上论述可知,阴什伍等人放弃土地,不会仅仅是经济问题或者人力问题,因为在当时的敦煌社会,无偿放弃土地并非解决这两个问题的唯一方法,他们放弃这两块土地应该是由于别的原因。

---

① 刘进宝:《唐宋之际归义军经济史研究》,第 104 页。

二、也谈"不办承料"

在前引《唐咸通六年(865)正月敦煌乡百姓张祇三请地状》中,僧词荣口云:"其地不办承料",即"不办承料的"主语是"其地",而《戊戌年令狐安定请地状》说:"其地主今缘年来不办承料","不办承料"的主语也有可能是被省略掉的"其地",若补上即为"其地主今缘其地年来不办承料",意思与原文并不矛盾。因此,笔者以为,"不办承料"主语是被请射的土地。"承",即"附着",指土地上附着的税役,如吐鲁番出土的《高昌侍郎焦朗等传尼显法等计田承役文书》有"张羊皮田地刘居渠断除桃一园,承一亩半六十步役"、"承厚田一亩役"等。① "料",有"应役"之义,②可以代指税役负担。土地"不办承料"意即土地的产出不足以供办该地所附着的税役。从后文我们可以看到,敦煌有大量不宜耕种的贫瘠土地。也就是说这些"不办承料"的土地可能较为贫瘠,以现地主僧词荣和阴什伍的财力物力,没有开发经营这块地的能力,而按照该地现有土地质量耕种的话又不够供办赋税。正是由于这个原因,没有人愿意买进或者租种,词荣、阴什伍才不得不无偿放弃。

那么既然是贫瘠的土地,张祇三和令狐安定为何要请射呢?上引《唐咸通六年(865)前后僧张智灯状(稿)》给了我们启示,从状文可知,原本"佃种不堪"的土地,经过智灯叔侄"车牛人力,不离田畔,沙粪除拣"后,"似将堪种",可见荒地可以改造成适合耕种的土地,唐玄宗曾称"顷以栎阳等县地多碱卤,人力不及,便至荒废。近者开决,皆生稻苗"③,也表明碱卤荒土可以改造。另外,请射荒地的情况在敦煌地区也并非仅见,《吐蕃酉年沙州灌进渠百姓李进评等牒》称:"进评等今见前件沙淤空闲地,拟欲起畔耕犁"④,P.3501《后周显德五年(958)押衙安员进等牒》有:"右员进户口繁多,地水窄少,昨于千渠下尾道南有荒地两曲子,欲拟员进于官纳价,请受佃种"⑤,可见在敦煌地区土地较为紧张的情况下,请射荒地的情况也是常见的。吐鲁番地区也有这样的例子,《唐开元二十九年(741)冬西州高昌县给田关系牒》记载的

① 《吐鲁番出土文书》(第四册),北京:文物出版社,1983年,补遗第64页。
② 江蓝生、曹广顺编著:《唐五代语言词典》,上海:上海教育出版社,1997年,第232页。
③ (宋)王钦若等编纂,周勋初等校订:《册府元龟》卷85《帝王部·敕宥第四》,南京:凤凰出版社,2006年,第944页。
④ [日]池田温著,龚泽铣译:《中国古代籍帐研究》,录文第374页。
⑤ 唐耕耦、陆宏基编:《敦煌社会经济文献真迹释录》(第二辑),第302页。

请田文书中有："大智家兼丁,先欠口分不充,今有前件废渠道,见亭无人营种,请勘责处分"①,也表明请射荒田的现象是存在的。

从张智灯改造土地的过程中可知,要经营这块"碱卤"的土地,需要付出大量的人力、物力,包括车牛、人力、粪力等。关于粪力,笔者在《唐五代敦煌农业用粪考察》(待刊)一文中予以讨论,兹不再作叙述。概括言之,敦煌地区的农业用粪的开支很大,僧词荣和阴什伍很有可能是负担不了这些用粪的开支,才不得不放弃土地的。

除了用粪的问题,还有人力的问题。P.2222B《唐咸通六年(865)前后僧张智灯状(稿)》中,智灯称为了改良赵黑子绝户地,自己和侄儿两人"车牛人力,不离田畔"。又上引 S.3877 背《戊戌年令狐安定请地状》中,令狐安定又见于 S.3877《戊戌年令狐安定雇工契(抄)》,契文称:"戊戌年正月二十五日立契,洪润乡百姓令狐安定,为缘家内欠缺人力,遂于龙勒乡百姓就聪儿造作一年。从正月至九月末,断作价直,每月五斗。"②令狐安定请射阴什伍土地是在戊戌年正月,而雇工时间是戊戌年正月二十五日,而且雇工的期限是正月至九月,这正是敦煌地区农业生产的一个周期,说明雇工与请射的这块土地有一定关系。归义军政权很可能同意了令狐安定的申请,所以令狐安定立即着手经营改良阴什伍的这块地,而令狐安定兄弟二人人手不够,因此在当月二十五日便雇了就聪儿来帮忙。笔者曾经研究净土寺用粪的支出,指出四亩地所需粪量,要一个人 2 个工作日来完成出粪工作。③ 那么僧词荣的 60 亩土地需要 30(人·天)的工作量来完成出粪工作,而阴什伍的 15 亩土地需要 7.5(人·天)的工作量。当然,前提是粪源充足,否则还是要买粪。女户阴什伍家中没有成年男丁,因此,断然是没有能力来经营这块土地的。

最后是车牛的问题,车牛是出粪、运粪必需的交通工具,若家中无车牛,则需要雇佣,关于唐五代时期车牛的雇佣价格,陆贽在《论度支令京兆府折税市草事状》中讨论了京兆地区雇车运草的雇价:"臣等又勘度支比来雇车估价,及所载多少,大率每一车载一百二束,每一里给佣钱三十五文"④,可见车牛雇价不菲,这种计里给价的方式与敦煌不同,据唐耕耦先生研究指出,敦煌地区使用车牛具是计日给价,使用一天所需要付出的价格是"麦五斗",这个价格显然是贫户难以接受的,而如果直接

---

① [日]池田温著,龚泽铣译:《中国古代籍帐研究》,录文第 290 页。
② 唐耕耦、陆宏基编:《敦煌社会经济文献真迹释录》(第二辑),第 55 页。
③ 参见拙文:《唐五代敦煌农业用粪的考察》,待刊。
④ (唐)陆贽撰,王素点校:《陆贽集》,中华书局,2006 年,第 656 页。

购买车牛的价格当然会更高。

由以上论述可知,词荣、阴什伍主动放弃土地的原因是他们没有改良这块土地的人力和生产资料,而如果按照现有土地状况营种,则地里的产出不足以供办所负担的赋税,因此,他们不得不将该地放弃。

三、唐五代时期有主荒地的请佃

以上阴什伍和词荣遇到的情况也出现在中原地区,中央政府对此有专门的规定。如后晋天福七年(942)高祖《令开垦旷土敕》有:"邓、唐、随、郢诸州管界,多有旷土,宜令逐处晓谕人户,一任开垦佃莳,仍自开耕后,与免五年差徭。兼仰指挥其荒闲田土,本主如是无力耕佃,即不得虚自占吝,仍且与招携到人户,分析以闻。"[1]后周显德二年(955)敕文也有:"如有荒废桑土,承佃户自来无力佃莳,祗仰交割与归业人户佃莳"[2]。从中看出,对本主无力经营的荒地,是允许别人请佃的,暂未见到归义军政权对此有专门规定,但从令狐安定、张祗三陈牒请射阴什伍和词荣的土地来看,归义军应该是继承了中原地区的政策的。此外,北宋雍熙三年(986)国子博士李觉建议:"欲望令天下荒田,本主不能耕佃者,任有力者播种,一岁之后,均输其租。"[3]表明到宋代仍然秉持这种允许请佃有主荒地的政策。

不管阴什伍和僧词荣的土地现在有没有被耕种,他们打算放弃营种这块土地,亦即该地即将成为荒田,我们也可以参照唐代对于有主荒田的管理政策加以考察。

唐代百姓可以请佃荒田,称为"借荒"。《天圣令》卷21《田令》所附"唐令30"条记载:

诸公私田荒废三年以上,有能借佃者,经官司申牒借之,虽隔越亦听。私田三年还主,公田九年还官。其私田虽废三年,主欲自佃,先尽其主。限满之日,所借人口分未足者,官田即听充口分,私田不合。令其借而不耕,经二年者,任有力者借之。即不自加功转分与人者,其地即回借见佃之人。若佃人虽经熟讫,三年之外不能耕种,依式追收,改给。[4]

---

[1]　(宋)王钦若等编纂,周勋初等校订:《册府元龟》卷70《帝王部·务农》,第750页。

[2]　(宋)王溥撰:《五代会要》卷25《逃户》,上海:上海古籍出版社,1978年,第406页。

[3]　(宋)李焘撰:《续资治通鉴长编》卷27"雍熙三年七月",北京:中华书局,1979年,第621页。

[4]　天一阁博物馆、中国社会科学院历史研究所天圣令整理课题组校证:《天一阁藏明钞本天圣令校证》(下册),北京:中华书局,2006年,第258—259页。

　　这种借荒田也要上报尚书省："凡王公已下,每年户别据已受田及借荒等,具所种苗顷亩,造青苗簿,诸州以七月已前申尚书省。"①可见从唐初开始,就可以"借荒"的名义请佃公、私荒田。"借荒"制度的实施在吐鲁番出土的《唐广德四年(766)正月西州高昌县周思温还田凭》得到印证："右件地,比年长(常)是周思温佃种。今年无人力,不办营种,今还本主收领,恐临时失计,广德四年正月　日。领田人[秃?]"②,从文末有"领田人"的签名来看,周思温佃种的属于私人土地。根据敦煌吐鲁番出土的租佃契约,如果是普通的租佃关系,一般是约定好租期、租价等,到期还田,周思温没有必要说明还田的理由是"不办营种",也不可能由于"今年无人力"便改变租期。因此,笔者以为该文书反映的正属于"借荒",在无力耕种的情况下,便可还本主收领,表明荒田的承佃人不能佃种时,要将土地归还本主。

　　唐后期五代,政府为了发展生产,多次下令招来人户,对于逃荒者留下的土地,也允许别人承佃。如唐代宗广德二年(764)四月敕："如有浮客,情愿编附,请射逃人物业者,便准式据丁口给授,如二年以上,种植家业成者,虽本主到,不在却还限,任别给授。"③武宗会昌元年(841)正月制："自今已后,二年不归复者,即仰县司,召人给付承佃,仍给公验,任为永业。"④宣宗大中二年(848)正月制,称逃户田土："任邻人及无田产人且为佃事,与纳税粮,如五年内不来复业者,便任佃人为主,逃户不在论理之限。"⑤懿宗咸通十一年(870)七月敕："诸道州府百姓,承佃逃亡田地,如已经五年,须准承前敕文,便为佃主,不在论理之限。"⑥表明晚唐时期,请佃逃户田土皆有年限,限满前本主归业便需给还,限满后土地才为己有。

　　到了五代时期,后唐长兴三年(932)七月二十七日敕文："有逃户未归者,其桑土即许邻保人请佃,供输租税。"⑦后周显德二年(955)正月二十五日敕文有："应自前及今后有逃户庄田,许人请射承佃,供纳租税。如三周年内,本户来归业者,其桑土不以荒熟,并庄田交还一半;五周年内归业者,三分交还一分。"⑧可见,即便逃户在限满之前归业,也只需交还一部分土地。这是为了在鼓励逃户归业的同时,保护承

---

① (唐)李林甫等撰,陈仲夫点校:《唐六典》卷3《尚书户部》,北京:中华书局,1992年,第84页。
② [日]池田温著,龚泽铣译:《中国古代籍帐研究》,录文第301页。
③ (宋)王溥撰:《唐会要》卷85《逃户》,第1565页。
④ (宋)王溥撰:《唐会要》卷85《逃户》,第1566页。
⑤ (宋)王溥撰:《唐会要》卷85《逃户》,第1567页。
⑥ (宋)王溥撰:《唐会要》卷85《逃户》,第1567页。
⑦ (宋)王溥撰:《五代会要》卷25《逃户》,第406页。
⑧ (宋)王溥撰:《五代会要》卷25《逃户》,第406页。

佃人的利益,避免出现前引文书中张智灯、索咄儿等人遇到的情况:耗费大量人力物力开荒之后,熟田却被人占去。

　　从上面的叙述可知,从唐初到五代时期,都允许请佃有主荒田,承佃人对所承佃的有主荒田的权力也在变化,从唐初无条件归还原主,到唐中后期限满前归还,再到五代时,即便限满也只归还一部分。承佃人对所耕种的有主荒田的所有权越来越强化。那么在归义军时期,这样的有主荒田承佃者对土地的所有权是怎样的,是否要在一定情况下归还原主? 笔者以为不需要,一旦承佃便获得土地所有权。P.4084《后周广顺二年(952)三月平康乡百姓郭憨子牒》载:"太子墓边,憨子并畔荒地三亩,从前作主,昨被贺粉堆割下,两头并总寝(请)射"[1],由于郭憨子的这三亩地是没有营种的荒地,所以贺粉堆可以请射,被批准后即成为贺粉堆自己的土地,原主郭憨子也无可奈何。另外,P.3257《后晋开运二年(945)十二月河西归义军左马步押衙王文通牒及有关文书》载,索义成"身着瓜州,所有父祖口分地三十二亩,分付与兄索怀义佃种",而"经得一秋,怀义着防马群不在",此时这块地便暂无人耕种。因此,索进君便能"请得索义成口分地二十二亩,进君作户主名",而索进君逃回南山之后,这块地便由其侄儿索佛奴继承。[2] 可见,索进君一旦请到这块"荒地",便是自己的土地,甚至在其逃回南山后,土地也是交给自己侄儿继承,而非归还原主。寡妇阿龙的陈牒,主要是对当时这块地按照无人佃种的荒地来处理不满,所以她出示的证据表明,当时索怀义正佃种该地。因此,笔者以为,阴什伍、僧词荣放弃的土地,被人请射到手后,承佃者便可以"永为口分",该地与原主再无关系。只有这样,他们才会付出买粪、雇工,以及"车牛人力不离田畔"的代价去经营该地。

　　以上,笔者对"不办承料"提出一家之言,同时,通过考察唐五代时期的有主荒田请佃政策,表明归义军时期出现请佃有主荒地的合理性。由于政府保护承佃者的利益,激发其垦荒热情,所以从唐初到五代,承佃者对所耕种的有主荒田的所有权在逐步强化,而在归义军统治下的敦煌,一旦请得有主荒田,该地就成为自己的土地,与原主无关了。

(作者单位:浙江大学历史系)

---

[1]　唐耕耦、陆宏基编:《敦煌社会经济文献真迹释录》(第二辑),第301页。
[2]　唐耕耦、陆宏基编:《敦煌社会经济文献真迹释录》(第二辑),第295—297页。

后 记

为加强丝绸之路历史文化研究,探讨丝绸之路文献整理、丝绸之路文物研究与文化传播,促进多文化交流、多文明互鉴,浙江大学"一带一路"合作与发展协同创新中心于 2015 年 10 月 7—11 日在杭州举办了"丝路文明传承与发展"国际学术研讨会,大会的主题是:"丝路文明:传播、交流与互鉴"。

研讨会汇聚了中国、日本、英国、俄罗斯、法国、韩国、以色列等国家和地区的 70 余位学者。国内外研究丝绸之路和敦煌吐鲁番文献的著名专家参加了研讨会与提交了论文,如武汉大学朱雷、中华书局柴剑虹、中国社科院中国边疆研究所邢广程、中国文化遗产研究院邓文宽、南华大学郑阿财、嘉义大学朱凤玉、北京大学林梅村和荣新江、首都师范大学郝春文、河北社科院孙继民、中国社科院历史研究所李锦绣、敦煌研究院张先堂和杨秀清、吉林社科院尚永琪、新疆师范大学施新荣、暨南大学马建春,英国国家图书馆魏泓、日本京都大学高田时雄、横浜市历史博物馆铃木靖民、广岛大学荒见泰史等,学者们就丝路新发现、丝路人物、敦煌吐鲁番文献、中外交流、宗教传播等历史文化议题展开了热烈探讨。

研讨会的筹备和召开,得到了浙江大学"一带一路"合作与发展协同创新中心两位主任、浙江大学党委副书记周谷平和副校长罗卫东教授的大力支持,他们不仅全程出席了研讨会,而且分别主持了开幕式和闭幕式。同时还得到了浙江大学社会科学研究院、人文学院和出版社的倾力支持,并由人文学院与出版社等单位具体承办,张涌泉、鲁东明、刘进宝教授具体负责和主持。

研讨会共收到相关论文 50 余篇,经大会报告交流并在会后修改后,有 35 篇选编为会议论文集。所收论文大体分为三组:第一组以"丝路文明"研究为主,收录论文 14 篇,这些论文从丝路人物、海上丝路及陆上丝路的东西交流、文化传播等角度对相关问题展开了深入探讨。第二组以"敦煌吐鲁番文献"整理为主,共收录论文 9 篇,这部分论文以敦煌残卷的整理和缀合复原为主,不仅再现了敦煌文献写卷的原貌,也为敦煌残卷的定名、断代、纸张鉴别等方面的研究提供了帮助。第三组是综合性研究论文,共 12 篇,从多学科探讨了丝绸之路的丰富内涵。

　　研讨会的召开和论文集的出版,也是浙江大学研究丝路文明和整理丝路文献整个团队的成果反映,如论文集共收论文 35 篇,其中浙江大学的论文就有 11 篇,将近三分之一,其作者既有著名的专家教授,也有博士后、博士生,反映了浙江大学在丝路文明研究和丝路文献整理方面的整体优势。

　　由于本次研讨会得到了学者们的广泛支持,提供的论文都有新的视野或较高的质量,一些学术刊物也想发表部分论文以扩大影响。为了使代表们的成果尽快走向社会,与大家分享,部分论文已在《浙江大学学报》等刊物发表,特此说明。另外,有些代表的论文属于初稿,还需时日增补修订,也未能收入论文集。

　　本论文集由浙江大学"一带一路"合作与发展协同创新中心资助出版。

刘进宝　张涌泉

2017 年 2 月 11 日